God's Generals:
The Revivalists

Roberts Liardon Ministries
P.O. Box 2989
Sarasota, Florida 34230
www.robertsliardon.com

Manuscript prepared by Rick and Melissa Killian, Killian Creative
Boulder, Colorado
www.killiancreative.com

ISBN-13: 978-1-60374-025-8
ISBN-10: 1-60374-052-2
Printed in the United States of America
©2008 by Roberts Liardon

Whitaker House
1030 Hunt Valley Circle
New Kensington, PA 15068
www.whitakerhouse.com

이 책의 한국어판 저작권은 Whitaker House사와의
독점 계약으로 Grace은혜출판사가 소유합니다.
저작권법에 의하여 한국 내에서 보호를 받는 저작물이므로
무단 전제 및 복제를 금합니다.

★★★★★

GOD'S GENERALS

The Revivalists

부흥운동의 거장들

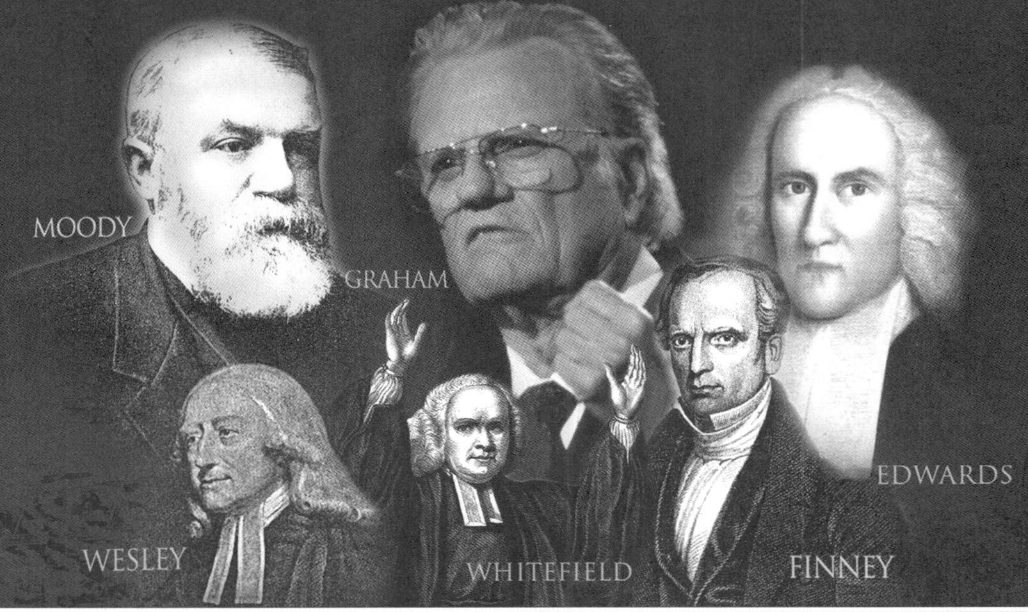
MOODY
GRAHAM
EDWARDS
WESLEY
WHITEFIELD
FINNEY

로버츠 리아든 지음

Grace 은혜출판사

추천사

본서는 하나님의 위대한 섭리에 대해 역사적이고 신학적인 안목과 지적이며 영적인 유익을 제공한다. 존 웨슬리와 조지 휫필드에게 책들이 하나님을 찾는 중요한 동기가 되었던 것처럼, 본서 역시 독자들에게 동일하게 역사할 것이다. 본서는 누구나 읽을 수 있는 문체로 기록되어 우리에게 큰 유익을 제공한다. 본서는 학문적인 엄격성을 가진 로버츠 리아든의 위대한 작품 가운데 하나임을 확신한다. 따라서 나는 모두에게 본서를 강력히 추천한다.

— 폴 윌슨(Paul Wilson) 목사
Methodist Minister, Knutsford, UK
Chair, Methodist Evangelicals Together, UK

본서는 하나님이 그들의 세계를 흔들어 깨우기 위해 사용하신 사람들의 삶을 자세히 들여다 볼 수 있는 시각을 제공한다. 로버츠는 그들의 이야기를 생생하게 재현시켜 오늘날 땅 위에서 진행되고 있는 하나님의 사역과 결부시킨다. 본서는 역사상 가장 위대한 부흥의 문 앞에 서 있는 독자들에게 자기의 사명을 감당케 하는 동기를 부여할 것이다.

— 케이트 멕베인(Kate McVeigh) 목사
*The Blessing of Favor and Sharing Your Faith*의 저자

나는 나 자신이 지난 수년에 걸쳐 로버츠 리아든의 베스트셀러인 『하나님의 거장들』이란 위대한 작품으로부터 방대한 지식을 얻고 있다는 사실을 발견했다. 기독교인이자 목회자인 나는 이처럼 역사적 작품을 위해 열정을 바친 그에게 찬사를 아끼지 않는다.

— 킴 클레멘트(Kim Clement)
*Call me Crazy, but I'm Hearing God's Voice*의 저자

로버츠는 본서에서 마땅히 칭찬을 받아야 할 부분에 대해서는 찬사를 아끼지 않으면서도, 잘못과 결점에 대해서는 사실대로 말하기를 주저하지 않았다. 나는 그것이 우리가 동일한 과오를 범하지 않도록 가르치기 위한 방법이라는 사실을 이해한다. 이것은 곧 하늘 나라의 방법이기도 하다. 본서는 인류 역사상 가장 놀라운 성령 강림 사역을 위해 태어난 세대를 준비시키기 위해 반드시 읽어야 할 필독서이다.

— 빌 존슨(Bill Johnson) 목사
*When Heaven Invades Earth*의 저자
Pastor, Bethel Church
Redding, California

나는 하나님의 거장들의 삶과 투쟁에 대한 또 하나의 작품인 본서를 통해 오늘을 사는 사람들에게 감동적이면서도 쉽게 읽을 수 있게 한 로버츠 리아든을 높이 치하한다. 하나님이 사용하신 인물들의 삶과 경험이 우리에게 항상 도움을 주고 있다는 점에서 본서는 목회자가 읽어야 할 가장 유익한 책 가운데 하나임을 강력히 추천한다.

— 댁 히워드 밀(Dag Heward-Mills) 주교
Founder and Pastor, Lighthouse Chapel International
Ghana, Africa

로버츠 리아든은 자신이 역사가답게 하나님이 사용하신 위대한 인물들의 삶 속에서 주님이 심으신 씨가 무엇인지를 간파했다. 그들의 이야기를 모두 하나로 엮으면 버림받고 죽어가는 세상에 복음의 기쁜 소식을 전하시고자 성령께서 강권적으로 역사하셨으며, 지금도 그렇게 행하고 계시다는 진리를 보여 주는 한 편의 놀라운 그림이 된다. 사람과 방법은 다를지라도 메시지는 같으며 동일한 성령께서 역사하신다. 하나님이 마지막 때를 위해 예비하신 극상품의 포도주가 아직까지 나오지 않았다는 점에서 나는 모두가 기대 가운데 앞을 바라보도록 도전받기를 바란다.

— 로드니 하워드 브라운(Rodney Howard-Browne) 박사
Revival Ministries International
Tampa, Florida

리아든의 주도면밀하고, 세밀한 문체로 집필된 본서는 독자들에게 전기문학 연구에 새로운 지평을 열어줄 것이다. 그것은 본서에 설명된 다양한 인물들의 삶과 사역이 단연 위대하기 때문이기도 하지만 저자의 탁월한 서술 때문이기도 하다. 그렇기 때문에 본서는 많은 사람에게 은혜와 도움과 삶의 변화를 제공할 것이다. 본서는 하나님에 대해 알기 원하는 사람이라면 누구나 읽어야 할 필독서로서 모든 도서관에 반드시 비치해야 할 위대한 작품이다!

— 잭 테일러(Jack Taylor)
President, Dimensions Ministries
Melbourne, Florida

로버츠 리아든이 쓴 『하나님의 거장』 시리즈는 가히 하나의 위대한 역작이라 할 수 있다. 그는 가장 마지막 작품인 본서를 통해 부흥사들의 발자취를 살펴, 그들이 직면했던 고난과 장애를 극복하고 승리한 비결을 배울 수 있도록 돕는다. 본서는 자신의 삶과 사회와 국가에 부흥이 일어나기를 갈망하는 그리스도인이 읽어야 할 필독서이다.

— 니코 노토라하조(Niko Njotorahardjo) 목사
Senior Pastor, Bethel Church of Indonesia
Jakarta, Indonesia

헌사

나는 본서를 아버지인 케네스 크라프트(Kenneth D. Craft)에게 바친다. 아버지는 1936년 4월 13일 미시간 주의 벤톤 하버에서 태어나 워싱턴 주의 크리크 인디언을 위한 아메리카 원주민 보호 구역에서 자랐다. 10대 후반의 청소년기 때 해병대에 입대한 아버지는 얼마 후 어머니와 결혼했다.

어린 나이에 결혼한 부모님은 조부모님이 사역하시는 교회와 그분들이 인도하는 부흥 집회를 도우셨다. 아버지는 사람들과 잘 사귀는 뛰어난 붙임성이 있으셨다. 처음 만나는 사람도 단지 스쳐 지나가는 사람으로 여기지 않고, 친구처럼 대하셨다. 야외 생활을 좋아하셨고, 특히 사냥과 낚시를 즐기셨다. 어린 시절 여동생과 나는 주말이면 넓은 오클라호마 주의 그랜드 강 제방을 따라다니며 아버지가 하나님의 창조물을 보고 감탄하시는 것을 자주 목격했다.

우리의 사역이 막 전국적으로 알려지기 시작하던 1997년 1월 13일, 아버지는 일찍 우리 가족을 떠나가셨다.

아래 사진은 아버지와 함께 찍은 것으로 내가 가장 소중히 여기는 사진이기도 하다. 나는 아버지에 대한 기억을 떠올릴 때마다 그 시절이 더욱 그리워진다. 아버지, 우리 가족 모두가 천국에 도착하는 날 아버지와 다시 만나게 될 것을 고대한다.

사랑하는 아들,
로버츠(Roberts)

머리말

나는 로버츠 리아든이 이 시대의 가장 위대한 기독교 역사가 가운데 한 사람이라는 것을 굳게 믿는다. 이러한 사실은 그의 세 번째 책인 본서에서 알게 된다. 지난 300년 동안 활동했던 위대한 복음전도자들에 관한 본서를 통해 그가 제시하는 전기 연구는 다년간에 걸쳐 심혈을 기울인 노력의 결정체이다. 그는 이 연구에 그의 뛰어난 설명 능력을 더했다.

지식적이면서도 영감이 넘치는 본서는 기독교 역사를 진지하게 탐구하기 원하는 자들이라면, 그리고 그리스도인이라면 반드시 읽어야 할 권장도서이다.

로버츠는 1차 자료와 2차 자료를 이야기로 만들어 내는 기술에 있어서 타의 추종을 불허한다. 그의 이야기는 간단명료하면서 통찰력이 있다. 따라서 본서를 읽는 사람은 도저히 중간에 멈출 수 없을 것이다.

훌륭한 역사가는 현재를 아우름과 동시에 과거에 대해 설명한다. 이와 같은 면에서 본서는 『하나님의 거장들』 시리즈 가운데 결정판이라 할 수 있다. 본서는 페이지마다 흥미롭고, 교회 역사와 깊이 관련된 실제 적용 가능한 주옥같은 내용들이 가득하다.

나는 본서가 소개하는 위대한 남녀 인물들의 삶과 그들이 행한 신앙 부흥을 때 독자들 자신도 영적으로 새롭게 되는 것을 느끼리라고 믿는다. 하찮고, 부족하게만 보이는 자들이라도 하나님께 순종하는 가운데 하나님이 그들을 사용하는 것을 볼 때, 당신은 "주님, 그것을 또 다시 행하시옵소서."라고 외치게 될 것이다.

앞으로 본서를 읽을 때, 성령께서 당신 안에 강권적으로 역사하시도록 허락해야 할 것이다. 본서가 소개하는 복음전도자들의 경우처럼 우리가 원하는 신앙 부흥은 각자 개인에게 뜨거운 마음이 있을 때만이 가능하다.

나는 성령께서 본서를 통해 당신의 마음에 인류 역사에 커다란 영향을 끼치고, 영원히 계속될 영적 유산을 남기는 '하나님의 거장'이 되기를 원하는 소망을 주시기를 기도한다. 오늘날은 한 개인이 중심이 되는 '개인 시대'가 아닌, 그리스도의 모든 지체가 하나가 되어 이 땅에서 그리스도의 사역을 행하는 '성도 시대', 곧 '만인제사장의 시대'임을 확신한다. 우리는 이와 같은 복음전도자들을 교훈으로 삼아야 한다. 그들의 과오는 경고로 받아들이고, 그들의 성공은 도전으로 받아들여야 한다. 우리가 이 시대에 위대한 영향력을 남기기 원한다면 그들이 가졌던 뜨거운 열정을 품어야 할 것이다.

본서는 다음 세대를 위한 유익한 자료요, 이 세상을 향한 위대한 기여가 될 것임을 확신하는 바, 나는 본서를 간곡한 마음으로 추천한다.

― 콜린 다이(Colin Dye)
Senior Minister, Kensington Temple
London

차례

제1장　존 웨슬리와 찰스 웨슬리　● 21
　　　　"부흥의 머리와 심장"

제2장　조지 휫필드　● 107
　　　　"거룩한 극작가"

제3장　조나단 에드워즈　● 155
　　　　"하나님의 지식인"

제4장　프란시스 애즈베리　● 211
　　　　"먼 길을 걸어간 선지자"

제5장　첫 번째 전도 집회　● 257
　　　　"미국의 오순절"

제6장	피터 카트라이트 "총을 휴대하고 다닌 복음전도자"	• 299
제7장	찰스 피니 "근대 부흥의 아버지"	• 345
제8장	드와이트 라이먼 무디 "가장 위대한 평신도"	• 403
제9장	윌리엄과 캐서린 부스 "피와 불을 통하여"	• 463
제10장	빌리 그레이엄 "세계로 향한 복음전도자"	• 529
결론	존 웨슬리로부터 빌리 그레이엄까지: 복음전도의 그 시작으로부터 현재까지	• 569

서문

간구의 100년

•

의인의 간구는 역사하는 힘이 큼이니라

야고보서 5:16

    종교개혁이 그들보다 약 2세기 뒤에 있었고, 얀 후스(Jan Hus)의 순교도 300년이 넘었지만, 1722년 후스를 따르는 자들의 무리가 종교의 자유를 찾아 모라비아(오늘날의 체코 공화국에 속하는 보헤미아의 한 지방인)로부터 독일의 삭소니로 피해왔다. 박해로 인해 쫓겨난 자칭 "모라비아 형제단"이라고 부른 그들은 자기들에게 정착해서 믿는 자들의 공동체를 세울 장소를 제공한 부유한 젊은 귀족인 니콜라우스 루트비히 폰 진젠도르프 백작의 토지에 예배처를 마련했다. 이곳으로부터 '주님의 보호 위에 있는 곳' 혹은 '주님의 보호 아래 있는 곳'을 의미하는 헤른후트(Herrnhut)라 불린 작은 공동체가 시작되었다. 그런데 이들 집단이 모라비아에서 작센으로 이주해 왔다는 점에서 그들은 '모라비아 교도'라 알려졌다.

    진젠도르프 백작은 그 당시 유산으로 물려받은 재산과 자신의 영향력을 하늘나라를 섬기는 일에 쓸 수 있는 방법을 적극적으로 찾고 있던 하나님의 백성이었다. 1715년, 15살이던 진젠도르프는 네 명의 친구와 함께 자신들을 '그리스도인 기사단'(Society of Christian knighthood)이라 간주하고, '겨자씨 선교회'(The Order of Mustard Seed)라 칭한 단체를 결성했다. 네 사람은 이렇게 서약했다: "1. 그리스도께 충성할 것, 2. 모든 사람에게 친절할 것, 3. 세상에 복음을 전할 것."[1] 이 단체는 몇 년 동안 덴마크 왕인 크리스티안 6세(Christian VI)와 파리의 가톨릭 대주교 추기경 루이 앙트와느 드 노아유(Louis Antoine de Noailles), 캔터베리 대주교인 존 포터(John Potter), 스코틀랜드 출신의 영국 하원 의원인 어스킨(Erskine) 같은 사람들이 가입할 정도로 회원수가 늘어났으며, 마침내 모라비아 교도들이 조지아에 선교사를 파송한 후에는 조지아 주의 주지사로 영국군 장군인 제임스 오글소프와 아메리카 원주민 크리크 족의 추장인 토모치치도 참여했다.

그 당시 22살에 불과했던 백작은 모라비아 교도들의 마음껏 예배드릴 수 있는 장소를 원하는 것과 같은 단순한 소원의 목소리를 듣고 마음이 움직였다. 그는 그 무렵 조모로부터 영지(領地)인 베델스도르프를 매입하여 자신의 절친한 친구인 요한 안드레아스 로테를 그곳의 목사로 앉힌 상태였다. 그는 베델스도르프에 하나님의 말씀에 기초한 공동체를 세우기 원했는데, 여기에는 그와 뜻을 같이하는 사람들이 있었다. 헤른후트를 설립하는데 로테의 도움이 필요했던 진젠도르프는 그들에게 베델스도르프에서 불과 약 3킬로미터 떨어진 곳에 작은 토지를 제공하여 그들의 새로운 마을 건립을 도왔다.

지난 날 박해에 익숙해 있던 모라비아 교도들은 얼마 안 있어 헤른후트의 평화로운 삶에 싫증을 느꼈다. 그들은 외부로부터의 핍박이 없음에도 불구하고 그들 안에 분열과 다툼이 시작되었다. 그들은 진젠도르프와 로테에게 등을 돌리고 '계시록의 야수', '거짓 선지자'라고 비난하며 독설(毒舌)을 서슴지 않았다. 진젠도르프와 로테는 하나님을 찾았고 기도했다. 하나님은 곧 그들에게 응답하셨다.

1727년 5월 12일, 진젠도르프는 헤른후트의 회중들에게 그리스도인의 일치가 가져오는 축복에 대해 3시간 동안 강조하며 설교하였다. 그해 여름 헤른후트 공동체에 회개 운동이 일어났다. 사람들은 하나님께 부흥을 부르짖기 시작했다. 남녀노소 할 것 없이 서로 자신의 죄를 고백하고, 함께 기도하

---

1. "Where it all began: The History of Zinzendorf's Order of the Mustard Seec," The Order of the Mustard Seed, http://www.mustardseedorder.com/cm/story/3.

며, 하나님을 찾았다. 그들의 마음은 새롭게 하나가 되었다. 공동체는 그해 여름 놀라운 영적 부흥을 경험하였다. 하지만 그것이 전부가 아니었다. 헤른후트 공동체 사람들은 땅끝까지 그리스도의 메시지를 전하기를 원하였다. 그들은 이를 위해 능력을 구하였다. 이는 그들의 상시 기도 제목이 되었다.

1727년 8월 5일 진젠도르프와 14명의 다른 모라비아 형제단은 공동체에 하나님의 능력이 임하게 해 달라고 꼬박 하룻밤을 간구하였다. 8월 10일, 성령의 임재에 압도된 로테는 헤른후트의 오후 예배 때 바닥에 엎드려 무릎 꿇고 하나님께 회개하였다. 그날 집회는 다른 때와 같이 회중들이 눈물을 흘리고 회개하며 하나님을 찬양하였다. 이 예배는 자정까지 계속되었다. 그때 진젠도르프와 로테는 하나님이 헤른후트에서 베푸신 은혜를 나누기 위해 8월 13일 수요일 저녁 베델스도르프와 헤른후트 사이에서 연합 집회를 열어야 할 필요성을 느꼈다. 백작은 마을의 가가호호를 방문하며 주민들에게 집회 참석을 독려했다.

집회가 시작되자 이번에도 회중들이 자기들의 죄를 회개하는 성령의 강권적인 역사가 임했다. 도중에 갑자기 진젠도르프 백작이 연단 위로 올라와 지난 몇 년 동안 그들이 범한 분열에 대해 전체 회중을 대표하여 통렬하게 회개 기도를 드렸다. 그리고 그는 그들에게 공동체가 처음 설립된 원칙들을 설명하고 이에 대해 다시 헌신할 것을 요청하였다. 그의 회개 기도가 시작되자 회중들에게는 물 붓듯이 성령이 임하셨다. 훗날 진젠도르프 백작은 그때의 상황에 대해, "성령께서 내려오시는 것이 마치 오순절과 같았다."[2]고 묘사했다. 회중들은 아직도 핍박 가운데 있는 무리와 자신들 공동체의 일치 그리고 전 세계에 흩어져 있는 그리스도의 지체들을 위해 기도했고, 하나님의 말씀이 세상에 강하게 전파되기를 위해 더욱 뜨겁게 구하였다.

그로부터 꼭 2주 후인 8월 27일, 24명의 남성과 24명의 여성이 밤낮 기도할

---

2. Dr. A. K. Curtis, "A Golden Summer," Zinzendorf Jubilee, Comenius Foundation, http://www.zinzendorf.com/agolden.htm. 이 원고는 Christian History Institute의 Glimpses of Christian History, "Glimpses 37: Zinzendorf,"에 처음 발표되었다.

것을 함께 서약하였다. 그들은 남성 한명과 여성 한명이 다른 장소에서 1시간씩 연달아 24시간을 기도할 것을 동의하였다. 이는 하루의 모든 시간을, 일주일의 매일을, 일 년의 모든 주를 채우게 될 것이다. 그들은 하나님이 그들 마음에 주신 소원을 위해 기도했지만, 대부분은 부흥과 예수 그리스도의 복음이 세상 구석구석까지 전해지기를 위해 구하였다. 이러한 철야 기도는 그 후 100년 동안 지속되었고, 부흥이 시작되는 모태가 되었다.

이와 같은 기도는 제1, 2차 대각성운동을 포함해 지금까지 세계적으로 전례 없는 위대한 전도 부흥을 경험하게 하였다. 실제로 많은 역사가들이 제1차 대각성운동의 시작으로 간주하는 1727년의 대지진이 모라비아 교도가 기도를 시작한지 불과 몇 달 후 일어났다고 증언한다. 또한 제2차 대각성운동의 절정기 때 일어난 찰스 피니의 로체스터 부흥과 1831년의 국가 부흥은 그들의 연속 기도가 끝날 무렵에 일어났다고 전한다.

새로운 형태의 대중 집회 전도자인 부흥사들이 태어난 것도 바로 그 무렵이었다. 본서는 바로 그들에 대한 이야기를 소개한다.

서언

2천 년 전, 그리스도께서 인간을 죄와 죄로 인한 허물로부터 구원하기 위해 처음 세상에 오신 후 인간의 생명을 보호하기 위한 격렬한 투쟁이 수 세기 동안 계속되어 왔다. 오순절 때 예수님의 최초 제자들 사이에 일어난 첫 번째 부흥의 역사에서부터 오늘날도 계속되고 있는 21세기의 '오순절 부흥'에 이르기까지, 하나님은 당신을 따르는 자들에게 하나님을 닮아 가고 거룩하며 하나님의 사랑에 대한 이해의 깊이를 더할 것을 거듭 요구하시고, 그들의 마음에 새로운 생명을 넣어 주셨다.

신실한 믿음의 사람들은 말씀을 열심히 연구하고, 뜨겁게 기도함으로써 성령께서 빛과 진리 가운데 임하도록 길을 닦았다. 성령께서는 바울이 가르친 새로운 계시부터 마르틴 루터에 의해서 점화된 대변혁의 종교개혁, 존 웨슬리와 찰스 웨슬리 그리고 그들을 뒤이어 나타난 부흥사들에 의해 주도된 복음전도운동에 이르기까지, 하나님의 구원하시는 은혜의 능력이 인간의 노력이나 관여, 외부로부터의 의지적인 힘이나 잘 만들어진 신조에 의해서가 아니라 단순히 그리스도의 십자가 죽음을 개인적으로 받아들이는 믿음을 통해서만 가능하다는 것을 알리기 위해 지금까지 투쟁을 멈추지 않으셨다. 그러므로 우리는 이처럼 예비한 위대한 복음을 받으며, 적용하는 것을 계속 배우고 있다.

모든 전도부흥운동에 나타나는 공통적인 특징은 마음의 갈구이다. 그것은 마음 가운데 그리스도와의 개인적인 교제를 추구하고, 하나님의 임재를 체험하기 원하며, 하나님을 신령과 진정으로 예배하기를 소망하는 것이다. 부흥은 우리를 조건 없이 사랑하시는 살아 계신 그리스도의 능력과 임재에 대한 마음의 각성에서 비롯된다. 부흥사들은 머리로만 아는 안일하고 타성적인 지식으로부터 과감히 탈피하여, 믿음에 의해 영적으로만 이해할 수 있는 열정적인 진리의 세계에 뛰어들 수 있는 자들이었다. 이러한 진리는 지식으로는 온전히 이해할 수 없으며, 우리가 하나님을 의지하고 믿을 때만이 알 수 있게 된다. 잠언 3:5-7은 이러한 사실을 전한다.

> 5 너는 마음을 다하여 여호와를 신뢰하고 네 명철을 의지하지 말라 6 너는 범사에 그를 인정하라 그리하면 네 길을 지도하시리라 7 스스로 지혜롭게 여기지 말지어다 여호와를 경외하며 악을 떠날지어다

위대한 부흥사들은 우리가 그들에 대해 알고 있는 것처럼 바로 이렇게 하였다. 그들은 자기의 명철을 의지하지 않고, 모든 것에서 하나님을 인정하고자 분투했다. 그들은 자신의 눈과 주변에 있는 다른 사람들의 눈에 지혜롭게 보이고 싶은 유혹을 물리쳤으며, 오직 성령의 인도하심만을 의지했다. 세미하고, 아주 작은 음성을 듣는 것은 매우 어려운 일이다. 하지만 그들은 몸부림치는 인내를 통해 하나님을 발견했다.

그들은 아무런 희망이 없이 가야할 방향을 알지 못하고 홀로 광야를 방황하는 것과도 같은 영적인 어두운 밤을 극복하였다. 그들은 자신의 믿음과 구원조차 의심을 품어야 했다. 그러나 진리를 깊이 갈망하며 기도하는 가운데 그렇게도 절실히 원했던 확신을 발견했다. 이처럼 신앙의 영웅들은 마음 가운데 부흥의 역사를 체험하게 되자, 나라를 밝혀 장차 다가올 세대를 준비할 수 있게 하였다. 그들의 개인의 부흥이 나라의 부흥을 견인하였던 것이다.

이와 같은 부흥은 하나님께 대한 절대적인 믿음과 깊은 경외심 그리고 그들이 목격한 당시 만연하고 있던 사회적인 병폐를 근절시키겠다는 결단과 함께 시작되었다. 부흥사들이 일으킨 삶의 변화는 사회와 나라에 변화를 가져왔다. 위대한 하나님의 거장들에 의해 구분된 의와 악의 전선은 앞으로 영원히 유지될 것이다. 우리는 그들이 걸어간 발자취를 따를 때, 그들이 승리하고, 극복한 전쟁과 장애물을 통해 많은 것을 배울 수 있을 것이다. 『하나님의 거장들: 부흥사』에 기록되어 있는 전쟁터의 방문을 통해 2세기 반 이상에 걸친 여정에 동참할 것을 권한다.

제 1 장

✫✫✫✫✫

존 웨슬리, 찰스 웨슬리
John Wesley, Charles Wesley

(1703-1791)　　　　　　　　　(1707-1788)

"부흥의 머리와 심장"

제 1 장

부흥의 머리와 심장

John Wesley & Charles Wesley

나는 여가를 즐기는 것과는 결별을 선언했으며, 앞으로 절대 재회하지도 않을 것이다.

- 존 웨슬리

•

만 입이 내게 있으면 그 입 다 가지고, 내 구주 주신 은총을 늘 찬송하겠네!

- 찰스 웨슬리

존 웨슬리와 찰스 웨슬리가 태어날 때 영국은 앤 여왕이 왕위에 있었으며, 프랑스는 루이 14세가 통치하고 있었다. 아이작 뉴톤은 그때까지 살아 있었고, 철학자 존 로크는 불과 얼마 전 세상을 떠났다. 미국은 질서가 잡히지 않은 여러 식민지 집단에 불과했으며, 증기 기관과 산업 혁명은 몇십 년 후에야 출현했다. 영국, 특히 웨슬리 형제가 태어난 엡워스(Epworth)는 대부분 농사를 짓는 시골이었다. 한 가지 매우 주목해야 할 것은 영국이 지난 반세기 전에 겪은 내전으로 올리버 크로웰이 영국의 호국경(protectorate)이 되었다는 사실이다(1653-1659). 10년 이상(1649-1659) 영국은 군주가 없었다. 군주 정치가 회복되었을 때는 왕권이 의회와 분할되어 세력이 크게 약화되었으며, 청교도를 보호자로 세운 이후 영국 국교회(the church of England)는 종교 생활에 있어 더 이상 강한 힘을 행사하지 못했다.

18세기 초는 앞선 이성의 시대 뒤이어 일어난 계몽주의의 여명으로서 도덕이나 정신, 성경적 진리보다 합리주의와 과학을 강조하였다. 갈릴레오와 뉴턴의 과학적인 발견들은 인간이 하나님의 지혜보다 지식의 힘을 믿는 과학의 혁명을 부채질하였다. 따라서 휴머니즘이 새롭게 떠오름과 동시에 도덕성의 쇠퇴를 가져왔다. 성경은 더 이상 인간이 지침으로 삼아야 할 유일한 기준으로 간주되지 못했다.

영국은 또 '진 시대'(Gin Age)에 매몰되어 있었다. 런던에서는 네 집 가운데 한 집이 진을 제조했으며, 이를 거리에서 판매하였다. 사회의 모든 계층이 음주와 타락으로 병들어 있었다. 의회는 의원들이 만취하여 국사를 처리할 수 없어 휴회를 선포해야 하는 경우가 잦았다.

어린 아이들은 특히 가혹한 학대에 시달렸다. 아이들은 약 75퍼센트가 5살 이전에 죽었다. 생활 환경은 매우 열악하였다. 알코올에 중독된 부모들은 어린 자녀를 방치하는가 하면, 심지어 알코올을 구하기 위해 어린 자녀를 팔기까지 했다. 그들 중에는 어린 자녀가 효과적으로 구걸하도록 섬뜩한 방법으로 흉측한 불구자로 만드는 자도 있었다. 1739년 방치된 아이들을 위해 병원을 설립하고자 의회에 제출된 탄원서는 '굶어 죽도록 거리에 버리거나, 동정심을 사기 위해 눈을 멀게 하거나 사지를 뒤틀어 불구로 만들어 버린' 아이들에 대한 참혹한 상황을 설명한다.[1]

영국은 프랑스와 마찬가지로 변화를 위한 분위기가 무르익어 가고 있었다. 그러나 영국 제도(British Isles)에서의 변화는 크게 다를 수밖에 없었다. 영국의 변화는 존 웨슬리와 찰스 웨슬리의 영감을 크게 받은 '감리교'(Methodism)란 부흥운동으로 나타났다. 어느 역사가의 다음과 같은 글은 그것을 잘 나타내

---

1. Keith J. Hardman, *The Spiritual Awakeners* (Chicago: Moody Press, 1983), 76.

고 있다.

> 감리교와 프랑스 혁명은 18세기에 일어난 가장 놀라운 두 가지의 현상이다. 존 웨슬리는 아무리 더러운 것도 청소할 수 있는 신선한 공기로 치명적인 분위기를 일소시켰다. 그의 설교와 복음은 수천 명의 남녀에게 새 하늘과 새 땅을 계시해 주었다. 그것은 영혼이 없는 삶에 종교심을 고취시키고, 그들에게 위로와 영감, 그리고 판단의 기준이 되었다. 아무리 가난하고 비천하며 타락한 자라도 거듭났으며, 하나님의 은혜의 특권에 참여하여 유일한 주가 되시는 그리스도를 섬기게 되었고, 하나님이 주시는 평강의 축복된 열매를 차지하게 되었다.[2]

웨슬리 형제가 설립한 감리교 신도회(Methodist Societies)란 방대한 조직은 이러한 불확실성과 경제적 어려움 그리고 짧은 기대 수명의 시대에 절실히 필요한 하나님의 자비와 사랑에 대한 확신을 가져왔다. 웨슬리 형제에 의해 조직된 이들 '홈그룹'(오늘날 많은 사람들이 '셀그룹'이라 부른다)은 지속적인 교육과 기도, 체계적인 관리와 필요한 제자훈련과 교제를 제공하였는데, 이는 영적 성장의 기초가 되었다. 그러나 무엇보다도 중요한 것은 존 웨슬리와 찰스 웨슬리가 '값없이 주는 은총'의 메시지를 대중에게 직접 전했다는 사실이다. 그들이 가장 귀하게 여긴 청중은 하나님이 예비하신 풍성한 은혜를 기꺼이 받아들일 마음의 준비가 된 '영적으로 회개한 겸손한 자들'이었다.

---

2. John Telford, *The life of John Wesley* (London: The Epworth Press, 1924), 1.에서 인용된 C. Grant Robertson, *England under the Hanoverians* (London: Methuen and Company, 1923), 210-11.

순수한 열정

존 웨슬리와 찰스 웨슬리는 1703년 6월 17일과 1707년 12월 18일 런던 북쪽 약 305킬로미터 조금 안 되는 곳과 영국의 심장부라 할 수 있는 맨체스터 동쪽 약 128킬로미터 지점에 위치한 소도시인 엡워스에서 태어났다. 그들은 19명의 자녀 중 15번째와 18번째로 태어났으며, 자녀들은 10명만이 성인이 될 때까지 생존할 수 있었다. 실제로 '존 벤자민 웨슬리'는 그가 태어나기 전에 죽은 두 형의 이름을 따서 지은 명칭이다. 존은 15번째로 출생했지만, 그가 태어났을 때 8명의 형과 누나는 이미 죽고 6명만 살아 있었다.

웨슬리 가정의 자녀를 소개하면 다음과 같다. 사무엘(Samuel, 1690-1739), 수잔나(Susanna, 1691, 영아 때 사망), 에밀리아(Emilia, 1692-1771), 쌍둥이인 앤슬리(Annesley)와 제디디아(Jedidiah, 1864?, 영아 때 사망), 수잔나 수키(Susanna Sukey, 1695-1763), 메리 몰리에(Mary Mollie, 1696-1734), 메헤타벨 헤티(Mehetabel Hetty, 1697-1750), 이름이 밝혀지지 않은 자녀(1698, 영아 때 사망), 존(John, 1699, 영아 때 사망), 벤자민(Benjamin, 1700, 영아 때 사망), 이름이 밝혀지지 않은 또 다른 쌍둥이(1701, 영아 때 사망), 앤(Anne, 1702-1742?), 존(John, 1703-1791), 이름이 밝혀지지 않은 또 다른 아들(?, 영아 때 사망), 마르다(Martha, 1706-1791), 찰스(Charles, 1707-1788) 그리고 케지아 케지(Keziah Kezie, 1709-1741).

엡워스는 지난 200년 동안 약 2천 명이 맴도는 '장이 서는 소도시'(market town)였다. 주민의 대부분은 작물을 재배하고, 대마와 아마에서 나오는 재료로 직물을 생산하는 일에 종사했다. 웨슬리 형제가 태어난 교회 사택은 목재와 석회로 건축된 초가지붕으로 된 3층짜리 건물이었다. 그것은 초가로 지은 헛간과 비둘기장 그리고 작은 정원이 딸린 건축물로 3에이커(12,140제곱미터)의 땅에 세워졌다.

존과 찰스는 오랫동안 내려온 목회자 가정의 자손이었다. 목사였던 아버지 사무엘(Samuel)과 어머니 수잔나 웨슬리(Susanna Wesley)는 존과 찰스를 장차 영국 국교회의 지도자로 세우는 꿈을 갖고 그들을 양육하였다. 아버지는 청교도의 후손이었음에도 불구하고, 급료와 주택과 교구를 보장받기 위해 국교도들과 우호적인 관계를 유지하였으며 그들에게 목사 안수를 받았다. 하지만 가정은 청교도와 같이 엄격한 도덕적 규범으로 통제하였고, 매일 혹독한 규칙에 따라 행동하고 공부하며 기도하도록 하였다.

아버지 사무엘은 35년간 엡워스의 소교구 목사[3]로 사역하면서 주변 여러 도시들의 영적 필요를 채우고 보살피는 데에 많은 노력을 기울였다. 그리고 틈나는 대로 말씀을 열심히 연구하였고, 때로는 집무실 문을 걸어 잠근 채 설교를 작성하고 시를 쓰거나 찬송가의 작곡에 몰두했다. 그가 유일하게 가족과 함께하였던 것은 식사 시간이었는데 그때도 언제나 조용히 식사만 했다.

그에 반해 어머니 수잔나는 자라나는 자녀들에 맞춰 다양하게 교육하였으며, 직접 훈육하는데 힘을 다하였다. 어머니의 지도 아래 자녀들은 역사와 문학, 고전어, 음악을 공부했는데 무엇보다도 성경 읽는 것을 가장 중하게 여겼다. 그들은 시편과 잠언을 외우고, 신약 성경의 긴 절들을 암송했다. 해 뜰 때부터 해 질 때까지 일과가 기도와 성경을 읽는 것으로 시작해서 마치도록 하였다. 모든 자녀에게 똑같이 엄격한 공부와 헌신을 요구하였다. 잘못한 일에 대해서는 매를 아끼지 않았고, 항상 정중하고 예의 바르게 행동할 것을 가르치며, 순종을 요구했다.

▲ 수잔나 웨슬리
아이다호주 노스웨스트 나사렛대학교의 웨슬리 센터(wesley.nnu.edu)

자녀들은 한 살 때부터 매를 두려워하였고, 울 때는 소리가 나지 않게 조심해야 한다고 배웠다. 따라서 아이들이 집에 가득했음에도 불구하고 항상 평

---

3. 목사와 같은 성공회의 직위

온하고, 조용했다. 어머니의 철학은 간단하면서 목표 지향적이었다.

> 확실하고, 합당한 신앙 교육을 위해서는 일찍부터(인생의 초기에) 아이들의 의지를 다스려야 한다. 그렇지 않을 때는 어떠한 훈계와 귀감이 되는 행동도 효과를 거둘 수 없다.[4]

이러한 방법은 오늘날 많은 사람에게 거부감을 느끼게 할지 모르지만, 이러한 양육 방법을 통해 존이 감리교의 특징인 철저하고, 엄격하며 질서 있게 하나님을 찾는 자가 될 수 있었다는 사실을 쉽게 알 수 있다. 어머니의 훈육 방법은 존에게 안정감과 목적의식을 심어 주어 그로 하여금 진리에 대해 항상 마음을 열며 신앙생활에 열심을 다하고, 겸손한 태도를 갖게 했다. 존과 찰스에게는 엄격한 시간 관리와 모든 것에 있어서의 절약 그리고 차분히 공부함이 평생의 습관이 되었다.

웨슬리의 자녀들은 성인이 되면 철저히 훈련된 생각과 순결한 마음 그리고 하나님께 대한 신실한 열정을 품고 가정을 떠났다. 사무엘 주니어와 찰스, 어쩌면 앤까지 그들을 제외하곤 대부분 자녀들의 결혼 생활이 불행했음에도 불구하고 그들은 굳건한 믿음을 통해 자신의 환경을 극복했다. 그들은 각자 학습과 작문, 교육에 대한 관심을 계속 추구했으며, 그중 몇 사람, 특별히 사무엘과 헤티, 찰스는 아버지처럼 시에 대한 열정이 남달랐다. 어머니의 엄격한 교육과 지혜로운 훈계는 훌륭한 일곱 자매의 영향과 함께 존과 찰스의 성장과 관련하여 절대 따로 생각할 수가 없다.

---

4. Telford, *Life of John Wesley*, 14.

불같은 시련

웨슬리 가정은 자녀들의 성장기 때 불어 닥친 역경을 잘 극복해 냈다. 아버지가 가족을 남겨 두고 장기간 동안 런던에 가 바쁘게 지내는 바람에 경제적 고통에 시달린 경우가 많았다. 아버지는 무거운 빚더미에 시달렸다. 그래서 종종 경제적인 파탄의 위기까지 몰리기도 하였다. 아버지는 존이 불과 2살 때 일시적으로 채무자 감옥에 수감되기도 했다.

아버지가 집에 있을 때 가정은 엄하고, 까다로웠다. 그럼에도 불구하고 아버지에 대한 어머니의 존경심은 변하지 않았다. 엎친 데 덮친 격으로 계속 어려움이 생기고 19명의 자녀 중 9명이 영아 때 세상을 떠나는 슬픔 가운데도 어머니의 믿음은 조금도 흔들리지 않았다. 훗날 존과 찰스가 감당하기 힘든 어려움에 직면해서도 믿음과 은혜로 의연하게 대처한 것을 보면 그들이 어머니의 이와 같은 꿋꿋한 모습에 깊은 감동을 받았음이 틀림없다.

존이 5살 때부터 어머니는 그에게 구약 성경을 읽도록 가르쳤다. 자녀들은 습관적으로 새벽 일찍 잠자리에서 일어나 각자 경건의 시간을 가진 후 공부를 하고, 조용한 분위기 속에 간단히 세끼 식사를 마친 다음 오후 6시 기도로 저녁을 마무리하고, 7시가 되면 잠자리에 들어갈 준비를 했다. 따라서 8시 이후에는 돌아다니는 것이 전면 금지됐다. 웨슬리의 아이들은 근면 성실함으로 생활했기 때문에 매를 맞지 않았다.

> 웨슬리의 아이들은 근면 성실함으로 생활했기 때문에 매를 맞지 않았다.

어머니 수잔나가 절제력 있고 신앙이 독실한 여성으로 알려진 반면, 아버지인 사무엘은 주장이 강하고 고집 센 사람으로 유명하다. 그는 무례하였으며, 자신의 종교적 정치적 견해에 대해 다소 함부로 말하는 경향이 있었다. 그는 치열한 경선에서 자기가 지원하는 후보자의 인기가 없자 자기 지역의 비국교도들을 떠나게 했다. 게다가 그의 교구민들이 희생되는 것을 보고 그 죄에 대해 격렬하게 설교하였다. 그러나 죄를 깨닫지 못한 사람들은 내심으로 그의 비난에 분개하였다. 그는 아마 과도한 차용으로 몇몇 적들도 있었을 것이다. 여러 이유로 지역민들 사이에 그에 대한 평가는 1709년 2월 9일 저녁 갑작스럽게 찾아온 죽음을 맞이할 때까지 계속 악화되었다.

웨슬리의 가족이 잠자고 있던 어느 날 밤 11-12시 사이 엡워스의 목사관에 의문의 화재가 발생했다. 사람에게 화재 현장이 목격됐을 때는 곡물 저장 창고의 지붕이 이미 전소되어 있었다. 일부 불길이 초가지붕을 뚫고 들어와 헤티의 침대에 붙는 바람에 그녀가 잠에서 깼다. 바로 그 순간 헤티는 "불이야! 불이야!"라고 소리치며 아버지를 찾아 달려 나갔다. 연기와 불길이 빠른 속도로 집을 삼켜 버려 지붕이 순식간에 무너져 내리자 사무엘과 수잔나는 아이들을 불러 급히 밖으로 내보냈다. 그들은 옷가지나 소지품을 챙길 시간이 없었다.

그들이 계단을 내려올 때 얇은 벽 하나만이 불길이 그들의 대피 통로로 들어오는 것을 막아주었다. 마지막 자녀의 출산을 앞두고 있던 수잔나는 아이

▲ 존 웨슬리가 구조된 엡워스의 사택 화재 장면 (의회도서관, 6002275)

들을 모두 피신시키기 위해 불길을 막다가 다리와 얼굴에 화상을 입었다. 밖으로 내보낸 아이들의 수를 세어보니 5년 6개월 된 존이 보이지 않았다.

존은 커튼으로 가려진 채 2층의 침대에서 자고 있었다. 그는 커튼 반대편의 어른거리는 불빛에 부스스 잠에서 깼다. 아침이 되었다고 생각한 존은 기도하기 위해 아래층으로 내려오라고 부르는 사람이 없는 것을 궁금히 여기며 그때까지는 일어나지 않기로 하고 가만히 누워있었다. 존이 침대의 덮개에서 나왔을 때는 그의 방이 이미 불길에 휩싸여 있었다. 그는 침대에서 뛰쳐나와 소리쳤지만, 집안에는 그의 소리를 들을 수 있는 사람이 아무도 없었다. 문을 통해 아래층을 내려다보는 순간 그는 지옥과 같은 끔찍한 장면을 목격하였다. 창문 쪽으로 달려가서 받침대 위에 올라가 밖을 내다보니 아래에서는 여러 가정 도우미와 이웃 사람들이 불을 끄기 위해 허둥대며 바쁘게 움직이고 있었다.

존의 어머니는 밖에서 정신없이 그를 찾고 있었다. 아버지는 자신의 바지로 얼굴 가리개를 삼아 집안으로의 진입을 두 번이나 시도했지만, 불길이 너무 센 나머지 뚫고 들어갈 수가 없었다. 구출에 실패한 그는 가족들과 함께 정원에 둘러앉아 존을 하나님께 전적으로 맡기는 기도를 드렸다.

어린 존이 2층 창문에서 손을 흔들며 도움을 청했을 때 처음에 이를 알아차린 사람이 아무도 없었다. 그러나 불길이 건물의 2층까지 삼키기 시작했을 때, 존은 한 이웃의 눈에 띄게 되었다. 그는 재빨리 다른 남자의 어깨 위로 올라가 지붕의 나머지 부분이 무너지기 바로 몇 분 전 존을 안전한 곳으로 끌어냈다. 몇 분 후 사택은 완전히 전소되었다.

교구 목사인 아버지는 존을 인계받자, "주민 여러분, 여기에 모여 다 함께 하나님 앞에 무릎 꿇고 감사기도를 올립시다! 하나님은 저의 여덟 자녀를 모두 살려주셨습니다.[5] 집이 불타 없어졌어도 괜찮습니다. 저는 이 상태로도 너

---

5. 사무엘과 수잔나는 이 시점에 아홉 명의 자녀가 실제로 있었다. 사무엘 주니어는 웨스트민스터 학교에 있었고 거기에서 기숙하며 공부했기 때문에 위에서 언급한 자녀에 포함시키지 않았다.

무 족합니다."⁶ 훗날 사무엘은 다음과 같이 유명한 말을 했다. "존은 불구덩이 속에서 구해낸 아이입니다."⁷ 그때부터 어머니는 하나님이 존에게 분명히 특별한 사명을 주셨으리라는 확신을 갖게 되었다.

> 어머니는 하나님이 존에게 분명히 특별한 사명을 주셨으리라는 확신을 갖게 되었다.

화재로 인한 붕괴로 아무것도 남은 것이 없어 웨슬리의 가족에게는 갈아입을 옷조차도 없었다. 자녀들은 주위의 몇몇 가정에 분산되어 그들의 보살핌을 받아야 했다. 불과 몇 주 후 어머니는 케지를 출산하여 한동안 갓 태어난 아이를 돌보는 일에 바빠 자녀들이 또래의 다른 아이들과 함께 노는 것을 허락했다. 자식들은 여느 아이들처럼 마음대로 뛰어다니고 놀며, 식사 시간에도 시끄럽게 말하였다. 그들과 똑같이 행동했던 것이다.

약 1년 후 사택이 재건축되었을 때 어머니는 엄격하게 행동과 습관을 바로 잡는데 시간을 쓸 수 없었다. 오직 주 관심사는 안식일에 대해 아이들이 그릇된 태도를 갖지 않게 하는 것이었다. 어머니는 아이들이 예전에 들었을 때는 상상할 수도 없었던 말을 하는 것을 듣고는 아이들이 바른 자세를 잃어버렸고, '상스러운 말투와 많은 무례한 행동 방식이 몸에 뱄다고'⁸ 느꼈다.

존이 화마의 위기에서 구출되자 어머니는 그의 교육에 남다른 관심을 기울였다. 화재가 발생한지 2년이 지난 후의 어느 날, 자신의 일기장에 다음과 같이 기록하였다.

> 저는 이 어린 아이의 영혼에 특별히 많은 관심을 기울일 것을 서원합니다. 그것은 하나님이 저에게 지금까지 경험하지 못한 놀라운 긍휼을 베푸신 이유가 저를 통해 아이의 마음에 하나님에 관한 참된 신앙과 도덕적인

---

6. Robert Southey, *The Life of Wesley and the Rise and Progress of Methodism* (London: Frederick Warne and Company, n.d., ca. 1820), 11.
7. Ibid.
8. Telford, *Life of John Wesley*, 19.

원리를 심어주기 위함이라고 믿기 때문입니다. 주님, 신실하고 정성을 다해 이를 행하도록 저에게 은혜를 베푸시고, 이러한 저의 노력이 성공하도록 축복해 주옵소서.[9]

흥미로운 것은 하나님께로부터 자기의 일생에 대한 위대한 소명을 받은 사람들 중에는 어린 시절 존과 비슷한 이야깃거리를 가졌던 자들이 많다는 사실이다. 만약에 그날 존이 화재로 죽고 영국이 감리교부흥운동이 아닌 프랑스 혁명과 같은 길을 갔다면, 과연 어떠한 일이 일어났을지 상상이 되지 않는다. 대적자들이 존의 평생 사명과 그것에 대한 하나님의 뜻을 알았다면 어떻게 하든 이를 좌절시키려 했을 것이다. 부모의 입장에서 자식에 대한 하나님의 보호를 깨닫고 하나님께 서약하여 가정을 안전하게 지켜야 하는 중요한 이유가 바로 여기에 있다.

그로부터 약 2년 후 존이 8살 때, 아버지는 그에게 성찬식의 참여를 허락했다. 수년이 지나 존은 자신의 생애 중 이때를 회상하며 일기장에 다음과 같이 썼다.

'하나님의 모든 계명을 지키는 완전한 순종을 통해서만' 구원받을 수 있다고 엄격하고 진지하게 교육받았기 때문에 나는 거의 10살이 될 때까지 내가 세례를 받을 때 임한 '성령으로 말미암는 죄 씻음'이 필요할 만큼 죄를 범하여 하나님으로부터 멀리 떠나 있다는 사실을 믿지 않았다.[10]

이러한 가르침의 상당 부분은 1711년 겨울 존의 어머니가 주일 저녁마다 식탁에서 자녀들에게 설교문을 읽어주면서 시작되었음이 분명하다. 이때는 아버지가 다시 집을 떠나 런던에 있을 때로 어머니는 오전 예배를 마친 후 자녀들만을 위해 안식일의 나머지를 '경건의 시간'으로 보내야 할 필요성을 느

---

9. Ibid., 19-20.
10. Ibid., 20.

졌던 것이다. 어머니 수잔나가 인도한 낭독과 토론은 교회 봉사자들과 그들의 가족 그리고 조만간 이웃 사람들이 어머니가 하나님의 말씀을 읽고, 가르치는 것을 듣고자 모임에 열렬히 참석할 정도로 감동적이었다. 정기적으로 참석하는 사람의 수가 40명에서 100명으로, 그리고 마침내 200명까지 늘어나 얼마 안 가 사택의 공간은 그녀의 말을 듣기 원하는 사람들을 모두 수용하지 못하게 되었다.

그러나 어머니 수잔나의 성경 낭독을 듣기 위해 모이는 무리의 수가 주일 아침 부목사[11]의 설교를 듣기 위해 오는 사람의 수보다 많아지자 그는 몹시 못마땅해 했다. 그는 전체 교인들로부터 불만을 살 것을 감수하면서까지 아버지 사무엘에게 그의 아내가 시행하고 있었던 비정규적인 시간을 중단하도록 요청하는 불만 섞인 서신을 보냈다.

이에 대한 답변으로 아버지는 어머니에게 대신해서 설교문을 읽어 줄 다른 사람을 찾아보도록 권하는 편지를 썼다. 어머니는 말을 더듬지 않고 설교문을 읽을 수 있는 사람이 없다는 내용의 답신을 보냈다. 처음에는 어머니의 이와 같은 답변에 수긍하는 듯했다. 그러나 부목사의 계속된 불만에 아버지는 다시 편지하여 모임을 중지할 것을 요구하였다.

사람들에게 그들의 일상적인 습관을 개선하도록 촉구하고, 보다 정기적인 교회 출석의 동기를 부여하는데 모임이 얼마나 유익하다는 것을 알고 있던 어머니는 양심상 도저히 그것을 중단할 수 없다는 취지의 진술로 다시 자신의 주장을 변호했다. 어머니는 편지에서 다음과 같이 결론을 맺었다.

> 당신이 이 모임을 해체하는 것이 합당하게 생각된다고 해서, 내게 그렇게 하기를 **바란다**는 말은 하지 말아주세요. 저는 양심상 도저히 그렇게 할 수 없으니까요. 그보다는 당신과 내가 주님 예수 그리스도의 준엄하고, 무서운 재판정 앞에 설 때에 이처럼 선한 일을 할 수 있는 기회를 방치한 것

---

11. 목사

에 대한 죄와 형벌을 면하게 하기에 합당하고, 분명한 표현의 **긍정적인 명령**을 보내 주세요.[12]

아버지는 더 이상 반대하지 않았다.

존의 정규 교육

존과 찰스는 존이 추천을 받아 사립 기숙학교인 차터하우스(Charterhouse)에 입학할 때까지 2년 이상 그들의 어머니 밑에서 교육받았다. 존은 10살 밖에 안 되었지만, 자기 또래의 다른 소년들과 마찬가지로 당시 영국의 기숙학교에서 상급들에게 허락된 가혹 행위에서 예외가 아니었다. 그때는 상급생들이 하급생들에게 매일 배식되는 육류를 빼앗는 것이 일반화되어 있었다. 따라서 처음 몇 년 동안 존은 빵만 먹고 살아야 했다. 그런데 존의 이야기에 의하면, 그는 아버지의 제안에 따라 넓은 정원 주위를 매일 아침 세 번씩 뛰어 건강을 지킬 수 있었다고 한다. 다니엘처럼 그는 채식을 통해 보다 탄력 있는 몸매를 만들었으며, 적은 식사 양에도 불구하고 건강과 충분한 기력을 유지했다.

존은 또한 학생과 선생님들 사이에 침착한 태도를 가지고 있으며 자제력이 뛰어난 사람으로 알려질 만큼 자기보다 나이가 많은 소년들의 놀림과 괴롭힘을 아주 의연하게 대처했다. 존은 그의 나이에 비해 더욱 성숙해 보였으며, 지식의 추구에 있어서도 매우 성실하고, 진지하여 교장 선생님과 절친한 교분을 유지했다.

> 존은 침착한 태도를 가지고 있으며 자제력이 뛰어난 사람으로 알려졌다.

---

12. Southey, *The Life of Wesley*, 13.

많은 교회사가들은 존이 어린 시절 차터하우스에서의 연단으로 영적인 헌신의 삶에서 떠났었다고 말하지만, 존의 다음과 같은 글을 주의해서 보면 그의 마음이 여전히 하나님께 향해 온전히 있었음을 보여준다.

> 나는 그 다음 6, 7년을 학교에서 보냈는데, 외부로부터의 구속이 없는 그곳에서 나는 어느 때보다도, 외적인 의무에 있어서까지 훨씬 더 부주의 했으며, 비록 세상적인 관점에서는 문제가 되지 않았다 할지라도 내 입장에서는 외적인 죄가 된다고 생각하는 것들에 대해 거의 항상 죄의식을 느꼈다. 그럼에도 불구하고 나는 아침저녁으로 계속 성경을 읽고, 기도했다. 그리고 나는, 1) 다른 사람들처럼 나쁜 짓을 하지 않고, 2) 종교적인 면에서 호의적이며, 3) 성경을 읽고, 예배에 참석하며, 기도하므로 구원받기를 원했다.[13]

존은 17살 때 차터하우스 졸업 후 옥스퍼드의 크라이스트 처치에 진학했다. 우리는 그 당시 존이 신체적으로 완전히 성장했지만, 체구가 크지 않았다는 사실에 유의해야 한다. 신장이 불과 166.4cm에 약 59kg이었다. 그러나 작은 체구가 그에게는 전혀 장애가 되지 않았다. 이러한 사실은 사람의 영적 '크기'와 비교할 때 그의 신체적인 크기가 그렇게 중요하지 않다는 것을 입증한다. 존 웨슬리는 분명 믿음의 거장이었다. 대학교를 졸업할 무렵 존은 학교 수위와 대화를 나누게 되었는데, 이는 앞으로 몇 년 후 그에게 일어나게 될 영적 각성으로 인도하는 새로운 문이 되었다. 그는 존이 만난 사람 가운데 가장 고마운 사람이다. 수위는 몸에 걸친 것이라곤 코트 하나였고 하루 종일 물 한 컵을 마셨음에도 불구하고, 마음은 하나님께 대한 찬양으로 충만해 있었다. 존은 말하였다. "당신은 입을 것도, 먹을 것도 그리고 누울 침대도 없지만 하나님께 감사를 하는군요. 그렇게 감사할 만한 다른 이유라도 있으신가

---

13. Telford, *Life of John Wesley*, 31.

요?" 수위는 이렇게 대답했다. "저는 하나님이 제게 생명을 주어 누리게 하시고, 그분을 사랑할 수 있는 마음과 그분을 섬기려 하는 욕망을 주신 것에 감사드리고 있습니다."[14] 간증을 들은 존은 자신이 그때까지 경험하지 못한 예수님을 따라야 할 또 다른 이유가 있다는 사실을 깨달았다. 그것은 바로 그가 원하던 바였다.

옥스퍼드대학에서 존은 자신의 학문에 전념했다. 그가 토마스 아 켐피스(Thomas a Kempis)와 제레미 테일러(Jeremy Taylor) 그리고 윌리엄 로(William Law)의 감동적인 작품들을 읽고 하나님께 더욱 가까이 나아간 간 것에는 의심의 여지가 없다. 이 기간에 그는 영적 헌신에 대한 기독교의 가장 위대한 작품 가운데 하나로 오랫동안 손꼽혀온 켐피스의 『그리스도를 본받아』(*The Imitation of Christ*)를 읽었다. 그는 지대한 관심을 갖고 윌리엄 로의 『경건하고 거룩한 삶을 위한 진지한 부르심』(*A Serious Call to a Devout and Holy Life*)과 함께 『그리스도인의 완전에 대한 연구』(*A Treatise of Christian Perfection*)와 더불어 제레미 테일러의 『거룩한 생활의 규칙과 훈련』(*The Rule and Exercises of Holy Living*)을 탐독했다. 이러한 작품들은 특별히 수년이 지나 존의 어머니의 훈계처럼 그의 영적 여행과 개인적인 '각성'을 위한 초석 역할을 한 것으로 보인다.

> 지금 이 순간 진실한 자세로 종교를 네 인생의 가장 중요한 것으로 삼기를 결단하라. 왜냐하면 엄밀히 말해서 그것이 반드시 필요하기 때문이다. 그 외의 다른 것들은 인생의 목표에서 그렇게 중요하지 않다. 나는 예수 그리스도로 말미암는 구원에 관해 바른 소망을 갖고 있는지를 알아보기 위해 이 시간 자신을 엄중히 검증할 것을 당부한다. 만약 그러한 소망이 당신에게 있다면, 이를 아는 것으로부터 오는 만족이 현재의 고난에 충분한 보상이 될 것이다. 하지만 그렇지 못할 경우, 당신은 어떠한 비극 가운데 있을 때보다도 눈물을 흘려야 할 합당한 이유를 발견하게 될 것이다.[15]

---

14. Ibid.
15. Southey, *The Life of Wesley*, 20.

이러한 훈계가 오늘날 대부분의 사람들에게는 다소 부자연스럽게 들릴지 모르지만, 존과 찰스가 자라면서 배운 교리가 프랑스의 종교개혁자인 존 칼빈(John Calvin)의 영향을 크게 받은 예정론이었다는 사실을 이해하는 것은 매우 중요하다. 칼빈주의 교리에 따르면 인간에게는 자신의 구원을 거부할 수 있는 권한이 없다. 그것은 구원이 하나님에 의해 '예정'되었기 때문이다. 하나님은 삶의 모든 영역에서 절대적인 주권자가 되신다. 따라서 교회에 출석하는 것은 "내가 어떻게 구원받을 수 있느냐?"의 문제보다 "나는 구원받았는가?"에 대해 알고자 하는 탐구가 되었다. 존과 찰스는 인생의 초년기에 하나님을 열심히 추구했지만, 자신의 구원에 대한 확신이 전혀 없었다. 존은 목사 안수를 받고 첫 번째 임지로 사역을 가게 돼서야 비로소 그 사실을 궁금해 하기 시작했던 것이다.

성경 고집쟁이들

이처럼 내적인 확신이 부족함에도 불구하고, 존은 학교를 졸업하자 부제(副祭, deacon)로 서임을 받고 위트니(Witney) 읍에서 가까운 사우스 리에(South Lye)란 작은 마을에서 그의 첫 번째 설교를 행했다. 그해 여름 존은 교구 목사인 아버지의 사역을 돕기 위해 엡워스로 돌아와 이듬해의 대부분까지 그곳에 머물렀다. 흥미로운 사실은 존이 옥스퍼드를 떠나려고 준비 중에 있을 때 4살 아래의 동생 찰스가 공부하기 위해 막 도착을 앞두고 있었다는 점이다. 1726년 봄, 존이 옥스퍼드의 링컨 칼리지(Lincoln College)의 조교로 선발되어 아버지에게 기쁨과 자랑거리가 되었다. 그로부터 8개월 후 그는 헬라어 강사와 1차 학사 시험 위원으로 위촉되었다. 존이 전환점을 경험하게 된 것은 1725년 21살이 된 직후 무렵이다. 켐피스의 『그리스도인의 본』(*The Christian's Pattern*)과 테일러의 『거룩한 삶과 죽음』(*Holy Living and Dying*)이란 책이 그에게 큰 감동을 주었다. 그는 삶의 모든 영역에서 완전한 헌신과 성결을 추구하였으며, 이후 10년 동안 그의 영적인 열망의 중심이 되었다. 이는 그리스도인의 완전에 대한 감리교 교리의 토대가 되었다.

저술가인 제임스 리그((James H. Rigg)는 『웨슬리의 삶』(The Living Wesley)에서 이렇게 기술하였다.

> 그는 자신이 참다운 성결을 얼마나 원하고 있는지를 깊이 자각하고 그 때부터 하나님께 대한 절대적인 헌신을 인생의 중요한 목표로 추구하기 시작했다.[16]

리그는 또한 존의 일기를 소개하였다.

> 나는 의도의 단순함과 감정의 순수함을 보았다 - 우리의 모든 언행에 담겨 있는 하나의 의도와 우리의 분노를 다스리는 하나의 욕망- 이들은 진정 영혼의 날개이다. 그것 없이 영혼은 결코 하나님께 올라갈 수 없다.
> 즉시 나는 나의 모든 삶(모든 나의 생각과 말과 행동)을 하나님께 바치기로 결심하였다. 거기에는 중간이 없다고 분명히 확신한다. 내 삶의 모든 부분(일부만이 아니라)은 신이나 나 자신, 즉 악마에게 바쳐야 한다.[17]

존은 거룩한 것을 추구하는데 보다 충분한 노력을 기울이기 원했지만, 당시의 칼빈주의 교리 때문에 거룩은 일정한 규범과 도덕적 기준에 따른 엄격한 적용으로 정의된 외적이고, 율법적인 관점에서의 성결이었다. 그것은 내적 변화, 마음의 진정한 영적 변화가 아닌 외적인 모습의 경건과 절제에 지나지 않는 사악한 의미에서의 종교였다. 존에게 필요한 것은 진정으로 거룩하게 됨이 그리스도께서 십자가 위에서 완수하신 사건을 수용함으로부터만 온다는 사실을 아는 것이었다.

---

16. James H. Rigg, *The Living Wesley* (London: Charles H. Kelley, 1891), 87.
17. Ibid., 41.

그러나 존은 구원에 대한 소망을 자신의 능력으로 행하겠다는 '거룩한 행위'에 두었다. 그는 하나님의 구원하시는 은혜의 선물을 믿음을 통해 받아들이는 것과는 정반대로 자신의 부단한 노력과 헌신을 통해 그러한 은혜를 누릴 수 있다고 믿었다. 그리스도에 대한 섬김과 성경에 기록되어 있는 우리의 행위에 대한 가르침에 온전히 헌신하므로 자신이 더욱 종교적인 사람이 되겠다는 그의 새로운 결단에 규범과 의식을 강조하는 영국 국교회의 배경이 더해졌다. 하지만 존에게는 하나님을 섬기고자 하는 진정한 열망이 있었다. 그는 22살이 될 때 자신과 그의 부모가 가장 고귀한 소명이라고 생각한 목회사역을 위해 부름을 받았다는 확신을 하게 되었다.

존은 자신의 헌신적인 노력, 즉 의를 위한 외적인 엄격한 행위에도 불구하고 자신이 원하는 내적인 평안의 확신을 누리지 못하자 갈등하기 시작하였다. 그는 1725-1729년까지 계속해서 설교했지만, "자신의 노력에 대한 결실을 보지 못했다"고 기술했다. 이때는 존이 하나님에 대해 보다 더 많이 알기를 원하는 욕망과 거룩하게 되기를 원하는 헛된 노력 가운데 갈등을 겪은 극심한 내적 혼란기였다.

> 존은 자신의 헌신적인 노력, 즉 의를 위한 외적인 엄격한 행위에도 불구하고, 자신이 원하는 내적인 평안의 확신을 누리지 못하자 갈등하기 시작하였다.

그는 거룩한 삶을 강조하는 설교를 통해 사람들을 천국으로 보다 가까이 이르게 하고, 자신의 덕행을 통해 자신이 하나님에 대해 보다 많이 알게 되리라고 믿었다. 하지만 그가 추구한 하나님과의 개인적인 교제는 계속 빗나갔다. 존은 자신이 아무리 열심히 노력하고 아무리 높은 수준의 자기 복종을 성취할지라도, 자신이 생각하는 내적인 만족이 그리스도를 통해서만 가능하다는 것을 발견하지 못했다. 존은 이때를 회상하며 다음과 같이 술회했다.

1729- 1734년 사이... 나는 어떠한 결실도 맺히는 것을 볼 수 없었다....
하지만 그것은 전혀 놀라운 일이 아니다. 언약의 피에 대한 믿음을 설교하

지 않았으니까 말이다.[18]

1729년 이 무렵 찰스는 몇 사람의 마음이 맞는 학생들과 만나 함께 공부하고, 기도하며 매일 경건의 훈련을 시작했다. 존은 자신들의 모임에 참여해 달라는 그들의 청을 수락하고는 곧 그들의 멘토와 리더 역할을 하였다. 다른 학생들이 그들의 모임을 가리켜, '성경 좀벌레'(Bible Moths), '성경 고집쟁이'(Bible Bigots), '성찬 중시주의자'(Sacramentarians), '규칙주의자'(Methodists), '신성 클럽'(Holy Club) 혹은 '광신자'(Enthusiasts)라 부르며 비웃었지만, 그로부터 몇 년 동안 모임의 회원들이 수감자들을 방문하고, 고아와 가난한 자들을 돕기 시작하면서 학생들 사이에서 선을 행하는 유력한 집단으로 인식되었다. 모임은 '신성 클럽'이란 이름으로 계속 남아 조만간 회원 수가 약 25명에 이르는 단체로 성장했다. 창립 멤버 중에는 훗날 존과 찰스에 의해 점화된 불꽃을 이어받아 그것을 혼자의 힘으로 웨슬리 형제보다 훨씬 멀리까지 전한 조지 휫필드(George Whitefield)라는 열정적인 청년이 있었다.

기도와 금식의 실천은 모임의 회원들이 가장 중요하게 여기는 것이었다. 이러한 특징은 웨슬리 형제로 하여금 휫필드 및 그 밖의 다른 사람들과 함께 그리스도의 강한 군사가 되게 하는 핵심적인 요인이 되었을 것이다. 신성 클럽의 초기 회원으로 후에 모라비안교의 감독이 된 존 갬볼(John Gambold)의 기록이 말해 주는 것처럼 말이다.

> 존은 기도를 다른 무엇보다 소중한 자신의 의무로 생각하였다. 나는 그가 마치 빛과 같은 밝은 모습으로 자신의 작은 방에서 나오는 것을 종종 목격했다. 그것을 통해 나는 그가 어디에 있었다는 것을 알 수 있었으며, 조언을 구하고자 찾아간 문제에 대해 지혜로운 답변을 받게 되리라는 소망을 갑절로 갖게 되었다.[19]

---

18. Rigg, *Living Wesley*, 67에서 인용된 John Wesley, *Wesley's Works*, 8: 468.
19. Rigg, *Living Wesley*, 74

갬볼은 존의 리더십에 대해 이렇게 기술했다.

> 존 웨슬리는 항상 최고 관리자(chief manager)였으며, 그것에 매우 적합한 사람이었다. 그는 다른 사람들보다 지식과 경험이 풍부할 뿐 아니라, 아무도 그의 곁을 떠나는 사람이 없을 만큼 그들로부터 항상 지지를 받았는데 일관성 있게 행동하는 능력이 뛰어났기 때문이다.... 그는 잠시도 늦추지 않는 생각과 진실한 마음으로 선한 언행을 위해 노력했다.[20]

이 무렵 존은 어느 때보다도 윌리엄 로(William Law)의 작품들에 깊이 빠져 있었다. 로의 저작인 『그리스도인의 완전』(Christian Perfection)과 『진지한 소명』(Serious Call)은 종교적 엄격성과 헌신에 대한 존의 신실하고, 방법론적인 접근법을 더욱 깊게 해 주었다.

1732년, 존은 찰스의 강권에 따라 로를 만났으며, 그 후 몇 년 동안 두 사람은 정기적으로 서신 왕래를 했다. 로의 가르침에 커다란 감동을 받은 존과 찰스는 신성 클럽의 다른 회원들과 함께 기독교적인 성결에 대한 교리의 연구에 몰두했다. 그들은 서로가 다른 사람으로 하여금 거룩한 삶을 살도록 도와야 할 책임을 느꼈으며, 매일 저녁 함께 성경을 공부하고, 월요일과 금요일마다 금식하며 매주 성찬식을 행했다. 그들을 비난하는 자들은 이러한 습관을 다른 형태의 '고교회(高敎會) 금욕주의'(high church asceticism)로 바라보았지만, 그러한 명칭에도 불구하고 계속 성장하였다.

흥미롭게도, 런던에서 발행되는 일간지인 「포그스 위클리 저널」(Fog's Weekly Journal)에는 다음과 같이 주장하는 익명의 편지가 한 통 배달되었다. "오늘날 대학은 슬픔의 아들들로 인해 조금도 괴롭지 않다. 그들의 수는 매일 증가하였고, 그곳을 수도원으로만 만들려고 목표하고 있다." 편지의 작성자는 감리교도로 불리는 일파를 터무니없고, 만성적인 우울증 환자들이라 비난

---

20. Ibid., 72, 74.

하며 그들에게 이처럼 암울한 어리석음으로부터 벗어날 것을 촉구했다.[21]

그러나 존의 영혼 가운데서는 외적인 행위와 내적인 성결 사이의 끊이지 않는 갈등이 더욱 거세게 일어났다. 그는 교회가 경건한 삶을 위해 필요하다고 규정한 것들을 모두 '행하기' 원했지만, 자신의 구원에 대한 확신을 의심케 하는 믿음의 위기, 즉 그가 죽음의 위기에 직면할 때마다 느낀 확신에 대한 위기인 신앙의 위기를 자주 경험했다. 리그의 진술은 그것을 잘 나타내고 있다.

> 그는 전례 법규의 규범에 따라 영국 국교회의 교인으로 살며, 초기 교회의 모범과 전통에 따라 경건하고, 거룩한 그리스도인이 되고자 열심히 노력했다. 따라서 그는 더없이 엄격하고, 높은 수준의 금욕적인 의식주의자가 되었다.[22]

한동안 그는 경건한 행동과 자기 훈련이란 노력으로 하나님과의 화목한 관계를 위해 계속 노력했다. 그는 모든 악한 것들을 멀리하고, 무엇보다도 부지런하고 근면하게 하루의 모든 시간을 가장 효율적으로 사용하고자 하루 2시간을 개인 경건의 시간에 바쳤다.

엡워스로 돌아온 아버지 사무엘 웨슬리는 급격히 건강이 나빠져 가고 있었으며, 따라서 그동안 자신이 매우 많은 시간을 바치고 그와 그의 가족이 거의 40년 동안 가정처럼 여겨 온 교구와 사택을 계속 지키기 위해 자신의 아들들 중에서 후임자를 찾기 시작했다. 아들 사무엘과 존에게 차례로 의사를 제안했지만, 모두 거절하였다. 그러나 존은 아버지의 건강이 더욱 악화되어 가자 안타까운 마음에 아버지의 제안을 동의하고 지원했지만 아버지는 이를 거절하였다. 바로 직후인 1735년 4월 25일 아버지 사무엘 웨슬리는 72세를 일기로 세상을 떠났다. 존과 찰스는 다른 가족들과 함께 마지막 몇 시간 동안 아

---

21. Elesha Coffman, "Attack of the Bible-Moths," *Christian History* 20, no. 1[69] (2001): 22.
22. Rigg, *Living Wesley*, 89.

버지 곁에서 그의 임종을 지켜봤다. 아버지는 죽음을 며칠 앞두고 찰스의 머리에 손을 얹으며 이렇게 말했다.

> 흔들리지 마라. 기독교 신앙은 이 나라에서 반드시 부흥하게 될 거다. 비록 나는 보지 못하겠지만, 너는 반드시 보게 될 거다.[23]

그분은 세상의 구원자, 하지만 당신의 구원자도 되시는가?

아버지의 소천 직후 옥스퍼드 대학교의 전임 부교수인 부르톤(Burton)과 웨슬리 목사의 친구였던 제임스 오글소프(James Oglethorpe)는 존에게 대령인(후에 장군이 된) 오글소프를 따라 조지아 주(당시 통치자인 왕 조지 2세의 이름을 따서 지은 정착지)의 사바나의 목사로 갈 것을 제안했다. 영국 의회의 의원이었던 오글소프는 자국의 가난한 자들에게 일어나고 있는 문제에 커다란 관심을 갖고 있었다. 그는 조사를 통해 채무 불이행자 감옥에 수용되어 있던 자들 가운데 많은 사람을 석방시켰다. 1732년 6월, 존은 부르톤을 포함한 20명의 다른 수탁자들과 함께 조지 2세로부터 재가를 받아 가난한 자들을 구제하여 그들에게 새로운 출발을 할 수 있도록 기회를 부여하기 위한 식민지를 건설했다. 그때 오글소프가 주지사로 임명되었다.

그렇게 해서, 1733년 2월 120명의 이민자들은 나중에 사바나가 된 최초의 식민 정착지를 세웠다. 그 후 수년 동안에 걸쳐 가톨릭 교회의 지배를 피하여 독일의 잘츠부르크(Salzburg)로부터 온 개신교 집단이 그들과 합류했다. 그리고 아메리카 원주민에게 하나님의 말씀을 전하기 원한 스코틀랜드 북부의 고지 사람과 약간의 모라비아 교도가 이주해 왔다.

---

23. Telford, *Life of John Wesley*, 72.

순박한 원주민을 상대로 사역을 한다는 기대감에 고무되어 있던 존은 찰스에게 자기의 사역에 참여할 것을 권했다. 그리고 오글소프는 찰스를 자신의 비서로 임명했다. 존과 찰스, 신성 클럽 출신의 다른 두 지성인인 벤자민 잉함(Benjamin Ingham)과 찰스 델라모트(Charles Delamotte)는 1735년 10월 21일 300명의 승객과 함께 시몬스 호에 승선했다. 항해 바로 전날 찰스는 성직 임명을 받았다. 배는 스페인 선박의 공격에 대한 두려움을 떨쳐내기 위해 호위를 받았다. 호위 선박이 시몬스를 떠나야 했을 때, 배는 와이트 섬(Isle of Wight)의 항구 도시인 카우즈(Cowes)에 정박하여 더욱 안전한 호송배가 올 때까지 기다렸다가 다시 계속 항해했다.

그런데 4명의 감리교인들은 승선하자마자 개인 경건의 시간과 성경 읽기 그리고 공동 기도회를 위한 엄격한 계획을 짜느라 여념이 없었다. 네 사람의 친구들은 매일 아침 새벽 4시에 일어나 밤 9시와 10시 사이에 잠자리에 들었다. 하루의 매 순간은 공부와 기도, 예배 참석, 요리나 그 밖의 다른 육체적으로 필요한 것들을 준비하고 사람들과 종교적인 토론을 위한 것들로 계획되었다.

승객들 중에는 조지아를 향해 가는 다섯 번째 단체인 독일 출신의 대규모 모라비안 단원들이 있었다. 그들의 경건한 신앙과 기도에 대한 열정이 곧 드러났다. 웨슬리 형제와 그들의 두 친구는 매일 밤 독일 모라비아 교인들의 모임에 참석했다. 존은 그들과의 의사소통을 위해 독일어를 공부했다. 그들은 모라비안들이 얼마나 진정한 마음으로 예배드리고, 자발적으로 간절히 기도하는지를 관찰했다. 모라비아 교도들은 힘을 주는 그룹 교제, 성경 공부, 찬양, 경건의 시간, 구원을 위해 하나님을 개인적으로 신뢰함을 실천하였다. 이는 4명의 '신성 클럽' 회원들에게 강렬한 인상을 주었다. 하지만 그들은 앞으로 다른 것으로부터 보다 더 깊은 감동을 받게 된다.

와이트 섬의 카우즈 항 정박 몇 주 후 12월 10일, 시몬스호는 마침내 배 40척의 호위를 받으며 광활한 대서양을 향해 출발했다. 여정은 폭풍의 연속이었다. 그처럼 사나운 비바람으로 인해 죽음의 위기에 처하자 평소 자기가 하나님과의 사이에 화목한 관계에 있다고 생각했던 존은 놀랍게도 자신이 죽음에 대해 준비되어 있지 않다는 사실을 발견했다. 그는 자신에게 이렇게까지 질문했다. "믿음이 이렇게 없으니 도대체 어찌된 것인가?"[24]

그러나 모라비안들의 행동은 이와 전혀 달랐다. 여행 기간 동안 교만이나 분노 혹은 용서하지 않는 마음을 보이지 않았던 그들은 거친 폭풍우 앞에서도 전혀 두려움을 나타내지 않았다. 사실, 한 번은 거센 폭풍이 일어나 파도가 배를 덮쳐 주 돛이 파괴되고, 갑판 위로 밀려든 물이 배 밑으로 세게 들어가 많은 사람이 바다가 배를 삼킬 것 같은 두려움에 있음에도 그들은 예배드리며 찬송을 부르고 있었다. 다수의 영국인 승객들이 공포에 떨며 당황하고 아우성을 치고 있는데도 독일에서 온 그 사람들은 조금도 아랑곳하지 않은 채 계속 찬송을 불렀다. 존은 남녀노소로 구성된 모든 단원이 그렇게 죽음을 두려워하지 않는 것은 물론 한 사람의 개인도 그러한 경우를 처음 보았다.

존은 하나님을 두려워한다는 것은 이 땅에서의 삶에서 다른 무엇도 두려워하지 않는 것이라는 사실을 직접 보여준 그들을 본받기로 결심했다. 그러나 동시에 그들에게는 그에게 없는 하나님께 받은 무엇이 있으며, 이를 자신이 절실히 원하고 있다는 사실을 깨달았다. 하지만 소명과

> 존은 하나님을 두려워한다는 것은 이 땅에서의 삶에서 다른 무엇도 두려워하지 않는 것이라는 사실을 직접 보여준 그들을 본받기로 결심했다.

직함을 가지고 있던 그는 여전히 이를 구하기에는 자존심이 너무 강했다. 이와 같은 추구는 조지아에서 그의 노력이 철저히 실패를 거듭될 때까지, 마침내 그가 영국으로 돌아와 어느 때보다 하나님을 더욱 갈망하고 간절히 원하게 될 때까지 기다려야 했다. 그는 '마음의 신앙'에 관한 이와 같은 계시 없이 '은혜를 성취하고자 하는' 내적인 싸움을 계속했다.

1736년 2월 5일 아침, 시몬스 호의 조지아 도착과 함께 승객들은 아메리카에 첫발을 내딛었다. 사역에 대한 열정으로 불타고 있던 존은 모라비안 목사

---

24. Telford, *Life of John Wesley*, 78.

인 아우구스투스 고틀립 슈팡겐버그(Augustus Gottlieb Spangenberg)에게 조언을 구했다. 대화 중 슈팡겐버그는 예리한 질문을 하나 던졌다.

"형제님, 먼저 한두 가지 묻고 싶은 것이 있군요. 마음 가운데 확신이 있으신가요? 하나님의 영인 성령께서 형제님에게 하나님의 자녀라고 말씀하시는 영적인 증거가 있나요?"

질문에 너무 놀란 존이 어떻게 대답해야 할지를 모르자, 슈팡겐버그는 말을 바꾸어 다시 질문했다. "예수 그리스도를 아시나요?"

존은 이번에도 잠시 머뭇거리다가, "세상의 구원자시라는 것을 알고 있지요."라고 대답했다. 슈팡겐버그는 "맞습니다. 하지만 그분께서 당신을 구원해 주셨다는 사실을 아시나요?"라고 응수했다. 웨슬리가, "그분께서 돌아가신 것이 저를 구원하기 위해서였다면 정말 좋겠지요."라고 말하자 슈팡겐버그는 그대로 멈추지 않고 표현을 바꾸어 다시 물었다. "당신은 자신에 대해 알고 있나요?" 존은 또 다시 잠시 머뭇거리더니 "네, 알지요."라고 자신 있게 말했지만, 그것이 진실이 아니라는 것을 알았다.[25]

존은 이러한 대화를 통해 모라비안들에게는 자신에게 없는 하나님께로부터 받은 어떤 것이 있다는 사실에 또 다시 직면했다. 그러나 그는 여전히 교만하여 이를 인정하지 못했고 하나님 앞에 충분히 스스로 겸손하지 못했기에 그것을 받을 수 없었다. 그러나 존은 사바나에서 슈팡겐버그와 다른 모라비아 교인들의 절친한 친구가 되었다. 그는 그들과 함께 많은 시간을 보내며 헤른후트에 있는 그들의 교회에 대해 계속 질문하고, 그들로부터 가능한 많은 것을 배우기 위해 노력하였다.

4명의 감리교도가 도착했을 때 사바나는 아직 초기 단계에 머물러 있었다. 주거지라고 해봐야 주위가 약 2.2km 조금 넘는 정도였고, 건물은 200개가 채 되지 않았다. 그마저도 일부는 2, 3층짜리였으며 전체 주민은 대략 520명 정도에 불과했다. 공공건물이 부족한 탓에 법원 청사를 교회 겸으로 사용했다.

---

25. Southey, *The Life of Wesley*, 52.

존이 후임 목사로 사바나에 도착했을 때 전임 목사가 아직 그곳에 살고 있어 존은 목사관의 숙소에 들어갈 때까지 3주 이상을 시몬즈호에서 생활해야 했다. 그때 존은 처음 아메리카 인디언들과 교제하게 됐는데, 그들은 존을 매우 따뜻하게 대해주었다. 그것은 존에게 그가 새로운 세계에서 장차 이루려 하는 것에 대해 커다란 소망이 되었다.

존은 자신의 첫 번째 설교를 고린도전서 13장에 관해 전했는데, 이때 자신의 아버지 임종과 그가 사바나에 도착 후 경험한 임종 사건에 대해 언급했다. 회중들은 깊은 감동을 받은 표정이 역력했다. 실제 존의 설교는 공동체에 즉시 효과가 나타났다. 존의 사바나 도착 후 불과 10일째 되던 날 상류층에 속하는 새로운 정착민 가운데 한 사람이 무도회를 개최했다. 하지만 그것은 완전히 실패로 끝났다. 그날 밤 교회는 기도하는 사람들로 가득 찬 반면 무도회장은 텅텅 비었다.

일반적으로, 새로운 식민지들은 초기 인구를 구성하기 위해 가장 좋은 유형의 사람들을 끌어들이는 경우가 드물다. 오히려 구세계에서 실패한 사람들에게 새로운 세계에서 출발하도록 기회를 주기위해 개발된 것이다. 영국에서도 국교회가 가난한 자들을 배려하지 않으므로 그들 가운데 교회에 출석하는 자들의 수가 상대적으로 적었다. 유명 인사나 사회적으로 상류층에 속하는 사람들은 대영 제국을 떠나 다른 곳에서 새롭게 시작할 이유가 거의 없거나 전혀 없었다. 그 결과 조지아의 정착자들은 대부분 더 이상 잃을 것이 없는 자들로 모험을 추구하거나 지난날의 나쁜 전력으로부터 벗어나길 원하는 자들이었다. 따라서 더욱 거룩한 생활 방식을 강조하는 것을 소명으로 삼았던 웨슬리 형제는 오래지 않아 그들과 충돌하기 시작하였다.

오글소프가 사바나 남쪽 약 160km에 위치한 프레데리카(Frederica)의 정착을 돕고자 그곳에 갈 때 찰스 웨슬리와 벤자민 잉함은 존 웨슬리와 찰스 델라모트를 사바나에 남겨둔 채 그와 동행했다. 사바나는 아직 정착 초기 단계였지만 프레데리카에 비해 상당히 발전되어 있었다. 그곳의 주민들은 거칠고, 호전적이었다. 찰스가 가르치거나 설교를 할 때, 그의 책망적인 말투는 지나치게 엄격해 보였고 이에 반감을 사는 청중이 많았다. 사소한 논쟁에 있어 그가 사람들의 감정을 진정시켜 해결을 시도할 경우, 찰스는 양측에 공동의 적이 될 뿐이었다. 그들의 공통 목표는 그들에게서 찰스를 제외시키는 것이었다. 하루는 찰스가 소귀나무 숲에서 기도하고 있을 때 총성이 들렸다. 실탄이 그를 가까스로 피해갔는데, 그는 이러한 총성이 주는 경고를 예사롭게 넘기지 않았다.

이러한 사건이 있은 직후, 오글소프는 지역 내의 아메리카 원주민들을 방문하기 위한 여정에 나섰다. 그가 없는 사이 찰스가 한창 설교하고 있을 때, 같은 도시에서 의료 활동을 하는 사람이 교회 건물을 향해 매우 가까운 거리에서 소총을 발사하여 경찰관에게 체포되었다. 하지만 사람들은 찰스가 경찰관에게 범인을 체포할 것을 신고한 것으로 오해하여 그를 비난하였다. 의사는 환자에 관한 일체의 진료를 거부하여 치료가 꼭 필요한 여인이 있음에도 찾아가지 않았다. 그의 아내는 거리를 돌아다니며 찰스를 욕하고 인격을 모독하는 말을 서슴지 않았다. 여행에서 돌아온 오글소프는 도시가 온통 소란에 빠져있는 것을 발견했다. 많은 사람들은 어떠한 조치가 취해지지 않을 경우 정착지를 떠날 것이라고 위협하였다. 사람들은 모두 찰스를 문제의 원인으로 지목했다.

오글소프는 불평분자들을 엄하게 다스리는 한편 웨슬리 형제들에 대한 실망감도 표출했다. 오글소프는 웨슬리 형제가 식민지에 평화와 질서를 가져다주기를 기대했지만, 그의 눈에 비친 모습은 형식적인 기도와 형편없는 출석률의 교회 예배 그리고 다른 사람들의 일에 대한 지나친 관여였다. 오글소프는 당장의 혼란한 상황에 대해 웨슬리 형제를 탓하지 않았지만, 그들이 사태를 진정시키기 위해 어떠한 조치도 취하지 않았다는 사실에 실망했다.

존과 찰스는 이때 자신들의 종교 생활은 나무랄 데 없을 만큼 헌신적이고 신실했지만, 그들 중 누구도 중생의 체험을 하지 못했으며 그들의 삶 가운데 성령께서 강권적으로 역사하시지 않았다는 사실을 기억해야 한다. 다시 말해, 그들에게는 옥스퍼드대학교의 수위와 모라비안들에게 있었던 그 무엇이 없었다. 그러나 존이 전에 슈팡겐버그 목사와 나눈 대화를 통해 존과 찰스는 조지아에서의 종교 생활을 인도하기 위해 부름받은 목사로 안수받았지만 지나치게 교만한 나머지 자기들이 실제 그 일에 적임자가 되지 못한다는 사실을 인정하지 않았음을 보여 주었다. 그들은 종교적인 행위에 있어 훈련되었지만, 예수님을 아는 지식과 성령의 능력 안에서 행하는 것의 유익을 아는 데는 매우 무지했다.

프레데리카에서의 존의 사역이 유익을 가져다주었음에도 불구하고 그곳은 여전히 소망이 보이지 않았다. 그런데다 찰스의 건강은 나빠지고, 오글소프는 그를 냉혹하게 대했다. 그는 찰스에게 필요한 비품을 전혀 마련해 주지 않은 데다 자기의 물건을 사용하는 것도 허락하지 않았다. 찰스에게는 잘 수 있는 침대도 없었다. 한 번은 그가 고열 중인 상태에서 일어나 장례식의 집례를 마치자 그에게 망자가 쓰던 침대틀을 주었다. 다음 날 오글소프는 그 침대를 더 필요하다고 생각되는 사람에게 주었다. 찰스에게는 매우 힘든 시간이었다.

오글소프가 조지아에 대한 스페인의 봉쇄를 풀고 돌아온 이후 찰스와 오글소프 사이는 마침내 변화를 맞이하였다. 오글소프는 이와 같은 갈등 관계가 자신의 생명에도 위협이 될 수 있다고 생각했지만, 그가 무사히 돌아오기를 구하는 찰스의 기도가 응답되자 오글소프의 냉혹한 마음은 누그러졌다. 그러나 찰스는 1736년 8월 총독이 중요한 업무용 서류와 함께 영국으로 보낸 것을 마지막으로 돌아오지 않았다. 그의 아메리카 원정은 불과 여섯 달 만에 끝났다.

존이 조지아로 간 주된 목적이 아메리카 원주민을 위한 목회였지만, 이를 가로막는 장애물이 계속 일어났다. 자신의 동의 없이 사바나의 사역자로 임명된 존은 이러한 직책에 수반된 정착 업무에 얽매였다. 존이 다른 곳으로 갈 수 있는 기회가 오자 교구민들은 그에게 후임자가 올 때까지 떠나지 말고 기다려 줄 것을 사정했다. 물론 후임자는 끝까지 오지 않았다. 계속 전쟁의 와중에 있던 아메리카 원주민 부족들은 존이 복음 전하는 것을 듣기 위해 갈 수 없었을 뿐 아니라 그럴 만한 시간도 주어지지 않았다. 토요일과 일요일 오후에는 교리 문답을 가르치고, 매일 영어와 이태리어, 불어로 된 기도문을 읽고 예배를 인도하며 모라비안의 예배에 참석하고, 정기적으로 환자를 방문하는 일은 다른 무엇보다 존을 항상 바쁘게 했다. 또한 그는 식민지 업무에도 매여야 했다.

실패한 로맨스

비록 존이 처음에 의식하지 못했다 할지라도 그가 사바나를 떠나지 못한 것은 다른 이유가 있었다. 좀 더 정확히 말하면 누군가 때문이었다. 그녀는 사바나의 최고 책임자 토마스 코스톤(Thomas Causton)의 조카딸인 소피아 크리스티나 홉키(Sophia Christiana Hopkey)였다. 웨슬리 형제가 사바나에 도착했을 때, 코스톤과 오글소프는 만약에 존으로 하여금 소피아와 결혼하게 하면 존이 식민지에 더욱 애착을 가지며, 오글소프의 입장에서는 존이 자기에게 도움이 되지 못하는 이해할 수 없는 이유들이 해소되지 않을까 생각했다. 존의 사바나 도착 약 한 달 후부터 교제가 시작되었다. 소피아는 매력적이고, 지적이며 세련된 여성으로서 존에게는 영생에 이르는 것에 호기심 많은, 영적으로는 상처가 있는 사람으로 소개되었다. 두 사람은 오글소프가 그들에게 기대했던 방향으로 잘 나가고 있는 것처럼 보였다.

존은 자신의 글을 통해 자기가 소피아 홉키에게 깊이 빠져 있었다는 것을 분명하게 보여 주고 있다. 하지만 그들 사이에는 소피아가 잠시 프레데리카로 가 있어야 할 불가피한 상황이 일어났던 것 같다. 그녀와의 별거로 존은 자기 동생에게 한 통의 편지를 썼는데, 그는 만약 누군가에 의해 편지를 들키기라도 할 경우 그것을 읽지 못하도록 일부러 헬라어로 썼다.

> 나는 네가 내 친구의 예전에 있었던 슬픔의 진정한 원인이 무엇인지를 밝혀내기 위해 시간과 설명 혹은 노력을 기울이는 데 시간을 바치지 않기

를 원한다. 나는 네가 지금 그렇게 좋은 형편에 있을 것이라고 생각하지 않는다. 나는 하나님이 그녀로 하여금 다시는 그러한 잘못을 범하지 않게 하시길 기도한다. 어떻든지 네가 그녀를 잘 보살피고 지켜주길 당부한다. 마지막으로, 내가 그녀에게 편지를 써야 할 필요가 있을 때는 부디 알려 주기를 바란다.[26]

찰스가 떠나고 몇 주가 지난 그 해 10월 프레데리카로 간 존은 소피아가 그곳에 만연해 있던 부도덕한 행동에 시달리고 있는 것을 발견했다. 따라서 그는 이렇게 기술하였다.

> 가엾은 아가씨인 소피는 나와 헤어질 때의 모습이 전혀 아니었다. 나는 그녀에게 그러한 사실을 확인시키려 했지만 그것은 아무런 성과가 없었다. 나의 입장에서 그렇게 한다는 것은 역부족이었으며, 소피는 당장 영국으로 돌아가겠다고 말했다. 처음에는 다소 놀랐지만, 곧 영적으로 자신을 추스르고는 나의 소명이 무엇이라는 것을 기억했다.[27]

하지만 존은 곧 그녀에게 조지아에 계속 머물 것을 설득하고는 자기가 사바나로 돌아갈 때 소피아를 함께 데리고 갔다. 그 후로 소피아는 기회만 되면 존의 곁에 있었던 것으로 보인다. 소피아는 그에게 프랑스어를 가르쳐 줄 것을 부탁했으며, 존이 열병에 걸렸을 때는 그가 회복될 때까지 밤낮 5일 동안을 꼬박 간호했다. 그녀는 또 존이 하는 말을 모두 귀담아 들었던 것으로 보인다. 그녀는 존에게 복장과 품행에 대한 그의 취향을 물은 후부터 흰색 옷만을 골라 입고, 화려하거나 야한 것을 일체 몸에 걸치지 않았다. 건강상의 이유로 잠자리에 들기 바로 전에는 아무것도 먹지 말라는 존의 충고를 그대로 따랐다. 매사가 순탄하게 진행되면서, 두 사람 사이에는 결혼이 곧 성사될 것 같았다.

---

26. Southey, *The Life of Wesley*, 61.
27. Telford, *Life of John Wesley*, 84.

그러나 그들의 조지아 도착 기념일이 다가오면서 델라모트는 존을 몰아세우듯이 그에게 소피아와 결혼할 의향이 있는지를 물었다. 질문에 당황한 존은 아무 말도 하지 않았다. 델라모트는 존에게 편한 결혼 생활을 추구하는 소피아의 생각이 그와는 맞지 않다는 것을 이해시키려 했다. 존은 그녀의 빼어난 외모에 빠져 있었다. 존은 소피아와의 관계에 있어 마음이 불안해졌으며, 따라서 모라비안 감독인 데이비드 니츠만을 찾아가 상담을 구했다. 존의 말을 끝까지 들은 감독은 그에게 기도하면서 문제에 대해 깊이 생각할 것을 권했다.

시간이 지나면서 존은 자신의 질문에 대한 불안감이 더해 갔다. 따라서 그는 문제를 모라비안 장로회에 가져가기로 했다. 그들의 소집이 있을 것이라는 사실을 사전에 알고 모임 장소에 찾아간 존은 거기에서 델라모트가 장로들과 함께 있는 것을 보았다. 존은 그들에게 자기가 그곳에 온 이유에 대해 설명했다. 감독은 방금 전에 자기들이 그 문제를 다루는 시간을 가졌다고 설명하면서, 존에게 자기들의 조언을 따를 것인지의 여부를 물었다. 존은 잠시 머뭇거리다가 동의했다. 그때 니츠만이 이렇게 말했다. "우리는 당신이 이 문제에 대해 더 이상 생각하지 않기를 충고하네." 웨슬리는 힘없이 "주님 뜻대로 되길 원합니다."하고 대답했다. 존의 마음이 매우 아팠다. 존은 그의 일기장에서 소피아를 포기하라는 권유를 들었을 때, 마치 하나님이 자기에게, "나의 오른쪽 눈을 빼라는 명령에 하나님의 은혜로 그렇게 하겠다고 결심했다."[28]는 식으로 비유했다.

존은 그동안 있었던 일에 대해 소피아에게 이야기할 용기가 나지 않았지만, 며칠이 지나면서 존의 의도가 그녀에게 매우 분명하게 드러날 만큼 그의 행동이 크게 변했다. 그것에 대한 대응책으로 소피아는 지역에서 명망 있는 청년인 윌리암슨과 약혼 후 4일 만인 3월 12일 결혼했는데, 그것은 존과 소피아가 처음 소개 받은지 정확히 1년이 되는 날이었다.

델라모트가 암시한 것처럼 소피아 홉키가 정말 그렇게 변덕스럽고, 모든

---

28. Southey, *The Life of Wesley,* 62.

면에서 아주 교활한 모습을 보이자 존의 마음도 결코 전과 같지 않았다. 존은 소피아를 진정으로 사랑한 만큼 그녀에 대한 사랑의 상실감은 그를 매우 아프게 했을 것이다. 조지아 사역은 크게 부흥했다. 따라서 존은 그곳에서 얼마 동안 매우 편히 머물 수 있었지만, 그는 소피아로 인한 마음의 상처를 이겨낼 수가 없었다. 그러나 존을 더욱 어렵게 한 것은, 그가 소피아를 포기하라는 하나님의 명령을 그분께서 에스겔에게 주신 말씀에 비유한 것처럼 자신의 내적인 감정을 억누르는 것이었다.

> 인자야 내가 네 눈에 기뻐하는 것을 한 번 쳐서 빼앗으리니 너는 슬퍼하거나 울거나 눈물을 흘리거나 하지 말며 죽은 자들을 위하여 슬퍼하지 말고 조용히 탄식하며 수건으로 머리를 동이고 발에 신을 신고 입술을 가리지 말고 사람이 초상집에서 먹는 음식물을 먹지 말라 하신지라

(겔 24:16-17)

존은 다시 자신의 일로 돌아갔다. 존은 즉시 소피아에게서 전에 알지 못한 성격적인 결함을 보게 되면서 이를 지적했다. 하지만 소피아는 존의 충고에 화를 내었고 문제가 붉어지기 시작했다. 행정장관인 소피아의 삼촌 커스톤은 식민지인들이 종종 매력을 느낄 만큼 정열적인 유형의 대표적인 사람으로(그가 영국을 떠난 것은 재정적인 논쟁에 있어서의 책임을 피하기 위해서였다고 함) 그의 분노를 자극하는 것은 누구를 막론하고 커다란 과오를 범하는 것이었다. 그런데 몸이 아팠던 그가 문제를 자기 아내에게 말하자 커스톤 부인은 편지를 보내 존에게 질책을 요구했다. 몇 주 후 존은 소피아와 그녀의 새로운 남편에게 교회에서의 성찬식에 참여하는 것을 허락하지 않게 된다. 윌리엄슨은 이러한 금지를 개인적인 모독으로 간주하여 존에게 명예 훼손에 대해 1,000파운드를 청구하는 소송을 제기했다. 존과 절친한 친구 사이였던 커스톤은 존에게 자신에 대해 해명할 수 있는 충분한 기회를 주었다. 그러나 존이 성의를

입은 손을 들어 올려 자기에게는 그것에 답변하지 않을 권리가 있다고 하려 하자, 커스톤은 존에 대해 더 이상의 인내심을 잃고 존이 자신에 대해 해명할 때까지 절대 가만히 있지 않겠다고 말했다. 존은 소피아에게 그녀가 당일의 성찬식에 대한 참여 의사를 적절히 통보하지 않았다는 내용의 편지를 보내므로 커스톤의 요구에 응했다. 존은 또 죄를 범하고 회개하지 않는 자에게는 성찬식의 참여를 허락할 권한이 자기에게 있지 않다는 것을 설명했다.

코스톤이 편지의 내용 중 자신의 목적에 부합하지 않는 부분은 생략하고, 어떤 것들은 과장시켜 사람들의 충격을 부추기며 관심을 가진 자들과 편지를 공유하면서 사태가 더욱 악화되어 갔다. 존이 답신으로 보낸 편지를 코스톤은 공중 예배 때 큰 소리로 읽었다. 소피아는 상세한 내용의 진술서를 통해 존이 자신에게 여러 차례에 걸쳐 계속 청혼을 했지만 그때마다 자신이 그것을 거절했다는 것을 말하고, 존의 성격에 대해 여러 가지 나쁜 점을 암시했다. 존이 편지의 사본을 요구하자 코스톤은 그가 미대륙에서 더 이상 발붙일 곳을 찾지 못하도록 편지의 복사본을 미국 전역에 배포해 놓았기 때문에 미국 내의 어느 신문사에서든 그것을 구할 수 있다고 했다. 사건에 대해 청취할 50명으로 구성된 대규모의 배심원단이 초청됐지만, 실제 참석한 주민은 고작 44명이었다. 존에 대해 10가지의 혐의가 제기됐지만, 그중에 근거가 확실한 것은 단 한 가지, 존이 그녀의 남편 허락 없이 소피아에게 말하고 편지를 썼다는 것이었다. 존은 문제에 대해 즉각적인 판결을 청했지만, 그것에 대한 청문회는 수개월 동안 연기되었다. 그 사이 존은 재정 상태가 바닥이 났음에도 불구하고 어떻게든 조지아에 계속 머물기로 했다.

몇 주가 흘렀다. 존은 많은 고심과 기도 끝에 영국으로 돌아가기로 결심하고 1737년 12월 22일 본국을 향해 가는 사무엘호에 승선했다. 그는 낙심 중에 마침내 자신을 낮추고 자기가 발견하지 못한 것으로 모라비안들에게 있는 것을 찾기 시작했다. 존은 조지아에서의 이 시기를 회상하고, 자신의 영적 상태를 반성하며 1738년 2월 24일, 화요일, 다음과 같은 내용의 화요일자 일기를 써내려갔다.

나는 인디언들을 개종시키기 위해 아메리카로 갔다. 하지만 아! 나를 회심시킬 사람은 누구일까? 누구, 어떤 사람이 나를 이처럼 사악하고, 흉악한 마음에서 구원해 줄까? 내게는 종교적으로 뜨거운 열정이 있으며 말도 경건하게 한다. 그런데 사실 다른 어떤 위험한 것이 가까이 있지는 않지만 죽음이 나를 정면으로 대하고 있으며 영적으로는 고통스러워하고 있다. 그렇다고 "죽는게 낫다!"고 말할 수도 없고.[29]

이때까지 존의 삶은 하나님으로부터의 진정한 소명에 대한 확신의 결여로 심한 갈등을 겪고 있었다. 선행을 결코 비난하는 것은 아니지만, 선을 행하는 것이 때로는 우리가 최선을 행하는 것에 장애물이 될 수 있다. 존은 대부분의 우리들처럼 사람들로부터 인정받기를 원했지만, 이것이 그에게는 자신의 진정한 목적을 발견하는 길로 가는데 방해가 되는 경우가 너무 많았다. 그는 엡워스의 교구를 맡아 달라는 아버지의 청을 사양했다가 아버지의 임종이 임박하자 그것을 뉘우치고 청에 응했지만 결국 거절당했다. 그는 인디언 사역을 위해 조지아로 갔을 때도 그곳에서의 온갖 다른 일들 때문에 바빴다. 그는 자신의 동의 없이 사바나의 사역자로 지명됐을 때 그것을 거절하고, 자기 뜻대로 행하는 대신 지역 공동체를 위한 봉사직을 수락했다. 존은 모라비아 교도들의 신앙에 영적으로 강하게 끌렸지만, 그러한 부름에 응하기 위해 자신의 위치나 자기 확신에 대한 위험을 감수하려 하지 않았다. 존은 경건의 모습을 가지고 있었지만 아무런 능력이 따르지 않았다. 그러나 감사하게도, 하나님은 그에게 변화가 일어나게 하셨다.

> 존은 경건의 모습을 가지고 있었지만 아무런 능력이 따르지 않았다. 그러나 감사하게도, 하나님은 그에게 변화가 일어나게 하셨다.

---

29. John Wesley, *The Journal of John Wesley*, Christian Classics Ethereal Library, http://www.ccel.org/ccel/wesley/journal.vi.ii.vii.html.

"나는 이상하게
마음에 뜨거워지는 것을 느꼈다."

존 웨슬리가 승선한 세뮤얼호는 조지 휫필드를 태운 배가 조지아를 향해 출발한지 불과 몇 시간 후 영국의 다운스에 닻을 내렸다. 사실 두 배는 서로 가시(可視) 거리를 사이에 두고 지나갔지만, 웨슬리와 휫필드 중 누구도 절친한 친구끼리 큰 소리로 인사하면 알아들을 수 있을 만큼 가까이 있었다는 사실을 알지 못했다.

영국에 도착한 존은 휫필드가 방금 전 떠났기 때문에 자기의 메시지를 받을 수 있다고 생각하고는 다음과 같이 썼다. "저는 하나님이 당신을 지금 이동시키고 있는 바람을 통해 나를 이곳으로 오게 하신 것을 알고는 그분께 질문을 드렸습니다. 그분의 답변은 편지 안에 동봉했습니다." 그것은 존이 종이에다 몇 줄로 조언을 휘갈겨 쓴 것처럼 보인다. 조지는 그것들을 휫필드에 대한 하나님의 뜻을 나타내는 것으로 받아들였다. 조지는 "그를 영국으로 돌아가게 하라."고 쓴 종이를 꺼냈다."[30]

미국에서 실패한 존은 자신을 정당화하기 위한 방법에서 그것을 충분한 이유와 근거가 있는 조언으로 구상해 냈음에 틀림없다. 다시 말해, 그가 미국에서 성공하지 못했을진대, 휫필드가 무엇을 이루기를 기대할 수 있었을까? 하나님 앞에 양털을 바치는데 있어 확신이 없었던 휫필드는 그 문제를 놓고 기도했다. 기도하던 그에게 다른 사람의 권유로 자기의 소명으로부터 돌아선 선지자에 대한 왕상 제13장에 기록되어 있는 이야기가 떠올랐다. 하나님께 불순종한 그는 사자의 공격을 받아 죽임을 당했다. 휫필드는 존의 조언에 전혀 개의치 않은 채 자기 사명의 길을 계속 갔다. 그런데 아이러니하게도 휫필드가 조지아를 향해 항해한 것은 "추수할 곡식은 많되 일꾼이 부족하다."[31]며 존이 자기에게 그곳에서의 도움을 청한 편지를 보냈기 때문이었다.

---

30. Southey, *Life of Wesley*, 75.
31. Ibid., 80.

존은 런던으로 돌아온 불과 4일 후, 바로 그 무렵 진젠도르프 백작에게서 성직을 임명받은 세 사람의 젊은 모라비안(웬체슬러스 나이세르[Wenceslaus Neisser], 조지 슐리우스[George Schulius] 그리고 피터 뵐러[Peter Bohler])을 소개받았다. 존은 뵐러를 처음 만났을 때 이를 독일어로 대화할 수 있는 기회로 삼았다. 그 후 두 사람은 몇 달 간 대화를 지속하였다.

뵐러는 존과의 대화를 통해 다시 한 번 그가 지금까지 경험한 것 이상으로 하나님과의 위대한 관계의 가능성을 보여 주었지만, 그의 머리는 여러 면에서 자기의 믿음과 갈등 관계에 있는 모라비안 신앙으로 여전히 혼란스러웠다. 존이 헌신과 결단과 자기 훈련을 통해 거룩해지기를 원하는 의지가 확고했던 반면, 뵐러는 구원은 예수 그리스도에 대한 믿음을 통해서만 가능하고, 그럴 때 성령 안에서 사랑과 평강과 기쁨이 따른다는 것을 강조했다. 존은 그러한 믿음이 어떻게 가능한지 이해할 수 없었고 그것을 수용할 수도 없었다.

그는 너무도 혼란스러운 나머지 자기가 위선이라고 생각하는 것을 계속 행할 것이 아니라 이러한 신앙을 발견할 때까지 설교하는 것을 중단하는 것이 차라리 낫지 않을까 고민하는 지경에 이르렀다. 그가 뵐러에게 설교하는 것을 중단해야 할 것인지의 여부에 대해 묻자, 그는 "절대 그렇게 하지 말라."고 대답했다. "그러면 어떤 설교를 해야 합니까?"라는 웨슬리의 질문에 모라비안은 이렇게 말했다. "믿음이 생길 때**까지** 그것을 설교하십시오. 그러다 보면 믿음이 생기기 **때문에**, 그때는 자연스럽게 믿음에 대해 설교하게 **될 것입니다**."[32]

뵐러는 웨슬리와 함께 옥스퍼드로 돌아왔는데, 이곳에서 찰스는 그에게 영어 개인지도를 했다. 뵐러는 웨슬리 형제와 더욱 많은 시간을 보내는 가운데 그들에게 '감리교 신도회'의 발전에 참여해 줄 것을 권했다. 뵐러는 진젠도르프에게 다음과 같이 편지를 썼다.

나는 존과 찰스 웨슬리 두 형제와 함께 런던에서 옥스퍼드까지 여행을

---

32. Ibid., 84. Southey의 강조.

왔습니다. 형인 존은 심성(心性)이 좋은 사람이더군요. 그는 자기가 구세주이신 그리스도를 제대로 믿고 있지 않다는 사실을 알고는 기꺼이 배우려 하더군요. 1년 전 당신이 종종 대화를 나누었던 그의 동생은 지금 굉장히 고뇌 가운데 있으면서도 자신이 구세주와의 교제를 어떻게 시작할 수 있는지에 대해서는 알지 못합니다.[33]

웨슬리 형제는 은혜는 믿음으로만 가능하며, 구원은 일정 기간 동안의 노력을 통해서가 아닌 그러한 믿음에 대한 인식과 함께 일어난다는 볼러의 끈질긴 설득에 망설였다. 찰스는 다음과 같은 유명한 말을 남겼다. "그가 나의 노력을 빼앗으실까? 나는 달리 믿을 것이 없다."[34]

존은 답을 성경에서 찾고자 했는데, 특히 그는 사도행전에서 발견한 새로운 사실에 놀랐다. 사도행전에 선포되어 있는 구원은 실제 순식간에 일어났으며, 가장 느린 사도 바울의 경우도 3일 밖에 걸리지 않았다. 그 당시 35살이던 존은 그때까지 성경에서 이러한 사실을 미처 깨닫지 못했다. 그는 자기 안에서 혹시 어떤 변화라도 일어나지 않았는지 궁금했다. '하지만' 그는 이렇게 말했다.

> 나 역시 하나님이 자신들 안에 그렇게 역사하셨다는 여러 살아 있는 증인들의 일치된 증거에 두 손을 들었다. 어두움에서 빛으로, 죄와 두려움에서 거룩함과 행복한 상태로 옮겨진 것같이, 하나님은 순식간에 그들에게 그분의 아들의 피에 대한 믿음을 주셨다. 나의 논쟁은 여기에서 종지부를 찍었다. 나는 이제, '주님 저의 믿음이 없음을 도와주옵소서!' 라고만 기도할 수밖에 없다![35]

---

33. "December 15, 1737: Zinzendorf Ordained Peter Bohler," *Christian History Institute*, http://chi.gospelcom.net/DAILYF/2003/12/daily12152003.shtml.
34. Ibid.
35. Southey, *Life of Wesley*, 86.

얼마 후 다수의 모라비아 교도가 런던에 와 정기적인 집회를 갖기 시작했다. 오래 전부터 조지아로 가기를 고대한 뵐러는 마침내 그곳으로 떠났다. 존은 다양한 회중들을 상대로 여전히 열정적인 설교를 하고 있었지만, 그의 떠남을 아쉬워하며 자신의 교리로 인해 계속 갈등을 겪었다. 그는 윌리엄 로와도 서신을 나누며 자신의 글이나 이전에 그와 나눈 교제를 통해 이러한 가르침에 대해 자기가 아무것도 발견하지 못하는 절망감을 표했다.

찰스로부터 자신이 하나님과 화목한 관계를 회복했다는 놀라운 내용을 담은 편지가 도착했다. 그는 일찍이 그의 생명을 위협하고 있는 늑막염[36]의 재발로 고통 가운데 있을 때 '오로지 그리스도만 아는 … 가난하고, 무지한 수리공'[37]인 브래이의 집을 찾아갔다. 찰스는 그곳에 머물던 1738년 5월 21일 뵐러가 자신과 형에게 가르친 구원에 이르게 하는 믿음과 확신을 발견했다. 그리고 바로 그 시간 그는 원기가 돌아오고, 치유되어 병석(病席)에서 일어날 수 있었다. 존은 동생이 영적. 육적으로 새롭게 된 것을 기뻤지만, 구원의 가치에 대해 전에 생각했던 것보다 훨씬 적게 느낄 수밖에 없었다. 그러므로 그는 구원의 무가치성에 대한 자신의 느낌을 이렇게 표현했다.

> 나는 내가 **죄 때문에 팔린 느낌이다**. 추한 것으로 가득한 나는 진노를 받아야 마땅하다는 것을 안다. 나의 모든 행동과 의와 기도는 모두 속죄가 필요한 것들이다. 내게는 아무것도 변명의 여지가 없다. 하나님은 거룩하시지만, 나는 거룩하지 못하다. 하나님은 소멸하는 불이시되, 나는 소멸되어야 마땅한 철저한 죄인이다. 하지만 내게는 "믿으라, 그러면 네가 구원을 받으리라"는 음성이 들린다. 믿는 자는 사망에서 생명으로 옮겨진다. 우리는 이미 이러한 믿음을 갖고 있다는 자들의 헛된 말에 속지 않도록 하자…인류의 구원자시여, 우리로 당신 외의 다른 어떤 것을 의지하지 않도록 구원하소서! 우리로 당신을 따르게 하소서! 우리에게 자신을 비우고,

---

36. 중증 호흡기 질환
37. Telford, *Life of John Wesley*, 100.

믿음으로 말미암는 평화와 기쁨으로만 충만케 하시며, 아무것도 우리를 당신의 사랑에서 영원히 떠나지 못하게 하소서.[38]

그러나 1738년 5월 24일, 수요일 저녁, 이러한 나의 느낌에 극적인 변화가 일어났다. 존이 자신의 일기에 남긴 글은 이러한 변화를 가장 잘 보여 주고 있다.

그날 밤 나는 전혀 내키지 않지만 알더스게이트 가(Aldersgate Street)에서 한 모임에 참석했는데, 어떤 사람이 루터의 로마서 서문을 읽고 있었다. 8시 45분쯤, 그가 그리스도에 대한 믿음을 통해 하나님이 자기의 마음 가운데 역사하시는 변화에 대해 묘사할 때 나는 마음이 이상하게 뜨거워지는 것을 느꼈다. 나는 자신이 구원을 위해 그리스도, 그리스도 한 분만을 믿었다고 느꼈다. 나에게 하나님이 나의 죄, 나아가서는 나의 모든 죄를 제거해 주시므로 나를 죄와 사망의 법에서 구원해 주셨다는 확신이 임했다.

나는 보다 특별한 방법으로 나를 악랄하게 대하고, 핍박한 자들을 위해 진정으로 기도하기 시작했다. 그때 나는 거기에 있는 모든 사람에게 내가 그 순간 마음 가운데 처음 느낀 것을 솔직하게 고백했다. 그런데 잠시 내게 다음과 같은 생각이 들었다. "이것은 결코 믿음이 아닐거야, 기쁨이 없거든." 나는 구원호의 선장이 되시는 분에 대한 믿음에는 반드시 평화와 그리고 죄에 대한 승리가 따르지만, 일반적으로 구원의 시작과 함께 나타나는 넘치는 기쁨과 관련해, 특히 깊이 통회하는 자들에게 하나님이 당신의 뜻에 따라 그것들을 주기도 하시고, 회수하기도 하신다고 배웠다.

집으로 돌아온 후 나는 많은 시험들로부터 공격을 당했지만, 눈물로 기도했을 때 그것들이 사라졌다. 시험은 계속 찾아왔다. 내가 종종 하늘로 향해 눈을 들고 외칠 때마다 하나님은 '그분의 성소로부터 내게 도움을 보

---

38. Southey, *Life of Wesley*, 90. Southey의 강조.

내셨다.' 그리고 이것을 통해 나는 이때와 이전의 나와 커다란 차이가 있다는 것을 발견했다. 사실 나는 은혜 아래에서뿐만 아니라 율법 아래에서 혼신을 다하는 싸움을 하고 있었다. 하지만 나는 자주는 아닐지라도 종종 정복을 당했다. 그러나 지금은 언제나 승리자이다.

　25일 목요일, 내가 잠에서 깨어날 때, '나의 주인이신 예수님이 나의 마음과 입안에 임재해 계셨다. 나는 온 힘을 다해 주님께 내 눈을 고정시키고, 내 영혼이 주님을 계속해서 기다리고 있음을 발견했다. 그리고 오후에는 다시 사도 바울의 입장으로 돌아가 "내가 여호와의 인자하심을 영원히 노래하며 나의 입으로 주의 진리를 대대에 전하리이다."라는 구절에서 하나님의 귀한 말씀을 맛볼 수 있었다. 그러나 원수는 내게 다음과 같이 두려움을 주입시켰다. "네가 믿을진대, 보다 눈에 띄는 변화가 없는 이유가 무엇인가?" 나는 이렇게 대답했다. 아직은 내가 잘 모르지만 이것은 알고 있다. '이제 나는 하나님과 평화하며' 오늘은 죄를 짓지 않는다. 그리고 나의 주인이신 예수님은 내일을 생각하는 것을 금하셨다"[39]

　모라비안들은 웨슬리 형제에게 그들의 나라를 변화시키기 위해서 반드시 필요한 열쇠인 거듭남(new birth)을 주었다. 영국은 구원받도록 예정된 사람은 아무도 알 수 없다는 칼빈주의 신앙의 교리에 사로잡혔으며, 영국 국교회는 성례를 구원이 예정되어 있을 것으로 소망하는 누구나 참여해야 하는 필수 의무라고 가르쳤다. 감리교 부흥운동은 인간은 자신이 구원받았다는 사실을 알 수 있을 뿐 아니라, 즉각적인 구원과 동시에 마음의 평화가 가능하다는 가르침으로 영국을 변화시켰다. 그리고 여기에 성결을 추구하는 존의 '방식들'이 추가되었다. 그것은 기도와 금식, 성경 연구에 중점을 둔 신자들의 정기모임인 '연합회'(united society)를 포함하는 것이었다. 이제 부흥은 체계뿐 아니라 변화를 위한 성령의 불길과 하나님의 능력이 나타나게 되었다.

---

39. John Wesley, *Journal of John Wesley*, http://www.ccel.org/ccel/wesley/journal.vi.ii.xvi.html.

존과 찰스에게 있어서 이것은 하나의 역사적인 순간이었다. 그들은 그리스도에 대한 개인적인 믿음으로 버림받은 자들이 구원받는 것을 보기 위한 유례없는 열정으로 인해 자신들의 금욕적인 경건에 관한 완고한 신념을 포기해야 하는 갑작스러운 도전에 직면하게 되었다. 찰스는 하나님의 선하심과 은혜를 선포하는 찬송시를 썼다.

> 존과 찰스는 그리스도에 관한 믿음으로 버림받은 자들이 구원받는 것을 보려는 열정으로 인해, 금욕적인 경건에 관한 자신들의 완고한 신념을 포기했다.

존은 즉각 '복음'을 전하기 시작했다. 전에는 연구와 자기 훈련에 대한 열정으로 가득했던 그들이 이제는 영혼 구원을 위한 뜨거운 열정으로 충만했다. 마침내 그들은 복음의 순전함(simplicity)을 명확히 깨달았다. 그들이 이전에는 그것을 이해하거나 전하지 못하였지만, 이제는 하나님의 구원하시는 사랑의 모든 순전한 진리를 알리는 일에 헌신하였다.

존과 찰스는 믿음이 성례를 지키거나 나아가 위대한 헌신을 행함으로가 아닌 선포되는 하나님의 참된 말씀을 들음으로 온다는 새로운 계시에 사로잡혔다. 존은 이때를 자기 인생에서 두 번째의 중요한 전환점으로 묘사했다. 첫 번째는 1725년 그가 목회사역과 외적인 성결의 추구를 위해 자신을 헌신한 때였다. 존과 찰스 모두 그리스도의 피를 통해 자신들이 단번에 거룩하게 되었다는 사실을 알고는 매우 기뻐했다. 그들은 마침내 그들 자신의 의지적인 노력과 선행, 경건한 헌신을 통해 '거룩함을 강요'(enforce holiness)하려는 그들의 힘든 투쟁으로부터 벗어날 수 있었다.

은총의 수단(means of grace)은 "'경건의 행위'(works of piety, 영적 훈련)와 '자비의 행위'(works of mercy, 다른 사람에 대한 선행)"[40]을 통해 구현된다고 종종 말했던 그들이, 이제는 전적으로 그리스도에 대한 믿음에 의해서만 공급 가능한 은

---

40. "Sprital Disciplines: Works of Piety," John Wesley: Holiness of Heart and Life, General Board of Global Ministries, United Methodist Church, http://gbgmumc.org/umw/wesley/disciple.stm에 인용된 Charles Yrigoyen Jr., *Holiness of Heart and Life*, 33.

혜의 수단에 대해 가르쳤을 것이다. 다시 말해, 하나님만이 기도와 성경 읽기, 묵상 그리고 성찬식을 통해 신자를 변화시키신다는 것이다. 그들은 신자가 마음과 삶이 거룩해지기를 열망하는 것은 하나님의 사랑의 능력이 역사하기 때문이라고 가르쳤다. 이러한 시각차는 형제들로 하여금 우리가 사랑으로 하나님께 화답하거나 우리의 이웃을 마땅히 사랑하기 시작하기 전에 먼저 우리가 우리를 향하신 하나님의 아낌없는 사랑을 인정해야 한다는 것을 강하게 촉구하게 하였다. 그들은 또 하나님의 사랑에 순종하고, 그것이 우리 안에 충만할 때 우리도 마침내 "그리스도인의 모든 은혜와 거룩하고, 행복한 성품을 나타내게 되며 그렇게 될 때 우리의 모든 행동이 거룩하게 된다."[41]는 것을 가르쳤다. 그들 이전의 베드로와 바울처럼, 웨슬리 형제는 믿음으로 말미암아 마음 가운데 각자 그리스도의 부활하신 생명을 체험하는 순간 사람들에게 그러한 삶을 알리는 일에 자기들의 삶을 온전히 바치지 않을 수 없었다.

존의 회심 후 18일째 되던 날인 1738년 6월 11일 "너희는 그 은혜에 의하여 믿음으로 말미암아 구원을 받았으니"란 에베소서 2:8을 본문으로 옥스퍼드 대학교 앞에서 '믿음으로 말미암는 구원'(Salvation by Faith)이란 제목의 설교를 했다. 그는 본 설교에서 이렇게 선포했다.

> 그렇다면 죄인이 무엇으로 자신의 죄 가운데 가장 작은 것을 사함 받을 수 있을까요? 자신의 행위로 그것이 가능할까요? 절대 그렇지 않습니다. 선하고, 거룩한 것은 하나님께만 있을 뿐, 인간에게는 없습니다. 하지만 그것들은 모두 불결하고 죄악이 될 뿐입니다. 따라서 모두 새로운 구원이 필요합니다. 썩은 나무에서는 썩은 과일이 자랄 뿐입니다. 그런데 완전히 부패하고, 타락한 것이 인간의 마음입니다. 위대한 창조주의 형상에 따라 지음받으므로 처음에는 그의 영혼이 영광스런 의로 빛났지만, 지금은 '하나님의 영광에 이르지 못한' 존재가 되었습니다. 따라서 자신을 변호할 수

---

41. Randy L. Maddox, "Be Ye Perfect?" *Christian History* 20, no. 1[69호](2001): 32.

있는 행위나 의가 전혀 없는 인간은 하나님 앞에 자신의 입을 꼭 다물 수
밖에 없습니다.[42]

이러한 것은 엄격한 칼빈주의 교리를 부정했다는 점에서 존의 메시지는 영국 국교회에 대한 공개적인 위협으로 간주되었다. 다음 한 해 동안 존에 대한 런던과 주변 지역에 있는 모든 교회들로부터의 냉대는 더욱 거세져 갔다. 존과 찰스는 일치를 원했지만, 자신들의 내적인 확신을 따를 수밖에 없다고 판단하고, 옥스퍼드의 성장하고 있는 감리교도 집단을 가르치며, 제자 사역을 계속했다. 모일 때마다 작은 방은 사람들로 가득 찼으며, 성령의 놀라운 역사와 함께 사람들의 삶에는 커다란 변화가 나타났다. 살아 계신 성령의 심오한 역사를 체험한 웨슬리와 그의 회심자들은 그들이 아무리 노력해도 영국 국교회와의 사이에 형성된 선을 쉽게 건너갈 수 없었다. 안타깝게도 존은 자기가 영국 국교회 안에서 철저히 냉대를 받고 있다는 사실을 깨달았다.

존의 헤른후트 여행

존은 자기의 현재 상태를 확인하겠다는 꿈을 품고 모라비안 형제단에 대해 좀 더 많이 이해하고 그들이 어떻게 성령으로 말미암는 거듭남과 새로운 삶에 대한 진리를 발견했는지 알고자 그리고 그가 윌리엄 로와 토마스 아켐피스의 가르침에서 찾지 못한 것을 얻고자 독일 삭소니에 있는 헤른후트를 여행하기로 했다. 1738년 7월, 그는 조지아에서 자신과 함께 있었던 잉함과 그 외의 다른 6명과 함께 독일로 출발했다. 그들은 로테르담(Rotterdam)에 상륙한 후 계속 이셀슈타인(Ysselstein)으로 향해 거기에서 그곳에 살고 있는 영국인 지인들 몇 사람과 하루를 보냈다. 다음 날 그들은 도보로 계속 쾰른(Cologne)

---

42. John Wesley, "Salvation by Faith," Christian Classics Ethereal Library, http://www.ccel.org/ccel/wesley/sermon.v.i.html.

으로 향해 거기에서 마인쯔(Mentz)로 가는 라이강 상류로 올라가 프랑크푸르트(Frankfurt)로 가 거기에서 피터 볼러의 부모로부터 영접을 받았다. 다음 날 마린본(Marienborn)에 도착한 그들은 그곳에서 진젠도르프 백작을 비롯하여 여러 나라에서 온 50명이 넘는 제자의 무리를 만났다. 존은 그들 무리에 대해 다음과 같이 묘사했다.

> 그리고 나는 여기에서 그동안 내가 찾았던 사람들을 계속 만났다. 그들은 믿음의 능력에 대한 살아 있는 증거를 가졌으며, 마음 가운데 넘치게 흐르는 하나님의 사랑으로 인해 외적 내적인 죄로부터 구원을 받았고, 그들에게 주어진 성령의 내주하시는 증거를 통해 모든 의심과 두려움으로부터 건짐을 받았다.[43]

존은 자기 형인 사무엘에게 이렇게 편지를 썼다.

> 마침내 하나님은 내 마음에 소원을 주셨습니다. 나는 대화가 하늘에 있고, 그 마음이 그리스도께 있으며, 주님이 걸어가심 같이 그렇게 걷는 교회에 있습니다. 그들이 모두 한 주님과 한 믿음을 가지고 있는 것 같이, 그렇게 그들은 모두 한 영, 온화와 사랑의 영으로 함께하는 자들입니다. 이것은 한결같이, 지속적으로 그들의 모든 대화에 활력을 불어넣습니다. 오! 기독교는 얼마나 고귀하고, 거룩합니까! 나는 얼마나 멀리 떠나 있었는지 모릅니다. 우리의 복되신 구세주의 형상을 따라 마음을 정결케 하지도, 삶을 새롭게 하지도 못했습니다. 나는 우리가 부르는 거룩하신 이름이 이방인들 사이에서 모욕당하고 있다는 생각에 비통합니다. 그것은 그들이 만족하지 않고 정욕적이며, 분노하고, 세상에 사로잡힌 그리스도인들로 보기 때문입니다. 어디 그뿐입니까? 그들은 그리스도인들이 서로 다른 사람

---

43. Southey, *Life of Wesley*, 103.

의 짐을 대신 지기보다 서로 비판하고, 비웃으며 욕하는 것을 보는데도 우리는 그것들을 대수롭지 않게 봅니다."[44]

존과 그의 일행은 11일이 걸리는 여정인 헤른후트를 계속 여행하기에 앞서 이곳에서 자기들이 배울 수 있는 것을 배우며 2주를 보냈다. 그 당시 헤른후트는 약 100가구의 주민으로 구성되어 있었으며, 그들은 10년 이상을 24시간, 한 주 7일을 계속 기도하는 데 바쳤다. 존은 그들의 풍습 가운데 많은 것들이 자기에게 낯설다는 것을 발견함과 동시에 진젠도르프가 스스로에게 부여한 그곳에 있는 사람들 위에 군림하는 '사도의 직분'에 마음이 불편해져 갔다. 존은 깔끔하게 정돈된 그들의 생활 방식이 거의 수도원 생활에 가깝다는 것을 발견했지만, 마리엔보른(Marienborn)에서 진젠도르프의 제자들 사이에 발견했던 것과 똑같은 사랑을 여기에서도 보고는 깜짝 놀랐다. 존은 영국으로 돌아가기 전 헤른후트에서 2주를 더 보냈다. 그는 모라비안들과 그들의 종교적 가르침에 크게 감동했지만, 자기가 그들의 공동체 및 문화적 차이와 맞지 않는다는 사실을 발견했다. 아마 이러한 것은 존이 그것들을 이해할 수 없는데다, 자신에 대한 하나님의 소명이 다르다는 생각에서 비롯되었을 것이다. 그는 헤른후트를 떠나면서 이러한 글을 썼다: "나는 이곳에서 나의 생애를 보내려 했다. 그러나 주님은 나를 그분의 포도밭 가운데 다른 곳에서 일하도록 부르고 계시기 때문에 나는 행복한 이곳과의 작별을 고하지 않을 수 없었다."[45] 그는 하나님이 자기의 남은 생애 동안 행하라고 부르시는 것이 무엇인지를 정확히 알고자 하는 마음으로 여전히 갈급해 하며 9월 16일 런던으로 돌아왔다.

---

44. Ibid., 104-105.
45. Ibid., 113.

부르짖는 감리교 신자들

1739년 새해 첫날, 잉함과 약 60명의 다른 사람들을 포함하여 그 무렵 조지아에서의 사역을 마치고 돌아온 휫필드는 그들이 모라비안 형제단과 나눈 것과 같은 애찬회에 웨슬리 형제와 자리를 함께했다. 시계가 자정을 알리면서 그들은 기도하고 예배를 드리기 시작했다. 이것은 그들이 하나님의 뜻과 인도를 간절히 구하는 가운데 다음 날 아침까지 계속되었다. 그런데 새벽 3시쯤 되었을 때 하나님의 능력이 아주 비상한 방법으로 역사했다. 모든 참석자들은 무릎을 꿇은 채 기뻐서 외치며 눈물을 흘렸다. 그 순간 "그들의 입에서 '오 하나님, 당신을 찬양합니다. 당신께서 주님이심을 시인합니다.'"[46]란 말이 한 목소리로 터져 나왔다. 그들은 잃어버린 자들에 대한 사랑과 긍휼로 복음을 위해 자신들의 삶을 바치겠다고 결단할 만큼 새로운 열정으로 충만했다. 휫필드는 이때 나타난 능력에 대해 그것을 다음과 같이 시인하였다.

> 그것은 또 하나의 오순절이었다. 온밤을 새며 기도한 날들도 있었다. 어떤 때는 우리가 새로운 포도주에 취한 것 같기도 했다. 나는 사람들이 하나님의 임재에 압도되어 "하나님, 정말 이 땅에서 인간과 함께 거하시겠습니까? 이 땅은 얼마나 형편없는지 아시지요? 이곳은 하나님의 집과 천국으로 들어가는 문에 지나지 않습니다!"[47]

그 다음 몇 달 동안 그들에게는 이러한 밤들을 통해 경험한 후 갖고 떠난 환상에 대해 용기와 능력이 필요했을 것이다. 성령께서 주신 것들은 참석자들- 특히 존과 찰스, 조지의 경우- 을 완전히 새로운 단계의 사역으로 인도했

---

46. Eddie L. Hyatt, 2000 Years of Charismatic Christianity: A 20th Century Look at Church History from a Pentecostal/Charismatic Perspective (Chicota, TX and Tulsa, OK: Hyatt International Ministries, Inc., 1996), 106에 인용된 John Wesley, *The Journal of John Wesley*, vol. 2, ed. Nehemiah Curnock(London: Epworth Publishing, 1938), 122-125.
47. Southey, *Life of Wesley*, 123.

을 것이다. 그리고 그것은 감리교 대부흥 - 혹은 대각성 - 이 시작되는 원년이 되었을 것이다.

그때부터 성령의 역사와 사역을 강조한 웨슬리 형제와 그들을 따른 무리는 '광신자들'로 알려졌다. 그들의 모임에 감정적이고, 예측 불가능한 자들이란 명칭이 붙었다. 따라서 '광신자'란 '하나님의 영에 사로잡힌 자'란 뜻의 헬라어 해석을 설명한 소책자가 널리 유포되었다. '광신자들'을 잘못된 영에 사로잡힌 자들이라고 믿은 영국 국교회는 그들과의 관계를 차단했다. 그러나 앞으로 일어날 사건에 대해 하나님이 이미 휫필드의 마음에 통찰력 있는 씨를 심으신 이상 그것은 전혀 문제가 되지 못했다. 한번은 건물이 모인 사람들로 가득 차 군중이 돌아가야 했을 때, 휫필드는 자신이 밖으로 나가 무덤 위에 서서 옥외에 모인 수백 명의 청중에게 복음을 전하지 않으면 안 될 의무감을 느꼈다. 그 얼마 후부터 그는 정기적으로 옥외 설교를 했는데, 그때마다 영국 내의 아무리 큰 건물도 다 수용할 수 없을 만큼 수많은 청중이 모였다.

1739년 봄, 존은 휫필드의 강권에 따라 자신이 교회 밖의 장소에서 말씀을 선포하지 않으면 안 된다는 사실을 깨닫게 되었다. 그해 3월 존은 친구를 따라 브리스톨(Bristol)로 갔다. 휫필드는 분잡한 브리스톨에서 일하는 많은 광부와 조선소 근로자들을 상대로 전도할 생각을 갖고 이미 그 지역에서의 옥외 설교에 대한 조사에 착수해 있었다. 3월 29일, 존과 찰스는 모든 원하는 자들에게 믿음에 대한 메시지를 전할 목적으로 휫필드를 따라 시내 광장으로 갔다.

처음에 존은 옥외에서 설교하는 것을 반대했다. 하지만 휫필드가 설교를 시작하였다. 떠들썩한 군중이 순수한 호기심으로 모여들었다. 그들은 휫필드가 전하게 될 거룩한 진리를 들을 마음의 준비가 되어 있었을까? 존의 마음은 의심스러운 생각이 가득했지만, 휫필드는 주저

> 처음에는 '야외 설교'를 반대하였지만, 존은 옥외에서의 설교를 중단할 수 없었다.

하지 않고 이 기회의 강점을 붙잡았다. 그는 담대히 전하였다. 하나님의 말씀은 열렬한 청중들을 감동시켰다. 존은 인산인해처럼 모인 청중을 보고는

그들이 생명수 말씀에 매우 갈급해 있다는 사실에 더없이 감동을 받았다.

다음 날, 존은 시내 변두리의 낮은 언덕에 올라 약 3천 명 정도로 추정되는 군중을 향해 자신의 첫 번째 옥외 메시지를 선포했다. 그는 누가복음 4:18-19을 본문으로 설교했다.

> **주의 성령이 내게 임하셨으니 이는 가난한 자에게 복음을 전하게 하시려고 내게 기름을 부으시고 나를 보내사 포로 된 자에게 자유를, 눈 먼 자에게 다시 보게 함을 전파하며 눌린 자를 자유롭게 하고 주의 은혜의 해를 전파하게 하려 하심이라 하였더라** (눅 4:18-19)

주의 성령이 그날부터 가난한 자에게 복음을 전하도록 그에게 임했다.

존은 이 경험으로 도취되었고 고무되었다. 그는 다시 옥외 설교를 할 다음 기회 때까지 기다릴 수 없었다. '야외 설교'의 경이감을 체험한 그는 이제 돌이킬 수 없었다. 청중의 뜻을 발견한 그는 비록 그들이 항상 수용적이지 않다 할지라도 자신이 전하는 말씀이 그들에게는 가장 필요한 것이라는 사실을 알았다. 전기 작가인 바실 밀러(Basil Miller)는 자신의 책에서 다음과 같이 기술하였다. "여기에 모인 무리에게는 그의 메시지가 마치 하늘에서 떨어지는 섬광처럼 임했으며, 존은 그들에게 이것이 그리스도에 대한 증표라는 것을 부인하지 않았다."[48] 그때부터 존은 자기가 거의 죽는 날까지 누구든지 자기의 설교를 듣기 원하는 자들에게 매일 한 번, 때로는 하루에 서너 차례씩 설교했다. 존은 할 수만 있으면 헛간이나 야외, 시내 광장 등 가리지 않고 어디서나 설교를 했다. 군중들 사이에 성령께서 역사하시므로 사람들은 눈물로 회개하고, 기뻐 외치며 하나님의 능력 앞에 무릎을 꿇었다. 한 목격자는 이렇게 말하였다.

---

48. Basil Miller, *John Wesley: The World His Parish* (Grand Rapids, MI: Zondervan Publishing, 1943), 71.

하나님을 모욕하던 자들이 자비를 구하는 기도를 했다. 죄인들이 깊이 뉘우치며 바닥에 무릎을 꿇었다. 심지어는 지나가던 나그네들조차 커다란 감동을 받았다. 자기가 오랫동안 알고 지낸 여성의 경우에 대해 연구한 의사는 그녀의 얼굴에서 땀이 쏟아지고, 몸에 경련이 일어나는 것을 보고는 그것이 단순한 신체적인 이상 반응이 아니라 하나님이 역사하고 계신 증거라고 결론을 내렸다.[49]

브리스톨에 있는 집회 건물과 옥외 모두에서 이러한 장면을 흔히 볼 수 있었다. 사람들은 마치 죽을 것 같은 죄책감에 사로잡혀 울부짖고 기도했으며, 자리에서 일어나 자기들의 구원자이신 하나님을 기뻐 찬양했다.

지역에서 정직한 기독교인으로 알려진 직공인 존 헤이든(John Hayden)은 그와 같은 경우에 해당하는 대표라고 할 수 있다. 존의 사역에서 일어나고 있는 일을 들은 그는 자신이 직접 확인하기 위해 왔다가 아무런 반응 없이 돌아갔다. 그는 친구들에게 그것이 순전히 속임수에 지나지 않는다고 말했다. 다음 날 그는 저녁 식탁에 앉아 전날 받은 '믿음으로 말미암는 구원'이란 제목의 설교문을 다 읽었다. 그런데 마지막 행을 읽는 순간 그는 안색이 변하더니 의자에서 내려와 바닥에 엎드려 가슴을 치며 회개하였다. 웨슬리 형제를 부르자 그들은 가능한 한 빠르게 왔다. 집은 사람들로 가득 차 있었다. 헤이든은 동일하게 이례적인 상태로 있었다. 헤이든의 아내는 무엇보다도 사람들을 안으로 들어오지 못하게 하려 했지만, 헤이든은 이렇게 외쳤다. "아니요, 그들을 들어오게 하세요. 온 세상으로 하여금 하나님의 의로운 심판을 보도록 하세요." 존이 안으로 들어오자, 헤이든은 참석한 사람들을 향해 이렇게 말했다. "이 사람이 바로 제가 사람들을 기만한다고 말한 그 사람입니다. 그러나 하나님은 저에게 강권적으로 역사하셨습니다. 저는 그것이 속임수라고 말했습니다. 하지만 이것은 결코 속임수가 아닙니다." 그러더니 다음과 같이 큰

---

49. Ibid., 75.

소리로 외쳤다. "오, 악마여! 저주받은 악마여! 아, 악마의 군대여! 그대는 더 이상 머물지 못할 것이다! 그리스도께서 그대를 당장 쫓아내실 것이다! 그분의 역사는 이미 시작되었습니다. 할 수만 있다면, 나를 갈기갈기 찢어보라. 하지만 그대는 나를 절대 해치지 못할 것이다." 말을 시작하자마자, 그는 다시 바닥에서 자신을 때리기 시작하였다. 가슴이 들먹거렸으며, 얼굴에서는 땀이 흘러내리고 있었다. 웨슬리 형제 및 그들과 함께 있던 자들은 간절한 마음으로 발작이 멈추고 그들로부터 자유하게 될 때까지 계속 기도했다. 그날 밤 집으로 돌아온 존은 헤이든이 힘이 없고 말도 할 수 없었지만, 그가 성령께서 주시는 평화와 기쁨으로 충만해 있었다는 것을 발견했다.[50]

존이 사역한 런던과 뉴캐슬에서도 비슷한 사건과 반응들이 나타났다. 조지와 찰스는 몹시 격렬하고, 열정적인 설교가였지만, 그들의 사역에서는 그와 같은 발작 현상은 거의 일어나지 않았다. 존의 말은 차분해서 청중들이 생각하며 들음으로 그들의 마음에 깊이 파고들었다.

그들의 집회 때 이러한 현상들이 나타나자 그들 역시 병든 자나 악령에 들린 자들을 위해 기도해 달라는 청을 종종 받았다. 존의 일기에서 인용한 다음의 글은 그러한 예들 가운데 하나를 설명한다.

> 1739년 10월 25일 목요일, 나는 브리스톨에서 전날 밤 병에 걸려 누워 있는 사람을 위해 방문해 달라는 부탁을 받았다. (이것에 대해서도 나는 나의 눈과 귀를 통해 직접 목격한 사실을 그대로 말하려 한다.) 심하게 이를 갈며 바닥에 누워있던 그녀는 잠시 후 큰 소리로 고함을 쳤다. 서너 사람의 힘으로도 그녀를 진정시키기가 힘들었는데, 이상하게도 그녀가 예수님의 이름을 불렀다. 우리가 기도하자 발작 증세가 완전히 사라지지는 않았지만 멈추었다.
>
> 그날 밤 그녀를 또 다시 방문해 달라는 부탁을 받았을 때는 왠지 두렵

---

50. Telford, *Life of John Wesley*, 122-123.

고, 가고 싶지가 않았다. 그것은 그녀를 위해 하나님께 매달릴 만큼 강한 사람들이 있지 않는 한 내가 가본들 소용이 없을 것이라고 생각했기 때문이다. 나는 다음과 같은 말씀의 성경 본문을 펼쳤다. "두려워하여 나가서 당신의 달란트를 땅에 감추어 두었었나이다." 나는 자신을 나무라며 자리에서 일어나 급히 출발했다. 방에 들어가려는 순간 그녀는 괴성을 지르기 시작했다. 그리고는 듣기에 안쓰럽고, 모욕적인 말과 함께 무서운 표정의 웃음을 지었다. 다양한 경험을 갖고 있던 사람이 이러한 현상이 어떤 불가사의한 원인 때문이라고 생각하여 그녀에게 이렇게 물었다. "당신은 어떻게 해서 처음 그리스도인이 되었나요?" 그러자 그녀는 대답했다. "그녀는 그리스도인이 아냐. 그녀는 내 것이야." "당신은 예수란 이름을 들으면 두렵지 않나요?" 아무런 대답을 하지 않았지만, 그녀는 몸을 움츠리며 심하게 떨었다. "당신은 지금 자신의 형벌을 증가시키고 있지 않나요?" 힘없는 소리로, "예, 예"라고 대답했다. 이어서 분명한 소리로 하나님을 저주하고, 모욕하였다.

    나의 동생이 들어오자 그녀는 "목사님! 야외 설교를 하는 목사님! 저는 야외 설교를 좋아하지 않아요." 입에서 침을 튀기며 강한 반감을 표하는 이러한 행동은 꼬박 2시간 동안 계속되었다. 우리는 자정 무렵 그녀에게서 떠났는데 다음 날인 26일 금요일 정오 또 다시 방문을 부탁받았다. 그런데 하나님은 이때 당신께서 기도에 응답하셨다는 것을 보여 주셨다. 그녀의 모든 격심한 고통이 순식간에 멈추었다. 그녀는 평안으로 충만했으며, 악한 영이 자기에게서 떠났다는 것을 알았다.[51]

한 번은 존이 임종을 앞두고 있는 사람을 방문해 달라는 요청을 받았다.

    1742년 12월 15일 수요일, 나는 뉴캐슬로부터 약 13킬로미터 떨어진

---

51. John Wesley, *The Works of the Reverend John Wesley, A.M.*, vol. 3. Edited by John Emory (New York: T. Mason and G. Lane, 1840), 162.

홀슬리 어펀 타인(Horsley-upon-Tyne)에서 설교를 했다. 오후 2시쯤이었다. 서리가 내렸지만 우리는 집안으로 들어갈 수 없어 옥외에 서야 했다. 나는 아침저녁으로 다시 설교했다. 전날 말을 타고 오느라 모두 감기가 심하게 걸린 우리는 걸어서 집으로 가기로 했다. 나는 서서히 호전됐지만, 메이릭은 악화되어 금요일 날 몸져누웠다.

　20일 월요일, 우리는 그 집의 첫 번째 돌을 놓았다. 그것을 보기 위해 주변의 전역에서 많은 사람이 몰려들었다. 그러나 아무도 우리를 비웃거나 방해하는 사람이 없는 가운데 우리는 하나님을 찬양하고, 그분께서 우리의 사역을 번성케 해 주실 것을 위해 기도했다. 그날 저녁 나는 하나님께 기도하고, 감사드리기 위해 설교를 서너 차례 중단해야 했다. 집에 도착하자 사람들은 내게 의사가 메이릭이 다음 날 아침까지 살지 못할 것이라고 말했다고 전했다. 그의 집을 찾아 갔지만 맥박이 멈춰 있었다. 그가 말을 못하고, 의식을 잃은 지 어느 정도 되었다. 우리 몇 사람은 즉각 기도하기 시작했다. (나는 적나라하게 말한다.) 우리가 기도하기 전에 그의 의식과 언어가 회복되었다. 이제 그가 이것을 우연의 일치라고 말하고 나는 자유롭게 떠날 수도 있다. 하지만 나는 이를 하나님의 권능이라고 말하였다.

　25일 토요일, 의사는 더 이상 자신이 할 수 있는 일이 없다고 말했다. 그는 메이릭이 그날 밤을 넘기지 못할 것이라고 하였다. 위층으로 올라가 보니 사람들이 모두 울고 있었다. 그의 두 다리는 (마치 그가 죽은 것처럼) 차가웠다. 우리는 모두 무릎 꿇고 하나님께 눈물과 큰 소리로 부르짖었다. 그런데 그가 눈을 뜨면서 나를 부르는 것이 아닌가! 그때부터 기운을 회복하더니 마침내 건강을 완전히 되찾았다.[52]

　웨슬리 형제는 오늘날 은사주의자나 오순절 성령운동가들이 겪는 것과 똑같은 몇 가지의 도전에 직면했다. 그 도전은 은혜로 말미암는 신앙적인 체험

---

52. Wesley, *Works of the Reverend John Wesley, A.M.*, vol. 3, 274-275.

과 다른 유형의 영적 혹은 감정적인 현상을 분별해야 하는 것이었다. 그러나 그들이 성령의 능력 아래 역사를 행했다는 것을 말할 필요가 없으며, 그러한 치유로 인해 많은 논란과 비판을 받았지만 그들의 설교에 능력이 더해지고, 그것이 널리 알려지게 된 것도 사실이다.

웨슬리 형제의 전도 부흥은 우렁찬 목소리와 강렬한 감정 표현으로 유명했다. 따르는 자들은 '고함치는 감리교도들'(shouting Methodists)이라 불렸다. 그것은 그들의 외침이 설교자들을 말 그대로 방해하였고, 참석자들로 하여금 혼란스럽고 광포한 자들로 보이게 하였기 때문이다. 존은 그의 일기장에서 그러한 모임들에 대해 말하였다.

> 1739년 6월 16일 토요일, 우리는 하나님이 우리의 신앙적으로 부족한 여러 가지 것들로 인해 우리에게서 그분의 영을 당연히 거두어 가신 것에 대해 그분 앞에 겸손히 무릎 꿇고 이를 시인하는 모임을 페터레인(Fetter-lane)에서 가졌다. 우리는 분열로 인해 하나님을 노하시게 한 것을 고백했다. 어떤 사람은 자신을 가리켜 바울파라고, 또 어떤 이는 아볼로파라고 주장한 것을 고백하는가 하면, 그리스도 대신 자기의 노력을 의지하고 그것을 믿었음을 고백하는 자들이 있었다. 성화에 있어 이처럼 사소한 것들, 즉 하나님이 우리의 영혼 가운데 역사하시도록 그분을 기쁘시게 한 것을 의지하므로 말이다. 그런데 무엇보다도 문제가 된 것은 우리 가운데 일하시는 하나님의 역사를 욕되게 하고, 그것을 자연 현상이나 상상력 혹은 강한 정기, 나아가서는 악령의 기만으로 돌리기까지 했다. 바로 그때 우리는 하나님이 우리와 함께 계신 것을 처음 발견했다. 사람들 중에는 무릎 꿇고 바닥에 엎드린 자도 있었다. 그 외의 나머지 사람들은 모두가 큰 소리로 감사와 찬양을 돌렸다. 많은 사람이 앞으로 나아와 간증했는데, 지난 1월 이후 이 날과 같은 날이 한 번도 없었다.[53]

---

53. John Wesley, *The Works of the Reverend John Wesley*, vol. 1 (London: The Conference Office, 1809), 388.

어떤 목격자는 1746년에 있었던 집회에 대해 다음과 같이 묘사하였다: "참석자들은 모두가 혼란해 보였으며, 조금 떨어져 있는 사람에게는 그들이 하나님을 예배하는 자들이라기보다 술에 취한 군중으로 보였을 것임에 틀림없다." 한 회심자는 이렇게 기술하였다. "그들의 산만한 모습은 그때까지 내가 결코 본적이 없는 바보들처럼 생각됐다. 그들은 발을 구르고, 손뼉을 치며 몸을 떨고, 울부짖고, 크게 소리쳤다."[54] 존 크라우더(John Crowder)는 『새로운 신비주의자들』(*The New Mystics*)이란 자신의 책에서, 많은 사람들이 큰 소리로 부르짖는 것에 대해 영적 전쟁의 한 형태, 즉 "'자기들의 집단에서 사탄을 쫓아내는' 예배 행위의 하나"[55]로 보았다.

찰스는 형과 함께 여행할 때 존의 설교에 기초하여 찬송가를 작곡하기 시작했다. 존이 새로운 설교의 영감을 받은 것처럼 찰스는 새로운 찬송가에 대한 영감을 자주 받은 것으로 보인다. 찰스에게 찬송가 작곡의 은사가 있었다면 존에게는 말씀을 전하는 은사가 있었다. 존이 설교를 통해 하나님의 임재하심 가운데 사람들을 감동시키는 은사가 있었던 반면 찰스에게는 자신의 찬송을 통해 감동시키는 은사가 있었다. 찰스는 1년 안 되는 기간 동안 다수의 찬송가를 작곡하고 찬송시를 써 자신의 첫 번째 찬송가집을 출간하였고, 그 후 몇 년 동안 몇 권을 냈다. 존이 찰스와의 차이점에 대해 묘사한 것과 같다. "내가 어떤 면에서 사역의 머리라면 동생은 심장이다."[56] 웨슬리 형제에 의해 작곡된 찬송가와 선포된 설교는 감리교의 모든 교리와 종교 행위를 세우는 토대가 되었다. 얼마 후부터 그들은 출판물을 이용하여 자기들의 사역 영역을 확장시켰다. 그들은 설교와 찬송가, 신앙 서적, 나아가 월간지에 이르기까지 다양한 범위에 걸쳐 출간한 최초의 복음전도자이기도 하다. 그들이 시도한 획기적인 방식의 성경공부와 연합예배는 하루에도 회심자가 수백 명에 이

---

54. John Crowder, *The New Mystics: How to Become Part of the Supernatural Generation* (Shippensburg, PA: Destiny Image Publishers, 2006), 276-277.
55. Ibid., 277.
56. Richard P. Heitzenrater, "A Tale of Two Brothers," *Christian History* 20, no. 1[69] (2001): 16.

를 만큼 그리스도를 알리는데 매우 효과적이었다.

여기에서 우리는 영국 국교회(Church of England)가 웨슬리 형제를 교단에서 쫓아냈음에도 불구하고 존과 찰스는 결코 성공회(Anglican Church)를 떠나지 않았다는 사실에 주목해야 한다. 두 교파의 교리 사이에 종종 충돌이 있었지만, 그들은 감리교의 교리를 성공회 교리의 확장으로 보았다. 한 예로, 존은 주일날 자기 신도들이 행여 성공회 교회의 예배에 참석하지 않을까 두려워 그들이 주일날 모이는 것을 절대 허락하지 않았으며, 성공회 목회자로서의 자신의 성직을 포기하지 않았다. 웨슬리 형제와 영국 국교회 사이의 관계는 해를 거듭할수록 보다 약해져 갔으며 그들이 하나님과 자기들의 소신 외에 누구의 지시도 따르지 않았지만, 감리교도와 영국 교회 사이의 유대는 존과 찰스 두 사람이 모두 세상을 떠날 때까지 그들 자신이나 성공회 주교단에 의해 공식적으로 단절된 적이 없었다.

> 영국 국교회가 웨슬리 형제를 교단에서 쫓아냈음에도 불구하고 존과 찰스는 결코 성공회를 떠나지 않았다.

전 세계가 나의 교구

1740년, 웨슬리는 전에 캐넌 활자 주물공장으로 사용되었던 건물에 처음으로 자신의 사역을 위한 본부를 마련했다. 이 건물은 20년 동안 훼손된 채 방치되어 있었던 것으로, 웨슬리는 이를 런던감리교신도회(London Methodist Society)의 공식적인 집회 장소로 삼았다. 이곳의 메인 룸은 1,500명이 앉을 수 있을 만큼 넓었으며, 얼마 안 있어 건물은 집회 장소와 학교, 사회복지센터로 개조되었다. 주물공장에 본부를 세운 후 오래 되지 않아 웨슬리는 브리스톨에도 본부를 세웠고, 그곳에서 처음 옥외 설교를 했다. 이어서 그는 뉴캐슬에도 본부를 세우므로 존이 추구했던 '브리스톨에서 런던과 뉴캐슬에 이르기까지 영국 전역을 포함하는 광범위한 삼각 기지'를 구축하였다.

웨슬리 형제의 설교와 찬양을 통한 하나님 말씀의 선포와 청중들에 대한 사역으로 모이는 무리의 수가 갈수록 늘어났다. 아침 일찍 8시에 모인 사람의 수가 무려 5, 6천 명에 이를 정도였다. 저녁 집회에 참석한 군중은 그보다 더 많았을 것이다. 마을 사람과 주변의 농사짓는 사람들은 웨슬리 형제가 온다는 말을 들으면 전 지역에서 몰려오곤 하였다. 그들은 존의 매우 감동적인 설교와 찰스의 하늘로부터 들리는 듯한 찬양을 직접 경험하고 싶어 했기 때문이다. 하지만 이러한 성공에는 언제나 핍박이 따랐다. 집회의 참석자들 중에는 종종 폭행을 당하고 생명에 위협을 받거나 자기들이 사는 지역에서 추방을 당하는 자들도 있었다. 웨슬리 형제는 이러한 위험들에 매우 담대히, 그리고 침착히 대응하였다. 존은 성난 폭도를 피해 차가운 연못으로 뛰어들었다가 수영으로 나와 다시 설교를 시작했다는 이야기가 잘 알려져 있다. 그에게는 자신을 적대하는 폭도를 진정시키고, 격렬한 반대에도 이를 우호적으로 반전시키는 뛰어난 능력이 있었다. 그에게는 자기를 극심하게 핍박한 자들이야말로 자신을 가장 필요로 하는 자라고 여길 만큼 잃어버린 영혼들을 긍휼히 여기는 사랑이 있었다. 존은 자신에 대한 하나님으로부터의 확고한 소명 가운데 다음과 같이 기술했다.

> 하나님은 성경을 통해서 내게 할 수 있는 대로 무지한 자를 깨닫게 하고, 악한 자를 변화시키며 유덕(有德)한 자를 더욱 세워줄 것을 명령하신다. 사람들은 내가 다른 사람의 교구에서 이렇게 하는 것을 금한다. 그것은 사실 현재 내게 나의 교구가 없고, 아마 앞으로도 계속 그럴 것이라는 것을 알기 때문에 그렇게 말하는 것이다. 그렇다면 나는 하나님과 사람 중 누구의 말을 들어야 할까?
>
> 나는 전 세계를 나의 교구로 간주한다. 그것은 지금까지 내가 세상의 어디에 있든지 구원의 기쁜 소식을 듣기 원하는 자들에게 그것을 선포하는

것이 옳고, 마땅하며 나의 당연한 의무로 여겼다는 것을 의미한다.[57]

존은 말을 타고 하루 평균 20마일을 여행하고 다니면서 세 차례씩 설교했다. 그는 일터로 향해 가는 근로자들에게 복음을 전하고자 매일 아침 5시에 설교를 시작했다. 그리고는 근로자들이 점심 휴식 시간을 갖는 정오에 다시 설교한 후 저녁에도 종종 두 차례 이상을 설교했다. 날씨가 아무리 나쁠지라도 그의 일정에는 변함이 없었다. 웨슬리 형제는 어떤 상황에서도 모든 일정을 그대로 지켰다. 존은 또 자기가 기적적으로 치유된 것이 한두 번이 아니라는 것을 기록했다. 한 번은 그가 머리를 가누는 것조차 불가능할 만큼 심하게 아팠다고 한다. 그때의 상황에 대해 그는 다음과 같이 기술하고 있다:

> 8일 금요일, 나는 몸이 몹시 좋지 않은 것을 느꼈다. 저녁 설교를 간신히 했다. 그런데 토요일 날 나는 몸이 녹초가 되어 몇 시간 동안 머리를 거의 들 수 없었다. 일요일인 10일은 그 자세가 편해 하루의 대부분을 누워 있어야 했다. 그러나 저녁 때 사람들에게 자신의 죄를 회개할 것을 촉구하는 설교를 하는 동안 기운이 일시적으로 돌아왔다. 그런데 집회를 마치고 이어진 애찬 때 기도를 시작하려는데 그때까지 나를 계속 괴롭혀 온 등과 머리의 통증, 고열과 심한 기침 때문에 거의 말을 할 수 없었다. 그 순간 나의 마음속에는 "믿는 자들에게는 이런 표적이 따르리니"(막 16:17)란 말씀이 강하게 떠올랐다. 나는 예수님께 '큰 믿음'과 '그분의 은혜의 말씀에 대해 확신'을 갖게 해 달라고 큰 소리로 간구했다. 그렇게 기도하는 사이 고통이 사라지고, 열이 떠났으며 육체의 기운이 돌아왔다. 그 후 몇 주 동안 나는 통증이나 육체의 약한 것을 전혀 느끼지 못했다. '오, 주님! 당신께 깊은 감사를 드립니다.'[58]

---

57. John Wesley, *Journal of John Wesley*, http://www.ccel.org/ccel/wesley/journal.vi.iii.v.html.
58. Wesley, *Journal of John Wesley*, http://www.ccel.org/ccel/wesley/journal.vi.iv.v.html.

다음과 같은 경우의 사건도 있다.

> 셰퍼드(Shepherd)와 내가 스메톤(Smeton)을 떠났을 때 말이 다리를 심하게 절어 나는 또 멈추어야 하나? 라고 걱정하였다. 우리는 무엇이 문제인지 도저히 알 수가 없었다. 하지만 말은 발을 거의 딛지 못했다. 그렇게 7마일 정도를 갔을 때 나는 몹시 피곤해져 두통이 지난 몇 달 동안 있었던 것보다 훨씬 더 심하게 나타났다.(이것은 내가 사실을 그대로 말하는 것으로, 독자들은 이것을 그대로 받아주기 바란다.) 나는 그때 이렇게 생각했다. '하나님은 인간과 짐승 중 도대체 누구도 고치실 수 없으실까?' 그 순간 나의 극심한 피로와 두통이 사라지고, 말의 절던 다리도 치료가 되었다. 말은 그 날도 다음 날도 더 이상 멈추지 않고 걸었다.[59]

웨슬리 형제는 예정된 목적지에 정시 도착하기 위해 하루에 약 97킬로미터를 여행했다. 그들은 가는 곳마다 사람들을 만나 그들에게 필요한 것을 발견하고, 어떻게 하면 그들을 영적, 정신적 그리고 물질적으로 가장 잘 도울 수 있을 것인지를 알아내고자 쉬지 않고 여행했다.

하나님의 두 방향 역사

영국에 감리교 부흥의 불길이 휩쓸고 있을 때 런던에서는 문제들이 발생하기 시작했다. 모라비안 목사인 필립 헨리 몰터(Philip Henry Molther)는 펜실베니아를 향해서 가던 중 1739년 10월 런던에 도착하자마자 즉시 자신의 가르침에 대한 논쟁을 시작했다. 하나님의 다양한 역사와 관련하여 흔히 일어난 것처럼 그것 역시 누가 과연 하나님의 자녀이며, 누가 그렇지 않은지에 대

59.) Ibid., http://www.ccel.org/ccel/wesley/journal.vi.vii.i.html.

한 시기심에서 비롯됐던 것 같다. 모라비안과 감리교도들은 그들에게 문제가 전혀 없는 것은 아니지만 모두가 하나님의 자녀였다. 모라비안들은 영국 안에서 그들의 모임이 미국에 있는 그들의 단체와 같이 잃어버린 나라에 대한 사명을 가지고 있다는 것을 믿었다. 진젠도르프 백작은 심성이 뛰어난 사람이었지만 웨슬리 형제를 포함한 어느 누구도 자기와 동일하게 인정하려 하지 않았다. 웨슬리 형제는 그를 매우 존경했지만, 감리교 교리를 모라비안들의 권위에 종속시키는 것에는 마음이 없었다.

따라서 필립 몰터는 구원은 믿음으로만 가능하다는 사실을 가르치기 시작했다. 그는 우리의 마음에 자신이 구원받았다는 사실에 대해 하나님이 주시는 기쁨과 평안에 대한 확신이 있거나 그렇지 않거나 2가지 중 하나만 있을 뿐 중간 단계의 믿음은 없다고 하였다. 그러한 믿음은 하나님이 주실 때까지 '가만히' 기다려야 할 뿐 그것에 대해 우리가 할 수 있는 것은 아무것도 없었다. 이렇게 가만히 기다림은 기도나 선행 또는 성경을 공부함이 포함되지 않는다. 몰터는 믿음은 그것이 구원에 이르게 할 때까지 성장하는 것이라고 설교한 피터 뵐러의 사역을 추종하는 자들이 만약 자기들이 구원받았다고 생각한다면 그것은 오해하고 있는 것이라고까지 주장했다. 반면에 웨슬리 형제는 구원은 믿음을 통해서 온다고 가르침과 동시에 믿음은 기도와 금식, 하나님의 말씀에 대한 연구와 선행의 실천을 통해 성장한다는 신앙을 갖고 있었다.

> 웨슬리 형제는 구원은 믿음을 통해서 온다고 가르침과 동시에 믿음은 기도와 금식, 하나님의 말씀에 대한 연구와 선행의 실천을 통해 성장한다는 신앙을 갖고 있었다.

실제 적용에 있어서는 거의 차이가 없었지만, 그것으로 인해 웨슬리 형제와 몰터를 추종한 페터레인 신도회(Fetter Lane Society) 사이에 곧 갈등이 생겼다.

웨슬리 형제가 런던을 드나들며 전도 사역을 행하는 동안 모라비안의 위치는 더욱 공고해져 갔다. 한 번은 어떤 광신자가 대영 제국에는 전체를 통틀어 몰터와 제임스 벨(James Bell, 페터레인의 지도자들 중 한 사람) 두 사람의 참다운 사역자만이 있을 뿐이라고 선포한 적이 있다. 그는 또 모라비안 교회 밖에는 진정한 그리스도인이 없다고 주장하기도 했다. 1740년 페터레인 신도회는 웨슬리 형제가 더 이상 그곳에서 설교하는 것을 허락하지 않기로 결의했다. 존과 찰스가 분열 양상으로 치닫고 있는 것을 수습하고자 누차 노력했지만, 몰터와 그를 따르는 자들은 화합에 응하려 하지 않았다. 존과 찰스는 하나님이 그들에게 맡기신 소명을 계속 행하기로 하면서도, 모라비아 교도와의 갈라진 틈을 회복하기 위한 노력을 자주 시도했다. 감리교에서 이탈하여 모라비안에 합류한 자들 중에는 신성 클럽의 일부 초기 회원 외에 웨슬리 형제와 잉함, 델라모트와 함께 조지아를 여행한 두 사람이 있었다. 훗날 존은 다음과 같이 진술하였다. "나는 내가 이들과 하나가 되는 것을 어떻게 마다하지 않을 수 있는지 정말 신기하다. 나는 그들을 볼 기회가 거의 없지만, 내 안에서는 마음이 뜨겁게 불타고 있다. 나는 그들과 함께하기를 갈망한다. 하지만 나는 지금 그들과 단절되어 있다."[60]

모라비안과의 일시적인 결별은 이러한 논쟁의 와중에서 부흥이 일시적으로 멈췄다가 이때 다시 속도가 붙기 시작했다는 점에서 지혜로운 조치라는 사실이 입증되었다. 1743년, 런던의 모라비아 교도가 그때까지 72명에 불과했던 것에 비해 감리교도는 약 1,950명이 되었다.

몰터가 그의 영향력을 행사하기 전 몇 달 동안, 웨슬리 형제와 휫필드 사이에는 불화의 싹이 트고 있었다. 1740년 3월, 존은 '값없이 주어지는 은혜'(Free Grace)란 제목의 메시지를 통해 '우리를 구원하시는 하나님의 은혜와 사랑은 모든 사람에게 완전히 값없이 주어지는 것'[61]이라고 선포했다. 이러한 말은 그 당시 널리 수용된 믿음인 칼빈주의의 예정론 교리를 정면으로 반박하는 것으로 휫필드는 존의 설교에 즉각 이의를 제기했다.

존과 찰스의 회심은 믿음으로 인한 구원의 복음과 그 믿음을 수용하는 자신들의 자유 의지의 영향을 이해하기 위한 노력이 대부분을 차지한 반면, 휫

---

60. Southey, *Life of Wesley*, 187.
61. John Wesley, "Free Grace," 1740, http://www.ccel.org/ccel/wesley/sermons.viii.ii.html

필드의 회심은 하나님의 구원의 능력에 대한 계시와 하나님이 그를 축복하여 구원의 자리로 부르셨다는 커다란 감동이 훨씬 더 중요한 역할을 했다. 존과 찰스에게 있어 그들이 구원받기 전에 먼저 예정론의 교리에서 벗어나는 것이 필요했던 반면, 조지 휫필드는 그런 상태에서 구원을 받았다. 조지 역시 웨슬리 형제와 마찬가지로 성직 임명을 받은 복음전도자였지만, 존과 달리 신학자는 아니었다.

논쟁이 일어나기 시작한 1740년 8월, 휫필드는 미국으로 향했는데 특별히 '청교도적 칼빈주의자들'(Puritan Calvinist)의 땅이라 할 수 있는 뉴잉글랜드로 여행을 떠났다. 자유 의지(네덜란드 신학자 제이콥 알미니우스[1560-1609, Jacob Arminius]의 이름을 따 '알미니우스주의'라 불린다)에 대한 존의 입장에 이의를 제기한 휫필드의 서신이 대서양을 건너가고 있을 때, 존은 자기 주변의 청교도적 칼빈주의자들이 권한 책들을 통해 이 주제에 대해 폭넓게 읽고 있었다. 1740년 휫필드의 주장에 반박하는 존의 설교집 출판은 두 사람 사이의 긴장 관계만 더욱 악화시켰다. 휫필드가 예정론을 옹호하는 답변서를 쓰자 존은 미국에서 『값없이 주는 은혜』(Free Grace)라는 반론을 출간하여 응수했다. 찰스는 '씨름하는 야곱'(Wrestling Jacob)이란 그의 찬송가에 영어 대문자로 "당신은 만백성의 순결한 사랑이시네"(PURE UNIVERSAL LOVE THOU ART)란 가사를 넣어 찬송을 통해 이 교리를 알렸다. 그해 파운더리로부터 설교 초청을 받은 휫필드는 존과 찰스가 지켜보는 가운데 매우 단호하면서도 공격적인 태도로 '예정론에 대한 확고한 신념'[62]을 설명하여 상처 난 곳에 더 많은 소금을 뿌리는 꼴이 되었다. 그리고 1741년 1월에는 웨슬리 형제의 주장을 논박하는 '정말 값없는 은혜인가!'(Free Grace Indeed!)란 제목의 유인물이 익명으로[63] 출간되었다.

이렇게 해서 둘은 완전히 결별하게 되었다. 모라비아 교도들이 씨 뿌리

---

62. J. D. Walsh, "Wesley vs. Whitefield: The conflict between the two giants of the eighteenth-century awaking," *Christian History* 12, no. 2 〔38호〕 (1993): 36.

63. The author was eventually revealed to have been one J. Oswald, of whom little is known. The pamphlet was reprinted in New England by none other than Benjamin Franlin, who had become a good friend of Whitefield.

고, 웨슬리 형제와 휫필드가 물을 주어 결실을 맺은 대각성운동은 웨슬리의 '연합신도회'(United Societes)와 휫필드의 '칼빈주의적 감리교주의'(Calvinistic Methodism) 그리고 '모라비안주의'(Moravianism)란 3개의 각자 다른 운동으로 나타났다. 실제, 오늘날 맥도널드 바로 옆에 버거킹이 체인 레스토랑을 개업하는 것처럼 얼마 안 있어 파운더리로부터 가까운 거리 아래쪽에 휫필드의 성막이 세워졌다. 그렇게 해서 다음 수십 년 동안 감리교주의는 칼빈주의에 의해 분열된 평행선을 걸어갔다.

그러나 결국 분열의 원인은 실제 교리적인 문제보다 리더십에 관한 것일 수도 있다. 휫필드는 미국에서 자신이 그동안 존이나 찰스의 설교를 듣기 위해 모인 청중의 수를 실제 크게 압도한 설교가로 크게 성공한 후 다시 그들의 리더십 아래 귀속되는 것에 대해 주저했다. 반면에 웨슬리 형제는 진젠도르프의 추종자였던 자기들의 이전 제자들을 더 이상 그들의 중심 세력으로 인정하려 하지 않았다. 다시 말하지만, 그들의 차이점은 사실보다 과장 유포되었다. 무엇보다도, 존은 구원이 모든 사람에게 열려 있다는 사실을 믿으면서도 하나님이 정말 특별히 당신께 부르시는 영혼은 많지 않다는 것을 인정했다. 그리고 웨슬리 형제는 완전한 성화(칼빈주의자들이 자기들이 선택되었다는 것을 보여 주는 것이라고 말한)를 위해서는 노력이 필요하다는 것을 강조했는데, 이처럼 뜨거운 견해 차이의 와중에서도 휫필드는 스코틀랜드의 글래소고우(Glasglow)에서 청중을 향해 "가난하고 버림받고, 구원받지 못한 죄인들이여, 다 나오십시오!"라고 외치며 다음과 같이 초청 설교를 하였다.

> 영광의 왕이시며 복되신 예수님이 여러분의 영혼 가운데 들어와 그분의 왕국을 세우시도록 여러분의 마음 문을 여십시오. 그리스도께서 거하실 장소를 예비하십시오. 예수님은 오늘 밤 여러분과 함께 식사하기를 원하십니다. 그리스도께서는 누구든지 자기의 마음을 기꺼이 열고 그분을 맞

이하는 자들의 마음 가운데 들어가길 기다리고 계십니다.[64]

    칼빈주의에 대한 지지로 그는 미국의 청교도들과 일치가 되었지만, 설교는 여전히 잘 받아들여지지 않았다. 차라리 모든 사람에게 그들의 자유 의지에 따라 예수님께 나오게 한 후 그분으로 하여금 예정된 자와 그렇지 않은 자들을 구별하도록 맡기는 것이 나았다.

    양 진영은 절대 다시 결합되지 않았지만, 휫필드와 웨슬리 형제 사이의 적대 관계는 1742년 이전에 이미 냉각되어 있었다. 사실 그들이 만들어 놓은 분열에 대해 종종 보다 뜨겁게 논의한 사람은 그들의 보좌진이었다. 그들은 단지 그 문제에 있어서만 서로가 의견을 달리하기로 했을 뿐, 그것으로 인해 더 이상 친구 관계가 깨지는 것을 용납하지 않기로 합의했다. 따라서 그들은 1749년이 되어서야 집회에서 다시 함께 사역을 행했다.

웨슬리 형제의 계속적인 행보

    예정론에 대한 웨슬리 형제의 부인과 '이신득의' 교리에 대한 모라비아 교도의 신비한 해석은 감리교의 지속적인 발전과 성장에 있어 중요한 신념이 되었다. 만약 하나님의 구원이 모든 사람에게 그리고 모든 사람을 위해 값없이 주어진다면, 웨슬리 신도회에 가입할 수 있는지를 제한하는 계급의 제한이 불가능해진다. 이것은 누가 예배에 참석하고 성찬을 받을 수 있는지에 관해 영국 국교회가 부과한 제한에서 크게 벗어난다. 만약에 믿음이 성장하고 발전할 수 있는 것으로 값없이 주는 선물이라면, 연합신도회의 모임이나 정기기도회, 성경 읽기, 금식, 그리고 가난한 자와 고아, 옥에 갇힌 자들을 돕기 위한 선행의 실천을 위한 웨슬리의 '방법들'은 여전히 매우 중요하다는 충분

---

64. George Whitefield, "Come, Poor, Lost, Undone Sinner," *Christian History* 12, no. 2 [38] (1993): 19.

한 근거가 되었다. 따라서 웨슬리 형제는 복음을 전하기 위한 목적은 물론 모든 인간에 대한 하나님의 뜻이 하늘나라에서와 마찬가지로 땅에서도 실현되게 하기 위한 조직을 구성하는 사역을 계속했다.

1742년, 웨슬리 형제는 뉴캐슬에 고아원과 주일 학교를 세웠다. 그리고 4년 후인 1746년에는 런던에 가난한 자들을 위한 여러 병원 가운데 최초의 진료소를 개원했다. 이 무렵 존은 수익금으로 런던에 있는 병원들에 재정 지원을 조달하는데 사용할 기부금 마련을 위해 자신의 설교집을 출간하기 시작했다. 그는 구빈원에 수용되어 있는 자들을 위해 사역하면서 그들에게 청결하고 바르게 행동하며 근면한 삶을 통해 자신을 더욱 발전시킬 것을 독려했다. 그가 "단정치 못한 것은 종교적으로 용납되지 않는 것이며 … '청결이야말로 경건한 믿음 다음으로 중요한 것입니다.'"[65]라고 설교한 것처럼 같이다. 그는 가난한 자들에게 정부의 도움에 대한 의지보다 자신의 내면을 먼저 개선해야 할 것을 가르쳤다. 우리는 그가 가난하고 궁핍한 자들뿐만 아니라, 영국 교회가 예의가 바르지 못하고 복장이 단정치 못하다는 이유로 멀리하여 교회 출석을 하지 않던 일반 노동자들을 위해서도 교회의 문호를 개방했다는 것을 주목해야 한다.

이들 부랑자들은 웨슬리 형제의 전도 사역 초기 10년 동안 그들을 가장 많이 괴롭힌 자들이었다. 하지만 그들은 저들의 핍박에 의연(依然)하고, 차분하게 대응하였으며 시간이 지나면서 폭력적인 행동이 잠잠해졌다. 불과 몇 년이 지난 후부터 웨슬리 형제에 대해 핍박이 가장 심했던 곳들에서 그들은 가장 큰 대우와 존경을 받았다.

> 불과 몇 년이 지난 후부터
> 웨슬리 형제에 대해 핍박이
> 가장 심했던 곳들에서
> 그들은 가장 큰 대우와
> 존경을 받았다.

이러한 사실은 역사가들에게 영원히 경이로운 것으로 기억될 것이다. 1891년 리그는 그가 쓴 존 웨슬리에 대한 전기에서 다음과 같이 기술했다.

---

65. John Wesley, "On Dress," http://www.ccel.org/ccel/wesley/sermons.vi.xxxv.html

그의 영웅적 자질은 완벽했다. 그는 자신의 침착성을 잠시도 잃지 않았으며 차분한 기질은 결코 흔들린 적이 없다. 그러한 용기와 자제력과 위대성으로 인해 그는 아무리 극심하고, 위협적인 상황에서도 박해자들로부터의 화를 능히 면할 수 있었다. 그는 종국에는 항상 승자가 되었다.[66]

웨슬리 형제의 설교를 듣기 위해 모인 자들에 의해 모함자들과 폭동 주동자들이 진정되거나 해산됐다는 것을 전하는 이야기가 매우 많다. 웨슬리 형제의 명성이 올라가면서 군중들은 자발적으로 웨슬리 형제에게 그들을 해하려는 자들로부터 필요한 보호막이 되어 주었다. 그들을 지지하는 자들의 수가 반대하는 자들의 수를 압도하기 시작했다. 그에 따라 웨슬리 형제는 반대 세력의 감소와 함께 자기들의 전도 활동을 확대해 나갈 수 있었는데 그것은 특히 영국 국교회가 일반 국민에 대해 갈수록 부패하고, 배타적이며 무관심했기 때문이기도 하다.

존 웨슬리는 영국 전역의 여행을 마친 10년 후, 북쪽으로 더욱 멀리 떨어진 아일랜드와 스코틀랜드, 웨일즈를 방문하는 순회 설교를 떠났다. 1747년 8월, 웨슬리는 그의 첫 번째 아일랜드 여행 기간 중 아일랜드 해협을 42차례나 건너며 그곳에서 6년 동안을 계속 사역할 만큼 큰 성과를 거두었다. 존이 처음 스코틀랜드를 방문한 것은 1751년이었다. 그는 스코틀랜드를 22회 방문하면서 스코틀랜드의 모든 교회에 각성을 촉구했는바, 그에게 강단을 거절한 교회가 단 한 곳도 없었다.

웨슬리 형제의 사역은 영국의 소외된 자들을 찾아 그들을 돕고자 하는 뜨거운 열망에서 능력이 나타났다. 이것은 그들의 옥외 설교 운동의 배경에 강한 원동력이 되었다. 영국의 초기 자본주의가 실제 발전한 데는 인간의 영적, 신체적인 존엄성을 강조한 웨슬리 형제의 영향 때문이라고 한다. 존 웨슬리는 청결과 절제, 근검 그리고 무엇보다도 믿음의 중요성에 대한 설교를 통해

---

66. Rigg, *Living Wesley*, 162.

자국민의 질을 바꾸어 놓았다. 사회의 변화는 각자 개인의 내부에서 일어나는 사적인 변화의 경험을 통해 가능했다.

맞지 않는 여성과의 결혼

1749년 4월 8일, 찰스는 존의 주례로 사라 '샐리' 귄(Sarah 'Sally' Gwynne)과 결혼식을 올렸다. 얼마 후, 찰스는 자신의 늘어나는 가족과 함께 브리스톨에서 정착하기 위해 사역 여행의 막중한 역할에서 떠나게 되었다. 찰스와 샐리는 브리스톨의 본부를 관리하고 지역에서 함께 사역을 하면서 음악과 예배의 공통된 목적을 추구하며 한때 행복한 신혼을 보냈다. 그들은 8명의 자녀를 두었는데, 그들 가운데 나이가 가장 어린 세 자녀인 찰스 주니어(1757-1834, Charles Jr.)와 사라(1759-1828, Sarah) 그리고 사무엘(1766-1837, Samuel)이 성인이 될 때까지 살았다. 그리고 그들은 모두 훌륭한 음악가가 되었다.

존은 찰스의 결혼에 자극받아 소피아 홉키에 대한 마음의 상처를 뒤로 하고 마침내 결혼한 것으로 보인다. 그동안 그는 독신 생활의 축복에 대해 많은 글을 썼지만, 자기의 여생을 독신으로 보내는 것에 대해서는 썩 내켜하지 않았던 것 같다. 다행히도, 그는 자기의 아내가 될 사람을 알고 있었다. 바로 전 8월, 뉴캐슬에서 병에 걸렸을 때 그는 그레이스 머레이(Grace Murray)란 미모의 젊은 여성의 간호로 건강을 되찾았다. 존은 그녀를 아내로 맞이하기로 결심했다.

선원의 미망인인 그레이스 머레이가 존을 처음 만난 것은 1740년으로, 그때까지는 그녀가 결혼 생활을 하고 있었다. 그녀는 뉴캐슬의 감리교 신도회의 회원으로 있다가 곧 리더가 되었다. 당시만 해도 여자의 리더십이 인정되지 않았지만, 웨슬리 형제는 여성의 능력을 높이 평가하여 하나님이 그들에게 부여하신 사역자로서의 소명을 존중했다. 여성에 대한 그들의 이러한 자세는 자기들의 영적 형성에 있어 어머니와 자매들의 역할에 영향을 받았음에 틀림없다. 누나는 그들에게 매우 가까운 친구이자 조언자가 되었다. 그들의 누나 헤티(Hetty)가 훗날 웨슬리 형제가 런던에 있을 때 그들에게 훌륭한 교사와 관리자의 역할을 했다는 것은 널리 알려진 사실이다. 존은 이렇게 말한 적이 있다. "이처럼 영광스러운 일에 여자라고 해서 남자와 똑같이 역할을 맡지 못할 이유가 있을까? 그것은 해도 되는 선택이 아니라, 당연히 해야 하는 것으로서 합당하고 옳은 필수적인 의무이다. 이러한 면에서 결코 차별이 있을 수 없다. '예수 그리스도 안에서는 남자와 여자가 따로 있지 않다.'"[67]

1742년, 그레이스 머레이는 바다에서 익사 사고로 남편을 잃었음에도 불구하고, 계속 헌신적인 감리교 신자의 자리를 지켰다. 그녀는 영국의 북쪽 지역을 지나 아일랜드로 여행하여 그곳의 유력 여성 인사들을 만났다. 그녀는 사역으로 인한 과로로 병에 걸린 많은 순회 설교자들을 간호하기도 했다. 지난 몇 년 동안 그녀의 보살핌을 받은 설교자는 7명 이상이 되며, 그들 중 가장 주목할 만한 사람은 존과 존 베네트(John Bennet) 목사로 그레이스는 그들을 위해 6개월 동안 간병인 역할을 했다. 웨슬리는 머레이의 행동을 이렇게 칭찬했다. "나는 그녀의 손을 통해 하나님의 사역이 흥왕하는 것을 보았다. 그녀는 복음 사역에 있어 내게 동료 일꾼일 뿐 아니라 조력자와 친구가 되었다."[68] 우리는 존이 결혼에 대해 다시 생각했을 때, 그레이스가 마음 가운데 제일 먼저 떠오른 이유를 쉽게 이해할 수 있다. 실제, 존은 그녀의 간호로 건강을 되찾았을 때 그레이스에게 이렇게 말했다. "만약에 내가 결혼을 한다면, 당신과 꼭 하고 싶습니다."[69]

존이 그레이스에게 처음 프로포즈한 것은 1748년 8월이지만, 찰스가 결혼식을 올릴 때까지는 실제 결혼할 수 있는 적절한 시기가 없었던 것으로 보인다. 그레이스는 그때 이렇게 대답했다. "이것은 제게 너무 큰 축복이지

---

67. "Grace Murray," John Wesley, Holiness of Heart and Life, General Board of Global Ministries, United Methodist Churc, http://gbgm-umc.org/umw/Wesley/gracemurray.stm.에 인용된 Ruth Daugherty, John Wesley: *Holiness of Heart and Life* (study guide), 1996.
68. Ibid.
69. Janine Petry, "The Matchmakers," *Christian History* 20, no. 1 〔69호〕 (2001): 24.

요. 도저히 믿을 수 없네요. 이것은 제가 세상에서 바랄 수 있는 모든 것이에요."[70] 존과 헤어지기를 원치 않았던 그레이스는 요오크셔(Yorkshire)와 더비셔(Derbyshir) 여행을 마칠 때까지 계속 존과 함께 있으면서 그에게 많은 도움을 주었다. 존과 그녀는 볼턴(Bolton)에서 마침내 잠시 헤어졌는데, 우연하게도 그곳은 그레이스가 전에 존 베네트를 오랫동안 간병한 곳이었다.

그레이스에게 반한 것은 존 베네트 역시 마찬가지였으며, 따라서 그가 곧 그녀에게 청혼하기 시작했을 것으로 추측된다. 하지만 그레이스는 두 사람의 구애자 사이에서 쉽게 결정을 내릴 수 없었던 것으로 보인다. 한 번은 그녀가 존에게 자기는 베네트와 결혼하는 것이 하나의 의무처럼 느껴진다고 말하는 편지를 쓰기도 했다. 편지에 대한 답변으로 존은 찰스의 결혼식이 있은 1주 후 그레이스와 함께 아일랜드로 가 거기에서 석 달 동안 사역할 때 그녀로부터 도움을 받았다. 그레이스는 더블린(Dublin)에서 마침내 존과의 결혼에 동의했다.

▲ 볼튼 크로스에서 설교하는 존 웨슬리
아이다호주 노스웨스트 나사렛대학교의
웨슬리 센터 온라인 (wesley.nnu.edu)

영국으로 돌아온 그들은 다섯 달 동안 여러 곳을 함께 여행하고 다니면서 서로가 거의 항상 함께 있었다. 그들이 엡워스에 있을 때 베네트가 방문차 찾아와 존에게 지난 날 그레이스와 존이 주고받은 모든 편지를 그레이스가 자신에게 보냈다는 것을 이야기했다. 이 말에 격분한 존은 그레이스에게 그녀

---

70. Telford, *Life of John Wesley*, 246.

가 베네트와 결혼했어야 한다고 느낀다는 내용의 편지를 썼다. 하지만 그레이스는 다음과 같은 내용의 답장을 보냈다. "나는 지금까지 내가 존 베네트를 사랑한 것 보다 당신을 천 배는 더 사랑합니다. 그러나 내가 만약 그와 결혼하지 않는다면, 그가 정신병에 걸리지 않을까 그것이 두렵습니다."[71] 이 문제에 대해 다시 주저한 존은 결혼 문제를 더 이상 계속 추진하기 전에 동생의 동의를 얻기로 했다. 그런데 이것이 치명적인 과오가 되었다.

찰스는 존이 그레이스와 결혼하려 한다는 생각에 커다란 충격을 받았다. 찰스는 당시의 사회적인 통념에 여전히 갇혀 있었다. 사라 그웨인은 높은 신분과 훌륭한 가문 출신이었다. 그에 반해 그레이스 머레이는 선원 남편과 결혼하기 전까지 하녀 신분이었다. 찰스는 만약에 존이 자기와 비슷한 수준의 상대와 결혼하지 못할 경우, 그들이 자기가 속한 많은 사회의 목회자들로부터 멸시받는 수모를 당하지 않을까 염려되었다. 찰스는 그레이스가 뉴캐슬의 자기 집에 있는 동안 화이트헤븐(Whiteheaven)으로 존을 찾아가 그에게 자기가 걱정하고 있는 것을 표현했다. 존은 그레이스가 갖고 있는 인격과 신앙심, 가치관이라면 그녀가 자신의 낮은 출신 성분 때문에 야기될 수 있는 어떠한 수치심도 충분히 극복할 수 있을 것이라고 대답했다. 그러나 찰스는 존이 사실을 제대로 파악하지 못하고 있다는 것을 알았다.

찰스는 뉴캐슬로 가던 중 힌들레이 힐(Hindley Hill)에서 그레이스를 만났다. 그는 그레이스의 볼에 입맞춤을 하고는, "그레이스 머레이, 당신 때문에 지금 내 마음이 얼마나 아픈지 몰라요."[72]라고 말했다. 그들은 함께 뉴캐슬로 다시 가 그곳에서 베네트를 만났다. 그때 그레이스는 베네트의 발 앞에 몸을 낮추고는 그에게 몹시 잘못한 것에 대해 용서를 빌었다. 두 사람은 그로부터 채 1주일이 못되는 1749년 10월 3일 결혼식을 올렸다. 이상한 것은, 존에게 그레이스의 갑작스런 결혼 소식을 이야기한 사람이 리즈(Leeds)에서의 집회 차 그를 만난 휫필드였다는 사실이다. 다음 날 찰스와 샐리가 그곳에 도착하자, 존

---

71. Ibid., 247.
72. Ibid., 248.

은 동생에게, "앞으로 불신자나 세리들을 제외하고는 동생과의 모든 관계를 모두 청산하겠네."[73]라고 말했다. 그러나 횟필드와 또 한 사람의 친구인 존 넬슨(John Nelson)이 울고 기도하면서 웨슬리 형제에게 화해할 것을 애원하자 그들은 목을 껴안고 지난 날 자기들의 잘못에 대한 용서를 구했다. 3일 후 베네트와 그의 새로운 아내가 그곳에 도착했다. 존은 베네트에게 정중한 입맞춤으로 인사했지만, 더 이상 아무 말도 하지 않았다. 그 후 그는 거의 30년 동안 그레이스를 다시 보지 못했다.

베네트의 입장에서 웨슬리 형제들과의 관계를 즉각 청산하고, 독자적인 길을 간 것이다. 그는 129명의 볼튼 신도 가운데 110명을 데리고 나갔다. 이들은 여신도 한 사람을 제외하고 모두가 스톡포트(Stockport)에서 베네트와 합류했다. 베네트는 웨슬리를 가리켜 가톨릭교의 꼭두각시라고 비난하고 그를 신랄하게 폄하했다. 그는 그레이스에게 5명의 아들을 남겨둔 채 1759년 세상을 떠났다. 그 후 그레이스는 더비셔로 이주하여 그곳의 감리교도들과 재결합했다. 그녀는 서로가 아는 친구를 통해 1788년 존을 다시 만났다. 전기 작가인 헨리 무어(Henry Moore)는 그들의 만남에 대해 이렇게 기술하고 있다.

> 웨슬리 선생은 분명한 생각을 갖고 그레이스를 방문하기로 했다. 그리고는 다음 날 아침 나를 데리고 콜브루크 로우(Colebrooke Row)로 갔는데, 그곳에는 그녀의 아들이 살고 있었다. 만남은 매우 감동적이었다. 그러나 웨슬리 선생은 평소보다도 더 평정심을 유지했다. 지난 수년 동안의 공백기에도 불구하고 그들 가운데 예의와 인정 그리고 다정한 분위기를 느낄 수 있었다. 그녀는 내가 독자들에게 소개하는 다음의 시구에 표현되어 있는 연정 어린 후회에 어울리는 주제가 된다는 사실을 쉽게 알 수 있다. 두 사람의 대화는 길지 않았다. 나는 웨슬리 선생이 그 뒤로 그녀의 이름을

---

73. Ibid.

언급하는 것을 한 번도 들어 보지 못했다.[74]

아래의 '시구'는 6행 31연으로 된 존의 '지난날의 섭리에 대한 회고, 1749년 10월'(Reflections upon Past Providences, October, 1749)이란 시에서 인용한 것이다.

종종, 젊은 시절 꽃으로 뒤덮인 길을 따라
배회하고 춤춘 것처럼,
우연히 혹은 경솔한 열정에 동화된,
여유롭고, 저항하지 않는 먹잇감,
나는 떨어졌네, 그러나 사랑의 독한 창은
나의 신경을 전율케 하고, 나의 심장을 찢어 놓았네.

거룩한 소망의 날개를 타고,
나는 멀리 날아올라 도약했도다.
내 영혼이, 산의 정상을 갈망하여,
나의 영혼은 마음이 맞는 사람임이 발견되었도다.
천국을 나의 보살핌과 그리고
나의 믿음과 기도의 딸에게 맡긴 것을 통해서 말이다.

인생의 초기 여명에, 그녀의
정서는 고요하고, 부드러우며 다정하고, 온유했다.
그녀의 남을 즐겁게 하는 형태는
부드럽고, 자비가 넘치는 선한 것을 통해 표현되었다.
모든 가엾은 자들의 도움에 귀 기울이고,

---

74. Telford, *Life of John Wesley*, 250에 인용된 Henry Moore, *The Life of the Reverend John Wesley, A.M.: Fellow of Lincolnshire College, Oxford*, vol. 2 (New York: N. Bangs and J. Emory, 1826), 103.

그녀의 친절한 눈물을 드러내면서.

나는 그녀가 믿음의 사역과 헌신적인 사랑 안에서
마치 날개가 달린 듯한 속도로 달려가는 것을 보았네.
나는 그녀의 영광스러운 수고가 성공하므로
위로부터 축복의 폭포수가 그녀의 마음을 다한
효과적인 기도를 갚아주므로, 그녀 안에 계신 나의
하나님을 영화롭게 한 것을 보았도다.[75]

존은 동생의 결혼 2년 후, 스코틀랜드를 처음 방문하던 해에 가까운 친구의 권유로 네 자녀가 있는 41세의 메리 혹은 '몰리' 버자일(Mary 'Molly' Vazeille)이란 안토니 버자일(Anthony Vazeille)의 미망인과 결혼했다. 그런데 존이 런던다리(London Bridge)의 중간에서 빙판에 미끄러져 측면의 돌에 발목을 세게 부딪쳐 걸을 수가 없었다. 그는 치료를 위해 몰리의 집으로 가 그곳에서 1주일을 지냈다. 그는 주일날 무릎을 꿇은 상태로 설교를 마치고 다음 날인 1751년 10월 18일, 월요일 몰리와 결혼했는데 부상으로 인해 화요일 날도 다시 앉아서 설교했다. 존이 몰리의 집에 머문 기간 동안 두 사람 사이에 어떤 대화가 있었기에 그렇게도 빨리 결혼식이 행해졌는지에 대해서는 알 수가 없다.

존이 소피아 홉키, 그레이스 머레이에 대해 주저하다가 신부를 맞이하는데 실패했다면, 몰리와의 성급한 결혼은 그에게 훨씬 더 많은 대가를 치르게 했다. 달콤한 신혼 기간은 짧았다. 존은 결혼 2주 만에 다시 전도 여행을 시작했다. 몰리는 존에게 여행을 떠나도 좋다고 안심을 시켰지만, 그녀는 자기가 순회 목회자의 아내로 예비된 사람이 아니라는 것을 즉시 깨달았다. 얼마 후 몰리는 존이 집을 떠나 있는 동안 곧 고독감과 질투심을 느끼게 되었다. 결혼한 지 불과 4개월 후 찰스는 몰리가 눈물을 흘리고 있는 모습을 발견했다. 그

---

75. Telford, *Life of John Wesley*, 251.

는 모든 방법을 다해 몰리의 마음을 가라앉힌 끝에 앞으로는 존과 더욱 많은 시간을 행할 수 있도록 합의를 보아 그녀는 4년 이상 굉장히 많은 여행을 했다. 그러나 헐(Hull)에서 폭도들의 습격으로 마차가 부서져 몰리는 존과의 여행을 중단했다.

존의 장기 출타로 몰리의 시기심과 분노가 계속 커지는 가운데 그녀는 존의 우편물을 개봉하여 그의 사적인 자료들을 자세히 읽기 시작하면서 그가 다른 여자들과 주고받은 말과 서신에 대해 그를 심하게 질책하였다. 몰리의 가족과 가까운 사람들은 그녀의 성질이 얼마나 나쁘다는 것을 잘 알고 있었다. 분에 찬 그녀는 존의 개인적인 문서들을 그와 적대 관계에 있는 자들에게 넘기거나 신문에 투고하고, 나아가서는 자기 남편을 더욱 나쁜 사람으로 보이게 하기 위해 편지의 내용을 과장해서 다시 쓰기도 했다. 그녀는 존이 어느 도시에 도착하면 그가 누구와 함께 마차를 타고 여행했는지를 확인하고자 100마일이나 되는 거리를 찾아가기도 했다. 한 번은 그녀가 찰스와 존을 방안에 가둬 놓고 그들의 잘못을 따지는 바람에 그들은 몰리가 더 이상 서 있을 수 없을 때까지 계속 라틴어로 된 시를 들려주므로 겨우 벗어날 수 있었다. 또 한 번은 존의 일행 가운데 한 사람이 존과 몰리가 그들의 호텔 객실에 있는데 화난 몰리가 그의 머리채를 잡고 방안을 질질 끌고 다니며 그를 발로 짓밟는 장면을 보았다. 존은 그녀가 여러 차례를 자기에게서 떠났음에도 불구하고, 그때마다 사정하여 다시 돌아오게 했다.

> 존은 그녀가 여러 차례를 자기에게서 떠났음에도 불구하고, 그때마다 사정하여 다시 돌아오게 했다.

1771년에는 1년 넘게 돌아오지 않은 적도 있다. 1781년 그레이스가 세상을 떠날 때까지 존의 가정에는 평화가 회복되지 않았다. 지난 30년이 존에게는 혹독한 세월이었다.

이 기간 동안 존은 매일 설교하고, 국경을 초월한 사역으로 인해 날로 더해 가는 업무를 감당하는 이전의 기조를 유지하면서 순회 설교를 멈추지 않았다. 그는 영국과 스코틀랜드, 아일랜드의 전역의 요지에 있는 가장 큰 순회 교구의 인사들과 분기별로 모임을 갖는 것에도 노력을 아끼지 않았다.

하나님이 주신 특별한 선물

존 웨슬리는 50년 동안 시골의 구석구석을 여행하면서 소상공인과 노동자, 농민 그리고 각계각층의 서민들에게 설교하고, 가르치며 조언하고 그들과 함께 기도했다. 그는 회심자들로 이루어진 무리에게 매주 모여서 죄를 자백하고, 기도를 통해 서로 독려하고 공통된 성경 공부를 통해 신앙을 돈독히 할 것을 지시하며 그들과 함께 지냈다. 그는 도덕적 행위에 대해 제시된 규범을 철저히 지킬 것을 가르쳤다. 존은 종종 다음과 같이 설교했다. "인간은 혼과 몸으로 구성되어 있습니다. 그런데 인간이 그리스도인이 되는 것은 영과 훈련을 통해서 가능합니다."[76] 웨슬리는 자기의 설교를 작성하고 사람들을 그리스도께 인도하며 회심자들을 가르치는 데 있어서뿐만 아니라, 자신의 목표와 계획을 세우데 있어서도 뛰어났다. 그는 사람들의 양심에 직접 말하고, 그들에게 특별히 필요한 진리의 빛을 밝혀 주며 그들을 은혜의 보좌로 직접 인도하는 등 청중 개개인의 상황에 직접 호소하는 전략적인 방법을 사용했다. 설교 후에는 유인물과 구체적인 가르침을 자료로 남겨 사람들로 하여금 그들의 영혼 구원의 완성을 위해 계속 자기의 구원을 이루어 가는 방법에 사용하게 했다. 바울이 빌립보 교회의 성도들에게 가르친 것과 같이 존은 그들에게 믿음 안에서 자기를 따를 것을 지시했다.

> 그러므로 나의 사랑하는 자들아 너희가 나 있을 때뿐 아니라 더욱 지금 나 없을 때에도 항상 복종하여 두렵고 떨림

---

76. Charles Edward White, "Spare the Road and Spoil the Church," *Christian History* 20, no. 1 〔69호〕 (2001): 28-29.

> 으로 너희 구원을 이루라 너희 안에서 행하시는 이는 하나
> 님이시니 자기의 기쁘신 뜻을 위하여 너희에게 소원을 두
> 고 행하게 하시나니 모든 일을 원망과 시비가 없이 하라
> 이는 너희가 흠이 없고 순전하여 어그러지고 거스르는 세
> 대 가운데서 하나님의 흠 없는 자녀로 세상에서 그들 가운
> 데 빛들로 나타내며 생명의 말씀을 밝혀 나의 달음질이 헛
> 되지 아니하고 수고도 헛되지 아니함으로 그리스도의 날
> 에 내가 자랑할 것이 있게 하려 함이라(빌 2:12-16).

회심자의 수가 크게 증가하고, 그들의 요구 사항이 매우 많아지자 웨슬리는 자기를 대신하여 새로운 공동체들을 계속 가르치고, 그들을 위해 사역할 '평신도 설교자'를 세웠다. 이들 평신도 설교자들은 정상적으로 교육받은 목회자가 아니지만, 성경에 대해 많은 지식을 갖고 있어 사역에 적합한 것으로 입증된 평범한 사람들이었다. 웨슬리는 그들의 영혼과 습관을 보살피는 데 많은 노력을 기울였다. 웨슬리는 그들을 양육하고, 지도하기 위한 권면과 교육용의 자료들을 출판했으며, 그들에게 12가지의 공식적인 규범과 그 외에 몇 가지의 '비공식적인' 규범들을 지킬 것을 요구했다. 그는 저들에게 행동과 습관, 시간 관리에 대한 지침을 제시하고, 그들에게 매일 양서를 5시간 이상 읽을 것을 촉구했다. 그는 또 모든 설교는 다음의 4가지만을 목표로 삼아야 할 것을 주장했다: (1) 초청 (2) 죄에 대한 확신 (3) 그리스도의 영접 (4) 양육. 그는 사역자로 부름받은 자는 '교만하거나 오만한 느낌을 주는 일체의 외모와 행동, 말, 어투를 피해야 할 것'[77]을 기술했다. 아래의 목록은 모든 평신도 설교자들이 자기의 행동을 다스리기 위해서 요구되는 12가지의 행동 규범에서 일부 발췌한 것이다.

---

77. Ibid., 29.

1) 부지런하라. 잠시도 게을리하지 마라.
2) 진지하라. 모든 경솔한 것과 농담을 멀리하라.
3) 여성, 특히 젊은 여성과의 대화를 삼가라.
4) 혼사를 진행하기 전에 먼저 형제들과 상의하라.
5) 다른 사람에 대한 험담을 믿지 마라.
6) 누구에 대해서도 험담하지 마라.
7) 다른 사람의 잘못 되었다고 생각하는 것을 그에게 말하되, "가능한 한 빨리 그리고 분명하게 말하라, 그렇지 않으면, 그것은 마음에 화병을 초래할 것이다. 자신의 가슴에 품고 있는 화는 최대한 신속히 제거하라."[78]
8) 점잖은 사람인양 행동하지 마라. (거드름 피지 마라.)
9) 죄를 범하는 것 외에 나무를 나르지 않거나, 물을 퍼 올리지 않는 것과 같은 일체의 다른 어떤 것도 부끄러워하지 마라.
10) 시간을 엄수하라. 모든 것을 정시에 하도록 하라.
11) 중요한 것은 설교를 많이 하고 회심자들의 집단을 열심히 돌보는 것보다 할 수 있는 대로 많은 영혼을 구원시키는 것이다.
12) 모든 것을 자신의 뜻이 아니라 복음 안에서 하나님 아들의 신분으로 하라.[79]

중요한 것은 존이 모든 훈계와 책망과 징계에 있어 사랑이 동기가 되어야 한다는 것을 강조했다는 사실이다. 그러면서 아래와 같이 동생의 찬송시를 인용했다.

사랑은 뻣뻣한 목을 숙이게 하고,

---

78. White, "Spare the Rod," 30.
79. Sam Wellman, *John Wesley: Founder of the Methodist Church* (Philadelphia: Chelsea House Publishers, 1999), 126.

회심자를 더욱 튼튼하게 하는 돌이 되며,
강고한 마음을 부드럽게 하고, 녹이며,
찌르고, 깨뜨리네.[80]

웨슬리의 평신도 설교가들은 그들의 바른 예의와 성실 그리고 근면한 것으로 널리 알려졌다. 그들은 하나님의 선하심을 통해 사회악을 척결하는 데 목표를 둔 섬기는 지도자들로 이루어진 막강한 군대를 형성했다. 1739년부터 1744년까지 웨슬리의 처음 5년 동안의 순회 설교 기간 동안 몇 사람의 목사를 포함한 45명의 설교자가 웨슬리 형제의 감리교 운동에 참여했다. 1745년 런던에만 감리교 신도회에 정기적으로 참석하는 회원이 2,000명이나 되었다. "속회 모임이 완전히 정착되고, 연합신도회(United Society)의 규칙이 만들어져 시행됐으며 속회의 분기별 방문이 정해지고, 평신도 설교가 제정되고 예배처가 확보되고 성례가 집행되었다."[81]

웨슬리 형제가 영국 전역에 수백 개의 연합신도회를 설립한 후 1744년 런던에서 첫 번째 감리교연회(Annual Methodist Conference)가 개최됐다. 모든 평신도 설교자와 지도자들이 모여 존의 설교를 직접 듣고, 질책과 함께 격려를 받았으며, 중요한 문제들의 제시와 함께 해결 방안을 제안했다. 이러한 모임은 존이 그의 순회 설교자들과 지역 지도자들의 영적이고, 지적인 요구 사항을 충족시켜 주기 위한 계획의 일환이었다. 존은 또 연회의 설립 외에, 특별히 계속 증가하고 있는 교사 집단에 대한 교육 목적에서 다양한 주제의 서적을 출판하기도 했다. 그는 자기의 설교 가운데 가장 우수한 것들과 고전이라 할 수 있는 신학 작품을 저가의 책으로 출판하여 판매 수익금으로 장차 성경 교사가 되는 것에 관심을 가진 자들을 교육시키는 학교를 세우는데 사용했

---

80. White, "Spare the Rod," 29.
81. J. F. Hurst, John Wesley the Methodist: *A Plain Account of His Life and Work* (New York: The Methodist Book Concern, 1903), Wesley Center Online, http://wesley.nnu.edu/john_wesley/methodist/ch13.htm.

다. 웨슬리는 전임 사역자로 부름받지 않은 자들의 삶 가운데 정서적이고, 사회적인 측면과 함께 지적인 영역의 개발을 강조했다.

우리는 존의 이처럼 광범위한 분야에 걸친 성공 비결을 해마다 역량과 숫자에서 늘어난 그의 충성된 평신도 설교자와 속회 지도자들의 분대(unit)에서 원인을 찾을 수 있다. 그리고 자격 조건과 교수법에 있어서도 점차 형식을 갖추어 갔다. 존은 모든 지도자가 그들의 속회원들을 가르치고, 양육시키기 위해 그들에게 물어야 할 4가지의 질문 목록을 만들었다.

1) 당신이 지은 죄 가운데 기억나는 것이 무엇입니까?
2) 당신은 어떤 시험을 싸워서 물리쳤습니까?
3) 하나님은 당신을 어떻게 구원하셨습니까?
4) 당신이 말과 생각과 행동을 통해 지은 죄에는 어떤 것이 있습니까?

지속적인 영적 성장과 제자 훈련을 위한 존의 계획은 하나님의 구원 계획에 대한 그의 메시지보다 아마 더 많은 감동을 주었을 것이다. 존은 이러한 계획이 그리스도 안에서 신앙적으로 모든 성숙한 자와 미성숙한 자들의 성공을 위해 요소가 된다고 생각했다. 존은 1763년 웨일즈 여행에서 돌아온 후 다음과 같이 감동적인 견해를 밝혔다.

> 깨어있는 자들을 모아서 그들을 하나님의 방법으로 훈련시키지 않으면서 사도처럼 설교만 하는 것은 마치 살인자를 만들기 위해 자식을 낳는 것과 같다. 최근 20년 동안만 해도 얼마나 많은 설교를 해왔는가? 하지만 정기적인 모임이나, 양육, 규범, 교제는 전무하다시피 했다. 그 결과 지난 날 깨어 있던 자들 가운데 10명중 9명은 지금 어느 때보다도 깊이 잠들어 있다.[82]

---

82. White, "Spare the Rod," 30.

연회를 통해 다양한 유형의 감리교 지도자들이 한 자리에 모였으며, 연회는 해를 거듭할수록 계속 성장해 갔다. 참석한 평신도 설교가들 중에는 매우 멀리서 온 자들도 있었다. 1767년 초부터 시작된 연례 모임에는 "혹시 어떤 설교자에 대해 이의가 있으신가요?"라고 묻는 질의 시간이 있었다. 설교가들의 이름을 한 사람씩 호명한 후 잠시 생각하는 시간이 있었다. 이처럼 성장하는 조직에 협력하는 책임으로부터 예외적인 사람은 아무도 없었다.

동일한 관점에서 평신도 사역자들은 자기들의 관심사가 논의될 것이라는 확신을 갖고 왔다. 책임감을 갖고 연회는 지역의 지도자들과 그들 가족에게 필요한 것들을 실무위원회에서 알렸으며, 공식적으로 논의하는 토론의 장을 마련했다. 연회에서는 순회 설교가와 그들의 아내에 대한 생활비의 지급과 그들 자녀의 공교육비와 같은 기본적인 돌봄 비용의 책정을 포함한 안건이 결정되었다. 특히 순회 설교자와 지역의 평신도 지도자들의 자녀를 위한 학교를 세웠다.

감리교신도회에서 속회, 분대, 순회교구 그리고 분교구(순회설교가, 속회 인도자와 대표자, 간사 그리고 교사)에 이르기까지 웨슬리는 조직을 만드는 데 있어 타의 추종을 불허하는 귀재였다. 그는 여동생인 마르다(Martha)에게 보낸 편지에 기술하고 있는 것처럼 하나님이 자신에게 이처럼 특별한 은사를 주셨다는 것을 매우 잘 알고 있었다. "나는 이것이 하나님이 주신 특별한 선물이라는 것을 알고 있습니다."[83] 그는 지도자로서 다른 사람들의 제안을 기꺼이 반영하려 했으며, 경험을 통해 계속 배우는 것을 힘썼다. 그는 신자들이 그리스도 안에서 성장하는데 유익한 전략을 면밀히 관찰하여 그것들을 감리교 기관에 활용했다.

1768년 10월, 뉴욕의 감리교 예배당이 문을 열었다. 1771년 프란시스 애즈베리(Francis Asbury)에게는 미국에서의 사역에 대한 감독권이 위임되었다. 1784년 9월, 웨슬리는 목회 조력자인 토마스 코크(Dr. Thomas Coke) 박사를 감

---

83. John Wesley to Mrs. Martha Wesley Hall, 17 November 1742, Wesley Center Online, http://wesley.nnu.edu/john_wesley/letter/1742.htm.

독으로 성직을 부여하면서 그에게 애즈베리를 성찬을 집행할 자로 임명할 것을 지시했다. 웨슬리를 본받은 애즈베리는 '순회설교가'로 널리 알려졌으며, 미국의 독립전쟁 기간 중에도 계속된 식민지들에 대한 그의 헌신은 미국에 감리교가 뿌리를 내리게 하는데 기여하는 도구가 되었다. 애즈베리는 19세기 초 미국을 강하게 흔든 제2차 대각성운동의 시작에 영향을 준 피터 카트라이트(Peter Cartwright)를 포함하여 미국에 새로운 순회설교의 시대를 열어 주게 된다.

감리교가 구세계(the Old World)와 신세계(the New World)에 똑같이 뿌리를 내리면서 존에게는 이처럼 새롭게 막 시작하는 조직을 관리하는 것과 같은 문제가 무겁고, 시급한 과제로 다가왔다. 1770년까지 그는 앞으로 사역을 맡아서 관리할 후계자를 찾는 데 적극적이었다. 존은 자신과 똑같은 그리스도의 종이라고 여긴 존 플래처(John Fletcher)가 자기의 후계자가 되길 원했다. 플래처는 1750년 찰스가 순회 설교 사역에서 하차한 후 존의 절친한 순회사역 동역자가 되었는데 존은 그처럼 협조적이고, 자신에 대해 잘 아는 다른 누군가를 생각할 수 없었다. 그러나 플래처는 찰스가 죽기 3년 전인 1785년 세상을 떠났다.

존은 앞으로 있을 감리교 부흥운동이 염려되었다. 그는 교리의 존엄성을 유지하는 것이 하나님의 말씀에 대한 지식과 성령 체험, 사고의 훈련 그리고 그리스도인의 거룩한 행동 사이의 조화로운 균형에 달려 있다는 것을 알았다. 그는 이러한 모든 것들이 조화를 이룰 때 마음이 온전케 되고, 믿음 안에서의 지속적인 성장이 보장된다고 생각했다. "그리스도 예수 안에서 하나님이 위에서 부르신 부름의 상을 위하여 달려가노라"(빌 3:14).

웨슬리와 동시대인이었던 「뉴욕 에반젤리스트」(New York Evangelist)의 기자는 다음과 같이 기술했다.

> 나는 존 웨슬리 목사님을 처음 만났을 때, 그가 죽은 후에도 감리교의 생명력을 계속 유지시키기 위해서는 어떻게 해야 할 것인지를 물었다. 그

는 즉각 이렇게 대답했다.

"감리교도들이 자기들의 교리와 체험, 실천, 규범에 유념해야 합니다.... 그들이 자기들의 규범에 관심을 기울이지 않는다면, 그것은 정원을 가꾸는 데는 많은 노력을 기울이면서 그것을 숲의 멧돼지 떼로부터 보호하기 위해 필요한 담장을 주위에 치지 않는 사람과 같은 자들이 될 것입니다."[84]

존은 영혼에 대한 엄격한 관리야말로 그리스도 안에서의 지속적인 승리를 위해 무엇보다도 중요하다는 강한 확신을 갖고 있었다. 그것은 각자 개인에게 있어서처럼, 그리스도의 몸 된 교회에도 마찬가지라고 생각했다. 우리는 삶의 모든 부분에 걸쳐 "그리스도께 복종해야"(고후 10:5) 한다. 웨슬리는 이렇게 질문했다. "우리가 그리스도인을 거의 찾아볼 수 없다는 사실이 조금이라도 놀라운 일인가? 우리는 그리스도인이 자기 훈련 하는 것을 어디에 가야 볼 수 있습니까? 기독교 교리에 따라 자기 훈련을 하는 그리스도인이 도대체 영국의 어디에 있습니까?" 웨슬리는 교회에는 총체적으로 훈육이 필요하다고 생각하고, "훈육이 없이 교리만 선포될 때 그것은 청중에게 충분한 효과를 얻을 수 없다."[85]는 것을 굳게 믿었다.

끝까지 계속된 웨슬리 형제의 영향력

1770년, 조지 휫필드는 56세를 일기로 세상을 떠났다. 존은 천국에서 휫필드를 만날 수 있을 것이라고 기대하냐?는 질문에 이렇게 대답했다. "아니오... 제 말에 오해가 없기를 바랍니다. 조지 휫필드는 하나님의 영광스런 세계에서 샛별처럼 밝게 빛나는 자였으며, 따라서 나처럼 지극히 작은 자보다

---

84. Hurst, *John Wesley the Methodist*, http://wesley.nnu.edu/john_wesley/methodist/ch11.htm.
85. White, "Spare the Rod," 30.

더 작은 자는 결코 쳐다볼 수도 없을 만큼 보좌에서 매우 가까운 곳에 서 있을 것이기 때문입니다."[86]

1775년 존은 식민지인들에게 영국에 끝까지 충성할 것을 촉구하는 공개장인 『미국의 식민지인들에게 주는 고요한 메시지』(A Calm Address to Our American Colonies)를 출판했다. 그는 시민 폭동을 용납하지 않았다. 본 공개장으로 인해 웨슬리와 아메리카 식민지인들 사이에는 갈등이 야기되었으며, 만약에 조지 휫필드나 프란시스 애즈베리 같은 영국의 선교사가 아니었다면 오늘날 미국에는 감리교인이 하나도 없을지도 모른다.

1780년대는 존에게 있어 매우 힘든 10년이었다. 앞에서 말한 것처럼, 1781년 그의 아내가 세상을 떠났다. 1785년에는 그가 택한 후계자인 존 플래처가 갑자기 죽었다. 그리고 1788년에는 그의 사랑하는 동생이자 동역자인 찰스가 천국 본향의 하나님 곁으로 갔다. 같은 해에 존은 그의 인생을 돌아보며 자신의 장수 비결에 대한 이유를 살펴보았다. 85살이던 존은 자신의 좋은 건강에 대한 이유를 다음과 같이 일기장에 기록했다.

1) 꾸준한 운동과 기분 전환.
2) 태어난 후 아플 때나 건강할 때나 그리고 바다에 있을 때나 육지에 있을 때나 밤잠을 거르지 않음.
3) 언제든지 몹시 피곤하다고 느껴지면, 밤낮을 가리지 않고 잠을 청함.
4) 60년 이상을 한결같이 아침 4시에 잠자리에서 일어남.
5) 50년 이상을 아침 5시에 항상 설교함.
6) 삶 가운데 고통이나 슬픔, 불안감을 느낀 적이 거의 없음.[87]

---

86. Hurst, *John Wesley the Methodist*, http://wesley.nnu.edu/john_wesley/methodist/ch13.htm.
87. Luke Tyerman, *The Life and Times of the Rev. John Wesley, M.A., Founder of the Methodists*, vol. 3 (London: Hodder and Stoughton, 1871), 540.

존은 86살의 나이에, 9주에 걸친 아일랜드 여행 기간 동안 60개의 도시와 마을에서 100번에 걸쳐 설교했는데, 그 중 여섯 번을 옥외에서 설교했다. 그는 1790년 6월 28일자 일기에 다음과 같이 기록하고 있다.

> 6월 28일 월요일, 오늘로 나는 88살이 됐다. 86년이 넘는 기간 동안 나는 노화로 오는 병에 한 번도 걸려본 적이 없다. 눈이 희미해진다거나 기운이 약해지지도 않았다. 그런데 지난 8월 나는 매우 갑작스런 변화를 발견했다. 안경을 써도 소용이 없을 만큼 눈이 잘 보이지 않았다. 게다가 기력까지도 크게 쇠약하여 이 땅에서는 회복이 불가능할 것만 같다. 하지만 머리끝에서 발끝까지 나는 아무런 불편이 없다. 체력만 약해진 것으로 보일 뿐이지만 솔직히 말하자면 그것은 인생의 청춘기가 쇠하여 마침내 멈출 때까지 계속 가라앉을 것이다.[88]

존 웨슬리는 자기의 다음 생일 날 이틀을 앞두고 그의 고결함에 경의를 표하기 위해 모인 두 무리의 대규모 청중을 향하여 설교했다.

1790년 10월 7일, 그는 캔트(Kent)에 있는 리에(Rye) 교회 경내의 물푸레나무 아래에서 "화가 있을지니, 회개하시오!"라고 외치며 자신의 마지막 옥외 설교를 했다. 1791년 2월 22일에는 런던의 시티로드채플(City Road Chapel) 강단에서 자신의 마지막 설교를 했다. 그리고 다음 날 웨슬리는 리터헤드(Leatherhead)에 있는 친구의 집에서 '여호와를 만날 만한 때에 찾으라'는 제목의 마지막 설교를 했다.

다음 날인 1791년 2월 24일, 존 웨슬리는 윌리암 윌버포스(William Wilberforce, 하원 의원으로서 대영 제국의 노예 제도 폐지를 위해 일생을 바쳤다)에게 노예무역에 대한 반대 운동을 끝까지 실천해줄 것을 권하는 그의 유명한 편지를 썼다. 그는 자신이 그리스도의 복음을 위해 더 이상 설교할 수 없게 되자 본 서신을 통해

---

88. John Wesley, *The Journal of John Wesley*, (Chicago: Moody Press, 1951; Grand Rapids: Christian Classics Ethereal Library, 2000), 265, http://www.ccel.org/ccel/wesley/journal.html.

이렇게 썼다.

> 그러나 하나님이 당신과 함께하신다면, 누가 당신을 반대할 수 있을까요? 그들을 모두 다 합한들 하나님보다 강하겠습니까? 선한 일에 절대 낙심하지 마십시오. (해 아래 가장 악한 것이라 할 수 있는) 미국의 노예 제도가 완전히 사라질 때까지 하나님의 이름과 그분의 능력에 의지하여 끝까지 싸워 주기 바랍니다.

웨슬리는 편지에, '당신의 사랑하는 종, 존 웨슬리'[89]라고 서명했다.

존은 2월 25일까지 무력감을 느껴 시티로드로 돌아와 거기에서 이틀 동안 수면을 취했다. 2월 27일, 그는 몸이 다소 회복되었던지 사람들과 함께 저녁 식사 자리에 참석했다. 그날 밤 존은 기력을 잃은 채 자신의 방으로 돌아갔다. 그리고는 자리에서 다시 일어나지 못했다. 1791년 3월 2일, 존은 사랑하는 가족들이 지켜보는 가운데 마지막 숨을 거두었다.

존 웨슬리는 그의 사역 기간 동안 말을 타고 400,000킬로미터(매년 약 8,000킬로미터씩) 이상을 여행했는데 그것은 지구를 10바퀴 도는 거리에 해당한다. 그는 40,000번 이상 설교하고, 5,000편 이상의 설교문과 소책자 그리고 다방면에 걸친 서적을 출판했다. 웨슬리가 죽었을 때, 그에게는 따르는 사람이 79,000명이나 되었다. 오늘날 영국에만 800,000명의 감리교인이 있으며, 전 세계적으로는 7천만 명의 감리교 신자가 있다.

존 웨슬리는 종국적 구원자로서의 그리스도에 대한 의식이 사라진 영국 교회에 새로운 생명의 강한 도전을 갖다 주었다. 존과 찰스 웨슬리는 이신득의 설교를 통해 영국의 수많은 버림받은 자들 중 수천 명의 영혼에게 의와 구원에 대한 소망을 갖게 하므로 그들을 불행한 환경과 악습으로부터 구했다.

---

89. John Wesley to William Wilberforce, 24 February 1791, John Wesley: Holiness of Heart and Life, General Board of Global Ministries, United Methodist Church, http://gbgmumc.org/umw/wesley/wilber.stm.

사람들에게 구원에 대한 지식을 전하려는 존의 열정적인 노력은 영국뿐 아니라 전 유럽 대륙과 신흥 세계(특히 아메리카에서)의 전역에서까지 느낄 수 있었다. 존에 대한 리그의 평가처럼 말이다.

> 그에게는 교회와 세상을 위해 행하도록 하나님이 맡기신, 현재는 물론 미래를 위해 보다 많은 소명과 같은 위대한 과업이 있다는 확고하고도 거부할 수 없는 확신이 있었던 것 같다. 그는 자신의 주변에서 부패와 교만, 불안, 무기력하고 무능하며 무감각한 교회들로 가득한 열정이 없는 세상을 통해 이와 같은 필요성을 목격했다. 그는 또 자기 안에서 영국 교회를 깨우고 세우며 세상에 감동을 주고 변화시키기 위해서 필요한 능력과 소명이 강하게 요동치는 것을 느꼈다.[90]

감리교가 다음 세기에 이르는 부흥의 길을 예비한 것을 보면 웨슬리 형제가 세상에 끼친 영향이 얼마나 컸다는 것을 알 수 있다.

---

90. Rigg, *Living Wesley*, 99.

제 2 장

조지 휫필드
George Whitefield

(1714-1770)

"거룩한 극작가"

제 2 장

거룩한 극작가

George Whitefield

> 하늘과 땅 앞에 맹세하노니 나는 감독이 내게 그의 손을 얹은 순간 나를 위해 십자가에 달리신 그분을 위해 순교자가 되기로 결단했다는 것을 분명히 말할 수 있다.... 나는 주저하지 않고 그분의 전능하신 손만 의지한 채 앞으로 나아갔다.[1]
>
> - 조지 휫필드
> 자신의 목사 안수에 대해

조지 휫필드는 그 당시의 식민지인들 가운데 대략 5명 중 4명이 그의 설교를 최소한 한 번 이상 들을 만큼 미국의 식민지에서 가장 유명한 인물이었음에도 불구하고, 오늘날 그가 남긴 '실제 경험을 통한 부흥운동'의 족적을 아는 사람은 드물다. 그는 극적이고, 청중의 마음을 꿰뚫는 설교를 통해 두 세계, 즉 미국의 새로운 개척지와 영국 제도의 영적 분위기를 변화시키는 바람을 일으켰다. 휫필드는 그의 나이 25세 때 1년간의 순회설교 기간 동안 뉴잉글랜드(New England)를 마치 태풍처럼 강타시켰으며, 자신의 감동적인 설교를

---

1. Southey, *Life of John Wesley*, 78.

듣기 위해 몰려온 수많은 사람들의 가슴을 계속 깨우고자 그곳을 여섯 번이나 찾아갔다.

보스턴의 인구가 약 16,000명이었을 때, 보스톤 광장(Boston Common)에서 행한 휫필드의 고별 설교에 모인 사람의 수가 23,000명이었으니 아마 그것은 그때까지 미국에서 모인 군중 가운데 가장 많은 군중이었을 것이다. 그는 귀족을 제외하고 미국의 모든 식민지인들이 인정할 수 있는 유일한 생존 인물이었을 것이다. 그는 자기의 목소리 외의 어떤 도구나, 자기가 타고 다니는 말 혹은 설교하는 연단 외의 다른 보조 수단이나 구원의 선물 외의 지혜로운 말에 의존하지 않았다. 그럼에도 그처럼 대규모의 군중을 모으거나 전폭적인 명성을 누린 사람이 없었다.

비록 웨슬리 형제가 그의 오랜 조언자였지만, 휫필드의 명성은 그들을 능가했다. 존 웨슬리가 36살 때 브리스톨(Bristol) 외곽의 들판에서 3천 명이란 믿기 어려운 수의 청중을 향해 그의 첫 번째 옥외 설교를 했다면, 휫필드는 불과 20대 때 약 3만 명의 청중을 상대로 설교했다. 존 웨슬리가 6천 명의 군중 앞에서 설교할 때, 휫필드는 그때까지 유례가 없는 6만 명이나 되는 무리를 향하여 설교했다.

조지 휫필드는 대웅변가요 거룩한 극작가며 천계의 혜성으로 알려졌다. 그는 청중의 가슴에 '거듭남'에 대한 메시지를 강하게 전달하기 위해 감정에 호소하고, 자신의 모든 능력을 활용했다. 그는 이 말을 존 웨슬리로부터 차용했음이 분명한데, 아마 웨슬리는 그것을 '중생'의 체험을 통해 그리스도인이 된다는 것을 나타내는 말로 사용한 최초의 사람일 것이다. 우리는 이러한 개념을 요한복음 3:3에 기록되어 있는 예수님의 진술을 통해 알 수 있다: "진실로 진실로 네게 이르노니 사람이 거듭나지 아니하면 하나님의 나라를 볼 수 없느니라." 휫필드는 자신의 지나칠 정도의 극적인 행동으로 비판을 받았지만, 그의 마음은 하나님 앞에 진실되고, 정직했다. 그의 의도는 순수했으며 청중에 대한 그의 사랑은 거짓이 없었다.

휫필드는 복음전도의 개척자였다. 그는 복음을 들을 기회가 없는 광부와 선박 노동자들이 출퇴근할 때 그들에게 최초로 '옥외' 설교를 할 만큼 잃어버린 자들에 대해 깊은 동정심을 갖고 있었다. 그는 하나님의 구원의 은혜에 대한 소망을 노동자 계층뿐 아니라 귀족들에게도 전했다. 그는 저명한 남녀 귀족들의 모임에도 찾아가 극적인 메시지를 통해 그들을 사로잡았다. 그는 영국의 거실에서 교도소까지, 그리고 신세계의 정계에 있는 자들의 가정에서 아메리카 인디언의 오두막집까지 찾아갈 만큼 은혜와 긍휼이 충만한 사람이었다. 그는 새로운 식민지들에서의 과부와 고아들의 참혹한 상황과 그곳에서 만난 아프리카 노예들의 복지에 무엇보다도 충격을 받았다.

휫필드는 미국과 영국에 복음주의를 몰고 온 대각성운동(Great Awakening, 성경의 권위와 모든 사람이 예수 그리스도를 개인의 구주와 구원자로 삼아야 할 필요성을 강조한 하나님의 새로운 운동)의 기폭제가 되었다. 대각성운동은 일반 대중에게 구원의 메시지뿐 아니라 사회적 평등에 대한 매우 중요한 메시지를 가져왔다. 첫 번째 부흥운동의 물결은 정치, 무역, 전통적인 종교적 직제와 일상적인 사회생활에 영향을 준 가치관의 변화를 촉구시켰다. 그것은 신분이 낮은 사람들로 하여금 새로운 자긍심을 갖게 했다. 모든 계층의 사람들은 종교적인 것에 보다 많은 관심을 갖게 되고, 자발적으로 성경을 공부하기 시작했다.

이러한 자세는 미국독립전쟁의 무대를 마련한 독립과 평등 의식의 시작이 되었다. 독립 선언을 통해 식민지들에서 선포된 자유정신은 그리스도 안에서의 만인 평등과 자유를 최초로 설교한 휫필드와 같은 순회 복음전도자들의 예를 본받은 것이었다.

비천한 출발

조지 휫필드는 1714년 12월 16일, 영국의 국제 도시인 글로스터(Gloucester)에서 여인숙을 경영하는 부모 밑에 태어났다. 그는 토마스(Thomas)와 엘리자베스(Elizabeth)의 일곱 자녀 중 막내였다. 그는 어린 나이 때부터 도시 빈민 지역에서 여인숙을 경영하는 열악한 삶에 익숙해 있었다. 휫필드의 가정은 글로스터 도심의 웨스트게이트가(Westgate Street)에 손님들로 항상 분주한 벨(Bell)이란 여인숙을 갖고 있었다. 조지의 출생 2년 후, 그의 아버지가 세상을 떠나자 어머니 홀로 남아 여인숙을 운영하며 대가족을 보살펴야 했다.

존과 찰스 웨슬리가 어머니의 세심한 보살핌 아래 엄격하고, 좋은 분위기의 목회자 가정에서 자란 것에 비하면 조지의 양육 환경은 커다란 대조를 이룬다. 휫필드는 가정의 사업을 유지하기 위해 손님에게 맥주를 서빙하는 것에서부터 무례한 고객의 퇴실 후 청소하는 것에 이르기까지 모든 필요한 것들을 도맡아 한 홀어머니 밑에서 양육되었다. 조지는 가장 퇴폐적인 쾌락추구자들과 가장 저속한 말 그리고 가장 저급한 무리에 속하는 사람이 분명한 자들에게 노출이 되었다. 휫필드는 자기의 소년 시절의 성향에 대해 이렇게 기록하고 있다.

> 나는 매우 어렸을 때 행한 몇 가지의 불량한 행동들을 기억하고 있다. 나는 매우 어린 나이에 거짓말하고, 상스러운 말을 하며, 분별없는 농담을 하는 것이 몸에 배어 있었다. 때로 심한 욕설은 아닐지라도, 저주하는 말을 하곤 했다. 어머니의 돈을 훔치면서도 그것을 전혀 절도라고 생각하지 않아 어머니가 자고 있을 때 그녀의 주머니에서 돈을 꺼내는 것을 예사로 했다.[2]

여인숙의 경영 유지를 위해 필요하다고 생각되는 것이면 무엇이든지 한 조지의 어머니는 그의 나이 10살 때 재혼했다. 결혼 생활은 불행했고, 결국 이혼으로 끝나면서 엘리자베스와 그녀의 일곱 자녀는 전보다 결코 낫지 않은 상태가 되었다. 그로부터 바로 직후, 휫필드의 형은 자신의 가정을 갖기 위해 멀리 가고 휫필드는 세인트 매리 드 크립트(St. Mary de Crypt)에 있는 문법학교

---

2. Albert D. Belden, *George Whitefield-The Awakener: A Modern Study of the Evangelical Rivival* (Nashville, TN: Cokesbury Press, 1930), 14.

의 입학을 위해 집을 떠났는데, 그는 이곳에서 자신이 연극을 얼마나 좋아하는지를 발견했다. 그는 일반 고전 학과에서 빠른 진도를 나타냈음에도 불구하고, 학교의 연극 활동에서 주도적인 역할을 차지하기 위한 열정에 불탔다. 그는 종종 대사를 외우고, 자신의 역을 연습하느라 수업에 빠지는 경우가 있었으며 뛰어난 웅변 능력을 인정받아 중요 인사들의 학교 방문이 있을 때마다 연설을 부탁받았다.

그의 어머니 역시 연극에 대한 애착을 항상 갖고 있었으며, 젊고 감수성이 뛰어난 휫필드 역시 '장차 훌륭한 인물'이 될 수 있는 추진력을 갖고 있었다. 휫필드는 15살 때 어머니의 결혼이 파경에 이르자 엘리자베스에게 자신이 학교를 중단하고 그녀의 여인숙 운영을 돕게 해줄 것을 설득했다. 어머니가 자신의 학업을 더 이상 뒷받침해 줄 수 없다고 생각한 그는 잘못했다가는 자기가 '기술자가 되는 길조차 막힐 수 있다'[3]고 판단했다. 조지는 푸른색 앞치마를 두르고, 1년 반 동안 '자루걸레를 빨아 객실을 청소하면서 능숙하고, 평범한 술집 사환이 되었다.'[4] 다시 말해, 여인숙에서 일하는 보잘 것 없는 서비스맨이 되었던 것이다.

휫필드와 그의 어머니는 언제나 매우 가까운 사이였다. 그녀는 조지의 출생 후 14주 동안 무기력증에 시달리면서 자기의 여생 동안 다른 어떤 자식보다도 조지로부터 많은 위로를 받게 될 것이라고 확신했다. 그녀는 조지를 돌보는 데 각별한 관심을 기울였으며, 그에게 학교 밖에서 필요한 교육을 제공하기 위해 모든 노력을 아끼지 않았다. 어머니의 마음 가운데 자기가 특별한 위치를 차지하고 있으며, 두 사람 사이에 야심 찬 꿈을 공유하고 있다는 사실을 인식하고 있던 휫필드는 훗날 이렇게 기술했다.

> 내게는 여인숙이라는 환경에서 태어난 것이 어머니의 기대를 실현하기

---

3. Robert Philip, *The Life and Times of the Reverend George Whitefield, MA,* (New York: D. Appleton and Company, 1838), 16.

4. Ibid.

위해 더욱 분발하게 하였고, 여인숙의 마구간에서 탄생하신 사랑하는 구
세주의 본을 따르는데 도움이 되었다.[5]

조지는 불쾌할 정도로 만취한 고객들에게 맥주와 식사를 배달하고, 그들이 떠난 후에는 청소하는 일을 하면서 자랐다. 그는 객실 담당 청소뿐 아니라 주방일까지 했다. 그러나 밤에는 늦게까지 자지 않고 연극의 대사를 읽고, 완벽한 연기를 위해 각 행과 부분에 대해 연습했다. 그는 설교가들의 설교에 직접 참석했다가 집에 돌아와서는 누나들에게 그것을 그대로 재현했다. 그는 목회자들의 기도를 흉내 내다가 기도 내용에 자신이 은혜를 받았다. 그는 곧 성경을 공부하고 경건 서적을 읽기 시작했는데, 그것은 조지의 마음 가운데 성공회의 사제가 되어 극적이고, 매우 의미 있는 삶을 추구하고 싶은 꿈을 심어 주었다. 장차 성직자가 되겠다는 꿈을 갖기 시작한 조지는 이를 위해서 자신이 어떻게든 옥스퍼드 대학에 들어가 교육을 마쳐야 한다고 생각했다.

이 무렵 휫필드의 형이 자기 아내와 함께 여인숙을 경영하기 위해 돌아왔다. 그곳에 더 이상 남아 있을 필요가 없던 휫필드는 글로스터로 돌아가기 전 브리스톨에서 잠시 방황하는 시간을 보냈다. 그는 경건 생활을 계속 유지하고, 다른 사람을 즐겁게 함과 동시에 자신도 위로받기 위해 연극의 대사를 읽었다. 어느 날 아침, 그는 자기 누나에게 연극의 대사를 읽어주면서 이렇게 말했다.

하나님은 내가 전혀 생각지도 않은 것을 나를 위해 계획하고 있으셔. 나는 지금까지 열심히 사업을 해 왔기 때문에 많은 사람들이 나를 실습생으로 기꺼이 받아 주리라 믿고 있지만 모든 길이 가로막혀 있는 것처럼 보여. 하지만 나는 하나님이 나를 위해 우리가 미처 알 수 없는 어떠한 방법

---

5. Ibid., 12.

을 예비하고 계시리라 생각해.⁶

얼마 후 조지의 어머니는 찾아온 학생을 통해 옥스퍼드 대학에서 주로 부유한 학생들을 위해 심부름하는 '근로 장학생'으로 일하면 학비를 벌 수 있다는 사실을 알게 되었다. 그녀는 휫필드에게 사정하며 그곳에 갈 의향이 있는지를 물었다. 그는 "기꺼이 그렇게 하겠노라."고 대답했다. 휫필드가 학업에 필요한 요건을 마치기 위해 자기의 옛날 교장선생님을 찾아간 동안 그의 어머니는 옥스퍼드 대학교의 펌브로크 칼리지(Pembroke College)에 근로 장학생의 자리를 마련해 놓았다.

운명의 여명이 밝아 오다

조지 휫필드는 그의 나이 18살 때인 1732년 11월 펌브로크에 입학했다. 그는 벨 여인숙에서 열심히 일하며 고객을 대하고 그들의 비위를 맞추는 방법을 터득한 경험 덕분에 근로 장학생으로서의 능력을 인정받아 곧 많은 일자리의 요구가 들어왔다. 그는 근면하고 친절했는데 무엇보다도 겸손한 것으로 널리 알려졌다. 그러나 일과 학업을 병행하느라 그는 첫해를 외롭게 보내야 했다. 동시에 그는 하나님과 자기 인생의 목표를 찾기 위한 노력에도 분투했다. 때로는 설교에 대한 소명감을 느꼈는가 하면, 그러한 소명 의식을 전혀 느끼지 못한 경우도 있다.

그는 검소하게 먹고 입는 습관을 통해 하나님과의 화목한 관계를 시도했다. 그는 규칙적으로 기도하고, 금식하며 공중 예배에 참석했다. 그리고 세상적인 쾌락을 단호하게 멀리했다. 신성 클럽의 창설 회원인 젊은 조지에게는 그의 회원과 속회의 요구로 성장하고 있는 감리교도의 분대(band)와 교제할

---

6. Belden, *George Whitefield-The Awakener*, 16-17.

수 있는 시간이 허락되지 않았지만, 그해 연말 마침내 그는 본 클럽의 지도자 가운데 한 사람인 찰스 웨슬리에게 자신을 소개했다.

> 조지는 검소하게 먹고 입는 습관을 통해 하나님과의 화목한 관계를 시도했다.

1735년 언젠가 조지는 한 구빈원에서 여성이 자기 혀를 절단하려 했다는 사실을 알게 되었다. 존과 찰스 웨슬리가 그녀와 상담할 것이라는 것을 알고 있던 휫필드는 사과 장수를 시켜 그들에게 당부의 말을 전하면서 자기의 신분을 밝히지 말 것을 부탁했다. 그러나 사과 장수는 조지의 부탁을 무시하고 찰스에게 휫필드가 자기를 통해 메시지를 보냈다고 이야기했다. 그의 정체를 알게 된 찰스는 수소문하여 휫필드를 아침 식사에 초대했다. 조지는 다음과 같이 기술했다.

> 나는 그 기회를 고마운 마음으로 수락했다. 그 당시 나의 영혼은 축 늘어진 손을 높이 들어 주고, 나의 약한 무릎을 강하게 해 줄 영적 동료들을 몹시 갈망하고 있었다.[7]

대학 강사이자 조지보다 6살 위였던 찰스는 젊은 조지에게 감동을 받아 그에게 신성 클럽의 가입을 권했다. 그들 사이의 우정은 급속히 익어갔다. 찰스는 그에게 인생을 변화시킨 몇 권의 책을 빌려 주었다. 조지에 의하면 그중에서 자기에게 가장 깊은 영향을 준 책은 헨리 스코우갈(Henry Scougal)이 쓴 『인간의 영혼 안에 있는 하나님의 생명』(Life of God in the Soul of Man)이었다고 한다. 그는 스코틀랜드의 젊은 신학교수로 1657년 27살을 일기로 소천한 분이었다. 이 책을 읽은 조지는 결코 변하지 않을 수 없었다.

> 나는 저자의 다음과 같은 말이 무슨 뜻인지 의아했다. "일부 사람들은

---

7. Philip, *The Life and Times*, 25-26.

교회에 출석하고, 아무에게도 피해를 주지 않으며 성경 읽기와 기도 생활에 충실하고, 자기의 가난한 이웃에게 종종 구제의 손길을 베푸는 것을 종교로 보는 오류를 범하고 있다." '나는, 아니, 이것이 종교가 아니라면, 과연 무엇이 종교란 말인가?'라고 생각했다. 하나님은 곧 내게 보여 주셨다. **"참다운 종교는 내 안에 계신 하나님, 그리스도와 연합하는 것"**이라고 쓰인 몇 줄을 더 읽어가는 동안, 나의 영혼에는 즉시 하나님이 주시는 한 줄기 빛이 비추었으며, 그 순간부터 나는 자신이 새로운 피조물로 거듭나야 한다는 사실을 인식하게 되었다. 이전에 미처 깨닫지 못했었다.[8]

이것을 조지는 다음과 같이 해석했다.

예수 그리스도께서 먼저 내게 당신을 계시하시고, 나를 거듭나게 하셨다. 나는 사람이 교회에 출석하고, 자기 입으로 기도하며 성례에 참석한다고 해서 그리스도인이 되는 것이 아니라는 것을 배웠다. 나의 마음은 자신이 파산자라는 사실을 인정하기가 두려워 자기의 회계 원부(ledger)를 보는 것을 두려워하는 가난뱅이처럼 얼마나 두려워 떨었던가?[9]

웨슬리 형제가 '행위로 말미암는 구원이란 미궁 속에서 여전히 헤매고'[10] 있을 때 조지는 그리스도의 복음에 대해 더 깊이 탐구하는 일에 시간을 보내지 않았다. 웨슬리 형제가 거듭남을 통해 하나님의 구원의 은혜란 위대한 가르침을 체험하기까지는 3년이 더 걸렸을 것이다. "제자로서 먼저 모범적인 스승이 된 조지는 웨슬리 형제가 그가 끊어낸 쇠사슬에 갇혀 몸부림치고 있을

---

8. Philip, *The Life and Times*, 25-26. 강조는 횟필드의 것.
9. Henry Scougal, The Life of God in the Soul of Man (London: InterVarsity Fellowship, 1961), 12.에 인용된 1769년에 횟필드에 의한 설교로부터.
10. Belden, *George Whitefield-The Awakener*, 19.

때 '하나님의 아들이 누리는 자유'가 어떤 것인지를 알았다."[11]

그러나 조지는 은혜를 곡해하여 여전히 자신의 노력을 통해 하늘나라에 가고자 하는 감리교도들의 엄격한 율법주의를 지키고자 몸부림치므로 다시 속박에 갇히게 되었다. 존과 찰스는 선행을 통해 구원에 이르기 위한 노력의 시도를 가르치는 것이 아니라, 하나님께 더욱 가까이 나아가는 수단인 감리교의 교리를 받아들이기 전에 먼저 거듭나는 것이 필요했다. 조지는 바로 이러한 함정에 빠졌다. 그것은 그가 중생의 체험이 있었음에도 불구하고, 자기가 행위가 아닌 믿음으로 구원받았다는 사실을 이해하지 못했기 때문이다. 야심차고 경쟁심이 강했던 그는 자기가 주위의 다른 사람에게 뒤지는 것이 용납되지 않았다. 그는 건강이 위험한 상태에 이를 만큼 곡기를 끊으면서까지 정기적으로 금식했다.

조지 휫필드는 철저히 금욕주의적인 삶을 살았다. 그는 빵과 물에 의지해서만 살아가고, 잠을 거의 자지 않으며 시간이 허락되는 한 병든 자와 옥에 갇힌 자들을 찾아가는 일에 최선을 다하였다. 그리고 그는 남루한 복장을 하였다. 하지만 이것은 잘못된 경건의 모습이었다. 그에게서 나타난 기이한 경건의 모습에 학생들은 휫필드를 조롱하였고, 그에게 근로 장학금의 지불을 거절하였으며, 심지어는 그가 걸어가고 있을 때 오물을 투척하기도 했다. 하지만 그의 결심은 흔들리지 않았다. 자기를 제적시키겠다는 대학 총장의 경고에도 그는 육적인 것을 멀리하겠다는 자신의 결단에 있어 완강했다. 그러나 기운이 다하는 탈진으로 그는 다시 몸이 약해지기 시작했다. 그리고는 마침내 쓰러져 7주 동안을 몸져눕게 되었다.

조지는 회복을 위해 글로우체스터에 있는 집으로 귀가 조치되었다. 그가 스코우갈의 가르침에서 본 것들은 당분간 약화되었고 내적인 기쁨과 소망이 넘쳤다. 조지는 이때의 자신의 감정에 대해 다음과 같이 묘사했다.

---

11. Ibid., 20.

> 나의 영혼은 완전히 메마르고, 고갈되어 있었으며, 나는 갑옷에 갇혀 꼼짝하지 못하는 사람처럼 생각되었다. 무릎 꿇고 기도할 때마다 몸속에 굉장히 무거운 것이 있는 것처럼 느껴졌다. 이와 같은 중압 가운데 기도하다 보면 전신이 땀으로 젖었다. 당시 사탄은 나를 마치 그의 계략을 모르는 사람처럼 종종 심하게 위협하고, 협박했다.[12]

휫필드는 회복 기간 동안 계속 주님을 찾고, 궁핍한 자들을 도우며 규칙적인 경건생활을 실천했다. 그는 윌리엄 로우(William Law)를 비롯한 그 밖의 사람들의 작품을 읽으면서 휴식을 취했다. 그는 신성 클럽의 의무와 이와 관계된 계속적인 핍박 그리고 근로 장학생과 학생의 임무에서 일시적으로 벗어난 후 잠시 하나님이 주시는 놀라운 평안을 경험했다. 그는 자신의 일기장에 이렇게 기술하였다.

> 밤낮 영적인 속박 가운데 사단으로부터의 수많은 공격과 여러 달 동안에 걸친 말로 다 할 수 없는 시련이 끝나자 드디어 하나님은 산 믿음을 통해 나의 무거운 짐을 거두어 가시고, 나로 당신의 사랑하는 아들을 의지하게 하시며, 내게 양자의 영을 주셔서 나를 인치심으로 나는 영원한 구속의 날까지 겸손히 소망을 갖게 되었다. 또한 나의 영혼은 기쁨으로, 말로 표현할 수 없는 기쁨으로, 나아가 영광으로 가득하고 위대한 기쁨으로 충만했으며, 그때 내게서 죄로 인한 무거운 짐이 떠나가고, 하나님의 용서하시는 사랑에 대한 지속적인 의식과 믿음에 대한 완전한 확신이 나의 불순종하는 영혼에 임했다. 그것은 분명히 내가 영원히 기억해야 할 부인할 수 없는 날이었다. 처음 나의 기쁨은 마치 제방을 범람시키는 홍수와 같았다. 나는 가는 곳마다 큰 소리로 시편을 노래하고 싶은 마음을 억제할 수 없었다. 그 후 기쁨은 더욱 자리를 잡아갔으며, 하나님은 특별한 경우를 제외

---

12. Ibid., 21.

하고는 기쁨이 나의 영혼 가운데 정착하여 계속 증가하게 하는 은혜를 베푸셨다.[13]

횟필드는 구원의 기쁨을 재발견했을 때 원기가 돌아왔으며, 누구든지 듣기를 원하는 사람이면 모든 사람과 함께 복음의 메시지를 나누는 것에 헌신했다. 그는 개인의 가정들에서 성경 공부를 인도하고, 지역 교구에서 가르쳤으며 전보다 더 큰 열정을 갖고 가난한 자를 돌보고, 옥에 갇힌 자를 찾아갔으며, 병든 자를 방문하기 시작했다. 그는 글로우체스터에 최초의 감리교 신도회를 세워 소그룹의 지역 신입 회심자들 가르치고, 훈련시켰다. 그는 바울이 로마서에 "그러므로 우리가 믿음으로 의롭다 하심을 받았으니 우리 주 예수 그리스도로 말미암아 하나님과 화평을 누리자"(롬 5:1)라고 기록한 '이신득의'를 강조했다. 조지의 '거듭남'의 회심 체험은 그가 가르치고, 행하는 모든 것의 근간이 되었다. 그것이 없이는 존재의 의미가 없었다.

그는 자신의 학업 과정을 마치고, 존과 찰스 웨슬리가 조지아 주 사바나의 선교 현장으로 떠난 부재 기간 동안 신성 클럽을 관리하기 위해 옥스퍼드로 돌아왔다. 그들은 조지가 거듭남을 발견하던 해에 신성 클럽을 그에게 맡기고 떠났다. 조지는 신성 클럽을 인도했으며 지역의 교구와 교도소에서 가르치고, 사역을 행하는 것을 계속했다. 횟필드가 사역한 사람들은 갈수록 그의 특별한 소명을 더욱 확신하게 하며 그에게 성직자가 될 것을 고려하라고 권했다. 그 당시 불과 21살이던 조지는 이른 나이에 성직을 수행하는 것을 망설였다. 하루는 조지가 대성당에서 기도를 마치고 나오는데 감독이 그를 자신의 집무실로 불러 이렇게 말했다. "내가 23살 미만인 사람은 누구에게도 안수를 주지 않겠다고 선언한 것이 사실이지만, 자네에게는 언제든지 원한다면

---

13. The Testimony of a Hundred Witnesses (Baltimore, MD: privately printed by J. F. Weishampel Jr., 1858), 121-123, http://www.mun.ca/rels/restmov/texts/believers/weishampelthw/THW049.HTM. 에 인용된 J. F. Weishample Sr., ed., "Rev. George Whitefield's Conviction and Conversion."

목사 안수를 주는 것이 옳을 것 같네."[14]

조지는 오랜 기도와 금식 끝에 자기가 그러한 소명을 더 이상 거부해서는 안 된다고 느꼈다. 1736년 6월 20일, 안수식이 거행되었다. 그리고 그 다음 주간에 그는 옥스퍼드대학에서 문학사 학위(BA)를 받았다. 그렇게 해서 교회사 가운데 영국과 미국 양국에서 그리스도의 메시지를 전하고, 경험하는 새로운 시대가 시작되었다.

청년 설교가

조지는 글로스터에 있는 세인트 메리 드 크립트(St. Mary de Crypt) 교회의 강단에서 집사의 직분으로 자신의 첫 번째 설교를 하였다. 그가 세례를 받은 이 교회의 가까운 곳에는 불과 5년 전 조지가 평범한 종업원으로 일한 선술집이 있었다. 그가 전한 '종교적 사회의 필요성과 유익'(The Necessity and Benefit of Religious Society)이란 제목의 설교를 듣기 위해 모인 엄청난 수의 군중 가운데는 무엇보다도 호기심에서 온 사람이 대부분이었을 것이다. 그는 이러한 종류의 정기적인 집회에서만 찾아볼 수 있는 종교적 책임과 지원 그리고 교화의 필요성에 대해 담대히 말하였다. 그는 또 이 무렵에 유행한 비종교적인 모임의 파괴성에 대해서도 말하였다. 이러한 메시지로 인해 15명이나 되는 사람이 자신에 대한 양심의 가책을 이기지 못해 '정신이상에 걸렸다'는 보고가 있었다. 사람들이 '실성한 것처럼' 보인 성령의 강한 임재는 엄연한 사실이었다. 교회의 감독은 그러한 '열광이 다음 주일까지 잊히지 않기를'[15] 원한다는 반응을 보였다.

---

14. Richard Green, John Wesley-Evangelist (London: The Religious Tract Society, 1905), Wesley Center Online, http://wesley.nnu.edu/john_wesley/evangelist/JWE-3.htm.
15. Stuart Clark Henry, *George Whitefield: Wayfaring Witness* (New York: Abingdon Press, 1957), 28.

조지의 설교에는 처음부터 수년간에 걸친 연극 활동과 강한 열정으로 충만한 마음의 분위기가 배어 있었다. 휫필드에게 강단은 하나의 무대가 되었으며, 그는 설교의 핵심을 전하기 위해 자기의 모든 지식과 재능을 사용하였다. 당시의 유명한 배우였던 데이비드 개릭(David Garrick)은 이렇게 호언하였다. "만약에 내가 '오, 정말 휫필드씨 같은 사람이군요.'라고 말할 수 있는 사람이 있다면, 나는 그에게 100기니(Guinea)를 주겠소."[16] 조지 휫필드는 미국독립전쟁 직전 미국의 설교가와 정치인들에게 열정적인 연설의 기준을 제시해 주기도 하였다. 그들은 조지의 예를 통해 군중을 행동에 옮기도록 하는 법을 배웠다.

그해 여름이 끝날 무렵, 조지는 유명한 런던 타워의 담임목사가 부재중인 동안 목회직을 맡아달라는 청을 받았다. 그는 런던에 도착한 후 비숍스게이트스트리트 처치(Bishopsgatestreet Church)란 대형 교회에서 첫 설교를 했다. 처음에 회중들은 조지가 어리다는 이유로 그를 신뢰하지 않았다. 그러나 휫필드가 메시지를 전하기 시작하자 회중들은 그의 설교에 곧 매료되었다. 조지는 그들의 반응에 대해 자신의 일기장에 다음과 같이 기록하고 있다.

> 계단을 올라가고 있을 때, 사람들은 거의가 젊은 나를 향해 냉소를 보냈다. 하지만 그들은 곧 진지해졌고 매우 집중했다. 내가 아래로 내려와 걸어갈 때는 커다란 존경심을 표하고 나를 축복해 주었으며, 나에게 많은 관심을 보였다.[17]

모든 런던 사람이 조지 휫필드(George Whitefield)의 이름을 아는 데는 오랜 시간이 걸리지 않았으며, 그들은 그를 '청년 설교가'(boy preacher)란 애칭으로 부르기를 좋아했다. '거듭남'에 대한 설교를 듣기 위해 몰려온 군중은 런던 타워의 수용 인원을 훨씬 초과했다. 조지가 처음 개인의 가정들에서 설교할

---

16. Harry S. Stout, "Heavenly Comet," *Christian History* 12, no. 2〔38호〕(1993): 10.
17. Henry, *George Whitefield: Wayfaring Witness*, 29.

때부터 초만원을 이루었다. 그에게 몰려온 사람들은 대부분 평범한 사람들이었다. 그는 햄프셔주(Hampshire)의 작은 마을인 덤머(Dummer)의 차기 교구 목사로 초빙되었는데, 그곳에서도 조지의 인기는 계속 상승했다. 얼마 안 있어 그는 런던에 있는 유명한 교회의 담임목사[18]로 와달라는 매력적인 제의를 받았다.

미국으로부터의 부름

조지는 덤머에서의 재임 기간 중 존 웨슬리로부터 "추수할 것은 굉장히 많은데 일꾼이 많이 부족합니다. 휫필드씨, 혹시 당신이 바로 그 사람이 아닐까요?"라며 미국으로 와 줄 것을 간청하는 한 통의 편지를 받았다. 조지는 "이 말을 듣는 순간 나는 내 안에서 가슴이 뛰며 소명으로 메아리치는 것을 느꼈습니다."[19]라고 기록했다.

조지는 웨슬리와의 합류에 대한 청에 응답한 해에 장차 선교사가 되겠다는 소명을 느끼게 되었다. 그는 덤머에서 조용히 보낸 기간이 불과 두 달밖에 안 되었지만, 그것이 그가 영국을 떠나기 전에 앞으로 경험하게 될 성공적인 복음 사역의 물결을 위해 준비하는 데 유익한 몇 달이 되었다. 그는 연구와 기도, 독서, 묵상 그리고 일기를 쓰는데 많은 노력을 기울였다. 그는 이렇게 기술했다. "나는 자신의 내적인 능력이 증가할 때, 나의 외적인 행동 영역 역시 똑같이 발전한다는 사실을 항상 관찰했다."[20]

조지는 열두 달 동안 조지아를 향한 항해를 시작할 수 없었지만, 떠나기 위해 준비하면서 덤머에서의 직책과 옥스퍼드에서 맡고 있던 임무들을 정리했다. 그는 어디에서든 설교할 기회가 주어지면 마음대로 갈 수 있었으며, 그러

---

18. 교구 부목사-본질적으로는 협력목사
19. Belden, *George Whitefield-The Awakener*, 31.
20. Ibid., 25.

한 기회가 계속 늘어났다. 그는 날로 치솟는 자신의 인기 때문에 어느 한 곳에서만 시간을 보낼 수 없었으며, 곧 자신을 가리켜 '복음 유랑자', 즉 특정한 교구나 도시, 나아가서는 대륙에 다시는 결코 메일 수 없는 자라고 부르기 시작했다. 그는 모든 청중을 사로잡았으며, 빠르게 그의 이름이 영국 전역에 알려졌다. 그의 감리교단과의 교제는 사람들에게 보다 많은 의구심을 일으켰으며, 이러한 것은 조지로 하여금 영국 국교회에 깊은 인상과 함께 그들을 당혹스럽게 하는 결과를 낳았다.

> 조지는 '복음 유랑자'가 되어서, 특정한 교구나 도시나 나아가서는 대륙에 결코 메일 수 없었다.

조지의 설교를 들은 사람의 말에 의하면, 그는 "설교하는 것이 마치 사자와 같았다."고 했다. 조지의 설교는 극적인 열정에다 강한 확신으로 조화를 이룬 것이 청중의 입장에서 감동하지 않을 수가 없었다. 그의 설교는 설득력뿐 아니라 청중의 마음속에 오래 기억되었다.

그의 우렁찬 목소리에는 청중을 압도하는 권위가 있었다. 그의 목소리는 종종 그것이 들리지 않도록 방해하는 드럼과 나팔 소리를 능가했다. 어떠한 것도 조지를 훼방할 수 없었다. 따라서 그는 모든 소음 장애에도 불구하고 '설교하는 것을 결코 멈추지 않았다.' 그는 강대상에서 자신이 눈물을 흘리며 부드럽고, 인자한 목소리로 잃어버린 자들을 위한 그리스도의 고난이나 하나님의 깊은 슬픔에 대한 생생한 묘사를 통해서 청중을 완전히 침묵 속으로 빠뜨리며 그들에게 소리 없이 감동의 눈물을 흘리게 하는 동일한 효과를 냈다. 웨슬리가 조지아 주에서의 선교활동 중 절망에 직면해 있었을 때 '황금 목소리를 가진' 젊은 조지 휫필드는 '감리교의 인기와 장차 세기의 위대한 인물이 될 위대한 설교가로서의 기초를 쌓고 있었다.'[21]

조지는 웨슬리 형제가 옥외 설교의 매력을 처음 경험하고 있던 브리스톨의 마지막 방문에 대해 다음과 같이 기록하였다. "나를 보기 위해 수많은 사

---

21. Ibid., 33.

람이 도시에서 1.6킬로미터 떨어진 곳으로부터 걸어서 왔는가 하면 많은 사람들은 마차를 타고 왔다. 그리고 내가 거리를 지나갈 때면 거의 모든 사람들이 내게 인사하고, 축복해 주었다.". 룩크 타이어만(Luke Tyerman) 목사는 1876년 휫필드에 대한 전기 가운데 그 젊은 복음전도자의 설교는 "마음을 녹이는 온유함과 진지한 설득력 그리고 넘치는 사랑이 특징이었다."[22]고 기술하고 있다. 그러면서 계속 말하기를 "만약에 휫필드가 1737년 웨슬리보다 앞서 길을 예비하지 않았다면, 1739년도 그의 설교가 과연 그렇게 많은 관심을 끌 수 있었을지 매우 의문이다."[23]라고 했다. 조지는 브리스톨에서 사람들에게 자기가 급히 조지아 주로 떠나야 할 것을 말했을 때의 상황에 대해 자신의 일기장에서 이렇게 말하고 있다. "설교를 마치자 많은 사람들이 울면서 집까지 나를 따라왔고 나는 다음 날 아침 7시부터 자정까지 영적으로 호기심이 많은 자들에게 둘러싸여 그들과 대화하고, 그들에게 영적인 조언을 주느라 꼼짝하지 못했다."[24]

1737년 8월, 그는 조지아 주로 항해할 기대를 품고 런던으로 돌아왔다. 휫필드가 처음 런던에 도착하여 막 안수 받은 부제(deacon)의 직분으로 바쁘게 움직이는 설교 여행을 시작하고, 영국을 떠나기 위해 준비 중인 가운데서도 그의 명성이 계속 증가일로에 있은 지 1년이 지났다. 대중의 인기를 얻는데 탁월한 능력을 갖고 있던 조지는 자신을 드러내는 데 있어서도 발군의 능력을 발휘하여 영국과 미국 양국의 일간지를 통해 자신의 설교를 출판했다. '청년 설교가'의 말을 듣기 원하는 많은 군중을 수용할 수 있을 만큼 큰 교회가 없었다. 런던의 인구가 700,000만 명이 되지 않던 그 당시 조지의 설교에는 20,000명이나 되는 군중이 몰려들었다. 조지가 우렁찬 목소리로 다음과 같이 강권할 때, 청중은 거의 혼절하다시피 했다.

---

22. Luke Tyerman, *Life of the Rev. George Whitefield, B.A. of Pembroke College*, vol. 1 (London: Hodder and Stoughton, 1876), 51.
23. Ibid.
24. Ibid.

영원히 행복한 집을 향해 여러분의 마음을 높이 들어, 위대한 성(聖) 스데반처럼 믿음의 눈으로 하늘이 열려 있는 것과 인자(人子)가 영원한 기쁨 가운데 세상을 떠난 성도인 그분의 영광스러운 수종자들과 함께 앉아 그들을 독려하는 것을 바라보십시오.... 여러분의 귀를 기울이십시오. 내게는 지금 그들이 자기들의 영원한 노래인 할렐루야를 외치며, 승리의 기쁜 노래로 화답하는 데 모든 날을 보내고 있는 것처럼 들립니다. 사랑하는 형제들이여, 여러분은 이러한 천상의 성가대에 참여하지 않겠습니까?[25]

조지의 출발이 임박해 오자 불안해진 많은 사람들은 그에게 큰 액수의 사례비를 제시하면서 런던에 계속 남아 주거나, 괜찮다면 그가 지난 1년 동안 방문했던 다른 도시들로 돌아가 줄 것을 제안했다. 조지가 그렇게도 일찍 유명세를 타는 것으로부터 떠나게 된 것에는 분명 하나님의 계획이 있었기 때문이다.

조지가 승선한 휘태커호가 미국을 향해 가고 있을 때, 존 웨슬리는 영국 해안으로 돌아오기 위해 막 출발을 시작했다. 조지는 자신도 모르게 웨슬리 형제가 그를 위해 조지아 주의 땅에 씨를 뿌린 것보다 그들을 위해 영국이란 토양에 훨씬 많은 씨를 심어 놓았다. 웨슬리 형제는 조지의 설교에 힘입어 곧 대각성운동이란 풍성한 추수를 수확하게 된다.

조지는 휘태커호에 승선하자마자 선원과 군인 그리고 동승자들을 대상으로 사역을 시작했다. 처음에는 젊다는 이유로 무시를 당했지만, 그는 지속적으로 병든 자를 돌보고, 거친 파도가 일어나는 가운데도 시편을 노래하며 평소와 똑같이 감동적인 메시지의 설교를 통해 자신의 가치와 진실성을 입증했다. 조지의 설교를 듣고, 그의 바르고 겸손한 태도를 목격한 동료 선원들은 그에 대한 마음이 부드러워졌으며, 깊은 관심을 갖고 매일 그가 권하는 말에 귀를 기울였다.

---

25. Stout, "Heavenly Comet," 10.

휘태커호는 그보다 작은 두 척의 배와 함께 출항했다. 세 척의 배가 출발한 지 얼마 되지 않아 두 척의 소형 선박이 큰 배의 곁에 바짝 붙어 항해하므로 작은 배의 승객들은 조지의 설교를 들을 수 있었다. 한 번 상상해 보라. 대서양 한가운데, 그것도 바다 위에서 파도와 바람을 가르는 세 척 선박의 건너편 갑판 위에 매료되어 있는 청중을 향해 설교하고 있는 조지의 모습을 말이다. 배가 조지아주의 부두에 도착했을 때, 조지는 고열로 아팠음에도 불구하고 감동적인 고별설교를 했다. 승객들은 조지와 헤어져 각자 자기의 길로 갈 때 눈물로 작별을 아쉬워했다.

신세계에서의 다음 날 아침

휘태커호는 1738년 5월 7일 미국에 도착했다. 조지는 바로 다음 날 새벽 5시 새로운 세계에서의 사역을 시작했다. 그는 성인 17명과 25명의 어린이 회중에게 말씀을 선포했다. 웨슬리 형제와 달리 조지는 선물과 꼭 필요한 생필품을 갖고 식민지에 왔다. 그는 영적인 것과 함께 물질적으로 필요한 것을 똑같이 채워 주려는 마음으로 왔다. 그는 영적 지도자들이 공통적으로 갖는 규범과 의식 같은 무거운 짐보다 그리스도 안에서의 자유에 대한 메시지를 전했다. 거듭남을 통해 그가 발견한 자유는 자신의 청중에게 커다란 영향을 주었으며, 존 웨슬리의 감독 아래서는 회중이 감소한 반면 조지의 경우 자기의 회중 수가 늘어난 것을 금방 알 수 있었다. 6월이 되자 사바나 교회가 더 이상 수용할 수 없을 정도로 참석자의 수가 늘고, 호감형의 젊은 설교자에 대한 소문이 주변의 도시들에 확대되었다.

첫 눈에 조지는 가난한 자들의 생활환경과 특히 계속 증가하는 고아들의 숫자에 가슴이 뭉클했다. 그는 도착 한 달 후 주변 마을의 아이들에게 공부를 가르치기 시작하고, 사바나에 학교를 세우는 문제에 대해 협의했다. 그는 또 고아원의 건축을 위한 계획을 착수해야 한다는 일종의 의무감을 느끼기도 했다. 그는 처음 조지아 주를 방문했을 때 그곳에 오래 머물 계획이 없었지만, 이제는 식민지들에서의 과부와 고아들을 돌보기 위한 기금 확보와 자신의 성직 임명을 위해 영국으로 돌아가야 한다는 이유가 분명해졌다.

조지는 다음과 같이 기록했다. "내가 마음 가운데 가장 염두에 두고 있는 것은 고아원을 세우는 것으로, 영국에 돌아가면 그것의 실현에 도움이 있을 것이라 확신한다. 그 사이 나는 사바나와 그 주변에 지금 자라나는 세대가 하나님의 교훈과 가르침 가운데 양육될 수 있도록 보호원을 짓고 있다."[26] 조지는 되도록 빨리 돌아오겠다는 생각을 갖고 조지아 주를 떠났다. 그는 헤어질 때마다 항상 그랬던 것처럼, 사람들과의 커다란 슬픔 속에 하나님이 허락하시는 대로 속히 돌아오겠다는 약속과 함께 영국으로 떠났다.

들판의 모든 나무가 손뼉을 침

1738년 12월, 런던으로 돌아온 조지는 많은 것들이 변해 있다는 사실을 발견했다. 무엇보다도, 찰스와 존 웨슬리가 모라비안들의 노력으로 개인적인 회심을 체험하고 옥스퍼드를 비롯한 여러 곳에서 '거듭남'과 '믿음으로 말미암는 구원'에 대해 설교하고 있었다. 엄격한 도덕적 규범이 포함되어 있는 그들의 메시지는 런던에서 반대의 파문(波紋)을 일으켰다. 그들에게 문을 닫는 교회의 숫자가 늘어나고, 조지와 감리교도 사이의 친밀한 관계로 인해 그에 대한 교회들의 강단은 차가워졌다.

조지와 웨슬리 형제 사이의 교류가 논란을 일으켰을 뿐 아니라, 그가 미국 여행 기간 동안 쓴 개인적인 일기가 널리 유포되고 있었다. 조지는 자신의 일기가 가까운 친구와 동료들 사이에만 공유되기를 원했지만, 어찌된 것인지 완전히 공개되어 있었다. 그것을 읽은 목사들은 조지의 신학적인 오만에 불

---

26. William Bacon Stevens, *A History of Georgia: From Its First Discovery by Europeans to the Adoption of the Present Constitution* (New York: D. Appleton and Co., 1847), 349.

쾌감을 느꼈으며 그가 자만에 부풀어 있다고 생각했다. 그들은 또 조지가 미국에서의 자신의 성공과 자선활동을 위한 기여에 대해 과대평가하고 있다고 확신했다.

그들의 반대에도 불구하고, 조지는 1739년 1월 14일 영국 국교회의 성직자로 안수받았다.

그는 자기에게 강단을 허락하는 남아 있는 몇 안 되는 교회에서 많은 회중을 상대로 어렵게 설교하면서 자기가 사바나에 세우겠다고 제안한 고아원의 건축비 지불을 위해 상당한 액수의 재정적인 기금을 모금했다. 조지의 자선 행위뿐 아니라 그의 명성에 관심이 이끌린 헌팅톤(Huntington) 백작 부인은 그에게 자기의 귀족 계급 사교 모임에 와서 설교해 줄 것을 청했다. 백작 부인과 그녀의 동료 가운데 몇 사람은 이내 조지의 가장 든든한 후원자와 지원자가 되어 주었다.

조지는 오래지 않아 브리톨로 돌아갔다. 브리톨에 도착한 그는 목회자의 세계가 자기에게 냉담한 것을 발견했다. 자기에게 약속했던 교회들의 강단은 굳게 닫혀 있었다. 하지만 그는 그곳에서의 이전 경험을 통해 일반 사람들은 그렇게 비판적이지 않을 것이라는 것을 알았다.

브리스톨의 기존 교회들로부터 거절당한 조지는 '목자(牧者)가 없는' 석탄 광부들에게 설교하고자 교회가 전무(全無)한 광산 지역인 킹스우드(Kingswood)로 갔다. 조지는 자기의 첫 번째 옥외 설교에 대한 경험을 기록했는데, 그것의 일부를 소개하면 다음과 같다.

> 나는 언덕에 올라가 내게 온 모든 사람에게 설교했다. 그들은 200명이 넘었다. 하나님의 은혜로, 나는 이제 해결책을 찾았다. 나는 내가 야외에서 모인 청중들 앞에 서서 그들을 가르칠 때보다 하나님께서 나를 더 열납하신 적이 결코 없다고 믿는다.[27]

---

27. Henry, *George Whitefield: Wayfaring Witness*, 48.

조지는 계속해서 '그들의 새까만 양쪽 볼에 많은 눈물이 흘러내려 하얀 자국이 난 것'[28]을 볼 수 있었다고 기록하고 있다. 그는 야외 설교를 할수록 교회들로부터 적개심을 샀다.

조지는 목사 안수를 받은 지 채 한 달도 되지 않은 상태에서 정직과 파문이란 위협을 받았다. 하지만 그는 조금도 흔들리지 않았을 뿐 아니라, 군중이 모일 수 있는 장소면 어디에서나 공개적으로 설교했다. 그러면서 이렇게 기술했다. "나는 지금 만약에 내가 교회에 매여 있다면 불가능할 10배나 더 되는 사람들에게 설교하고 있다.... 나는 매일 새로운 장소로 초청을 받고 있다. 할 수만 있다면 나는 많은 곳을 찾아갈 것이다."[29]

3월 말쯤, 조지는 1년 전 그의 메시지에 감동을 받은 많은 사람들의 마음을 일깨우고자 다시 브리스톨로 가기를 꿈꾸었다. 이번에는 찰스와 존 웨슬리도 동행하였다. 조지는 그곳 도시의 중앙에 있는 낮은 담 위로 올라가 지나가고 있는 시민을 향해 설교를 시작했다. 사람들은 발길을 멈추고 존이 직접 증언한 "추수할 것은 많되 일꾼이 적으니"(마 9:37)란 말을 열심히 들었다.

그날부터 웨슬리 형제 역시 똑같은 열정을 갖고 옥외 설교를 했다. 몇 주 동안 야외 설교에 수천, 수만 명의 군중이 모였다. 킹스우드에서 조지의 두 번째 설교 때 그의 설교를 듣기 위해 2천 명이 모이더니 다음에는 5천 명이 왔다. 그달 후반 로즈그린 커먼(Rose Green Common)에서의 설교에는, "마차와 도보 그리고 말을 타고 온 허다한 무리로 3에어커(12,140제곱미터)에 이르는 땅이 뒤덮였으며, 모인 사람의 수가 20,000명으로 추산되었다."[30]

> 내 위로는 하늘이 열려 있고, 주위의 들판에는 마차에 앉은 사람, 말 등

---

28. John Gillies, *Memoirs of Reverend George Whitefield* (New Haven, CT: Whitmore and Buckingham, and H. Mansfield, 1834), 39.
29. Henry, *George Whitefield: Wayfaring Witness*, 48.
30. Green, John Wesley-Evangelist, http://wesley.nnu.edu/john_wesley/evangelist/JWE-6.htm. 에 인용된 Gentleman's Magazine (1739), 162.

에 탄 사람, 나뭇가지에 올라가 있는 사람 등, 그리고 종종 감동받아 눈물로 흠뻑 젖은 수천 명의 군중에다 종종 저녁의 어스름한 엄숙함이 더해지면서 이룬 장관은 상상을 초월하고, 나를 매우 압도하기까지 했다.[31]

부흥운동의 물결은 이미 시작되었으며, 웨슬리 형제가 휫필드가 떠난 곳에서 사역을 행하므로 그것의 파고는 계속 치솟아 올랐다. 조지는 웨슬리 형제로 하여금 브리스톨(Bristol)과 베스(Bath) 그리고 그 외의 지역들에서 수천 명의 군중을 상대로 설교하게 하고 자신은 미국으로의 여행을 준비하기 위해 런던으로 돌아갔다. 그는 기회가 되는대로 사바나의 고아원을 위한 기금 모금을 계속했다. 그는 격렬한 반대에도 불구하고, 런던의 무어필드(Moorefield)와 켄싱톤 커몬(Kensington Common)에서 2, 3만 명의 군중을 상대로 설교하여 상당한 액수의 돈을 모을 수 있었다. 조지는 이렇게 기록했다. "나는 지금 하나님께서 나를 야외로 부르고 계시다는 것을 알고 있다. 그것은 어떠한 건물이나 거리도 하나님의 말씀을 듣기 위해 오는 사람들을 수용할 수 있을 만큼 넓은 장소가 없기 때문이다."[32]

웨슬리 형제가 지방에서 바쁘게 사역하는 동안 조지는 런던에 부흥운동을 일으켰다. 조지가 그의 청중이 마치 최면에 걸린 것처럼 보일 만큼 그들을 사로잡은 반면, 웨슬리 형제의 설교를 들은 자들에게서는 울부짖고, 큰 소리로 외치거나 땅에 엎드리는 것이 보다 일반적인 현상이었다. 조지 휫필드와 웨슬리 형제 사이의 사역 방법이 크게 달랐지만, 그들은 상호 보충 관계를 이루었다. 비감정적인 존 웨슬리가 그의 설교를 듣는 자들에게 매우 극적인 감정효과를 가져다 준 반면, 정열적인 조지는 청중의 넋을 빼놓았다. 조지에게 새로운 지역을 개척하는 은사가 있었다면, 웨슬리에게는 그곳을 개간하는 은사가 있었다. 한 사람이 토지를 경작하여 씨를 뿌리면, 다른 한 사람은 부지런히 수확을 거둬들여 곳간에 채우고, 소중한 농작물을 주의 깊게 관리했다.

---

31. Henry, *George Whitefield: Wayfaring Witness*, 49.
32. Belden, *George Whitefield-The Awakener*, 71.

『조지 휫필드- 깨우는 자』(George Whitefield- The Awakener)의 저자인 알버트 벨덴(Albert Belden) 목사는 다음과 같이 진술하였다.

> 역사 가운데 이 세 사람이 마치 재봉틀의 북실통 같이 서로 영향을 준 것처럼, 그들이 세상에 크게 끼친 영향에 있어 그렇게도 완벽할 정도로 상호적이고, 심오하며, 광범위한 경우의 예는 거의 찾아볼 수 없다. 그들은 서로가 계속 힘이 되어 주는 삼각관계를 형성하고 있다. 존이 찰스에게 힘이 되어 주고, 찰스가 휫필드에게 힘이 되어 주며, 휫필드가 불을 붙여 존과 찰스로 그 시대의 가장 위대한 종교적 업적의 선구자가 되게 하고, 존은 오랫동안 수고의 삶을 통해 다른 선구자의 사역을 행하여 완수시킨다. 하나님이 당신의 목적을 위해 세 사람을 하나로 묶은 경우가 있다면, 이 세 사람이 바로 그들일 것이다.[33]

미국을 깨움

1739년 10월 30일, 조지가 탄 배는 필라델피아(Philadelphia) 북쪽으로 241킬로미터 떨어진 루이스 타운(Lewis Town)에 도착했다. 그는 곧 필라델피아로 향했는데, 그곳의 모든 교회는 영국에서 온 유명한 젊은 설교가를 일제히 반갑게 맞이했다. 얼마 있지 않아 대형 교회들조차 조지 휫필드의 훌륭한 설교를 듣기 위해 몰려오는 군중을 수용하기에 턱없이 부족해졌다. 영국에서와 달리 조지가 훤히 트인 거리를 택한 것은 그가 교회들로부터 환영을 받지 못해서가 아니라, 교회 건물들이 너무 좁았기 때문이다.

> 조지가 훤히 트인 거리를 택한 것은 교회 건물들이 너무 좁았기 때문이다.

---

33. Belden, *George Whitefield-The Awakener*, 18.

그에게는 허용 가능한 모든 옥외 공간이 필요했으며, 마침내는 야외에서 설교하기 위해 도시 밖으로 벗어나지 않으면 안 되었다.

필라델피아에서 뉴욕에 이르기까지 휫필드의 설교를 듣기 위해 모인 자들의 수는 종종 지역의 주민수를 능가할 정도로 기록적이었다. 사람들은 휫필드가 어디에서 설교한다는 것을 알기만 하면 마을이든 들판이든 상관없이 원근각처에서 구름떼 같이 몰려왔다. 사람들은 휫필드의 극적인 성경 해석을 직접 듣기 위해 말이나 마차, 거룻배나 나룻배를 타고 오거나 혹은 걸어서 몰려들었다. 단순히 호기심 때문이든, 아니면 재미 삼아서든 혹은 하나님으로부터의 영감이 넘치는 말을 듣기 원하는 간절한 열망 때문이든, 식민지인들은 런던에서의 영국 사람들보다도 훨씬 많은 수가 모였다. 조지 휫필드는 위대한 인물임이 분명했다.

휫필드가 미국을 강타하고 있던 시기에 영국에서는 웨슬리 형제가 설교하는 곳마다 부흥운동의 물결이 일어났다. 대각성운동의 여명이 밝아올 무렵 바다의 양쪽에서는 성령의 역사가 일어나고 있었다. 버림받고 굶주린 소외계층을 향한 복음전도의 물결을 막을 수 있는 것은 아무것도 없었다. '진 세대'(Gin Age)로 인해 영국이 거의 빠져나올 수 없을 정도로 전국에 만연해 있던 어두움 사이로 그리스도의 빛이 들어왔다. 신세계(New World)의 식민지들은 굶주림에 대한 위협과 질병을 포함한 모든 면에서의 고통이 그들을 억누르자 스스로 자신들이 만든 어두움에 빠져있었다.

식민지인들은 성령의 내적 증거 외의 어떠한 세력의 지배도 거절한 선구자적인 개인주의자들이었다. 그들은 지리적인 것과 영적인 것 모두에 있어 새로운 영역의 탐구에 개방적이었으며, 자유와 진리를 존중했다. 지식에 목마른 그들은 조지의 말을 하나도 빠뜨리지 않고 들었다. 그의 설교를 듣기 위해 사방 원근 각처에서 온 사람들에게는 남다른 각오가 있었다.

아무것도 조지의 설교를 훼방하거나 그의 메시지를 듣기 위해 몰려오는 허다한 무리를 방해하지 못했다. 조지는 자기의 설교를 듣고자 하는 각오로 말을 타고, 멀고 험한 길을 여행해서 온 굶주려 있는 자들에게 자신의 체력이 다할 때까지 생명의 떡(Bread of Life)을 전했다.

조지는 '널리 흩어져 있는 군중들이 그렇게도 짧은 시간 내에 모일 수 있다는 사실에' 매우 놀랐다. 그는 또 자신이 "나는 런던에서조차 그렇게 조용한 모습을 결코 보지 못했다."[34]고 기록했듯이 엄청난 규모의 군중이 그렇게 집중해서 들을 수 있다는 사실에도 놀랐다. 휫필드가 처음 필라델피아에 도착해서 설교하는 것을 들은 벤자민 프랭클린(Benjamin Franklin)은 자신의 반응에 대해 이렇게 썼다. "그의 목소리는 크고 맑았으며, 어휘와 문장을 거의 완벽할 정도로 정확히 발음해 멀리서도 그의 말을 듣고 이해할 수 있었는데, 그렇게도 많은 수의 청중이 숨소리조차 들리지 않을 정도로 조용한 것이 매우 특이했다." 프랭클린은 휫필드의 목소리를 3만 명 이상 되는 청중이 들을 수 있었으리라고 생각했다. "이러한 사실은 나로 하여금 그가 야외에서 25,000명이나 되는 군중에게 설교했다는 신문 기사와 예전에 내가 종종 의심한 장교가 전군을 향해 일장 훈시를 했다는 고대 역사를 수긍하게 했다."[35]

프랭클린과 휫필드는 평생 우정 관계를 유지했다. 프랭클린은 처음부터 자신이 발행하는 신문인 「펜실베니아 가제트」(*The Pennsylvania Gazette*)를 통해 휫필드의 설교를 출판할 것을 제안하고, 커다란 관심을 갖고 휫필드의 사역에 계속 함께했다. 그는 조지의 일기를 몇 권의 책으로 출판했는데, 그것은 기록적인 판매부수를 올렸다. 두 사람은 합의하에 이익을 챙겼다. 조지는 명성을 그리고 프랭클린은 신문 구독량의 증가를 통해 각자 이득을 누렸다. 프랭클린은 조지의 고아원 건축을 위한 기금 모금을 돕기도 했다. 그는 다음과 같이 유명한 글을 남길 만큼 조지의 자금 조달 능력에 깊은 인상을 받았다.

> 벤자민 프랭클린과 조지 휫필드는 평생 우정 관계를 유지했다.

---

34. Stout, "Heavenly Comet," 11-12.
35. Benjamin Franklin, *The Autobiography of Benjamin Franklin*, http://www.kellscraft.com/FranklinAutobio/FranklinAutobiographyCh11.html.

그로부터 얼마 후 나는 그의 설교에 참석했는데, 설교 도중 나는 그가 기금 모금을 끝으로 설교를 마치리라고 생각하고는 속으로 돈을 바치지 않겠다고 마음먹었다. 그때 나의 주머니 속에는 한 움큼의 동전과 3, 4개의 1달러짜리 은화 그리고 5개의 금화가 있었다. 그가 계속 모금하는 동안 나는 마음이 약해지기 시작하면서 동전을 바치겠다고 결정했다. 그런데 그의 웅변적인 말 가운데 한 마디가 나로 하여금 그것에 대해 수치심을 느껴 은화를 바치게 했다. 그는 마침내 내가 금화와 주머니 속에 있는 모든 돈을 모금 접시에 바쳐 빈 털털이가 될 만큼 매우 감동적으로 설교를 마쳤다.[36]

　조지는 이곳의 전역에서 허다한 무리에게 설교하므로 부흥운동의 소리가 들리게 하였다. 마침내 그가 필라델피아를 떠날 때 200명이 넘는 기수단이 휫필드가 도시를 빠져 나가 목적지에 도착할 때까지 호위했는데, 그곳에서도 많은 무리의 사람이 계속 그를 추종할 만큼 그의 설교를 듣기 위해 매일 떼 지어 오는 자들이 매우 많았다. 조지는 인구수가 가장 적은 지역인 메릴랜드(Maryland)와 버어지니아(Virginia) 그리고 캐롤라이나(Carolinas)에서도 수많은 인파 앞에서 설교하였다.

　그 후 다섯 달 동안, 조지는 하루에도 몇 차례씩 설교하고 고아원을 위해 기금을 모금하면서 조지아 주로 돌아갔다. 1740년 1월, 그는 사바나에 도착하자마자 시의 재산 수탁자들이 기증한 500에이커(2,023,428제곱미터)에 이르는 토지에 고아원 부지를 선정하는 작업에 착수했다. 그는 사바나 북쪽으로 10마일 떨어진 곳의 넓은 땅을 선정하여 그곳을 '베데스다 소년의 집'(Bethesda Home for Boys)이라고 불렀다. 조지의 사망 3년 후인 1773년, 베데스다는 화재로 전소되었다. 하지만 그것은 재건되어 오늘날까지 운영되고 있다. 사실 그것은 미국에서 운영되고 있는 가장 오래 된 고아원이다. 작가

---

36. Benjamin Franklin, *Autobiography of Benjamin Franklin*.

인 에드워드 J. 카신(Edward J. Cashin)에 의하면, 베데스다의 이야기는 곧 사바나의 역사라 할 수가 있다.[37]

건축 공사를 시작하기 위해서는 먼저 현장 접근을 위한 도로를 내고 필요한 노동력과 자재를 확보해야 했는데 그것이 과제가 되었다. 대규모의 공사를 위해서 필요한 노동자를 구하는 것은 결코 쉽지 않았다. 조지는 목수와 벽돌공, 석수, 도로 공사 인부를 멀리 떨어진 부락에서 구할 수밖에 없었다. 마침내 공사가 시작되고 3월이 왔을 때, 조지는 그의 일기장에 다음과 같이 썼다. "내게는 거의 40명의 아이들이 딸려 있으며 매일 약 100명에 이르는 사람들의 입에 우리의 창고를 통해 식사가 공급된다…. 비용이 엄청나지만, 나는 전능하시고 선하신 우리 하나님이 내게 그것을 감당할 능력을 주시리라고 확신한다."[38]

조지는 또 영국과 미국에 있는 부유한 친구들이 재정적으로 후원하고, 지역의 상인과 숙련공들이 물자와 기술을 기부해 줄 것을 기대하였다. 그러나 이러한 것들은 전혀 그가 계획한 대로 되지 않았으며, 필요한 자금 조달을 위해 그는 또 다시 설교 활동에 나서야 하였다. 사람들 중에는 사업의 구상이 처음부터 잘못 되었다고 믿는 자들도 있었지만, 조지는 하나님의 인도하심에 대한 확신과 그분의 예비하심에 대한 믿음을 끝까지 잃지 않았다. 베데스다로 인한 재정 부담은 그가 죽을 때까지 그를 늘 따라다녔다. 조지는 계속 빚에서 벗어나지 못했으며, 설교할 때마다 그것을 위해 모금을 하였다.

조지는 지칠 줄 모르는 힘과 열정으로 또 하나의 전도 운동을 시작하여 펜실베니아 주로 갔는데, 그곳에서도 그의 인기와 설교에 대한 요구가 치솟았다. 조지가 조지아 주에서 베데스다의 건축 공사를 감독하고 있는 동안 프랭클린을 비롯한 다른 후원자들은 조지의 설교를 듣기 위해 찾아오는 군중을

---

37. 베데스다의 이야기를 더 알기 위해서 카신의 책을 참고, *Beloved Bethesda: A History of George Whitefield's Home for Boys*, 1740-2000 (Macon, GA: Mercer University Press, 2001).
38. Philip, *The Life and Times*, 168.

수용할 수 있는 넓은 집회 장소의 건축을 감독하는 일에 바쁘게 보냈다. 그 건물은 훗날 펜실베니아 대학교의 부지가 되었다. 조지는 필라델피아로 돌아갔을 때 프랭클린과 함께 기거했는데, 두 사람은 신앙적인 노선이 같지 않았음에도 불구하고 서로가 최대한 중히 여기고, 서로를 존중하였다. 프랭클린은 지속적으로 조지의 설교와 순회 설교 일정을 발행했으며 조지의 출판물은 계속 베스트셀러를 기록했다.

휫필드는 뉴잉글랜드를 경유하여 메사추세츠 주의 보스톤에 이르는 긴 여행 동안 자신의 체력이 쇠잔할 정도로 힘을 다해 하루 세 번씩 설교하였다. "그는 고된 사역으로 혼자서는 오를 수가 없어 다른 사람의 도움을 받아 말 위에 올라타고 다니면서 하루에 세 번씩 설교하였으며 체력적으로 고갈된 상태로 집에 돌아와 의자를 두세 개 연결하여 그 위에 눕곤 했다."[39] 뉴잉글랜드에서는 조지의 순회 설교 일정과 언론의 보도에 관심을 갖는 청중의 수가 계속 증가하였다. 보스톤을 비롯하여 동쪽 해안에 있는 다른 항구 도시에서는 조지로 인한 열광이 패닉 상태라고 해도 과언이 아닐 만큼, 군중들은 "'하나님의 말씀'을 듣기 위해 서로가 팔꿈치로 밀치고, 떠밀며 자기들끼리 그 위를 짓밟고 넘어갔다."[40] 유명한 보스턴 광장에서 그는 며칠에 걸쳐 계속해서 하루에도 몇 번씩 15,000명이 넘는 군중에게 설교하였다.

불에 기름을 부음

10월 중순 영국으로 돌아온 후에도 조지는 미국 대각성운동을 계속 이어갈 청교도 설교자인 조나단 에드워즈(Jonathan Edwards)의 손님으로 메사추세츠 주의 노샘프턴에 있었다. 에드워즈는 조지의 설교를 들으면서 눈물을 흘린 것으로 알려질 만큼 그의 설교에 커다란 감동을 받았다. 조지의 뛰어난 웅변

---

39. Belden, *George Whitefield-The Awakener*, 90.
40. Stout, "Heavenly Comet," 12.

실력에 매료된 에드워즈의 아내인 사라(Sarah)는 이렇게 기록하였다.

> 그가 단순히 성경의 진리를 선포함으로 청중을 마치 마법에 걸리게 하듯 사로잡는 것은 경이롭기까지 하다. 나는 종종 절제된 흐느낌 때문에 침묵이 깨진 경우를 제외하고는 1천 명 이상의 사람들이 마치 숨죽인 듯 조용히 그의 말을 한 마디도 놓치지 않고 집중하는 것을 보았다.... 만약에 선입견을 가진 사람이라면, 이러한 것들이 모두 극적으로 만들어낸 속임수이거나 보여 주기 위한 것이었다고 말할 수도 있음을 나는 안다. 그러나 조지를 보아서 그를 아는 사람이라면 절대 그렇게 생각하지 않을 것이다.[41]

조지도 마찬가지로 사라 에드워즈에게서 깊은 인상을 받았다. 그는 언젠가 자신도 그처럼 온화하고 영적인 아름다움을 갖춘, 하나님에 대해 확고하고 감동적인 고백이 있는 여인을 만나기를 소망한다고 말했다.[42] 조지는 조나단과 사라 에드워즈의 집에서 그들과 함께 머무는 동안 시간이 날 때는 그들의 자녀를 가르치기도 했고, 에드워즈의 교회에서 두 번을 설교했다. 늘 그랬듯이, 그는 에드워즈의 온 가족과 회중 그리고 지역에 주목할 만한 인상을 남겼다.

에드워즈는 자신이 노샘프턴에 있는 교회의 담임목사로 부임했을 때, 그 지역 전체가 도덕적으로 심각한 상태에 빠져있었다고 기록하고 있다. 에드워즈는 부흥을 위해 기도했으며, 마침내 자기가 미국 전역의 사회적인 분위기에 영향을 끼칠 정도로 열정과 끈기를 갖고 설교하였다. 에드워즈는 조지가 노샘프턴에 남긴 영향에 대해 이렇게 기술하였다.

> 노샘프턴이란 도시는 나이를 불문하고 영원한 세상의 일에 무관심한 사

---

41. Ibid., 13.
42. Henry, *George Whitefield: Wayfaring Witness*, 66.

람은 거의 없었다. 헛되고, 무절제한 것들에 젖어 있던 사람들이 전반적으로 크게 각성되었다. 도시는 하나님의 임재가 충만하였다. 도시가 그때처럼 사랑과 기쁨으로 충만하고, 걱정거리가 없던 적이 없었다. 거의 모든 가정에는 하나님의 임재를 분명하게 보여 주는 표증이 있었다. 그리고 공공 서비스는 대단히 훌륭했다.[43]

조지 휫필드의 노샘프턴 방문은 이미 타오르고 있는 불길에 새로운 기름을 붓는 효과를 나타냈다. 에드워즈가 하나님의 심판에 대한 두려움을 설교한 반면 조지는 우리를 향한 하나님의 자비와 수용에 대해 설교하였다. 통찰력이 뛰어난 조지는 청중에게 필요한 말이 무엇인지를 감지하였다. 그는 "나는 자신의 마음이 성도의 위로와 특권 그리고 믿는 자들에 대한 성령의 충만한 임재에 대해서만 이야기하도록 이끌리고 있는 것을 발견했다."[44]고 기록하였다. 회중들에게 들려주어야 할 것은 온유한 메시지로 이미 '심판의 불로 태워져 깨뜨려진'[45] 자들이 "하나님의 인자하심이 너를 인도하여 회개하게 하심을"이란 로마서 2:4과 같은 조지의 자비로운 말에 마음이 녹았다. 그의 전기 작가 가운데 한 사람인 알버트 벨덴 목사는 이렇게 기술했다.

> 조나단 에드워즈에 의해 매우 강력하게 시작된 운동은 조지 휫필드가 이끈 보다 온유하고 적극적인 치유의 부흥운동으로 이어지지 않았다면, 아주 짧은 시간 동안 타오르다 연기처럼 사라졌을 것이다. 사실, 영국과 미국에서 그 시대 교회를 맴도는 '부흥의 영'의 느낌보다 더 인상적인 이야기는 없다. 그리고 이것은 시의 적절하게 인간이 위대한 목적을 추구하도록 맞닿았다.... 이들은 필연적으로 정해진 연결의 모자이크를 형성하는

---

43. Belden, *George Whitefield-The Awakener*, 113.
44. Ibid.
45. Ibid.

데, 이 연결은 부흥의 전류를 모든 격렬한 에너지로 흐르게 한다.[46]

횟필드가 설교하는 곳마다 그의 말을 듣기 위해 가게 주인이 문을 닫고, 노동자가 연장과 도구를 놓고 오는 것은 흔히 볼 수 있는 모습이었다. 그 무렵 횟필드가 행한 옥외 설교 장면 가운데 하나에 대해 다음과 같이 묘사한 사람이 있다.

> 우리가 하트포드 위더스필드(Hartford Weathersfield)와 스테프니(Stepney)에서 미들타운(Middletown)으로 가는 도로의 약 1킬로미터 지점에 이르렀을 때, 언덕 위에 있던 나는 앞에서 구름 또는 안개와 같은 것이 올라오는 것을 보았다. 처음에는 그것이 큰 강인 코네티컷 강(Connecticut River)에서 나오는 것이라고 생각했지만 도로에 가까이 갔을 때 '우르르' 하는 작은 천둥소리 같은 시끄러운 소리가 들리는 순간 나는 그것이 도로를 따라 달려오고 있는 말발굽 소리이며, 구름처럼 보인 것은 말발굽으로 인해 일어난 먼지였다는 것을 곧 깨달았다. 그것은 10여 미터가 넘는 언덕과 나무들의 꼭대기보다 높이 공중으로 치솟았다. 나는 도로 가까이 약 100미터 정도 접근했을 때 말에 탄 사람들이 구름 속에서 미끄러지듯 밀려가는 모습을 마치 그림자처럼 볼 수 있었다. 그리고 내가 도로에 더욱 가까이 갈수록 말과 말 사이가 거의 붙어 있을 만큼 많은 말과 기수들로 이루어진 행렬이 마치 강물처럼 보였다. 모든 말은 온 몸이 거품 같은 땀과 비지땀으로 흠뻑 젖은 채 달릴 때마다 자욱한 먼지를 일으키며 코에서는 거친 숨소리를 내며 기수에게 하늘로부터 오는 영혼 구원의 메시지를 듣도록 전력으로 질주하고 있는 것처럼 보였다. 그 장면을 지켜본 나는 세상이 얼마나 고군분투하고 있는가 하는 사실에 놀라지 않을 수 없었다. 내가 두 마리의 말 사이에 우리의 말이 비집고 들어갈 수 있는 공간이 없다는 것을 발견했

---

46. Belden, *George Whitefield-The Awakener*, 113.

을 때, 나의 아내는 "저런, 우리의 옷이 완전히 더럽혀지겠는데, 어떤지 좀 봐요."라고 말했다. 왜냐하면 그것들이 온통 먼지로 뒤덮여 코트와 모자, 셔츠, 말이 더럽혀졌기 때문이다.

우리는 사람들 틈에 끼여 함께 내려갔다. 나는 5킬로미터 정도를 갈 때까지 모든 사람이 매우 빠른 속도로 앞을 향해 달려갈 뿐 한 사람도 말하는 소리를 듣지 못했다. 우리가 오래된 교회당에 도착했을 때, 그곳에는 많은 무리의 사람이 모여 있었다. 모인 사람의 수가 3, 4천 명은 될 것이라고 했다. 우리가 말에서 내려 먼지를 털고 있는데, 바로 그때 목회자 몇 분이 교회를 향해 오고 있었다. 몸을 돌려 큰 강이 있는 쪽을 보았을 때 사람을 가득 태운 여러 척의 연락선이 빠른 속도로 그들을 운반하고 있는 모습이 보였다. 빠르고, 힘차게 배를 저었으며, 사람과 말, 작은 배 등 모든 것이 사력을 다하여 앞으로 나아가고 있었다. 강 위의 땅과 제방은 19킬로미터 정도가 계속 줄지어 있는 사람과 말로 검게 물들어 보였다. 들판에서 일하는 사람이 전혀 보이지 않은 것을 보면, 모두가 집회 장소에 갔던 것 같았다.

당당하고, 건장한 용모를 가진 수천 명의 청중 앞에서 설교단 위에 올라온 휫필드는 거의 천사와 같았고, 호리호리한 청년의 모습이었다. 나는 그가 가는 곳마다 하나님이 그에게 어떻게 역사하셨다는 것을 들었을 때 그가 설교를 시작하기도 전에 마음이 숙연(肅然)해지고, 떨리는 두려움을 느꼈다. 그가 마치 위대하신 하나님의 권위로 옷을 입은 것 같았는데, 그의 이마에는 온유하면서도 고상한 엄숙함이 새겨져 있는 것 같았기 때문이다. 그리고 실제 그의 설교를 들을 때는 심금이 울렸다. 하나님의 은혜로 나의 기존 관념이 깨지면서 내가 나의 의로는 결코 구원받을 수 없다는 사실을 깨닫게 되었다. 그때 나는 선택의 교리를 확신하고 그것에 대해 하나님과 싸우기 위해 바로 나아갔다. 왜냐하면 내가 할 수 있는 모든 일이 나를 구원하지 못할 것이기 때문이다. 하나님은 영원 전부터 구원받을 자와

구원받지 못할 자를 명하셨다.[47]

조지는 이러한 군중들의 반응에 대해 다음과 같이 묘사했다.

> 주위를 둘러보았을 때, 대부분의 사람들이 눈물로 흠뻑 젖어 있었다. 죽은 것처럼 얼굴이 창백한 사람, 자기의 두 손을 비트는 사람, 땅바닥에 누워 있는 사람, 친구의 양팔에 얼굴을 묻은 채 서 있는 사람들, 그리고 대부분의 사람들은 하늘을 향해 눈을 들고 하나님께 부르짖고 있었다.[48]

조지는 노샘프턴에서 뉴헤이븐(New Haven)과 밀포드(Milford), 스트라트포드(Stratford), 페어필드(Fairfield) 그리고 뉴아크(Newark)를 경유하여 뉴욕으로 돌아갔는데 가는 곳마다 부흥의 불길을 일으켰다. 그는 꼭 1년 전 자신이 영국에서 왔을 때 도착했던 필라델피아를 다시 방문했다. 그가 없는 동안 건축된 집회 장소의 지붕이 완공되지 않은 상태였지만, 연단과 강대상은 만들어져 있었으며 새로운 건물은 조지를 첫 번째 설교자로 맞았다. 필라델피아에서 그는 하나님이 자신을 조국으로 부르시는 음성을 강하게 느끼고 영국으로 향해하기에 앞서 조지아에서의 자신의 일정을 점검하기 위한 계획을 짰다. 그는 뉴잉글랜드를 경유해야 하는 자신의 황급한 여행에 대해 이렇게 기술했다.

> 내 몸이 쇠약해 있었지만, 하나님은 기력을 강하게 회복시켜 주셨다. 그렇기 때문에 나는 사람들을 개인적으로 자주 권면한 것을 제외하고도 대중 설교를 175회나 할 수 있었다고 생각한다. 1,287킬로미터가 넘는 거리를 여행하면서 불쌍한 고아들을 위해 모금한 것이 물품과 식량, 돈을 모두

---

47. George Leon Walker, *Some Aspects of the Religious Life of New England* (New York: Silver, Burnett, and Company, 1897), 89-92, http://historymatters.gmu.edu/d/5711.
48. Hyatt, *2000 Years of Charismatic History*, 115.에 인용된 George Whitefield, *George Whitefield's Journals* (London: The Banner of Truth Trust, 1965), 425.

포함하여 700스털링(sterling)⁴⁹ 이상이 되었다. 하나님은 그와 같은 도움을 보증하지 않으셨다. 모든 것들은 내게 미국이 나의 중요한 활동 무대가 되어야 한다는 사실을 납득시켜 주었다.⁵⁰

사바나로 돌아온 조지는 자금 조달을 위해 열심히 노력했음에도 불구하고, 고아원 건축으로 인해 진 빚을 갚기 위해서는 아직도 500파운드가 부족하다는 것을 알았다. 1월 중순, 그는 보스톤에서 기록적인 수의 청중에게 고별 설교를 하고 점점 더 증가하고 있는 조지아 주 고아원의 재정 수요를 위한 보다 많은 자금 확보의 꿈을 품고 찰스톤(Charleston)에서 영국으로 가는 미네르바 호에 몸을 실었다.

친구, 적대자 그리고 광적인 팬

1741년은 조지 휫필드에게 있어 파란만장한 한 해였다. 초청받아 간 스코틀랜드에서 그는 그때까지 경험하지 못했던 가장 위대한 부흥운동이 일어났다. 그는 엘리자베스 버넬 제임스(Elizabeth Burnell James)란 과부와 결혼을 했는데, 그것은 조지가 처음부터 진정 로맨틱한 목적보다 일종의 의무감에서 했듯이 그에게 심적인 위로보다 생활면에서의 유리한 측면이 더 많았다.

그해에 조지는 예정론에 대한 교리 문제로 웨슬리 형제와 결별했는데, 그것은 휫필드에게 다른 어떤 사건보다도 심각한 영향을 주었을 것이다. 거의 1년간 계속되고 양분된 공개 토론은 감리교도들 사이에 두 진영, 즉 웨슬리 형제의 '값없는 은혜' 진영과 휫필드의 칼빈주의적 진영을 탄생시켰다. '감리교 신도들' 사이의 분열된 두 집단이 갈수록 과열 양상을 보이면서 얼마 안 있어 휫필드와 웨슬리 형제 모두 분열의 위험을 실감했다. 그들은 자신들이

---

49. 2006년도 구매력으로 약 160,000달러
50. Henry, *George Whitefield: Wayfaring Witness*, 68.

상대방에 대해 느끼는 적대감보다 그들을 추종하는 자들 사이의 대립이 더욱 심각하다는 것을 깨달았다.

나아가 조지가 자신이 교파를 만들 경우 수반되는 필요한 것들에 대해 아무런 관심을 갖고 있지 않았던 반면 웨슬리는 행정적인 리더십과 조직을 만드는데 특별한 은사가 있었다. 양측 모두 서로가 '영적으로' 장기간 분열되는 것을 견딜 수 없었다. 그들의 우정은 회복된다 할지라도, 휫필드의 '칼빈주의적 감리교'와 웨슬리 형제의 '연합 신도회' 사이의 두 운동은 그것이 불가능할 것이다.[51]

영국과 북아메리카를 복음으로 정복하는데 성공한 조지는 자신의 목표를 스코틀랜드를 깨우는 것으로 바꾸었다. 스코틀랜드의 장로교인들은 조지가 자기들을 방문해 주기를 갈망했다. 18세기 미국과 스코틀랜드의 모든 칼빈주의들은 영적으로 하나가 된 자들이었다. 자기들이 영국의 통제권 주위에 있다는 사실을 인식하고 있던 양 국가는 자기들의 국가적인 정체성을 찾고자 노력했다. 조지는 스코틀랜드를 14차례 방문하면서 자기가 대영 제국의 여타 지역이나 식민지에서는 목격하지 못한 깊은 부흥의 물결을 경험했다. 그는 인생 말년에 자기가 스코틀랜드 사람들에게 설교할 때마다 발견했던 기쁨에 대한 추억에 잠기곤 했다. 그는 자신이 설교 본문을 '말하자' 즉시 청중이 '성경을 펼치며 내는 소리'에 깊은 감동을 받았다.[52]

그는 하루 두 차례에 걸쳐 2만 명의 군중을 향해 설교하고, 다음 날 3만 명의 군중에게 설교한 후, 글래스고 바로 남동쪽에 위치한 캠버슬랑(Cambuslang)이란 작은 도시를 지도에 표시했다. 이처럼 특별한 설교 행사가 조지에게 의미를 부여한 것은 단순히 모인 사람의 많은 숫자가 아니라, 그것이 가져다 준 효과에 있었다. 조지는 그때까지 자기가 설교한 사람들 가운데 하나님의 임재를 그렇게 갈망한 것을 결코 본 적이 없었다. 따라서 성찬식의 참여를 원하는 수천 명에 이르는 사람들을 수용하기 위해 대형 천막들을 설

---

51. 이 논쟁에 대해 1장의 부제목 "The Move of God Divided" 참조.
52. Henry, *George Whitefield: Wayfaring Witness*, 79.

치했으며, 예배와 기도회가 다음날 아침 이른 시간까지 계속됐다. 그는 다음과 같이 기록했다.

> 당신은 수천 명의 사람들이 눈물로 목욕하다시피 한 것을 볼 수 있었을 것이다. 그때 자신의 양손을 비트는 사람이 있었는가 하면, 거의 기절한 사람, 큰 소리로 기도하는 사람 혹은 십자가에 못 박혀 돌아가신 구세주에 대해 슬퍼하는 자들이 있었다…. 그리고 각자 무리를 지어 밤새 하나님께 기도하고, 그분을 찬양하는 소리를 들을 수 있었을 것이다…. 그것은 마치 요시야 왕 시대에 유월절을 지킨 것과 같았다.[53]

8월, 다른 곳에서는 말할 것도 없고 스코틀랜드에서도 그때까지 볼 수 없던 '옥외' 성만찬이 거행되었다. 한 목격자는 이렇게 묘사했다.

> 참석한 사람의 수를 5만 명, 약 4만 명 정도라고 말한 사람이 있었는데, 가장 적게 잡아도 3만 명은 족히 넘을 것이라고 한다. 휫필드 역시 그것에 동의하고 있다…. 그들 중에는 영국과 심지어는 아일랜드에서 온 사람들과 많은 감독 교회의 교인들(Episcopalians), 일부 퀘이커 교도들(Quakers)도 있었다.[54]

휫필드가 담대히 설교하는 곳마다 이러한 광경이 계속 나타났다. 이와 같은 '캠버슬랑 부흥운동' 기간에 붙은 부흥의 불길은 영국 전역을 타오르게 한 도화선이 되었다. 존 길리스(John Gillies) 박사는 조지가 스코틀랜드에서 그의 청중에게 끼친 영향에 대해 다음과 같이 기록했다. "모든 무리는 고정된 자세로 서 있었으며 모든 사람은 하나 같이 침묵한 채 그의 입술을 응시하였고, 많은 사람들은 기독교의 중요한 교훈과 영원한 진리에 깊은 감동을

---

53. Ibid., 78.
54. Belden, *George Whitefield-The Awakener*, 135.

받았다."⁵⁵

캠버슬랑에서의 사건들이 끼친 광범위한 영향에 더하여 영국 제도 전역에서는 부흥운동이 일어나고 있었다. 존 웨슬리는 런던의 파운더리에 있는 가정에서 항상 가득히 몰려든 청중을 상대로 설교하고, 찰스 웨슬리는 브리스톨과 글로스터에서 수천 명의 군중에게 설교했으며 웨일즈에서는 칼빈주의의 추종자요, 휫필드의 열렬한 팬인 호웰 해리스(Howell Harris)가 부흥의 불길을 일으켰다.

조지는 자신의 중요한 소명이 국가는 말할 것도 없이 특정한 장소나 교회에 구애받지 않고 '돌아다니며 복음을 전하는 것'이라는 것을 알았다. 따라서 그는 웨슬리처럼 성장하고 있는 신도회의 조직을 관리하는 것과 같은 일을 결코 할 수 없었다. 그는 "여행하는 순례자의 삶은 바로 내가 선택한 것이다."⁵⁶라고 기록했다. 그에 반해, 존 웨슬리는 자신이 신도회의 조직을 이끌어갈 수 없거나 조지의 회심자들에 대한 효과적인 제자훈련의 결여로 미국과 스코틀랜드에서의 대각성운동이 크게 침체되었다고 느끼는 곳에는 설교자 파송을 거부했다. 웨슬리는 그들이 끝까지 견디는데 실패한 원인을 효율적인 리더십 체계의 부족으로 돌렸다. 조지는 존 웨슬리가 그의 증가하는 회심자들을 지도하고, 훈련시키는 탁월한 능력이 있음을 인정했으며, 웨슬리도 '사도들 이후 조지처럼 수천 혹은 그 이상의 수많은 죄인을 회개시킨'⁵⁷ 사람이 없다는 사실에 동의하였다.

> 조지는 자신의 중요한 소명이 '돌아다니며 복음을 전하는 것' 이라는 것을 알았다.

웨일즈에서 조지는 홀로 그곳의 전역에 10여 개의 감리교 신도회를 세워가고 있던 친구인 호웰 해리스에 합류했다. 해리스는 심한 박해를 무릅쓰

---

55. Gillies, *Memoirs of Reverend George Whitefield*, 138.
56. George Whitefield, *The Works of the Reverend George Whitefield, M.A.*, vol. 3 (Poultry, UK: Edward and Charles Dilly, 1771), 48.
57. Stout, "Heavenly Comet," 15.

고 인내한 끝에 마침내 웨일즈에 부흥을 일으킨 야외 설교가였다. 영국과 미국 전 지역의 다른 곳에서 일어나고 있던 것처럼, 매일 회심자의 수가 더해지고 있었다. 조지는 해리가 장차 자신의 아내가 될 엘리자베스 버넬 제임스(Elizabeth Burnell James)를 자신에게 소개시켜 준 뒤 얼마 안 있어 그가 '웨일즈 칼빈주의 감리교 협회'(Welsh Calvinistic Methodist Association)를 설립하는 것을 도와주었다.

해리스는 조지와 주님을 사랑하고 감리교 운동에 헌신적인 미망인이었던 엘리자베스와의 첫 만남을 주선하는 데 있어 중요한 역할을 했다. 조지는 해리스에게 자기는 결혼에 대해 마음이 항상 열려 있으며, 자신의 사역을 위해 배우자를 만나기 원한다는 것을 말했다. 엘리자베스는 조지가 자기에게는 복음 전하는 것이 언제나 가장 우선순위가 된다는 사실을 분명히 밝혔음에도 불구하고 그와의 결혼에 동의했다. 1741년 11월, 그들이 결혼할 때 엘리자베스는 36살, 조지는 26살이었다. 조지는 1주일간의 신혼 초기에도 하루에 두 번씩 설교했다. 한 달 후, 그는 다시 거리로 나왔다. 그때부터 조지는 아내를 보거나 아내와 대화할 기회조차도 거의 없었다. 결혼 두 달 후, 그는 다음과 같이 말한 것으로 알려졌다. "오, 우리가 결혼도 결혼생활도 하지 않는 하나님의 천사가 되는 축복의 시간이여."[58] 엘리자베스는 런던에 주거지를 마련했는데, 자신의 마음 가운데 전도에 대한 소명이 계속 요동친 그는 그곳에서도 잠시 머물렀을 뿐 한 곳에서 오랫동안 지체한다는 것이 불가능했다.

거기에다 고아원을 위한 자금 조달의 필요성이 증가하면서 순회 설교를 위한 휫필드의 보폭도 매년 계속 증가하여 24개월 동안 자신의 아내를 보지 못하기도 하였다. 조지가 해외여행 중일 때는 엘리자베스가 그의 업무를 정성스럽게 관리했다. 그녀는 남편의 인기를 고려하여 조지의 서신과 설교를 정리하고, 다량의 편지에 대한 답장을 쓰기도 했다. 결혼 2년째 되던 해, 엘리자베스는 아들을 낳았지만 어린 나이에 죽었다. 이와 같은 상실감은 조지의

---

58. Mark Galli, "Whitefield's Curious Love Life," *Christian History* 12, no. 2(38) (1993): 33.

마음을 무겁게 눌렀으며, 그때부터 그는 모든 곳의 어린이에 대해 각별한 관심을 보였다. 조지는 설교 때마다 어린이들에게 그들의 부모는 그리스도께 나오지 않을지라도 그들은 꼭 나와 천국에 가야 할 것을 직접 말했다고 한다.

아들이 죽고 난 후, 엘리자베스는 네 번에 걸쳐 유산을 경험했다. 주위 사람들이 보기에는 조지가 항상 아내를 존중하고 공손히 대했음에도 불구하고, 엘리자베스는 그에게 자신의 결혼에 대해 이렇게 기록했다. "나는 지금까지 당신한테 부담과 짐만 되었어요."[59] 그녀는 결혼 27주년이 되는 1768년 8월, 남편보다 2년 일찍 천국 문에 들어갔다. 엘리자베스의 사후, 조지는 "나는 매일 나의 오른 손을 잃은 것 같은 기분입니다."[60]라고 말했다.

하나님께 대한 소명

1745년 조지가 다시 미국을 향해 출범하기 전의 몇 년 동안에는 가장 격렬한 박해가 있었지만 엄청난 복음전도의 성공들로 가득했다. 그는 종종 돌이나 썩은 채소, 짐승의 사체로 투척당하기도 했다. 한 번은 돌로 머리를 맞아 의식을 거의 잃은 적도 있다. 그리고 군중이 막아서지 않았다면, 칼에 찔려 죽을 위험에 처한 적도 있다. 설교하고 있는 그를 채찍으로 치려 한 사람이 있었는가 하면, 드럼과 나팔을 이용하여 그의 목소리가 들리지 않도록 방해하려 한 자들도 있다. 1744년, 조지의 어린 아들이 죽던 해에는 괴한이 그의 집을 침입하여 잠자고 있는 그를 공격했다. 그는 다행히 여주인 덕분에 목숨을 구할 수 있었다. 조지가 "사람 살려!" 하고 소리치자 그녀가 달아나며 큰 소리로 외치는 바람에 이웃 사람들이 모두 잠에서 깨어나고, 침입자는 어둠 속으로 달아났다.

조지는 1745년 세 번째 미국 여행 때 식민지의 전역에서 대대적인 환영을

---

59. Ibid.
60. Ibid.

받은 나머지 사역을 위해 남쪽의 조지아로 가기까지 몇 달이 걸렸다. 그는 베데스다 고아원에 머물면서 건물과 직원들의 상태를 점검했다. 원생들의 건강은 좋아 보였으며, 영적 성장과 교육적인 면에서도 성장해 가고 있었다. 조지는 남부 지역에 장차 종교 교육을 위한 중심 역할을 하게 될 대학을 세우기 원했다. 그는 새로운 열정과 함께 자신의 계속 확장되는 꿈의 실현을 위한 후원금의 확보를 위해 동부로 갔다.

조지는 필라델피아와 보스톤을 향해 출발했는데 노중의 도시마다 그를 환영하며 설교를 부탁했다. 사람들은 그가 어떤 도시에 머물 것이라는 소문을 들으면 약 80킬로미터 떨어진 곳에서까지 왔다. 그는 자신의 체력이 쇠잔할 때까지 매일 수만 명의 군중에게 설교하며 식민지들의 전 지역에 부흥의 물결을 확장시켰다. 조지는 미국 최초의 문화적인 영웅이 되어 가고 있었다. 그는 세계무대에서 자신의 정체성을 추구하고 있던 신생 국가를 하나로 통합시키는 역할을 했다.

조지는 다시 영국과 스코틀랜드, 웨일즈로 돌아왔다. 그는 자신의 중요한 후원자 가운데 한 사람인 부유한 헌팅턴 여사로부터 보다 많은 관심과 존경을 받게 되었다. 그녀는 조지를 자기가 세운 예배당의 목사로 임명했는데, 그것을 통해 그는 일부 재정적인 부담에서 벗어날 수 있었다. 그를 향한 설교 요청은 줄지 않았으며 다행히 핍박도 감소했다. 1750년대의 10년 동안, 감리교도인 웨슬리 형제와 조지는 그들의 메시지가 사회의 모든 계층에 걸쳐 보다 광범위하게 수용되면서 일반 대중으로부터 후원을 받았다. 그들은 자신의 견해를 표현하는 방법에 있어서도 성장해 있었다. 조지는 나이가 들면서 자신의 서신과 대중 연설에 보다 부드러운 어조를 사용하는 법을 터득하므로 사람들의 마음에 상처 주는 행동을 크게 줄였다.

> 조지는 나이가 들면서 자신의 서신과 대중 연설에 보다 부드러운 어조를 사용하는 법을 터득하였다.

그럼에도 불구하고, 그의 말은 여전히 핵심을 찔렀다. 1750년 5월, 젊은 청년인 존 토르프(John Thorpe)와 몇 사람의 친구가 조지의 설교를 들은 후 곧장 선술집으로 갔다. 거기에서 그들은 서로 왁자지껄하며 조지의 열정적인 스타일을 비웃기 시작했다. 토르프의 차례가 되자, 그는 성경을 집어 들고는 옆에 있는 탁자 위로 껑충 올라가더니, "너희들 모두 가만두지 않겠어!"라고 큰 소리로 외쳤다. 그의 두 눈이 성경의 펼쳐진 페이지로 향하는 순간 그들이 불을 켜 말씀을 비추어 보니, "너희도 만일 회개하지 아니하면 다 이와 같이 망하리라"는 누가복음 13장 3절 말씀이 있었다. 이 말씀에 정곡이 찔린 그는 비웃는 것을 중단하고, 진실한 마음으로 설교하기 시작했다. 불과 2년 후, 그는 존 웨슬리의 순회 설교 동역자가 되었다.[61]

1751년, 조지는 네 번째로 식민지들을 여행할 때 22명의 가난한 소년단을 이끌고 베데스다 고아원을 방문했다. 그곳에서 고아원 확장의 절박성을 깨달은 그는 필요한 자금의 확보를 위해 즉시 영국으로 다시 돌아왔다. 1754년, 조지는 그의 다섯 번째 대서양 횡단 여행시 뉴저지 칼리지(College of New Jersey, 오늘날 프린스턴 대학의 전신)에서 명예문학석사(honorary M. A.) 학위를 취득했으며, 벤자민 프랭크린이 정계에 입문한 후에는 그와 긴밀히 공조(共助)하였다. 그때까지 거의 모든 미국인들은 조지 휫필드의 설교를 들었으며 오늘날 사람들이 빌리 그레함(Billy Graham)을 높이 평가하는 것처럼 그를 매우 존경했다. 프랭클린에 대한 조지의 성원은 그가 정치에 처음 발걸음을 내딛는 데 커다란 도움이 되었을 것이다. 1년 후인 1755년 3월, 조지는 영국으로 떠난 후 8년 동안을 그가 사랑한 베데스다에 다시 오지 못했다.

1760년, 조지는 런던에 있을 때 보스턴의 대형 화재 소식에 대해 들었다. 그는 '고통받는 자들을' 위해 많은 돈을 모금하여 그것을 즉시 보스턴으로 보냈다. 1763년, 그가 미국에 돌아와 보스턴을 지나갈 때는 감정 표현이 무딘 보스턴 사람들이지만 조지의 관심에 감동된 나머지 "가난으로 고통당하는 자들을 위해 많은 금액의 모금을 통해 보여준 조지 휫필드 목사의 사랑 넘치

---

61. Stout, "Heavenly Comet," 13.

는 호의와 노고에 대해 보스턴 시가 감사를 표하는 것에 만장일치로 찬성했다."[62] 조지는 뉴잉글랜드에서 "내가 어떻게 해야 할지 모를 만큼 모든 곳으로부터 초청이 끊임없이 오고 있다."[63]고 기록했다.

영국과 식민지들 사이의 긴장 관계가 고조될 때, 조지는 단호하게 식민지인들의 편에 섰다. 그들은 조지를 자기들을 위해 싸우는 사람으로 간주했으며, 식민지들의 전역에서 그의 설교를 듣기 원하는 자들의 요구가 더욱 거세졌다. 조지는 설교할 기회가 주어질 때마다 그것을 거절하지 않았으며, 자기에게 설교를 요구하면 어디에서나 멈추어 설교했다. 따라서 그가 조지아로 돌아가기까지는 18개월 이상이 걸렸다. 조지의 계속된 여행 때문에 그의 건강을 우려한 의사들은 그에게 설교를 위해서라도 한 곳에 머물 것을 권했다. 하지만 그는 1765년 영국으로 돌아갔을 때도 런던에서 에딘버러까지 순회설교를 계속 강행했다.

조지는 1768년 8월 아내가 세상을 떠나고 정확히 거의 1년이 지났을 때 식민지들로 돌아갈 계획을 세웠다. 그는 런던에서 수천 명의 청중 앞에 고별 설교를 하고는 1769년 11월 마지막으로 대서양을 건너는 미국 여행을 했다. 찰스턴(Charleston)에 도착한 조지는 건강 상태가 좋지 않았지만, 10일 동안 연속 수많은 군중을 향해 설교했다. 그는 여전히 젊은 사람처럼 뉴잉글랜드 전역을 여행하면서 계속 설교했다. 그는 천식으로 인한 감기에 시달리고 있었지만 자신의 친구들에게 "묵혀 없애느니 써서 없애겠다."[64]고 하며 의지를 굽히지 않았다. "밤이면 종종 구토 증세와 오한을 동반한 심한 설사 때문에"[65] 고통스러웠음에도 불구하고 그는 이후 9개월 동안 사역의 고삐를 늦추지 않았다.

1770년 9월 19일 아침, 그는 뉴햄프셔 주(New Hampshire)의 포츠머스

---

62. Henry, *George Whitefield: Wayfaring Witness*, 91-92.
63. Ibid.
64. Stout, "Heavenly Comet," 14.
65. Ibid.

(Portsmouth)에서 전설적 인물인 조지 휫필드의 설교를 듣고자 언제나처럼 몰려온 허다한 인파를 향해 감동적인 메시지의 설교를 했다. 그리고는 즉시 다음 목적지인 메사추세츠 주의 뉴버리포트(Newburyport)로 떠났다. 친구와 열광적인 지지자들은 조지의 쇠약한 몸 상태를 지켜보고는 휴식을 권했지만, 그는 강행군을 계속했다. 조지는 모여든 군중의 청에 응하여 정오까지 설교했다. 그는 야외에 있는 원통 위로 올라가 자신의 마지막 설교가 될 메시지를 전했다. 그의 설교 제목은 '네가 믿음 안에 있는지 살펴보라'로 거듭남에 관한 것이었다. 휫필드가 마지막으로 행한 공식적인 설교는 천국에 가는데 있어 행위의 무익성에 대한 것이었다. "행동! 행위! 인간이 행위로 천국에 간다! 차라리 모래 밧줄에 의지하여 달에 착륙하겠다고 생각하는 것이 나을 것입니다."[66]

1770년 9월 20일, 조지 휫필드는 자신의 마지막 설교를 마친 후 이른 아침 마지막 숨을 거두었다. 그의 나이 56살이었다. 그의 장례식에는 6천 명의 조문객이 참석했으며, 존 웨슬리가 추도사를 낭독했다. 찰스 웨슬리는 자기들의 운명적인 만남을 기념하여 다음과 같은 시를 작시했다.

> 하나님의 계획에 의해 우리가 처음 만난
> 잊을 수 없는 그 날을 어떻게 잊을 수 있을까요?
> 사고력이 깊은 학생이 마음껏 진리를 찾아
> 헤매고 있는 지식의 숲에서;
> 혼자서 깊이 생각하길 좋아하는 매우 겸손한 젊은이,
> 사람들이 자주 가는 길은 돌아가는
> 매우 근면한,
> 변장술이나 거짓이 없는 이스라엘인,
> 나는 그를 보는 순간 사랑을 느껴 품에 껴안았네,

---

66. Ibid., 15.

처음 본 사람을 마음의 친구로 포옹하며,
그리고 무의식중에 나를 찾아온 천사로 맞이했다네.[67]

어떤 이들이 웨슬리에게 그가 하늘에서 조지 휫필드를 만날 수 있는지를 물으면 그는 대답한다, "조지 휫필드는 하나님의 궁창에서 너무 밝은 별이어서 보좌에 너무 가까이 서있으며, 제일 작은 자보다도 더 작은 나와 같은 자는 그의 잠깐의 모습도 볼 수 없습니다."[68]

조지는 그의 평생 사역을 통해 18,000번이 넘게 설교했다. 그것은 30년 동안 1년에 500번, 혹은 한 주에 10번씩 한 꼴이 된다. 그는 자신의 일기장에 다음과 같은 예언적인 말을 기록했다. "나는 우리 혹은 우리의 조상들이 지금까지 들어 보지 못한 일이 시작됐다고 믿는다. 시작은 다 놀랍다. 결과는 영광스럽기가 말로 표현할 수 없을 정도일 것이다!"[69]

강한 영향력과 특별한 유산

조지 휫필드의 시신은 사후 메사추세츠 주의 뉴버리포트(Newburyport, 널리 알려지지 않은 소도시로 뉴잉글랜드 전역에 있는 사람들의 성지가 되었다.)에 있는 올드사우스 장로교회 예배당(Old South Presbyterian)의 설교단 밑에 안치되었다. 1775년, 다니엘 모건(Daniel Morgan)과 베네딕트 아놀드(Benedict Arnold)가 이끄는 식민지 군인의 일부 그룹이 전투를 앞두고 이 건물에서 예배를 드릴 수 있는지를 물었다. 예배를 마친 그들은 담임목사에게 자기들이 조지의 시신을 볼 수 있냐고 물었다. 허락을 받은 그들은 관을 열어 성직자용 칼라와 소매

---

67. Belden, *George Whitefield-The Awakener*, 18.
68. Hurst, *John Wesley the Methodist*, http://wesley.nnu.edu/john_wesley/methodist/ch13.htm.
69. Belden, *George Whitefield-The Awakener*, 129.

끝을 꺼내 그것들을 여러 조각으로 자른 후 자기들끼리 나누어 전쟁터에 수호물로 갖고 갔다.

그 후 1세기 반 동안, 조지 휫필드의 시신과 유해는 굉장한 관심의 대상이 되었다. '뉴잉글랜드의 감리교 사도였던' 지세 리(Jesse Lee)는 1790년 이 교회를 방문하여 휫필드 시신의 부패 속도가 더딘 것을 목격했는데, 그것은 고인의 성스러움과 거룩성을 상징한다고 오랫동안 믿어온 속설이 있었다. 리는 "시신 중 썩은 부분은 극히 일부일 뿐, 단단하고 굳어 있는 부분이 훨씬 많다는 것."[70]을 발견했다. 그는 조지의 수의를 조금 자른 후 그것을 갖고 무릎 꿇고 기도했다.

수년 동안, 수천 명의 사람이 조지의 시신을 보기 위해 방문하였고, 가능할 경우 수의나 유골의 일부를 가져갔다. 몇 년 후, 아벨 스티븐스(Abel Stevens, 1815-1897, 미국인 편집자요 역사가이며 감리교 감독 교회의 성직자)는 몇 년 후 조지의 시신을 보더니 두 손으로 두개골을 안아 보기까지 했다. 1829년에는 조지의 오른팔 유골을 영국으로 가져가 그곳에서 20년간 보관하였다. 그것들은 경의를 표하기 위해 온 2천 명의 조문 행렬이 참석한 가운데 원래의 장소로 돌아왔다. 무덤이 마침내 유리로 씌워지고, 주위에는 가스통이 설치되므로 휫필드의 유해를 보기 위해 오는 사람들은 언제든지 예배당 안으로 들어가 그것들을 건들지 않은 채 기도하고, 그의 시신을 볼 수 있었다. 이러한 조처들에도 불구하고 그의 한쪽 엄지손가락의 일부가 드류대학교(Drew University)로 유출되어 오늘날까지 그곳의 감리교 기록물 보관소(Methodist Archives)에 보관되어 있다. 1933년 마침내 무덤을 슬레이트 판으로 봉인하여 시신을 평화롭게 안치(安置)했다.

조지 휫필드는 18세기의 어떤 설교가들 보다도 오늘날 우리가 알고 있는

---

70. Southeast Regional Meeting, American Academy of Religion, March 21, 1998, http://www.bts.edu/Guthrie/GuthrieCV&Pubs/Touching%20Whitefields%20Bones.htm. 에 제출된 논문인 Clifton F. Guthrie, "Touching Whitefield's Bones: Relics and Saints among Nineteenth-Century Methodists.

현대적인 복음전도 기법을 위한 길을 터놓았다. TV는 고사하고 확성기도 없던 시대에 그의 목소리는 대브리튼과 미국의 거의 모든 가정에 전해졌다. 그의 웅변술과 청중을 사로잡는 카리스마에다 버림받은 자들에 대한 커다란 사랑과 심오한 인격의 결합은 그로 하여금 하나님의 훌륭한 도구로 쓰임받게 했다. 사람들에게 진리의 빛이 절실하게 필요할 때, 조지 휫필드는 무대에 등장했다. 그는 야외 설교란 획기적인 방법을 웨슬리 형제에게 소개하고, 에드워즈에게 하나님의 자비에 대한 새로운 계시를 알리므로 서로 다른 두 대륙에 부흥의 불꽃을 지폈다.

제 3 장
★★★★★

조나단 에드워즈
Jonathan Edwards

(1703-1758)

"하나님의 지식인"

제 3 장

하나님의 지식인

Jonathan Edwards

> 하나님에 대한 의식은 종종 갑작스럽게 나의 마음 가운데 향기롭게 타오르는 연기, 즉 말로 어떻게 표현할 수 없는 영혼의 열정을 불타게 했다.
>
> - 조나단 에드워즈

조나단 에드워즈는 모든 부흥운동가들 가운데 가장 많이 오해될 만큼 이해하기가 어려운 인물이다. 에드워즈는 존 웨슬리와 같은 해에 청교도 목사의 아들로 태어나 뉴잉글랜드 식민지에서 거의 귀족 계급의 대우를 받았다. 비록 그들의 주거지가 엡워스에 있던 웨슬리 형제의 평화로운 목사관보다는 (개척 시대의) 미국 서부지방의 요새와 성채에 더 가까웠지만 말이다.

조나단 에드워즈는 목사가 되어 미국 대각성운동 때 핵심적인 역할을 하면서 또한 계몽주의 사상과 존 로크(John Locke)와 아이작 뉴톤(Isaac Newton) 같은 사람들의 작품을 접했다. 에드워즈는 일생 동안 학문적으로 가장 뛰어난 일부 신학서적들을 집필했으며, 오늘날까지 선교 서적의 고전으로 인정받는 유명한 『데이비드 브레이너드의 생애와 일기』(Life and Diary of David Brainerd)를 편집하여 두 개의 부흥운동의 중심에 활기를 불어넣다 자신이 사역한 교회로부터 면직을 당하고는 아메리카 인디언들을 위한 선교사로 봉사하다 프린스턴(Princeton)에 있는 뉴저지대학교(University of New Jersey)의 총장으로 세상을 떠났다.

조나단은 청교도였지만, 모순적이게도 복음적인 칼빈주의자였다. 그는 오직 하나님만이 구원받은 자들을 택하실 수 있다고 믿었지만, 거의 역설적이게도 하나님과의 개인적인 자신의 운명을 추구하는 것 역시 각자의 책임이라고 믿기도 했다. 조나단 에드워즈는 철저한 신앙의 중요성과 자기 훈련 및 비판적 사고 사이에 균형을 이룬 훌륭한 인물이다. 그는 자기의 신앙에 대한 이유나 질문에 대해 묻고, 그것에 대한 답을 찾을 때까지 힘을 다해 그것을 추구하는 것을 전혀 두려워하지 않았다.

조나단 에드워즈는 54년이란 짧은 생애 기간 동안 대각성운동을 통해 자신이 직접 목격한 하나님이 행하신 놀라운 표적과 기적의 역사를 기록으로 남겼다. 그는 지엽적인 것들에 대해서는 생략한 채 종교를 머리보다 가슴에서 나오는 것으로 만들어야 할 필요성에 대해 다루었다. 그는 하나님의 사랑에 의해 정의되는 그분의 성품과 관련하여 많이 설교했지만, 그의 가장 유명한 설교는 '분노하시는 하나님의 손안에 있는 죄인'이란 설교처럼 회개를 촉구하는 지옥 형벌에 관한 것이었다. 그는 잃어버린 자들에 대한 긍휼과 염려로 가득한 마음으로부터 나오는 하나님의 진노의 준엄성에 대해 설교했다. 그는 지옥보다 천국에 대해 많은 것을 알고 있었지만, 청중들에게는 그들로 하여금 어떻게든 지옥을 피하게 하려는 목적에서 기꺼이 지옥에 대한 여행을 안내해 주었다.

조나단과 그의 아내 사라는 미국 역사상 가장 훌륭한 부모에 속하는 사람들이다. 1900년까지 그들의 열 한 자녀에게서 나온 후손 중에는 11명의 대학 총장과 65명의 교수, 100명의 변호사(유수의 법학전문대학원 학장을 포함하여),

135명의 논설위원, 1명의 출판인 그리고 100명이 넘는 해외선교사가 있다. 그들 가운데는 작가인 오 헨리(O. Henry)와 출판사 경영자인 프랑크 넬슨 더블데이(Frank Nelson Doubleday) 그리고 작가인 로버트 로웰(Robert Lowell)이 있다. 이들의 후손 가운데 80명이 공직에 있었는데 그중에는 3명의 미국 상원의원과 3명의 대도시 시장, 3명의 주지사 그리고 미국의 부통령을 지낸 에런 버르(Aaron Burr Jr.)가 있다. 그 외에 대통령 부인이 된 에디스 루스벨트(Edith Roosevelt, 데오도르 루스벨트의 두 번째 아내)과 미국 재무부 차관인 로버트 워커 테일러(Robert Walker Taylor)가 있다.[1] 에드워즈의 후손이 자자손손 누린 유산은 예수 그리스도를 신실하게 따르는 자의 영향이 역사 속에서 어떻게 전달된다는 것을 잘 반영해 준다.

그러나 조나단 에드워즈가 남긴 유산에 대해서만 중점적으로 다루다 보면 오늘날의 기독교에 미친 그의 중요성을 놓칠 수가 있다. 그는 '스스로 계신 자'인 위대한 하나님과 교제를 나누는 아브라함이 누린 상급을 받고자 사상과 감정 그리고 빠른 변화의 조류에 대해 기꺼이 고민한 사람이었다. 무엇보다도 조나단 에드워즈는 하나님에 대해 아는 것을 추구한 사람이었으며 그러한 추구는 그가 원하는 것을 모두 충족시켜 주었다.

식민지에서의 시작들

조나단 에드워즈는 1703년 10월 5일, 코네티컷 주(Connecticut)의 이스트 윈즈(East Windsor)에서 청교도 신앙을 가진 부모인 티모시 에드워즈(Timothy Edwards)와 에스더 스토다드 에드워즈(Esther Stoddard Edwards)의 아들로 태어났다. 에드워즈는 그들의 열한 자녀 가운데 외아들이었다. 에스더에게는 조나단을 낳기 전에 4명의 딸이 있었으며 그 후 6명을 더 나았다. 청교도들은

---

1. A. E. Winship, *Jukes-Edwards: A Study in Education and Heredity*, Project Gutenburg, http://www.gutenburg.org/files/15623/15623-h/15623-h.htm.

그들이 최고의 가치로 여긴 성경의 확신에 따라 종교적으로 마음껏 살 수 있는 국가에 대한 커다란 소망을 품고 신세계에 왔지만, 풍족한 삶으로 인해 많은 사람의 신앙이 병드는 데는 오랜 시간이 걸리지 않았다.

그러나 떠나지 않는 미래의 죽음에 대한 생각은 물질주의의 유혹을 약화시켰다. 도처에는 생명을 위협하는 무서운 것들이 널려 있었으며, 사랑하는 가족이 유행병이나 사고, 혹은 인디언의 잔인한 공격에 의해 목숨을 잃는 것은 결코 보기 드문 일이 아니었다. 조나단이 태어나기 불과 1세기도 되기 전에 플리머스(Plymouth)에 도착한 청교도 가운데 거의 50퍼센트가 첫 번째 겨울에 죽었다. 인디언의 공격 위협으로 노샘프턴(Northampton)과 디필드(Deerfield, 오늘날의 메사추세츠 주에 위치) 사이의 거주지는 오늘날 관광객들이 방문하는 식민지 시대의 기이한 마을의 모습을 재현해 놓은 것과는 달리 마치 군사적인 전초 기지처럼 보였다.

우리는 여기에서 조나단이 평생 동안 자신에 대해 영국 국민이라는 의식을 간직하고 살았다는 것을 기억하지 않으면 안 된다. 그는 미국의 독립전쟁 전에 죽었으며, 미국에서의 땅에 대한 통치권을 놓고 영국이 프랑스와 스페인을 상대로 싸운 앤 여왕 전쟁(Queen Anne's War, 유럽에서는 '스페인 왕위계승전쟁'이라 불림)이 치열하게 진행되고 있을 때 태어났다.

전쟁이 플로리다 주(Florida)의 세인트 어거스틴(St. Augustine)에서 시작됐을 때, 프랑스 소유의 영토는 캐나다의 뉴잉글랜드 북쪽에 인접했다. 프랑스와 스페인을 상대로 한 전쟁이 영국 정부 내의 변화를 의미하지는 않았다. 그것은 대부분의 청교도들이 반기독교적인 종교로 간주한 로마 가톨릭에 지배권이 넘어갈 가능성을 의미했다.

그뿐 아니라, 프랑스계 캐나다인 이웃들은 인디언들과 영국의 식민지인들이 가졌던 것보다 훨씬 강한 유대 관계를 유지하고 있었으며, 따라서 유럽 전쟁이 프랑스와 인디언 그리고 영국의 식민지인들 사이의 싸움으로 확전될 수 있었다. 기독교의 한 분파로 미국에 가톨릭교를 전한 프랑스의 예수회는 아메리카 인디언에게 문화적 측면에서의 변화를 많이 요구했다. 정기적으로 성례전에 참여함과 거듭남은 전혀 별개였다. 이러한 요구는 프랑스인과 인디언 사이에 또 하나의 충실한 유대 관계를 만들었으며, 따라서 인디언들이 영국인 주민과 그들의 프로테스탄트 종교에 대한 프랑스인들의 경멸에 곧 합류하게 되었다.

조나단이 태어난 주간에 인디언들은 디필드(이스트 윈즈서 북쪽 약 50마일 떨어진 곳에 위치함)에서 두 사람의 남자를 습격하여 그들을 포로로 잡아 북쪽으로 데려갔다. 존 윌리엄스(John Williams, 디필드의 목사이자 조나단의 삼촌)는 포로로 잡혀가는 것을 간신히 면했다. 그런데 1704년 2월 29일, 디필드의 마을 전체가 약 200명의 아메리카 인디언 전사와 소규모 프랑스인 분견대의 공격을 받았다. 디필드 대량 학살(Deerfield Massacre)은 약 300명의 그곳 주민 가운데 56명이 살해된 끔찍한 사건이었다. 그리고 100명은 캐나다로 압송되었다. 조나단의 삼촌 가운데 다른 사람인 존 스토다드(John Stoddard)는 사력을 다해 간신히 도망쳤다. 잠옷만을 걸친 채 코트를 집어 들고 달아난 그는 코트의 천을 잘라 자기의 두 발을 감싸고는 60센티미터나 쌓인 눈길을 어렵게 16킬로미터를 걸어가 도움을 청했다. 그러나 도움이 너무 늦었다. 조나단의 삼촌과 숙모인 존(John)과 유니스 윌리암스(Eunice William)는 각자 6주와 6살 된 그들의 두 아이가 자신들 앞에서 살해되는 것을 지켜봐야 했다. 그리고 나머지 가족은 다른 사람들과 함께 인디언들에 의해 북쪽의 캐나다로 끌려갔다. 불과 얼마 전 아이를 낳아 아직 기력이 쇠약한 유니스는 냇가에서 쓰러진 채 현장에서 둔부에 도끼를 맞아 죽었다.

1년 후, 윌리엄스와 그녀의 네 자녀는 고향으로 돌아왔으며 그때 주민 가운데 60명은 몸값을 지불하고 석방되었다. 그와 처남 매부 지간인 존 스토다드는 1713년 종전되었을 때 나머지 모든 포로의 귀환을 위해 캐나다에 특사 역할을 했다. 윌리엄스의 딸 가운데 하나로 어머니의 이름을 따서 지은 유니스와 그녀의 남편 그리고 그의 다른 자녀들은 몸값을 치르고 석방되지 못했다. 1713년, 그녀는 모호크족의 남자와 결혼하여 캐나다에 계속 머물렀다. 훗날 윌리엄스는 베스트셀러가 된 『구출된 시온의 포로』(*The Redeemed Captive* of Zion)란 책에서 그때의 고된 시련에 대해 기술했다.[2]

청교도적 사고를 가진 사람들은 그러한 재앙을 단지 하나님의 새로운 언약 백성에 대한 시대적 표증으로 해석했으며 그들은 자기들이 바로 그러한 자들이라고 믿었다. 청교도들은 이스라엘 민족처럼 그들이 하나님께 대한 자신들의 순종 혹은 불순종의 여부에 따라 복을 받거나 형벌을 받게 된다고 믿었다. 그들은 디필드 대학살 사건과 납치가 자기들에게 바벨론 포로와 같은 것이라면 귀환은 느헤미야의 예루살렘 재건으로 보았다. 죽음과 고난의 위협에 항상 노출되어 있던 청교도들은 자기들의 생존에 대한 소망을 최대한 유지하기 위해서는 하나님께 더욱 가까이 매달려야 한다고 믿었다. 조나단은 그가 젊었을 때 가족의 보호를 위해 하나님께 애원하도록 하루에도 몇 번씩 기도하도록 부름받은 것을 기억했다.

비범한 유산

조나단의 가계도(특히 친가 쪽)는 그 시대의 2가지 극단적인 정체성을 보여준다. 그것은 청교도와 개척자의 모습이다. 전자는 청교도의 완벽주의적인 개념과 일치하는 것으로 모든 사람에게 본을 보였다. 후자는 부도덕하고, 죄악의 삶이라고 표현하는 것이 가장 적절한 묘사일 만큼 어떠한 희생을 치르고라도 피해야 하는 삶이다.

조나단의 친할아버지인 리처드(Richard)는 성공한 상인으로 엘리자베스(Elizabeth)란 신부와 결혼 후 불과 3개월 만에 그녀가 다른 남자와의 사이에 임신한 사실을 발견했다. 그 당시 이혼한 사실에 대해 전혀 듣지 못한 리처드 에드워즈는 아이를 엘리자베스의 부모가 키우기로 합의했다. 거기에다 엘리자베스가 당시로서는 치료가 불가능한 정신병 환자로 판명되었을 때 더욱 심

---

2. George M. Marsden, *Jonathan Edwards: A Life* (New Haven, CT: Yale University Press, 2003), 15-17.

한 추문과 수모가 뒤따랐다. 그 병은 그녀의 다른 가족들에게도 영향을 주었던 것으로 보인다. 그녀의 자매 가운데 하나는 자신의 자식을 죽였다. 그리고 또 한 사람은 오빠의 도끼에 맞아 살해되었다.

티모시 에드워즈는 리처드와 엘리자베스의 여섯 자녀 중 맏아들이었다. 그가 어머니의 충동적인 행동에 크게 영향을 받았을 것이라는 데는 의심의 여지가 없었다. 그녀는 가족을 버리고 나갔다가 곧 돌아온 것이 한두 번이 아니었다. 엘리자베스의 돌발적이고 격한 행동과 포악한 위협-한번은 리처드에게 그가 자고 있을 때 그의 혀를 자르겠다고 협박한 적이 있을 만큼- 이 반복되자 마침내 리처드는 관계 기관에 호소하고, 엘리자베스와의 이혼을 청구했다. 그의 요구가 처음에는 거절됐지만, 몇 년 동안 불안한 상황이 지속되자 그는 다시 호소하여 이혼 허락을 받아냈다.

리처드의 이혼은 합법적이었지만, 그의 아들 티모시는 이혼의 합법성 여부와 무관하게 이를 거절한 청교도 단체에 대가를 지불하여야 했다. 티모시는 알 수 없는 이유로 그가 사역을 위해 준비하고 있던 하버드 대학으로부터 퇴학을 당했다. "우리는 아는 것은 하버드 대학교 성적표의 '엄벌'란에 있는 그의 이름 옆에 '불길한'이란 글자가 기록되어 있었다는 것이 전부다. 어떤 사람들은 그것이 그의 아버지가 이혼을 청구한 것과 관련이 있다고 믿고 있다."[3] 티모시는 청교도적인 가치관과 에드워즈 가문의 내력(來歷)인 인내심을 갖고 개인 교사의 지도 아래 자기의 목회 수업을 계속해 나아갔다. 하버드 대학교 측에서는 훗날 그의 학업 성취를 인정하여 그에게 학위를 수여했다.

티모시의 아내 에스더 스토다드 에드워즈(Esther Stoddard Edwards)는 유명한 청교도 목사로 많은 사람으로부터 '코네티컷 강 골짜기의 교황'(Pope of the Connecticut River Valley)이라 불릴 만큼 존경받은 훌륭한 솔로몬 스토다드(Solomon Stoddard)의 가정에서 자랐다. 에스더는 뉴잉글랜드의 가장 유력한 사람들에게 그렇게 존경받는 목회자의 딸로 통했으며, 그 당시의 여성으로는

---

3. Marsden, *Jonathan Edwards: A Life*, 23.

최고의 교육을 받을 수 있는 특혜가 주어졌다. 조나단 에드워즈가 당대의 가장 훌륭한 지식인 가운데 한 사람이 되기까지의 과정에는 자신의 젊은 남편으로 하여금 지식에 대해 강한 욕망을 갖도록 동기를 부여한 그녀의 책과 배움에 대한 사랑이 중요한 역할을 했을 것이다.

하나님의 사용하심

그 당시 개교회의 목사는 종종 지역 학교의 교장으로도 봉사한 경우가 있는데 티모시 에드워즈도 예외가 아니었다. 아버지를 자신의 목회자와 스승으로 모신 것은 젊은 조나단으로 하여금 하나님을 향해 마음을 갖게 하는데 중요한 역할을 했을 것이다. 에드워즈는 초기 가정에서 교육받을 때 헬라어와 히브리어, 라틴어를 배웠다. 그는 또 자신의 일기장에 어린 소년 시절 종종 집 주위의 들판을 돌아다니며 자기 주변에 있는 모든 것들에서 하나님의 위엄을 느꼈다는 것을 묘사하였다. 조나단은 항상 책을 읽는 독서광이었지만, 모든 시간을 실내에서 공부하는 데만 보내지는 않았다.

조나단은 어린 나이에 이미 하나님께서 자기의 일생을 바치도록 부르시는 것을 느꼈을 것임이 틀림없다. 그는 자기의 일기장에 자기 또래의 다른 소년들에게 종종 하나님에 대해 이야기했으며, 그들과 함께 숲속에 장소를 만들어 놓고 그곳에서 기도했다고 기록하고 있다.

그리고 몇 달 동안 다른 소년들과 함께 하나님을 만나기 위해 하루에 다섯 번씩이나 자주 그곳에 갔다는 것을 기록하고 있다. 우리는 그의 회고록에서 아쉬움이 표현되어 있는 것을 느낄 수 있다. "마침내, 9살짜리의 어린 소년은 '모든 사랑과 기쁨을 완전히 상실하고'는 '개처럼 자기가 토해 놓은 것으로 돌아가 죄악의 길을 걸어갔다.'"[4]

---

4. Marsden, *Jonathan Edwards: A Life*, 26.

조나단은 13살 때 예일 대학교의 전신인 코네티컷 칼리지스쿨(Collegiate School of Connecticut)에 등록하여 지식을 계속 탐구했다. 조나단은 목회사역을 위해 공부하면서 특히 목회에 관한 책뿐만 아니라 여러 다양한 분야에 걸친 서적을 읽는 등 그 지역에서 가장 큰 도서관에 있는 도서를 닥치는 대로 섭렵했다. 1720년, 그는 자기 학급에서 수석으로 졸업했지만, 석사 학위를 받기 위해 2년을 더 머물렀다.

조나단이 그의 일기에 쓴 기록에 의하면, 그는 16살 때 죽을 고비를 넘겼으며 예일 대학교 4학년 때까지 하나님에 대한 지식의 추구를 잠시 멀리한 것으로 보인다. 그는 늑막염으로 심히 고생했는데[5] 그때 자신이 영원한 세상을 위해 제대로 준비하지 못한 상태에서 죽는 것이 아닐까 두려워했다. 그는 이처럼 두려운 감정을 '지옥의 구덩이 위에서 흔들리는 것'[6]으로 묘사했는바, 이러한 비유적 표현은 그의 유명한 설교들에서 반복적으로 언급되었다. 비록 조나단이 이 기간 동안 자기가 새로운 방법으로 하나님께 자신을 헌신했다는 것을 기록하고 있지만, 마침내 병에서 회복됐을 때 그는 '다시 옛날의 죄악 습관에 빠져' '크고 강포한 영적 싸움을 계속해야 했다.'[7]

이와 같은 하나님과의 온냉 경험은 조나단의 성장기 동안 계속되었다. 우리는 조나단이 아버지에게서 배운 것들에 대해 마음으로부터 쉽게 수용되지 않는 것들이 얼마나 많았을 것이라는 사실을 충분히 이해할 수 있다. 티모시 에드워즈는 회심에 이르는 데는 다음과 같은 3가지의 특별한 단계가 있다고 보았다: (1) 하나님에 대한 내적 확신 내지는 인식, (2) 자신의 무가치성과 하나님으로부터의 분리에 대한 의식, (3) 회개와 하

> 하나님과의 온냉 경험은 조나단의 성장기 동안 계속되었다.

---

5. 중증 호흡기 질환
6. Marsden, *Jonathan Edwards: A Life*, 36.
7. Ibid.

나님이 허락하실 경우(정통 칼빈주의자들이 믿는)의 궁극적 구원.[8] 티모시 에드워즈에게는 하나님이 실제 인간에게 구원을 허락하셨다는 사실에 대한 강한 확신이 필요했다. 조나단은 그의 누나에게 자기 아버지가 회중들에게 이러한 단계에 대해 설교했을 때 아버지가 섬기는 교회의 수백 명의 교인들이 그들의 마음 가운데 임한 성령의 역사에 반하여 하나님과의 더욱 가까운 관계를 추구했다는 내용의 편지를 썼다. 30명의 교인들은 티모시에게 자기들의 체험에 대한 진위성 여부를 확인해 줄 것을 부탁했는데 그들 중 13명만을 참된 것으로 인정하여 그들의 교회 정회원 가입을 허락했다.

 이러한 방법을 통해 사람의 회심을 검증하는 방법을 받아들인다는 것이 에드워즈에게는 결코 쉬운 일이 아니었다. 그는 외할아버지로부터 이렇게 회심한 사람들 가운데 십중팔구는 자기의 경험이 사실이라는 것을 분명히 알게 될 것이라고 말하는 것을 들은 적이 있다. 조나단은 불확실한 갈등 속에 경험을 했기 때문에 하나님께서 과연 자기에게 구원을 허락하셨는지에 대해 의심했을 것이다. 그렇다 할지라도, 그는 마음을 다해 성경에 기록되어 있는 하나님에 대해 알 뿐만 아니라, 개인적으로 그분을 마음 가운데 할 수 있는 만큼 체험해 보기로 굳게 결단했다. 다른 어떤 것으로도 직접 경험하는 것을 대신할 수 없었다. 누군가가 그에 대해, "그에게는 중간 기어가 없다."[9]고 말한 것처럼 말이다.

 마침내 1721년, 평상시와 같이 공부하고 있을 때, 다음의 성경 말씀이 그의 이성적인 마음에 강하게 진리로 다가왔다. "영원하신 왕 곧 썩지 아니하고 보이지 아니하고 홀로 하나이신 하나님께 존귀와 영광이 영원무궁하도록 있을지어다 아멘"(딤전 1:17). 조나단은 그때의 상황을 이렇게 묘사했다.

  나의 영혼 가운데 하나님의 영광이 임재하여 그것을 통해 발산하는 것
  같은 기분이 느껴졌다. 그것은 내가 전에 경험했던 모든 것과는 전혀 다른

---

8. Ibid., 33.
9. Ibid., 39.

새로운 느낌이었다…. 나는 혼자 이렇게 생각했다. '하나님은 정말 위대한 분이시구나! 만약에 내가 그분을 나의 하나님으로 삼고, 천국에 계신 하나님께 들림 받는다면, 다시 말해, 그분과 하나가 된다면 얼마나 행복할까!' 하고 말이다.[10]

이때부터 조나단은, "네가 하나님에 대해 이성적으로 많이 알수록, 성령께서 네 마음 가운데 들어오시므로 하나님에 관한 것들의 위대성을 눈으로 보고 아름다운 것들을 맛볼 수 있는 기회가 더욱 많아질 것"[11]이라고 믿으며 모든 관점에서 하나님과 그분의 말씀을 이해하기로 결심했다. 조나단은 자기를 둘러싸고 있는 주위의 어두운 것들에도 불구하고, 하나님의 '위대하신 것' 뿐만 아니라 그분의 능력과 지혜에 대해서도 알기를 원했다. 그는 또 다른 사람들에게도 그것들에 대해 알 수 있도록 도울 것을 굳게 결심했다.

하나님은 조나단에게 진리를 탐구하기 위해서 필요한 능력을 주셨다. 그는 세상의 가시적인 것들을 보이지 않는 세계인 하늘나라의 진리를 이해하는 수단으로 사용했다. 이러한 갈급함에 대한 증거는 그의 어린 나이 때 시작되어 평생 동안 계속되었다.

위대한 해석가

조나단 에드워즈는 많은 교육을 받은 사람임이 분명하지만, 그가 하나님에 대해 배운 것들 가운데 많은 부분은 관찰과 그것에 대한 자기 생각의 기록, 자신의 기록들에 대한 주의 깊은 해석, 마지막으로 결과와 결론에 대해 글과

---

10. Ibid., 41.
11. Jonathan Edwards, "The Importance and Advantage of a Thorough Knowledge of Divine Truth"(sermon), Christian Classics Ethereal Library, http://www.ccel.org/ccel/edwards/sermons.divineTruth.html.

말을 통해 다른 사람들과 나누는 것을 포함하는 자신의 철저한 연구 과정을 통해 얻었다.

조나단은 자신의 전 생애를 철저한 훈련과 함께 하나님의 진리를 탐구하는데 바쳤다. 그는 항상 아침 일찍 잠자리에서 일어났으며, 일기장에 다음과 같은 말을 쓰는 습관을 가지고 있었다. "나는 그리스도께서 매우 이른 아침에 무덤에서 부활하시므로 우리에게 아침에 일찍 일어날 것을 권하셨다고 생각한다."[12] 그는 또 이렇게 결심했다. "시간을 단 1분도 낭비하지 않고 그것을 가장 유익한 방법으로 사용하며,"[13] "세상에 사는 동안 최선을 다한다."[14] 조나단에게 있어 이것은 그가 하나님의 영광을 위해, 인간의 삶 가운데 하나님의 영광이 드러나게 하고자 온갖 수단을 아끼지 않은 뜨거운 지적 노력을 의미했다.

조나단은 자기가 접하는 모든 것들을 관찰했지만, 그중에서도 자연과 성경, 학자들의 저서 그리고 자기 주변 사람들의 삶에 특별히 주의를 기울였다. 조나단이 숲 속을 거닐며 자연의 세계를 관찰하고, 하나님과 대화할 때 그의 마음에는 많은 질문이 떠올랐다. 어린 시절 거미줄이 어떻게 만들어지는지에 대해 궁금하게 여긴 그는 거미에 푹 빠졌다. 무지개에 대해 굉장한 호기심을 갖고 있던 그는 물을 한 모금 마셨다가 뿜어내 무지개를 만든 후 작은 물방울에 의해 빛이 분산되면서 태양이 작은 무지개를 만들어 내는 것을 관찰했다.[15]

많은 사람들은 조나단이 종교에 대해 연구하지 않았다면, 그가 벤자민 프랭클린과 같은 과학자가 되었을 것이라고 말했다. 하지만 그는 하나님의 말

---

12. John Piper, "The Pastor as Theologian: Life and Ministry of Jonathan Edwards." (The Bethlehem Conference for Pastors, April 15, 1988), *Desiring God*, http://www.desiringgod.org/ResourceLibrary/ConferenceMessages/ByConference/16/1458_The_Pastor_as_Theologian.
13. Ibid.
14. Ibid.
15. Norma Jean Lutz., *Jonathan Edwards: Colonial Religious Leader* (Philadelphia: Chelsea House Publishers, 2000), 13-14.

씀을 연구하는데 몰두했으며, 질문이 있을 때는 절대 그대로 넘어가지 않았다. 그는 자신의 일기 가운데 이렇게 썼다.

> 나는 한 문장 속에 포함되어 있는 경이로운 것들을 보기 위해… 그 문장에 오랫동안 머문 채 책을 읽지 못할 만큼 종종 모든 문장을 통해 밝혀지고 있는 매우 많은 빛과 신선하고, 매혹적인 음식이 공급되는 것을 보는 느낌을 받았다. 그러나 거의 모든 문장이 경이로운 것들로 가득 차 보였다.[16]

조나단은 진리 탐구를 위해 아이작 뉴톤과 존 로크 같은 사람들의 책을 읽었다. 굉장히 축복받은 사람이라고 해야 집에 성경책 한 권 정도 보유할 정도로 책이 아주 귀했던 시대에 그는 개인 도서관이라 해도 과언이 아닌 300권이 넘는 책을 소장하고 있었다. 그러나 조나단이 책 읽는 것에 자신을 바친 것은 단순히 독서를 위해서가 아니었다. 존 파이퍼(John Piper)는 다음과 같이 말했다.

> 에드워즈는 맹목적인 독서가가 아니었다. 그는 문제 해결을 위한 목적을 갖고 책을 읽었다. 대부분의 우리는 뚜렷한 목적 없이 독서하는 경향이 있다. 우리는 책을 읽으면서도 질문을 하지 않는다…. 우리는 사상을 탐구하거나 어휘의 의미에 대해 깊이 생각하지 않는다. 우리는 문제를 만나면 전문가에 맡기고 해결책을 찾기 위해 씨름하는 일이 거의 없는데 에드워즈는 시간만 주어진다면 스스로 해답을 찾고자 몰두했다고 한다.[17]

조나단이 추구한 완성도와 그에 대한 평가 결과 사이에 나타나는 차이를 알아보기 위해 그의 삶에 대해 검증을 실시한 적이 있다. 그는 자기를 미혹할

---

16. Ibid., 23.
17. Piper, "Pastor as Theologian."

만한 것들(특히 영적인 것들로부터)을 매우 경계했다. 그는 자신의 행동에서 자기가 원하지 않은 것들을 관찰할 때마다 자기에게 변화가 필요한 것은 무엇인지와 그것을 어떻게 실천할 것인지를 기록한 계획표를 작성했다. 그는 목표 의식을 갖고 자기의 생각을 분명히 한 다음 그것들을 실천하기 위한 목표와 계획을 세웠다.

이러한 유형의 해결 방법을 작성하는 것은 청교도들이 일반적으로 행하던 것으로 조나단에게 실제 커다란 도움이 되었을 것이다. 그의 개인적인 목록이 완성되었을 때, 거기에는 어떤 것도 보복심으로 행하지 않고, 항상 철저한 음식 습관을 유지하며, 무엇을 할 때는 그것이 마치 자기 인생의 마지막 시간이라고 생각하는 마음으로만 한다는 것을 포함하여 70개의 해결 방법으로 구성되어 있었다. 그가 스스로 약속한 가장 주목할 만한 결심 가운데 하나는 그중 11번째로 다음과 같은 것이다. "나는 하나님에 대해 풀어야 할 궁금한 것이 나타나면, 환경적으로 방해받지 않는 한, 그것의 해결을 위해 할 수 있는 것을 즉각 행한다."[18] 이러한 결단은 오늘날 모든 교회와 사역의 사명 선언문으로 활용될 수가 있다.

종교심리학자

조나단 에드워즈는 자신이 본 것을 관찰했을 뿐 아니라 이를 상세히 기록하였다. 예컨대, 그가 깊은 호기심을 가진 거미는 종류별로 매우 자세하게 분류하고 설명했다. 거미가 줄을 치는 것에 대한 조나단의 자세한 이야기는 지금까지 남아 있다. 목사였던 그는 숲에서 말을 탈 때 시침핀과 함께 펜, 잉크 그리고 몇 장의 종이를 휴대했다고 한다. 승마를 하는 것은 그에게 하나님에 대해 생각하고, 그분과 대화하는 중요한 시간이었다. 그러면서 자기에게 생

---

18. Jonathan Edwards, "The Resolution of Jonathan Edwards," Bible Bulletin Board, http://www.biblebb.com/files/edwards/resolutions.htm.

각나는 아이디어를 종이에 기록하여 그것을 손서대로 코트에 핀으로 꽂았다. 조나단이 귀가하면 그의 아내는 생각을 기록한 이러한 체커판에서 핀을 조심스럽게 빼어내 그것을 주의해서 순서대로 보관했다.

한번은 조나단이 메모할 것을 기록하기 위해 자신의 성경책 가운데 한 권을 매우 조심스럽게 뜯어낸 후 페이지 사이에 빈 종이를 한 장 꿰매어 넣었다. 아래의 글은 그가 이렇게 한 이유를 보여 주는 또 하나의 결단이 될 것이다.

> 28. 나는 자신이 성경의 지식 안에서 성장하고 있다는 사실을 발견하고 분명히 인식하기 위해 그것을 꾸준히 쉬지 않고 자주 공부할 것을.... 다짐한다.[19]

쉬지 않고 깊이 성경을 공부하는 것은 조나단이 사도 베드로가 그의 두 번째 편지에서 쓴 권면대로 성장하는 가장 확실한 방법이었다. "오직 우리 주 곧 구주 예수 그리스도의 은혜와 그를 아는 지식에서 자라 가라."(벧후 3:18).

조나단은 자신의 삶에서 확인된 차이점들을 관찰하고 그것들의 해결을 위한 방안을 세울 뿐 아니라 자기의 과정에 대해서도 상세히 기록했다. 그리고는 매월 말 그것들을 점수로 평가했다.

목회자의 입장에서 조나단은 자기 아버지가 하는 것을 본받아 훗날 자기 교구의 신자들에서 일어난 영적 체험들에 대한 증거들을 가능한 한 빠뜨리지 않고 기록으로 남겼다. 대각성운동 기간에 일어난 사람들의 감정적이고 신체적인 반응- 울고 까무러치거나 웃고 크게 소리를 지르는 것과 같은-에 대한 그의 관찰과 목격은 장차 그가 '종교심리학자'가 되는 계기가 되었다.

세레노 드와이트(Sereno Dwight)에 의하면 조나단은 자기가 눈여겨 본 것을 관찰하고 기록한 후에는, "다음에 사용하기 위해 그것들을 합당한 제목으로 정리하는 지속적이고 강한 연습을 통해 사고력과 추리력을 정기적으로 강화

---

19. Ibid.

시켰는데, 무엇보다도 자신을 점차 사고적 존재로 만들어 가기 위해 그렇게 했다."[20]

초콜릿광

자기가 관찰하는 것들이 내포하는 의미에 대해 생각하는 별도의 시간을 갖기로 다짐한 조나단은 저녁 식사를 하는 것이 사고의 연속성에 방해가 될 가능성이 있다고 판단되면 식사를 거를 만큼 의지가 대단했다. 그는 자신의 삶 가운데 모든 것들에 그렇게 한 것처럼 자기의 정신노동을 위해서도 가장 좋은 식사가 어떤 것인지를 세심하게 관찰하고 분석했다.

그의 절제된 식습관 때문에 조나단이 깡마르고 자주 아팠다고 말한 사람들이 있지만, 조나단은 자신의 식단에 대단히 세심한 주의를 기울였음이 분명하다. 그는 이렇게 기술하였다.

> 나는 소화가 쉽고 잘 되는 것을 먹고 마시되 가능한 한 절제하므로 맑게 생각하고 시간을 절약할 수 있다. 1. 실제 활용 가능한 시간을 늘리므로, 2. 식사 후 소화를 위해서 필요한 시간을 절약하고, 3. 건강을 해치지 않으면서 연구에 더 몰두하며, 4. 수면 시간을 줄이고, 5. 두통에 자주 시달리지 않게 된다.[21]

조나단의 이처럼 절제된 생활 방식에도 불구하고 나태한 면이 전혀 없지 않았다는 것을 보여 주는 한 가지의 암시가 있다. 그는 아침 식사 때 녹여서

---

20. Piper, "Pastor as Theologian." Sereno E. Dwight, *The Life and Works of Jonathan Edwards*.

21. Jonathan Edwards, A Treatise Concerning Religious Affections, in Three Parts (Philadelphia: James Crissy, 1821), xxi, http://books.google.com/books?id=GC0LAAAAYAAJ&pg=PR21&lpg=PR21.

음식료로 마실 수 있게 '케이크' 모양으로 나오는 초콜릿을 좋아했다. 그런데 조나단이 보스턴에 사람을 보내 초콜릿을 구해 오도록 했다는 내용의 편지가 한 통 있다.[22] "그가 자신의 엄격한 영적 절제로부터 조금도 벗어난 적이 없지만, 훗날 성숙된 눈으로 초기의 이 시절을 돌이켜 보고 그때를 가리켜 '아직도 나의 육적인 것에 크게 매달려 있었으며, 그것이 내게 커다란 해가 되었음이 입증됐다.'고 선포했다."[23]

조나단이 자신의 중요한 연구 대상으로 삼은 창조 세계 역시 그에게 하나님이 세상을 제일 먼저 창조하신 이유와 같은 것들에 비해 보다 커다란 질문과 싸우게 했다. 피조물을 통해 하나님은 어떤 만족을 누리실 수 있었을까? 조나단은 자기의 생각을 분석해 놓은 글에서 하나님이 창조 활동을 통해 얻으실 수 있는 것은 아무것도 없다고 결론을 내렸다.

완전한 행복의 주체이신 하나님께는 그것에 더해야 할 것이 아무것도 없다. 그러나 하나님은 당신의 그렇게 완전히 아름다운 영광을 보고 즐길 수 있는 피조물을 원하셨다. 조나단은 하나님이 창조하신 모든 피조물의 유일한 목적은 하나님의 지성을 사랑하고 찬양하는 것이라고 했다.

자연의 세계는 조나단에게 영적 교훈을 깨달을 수 있는 온갖 종류의 기회를 제공해 주었다. 예를 들어, 한 번은 고양이가 쥐를 조롱하는 것을 보고 그는 마귀가 동일하게 악한 사람에게 행할 것임을 떠오르게 한다고 말했다. 회심하기 전에는 그가 심한 뇌우(雷雨)에도 놀랐지만, 그 후로는 그것을 전혀 다르게 해석했다. 그는 이렇게 기술했다.

> 전에는 내가 천둥을 굉장히 무서워했지만…. 지금은 반대로 그것이 재미있다. 다시 말해, 나는 천둥과 폭풍이 처음 나타났을 때 하나님의 임재를 느꼈다. 그리고 그때마다 그것을 기회로 삼아…. 번개가 장난치는 것을

---

22. Steven Gertz and Chris Armstrong, "Did You Know?: Interesting and unusual facts about Jonathan Edwards," *Christian History* 22, no. 1 [77] (2003), http://www.ctlibrary.com/6341.
23. Marsden, *Jonathan Edwards: A Life*, 53.

보았으며 천둥소리와 같은 하나님의 준엄하고, 두려운 음성을 들었다.[24]

조나단은 우주가 일정한 법칙 - 그 가운데 일부는 수학적으로 얼마든지 설명이 가능한 - 에 의해 움직이고 있다는 아이작 뉴톤의 발견에 흥미를 느껴 그의 작품을 열심히 읽었다.

그는 이러한 발견들을 해석하여 하나님이 질서의 하나님이라는 결론을 내렸다.

문예 작가?

우리에게 다행스럽게도, 조나단 에드워즈는 자신의 해석을 통해 얻은 결론을 책으로 출판하는 데 열심이었다. 놀랄 일은 아니지만, 그에게는 원칙이 있어 다음과 같이 자신을 경고하며 글을 썼다. "공손한 문체를 사용하고, 반대하는 소리를 잠잠하게 하기보다 독자들의 말에 귀를 기울인다."[25] 그는 예술과 과학 그리고 그것들이 하나님 안에서 서로 어떻게 기원을 이루고 있는지에 대해서도 글을 썼다. 조나단은 이것들에 대한 생각을 모아 『참된 미덕의 본질』(*The Nature of True Virtue*)이란 제목의 책을 출판했다. 종교와 과학은 서로가 충돌 관계에 있지 않다는 사실을 발견한 그는 정확한 해석은 둘 사이가 서로 보완 관계를 이룬다는 것을 분명히 보여줄 것이라고 믿었다.

조나단의 예리한 관찰력과 풍부한 사고, 많은 저작물은 또 그의 개인적인 서신으로도 발전한 것으로 보인다. 한번은 조나단이 사역한 드보라(Deborah) 교회의 젊은 여성도가 그에게 자기가 그리스도인으로서 어떻게 처신해야 할 것인지에 대해 물었을 때, 조나단은 그녀에게 14페이지에 이르는 장문의 편지를 써 상세한 조언을 했다. 그는 부드러운 어조로 그녀에게 비록 그녀가 죄

---

24. Lutz, *Jonathan Edwards: Colonial Religious Leader*, 21.
25. Marsden, *Jonathan Edwards: A Life*, 59.

를 범할지라도 예수님의 피는 용서할 수 없는 죄가 없다고 위로해 주었다. 조나단은 또 그녀에게 자부심을 가질 것을 조언하고, 자기 또래의 사람들을 돕는 일을 할 것을 권했다. 이 편지는 후에 『젊은 회심자에게 주는 조언』(Advice to Young Converts)이란 제목의 소책자로 출판되었다.

초기 목회자 시절

조나단은 예일 대학교 졸업 후 성장하고 있던 도시인 뉴욕에서의 목회를 위한 자신의 첫 번째 소명을 수락했다. 비록 교회는 작았지만, 그것은 조나단이 여전히 허드슨 강(Hudson River) 주변의 숲에서 산책을 즐기고 성경을 연구하는 것이 가능하다는 것을 의미했다. 그는 교인들을 사랑했지만, 교회가 충분한 지원을 해주지 못해 재정적으로 시달려야 했다. 따라서 조나단은 코네티컷 주의 고향으로 돌아가야 했다. 아버지는 그에게 코네티컷 주 볼턴(Bolton)에서 목사직을 권했지만 조나단은 그것을 전혀 원하지 않았다. 사역을 쉰지 불과 몇 달 후, 에드워즈는 예일 대학교로부터 교수직을 제의받고 안도했다.

사람들 가운데는 조나단이 예일 대학교에서의 일자리를 수락한 것은 그곳에서 목회하는 사라 피에르폰트(Sarah Pierrepont)의 딸 때문이라고 생각하는 자들이 있었다. 그때 조나단은 20살, 그녀는 만 13살이었지만, 그가 자신의 일기장에 그녀에 대해 아름답고 '위대한 하나님의 사랑을 받는 자'[26]라고 묘사한 것을 보면 그녀에게 빠져 있었다는 것을 알 수 있다.

하지만 그러한 동기가 예일 대학교에서의 환경에 대한 그의 실망감을 이겨내기에는 부족했다. 그는 교수직을 원했지만, 그 자리에 자신을 이끌어 줄 지

---

26. John Nichols, *American Literature: An Historical Sketch*, 1620-1888 (Edinburgh, Scotland: Adam and Charles Black, 1882), 54, http://books.google.com/books?id=GC0LAAAAYAAJ&pg=PR21&lpg=PR21.

도자가 없었던 조나단은 가르치는 일 외에 행정 업무도 병행해 줄 것을 요구 받았다. 조나단이 그렇게도 몹시 갈망하던 직업이 구애받지 않고 자유분방한 젊은이들을 통제하는 임무를 겸해야 하는 것이 자신에게는 맞지 않는 일이라는 것을 깨닫는 데 오랜 시간이 걸리지 않았다. 장차 성직자가 되려고 한 젊은이들은 자기들의 엄격한 교육 환경으로부터 새로 발견한 자유를 누렸을 것이다. 그들은 과음과 종종 난폭한 행동에 빠졌는데 그것은 조나단으로 하여금 짜증스럽고 마음을 상하게 하는 원인이 되었다. 사람들 중에는 조나단의 우울증 원인이 이때 앓은 병에 있을 것이라고 생각하는 자들이 있는가 하면, 그와 정반대로 믿는 사람들도 있다. 여하튼지 간에, 우울증으로 인해 조나단은 4개월 동안을 몸져누웠으며, 그 후로 거의 매년 다른 유형의 합병증을 일으켰다.

 조나단은 그의 조부(祖父)인 솔로몬 스토다드(Solomon Stoddard)로부터 자기가 시무하는 메사추세츠 주의 노스햄턴에 있는 회중교회(Congregational Church)의 부목사로 와달라는 청을 받았을 때 아마 커다란 위로가 되었을 것이다. 이 교회는 보스턴 외곽의 뉴잉글랜드에 있는 교회들 가운데 가장 큰 교회로 이미 80대인 스토다드에게는 조력자가 필요했다. 스토다드는 자기가 살고 있는 마을과 교회뿐 아니라, 그 지역 전체에서 대단히 영향력 있는 인물이었다. 다른 청교도 설교가들과 마찬가지로 그 역시 목회자들을 포함하여 권세 가진 자들을 높이는 것이 잘 되고 형통하는 비결이라고 가르쳤다.

 따라서 스토다드 목사와 불화하는 것은 곧 하나님께 불순종하는 것으로 비춰졌을 것이다. 그는 뉴잉글랜드 사람들이 하나님의 계명을 범하기 때문에 하나님이 그곳을 심판하고 계신 것이라고 선포한 적이 있다. 그것에 대해 스토다드는 자기 교회의 교인들에게 이렇게 묘사했다. "우리는 지금 매우 타락한 시대에 살고 있으며, 많은 사람들은 음주와 복장, 사람들과의 어울림, 쾌락, 무례한 대화 등에 있어 방종적인 자유를 누리고 있다."[27]

---

27. Marsden, *Jonathan Edwards: A Life*, 13.

스토다드는 복음 전도의 목적이 하나님의 분노를 진정시키는 것이며, 그것만이 하나님의 백성이 복 받는 유일한 수단이라고 믿었다. 그는 식민지인들의 인디언 전도의 실패가 형벌을 초래했으며, 인디언들을 향한 식민지인들의 적극적인 조치만이 하나님의 분노를 진정시킬 수 있다고 말했다.

> 조나단의 할아버지는 복음 전도의 목적은 하나님의 분노를 진정시키는 것이라 믿었다.

조나단의 할아버지는 대부분의 것들에 대해 확고한 의견을 갖고 있었다. 그는 남자가 멋으로 가발을 쓰는 것을 경멸적으로 보았다. 그에게는 남자가 가발을 하는 것은 "그들이 자신의 마음 가운데 하나님의 나라에 대한 깊은 관심을 간직하고 있다기보다 여성을 유혹하기 위해 자신을 드러내기 위한 것"[28]으로 보였다.

조나단과 그의 새로운 상급자 사이에는 대부분 교회의 회원권과 성찬식에 관련된 것으로 의견이 일치하지 않는 것들이 있었다. 조나단은 자기 할아버지와 달리 교회 회원권의 부여와 그에 따른 성찬식의 참여에는 회중신앙고백(Congregational statements of faith)에 부합하는 회심에 대한 증거가 있어야 한다고 믿었다. 솔로몬 스토다드는 신앙고백을 하고 그의 삶에 흠 잡을 것이 없는 사람은 누구나 교회 회원이 되어 주의 만찬에 참여할 수 있다고 가르쳤다. 조나단은 자기가 스토다드의 지시 아래 있는 한 그의 말에 따르기로 했다.

결혼식 종

새로운 사역지의 목사로 부임한 조나단은 땅과 집을 마련할 수 있을 만큼의 합당한 사례비를 받게 되었다. 그는 사라에게 정식으로 구혼하였다. 그들

---

28. Ibid., 11.

은 1727년 7월 20일 결혼식을 올렸다. 조나단은 24살, 사라는 17살이었다. 사라는 공단으로 만든 밝은 녹색의 브로케이드 드레스(사랑과 결혼을 축하하는 청교도들의 열정적 표현을 나타낸다.)를 입었다. 이것은 오늘날 크게 오해받고 있는 청교도 문화의 한 단면이기도 하다. 빅토리아 여왕 시대의 많은 사람들이 인간의 몸을 부정적인 시각으로 본 반면 대부분의 청교도들은 하나님이 창조하신 피조물의 경이로움에 대해 오늘날의 시각에서 다소 불편하게 느낄 소지가 있는 방법으로 인식했다. 뉴잉글랜드 사회에 있어 남편과 아내 사이의 로맨틱한 사랑은 매우 명예로운 것으로 간주됐으며, 새로운 가정을 이루는 것은 모든 사람에게 축하의 대상이 되었다.[29]

조나단과 그의 아내는 서로가 잘 맞는 부부로 간주되었다. 사라는 목사관에서 목회자의 아내가 되기 위한 수업을 받으며 자랐다. 영국 출신의 유명한 부흥운동가인 조지 휫필드는 그들의 집을 방문했을, "나는 지금까지 이보다 더 달콤한 부부를 본 적이 없네."[30]라고 말했다. 휫필드는 미혼으로 그들을 처음 만났을 때, 하나님이 자기에게 사라 에드워즈와 같은 반려자를 주실 것을 위해 기도하기 시작했다. 그 당시 설교 실습생이었던 사무엘 홉킨스(Samuel Hopkins)는 다음과 같이 술회했다. "안목이 있는 사람으로 그 가정을 잘 아는 사람이라면 그들 두 사람 사이에 나누는 완벽한 조화와 상호 간의 사랑 그리고 존중을 목격하고는 감탄하지 않을 수 없을 것이다."[31]

조나단은 사라와의 대화는 "자신을 즐겁게 하고," 그녀의 영혼은 자신의 영적 생활에 용기를 주며, 그녀와 함께 있으면 "마음이 평화로웠다."고 말했다. 조나단은 아내의 모든 생각을 매우 존중했으며, 밤마다 함께 경건의 시간을 갖기 전에 아내에게 자기가 하루 동안 쓴 것을 읽어 주고, 그녀의 반응을 귀담아 들었다.

---

29. Elisabeth S. Dodds, *Marriage to a Difficult Man: The "Uncommon Union" of Jonathan and Sarah Edwards* (Philadelphia: The Westminster Press, 1971), 24.
30. Ibid., 26.
31. Ibid.

조나단과 사라 사이에서 11명의 자녀가 태어났다. 사라(Sarah), 제루사(Jerusha), 에스더(Esther), 메리(Mary), 루시(Lucy), 티모시(Timothy), 수잔나(Susannah), 유니스(Eunice), 조나단(Jonathan), 엘리자베스(Elizabeth) 그리고 피에르폰트(Pierrepont). 11명 모두 성인이 될 때까지 살았는데, 그러한 것은 당시의 시대적 상황에서 매우 드문 경우였다. 처음 네 자녀의 출생과 관련하여 노샘프턴 사람들 사이에 오랫동안 전해 내려온 우스갯말이 있었다. 그 당시 저들에게는 한 아이가 그(혹은 그녀)가 임신된 그 주간의 날과 같은 날 태어났는데, 처음의 네 자녀가 모두 일요일 날 출생했다[32]는 민간전승이 있었다.

매일 밤 조나단은 자기의 서재로 돌아가기 전에 1시간을 자녀들과의 대화에 바쳤다. 전해오는 말에 의하면, 그는 엄격하면서도 사랑이 많았다고 한다. 모든 가족은 밤 9시까지 귀가해야 했다. 과년이 된 딸의 구애자는 "자기가 적당하다고 생각하는 휴식과 수면이나 자기 가정의 종교와 규범을 강요해서는 안 되었다."[33]

많은 사람들은 그의 아내와 딸을 포함한 많은 여성들이 조나단에게 준 주목할 만한 영향에 대해 언급했다. 조나단은 그가 매우 가까운 사이를 유지했던 10명의 자매들 외에도 아버지와 어머니로부터의 뜨거운 사랑을 받았다. 그가 여자를 매우 중시한 것은 바로 이러한 환경에서 비롯되었다. 전기 작가인 조지 메르스덴(George Marsden)에 의하면 조나단의 아버지인 티모시 에드워즈가 자신의 아내인 에스더에게 쓴 편지는 그녀와 자식들에 대한 사랑으로 가득했다고 한다. 그리고 티모시는 아내에 대한 그의 사랑은 그녀가 마땅히 받아야 할 '명예와 존중을' 나타낸 '유일의 특별한 것'이라고 설교했다. 그는 "자신의 아내를 당연히 받아야 할 존경심과 함께 사랑의 태도로 대했으며, 그녀에게 고압적이거나 권위주의적으로 행동하지 않았다."[34]

---

32. Gertz and Armstrong, "Did You Know?"
33. Lutz, *Jonathan Edwards: Colonial Religious Leader*, 34.
34. Marsden, *Jonathan Edwards: A Life*, 21에 인용된 Timothy Edwards, sermon on Isaiah 54:5, June 28, 1730.

조나단의 자매들은 독립적인 사고가 가능한 사람들로 자랐다. 그들은 모두 당시의 여성들에게는 오늘날의 대학에 해당하는 여성교양학교를 다녔다. 티모시 에드워즈는 딸들의 지적 및 영적 계발을 위해 힘썼다. 자매 중 하나인 한나는 30대가 될 때까지 결혼을 하지 않았는데, 당시로서는 결코 흔히 선택하는 것이 아니었다. 두 남자가 그녀를 좋아했는데, 그 중 한 사람은 그녀에게 집을 지어 주고, 벽난로 선반에 그녀의 이름 머리글자를 새기는 정성을 보였지만, 그녀는 두 사람의 청혼을 모두 거절하고 제3의 남자와 결혼했다. 이러한 만혼은 다소 가십거리가 되기도 했지만, 한나는 종교와 지식의 추구를 위해라면 여자가 미혼으로 사는 것이 훨씬 유리하다고 말했다.[35]

▲ 조나단 에드워즈가 설교하다

지진 회개

조나단이 노샘프턴에 있는 할아버지가 시무하는 교회의 부목사가 된 이듬해인 1727년 뉴잉글랜드 전역은 대지진을 경험했다. 어떤 전해 오는 말에 의하면, 처음에 하나의 불꽃으로 시작된 지진은 밤새 굉음과 진동이 계속되었

---

35. Heidi Nichols, "Those Exceptional Edwards Women," *Christian History* 22, no. 1 〔77호〕 (2002): 24.

다고 한다. 깜짝 놀라 잠에서 깬 사람들은 심판 날이 임했다고 믿으며 거리로 나왔다. 다음날 아침, 뉴잉글랜드 건너편의 교회들은 회개하는 자들로 가득 찼다. 9일 동안 계속된 여진과 함께 지진은 노샘프턴의 모든 주민들 마음에 엄청난 두려움을 일으키며 그들에게 구원에 대한 확신을 추구하게 했다. 몇 주 동안에 걸쳐 노샘프턴 전역에서는 여러 차례 금식령이 선포되었다.[36]

메사추세츠 주 지사는 12월 21일 목요일을 금식과 기도의 날로 정했는데 조난단이 그 날의 설교자로 초빙되었다. 그는 과연 사람들이 하나님의 진노를 초래한 것에 대한 그들의 책임을 책망했을까? 그의 할아버지라면 분명히 그렇게 했을 것이다. 조난단은 사람들의 삶 가운데 죄를 분명히 목격했지만 그보다 요나와 니느웨 사람들에 대해 말하는 방법을 택했다. 그는 속임수와 불법, 욕설, 물질주의 그리고 종교적인 것들에 대한 무감각에 대해 말하였다.

자연 현상에 대한 전문가로 조나단은 지진이 일어날 가능성이란 거의 전무하다고 말했지만, 막상 그것이 동시 발생하자 깜짝 놀랐다. 하나님은 요나를 통해 니느웨 사람들에게 경고하신 것처럼 당신의 언약 백성에게도 과연 경고하고 계셨던 것일까? 지진이 일요일 밤에 일어났다는 점에서 그것은 하나님께서 안식일 날 해가 진 후 젊은이들의 심야 문란한 행동에 대해 그들을 진노하고 계시다는 것을 보여 주는 것일까? 조나단은 그들의 행동에 대해 이렇게 묘사했다.

> 그들은 매우 자주 남녀가 함께 집단으로 모여 쾌락과 음주를 즐겼는데, 그들은 그것을 가리켜 유희를 즐기는 것이라고 말했다. 그들은 자신들의 가정 규칙까지 무시하며 밤 시간의 대부분을 그러한 것들로 보내는 경우가 종종 있었다.[37]

---

36. Harry S. Stout, "The Puritans and Edwards: The American Vision of a Covenant People, *Christian History* 4, no. 4 [8] (1985): 24.
37. Marsden, *Jonathan Edwards: A Life*, 122.

조나단은 그들에게 니느웨 사람들이 회개했을 때 하나님께서 자비를 베푸셨다는 사실을 상기시켰다. 아마 그 당시 뉴잉글랜드 사람들에게도 그것이 필요했을 것이다. 지진으로 인해 식민지들의 교회는 예배 참석률이 올라갔다. 일부 학자들은 이 사건을 대각성운동의 시작으로 보고 있다.

살아 계신 하나님의 대언자

1729년 2월, 솔로몬 스토다드가 죽자 교회는 조나단을 노샘프턴의 담임목사직에 앉히기로 결의했다. 조나단은 자기의 여생을 사역해야 하는 만큼 그것을 신중하게 수락했다. 그는 설교하기 위해 강대상으로 가는 계단에 오르는 것을 '하나님의 나팔이 되는 것'에 비유했다.[38]

설교할 때의 조나단은 완전히 다른 사람이었다고 한다.

스토다드의 사망 후, 조나단의 건강이 악화되었다. 휴식을 위해 잠시 여행을 다녀온 것이 도움이 되었지만, 몇 주 만에 그는 병이 재발했다. 평소 갖고 있던 육체적인 병에 스트레스가 가중된 데다 사역으로 인해 분명히 스트레스가 따랐을 것이다. 언제나 중요했던 것은 사례비였다. 사라는 풍요로운 여가생활을 즐길 수 있기를 기대했는데, 그것은 가정 경제를 한도에 이르게 했다. 조나단을 포함하여 많은 목회자들에게 선물과 여러 곳으로부터 들어오는 기부 물품이 그들의 부족한 사례비를 보충해 주었지만, 그것은 대부분 수입이 가장 적은 목회자들을 더욱 큰 선물과 특별한 호의로 대하는데 소요되었다. 조나단에게는 편애하는 습관이 없었다.

그의 높은 영적 수준에 미치지 못하는 1,000명이 넘는 교구민들에 대해 전적인 책임을 갖고 있는 조나단은 당연히 굉장한 불안감을 느낄 수밖에 없었다. 스토다드의 사후, 교인들은 전혀 통제가 불가능해 보였는데, 특히 젊은

---

38. Marsden, *Jonathan Edwards: A Life*, 132에 인용된 Helen Westra, *The Minister's Task and Calling in the Sermons of Jonathan Edwards* (Lewiston, NY: Edwin Mellen, 1986), 7.

층에서 더욱 그러했다. 그것은 조나단의 예일 대학교 시대와 유사성이 많다. 거기에서 그는 다루기 힘든 청소년들을 지도해 달라는 청을 받고는 자신에게는 그들을 지도할 수 있는 사교적인 기술이 없다고 생각했다. 오래된 청교도의 권력 구조인 가족 정부는 부모가 전혀 훈육적이지 않은 다른 극단으로 치우쳤고 자녀들의 엄격한 양육이 약해졌다.

보다 젊은 세대들 사이에서 술에 취한 모습은 흔히 볼 수 있었다. 부모들은 혼전 임신율이 뉴잉글랜드의 10명 중 1명꼴로 급상승하자 매우 놀란 것처럼 보였다. 조나단은 부모들이 그들의 어린 아들, 딸에게 함께 침대에 올라가고, 같은 옷을 나누어 입으며 '함께 어울려 노는 것'을 허락했기 때문에 그러한 통계치를 예상했어야 했다는 것을 지적했다. '번들링'(bundling)이란 풍속은 저들에게 '서로 잘 알 수 있는' 기회를 허락하지만, 단순히 다정한 대화 이상의 많은 문제가 발생했다. 임신으로 인해 결혼하게 됐을 때, 사람들의 일반적인 태도는 수용적이었다. 이처럼 무모하고, 처음 경험하는 사고방식이 조나단에게는 대단히 실망스러웠다.

조나단이 이미 갖고 있던 무거운 짐에 또 하나의 개인적인 비극이 더해졌다. 그의 가족이 그 당시 대부분의 가정에 영향을 준 질병으로 인한 사망을 간신히 면했지만, 1729년 12월, 유행병인 디프테리아 때문에 막내 여동생인 제루사를 잃었다.

대각성운동의 첫 번째 전율

1730년대 초, 노샘프턴의 문화적 분위기가 변하기 시작하고 있었다. 더머스 전쟁(Dummer's War, 1727년 종전된 유럽 전쟁에서 발발하였다.) 기간 동안 프랑스인과 인디언들에 대한 적개심은 사람들이 보다 나은 안전을 위해 서로 가까이 머물며 더 많은 공적 농업을 하도록 강요하였다. 그것은 젊은 사람들이 새롭게 독자적인 길을 밟을 수 있는 땅이 더욱 적다는 것을 의미했다. 젊은 커

플들은 새로운 가정을 시작할 수 있는 방이 없기 때문에 결혼을 연기했다. 자식들은 성인기의 전반에 이를 때까지 부모의 간섭을 받으며 살아야 했다. 조나단은 부모들에게 자식들로 하여금 그들의 가정에서 경건한 행동을 위한 소명에 동의하도록 권할 것을 부탁하기로 했다. 남녀 젊은이들은 새로운 귀로 듣는 것처럼 보였다.

자기 도시에 거주하는 젊은 사람들의 죄악된 생활 방식을 나무라는 조나단의 강한 설교는 그들의 영혼을 향한 더욱 커다란 동정심에 의해 균형을 잡았다. 물론 그것에는 변화를 위한 많은 기도와 하나님의 인도를 추구하는 것이 포함되어 있었다. 제1차 대각성운동이 젊은 세대로부터 시작되었다는 것은 결코 놀라운 것이 아니었다.

조나단은 1734년 4월 한 젊은 청년의 갑작스런 죽음 후, 장례식에 참석한 사람들에게 자신들의 죄악된 생활 방식에서 떠나 이제는 영원한 상급에 초점을 둘 것을 권하는 메시지를 전하였다. 그는 분노하고, 진노하시는 하나님에 대해 묘사하는 부분이 아닌 하나님의 보호하심에 대해 말하는 시편 90:5-6을 본문으로 말씀을 선포했다. 아주 젊은 나이에 죽은 사람의 생명에 대해 그가 말해야 할 것이 무엇이었을까? 조나단은 이렇게 설교했다.

> 사람이 마치 들의 풀과 꽃처럼…. 자기의 중요한 기회를 분별없이 육적인 것과 관능적인 즐거움과 만족을 추구하며 경솔하고, 헛된 쾌락을 위해…. 낭비한다면, 그것이 얼마나 어리석은 것일까요?
>
> 한 번 생각해 봅시다. 만약에 여러분이 젊은 나이에 죽는다고 가정한다면, 여러분이 바로 그와 같은 방법으로 자신의 젊음을 낭비했다는 것을 생각할 때, 그것을 아는 사람들에게 얼마나 충격적일까요? 다른 사람들이 당신의 곁에 서서 당신이 헐떡이며 마지막 숨을 쉬는 것을 보거나 나중에 와서 여러분이 죽어 담 옆에 누워 있는 것을 본다면, 혹은 여러분이 관 속에 들어가는 것을 보거나, 죽음이 여러분에게 준 흉측한 모습을 본다면, 그들은 허무하고 부질없는 인간의 존재에 충격을 받게 될 것입니다. 이 사

람은 그렇게 추악한 동료입니다. 자신의 여가 시간을 방탕하게 많이 보낸 바로 그입니다.[39]

젊은 사람들이 대지진 이후의 사람들과 똑같이 구원에 대한 자기들의 필요성에 '영적으로 깨기' 시작하면서 변화된 삶에 대한 보고가 들어오기 시작하기까지는 오랜 시간이 걸리지 않았다. 또 하나의 죽음이 다른 추도 메시지와 함께 영적인 관심을 계속 새롭게 했다. 기도회가 '방탕'의 밤으로 바뀌고, 곧 사회의 노소(老少)할 것 없이 대다수가 그러한 모임에 참석했다. 영국에서 웨슬리 부흥운동이 일어나기 5년 전임을 감안한다면, 뉴잉글랜드의 청교도들이 웨슬리 형제에게 들었을 가능성이 매우 희박하다. 하지만 이는 웨슬리의 '연합 신도회'에 버금 가능 흥미로운 일이었다.

이 기간에는 연합 기도와 예배 때 시편만을 노래했다. 조나단은 그러한 야외 집회에서 아이작 왓츠(Issac Watts)가 작곡한 '새로운 찬송'을 부를 것을 권했다. 왓츠는 그 당시 교회 음악을 마땅하게 생각하지 않았다. 그는 시편 가사만을 음악에 맞추다 보니 교회 음악의 곡이 만족스럽지 못하고, 부르기에 어렵다는 사실을 발견했다. 그는 찬송가가 교리적으로 일치해야 한다고 생각했지만, 표현이 반드시 일치할 필요가 있다고 믿지는 않았다. 그보다는 성경을 쉽게 표현하거나 단순히 성경의 주제에 기초할 필요가 있다고 믿었다. 왓츠는 '주 달려 죽은 십자가'와 같은 널리 알려진 찬송가를 많이 작곡했다. 조나단은 음악을 좋아했으며, 음악이야말로 사람이 자기가 경험한 감정적인 열정을 표현하는 수단이 된다고 믿었다. 3부 화음과 악기로 연주되도록 작곡된 찬송은 새로운 것으로, 전통 시편은 일반적으로 사람의 느낌대로 노래했으며, 따라서 '즐

> 조나단은 음악을 좋아했으며, 음악이야말로 사람이 자기가 경험한 감정적 열정을 표현하는 수단이 된다고 믿었다.

---

39. Marsden, *Jonathan Edwards: A Life*, 154에 인용된 Jonathan Edwards, Sermon (April 1734).

겁게' 들리는 경우가 거의 없었다.

'도시 전체에서 가장 큰 대기업을 운영하는 사람들 가운데 한 사람이'[40] 조나단에게 찾아와 자신의 회심에 대해 고백했을 때, 부흥운동은 더욱 멀리 퍼져 나갈 수 있었다. 조나단은 그녀에게 조심스럽게 물은 후 곧 그녀가 진실을 말하고 있다고 확신하였다. 그녀의 변화된 삶은 보여 주기 위한 변화라며 그 신빙성을 의심할 수 있을 정도로 일어날 수 없는 사건이었다. 조나단은 하나님이 행하신 사건을 혼자서만 간직하지 않았다. 이를 모두에게 알려 회심자의 수가 배가 될 수 있었다. 며칠 후, 조나단의 집 문 앞에 회심에 대해 비슷한 이야기를 가진 소수의 다른 사람들이 찾아왔다.

1735년 4월이 되어서는 그 도시의 변화된 영적 분위기에 대한 증거를 부인할 수 없었다.

조나단은 그것을 이렇게 묘사하고 있다.

> 종교와 영원한 세상의 중요한 것들에 대한 열렬하고도 커다란 관심이 도시의 모든 곳과 전 연령층의 사람들 사이에 보편화되어 있었다.... 영적이고, 영원한 것들에 관한 말이 아니고는 사람들의 관심에서 금방 사라졌다.... 사람들의 생각이 놀라울 정도로 세상적인 것들로부터 떠나 있었다. 우리들 사이에서 그것은 전혀 중요하지 않은 것으로 취급되었다.... 이제는 그러한 유혹이 그 손에 들어 있는 것, 세상적인 것들에 관심을 전혀 기울이지 않고, 종교적인 것을 즉각 실천하는 데 거의 모든 시간을 보내는 것처럼 보였다.[41]

권하지 않는데도 불구하고 이웃 사람들은 화재로 잡화점이 완전히 불에 탄 주인을 위해 모금하였다. 뒤에서 험담하고, 수군거리는 것이 사라졌다. 술

---

40. Marsden, *Jonathan Edwards: A Life*, 158.
41. S. Mintz (2007), http://www.digitalhistory.uh.edu/documents_p2.cfm?doc=230. Digital History에 인용된 Jonathan Edwards, *The Christian History* (1743).

집은 손님이 없어 텅텅 비었다. 심지어는 교회의 예배 의식도 바뀌었다.

> 그때 우리의 공적인 집회는 매우 훌륭했다. 회중들은 하나님께 살아 있는 예배를 드렸다. 모든 사람은 공중 예배에 집중했으며, 모든 청중은 목사의 입에서 나오는 모든 말을 듣고자 열중했다. 집회의 참석자들은 설교하는 동안 거의 대부분이 종종 눈물을 흘렸다. 슬픔과 답답한 마음에 눈물을 흘리는 자들이 있었는가 하면 기쁨과 사랑으로 충만한 자와 자기 이웃들의 영혼에 대한 동정심과 염려로 눈물을 흘리는 자들이 있었다.[42]

부흥운동 기간 중 또 한 가지의 주목할 만한 사건이 있었으니 그것은 도시에서 질병이 거의 사라졌다는 사실이다. 조나단은 훗날 자신의 『믿을 만한 이야기』(Faithful Narrative)란 책에서 부흥운동 기간 동안 일어난 사건들을 상세히 기술하며, 자신은 그와 같은 질병의 소멸을 부흥운동을 입증하기 위한 필요 증거로 보지 않지만, 이를 인정하기 위해 필요하다는 사실을 느꼈다고 기술했다. 그를 비난하는 자들은 조나단이 '광적인 행동', 특히 감정을 드러내고, 회심한 것처럼 보이지 않는 사람들에 관한 이야기들만 썼다고 말했다. 어떤 보고서는 500명이 넘는 사람들에 대해 이야기하는데, 그 중 절반이이 부흥운동의 결과로 교회에 등록했다고 한다. 하나님의 말씀이 주변의 지역들에 퍼지기 시작하고, 기이한 현상을 보고자 다른 도시들로부터 사람들이 몰려왔다. 에드워즈의 집은 찾아온 사람들로 붐볐다. 부흥운동은 뉴헤이븐(New Haven)과 뉴잉글랜드 외곽의 해안 식민지까지 이르는 코네티컷 강 유역(Connecticut River Valley) 전역으로 계속 확장되었다.

대각성운동의 영향이 미치지 않은 보스턴의 벤자민 콜만(Benjamin Colman) 목사는 조나단에게 노샘프턴에서 일어나고 있는 것들에 대한 보고서를 자기

---

42. Hyatt, *2000 Years of Charismatic History*, 114.에 인용된 Jonathan Edwards, "A Narrative of Surprising Conversions," *Jonathan Edwards on Revival* (Carlisle, PA: Banner of Truth, 1984), 13.

에게 보내줄 것을 요청했다. 상세히 기록하고, 설명하는 데 탁월한 능력을 지닌 조나단은 그것을 매우 능란하게 해냈다. 조나단은 자신의 편지를 영국에 있는 콜먼의 친구들에게 보냈다.

보고서는 부흥운동의 준비에서부터 시작까지의 과정- 부흥운동의 유지와 관리, 위험성 그리고 효과 등- 을 실천하기 위한 하나의 완벽한 실용 설명서로 만들어졌다. 이 지침서는 마침내 『하나님의 놀라운 역사에 대한 실제 이야기』(A Faithful Narrative of the Surprising Work of God)란 제목의 책으로 출판되었다. 비록 조나단은 자신이 글을 썼지만, 그러한 회심의 역사를 행하신 분은 궁극적으로 하나님이라는 것을 잘 알고 있었다. 본 책의 출판으로 조나단은 뉴잉글랜드 전역은 물론, 스코틀랜드와 잉글랜드에까지 알려졌으며, 마침내 조지 휫필드와 존 웨슬리도 그러한 사실을 알게 되었다.

그러나 부흥운동의 감동은 오랫동안 지속되지 못했다. 1735년, 조나단은 "사단은 더욱 기승을 부리고, 무서운 방법으로 날뛰었다."[43]고 기록했다. 파괴자인 사탄은 자신의 영향력을 사용하여 두려움과 분열을 조장시켰다. 밤낮 두려움에 시달리는 사람들이 있었는가 하면, 하나님의 진노가 두려워 잠을 잘 수 없다고 불평하는 자들이 있었다. 크게 울어대는 소리가 허공을 가득 채우며 주택의 지붕에 내려앉은 까마귀 떼의 당혹스런 공격에 대한 보고도 있었다. 한 도시에서만 99명이 죽는 전염병이 유역에 창궐했는데, 그들 가운데 81명이 어린이였다. 그리고 다른 도시에서는 두 사람이 정신병자가 되었다.

조나단의 가정 역시 이러한 영향으로부터 예외가 아니었다. 조나단의 고모 리브가(Rebekah)의 남편인 조셉 활리(Joseph Hawley)는 그 도시에서 존경받는 인물이었다. 그런데 어느 날 그의 혀가 갈라지는 충격적인 사건이 일어났던 것이다. 이때 조나단은 이미 콜먼에게 정식 보고서를 썼지만, 아직 우편으로 보내지는 않았다. 이와 같은 내용을 제외한다면 오히려 속였다는 오해의 소지가 있을 것으로 판단한 조나단은 봉투를 개봉하여, 자기 삼촌이 심적으로

---

43. Marsden, *Jonathan Edwards: A Life*, 163.

불안한 상태에 있다는 사실을 기록한 메모지를 추가하였다.

조나단은 사람들에게 그들에게는 실제 활동하며 저들 한 사람, 한 사람을 파멸시키려 단단히 마음먹고 있는 강한 원수가 있다는 것을 상기시켰다. 마침내, 조나단은 그의 건강이 심히 악화되므로 장기 휴식을 떠났다. 1734년부터 시작된 노샘프턴과 코네티컷 강 유역에서 일어난 성령의 역사는 1735년 여름 끝이 났다.

대각성운동의 분출

1737년 3월 무렵까지 조나단을 따르던 자들은 영적으로 다시 냉랭한 상태에 있었다. 조나단은 그들을 가리켜 '이 땅에서의 소유만을 탐내는 자들로'[44] 묘사했는데, 뜨거운 파벌 근성으로 돌아갔다는 사실에 주목했다. 그는 부흥운동을 위해 다시 기도하기 시작했다.

얼마 동안 예배당은 권위가 실추되어 갔으며, 혹독하게 추운 겨울 날씨로 건물의 구조물이 심각하게 훼손되었다. 조나단이 집에 가득 찬 사람들을 향해 설교를 시작했을 때 발코니가 받침기둥 쪽부터 금이 가면서 요란한 소리를 내며 밑에 있는 사람들 위로 무너져 내렸는데 대부분 부녀자와 어린이들이었다. 비명과 울음소리가 들리자 사람들은 붕괴물 아래에 매우 많은 시신이 있을 것이라고 믿었다. 그러나 떨어진 잔해물을 치웠을 때, 그들은 죽은 사람을 한 사람도 발견하지 못했다. 베인 상처나 타박상 때문에 고통을 호소하는 사람은 있었지만, 모두가 살아 있었다. 그리고 뼈가 골절된 사람도 전혀 없었다.

조나단은 '하나님으로부터의 이러한 표적'이 영적인 것들에 대한 사람들의 마음을 다시 깨우쳐 주기를 소망했다. 그는 이러한 경고를 "아마도 그 땅에서

---

44. Ibid., 184.

있었던 하나님의 가장 놀라운 보호 가운데 하나'"⁴⁵라고 불렀다. 안타깝게도, 사람들은 그러한 사건에도 전혀 변화가 없었다. 조나단은 콜먼 목사에게 보내 서신 가운데 사람들이 하나님의 긍휼에 대해서만 감사할 뿐 '2, 3년 동일한 상황과 비교할 때 10배는 적을 만큼 아무런 효과가 없다.'"⁴⁶는 실망감을 표했다. 조나단은 세계 전역에 있는 사람들이 노샘프턴에 임한 축복에 대해 읽은 반면, '영적으로 높은 곳에 있던 이 도시'가 쇠퇴의 나락으로 떨어진 것이 몹시 난감했다.

1737년 겨울 후반, 조나단은 사람들의 마음을 다시 하나님께 돌려놓겠다는 소망과 함께 세 차례의 시리즈 설교를 시작했다. 눈에 보이는 어떠한 변화도 일어나지 않았지만, 그는 곧 어떠한 변화가 일어날 것이라는 희망의 빛을 계속 붙잡고 있었다. 조나단은 설교를 한 편 하기 전에 18시간이나 되는 많은 시간을 기도하는 데 바쳤다.⁴⁷ 마침내 대서양 건너편의 영국 국교회로부터 희망의 메시지가 도착했다.

1739년까지 이미 영국의 거리와 들판에서 수천 명의 군중을 상대로 설교하고 있었던 조지 휫필드가 이때 식민지들로 오고 있었다. 1740년 2월 조나단은 휫필드에게 편지를 써 그가 전에 설교한 사람들보다 자신을 따르는 자들의 마음이 더 강퍅할지 모른다고 경고하며 노샘프턴으로 올 것을 설득했다.

'다수 대중 운동'(A major publicity campaign)은 여러 도시에서 휫필드의 설교를 듣도록 군중을 유인하는 데 도움이 되었으며, 1740년 10월 17일, 그가 계속해서 노샘프턴으로 옮겨갔을 때는 다수 사람들의 관심도 그를 따라갔다.

휫필드는 강한 감동을 주는 연설가였으며, 그의 연설에는 언제나 감동 어린 반응이 나타났다. 사라 에드워즈는 그녀가 들은 휫필드의 청중을 매료시킨 메시지에 대해 다음과 같이 묘사했다.

---

45. Ibid.
46. Ibid., 185.
47. Hyatt, *2000 Years of Charismatic History*, 114-115.에 인용된 *Change the World School of Prayer* (Studio City, CA: World Literatur Crusade, 1976), D-38.

> 그가 회중들에게 던진 말씀을 보는 것은 놀라웠다…나는 수천의 사람들이 그의 말씀에 숨소리도 죽여 가며, 가끔 절제된 흐느낌으로 경청하는 것을 보았다.[48]

휫필드가 조나단의 회중들에게 지난 대각성운동 이후 그리스도에 대해 그들의 닫힌 마음을 상기시켰을 때, 조나단을 포함하여 많은 사람들이 눈물을 흘리기 시작했다. 5년에 걸친 부흥을 위한 그의 기도가 실현되는 것을 볼 수 있었다. 그는 심지어 자신의 자녀들 가운데 일부도 그리스도께 나아왔다는 것을 보고하였다.

노샘프턴에서 휫필드의 사역이 끝나갈 무렵, 조나단은 이틀 동안 그와 함께 말을 타고 여행하며 그의 설교를 듣기 위해서 온 수천 명의 사람들을 보았는데 그들은 영적으로 굶주려 있었다. 군중들에게서는 유례를 찾아볼 수 없는 성과가 나타났다. 성령의 권능으로 사람들이 넘어지는 것은 비범한 것이 아니었으며, 조나단이 '실신'으로 묘사한 것도 있다.

> 어떤 사람들은 아마 24시간을 전혀 움직이지 않고, 생각하지 않은 채 황홀경에 빠져 누워 있었다. 그 시간 동안 그들은 강한 상상 속에서 마치 천국의 영화롭고, 빛나는 것들에 대한 환상을 보는 것 같은 경험을 했다.[49]

부흥운동은 계속되었으며, 조나단과 휫필드는 서신 왕래를 통해 연락을 유지했다. 에드워즈는 자신이 사역하는 지역의 각성 운동-기도하는 것 외에 이 운동을 일으키는데 자기가 직접 참여한 적이 없다는 사실을 알고 있는 그는-의 결과가 1734년 노샘프턴에서 있었던 이전의 각성 운동보다 클 것이라고

---

48. Chris Armstrong, "The Trouble with George," *Christian History* 22, no. 1〔77호〕(2003), http://www.ctlibrary.com/7872.
49. Hyatt, *2000 Years of Charismatic History*, 116.에 인용된 Jonathan Edwards, "Revival of Religion in Northampton in 1740-1741, *Jonathan Edwards on Revival* (Carlisle, PA: Banner of Truth, 1984), 154.

보고했다.

　조나단은 부흥운동을 통해 얻은 과정을 더욱 발전시키는 데 시간을 보내지 않았다. 그는 "외적인 감명으로 발생하는 종교는 사라지기 십상이다…. 그것은 시련에 부딪칠 때, 어려운 문제가 발생한다."[50]는 것을 지적했다. 그 당시 새로운 회심자를 인계받아 그들을 그리스도 안에서 장성한 분량에 이르게 하는 것은 목회자에게 달려 있었다.

　조나단에게는 사람들을 그들이 전에 경험한 것처럼 영적으로 쇠퇴하도록 방치하고 싶은 마음이 없었다. 따라서 그는 몇 사람의 젊은 순회 설교자들에게 편지를 써 돌아올 것을 요구했다. 조나단이 그러한 편지를 쓸 때까지, 도시의 젊은 사람들은 자기들 스스로 모임을 갖고 자신의 경험을 나누었다. 조나단은 16세 이하의 모든 청소년과 어린이를 만나 그들과 그들의 영혼에 관해 이야기했다. 나이가 어린 그들은 큰 소리로 회개하고, 기도하며 찬양을 했다. 그리고 서로 자신들의 경험을 나누었다. 나중에 조나단은 16- 26세 사이의 청년들과 비슷한 모임을 가졌다. 이번에도 그들은 대단히 감동을 받았다. 어떤 때는 청년들이 깊이 몰입된 나머지 모임이 밤새 계속되기도 했다.

진노하시는 하나님의 손안에 있는 죄인들

　1741년 7월 8일, 수요일, 조나단은 엔필드(Enfield, 메사추세츠 주와 코네티컷 주 사이의 경계에 인접한)에서 구원의 방법에 대해 관심을 갖고 있는 많은 사람들을 돕기 위해 모인 목회자들과 함께했다. 그곳에서는 이미 부흥운동이 일어나고 있었다. 가까운 서필드(Suffield) 정착지에서는 지난 주 일요일 95명이나 되는 사람이 교인으로 등록했다. 엔필드에는 아직 그것이 미치지도 않았는데 말이다. 사회는 코네티컷 주 커벤트리(Coventry)의 조셉 미참(Joseph Meacham)

---

50. Armstrong, "Trouble with George."

목사가 맡았다.

　미참 목사를 포함하여 여러 목회자들이 엔필드와 수필드 사이에서 계속된 부흥회에서 설교를 했다. 그날 수요일 아침, 다른 설교자가 쉬고 조나단이 설교를 맡기로 했다. 조나단은 자기의 안장 주머니를 뒤져 방금 전 자기 교회의 교인들에게 읽어주었던 설교문을 찾아냈다. 그들은 조나단이 설교하는 동안 냉정을 유지하며 들었을 뿐 아무런 감동을 받지 못했다. "목사님, 말씀에 은혜 받았습니다!"[51]라고 칭찬하는 사람이 거의 없었지만, 그것은 저들에게 그 이상의 어떠한 의미도 없었다. 설교 본문은 '그들이 실족할 그때에'란 신명기 32:35 말씀이었다.

　그날 아침 그들이 교회에 들어갈 때, 회중들은 부흥회보다도 패션쇼를 위해 더 준비된 것처럼 보였다. 어느 목회자가 훗날 당시의 상황에 대해 이렇게 기술했다. "그들이 예배당 안으로 들어갔을 때, 집회 참석자들의 모습은 산만하고, 멍해 보였다. 사람들 중에는 정상적인 예의를 갖추고 행동하는 사람이 거의 없었다."[52] 조나단이 자신의 설교를 읽기 위해서는 두꺼운 안경을 써야 했는데, 그는 설교할 때 행여 육적인 열광을 혼합시키지 않을까 두려워 의도적으로 그것을 단조롭게 읽었다. 육적인 열광 때문에 많은 사람이 조지 휫필드를 비난했었기 때문이다. 사람들은 조나단의 그날 설교 스타일에 대해 다음과 같이 보고했다. "쉽고, 자연스러우며 아주 장엄했다. 그는 강하고, 큰 목소리를 갖고 있지 않았음에도 불구하고, 매우 장중하고 엄숙했으며, 아주 뚜렷하고 분명하며 정확하게 말했다.... 그는 시종일관 자신의 머리나 손을 움직이지 않았다."[53] 그날 조나단이 한 말을 간단히 인용하면 다음과 같다.

　　죄는 여러분을 마치 납처럼 무겁게 만들고, 매우 무겁고 억눌린 가운데

---

51. Stephen R. Holmes, "A Mind on Fire," *Christian History* 22, no. 1〔77호〕(2003): 13.
52. Sereno E. Dwight, *The Life of President Edwards* (New York: G. and C. and H. Carvill, 1830), 605.
53. Marsden, *Jonathan Edwards: A Life*, 220.

지옥으로 떨어지게 하고 있습니다.... 여러분의 머리 위에는 지금 하나님의 검은 분노의 먹구름이, 무서운 폭풍으로 가득 차 천둥과 함께 크게 떠 있습니다....

여러분을 지옥의 구덩이 위에 붙잡고 계신 하나님은 마치 불덩이 위에 거미나 혹은 징그러운 곤충을 잡고 있는 사람처럼 여러분을 혐오하시며 몹시 분노하십니다. 여러분을 향한 하나님의 분노는 불꽃처럼 타고 있으며, 그분께는 여러분이 불 속에나 던져야 할 하찮은 존재로 보일 뿐입니다. 하나님의 눈은 그분의 관점에서 여러분을 볼 수 없습니다. 여러분은 우리 눈에 보이는 가장 혐오스러운 독을 품은 뱀처럼 하나님의 눈에 수천 배는 더 추악한 자들입니다. 여러분은 오만한 반역자가 하나님의 왕자를 공격한 것보다도 그분을 훨씬 더 공격했습니다. 하지만 여러분을 그러한 불구덩이 속에 떨어지지 않도록 항상 붙들고 있는 것은 바로 하나님의 손입니다. 지난 밤 여러분이 지옥에 가지 않은 것은 다른 이유 때문이 결코 아닙니다.... 그것은 하나님의 손이 여러분을 지금까지 붙들고 있었기 때문입니다. 여러분이 하나님의 집인 이곳에 있기 때문에 지옥에 가지 않았다는 것에 대해 다른 이유가 있을 수 없습니다. 하나님의 엄숙한 예배에 여러분이 죄악된 태도로 참석하므로 그분의 순결한 눈을 분노케 했다는 말입니다. 그렇습니다. 여러분이 바로 지금 이 순간 지옥에 떨어지지 않는 것에 대한 이유로 여겨야 할 다른 것이 없습니다.

오, 죄인들이여! 여러분이 처해 있는 두렵고 위험한 상황을 고려하십시오....

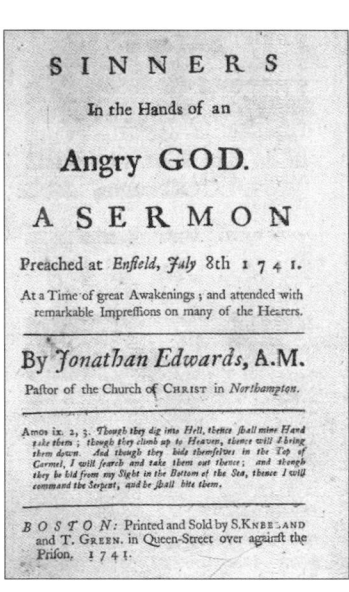

▲ 조나단 에드워즈의 설교 원고

그런데 여러분은 지금 놀라운 기회를 갖고 있습니다. 그리스도께서 긍휼의 문을 활짝 열어 놓고 문에 서서 불쌍한 죄인들을 향해 큰 소리로 부르며 외치고 계십니다…. 불과 얼마 전까지만 해도 여러분이 처해 있는 똑같은 비참한 상황에 있던 사람들이 지금은 그들을 사랑하사 당신의 피로 그들을 자기들의 죄로부터 깨끗이 씻어주신 분에 대한 사랑으로 마음이 충만한 가운데 하나님의 영광에 대한 소망으로 기뻐하며 행복해 하고 있습니다. 그러한 날 뒤에는 얼마나 무서운 것이 남아 있을까요![54]

조나단이 그의 메시지를 마치기도 전에, 사람들은 감동되어 큰 소리로 외치기 시작했다. 어느 목회자의 다음과 같은 말처럼 말이다. "건물 전체가 떠나갈 정도로 사람들의 간구하며, 부르짖는 소리가 크게 들렸다. 내가 구원받기 위해서는 어떻게 해야 할까요? 나는 지금 지옥을 향해 가고 있습니다. 그리스도를 위해 제가 할 것이 무엇입니까?"[55] 그들은 마치 바닥이 열려 자기들이 그것에 빠져 들어갈 것이라고 믿는 것 같았다. 다른 한 목회자는 그것에 대해 이렇게 묘사했다. "참석자들은 깊은 감동을 받은 것처럼 보였으며, 자기들의 죄와 위협에 대한 무서운 확신 가운데 무릎을 꿇었다. 설교자가 사람들을 향해 자신의 말을 전하기 위해 진정할 것을 말하고, 요구하지 않으면 안될 만큼 비통함과 슬픈 탄식이 있었다."[56] 그가 회중들에게 진정할 것을 요구했음에도 불구하고, 그의 말을 들을 수 있는 방법이 없었다. 따라서 그는 설교를 마칠 수 없었다.

앞으로의 달들에 관해 에드워즈는 동료 목사에게 편지를 썼다. 1741년 8월과 9월은 금년 가운데 가장 주목할 만한 달이었습니다. 왜냐하면 죄에 대한 확신과 죄인들의 회개, 위대한 부흥운동, 영혼의 소생, 교수들의 위

---

54. Ibid., 223.
55. Ibid., 220.
56. Dwight, *Life of President Edwards*, 605.

로 그리고 이로 인한 비범한 외적인 효과가 나타났기 때문입니다. 예배당이 부르짖는 소리와 졸도, 경련 그 외의 그와 비슷한 현상들로 가득한 것을 보는 것은 전혀 어려운 일이 아니었습니다. 그것이 비탄한 원인에 의한 것과 감동과 기쁨에 의한 것이든 말입니다. 다른 곳에서와 마찬가지로, 이곳에서 밤새 집회를 갖는 것은 무례한 일이었으며, 밤늦게까지 이를 진행하는 것은 상식에 어긋나는 것이었습니다. 그러나 사람들이 많은 감동을 받아 신체에 이상 현상이 나타나 귀가하지 못하고, 자기들이 있는 곳에서 밤새 묵어야 하는 자들이 있을 만큼 그러한 경우가 자주 일어나고 있습니다.[57]

조나단의 목회 철학

대각성운동을 위한 이러한 설교의 중요성에도 불구하고, 독자적으로 취한, 그것이 이 운동의 진정한 본질과 조나단의 목회 철학을 크게 곡해하고 있다는 것은 안타까운 일이 아닐 수 없다. 에드워즈는 언제나 진지한 사람이었으며, 사람들로 하여금 천국에서 영원히 보내게 할 수 있다는 소망 가운데 그들을 지옥으로 데리고 가는 것을 두려워하지 않았던 반면, 우리는 그의 온유한 마음 또한 기억해야 한다. 그의 가장 유명한 설교와는 크게 대조적으로, 조나단의 나머지 설교 가운데 대부분은 주로 하나님의 사랑과 그분의 선하심을 보는 것에 초점이 맞춰져 있다. 그는 모든 사람이 하나님의 사랑과 그분의 구원의 능력을 알기를 진정으로 원했다.

우리가 훨씬 덜 기억하고 있지만, 조나단의 두 번째로 널리 알려지고 가장 많이 출판된 작품인, 『젊은 층의 회심자들에게 주는 조언』(*Advice to Young Converts*)이란 책에서 그는 자신의 진정한 목회 철학을 보여 주었다. 그는 본

---

57. Jonathan Edwards, Letter to the Reverend Thomas Prince in Boston, 12 December 1743, http://www.nhumanities.org/ccs/docs/awaken.htm.

책 가운데 그것에 대해 다음과 같이 기술하고 있다.

> 우리는 죄의 확신 가운데 있는 자들에게 하늘나라에 대해 진지하게 생각할 것을 조언하지만, 그들은 회심을 하면 모든 종교적인 사역에 있어서 방심하고, 나태하며, 열정이 식는다. 더욱 문제가 되는 것은, 그들이 무한히 커다란 의무감 아래 있다는 사실이다. 이러한 것의 부족으로, 많은 사람들은 회심 후 불과 몇 달이 안 되어 영적인 것들의 소중한 것과 그것들에 대한 강한 의식을 상실하고, 냉랭하며 무감각하고 어두움 가운데 빠지게 되었다….
>
> 우리가 비회심자들에게 몸부림치는 노력을 권하는 바로 그것들과 여러분이 회심한 것과 같은 정도의 수준을 위해 추구하고, 노력하며 기도하는 것을 게을리 하지 말라. 그러므로 눈을 뜨게 해 달라고 기도하라. 그렇게 하므로 여러분이 자신에 대한 영안을 받고, 자신을 알며 하나님의 발 앞에 이끌리어 가게 하라. 그리고 하나님과 그리스도의 영광을 보며 죽은 상태에서 살아나 여러분의 마음 가운데 그리스도의 사랑이 넘치게 흐르도록 하라….
>
> 여러분이 자신의 영적 상태에 대해 올바른 평가를 내리기 위해서는 다음의 2가지 결과를 가져오는 자신의 대화와 경험이 최고가 되도록 항상 고려해야 한다.
>
> 대화의 경험이 첫째, 당신을 가장 작고, 가장 낮고, 가장 어린 아이처럼 만들며, 둘째, 당신의 마음을 온전하고 확고한 태도로 가장 많이 관여하고 고정시키며 하나님을 위해 자신을 부인하고 그분을 위해 소비하고 지출하게 해야 한다.[58]

우리는 또 본 설교에서 죄인들은 여전히 하나님의 장중에 있으며, 비록 하

---

58. Jonathan Edwards, "Advice to Young Converts," http://www.dominiontheology.org/JE-Advice.htm.

나님이 그들의 죄에 대해 분노하시지만 자비로우신 하나님은 저들을 구덩이에 떨어지지 않도록 하고 계시다는 사실을 인식해야 한다. 하나님의 분노가 타오르고 있지만, 그분의 자비로우심으로 인해 죄인이 십자가 위에서 성취된 구원을 위해 그리스도께 돌아오게 되는 마지막 가능성의 두 번째 소망 때까지 심판이 유보된다. 이러한 병렬은 조나단이 사랑했을 지적인 훈련의 유형이었을 것이다. 그것은 '분노하시는 하나님의 장중에 있는 죄인들에게' 자신이 압도되었던 사랑의 하나님을 완전히 반영하기 때문이다.

조나단은 계속해서 대각성운동이 '뉴잉글랜드의 면전에서 놀랍고 전반적인 변화'[59]를 만들어냈다고 진술했다. 주민 가운데 최소한 10퍼센트가 회심했음을 주장했다. 그러나 격렬한 반대가 없었던 것은 아니다. 그는 다음 몇 년을 부흥운동을 변호하고, 뉴잉글랜드 건너편에서 자기의 설교 운동을 행하는 데 바쳤다.

구파와 신파의 싸움

대각성운동이 식민지들 밖으로까지 확산되고 있을 때, 이것이 하나님의 역사에 의한 것이냐? 그렇지 않느냐? 에 대해 두 진영으로 양분되었다. 대각성운동의 영적이고, 감정적인 면을 배제한 교회의 전통적인 예배와 종교 행위를 고수한 사람들은 '구파'(Old Lights)로 알려지고, 가시적인 현상을 하나님의 역사로 받아들이는 자들은 '신파'(New Lights)라 불리었다. 여하튼 조나단은 각성 운동을 구파의 관심을 끈 교리적인 내용과 세밀한 분석을 통해 설명할 수 있었지만, 여전히 '놀라운 역사들이' 진정 하나님으로부터 말미암은 것이라는 사실을 수용했다.

---

59. Jonathan Edwards, *Edwards on Rivival: Containing a Faithful Narrative of the Surprising Work of God in the Conversion of Many Hundred Souls in Northampton, Massachusetts, AD 1735* (New York: Dunning and Spaulding, 1832), 154.

하나님이 조나단 에드워즈의 마음과 생각 그리고 교회 가운데 이와 같은 역사를 행하실 수 있었던 것은 주로 조나단의 겸손한 마음 때문이었다. 그는 어떠한 사실이, 비록 그것이 자기가 이전에 완강하게 주장하던 대상에 대한 자기 마음의 변화를 의미할지라도, 그는 자기의 생각과 배치되는 것을 언제나 기꺼이 허락하려 했다. 그의 목표는 예수 그리스도의 복음에 더욱 충실하게 되는 것이었다.

존 웨슬리 역시 영적으로 똑같이 겸손한 사람이었다. 웨슬리는 신약성경에 대한 자신의 견해를 쓰면서 자신의 주석에 대해 이렇게 말했다. "내게는 지금까지 우쭐해 할 만한 것이 없다…. 대단히 힘든 일 가운데서도 전혀 실수한 적이 없다고 생각할 만큼 말이다. 그러나 나는 양심적으로 지금까지 내가 고의로 어떤 것이든 잘못 설명한 것에 대해 죄의식을 느끼지 않는다."[60]

조나단은 구파와 신파 사이의 교리적인 차이를 이해하는데 있어 마음이 열려 있었다. 그는 종교적 신념이 자신과, 웨슬리-우리가 이미 논의한 것처럼, 칼빈주의자가 아닌-를 포함하여, 다른 자들을 매우 존중했지만, 이에 대해 자신이 먼저 직접 연구하기 전에는 어떠한 것도 받아들이려 하지 않았다.

한 예로, 조나단은 젊은 나이에 존 로크의 작품을, 마치 "막 발견한 귀중품 더미에서 금과 은을 주먹으로 한 움큼 거두어 모으는 탐욕 많은 수전노처럼"[61], 닥치는 대로 읽었다. 그렇다고 그가 로크의 견해에 모두 동의한 것은 아니다. 로크는 인간은 '타불라 라사'(tabula rasa), 즉 백지 상태로 태어나 그곳에 우리의 감각을 통해 수집하고, 사고적 반성에 의해 해석된 지식을 채우도록 태어난다고 가르친 방법론을 가진 계몽주의의 사상가이다. 로크는 진리를 경험으로부터 나온다고 보았다. 조나단은 오감과 오감에 의해 수집된 것들에 대한 반성의 필요성에 공감했지만, 그에게 있어서의 진리는 인간이신 예수 그리스도였다. 예수께서 요한복음 14:6에서, "내가 곧 길이요 진리요 생

---

60. John Wesley, M.A., *Explanatory Notes upon the New Testament* (London: William Boyer, 1755), http://www.bible-researcher.com/wesley-nt.html.
61. Lutz, *Jonathan Edwards: Colonial Religious Leader*, 18.

명이니"라고 말씀하신 것처럼 말이다.

조나단은 2개의 대부흥운동의 결과에 대해 좋은 것과 나쁜 것, 즉 과장의 가능성이 있는 것과 사실을 선별하면서 그것을 자세히 들여다 볼 수 있었다. 과다하게 특정한 감정 표현 때문에 부흥에 대해 설교자와 평신도들로부터 똑같이 강한 반대가 있었다. 구파(Old Lights)는 청중이 그리스도가 없는 하나님 앞에서의 자기들의 진정한 상황을 이해했을 때 그들이 보여준 감정 노출을 싫어했다. 그들은 또 조지 휫필드와 같은 사람들의 현란한 스타일의 설교를 찬송하지 않았다. 휫필드는 설교할 때 성경을 극적으로 표현하고, 스토리텔링 기법을 사용하며 현란한 몸동작을 하고, 심지어는 강단을 내려와 걸어 다니기까지 했다. 그가 미국을 방문하기 전에는 이러한 행동들에 대해 듣지 못했다. 찰스 천시(Charles Chauncy)란 비평가는 사람이 하나님으로부터 직접 영감을 받을 수 있다는 믿음을 가리켜 순전히 미친 것이라고 불렀다. 일부 사람들은 개교회 목사인 천시가 부흥회의 설교가가 되려고 했으나 실패하자 성공하는 사람들에 대한 신랄한 비방꾼이 되었다고 말한다.

조나단은 영적 각성론자들을 옹호하여 사실과 거짓을 더욱 잘 구분하기 위해 자기가 거듭났다고 주장하는 사람들의 지각과 태도와 행동을 분류하고, 분석하는 특별한 방식을 가졌다. 그는 경우에 따라 지나친 감정 표현이 있다는 것에 동의했지만, 대부분은 하나님의 영이 사람들에게 실제 역사했기 때문이라고 믿었다. 그는 의심하는 자들에게 소망이나 사랑, 욕망, 기쁨 혹은 슬픔과 같은 감정들이 분명히 성경의 진리가 인정하고 있는 것들이라는 사실을 주지시키며 자기가 '애정'이라고 부른 것들에 대해 언급하는 성경 구절을 찾아보게 했다. 그런가 하면, 그는 또 사람에게는 단순한 감정 이상의 것이 있어야 한다는 것을 말했다. "표면적인 효과로만 나타나는 종교는 약해지기 마련이다... 어려움이 찾아와.... 시련에 직면하면 말이다."[62]

조나단 에드워즈는 억제할 수 없는 감정을 표출하는 사람들이 그러한 에

---

62. Armstrong, "Trouble with George."

너지를 일상생활의 삶 가운데 활용하지 않았을 때 다소 실망했을 것이다. 그는 말하기를 진정한 회심의 표증은 사랑의 외적인 표현이라고 했다. 조나단에게 있어 기독교는 단지 규범집을 따르는 것, 즉 교회에서 행하는 종교 이상의

> 조나단은 진정한 회심의 표증은 사랑의 외적인 표현이라고 말했다.

것이었다. 하나님과의 진정한 체험은 내적으로부터 외적인 변화를 일으키며, 일상생활에 변화를 가져왔다. 그는 다음과 같이 충고했다. "우리는 혀로 활기 있게 말하고, 과도하게 표현하기보다 하나님과 우리의 세대를 섬기는데 있어 적극적이므로 종교적으로 활발한 모습을 나타내야 합니다."[63]

조나단은 자기가 가르친 것을 분명히 믿었다. 그러나 더욱 중요한 사실은, 그가 그대로 살았다는 것이다. 그가 도움을 필요로 하는 사람들에게 선행을 베풀었다는 것에 대하여 많은 이야기가 있지만, 그는 항상 그러한 선물을 기부자의 정체를 밝히지 않기로 약속하는 친구를 통해 전달하는 방식으로 보냈다.

그는 또 자기들의 개인적인 신앙 때문에 고난받는 자들과 기꺼이 함께하고자 했다. 조나단은 그러한 사람의 예로 뜨거운 열정으로 부흥운동에 동참했다는 이유로 예일 대학교로부터 퇴학당한 젊은 데이비드 브레이너드(David Brainerd)를 생각했다. 하지만 그는 제적에도 불구하고 열정이 조금도 꺾이지 않았으며, 인디언들을 위한 헌신적인 선교사가 되었다. 그는 자신의 약한 건강에도 불구하고, 아메리카 인디언들에게 진정한 영적 부흥을 일으키고자 약 4800킬로미터를 말을 타고 여행했다.

브레이너드를 청교도의 헌신적인 덕목의 예로 간주한 조나단은 그를 후원하고, 조언해 주었다. 브레이너드는 손님으로 에드워즈의 가정을 자주 방문했으며, 조나단의 딸인 제루사와 결혼을 약속했었다. 안타깝게도, 브레이너

---

63. David W. Kling, "Testing the Spirits: The heart stirring revivalism of the Great Awakening led Edwards to develop a new religious psychology," *Christian History* 22, no. 1 〔77호〕 (2003): 34.

드는 결핵에 걸려 자기 약혼녀의 품에서 숨을 거두었다. 그런데 제루사도 이 병에 걸려 불과 몇 달 후 목숨을 잃었다.

조나단은 브레이너드가 자신의 선교 사역에 대해 기록한 일기를 출판하기로 했다. 조나단이 서문을 쓴 『데이비드 브레이너드의 생애와 일기』(*Life and Diary of avid Brainerd*)는 오늘날까지 계속 출판되고 있다. 그것은 브레이너드의 이야기를 읽고 영감 받아 선교사가 된 수백 명의 선남선녀를 포함하여 수세기 동안에 걸쳐 많은 사람에게 영향을 주었다. 아래의 글은 브레이너드가 뉴저지 주(New Jersey)의 크로스위크성(Crossweeksung)에 있을 때인 1745년 11월 20일 쓴 표제어에서 인용한 것이다.

> 나의 대중 설교는 당시 나의 사역 중 절반도 차지하지 못했지만, 반면에 "구원받기 위해서는 어떻게 해야 하는가?"라는 중요한 질문을 갖고 계속해서 찾아와 마음에 있는 여러 가지 생각들을 털어놓는 사람들이 많았다. 그러나 내가 할 수 있는 말은 풍성한 은혜를 찬양하는 것이었다. 그것은 분명 나의 수고의 성과로 주시는 면류관이다. 이는 수고의 보상 이상으로서 말할 수 없는 은혜이며, 일과 노고를 통해 나를 지지하고 나아가게 하는 위대한 도구와 같다. 나의 성격상 만약에 그러한 용기를 돋우는 전망이 없었다면 감당하지 못했을 것이다…. 추수의 주인은 당신의 추수할 곳에 다른 일꾼들을 보내셔서 어둠 가운데 앉아 있는 자들이 위대한 빛을 보게 하시며, 온 땅이 그를 아는 지식으로 충만케 하소서! 아멘."[64]

남아메리카의 아우카 인디언(Auca Indians)들에 의해 순교당한 선교사인 짐 엘리어트(Jim Elliot, 1927- 1956)는 자신이 죽기 불과 2, 3일 전에 그의 일기에 이렇게 기록했다. "자만심에 대한 고백(어제 데이비드 브레이너드의 일기를 통해 암시

---

64. David Brainerd, *Journal of David Brainerd*, http://housechurch.org/spirituality/brainerd.html.

받음)은 나에게 매시간 문제가 되어야만 한다."[65]

죽은 사람이 설교할 때

조나단의 헌신적인 노력에도 불구하고, 1744년까지 부흥의 불길은 상당히 식어 있었다. 집회의 '감정주의'(emotionalism)는 횟필드와 같은 새롭고 현란한 스타일과는 달리 목회자가 너무 건조하거나 격식을 차림으로써 혹은 다른 교회의 새롭고 감정적인 예배를 하나님의 뜻에 반하는 것으로 지나치게 거부함으로써 교회가 분열되기 시작하면서 피해를 당했다. 그 외에 횟필드는 아메리카 교회들의 상태에 대해 다음과 같이 언급했음이 틀림없다. "나는 대다수의 설교가들이 미지의, 감동이 없는 그리스도에 대해 말하고 있다고 확신한다. 따라서 회중들이 그렇게도 심히 죽어 있는 이유는 죽은 자들이 그들에게 설교하기 때문이다."[66] 비록 횟필드의 언급이 정확했음에도 불구하고, 그들은 그를 '고교회파 기독교'(High Church Christianity)를 수용한 자들에 속하는 친구로 받아들이지 않았다. '구파'(Old Lights, 보다 전통적인 목회자들)와 '신파'(New Lights, 의식에서 나타나는 것을 하나님의 역사로 인정하는 자들) 사이에는 분명한 구분선이 있다.

부흥의 설명에 대한 조나단의 분석적인 접근 방법 역시 도움이 되지 않았다. 그는 신파의 편에서 회개의 부분으로서 감정의 필요성을 변호했지만, 동시에 구파가 표현하고 있는 것처럼 대부분의 사건이 사실 너무 극단적이고, 금지가 필요하다고 확신하였다. 그렇지만, 하나님이 인정하시는 감정의 분출과 단순히 주의를 끌기 위한 사람의 행동을 어떻게 구분할 수 있을까? 성령의 역사는 그렇게 중단되었다. 방언이나 예언, 치유 그리고 기적의 역사가

---

65. Piper, "Pastor as Theologian."
66. David A. Fisher, *World History for Christian Schools* (Greenville, SC: Bob Jones University Press, 1984), 392.

'미혹'으로 크게 의심받고, 억제되었다. 종교와 인간의 전통이 다시 한 번 하나님의 뜻을 대신했다. 조나단은 다음과 같이 말했다. "하나님의 영이, 지금 이후로 가까운 시일 내에, 미국의 전역에서 매우 뚜렷하게 떠나는 현상이 나타났다."[67]

그렇다. 성령께서는 환대받지 못하는 곳으로부터는 언제나 눈에 띄게 떠나신다. 만약에 성령께서 계속 환대를 받았다면, 미국은 아마 1세기 교회의 능력을 행하는 카리스마가 있는 나라로 세워졌을 것이다. 대신, 대각성은 다른 사람들이 다음 세기가 시작될 무렵 일어난 켄터키 주의 천만 집회 시 나타난 성령의 역사에 다시 그들의 마음을 열 때까지 실패로 끝났다.

노샘프턴에서의 해고

노샘프턴에서의 시간은 힘들었으며 마침내 조나단의 목회 경력을 바꾸어 놓았다. 1744년 '조지왕 전쟁'(King George's War)이 발발하면서 식민지인들은 자신들이 프랑스인 및 인디언들과 공개적인 갈등 관계에 있다는 사실을 발견했다. 주변의 도시들은 공격받아 불에 탔으며, 노샘프턴의 몇 몇 주민들은 기습 공격을 받고 살해되었다.

사람들이 벼랑 끝에 몰리자 조나단은 교회 회원권과 성례전인 주의 만찬의 집행과 관련된 교회의 정책에 대해 신속히 단호한 입장을 취했다. 그가 결코 가만히 있을 수 없는 몇 가지의 사안이 있었다. 그는 신앙 고백 없이 교회 가입이나 성찬식의 참여를 허락하는 자기 할아버지의 전통이 계속되고 있는 것에 오랫동안 찬성하지 않았다. 마침내 그는 그러한 정책을 끝내기로 결심했다. 조나단은 회개에 대한 증거를 요구했다.

더욱 복잡한 것은, 조나단에 의해 징계적 개입이 요청되는 상황이 일어났

---

67. Hyatt, *2000 Years of Charismatic History*, 117에 인용된 Jonathan Edwards, "A Narrative of Surprising Conversions," 71,

다. 교회 안에서 일부 청소년들이 조산술(midwifery)에 관한 서적과 마약을 소지하고는 그것을 친구들과 함께 나누었으며, 젊은 여성들의 생리를 조롱했다. 사태를 조사한 에드워즈는 문제에 대해 듣기로 하고 모인 사람들의 위원회(당시의 교회에서는 일반적인 관행이었다.) 앞에 3명의 주모자들의 자백을 가져왔다. 많은 사람들은 그것이 형편없이 처리되었다고 생각했다.

조나단의 성찬식 참석자 허락에 관한 이와 같은 논쟁은 교회 지도자들 사이에 심한 반대를 일으켰다. 조나단은 그들의 분노를 진정시키려 노력했지만 아무 소용이 없었다. 1750년, 조나단 에드워즈는 그가 23년 동안을 재직하고, 두 차례에 걸쳐 대부흥운동을 경험한 목사직에서 해고되었다.

아메리카 인디언을 위한 사역

교인들 가운데 일부가 조나단에게 같은 도시에서 새로운 교회를 시작하도록 설득하였다. 대가족에 수입이 적었던 조나단에게 이와 같은 설득은 충분히 매력적이었을 것이다. 그러나 자신의 사적인 요구보다 하나님의 나라에 관심이 많았던 조나단은 그러한 결정이 한 도시 안에 더욱 커다란 분열을 초래할 수 있다고 생각하고 거절했다.

조나단에게 악한 생각이 있다는 증거는 찾아볼 수 없었다. 그는 계속해서 모든 사람에게 형제애적인 친절과 호의를 나타냈다. 그는 목사직에서 해고된 1년 후, 노샘프턴 서쪽으로 약 96킬로미터 떨어진 스토크브리지(Stockbridge)에 있는 인디언선교부(Indian Mission)로부터 목사직을 제의받았다. 그것은 자신의 직위보다 낮은 자리였지만, 그는 겸손한 마음으로 아메리카 인디언들 사이에서 목회할 수 있는 기회를 수락했다.

선교부에서의 생활은 많은 연구 시간과 함께 매우 단순했다. 그는 인디언들 주택의 굴뚝 옆에 있는 가로, 세로 각각 1.2미터와 1.8미터 크기의 방에서 많은 시간을 보냈다. 스토크브리지에서의 6년은 조나단으로 하여금 향후 수

세기에 걸쳐 유명한 작품이 될 자신의 최고 신학 작품의 집필을 가능하게 했다는 점에서 그에게는 하나님이 주신 선물이었다. 조나단은 글을 쓰기 위해서 필요한 종이가 부족하자 자기가 닥치는 대로 수집한 종이 조각들(신문지의 여백 가장자리, 자기가 받은 편지의 밑부분)을 합쳐 꿰매어 공책을 만들었다.

조나단과 사라는 인디언들이 곤충이 가까이 오는 것을 막기 위해 몸에 곰의 기름을 바르고 교회에 왔음에도 그들에게 깊은 관심을 기울였다. 조나단은 일반적인 시편을 노래하는 대신 웨슬리의 찬송을 도입하므로 자기가 노샘프턴에서 원했던 형태의 예배 의식을 개발했다. 그는 자기가 좋아한 화음에 맞추어 찬송을 부를 것을 권하고 어린이들에게 성경을 가르치기 위한 방법으로 이야기(storytelling) 사용을 주장했다.

> 조나단은 어린이들에게 성경을 가르치기 위한 방법으로 이야기 사용을 주장했다.

이 기간은 또 조나단에게 있어 해명의 기간이기도 했다. 그를 향한 공격에 앞장을 섰던 사람들 중 한 사람은 장문의 사과문으로 자신이 한 모든 행동이 부끄러움이었음을 고백하였다. 그러나 조나단이 보스턴지(the Boston newspaper)에 그 사과문을 게재했는지에 대해서는 확실히 알 수가 없다. 그때 이미 '프렌치-인디언 전쟁'(the French and Indian War)이 시작되어 에드워즈가(家)는 가까운 곳의 요새에서 은신처를 찾고 있던 많은 사람들에게 수백인 분의 식사를 공급하느라 바빴다. 하지만 조나단에게는 그가 완전히 다른 길을 가도록 준비 작업을 하고 있는 사건이 기다리고 있었다.

1757년 9월, 조나단은 41살인 그의 사위 아론 버르(Aaron Burr)가 말라리아로 죽었다는 소식을 받았다. 버르는 에드워즈의 장녀인 에스더(Esther)를 5일간의 구애 후 한 달이 안 되어 약혼하였고, 1752년 6월 29일에 결혼하였다. 그들은 뉴저지 주에서 살고 있었는데, 버르는 오늘날 프린스턴 대학교의 전신인 뉴저지 대학(College of New Jersey)의 총장으로 재직하였다.

버르의 갑작스런 죽음에 관한 소식은 매우 충격적이었다. 그러나 나머지 메시지는 조나단이 그 대학교의 차기 총장으로 선출되었다는 내용이 들어 있었다. 그는 마치 모세가 하나님 앞에서 한 것처럼 자기를 뽑아준 사람들에게 자신은 후보자로 부적격자라는 것을 설득시키려 했다. 그는 자신은 건강도 좋지 않을뿐더러 그리스어와 수학 같은 특정 분야에 있어 지식이 짧다고 말했다. 그러나 조나단의 가장 강한 반대는 자신이 연구와 집필에 몰두해 있으며, 무엇보다도 스토크브리지에서 계속 머물고 싶다는 것이었다.

조나단에게 대학교의 운영에 대한 스트레스는 나타나지 않았다. 그러나 많은 생각 끝에, 그는 몇몇 믿을 만한 친구들의 조언을 구하기로 했다. 조나단은 그의 조언자들이 총장직을 수락하는 것이 자기의 의무이자 책임이라고 믿는다고 표현하자, 그들 앞에서 눈물을 터뜨렸다. 그는 친구들이 자기의 평생 소명이라고 믿는 것에 대해 답하기 위해 즉각 자리를 떴다.

마지막 말:
"하나님을 신뢰하십시오."

사라와 나머지 가족들은 스토크브리지에 머물면서 다가오는 봄에 조나단의 뉴저지 행을 따를 계획을 세우고 있었다. 조나단은 딸인 루시(Lucy)와 함께 여행을 시작하여 1758년 1월 뉴저지에 도착했다. 놀랍게도, 그는 대학교의 학생과 교수진에게 설교하는 것을 기뻐하였으며 그들의 따뜻한 대접에 위안을 받았다. 게다가 조나단에게는 연구하고, 글을 쓸 수 있는 시간이 기대했던 것보다 더 많았다. 프린스턴에서의 정착이 매우 유망해 보였다.

그런데 이 무렵 뉴잉글랜드에서는 천연두가 창궐하여 많은 사람이 죽어 가고 있었다. 조나단은 만약에 그런 상황으로 인해 자기에게 예방 접종을 받으라는 연락이 오면 어떻게 해야 할 것인지에 대해 이미 깊이 생각하고 있었다. 과학적으로 매우 앞서 있었던 그는 몇 년 전에 이미 예방 접종을 받기로 결정했었다. 그럼에도 불구하고, 조나단은 대학의 이사들과 상의했다. 왜냐하면

절차상의 성공과 관련하여 많은 이견이 있었기 때문이다. 그들은 모두 조나단이 예방 접종을 받아야 한다는 것에 동의했다. 최근에 미망인이 된 그의 딸 에스더도 예방 접종을 받기로 결정함으로 그들은 치료차 1758년 2월 13일 돌아갔다.

처음에 조나단에게서는 비교적 가벼운 천연두 증상만 나타났었다. 그러나 몇 주 후 심한 고열 증세가 나타나면서 조나단은 1758년 3월 22일 55세를 일기로 세상을 떠났다. 죽음 며칠 전, 그는 자신의 영원한 순간이 임박했음을 알았던지 딸인 루시에게 자신의 마지막 말을 기록할 것을 부탁했다. 예상대로, 그는 자기 아내인 사라와의 관계를 '특별한 결합'이라고 칭하며 그녀와 자녀들에게 사랑을 표했다. 그는 자신의 장례를 간소하게 치를 것과 정해진 조의금은 가난한 자들을 위해 사용할 것을 당부했다. 곁에서 조나단의 임종을 지켜보며 서 있던 사람들이 그가 듣거나 말하는 것이 더 이상 불가능하다고 생각했을 때, 그는 다음과 같은 마지막 말로 그들을 놀라게 했다. "하나님을 믿으세요, 그러면 두려워하지 않아도 됩니다."

조나단을 치료했던 의사는 하나님께서 그를 "고통이 없는 완전히 자유롭고 영원한 곳으로 들어가도록 허락하셨으며…. 그는 진정 잠들었다."[68]고 말했다. 조나단 에드워즈는 대학교의 2대 총장직에 취임한지 불과 2개월 그리고 애론 버르(Aaron Burr)가 사망한지 꼭 6개월 후 프린스턴 대학교의 터에 그의 전임자와 함께 나란히 안장되었다.

그런데 2주가 채 안되어 에스더 에드워즈가 또 죽었다. 그녀의 사망 원인에 대해서는 예방 접종 때문이라고 말하는 사람이 있는가 하면, '고열' 때문이라고 말하는 사람이 있었다. 그녀는 두 아이, 4살 된 샐리(Sally)와 2살 된 애론 버르(Aaron Burr Jr.)를 남겨 놓고 세상을 떠났다. 애론은 훗날 미국 하원의 단 한 표 차로 미국 대통령 선거에서 패했다. 그는 1800년 토머스 제퍼슨(Thomas Jefferson) 대통령 시절 부통령이 되었다.

---

68. Lutz, *Jonathan Edwards: Colonial Religious Leader*, 69.

그해 가을, 사라 에드워즈는 에스더의 자식들을 보살피기 위해 필라델피아를 여행했다. 그녀는 그곳에 도착한지 얼마 되지 않아, 이질로 인한 중병에 걸렸다. 1758년 10월 2일, 그녀는 48살의 나이에 영광 가운데 남편의 뒤를 따라가 프린스턴 대학교의 묘지에 있는 남편 옆에 묻혔다.

영광스러운 유산

존 파이퍼는 이와 같은 말로 조나단 에드워즈의 공로를 탁월하게 요약하였다.

> 에드워즈의 모든 사역의 커다란 목표는 하나님을 영화롭게 하는 데 있었다. 나는 지금까지 내가 에드워즈를 통해 배운 가장 위대한 교훈은 하나님이 당신을 널리 드러내거나 또는 의무적으로 순종하는 자들을 통해 영광 받으시는 것이 아니라, 당신을 기쁘시게 하는 것을 통해 영광을 받으신다는 사실이다.[69]

대각성운동은 분명히 하나님의 영광을 보여 주는 것으로 끝났다. 보고에 의하면 뉴잉글랜드에서는 5만 명이나 되는 사람이 회개하고 그리스도께 돌아왔다고 한다. 그 당시 전체 주민수가 약 3백만 명에 불과했다는 사실을 감안하면 그것은 어마어마하게 많은 수였다. 그렇게 많은 수의 회심자 외에, 150개의 새로운 교회가 세워졌다.[70]

조나단 에드워즈는 또한 『데이비드 브레이너드의 생애와 일기』를 출판함을 통해 선교사들의 세대에 영감을 주는 도구로 쓰임을 받았다. 비록 브레이너드는 짧은 생애를 살았지만, 그의 삶이 미친 영향은 그가 상상할 수 있었던

---

69. Piper, "Pastor as Theologian."
70. Fisher, *World History for Christian Schools*, 392.

것보다도 훨씬 멀리까지 나아갔다. 조나단의 일기는 그처럼 모든 민족과 종족과 국가를 위한 선교사로 자신을 가장 값비싼 제물로 기꺼이 헌신하기 원하는 수많은 사람들에게 계속 깊은 영향을 주고 있다.

조나단에 대해 우리는 기독교 역사상 그가 누구보다도 마음과 뜻과 영혼과 힘을 다해 하나님을 사랑한 사람이었다고 말할 수 있다. 열렬하게 지식을 추구했던 그는 성령의 사람 못지않게 책을 사랑한 사람이었다. 그의 신학 서적들은 오늘날까지 미국에서 여전히 가장 깊이 있고 중요한 작품이 되고 있으며, 그가 일으킨 각성 운동은 그의 사후 얼마 안 되어 식민지들을 아메리카합중국으로 만드는 데 기여했다.

그는 미국이 장차 기독교 국가로 인정받는 데 밑거름 역할을 하기도 했다. 에드워즈는 대각성운동과 그것의 기원에 대해 그가 남긴 상세한 문서 자료들을 통해 훗날 부흥운동이 일어나는 많은 토대를 마련했다. 조나단 에드워즈는 오늘날 모든 목회자들, 특히 21세기 영적 부흥의 도화선(導火線)을 찾고 있는 자라면 누구나 그의 작품들을 가까이 해야 할 인물이다.

제 4 장
✯✯✯✯✯

프란시스 애즈베리
Francis Asbury

(1745-1816)

"먼 길을 걸어간 선지자"

제 4 장

먼 길을 걸어간 선지자

Francis Asbury

> 우리는 마치 자신의 행위로 구원받는 것처럼 일해야 하고, 우리가 한 일이 없는 것처럼 예수 그리스도를 의지해야 한다.
>
> - 프란시스 애즈베리

1740년대 제1차 대각성운동과 미국독립혁명(1775-1783)에 이어 부흥의 물결이 그전까지 발생한 적이 없어 보이는 막 태어난 신생 국가 미국을 강타했다. 오늘날 주(state)로 편성된 식민지들은 정착민들에게 열린 공간과 자유의 땅을 약속함으로써 서쪽의 새로운 영토를 확장해 가고 있었다. 전보(telegraph) 이전의 시기로, 뉴욕의 인구가 아직 20,000명이 채 되지 않던 때 미국의 도시들은 마치 하늘의 흩어져 있는 별처럼 보였다. 에드워즈의 부흥운동이 제법 큰 도시의 교회에서 시작되고, 휫필드의 설교를 통해 주의 말씀을 듣고자 각처에서 수천 명 혹은 수만 명의 사람들이 몰려드는 가운데 이러한 부흥운동은 사람들이 사는 곳이라면 어디에서나 신앙을 갖게 하였다.

해안 도시에서 미시시피 강에 이르기까지 흩어져 있는 개척지 변경의 농장과 작은 마을들에서 들을 수 있는 새로운 소식이란 거의 없었으며, 교회는 더 찾아보기가 힘들었다. 미국독립혁명 이전 목회자들은 대도시에 집중되어 있었지만, 프란시스 애즈베리와 같은 사람들은 예수께서 사도들을 둘씩 짝지어 보내시며 보여 주신 그와 같은 형식의 중요성을 보았다. 프란시스 애즈베리를 대표로 하는 개척 시대 감리교의 순회 목사들은 도시의 수많은 군중이 아닌 영적 부흥에서 가장 멀리 떨어진 변경으로 나아가 설교하였으며, 미국 국민을 하나로 묶는 실이 되었다. 감리교파는 기도회와 성경 연구, 연합된 교제에 대한 엄격한 규율로써 서구 변경의 독립적인 사고를 가진 사람들 사이에서 공동체를 창출하는 커다란 힘이 되었다.

이처럼 하나로 묶어 주는 힘이 얼마나 중요했을까? 애즈베리의 전기 작가인 다리우스 솔터(Darius Salter)는 다음과 기술했다.

> 미국 정부의 국가역사편찬위원회(National Historical Publications Commssion)는 나라 발전에 필수가 되며, 미국을 세계 역사에서 전략적 위치가 되도록 기여한 중요 인물 66명을 열거했다. 애즈베리는 이들 가운데 한 사람으로 목록에 올랐다.[1]

정치적 인물이나 미국에서 태어난 시민이 아니지만 애즈베리의 이름은 오늘날 세계의 귀감이 된 민주공화국의 중요한 건립자 조지 워싱턴(George Washington), 토머스 제퍼슨(Thoams Jefferson), 존 애덤스(John Adams) 그리고 에이브러햄 링컨(Abraham Lincoln)과 함께 열거되었다. 그의 기여가 너무나도 중요했기 때문에 백악관에서부터 남쪽 방향으로 16번 가인 워싱턴 D.C.(Washington, D. C.)에는 말을 타고 있는 그의 동상이 있다. 이 동상에는 다

---

1. Darius L. Salter, *America's Bishop: The Life of Francis Asbury* (Nappance, IN: Francis Asbury Press, 2003), 9.

음과 같은 글이 새겨져 있다. "만약 애즈베리가 한 일의 결과를 찾는다면 우리의 기독교 문명에서 그것을 찾을 것이다." 그리고 "1771년부터 1817년까지 도시, 마을, 정착지에 걸쳐 계속된 여행으로 애즈베리는 미국 공화국에서 애국심과 교육, 도덕과 종교가 크게 발전하는데 기여했다."

애즈베리는 특정한 도시의 큰 교회에 정착하여 고정된 설교단에서 설교하는 대신 말을 타고 수십만 킬로미터를 다니며 그때까지 하나님의 말씀을 들어본 적이 없는 곳들에 그것을 전했다. 그는 커다란 군중들 앞에서 설교하기보다는 종종 시골집에 모인 몇몇 가족들에게 이야기하거나 혹은 길을 가다가 만나는 외로운 여행자들에게 말씀을 전했다. 그는 모든 사람이 똑같이 타락하고, 모든 사람에게 구원자가 필요하다는 의식으로 그들을 대했다. 프란시스는 듣고자 하는 사람이라면 누구든지 하나님의 구원의 은혜라는 은사를 전하는 일에 신성한 부르심을 입었다고 믿었다. 그리고 그는 각 사람에게 복음을 전해주기 위해서 무슨 일이라도 기꺼이 했다. 이 일을 위해서 그가 한 사람 한 사람에게 복음을 전했던 것처럼 말이다.

영국에서의 어린 시절

종종 '프랭키'(Franky)라고 불린 프란시스 애즈베리는 버밍햄(Birmingham)에서 멀지 않은 영국 스태퍼드셔 주(Staffordshire)의 햄스태드 브리지(Hamstead bridge)에서 1745년 8월 20일 태어났다.[2] 애즈베리는 프란시스가 태어나기 전에 태어난 딸 사라가 영아 때 사망한 후 신실한 감리교도가 된 조셉(Joseph)과 엘리자베스(Elizabeth) 애즈베리의 생존한 유일한 자식이었다. 엘리자베스 애즈베리는 수수하고 헌신적인 신자였다. 프란시스 애즈베리가 훨씬 이후에

---

2. 프란시스 애즈베리의 생일의 정확한 날짜는 사실상 불확실하다. 하루 일찍(8월 19일)이나 하루 늦은(8월 21일)일 수도 있다고 하나 단순하게 하기 위해서 가장 많이 언급된 날짜를 사용했다.

쓴 일기에 실린 내용에 따르면 엘리자베스의 남편은 지역에 사는 부유한 가문의 정원사였다. 이 직업은 주로 금속 제품을 생산하던 거친 지역 사회에서 영향력 있는 지위라고 할 수 없었다.

감리교 신자가 된다고 해서 그곳에서 유명해지지는 않았다. 버밍햄 주민들은 어떤 종류의 종교에도 반대했는데 특히 웨슬리 형제의 개인적인 신성함에 대한 부르짖음에 대해 그러하였다. 한 번은 존과 찰스 웨슬리가 예배를 거행하려고 했을 때 군중이 존의 물건을 모두 빼앗아 갔다. 또 한 번은 사람들이 찰스에게 돌과 순무를 던졌고, 그가 말하고 있을 때 종종 지역 교회 종을 쳐서 소음을 만들어 목소리가 들리지 않게 했다. 지역 정부까지도 감리교 설교자에 반대하는 듯했다. 한 치안 판사는 그들을 끌어내는 사람에게 돈을 지불했다. 웨슬리 형제와 존 넬슨(John Nelson)이 연합했을 때, 사람들은 "계란과 돌을 던지고, 여덟 번 때려눕히고, 실컷 돌을 던진 뒤에 옆구리를 때리면서 머리채를 잡고 18미터 가량을 이동했다. 넬슨의 임신한 아내는 구타를 당해 유산하기까지 했다."[3] 웨슬리 형제가 이사한 이후에도, 군중은 감리교 신자가 된 사람들을 계속해서 위협하고 강탈하고, 그들의 집을 부수고 그들에게 신체적 폭행을 가하기도 했다.

애즈베리, 혹은 어린 프랭키의 어린 시절에 대해서는 하나의 이야기가 남아 있을 뿐이다. 이것은 프란시스의 마지막 여행 동반자인 존 웨슬리 본드(John Wesley Bond)와 관계된 이야기이다.

> 감독의 아버지 직업은 정원사였다. 그는 긴 가위, 톱, 괭이, 갈퀴 등으로 이루어진 정원 손질용 도구를 집에 부속된 방에 가득 채워 놓곤 했다. 하루는 프란시스를 이 방에 남겨 두었다. 아이가 위험하다는 생각을 미처 하지 못한 아버지가 프란시스의 어머니를 부르면서 말했다. "아이가 어디 있어? 우는 소리가 들리는데." 프란시스의 어머니는 방으로 달려가서 프란

---

3. Salter, *America's Bishop*, 19.

시스가 바닥에 있는 구멍으로 기어들어가 그곳에 떨어져 있는 것을 보았다. 그러나 하나님의 자비로운 섭리로 정원 관리 도구를 얼마 전에 치웠고 거의 재로 채워진 더 큰 급수통이 프란시스가 떨어진 그 장소에 놓여 있었다. 이 급수통은 애즈베리가 떨어지는 충격을 완화시켜 주었으며 그렇지 않았다면 아마도 세상은 애즈베리 감독의 사역을 할 권리를 영원히 박탈 당했을지 모른다.[4]

프란시스는 어린 시절 물질적으로 부유하지 않았지만, 어린 나이부터 인성을 키워 주고 영적 성장을 조장해 준 부모님으로 인해 축복을 받았다. 정규 교육은 말할 것도 없었다. 그는 가끔 선생님께 맞았고, 학급 친구들이 그를 "비열한 녀석 중 가장 비열하다"[5]고 말하여 그는 열 살의 나이에 학교를 그만 두고 부유한 영주의 땅에서 임시 직업을 얻고자 하였다. 이 일에 대한 부모님의 분명한 조언은 없었다. 읽기와 쓰기를 배웠기 때문에 그는 혼자서 규칙적인 성경 공부를 계속했다.

조셉과 엘리자베스 애즈베리의 집은 검소한 방이 네 개였는데 설교자와 성경 연구, 헌신적인 집회에 열려 있었다. 따라서 어린 애즈베리의 종교 교육은 번성하였다. 프란시스는 회심을 한 정확한 날짜를 기억하지 못했고 미국에 도착한 이후 어린 시절의 삶에 대해 쓴 일기가 사실상 남아 있지 않다. 그러나 하나님은 주님의 길을 따르도록 그의 앞에 여러 사람과 조언자를 사용하셨고, 그가 부르심을 준비하게 하셨다. 열두 살쯤 되었을 때 성령이 그의 주위에서 그를 심각하게 다루셨지만 그는 곧 친구들에게 주의를 빼앗기곤 하였다. 어린 시절 주님의 길을 접하게 된 대부분의 목회자들이 자신의 영적인 문제에 관해 교육받지 못한 것 같이 프란시스는 자신 역시 신실한 과정에 결여

---

4. Salter, *America's Bishop*, 21.에 인용된 *Methodist History 4* (October 1965)에 인용된 Rober J. Bull, "John Wesley Bond's Reminiscences of Francis Asbury,"

5. Salter, *America's Bishop*, 22.에 인용된 Francis Asbury, The Journal and Letters of Francis Asbury, eds. Elmer T. Clark, J. Manning Potts, and Jacob S. Payton, vol. 1 (Nashville: Abingdon Press, 1958), 720.

가 있다고 생각했다.

　프란시스가 13살이 되었을 때, 여행 중이던 구두제조업자가 지역에서 기도 모임을 열었다. 엘리자베스 애즈베리는 비록 그가 침례교도였음에도 불구하고 신실하다는 사실을 믿어, 집에서 열린 감리교 단체 모임에 그를 초대해 이야기하게 했다. 그 남자의 말은 어린 프란시스의 마음을 구원으로 들뜨게 하였다. 오래 지나지 않아, 감리교 순회 설교자인 알렉산더 마더(Alexander Mather)가 버밍햄 지역에 배정되었다. 어린 애즈베리는 어떻게 사람이 죄로부터 자유를 얻을 수 있는가에 대한 마더의 설명을 듣게 되자 그의 마음은 다시 거룩함의 필요성의 이해로 옮겨가게 되었다.

　감리교 신도회의 집회는 프란시스에게 지워지지 않을 영향을 주었고, 그는 10대 시절을 거치면서 믿음이 신실한 남자들과 여자들이 하나님을 노래하고 찬양하는 일을 목격하며 자랐다. 프란시스는 이들이 부르는 찬송가를 사랑했지만 특히 설교자가 기도하고 말했던 자유에 인상을 받았다. 당시 전형적인 성

▲ 감리교 컨퍼런스
아이다호주 노스웨스트 나사렛대학교의
웨슬리 센터 온라인(wesley.nnu.edu)

직자는 거의 어떤 생각도 불러일으키지 못했다. 성직자들은 따분하고 단조롭게 이야기했고 책에서 기도문을 읽었다. 그 가운데 어느 것도 자발적이지 않았다. 아무것도 사람들의 생각을 고취시키는 듯 보이지 않았다. 반면 마더는 하나님이 방에 서 있는 듯이 기도했다. 그는 글로 적힌 설교 문구에 의존하지 않고 가슴에서부터 우러나온 설교를 했다. 이런 설교방식은 프란시스가 가는 곳이면 어디든 퍼트리려 했던 미국 감리교의 전형적인 모형이 되었다.

　성장하면서 하나님을 구하는 이 시기 동안 프란시스는 영적 진보를 계속하기 위한 지원 체계를 발전시켰다. 그는 믿음에 있어 심각한 태도를 지녔던 프란시스 나이 또래의 다른 소년들과 연합했다. 그들은 다른 두 개 교회에서 매

주 일요일 함께 네 번의 예배에 참여했다.

프란시스는 평생 그의 삶에 여러 규율을 심어준 어머니 덕분에 영적으로 크게 성숙하게 되었다. 예를 들어 엘리자베스 애즈베리는 매일 아침 네 시에 아들을 깨우곤 했다. 그래서 그는 대장장이의 견습생으로서 의무를 수행할 수 있었고, 그 이후 감리교 교제 모임이나 어머니의 헌신적인 집회에서 자유롭게 설교할 수 있었다.

말년에 프란시스는 아침 6시까지 자는 일을 허용했을 때 죄책감을 느끼고 자신을 나태한 사람으로 여겼다. 그는 성경을 연구하면서 불빛 때문에 창문 앞에 서 계신 어머니를 관찰하면서 어린 나이에 인내심을 배웠다고 말했다. 프란시스의 어머니는 가르쳐 줄 사람이 없을 때 이를 이해하기 위해 열심을 다하였다. 프란시스는 동료 신자들을 돌보는 어머니를 통해 사랑의 행함을 보았다. 의심할 여지없이 복음을 전하고자 하는 어머니의 행함의 결단은 아들에게 심오한 영향을 끼쳤을 것이다.

프란시스는 일생 동안 부모님과 긴밀히 연락하며 지냈으며, 편지를 보냄과 더불어 매달 후원금을 보냈다. 그의 부모님에 대한 지속적인 사랑과 헌신은 재정적으로 어려움에 처했다는 소식을 듣고 보낸 편지에서 알 수 있다. "저는 제 시계와 도서들을 팔았습니다. 그리고 더 필요하여 말씀하시기 전에 저의 옷도 팔 것입니다."[6]

1771년 미국으로 가기 위해 떠났을 때 그가 부모님을 다시 볼 수 없다는 사실을 알았다면 비통함을 느꼈을 것이다. 몇 년 뒤, 아버지가 돌아가신 후 어머니 엘리자베스 애즈베리는 지혜롭지 못한 재정적 결정을 내렸고 그 때문에 심각한 곤궁에 처하게 되었다. 이 비극은 부모님을 남기고 떠났다는 끝나지 않는 죄책감을 가중시켰다. 비록 그가 복음을 위해서 모든 것을 버리고 부르심을 받았다는 사실을 알았음에도 말이다.

---

6. Ezra Squier Tipple, *Francis Asbury: The Prophet of the Long Road* (New York: The Methodist Book Concern, 1916), 56.

설교자가 되는 길

프란시스는 15살이 되었을 무렵 공개적으로 설교하기 시작했다. 그는 어머니의 교제 모임에서 단순히 성경 구절을 소리 내어 읽고 이를 상세히 설명하였다. 거기에서부터 그는 다른 감리교도들의 집으로 확장하기 시작했다. 알렉산더 마더는 그를 알아보고 지역 평신도 설교자와 젊은이의 지도자로 그를 지명했다. 열일곱 살에서 스무 살 사이에 프란시스는 버밍햄 지역을 다니면서 요구를 받을 때면 어디에서든지 한 주에 여러 차례 설교를 했다. 그는 이렇게 기록했다. "소중한 영혼 덕분에 나는 내가 닿는 범위 내에서 거의 모든 장소로 갔으며, 한 주에 보통 세 번, 네 번, 다섯 번 설교했다. 그리고 나는 동시에 나의 소명을 추구하였다."[7]

프란시스가 22살이 되었을 때 영국에서 열린 감리교 총회는 그에게 설교할 수 있는 견습 허가를 주었다. 1년 뒤 그는 허가받은 목회자로 순회 구역에 배정되었다. 그는 자신이 위대한 설교자라고 생각하지 않았으며 따라서 이렇게 고백한다. "나는 종종 어떻게 누군가가 나의 설교를 듣기 위해 앉아 있을까 궁금합니다. 그러나 주님은 그분의 힘으로 나의 약함을 덮어 주십니다."[8] 평범한 설교자가 되는 일이 필연적으로 나쁜 일은 아니었다. 웨슬리의 복음 전도 방식은 강력한 설교나 영원한 교회를 세우는 일과 관계가 없었다. 그는 단지 설교의 범위를 넓히고자 했다. 웨슬리는 이렇게 기록했다. "내게 죄 말고 아무것도 두려워하지 않고 하나님 이외에 아무것도 바라지 않는 백 명의 설교자를 주십시오. 그리고 그들이 성직자이건 평신도이건 내가 마구간에서 자게 되더라도 상관하지 않겠습니다. 이 일은 오직 지옥의 문을 흔들 것이고,

---

7. Salter, *America's Bishop*, 28. 에 인용된 Asbury, *Journal and Letters of Francis Asbury*, vol. 1, 722.
8. Salter, *America's Bishop*, 30. 에 인용된 Asbury, *Journal and Letters of Francis Asbury*, vol. 3, 4.

이 땅에 하나님의 나라를 세울 것입니다."⁹ 프란시스의 설교에 대한 열정은 두려움을 모르는 그의 자질에 적합했음이 분명하다.

한동안 웨슬리 형제는 미국인 목사들로부터 편지를 받았다. 목사들은 지혜가 있고 경험이 있는 사람들이 미국으로 와서, 조지 휫필드와 그의 각성 운동을 따랐던 사람들이 일궈낸 부흥이 있는 동안에 그리스도께로 온 새로운 회심자를 도와야 한다고 외쳤다. 존 웨슬리는 어떻게 이 일을 해야 하는지 확신하지 못했지만 이를 위해 정기적으로 기도했다. 다른 이들 가운데 있던 루터파 선교사는 식민지에서 막 돌아오자 곧 웨슬리에게 새로운 교회에 적절한 지도력이 없다면 곧 사멸하게 될 것이라고 경고했다. 그래서 1771년 8월 열린 브리스톨 총회(Bristole Conference)에서 존 웨슬리는 미국으로 보낼 자원자를 간청하기로 결심했다. 그는 이렇게 말했다. "우리의 미국 형제들이 큰 소리로 도움을 외칩니다. 누가 거기로 가서 그들을 돕겠습니까?"¹⁰ 이러한 부름은 프란시스의 마음을 깊이 움직였고, 그는 리차드 라이트(Richard Wright)와 함께 가는데 동의했다. 그들은 잘 때 필요한 담요 두 개와 옷가지, 어떤 친구가 프란시스에게 준 10파운드를 챙겨서 1771년 9월 4일 출항했다. 그는 몇 줄의 단어로 그 자신의 선교를 표현하였다.

> 내가 어디로 가는가? 새로운 세계다. 무엇을 하는가? 영예를 얻기 위해서? 아니다. 돈을 벌기 위해서? 아니다. 나는 하나님을 위해 살고자, 그리고 다른 이가 그렇게 하도록 데려오고자 갈 것이다.¹¹

---

9. Salter, *America's Bishop*, 23.에 인용된 John Wesley, *The Letters of the Rev. John Wesley, A.M.*, vol. 6, ed John Telford (London: Epworth Press, 1931), 271.
10. Salter, *America's Bishop*, 36.
11. Salter, *America's Bishop*, 36.에 인용된 Asbury, *Journal and Letters of Francis Asbury*, vol. 1, 4.

아메리카의 해안을 보았을 때

종종 뱃멀미를 했던 프란시스에게 여행은 길었다. 그러나 프란시스는 그의 부르심을 붙들었다. 그는 할 수 있다면 매일 오후 갑판 위에서 설교를 했다. 때로는 바람에 배가 요동하지 않도록 세워놓은 돛대 앞에서 홀로 설교를 하기도 하였다. 1771년 10월 27일 일요일에 배가 필라델피아에 정박했고, 프란시스와 라이트는 바로 그 밤에, 그 도시의 감리교 본부인 세인트 조지 교회(Saint George's Church)로 갔다. 우리는 프란시스가 쓴 일기의 몇 줄을 통해서 그의 소명이 얼마나 압도적이었고 엄청난 것이었는지를 알 수 있다.

> 사람들은 기쁨으로 우리를 바라보았다. 그들은 어떻게 그들의 사랑을 충분히 보여줄 수 있을지 거의 알지 못했으며, 열렬한 애정으로 우리를 환영하여 우리를 하나님의 천사들인 것처럼 받아 주었다. 오 우리는 우리를 부르신 그것으로 소명의 가치를 삼고 항상 행할 수 있었다! 내가 미국 해안 부근에 왔을 때, 내가 어디에서 왔으며, 내가 가고 있는 곳은 어디이고, 무엇이 나를 가게 했는지에 대한 생각으로 내 안에서 심장이 녹아 내렸다.[12]

필라델피아와 뉴욕에 위치한 가장 큰 교회 중 일부에서 첫 번째 달 동안 설교한 후 프란시스는 영혼이 끊임없이 자라고 있음을 알게 되었다. "한 곳에 머물러 설교하는 일은 즐겁다. 그러나 시골과 더 먼 변경에 사는 신도회의 회원들에게 복음을 전할 추진력은 어디에 있었을까?"[13] 책임을 맡은 사람들이 뉴욕과 필라델피아 밖에서 더 많은 복음을 퍼트릴 계획을 세우지 않았다는 사실 때문에 프란시스는 좌절감을 느꼈다. 그의 열정을 이룰 수 있는 배출구가 없었기 때문이다.

---

12. Tipple, *Francis Asbury: The Prophet of the Long Road*, 111-112.
13. Salter, *America's Bishop*, 38.

영국에서 프랜시스는 순회하는 다른 설교자의 권위를 빼앗는다는 이유로 비난을 받기도 했다. 이에 대한 기록은 다음 사실을 말한다. 동료 설교자가 아팠고 자신의 자리를 프랜시스가 맡아줄 수 있느냐고 물었다. 정확히 고소를 유발한 프랜시스의 행동이 무엇인지 구체적인 설명이 없음에도, 설교자는 프랜시스가 그의 구역을 빼앗기 위해서 시도했다는 믿음을 분명하게 제시한 편지를 프랜시스에게 보냈다. 누군가는 프랜시스가 미국에서 비슷한 고소를 당할지 모른다는 위험 때문에 망설였다고 생각하지만, 그는 당시까지 미국 선교의 단점이라고 생각했던 것들을 이야기할 때면 어떤 망설임도 보여 주지 않았다. 뉴욕과 필라델피아라는 두 주요 도시를 벗어난 먼 지역에서 설교하는 일은 실패했고, 사람들은 그렇게 하려는 일에 거의 관심을 갖지 않았다. 게다가 프랜시스는 두 도시에서 행해진 설교가 해이하고 규율과는 거리가 멀다는 사실을 알게 되었다. 그가 웨슬리 형제들로부터 배웠던 감리교라고 부를 수가 없었다. 그와 함께 여행했던 영국인 동행자들과 달리 프랜시스는 단호한 성격 때문에, 안주하며 감리교 선교를 이어가던 다른 이와 같이 무심코 머무르는 것에 만족할 수 없었다. 이 불만족 때문에 프랜시스는 당시 미국에 있던 감리교도 지도자 가운데에서 몇 명의 친구를 만들었지만 그의 마음은 이 문제와 결코 타협할 생각이 없었다.

곧 프랜시스는 두 명의 지역 목사를 설득하여 뉴욕, 웨스트체스터(Westchester)로 갔다. 거기에서 그는 지역 판사에게 법원 건물을 강단으로 사용할 수 있게 해 달라고 요구했다. 이 일이 잘 되었기 때문에 그는 2주 뒤 돌아왔고, 비록 법원 건물은 사용할 수 없었지만 여관 주인의 집에 소박하게 교회를 세웠다. 프랜시스는 저녁 식사 후 기도하기 위해 그가 초대했을 때 감리교도가 된 지역 어느 가족의 집에서 밤을 보냈다. 프랜시스는 그 이후 40여 년 동안 복음 전도를 반복했다. 그는 설교할 장소를 발견하면 지역 가족들과 머물고, 그리스도를 소개하고 영접하도록 그들을 위해 기도했다. 그리고 그가 이렇게 했을 무렵, 새로운 감리교 사회가 태어났다.

그러나 미국에서 보낸 첫 10년 동안 매우 적은 수의 성공만을 거두었다는 흔적이 남아있다. 그는 선교의 지도력을 장악한 다른 감리교도와 투쟁하며 많은 시간을 보냈다. 그는 세 주요 세력 사이에 끼어 있었다. 그 가운데 첫 번째는 영국 성공회의 교회 통치 체제였다. 두 번째는 교회를 운영하는 방식에 있어 유럽 교회의 전형을 따르기를 거의 원치 않거나 전혀 원치 않았던 미국인들의 민주주의적이고 독립적인 사고방식이었다. 그리고 마지막으로 세 번째는 프란시스 자신의 자존심과 다른 중요한 감리교도들의 자존심의 대립이었다.

감리교도들이 한 선교는 이 기간 동안 두 가지 주요한 고난을 겪었다. 첫 번째는 감리교 운동이 영국에서 발생했기 때문에 미국과 영국 사이의 긴장감이 기하급수적으로 자라고 있었다는 점이다. 모든 감리교 지도자는 영국에서 보낸 사람들이었고, 감리교 사회는 영국에서 발생한 운동을 모방했으며, 여전히 영국 교회의 일부인 일원들과 함께했다. 설상가상으로 존 웨슬리가 정치와 관련하여 옳지 못한 선택을 내려 식민지가 왕권과의 화해를 추구해야 한다고 권고했다.

두 번째 고난은 열세 개 식민지의 다원주의적 개신교의 환경에서 적당한 장소를 발견하지 못한 감리교인들이 어려운 시기를 보냈다는 점이다. 지역 침례교도나 회중파 교회가 평일 저녁에 비슷한 집회를 가질 때 어떤 이가 감리교도가 되어야 하는 이유는 무엇일까? 영국에서, 영국 성공회의 전형적인 형식으로 인해 주일을 제외한 나머지 날 동안 성공회의 성도들이 교제할 때 필요한 빈 자리가 많이 있었다. 그러나 미국에서 교회는 훨씬 더 개방적이고, 성찬의 예식보다는 개인적인 성경 연구와 기도에 강조점을 두었다. 감리교도는 회중파교회와 장로교인, 침례교도와 협력하여 일할 수 없었는데, 그들이 영국 성공회의 일원이었기 때문이다. 감리교파는 이 분리로 다른 종교가 교세를 확장하는데 필요한 속도를 얻기 이전에 자체적인 교파로서 새 영역을 개척해야 했다.

미국 독립 전쟁 때까지 프란시스는 감리교의 발전을 추구하면서 옥신각신하는 소수의 사람들과는 달랐다. 부흥운동가로서의 그의 성공은 그가 그 모든 것을 뒤로 하고 미국인으로 받아들여진 후에나 이루어졌다.

그들에게서 떠나지 않기로 결심함

영국과의 갈등이 지속적으로 커져 독립 선언을 이끌어냈다. 프란시스의 식민지에 대한 충성이 새롭게 발견된 것도 그랬다. 그의 변화된 충성의 과정은 그의 일기에 분명하게 나타난다. 1773년 그는 사람들이 자신의 모국에 대해 어떤 충성도 보이지 않는다고 썼다. 1775년 그는 다음과 같이 썼다. "틀림없이 주님이 모든 일들을 지배하고, 이 일들이 그분의 교회의 영적 자산에 종속되게 만들 것이다."[14] 1776년 7월 무렵 그는 영국이 이길 가망이 거의 없다고 대담하게 주장했다. 1779년, 마침내 그는 "하나님이 은혜롭게 **우리**의 땅을 구원하기 위해 중재하셔야 합니다."[15]라고 기도했다. 1780년 봄 무렵, 프란시스는 델라웨어 주(Delaware)의 시민으로 인정받게 된다.

1775년 8월, 프란시스는 한동안 지도력을 공유했던 토마스 랜킨으로부터 편지를 받았다. 커져 가는 불안 때문에 모든 영국인 감리교 선교사는 영국으로 돌아가야 한다는 결정이 내려졌다는 내용이었다. 프란시스의 답변은 확고했다.

> 나는 그리스도의 영혼들을 모으기 위해 이 지역을 떠나야 한다는 의견에 결코 동의할 수 없습니다. 우리의 일이 미국에 있기 때문입니다. 이것은 감리교도에게 영원한 불명예가 될 것이며, 우리는 우리에게 신세를 지며 종교를 받아들이고자 하는 삼천 명의 사람 모두를 남겨둬야 합니다. 마찬가지로 위험한 시기에 선한 목자는 양떼를 떠나서는 안 됩니다. 그러므

---

14. Tipple, *Francis Asbury: The Prophet of the Long Road*, 120.
15. Salter, *America's Bishop*, 71에 인용된 Asbury, *Journal and Letters of Francis Asbury*, vol. 1, 294. 강조가 추가됨.

로 저는 하나님의 은혜를 입어 이후에 무슨 일이 일어나도 그들을 떠나지 않기로 결정했습니다.[16]

영국에서는 긴장감이 고조되고, 사람들은 편을 가르기 시작했다. 12월 9일 영국 군인이 버지니아 주 노퍽(Norfolk)에서 남동쪽으로 20킬로미터 떨어진 그레이트 브리지(Great Bridge)에서 일단의 민병대를 공격했다. 그 날 백 명도 넘는 영국 군인이 죽었다. 미국 민병대 중에 사상자는 없었다. 프란시스는 당시 전투가 벌어진 곳 근처에서 살았고, 전투가 일어난 지역에서 조금 떨어진 곳에 있었다. 그러나 그는 언제나 예수님과 함께였다고 기록했다. 1776년 프란시스가 필라델피아에 있을 때 존 웨슬리로부터 편지를 받았는데, 웨슬리는 영국에 대한 감리교도들의 충성심이 줄어들고 있는 현상을 막고자 하였다. 그러나 그렇기는커녕, 그의 편지로 감리교도들의 웨슬리에 대한 충성심이 줄어드는 듯 보였다. 감리교 신자의 수가 전쟁의 압박으로 계속해서 줄어들었지만 프란시스는 거의 방해받지 않았고 설교를 계속하기 위해 노력했다. 그는 예수님의 사역이 퍼지는 데 집중하고 가능하면 정치적인 것은 무시하겠다고 강하게 결심하였다. 결과적으로 그의 일기는 미국독립혁명 동안 발생한 다수의 큰 사건과 전투에 대해서 아무 이야기를 하지 않았다.

그러나 1777년 7월 프란시스는 우울증과 맞서 싸웠다. 감리교도로 알려지는 일은 위험했는데, 식민지주의자들 쪽의 의견에 따르면, 한편으로는 좋은 이유 때문이었다. 프란시스는 영국 선교사들이 고국으로 돌아오기 전에 미국에서 한 마지막 연설로 여러 선교사를 고취시켰던 랜킨의 설교에 대해서 들었다. 프란시스의 불안은, 영국 국왕에게 식민지주의자들이 항복할 때까지 하나님이 그들에게 축복을 내리지 않을 것이라는 랜킨의 설교를 들었을 때 더 심해졌음이 분명하다. 랜킨이 이후에 영국을 도우면서 식민지에 남아 있었다는 사실이 밝혀졌다. 다른 감리교도 지도자로는 마틴 로다(Martin

---

16. Salter, *America's Bishop*, 55-56에 인용된 Asbury, *Journal and Letters of Francis Asbury*, vol. 1, 161.

Rodda)가 있는데 그는 영국을 지지하여 적군이 지나가는 지역을 탐색하였고, 체서피크 만(Chesapeake Bay)에 정박한 영국 배를 타고 도피했다. 그 뒤에 왕의 군대에 닿기를 시도하던 민병대 무리를 통해서 적군을 쳐부수기 위해 영국군의 동조자 무리를 이끌었던 감리교도인 천시 클로우(Chauncey Clowe)가 있었다. 클로우는 포로가 되었고 법정에서 살고자 애를 썼지만 처형당했다. 감리교도가 된다는 말은 조지 3세 국왕의 첩자라는 것을 인정하는 것이나 다름없었다.

1778년 이른 봄, 프란시스를 제외한 모든 영국 감리교도의 지도자가 식민지를 떠났다. 프란시스는 그들이 영국으로 출항할 때 동료들에게 작별을 고했다. 어떤 이는 보내는 편이 분명히 더 기뻤으나, 그는 자신이 다른 이들을 그리워하게 될 것임을 알았다. 위험한 상황과 함께, 이별이라는 어려운 시간 동안 가장 강한 믿음을 지닌 그의 신앙은

> **1778년 이른 봄, 프란시스를 제외한 모든 영국 감리교도의 지도자가 식민지를 떠났다.**

도전을 받았다. 전기 작가인 다리우스 솔터는 프란시스의 일기를 인용하며 왜 이때가 프란시스의 삶에서 예외적으로 힘든 시간이었는지 기술했다.

> 처음에 애즈베리는 의연하게 초월하였다. "하지만 나에게는 쉬웠다. 주님이 나와 함께하셨기 때문이다. 만일 그분이 나와 함께하신다면, 평안 가운데 나의 아버지의 집으로 나를 데려다 주신다면, 그분은 영원히 나의 하나님이 될 것이다." 그러나 4일 뒤 삭막한 외로움이 찾아오자 순식간에 허물어졌다. "나는 중압감에 시달렸다. 그러나 그것은 놀랄만한 일은 아니었다. 나는 집에서부터 5,000킬로미터나 떨어져 있었고, 내 친구들은 나를 떠났으며, 사람들은 나를 나라의 적이라고 생각한다. 매일 폭력에 붙잡혀 곤욕을 당할 수도 있었다.[17]

---

17. *Salter, America's Bishop*, 65에 인용된 Asbury, *Journal and Letters of Francis Asbury*, vol. 1. 263-264.

메릴랜드 주의 거주자들이 식민지에 대한 충성의 서약을 해야 했을 때, 프란시스는 델라웨어에 있는 토마스 화이트(Thomas White)의 집으로 이사를 가서 18개월 동안 머물렀다. 그는 그곳에서 사람과 떨어져 지냈으며 고독을 즐기며 연구할 충분한 공간과 시간을 가졌다. 전기 작가인 에즈라 스콰이어 티플(Ezra Squier Tipple)은 다음과 같이 기술했다.

> 은둔의 시기가 애즈베리에게는 세례 요한의 광야 생활이나 바울이 아라비아에 머문 것만큼이나 가치가 있었다. 이것은 신성한 하나님의 섭리 질서라는 점에서 같다고 할 수 있다. 애즈베리는 이러한 믿음을 가진 것처럼 보였다. "나는 이전에 하나님의 말씀을 전하지 않고 침묵을 지키는 일이 내게 죽음을 의미한다고 생각했지만 지금 나는 상당히 만족하며 지낸다. 한동안 침묵을 지키는 일이 하나님의 뜻인 듯 하고, 이후로 더 나아가 유용한 시간을 통해 나를 준비한다고 생각한다. 그러므로 나의 시간은 최선의 유익으로 사용되어야 한다."[18]

어느 날 프란시스는 어두워질 때까지 근처 늪에 숨어 있어야 했다. 그렇지 않았다면 집주인이 영국인의 동조자로 민병군에게 고발을 당할 위험에 처하게 되었을 것이다. 이후 화이트가 체포되었을 때, 프란시스는 그곳을 떠나서 찾을 수 있었던 은신처에 머물렀다. 그는 일기에 그를 숨겨준 사람들의 이름을 기록하지 않았는데, 기록이 잘못해서 다른 사람의 손에 들어갈까 두려웠기 때문이다. 그는 할 수 있을 때면 계속해서 설교를 했으나 몸과 마음이 지치고 말았다. 1778년 말, 그는 일기에 설교에 부름을 받은 사람으로서 느끼는 부족함에 대해서 썼다. "나는 예수님의 교회에서 내가 알고 있는 어떤 일 가운데에서 가장 작은 선한 일을 했다. 그리고 복음을 설교할 떠 사람들의 마음을 움직일 수 있다고 믿는다. 어떻게 내가 나 자신에 만족하지 않는다는 말

---

18. Tipple, *Francis Asbury: The Prophet of the Long Road*, 129.

인가!"[19]

　이러한 날들은 미국인 감리교 설교자들에게도 마찬가지로 어려운 나날이었다. 사람들이 어떤 이를 채찍질을 하고, 때리고, 몸에 타르를 붓고 깃털을 온통 붙였다. 조셉 하틀리(Joseph Hartley)는 메릴랜드 주, 이스턴(Easton)에 수감되었으나 침묵하기를 거부했다. 그가 감옥 창문을 통해서 설교하기 시작했을 때, 그는 재빨리 풀려났는데 그를 박해한 사람들이 그가 마을 모든 사람을 회심시킬까 두려워했기 때문이다. 뉴욕과 필라델피아 도시에 영국군이 주둔했기 때문에 대부분의 감리교 설교자들은 남부로 이동했다. 이리하여 프란시스는 자신이 지리적으로 어느 곳에 와 있는지 알지 못하게 되었으며 지역에 미치던 영향력도 줄어들었다.

　그가 식민지에서 감리교도의 일을 하도록 다시금 그를 지명하는 웨슬리의 편지를 받았을 때 틀림없이 모든 사람이 놀랐을 것이다. 많은 사람들이, 영국과 치른 전쟁의 와중에 왜 웨슬리가 영국인을 선택하여 미국을 이끌게 했는지 궁금해 했다. 그러나 그 뒤에 프란시스는 오래도록 자신을 영국인이라고 생각하지 않았다. 그의 마음은 이제 주님과 구세주만큼이나 식민지에 속했다.

자유가 미국에 오다

　1782년 2월, 영국인은 미국과의 전쟁을 지속하지 않는데 표를 던졌다. 전쟁이 끝나자 프란시스와 감리교에 많은 변화가 생겼다. 여행 규제가 최소화되었다. 하지만 조약이 공식적으로 체결될 때까지 여전히 혐의를 받고 있었던 프란시스는 이동을 위해 유효한 출입증을 얻어야 했다. 이러한 불편은 성직자로서 겪는 극단적인 어려움과 비교한다면 미미한 정도라고 할 수 있다. 예를 들어, 통화의 붕괴는 감리교 신자들이 책을 인쇄하고 배포하며 신자들

---

19. Salter, *America's Bishop*, 68.에 인용된 Asbury, *Journal and Letters of Francis Asbury*, vol. 1, 287.

의 성숙을 돕기 위해 의존할 수 있는 재정이 없다는 것을 의미했다. 특히 그들의 정신적 지도자들이 몇 주에 한 번밖에 오지 않았기 때문에 더욱 그러하였다. 그러나 더 중요한 것은, 미국 감리교 지도자들의 마음과 생각에 큰 변화가 있었다는 것이다. - 자유의 맛은 달콤했다. 「볼티모어 애드버타이저」(Baltimore Advertise)라는 신문에서 한 작가는 영국의 영적 멍에에서 벗어난 것을 크게 기뻐하는 사람들의 정서를 표현했다. "우리가 평등한 자유의 땅에 살고 있기 때문에 천국은 찬양을 받는다. 우리는 합리적인 존재의 특권을 행사하고, 우리 자신을 생각하며, 우리 믿음을 사람의 소맷자락에 두지 않기로 결심하였다."[20]

전쟁의 시련 동안에 대부분의 교회에서 성도와 목사의 수가 줄어들었지만, 감리교는 실제로 초기에 조금 감소한 이후에 성장하였다. 1773년 미국 감리교의 설교자는 24명, 순회 예배 설교자는 12명, 성도는 4,921명이었다. 전쟁이 끝나자 감리교 목사는 82명, 순회 예배 설교자는 39명, 성도는 13,700명이 되었다.[21] 부흥 운동은 줄어들었다. 아마도 웨슬리가 그냥 놔두었던 것 같다. 하지만 이러한 성장 때문에 존 웨슬리는 아마도 부흥 운동의 아버지로서 자신의 지도력을 발휘해야 한다는 의무감을 느꼈던 것 같다.

그러나 웨슬리가 프란시스에게 공동 관리자인 토마스 쿡(Thomas Coke)을 보냄으로써, 영국에서의 지배력을 다시 장악하려고 했을 때, 쿡은 사람들이 이제 어떻게 자기 자신들을 인식하는지에 대해 귀담아 들었다. 이야기는 이렇다. 쿡은 미국인 감리교 설교자인 넬슨 리드(Nelson Reed)가 "당신은 당신이 나와 동등하다고 생각하셔야만 합니다."라고 말했을 때 가로 막았다. 그러자 리드는 다음과 같이 대답했다. "그렇습니다. 선생님. 우리는 그렇습니다. 그

---

20. Salter, *America's Bishop*, 94. 에 인용된 "To the Editors of the Maryland Journal and Baltimore Advertiser," *Maryland Journal and Baltimore Advisor*, 12 (February 15, 1785), 698:1.
21. L. C. Rudolph, Francis Asbury (Nashville: Abingdon Press, 1966), 42. 에 인용된 *Minutes of the Annual Conferences of the Methodist Episcopal Church*, 1773-1823 (New York: Mason and Lane, 1840), 7, 17-18.

리고 우리는 쿡 선생님뿐 아니라 쿡 선생님의 왕과도 동등합니다."[22]

프란시스는 미국에서 감리교 운동에 관한 그의 지도력을 견고히 하기 위해 독립적이고 민주적인 정신을 의지하였다. 따라서 그는 북부와 남부 협회가 화합하여 투표할 것을 요청했다. 이것은 존 웨슬리의 지도자를 임명하는 방법에 정면으로 반대되는 것이었는데, 그는 변덕스럽게 왔다 갔다 하는 것 같았다. 1784년 12월 27일, 이후에 크리스마스 회담이라고 불렸던 그곳에서 미국인 지도자들이 투표를 했다. 그들은 새로 형성된 감리교 감독 교회의 감독관으로 프란시스를 선택했다. 이제 감리교는 자신의 교파가 되었으며 프란시스 애즈베리는 주교로서 여행하며 하나님이 이끄시는 대로 성직자를 임명할 수 있게 되었다. 감리교는 미국에서 이전에 결코 없었던 번영을 누리게 되었다. 감리교는 현재 미국 감리교가 되었고 그 뿌리로 돌아가기를 거부했다.

▲ 애즈베리 목사의 목사 안수식
(의회도서관, 99as)

미국의 감리교는 오늘날의 '감독'(episcopal) 교회이며, 감독이라는 말은 '주교가 관할한다'는 뜻이다. 헌신 예배에서 토마스 쿡은 프란시스를 '감독관'(superintendent)이 아니라 '주교'(bishop)라고 언급했다. 직위에 대한 수없이 많은 불만이 제기되었으나, 이 용어는 정착되어 사용되었다. 웨슬리는 프란시스에게 쓰는 편지에서 그가 "아마도 미국 감리교도들의 큰형일지 모르지만 내가 하나님 아래에서 모든 가족의 아버지"[23]라는 사실을 강조하면서 이 용어에 대해 반박을 시도했다. 이어지는 편지에서 웨슬리가 통제력을 다시 찾으려고 노력했다는 사실이 드러나지만 이 노력은 허사였다. 프란시스는

---

22. Salter, *America's Bishop*, 87.에 인용된 John Vickers, *Thomas Coke: Apostle of Methodism* (New York: Abingon Press, 1969), 119.
23. Salter, *America's Bishop*, 97.에 인용된 Wesley, *Letters,* vol. 8. 91.

아마도 동료에게 다음과 같이 이야기한 것 같다. "웨슬리와 나는 마치 카이사르(Caesar)와 폼페이우스(Pompey) 같습니다. 그는 어떤 동등한 지위도 견디지 못하며, 나는 어떤 우월함도 견디지 못합니다."[24] 1787년, 미국 감리교 지도자들은 웨슬리의 지시를 받아들이지 않고, 실질적으로 미국 감리교의 독립을 선언했다. 프란시스는 그가 옳았다는 사실을 확신했다. 프란시스는 자율권에 개인적인 비용을 지불한 셈이었다. 그는 웨슬리에 대해서 이렇게 썼다, "나는 내 삶에서 가장 큰 재앙 중 하나로 생각됩니다. 왜냐하면 이 일이 그를 매우 슬프게 했을 것이고, 그는 편지를 통해 내가 아주 분별력이 있다고 느끼게 만들었기 때문입니다. 그는 내게 그 지위에서 내려오라고 말했습니다."[25]

프란시스는 새로운 직위 때문에 순간적으로 주의를 빼앗겼고 이 직위로 무엇을 해야 하는지 알지 못했던 듯하다. 프란시스는 사적인 생각들을 적으며 일기에서 불안감을 토로하였고 이렇게 썼다. "나는 때로 이전과는 다른 지역에서 나의 능력 이상의 무언가를 해야 할지도 모른다는 생각이 들 때 두렵다."[26] 그는 성공회 주교들이 입는 전문적인 예복을 입는 실험을 하기도 했지만 이 때문에 비난을 받았을 때 그 옷을 버렸다. 메말라 버린 유머 감각과 이런 두드러진 직위에 익숙지 않다는 사실을 숨긴 채, 그는 언젠가 '주교'(bishop)처럼 짧은 직함을 갖는 것이 유리하다고 말한 적이 있다. 그것은 "'총감독관'(General Superintendent)이라고 말하는 동안 두 영혼을 구원할 수 있기 때문"이라고 하였다.[27]

그의 직함이 무엇이든 그의 초점은 미국의 새로운 지역의 모든 모퉁이에서 복음을 전파하는 데에 있었고 마침내 맨 처음 신세계의 해변으로 그를 데려다 준 부르심을 이루어냈다.

---

24. Salter, *America's Bishop*, 100.에 인용된 Wesley, *Letters*, vol. 3. 183.
25. Salter, *America's Bishop*, 101.에 인용된 John Vickers, "Francis Asbury in the Wiltshire Circuit," Methodist History 16 (April 1978), 3:187.
26. Salter, *America's Bishop*, 103.에 인용된 Asbury, *Journal and Letters of Francis Asbury*, vol. 1. 480.
27. Salter, *America's Bishop*, 96.

혁명전쟁은 이제 끝났고, 전반적인 평화가 세워졌다. 우리는 두려워하지 않고 나라의 모든 지역으로 갈 수 있었다. 우리는 곧 지경을 넓혔고, 이전에 해 본 적 없는 여러 장소에서 설교하기 시작했다. 설교자들이 복음을 전파할 때 그들에게 열려 있었던 방법들 가운데 특별한 한 가지는 이렇다. 7년 혹은 8년 동안 계속된 전쟁으로 사회의 구성원 다수가 두려움 가운데 필요 혹은 선택을 통해 변경의 식민지로, 새로운 땅으로 이동했다. 그리고 평화가 정착되자마자, 그리고 길이 열리자마자 사람들은 우리에게 그들 가운데로 오라고 간청했다. 말로 혹은 글로 쓴 그들의 진실하고 잦은 청원으로 인해 우리는 설득당했다. 그들 가운데로 가도록 격려를 받은 셈이다. 그들은 관대함과 받아들이려는 마음으로 우리를 맞을 준비를 하고 있었다. 그들은 이렇게 소리쳤다. "여호와의 이름으로 오는 자가 복이 있음이여."[28]

살든지 죽든지 나는 타야 한다

프란시스는 이제 강력하고 새로운 역할을 맡았다. 프란시스는 나라를 여행하고자 하는 마음에 이끌려 하나님의 말씀을 퍼트렸다. 그러나 교구 감독으로서 프란시스는 여행을 하며 성직자를 임명하고 예배를 했다. 그가 새로운 지역에 와서 성직자가 될 만한 젊은 남자를 발견할 때면 언제든 감리교 성직자로 그를 임명했고 새 구역을 지정해 주었다. 때때로 그들의 지역에서 일을 시작하기 위해 서쪽으로 이동한 감리교도들이 그를 불렀다. 다른 때에, 그는 아직 전도하지 않은 새 지역을 관할할 순회 설교자를 임명했다. 따라서 감리교는 미국의 한 귀퉁이에서부터 다른 귀퉁이에 이르기까지 새 영역을 거쳐 거미줄 같은 네트워크로 성장했다. 이와 함께, 복음은 다시 켄터키의 가장 먼

---

28. Tipple, *Francis Asbury: The Prophet of the Long Road*, 132-133.

지역에서부터 원래 플리머스 정착지에 이르기까지 모든 땅에 사는 대부분의 미국인이 공유하는 공통 언어가 되었다.

하나님이 휫필드와 웨슬리 형제에게 했던 것과 같이, 프란시스 애즈베리를 영국 대학교의 복도보다 대장장이의 모루와 불로 준비시키셨을 때 하나님은 하고 계신 일이 무엇인지 틀림없이 아셨을 것이다. 하나님이 프란시스를 부른 곳에서 대학 교육은 아무런 도움도 되지 않았다. 그러나 그의 글은 창문이 되었다. 이를 통해서 다수의 역사가들은 새로운 나라의 개척지에서 터를 잡기로 결단한 용감한 남자들과 여자들의 마음과 삶을 들여다 볼 수 있었다. 전기 작가인 에즈라 티플은 정확한 프란시스의 일기 쓰기 방식에 대해 이렇게 설명했다.

> 애즈베리가 미국에 제공한 광경은 영국의 웨슬리만큼 훌륭하고 가치 있다. 그 시대의 어떤 사람도 애즈베리만큼 멀리 여행하지 않았고, 다른 어떤 책에서도 식민지인들의 가정생활, 특히 국경에 널리 퍼져 있던 사회상과 구강 상태에 대해 더 정통한 지식은 찾아볼 수 없었다.[29]

프란시스와 대부분의 다른 순회 예배 설교자들의 삶이 어떠했는지 우리가 배운다면 그 내용의 출처는 틀림없이 이 일기들이다. 일기는 또한 상황이 어려워져 갈 때 한 인간이 소명과 하나님과의 관계 가운데 씨름하는 장면을 목격하는 개인적인 창문이다. 이때에 여행은 결코 쉽지 않았다. 그러나 비나 진눈깨비 혹은 눈이나 추위도 프란시스의 속도를 늦추지 못했다. 궂은 날씨에 대해 언급하는 당시의 유명한 속담이 실제로 존재했다. "오늘 밖에는 까마귀와 감리교 설교자밖에 없구나."

이 당시 프란시스의 일기뿐 아니라 편지를 통해서도 우리는 미국과 자라나는 감리교 운동에 대해서 아주 많은 사실을 알 수 있다. 프란시스는 여행 정

---

29. Ibid., 82.

보 센터와 소식 전달자의 역할을 했기 때문에 그의 사역이 두 배가 되었다. 프란시스는 서신을 전달하여 새 국가의 흩어진 정착지를 연결해 주었다. 프란시스가 소식을 아주 효과적으로 확실하게 전했기 때문에 편지의 발신자가 단순히 편지에 '북미의 교주 애즈베리 목사'라고 주소를 적으면 그에게 가는 방법을 발견할 수 있었다. 미국에서 주목할 만한 일이 발생한다면, 프란시스에게 '주목할 만하다'는 말은 일반적으로 부흥을 의미했기 때문에, 프란시스는 틀림없이 이 일을 듣고 널리 퍼트렸다.

프란시스는 영국에서 자라는 동안 존 웨슬리에게서 감리교를 퍼트리는 체계를 배웠고, 미국에서 이 일을 계속했다. 여행을 하는 곳이라면 어디에서든 복음을 전파함으로써 천국의 왕관을 얻기 위하여 세상의 모든 안락을 기꺼이 버리고자 하는 인간의 의지가 이 체계의 기반이었다. "어떤 가족도 너무 가난하지 않고, 어떤 집도 너무 불결하지 않으며, 어떤 마을도 너무 외딴곳에 있지 않으며, 삶을 향상시킬 새로운 소식을 듣는데 어떤 이도 너무 무지하지 않다."[30]

삶이 너무 어렵기 때문에 순회 설교자로 지명된 사람들 가운데 절반이 여행의 대가를 치르다가 서른세 살이 되기 전에 죽었다. 몸을 말에 싣고 달리는 일과 험악한 날씨에 지속적으로 노출되는 일이 대가에 속했다.[31] 이후 장에서 다룰 '피터 카트라이트'(Peter Cartwright 1785-1872)는 62년 동안 여행을 해서 기록을 세우기도 했다.

그러나 엄중한 요구 사항이 있었음에도, 체계의 구조는 훌륭했고, 이 체계를 통해서 설교자는 새 국가 내에서 영토의 가장 먼 곳까지 가서 설교를 했다. 인구 조사 수치에 따르면 미국의 인구는 놀라운 속도로 증가하였다. 1770년 이후에 유럽인과 아프리카인의 후손 40,000명 가량이 조지아, 켄터키, 오하이오, 테네시 주가 된 미국의 일부에서 살았다. 1810년, 이민으로 같

---

30. Salter, *America's Bishop*, 167.
31. Timothy K. Beougher, "Did You Know?" *Christian History* 14, no. 1 〔45호〕(1995): 10.

은 지역에서 사는 인구가 백만 명 이상으로 증가했다.[32]

이러한 성장과 보조를 맞추어 교회를 세우는 일은 틀림없이 불가능해 보였지만 프란시스에게는 그렇지 않았다. 전통이 있는 교파의 일원들은 단순히 인구가 증가하는 것과 같은 속도로 새 교회를 세울 수 없었다. 새로운 성직자를 훈련시키기 위해 세운 기관의 일원들은 그들을 보내기에 충분히 빠른 속도로 성직자를 준비시킬 수 없었고, 마찬가지로 전략을 바꿀 수 있는 도구를 갖춰 주지 못했다. 반면 감리교도들은 체계에 있어 내재적으로 유연했기 때문에 그들에게 신선함을 불어넣기 위해서 설교자는 여섯 달에서 열두 달마다 새로운 지역으로 옮겨갔다. 같은 장소에 머무르는 일은 정규적인 교회의 목표였다. 주류 교파 성직자의 70퍼센트가 사역을 지속한 기간 동안 같은 교구에 머물렀다. 대학 교육은 주요 성직자에게 성공을 위한 일차적 수단이었으나 감리교 설교자들은 자격을 받지 않는 편을 선호했기 때문에, 이로써 설교자들은 마주치는 보통 사람들과 더 잘 관계를 맺을 수 있었다. 애즈베리는 틀림없이 배움을 장려하였지만 '평범한 사람들에게 평범한 진리'[33]를 이야기하는 일로 사람들의 주의를 결코 흐트러트리고 싶어 하지 않았다. 애즈베리는 감리교 순회 설교자로서 유망한지 평가하기 위해 오직 네 가지 질문을 제시하였다.

1) 이 사람이 진실로 회개했는가?
2) 그가 우리의 규칙을 알고 지키는가?
3) 그가 받아들일 수 있게 설교하는가?
4) 그에게 탈 수 있는 말이 있는가?[34]

---

32. Mark Galli, "Revival at Cane Ridge," *Christian History* 14, no. 1 〔45호〕(1995): 3.
33. "A Grassroots Movements," The Methodis Church Web site, http://www.methodist.org.uk/index.cfm?fuseaction=opentogod.content&cmid=1498.
34. Beougher, "Did You Know?" 3.

'받아들일 수 있게' 설교한다는 말은 분명히 이성적인 기준이었다. 왜냐하면 대부분의 설교자가 성경 구절의 기본적 틀을 사용하고 그 뒤에 일상에서 일어나는 삶의 이야기를 실제적으로 적용해 더했기 때문이다. 프란시스는 설교할 때 노트에 의지하는 사람에게 눈살을 찌푸렸다. 틀림없이 어린 시절 동안 준비하지 않고 이야기하는 것이 그에게 영향을 주었기 때문에 노트에 의지하는 일을 좋아하지 않은 것이다. 어떤 이는 프란시스가 이야기하기 바로 직전에 성경 구절을 택하곤 했다고 말한다. 프란시스는 특정한 성도들의 필요에 의해서, 그리고 성령이 그에게 내린 지시를 따라서 설교했다. 감리교 설교자는 설교 준비에 많은 시간을 쓰지 않았다. 설교 준비는 책무 가운데 포함되지 않았다.

감리교 설교자는 각자 반경 320킬로미터에서 800킬로미터 사이의 거리에 위치한 지역에 배정되어 설교의 책임을 가졌다. 그는 매 2주에서 6주에 한 번씩 설교 구역을 방문해야 했다. 사람들은 하나님의 말씀을 듣는데 굶주렸다. 존 브룩스(John Brooks)라는 한 설교자는 특정한 부흥운동기간 동안 매우 아팠으나 사람들이 설교를 듣고자 하여 그를 침대 밖으로 나오게 만들었다고 기록했다.

시간에 대해서 말하자면, 그는 한 장소에서 다른 장소로 옮겨가는 동안 말을 탔고, 한 주 동안 매일 설교를 했다. 그는 여름 동안 아침 다섯 시에 설교를 시작하고, 겨울 동안 아침 여섯 시에 설교를 시작했다. 순회 설교자는 또한 감리교도의 체계에 따라 함께 성경을 연구하기 위해 모였고 훈련을 통해서 하나님을

> 감리교 설교자들은 자격을 갖지 않는 편을 선호했기 때문에, 설교자들은 마주치는 보통 사람들과 더 잘 관계를 맺을 수 있었다.

추구하기 위해 모인 작은 집단의 집회를 책임졌다. 프란시스는 또한 병자를 방문하고 그들을 보살피는 일이 각 사람의 의무라고 주장했다. 이 일을 해도 설교자는 추가적인 봉급을 받지 못했다. 1800년까지 설교자의 보수는 단지 1

년에 64달러였으며 이 액수는 연 수입이 400달러인 주류 교파 목회자의 봉급과 비교해볼 때 매우 작았다. 1800년 이후에, 순회 예배 설교자의 1년 수입은 80달러로 증가했다. 프란시스는 이제껏 그들 가운데 소수만이 받아야 할 액수를 받았다고 인정했다. 감리교 설교자는 그들의 업무의 일환으로 성경, 찬송가 책, 다른 종교적 문헌 등을 배포했고 설교자는 이 책을 팔아서 적은 액수의 수수료를 받았다. 그럼에도 프란시스는 매우 적은 봉급을 받았으며 가장 간소한 옷가지조차도 살 수 없었다. 여러 순회 예배자는 누더기를 걸치고 여행했다.

프란시스는 기관의 수장으로서, 자신의 몸 이외에 거의 아무것도 소유하지 못했다. 그가 가진 모든 소유물은 두 개의 안장주머니에 다 들어갔다. 한 번은 프란시스의 친구가 50달러를 빌려 달라고 요구했다. 친구는 그에게 오직 20달러밖에 없다는 사실을 알고 놀랐다. 프란시스는 친구에게 5달러를 주면서 이렇게 말했다. "내가 한 자루의 돈을 소유하거나 소유하기 위해서 노력한 적이 없다는 사실을 내 친구들도 적들도 믿지 않는다니 참 이상하네."[35]

프란시스는 영국에 남기고 온 부모님을 제외하면 가족이 없었다. 그는 오래 전에 결혼 하지 않기로 결심했다. 그는 여성에게 한 주를 제외하고 1년 내내 혼자 살아야 한다고 말하는 일이 불공정하다고 말했다. 프란시스가 동료 설교자에게 독신을 요구하지는 않았지만 그는 강하게 이를 장려했고 이에 대해 강압적인 의견을 지속하곤 했다. 그는 한 사람에게 편지를 썼다. "여성으로부터 가능하다면 거리를 두십시오. 당신은 어린 마음을 손상시키고, 불타고 있는 영혼을 가라앉히며, 미래의 전망을 날려버릴 그들에게 배신당하지 않도록 하십시오."[36] 프란시스는 또한 감리교 성직자의 부인들에게 연례 회의에서 이야기하기 위해 시간을 따로 마련하였으며, 그들에게 나쁜 행실로 남편이 이룬 일을 망치지 말라고 경고하였다.

---

35. Tipple, *Francis Asbury: The Prophet of the Long Road*, 179.
36. Salter, *America's Bishop*, 174. 에 인용된 Asbury, *Journal and Letters of Francis Asbury*, vol. 3. 19.

길 위에서의 삶은 잔혹했다. 프란시스는 일기의 여러 부분에서 매일 겪은 일을 썼다. 늑대가 다가왔고, 우박을 맞았으며, 벼룩과 진드기가 살을 파먹었고, 여름 해와 겨울바람은 무자비했다. 그가 먹는 음식은 단순했다. 때로 프란시스가 먹은 음식이라고는 빵뿐이었다. 그럼에도 그는 길을 따라 갔고, 하나님과의 교제를 즐거워했으며, 그를 살게 해 준 그분을 믿었다고 썼다. 밤에 그는 적당하고 편한 여관과는 결코 비교할 수 없는 곳에서 숙박했다. 프란시스는 숙박과 식사를 위해 돈을 지불해야 할 때면 화를 냈다. 그리고 그가 적당하다고 생각한 장소에서 잠을 잤다. 그는 자주 여행 동반자와 함께 여행을 했는데, 두 사람을 위한 방이 필요했다. 그는 자고 있을 때 지붕에 있는 구멍으로 박쥐가 날아든 일을 기술했다. 그는 개, 고양이, 돼지와 방을 나눠 썼다. 그리고 전혀 알지 못하는 두 사람과 밤 동안 침대를 나눠 써야 했다. 또한 삽으로 풀 수 있을 정도의 오물이 바닥에 있는 어떤 집의 개탄할 만한 상황을 묘사했다. 프란시스는 바닥에서 종종 벼룩이 들끓는 사슴 가죽에 의존해야 했다. 한 번은 불에 너무 가까이 자리를 잡아 침대가 불에 탔고 가까스로 도망칠 수 있었다. 프란시스는 때로 혼자서 음식을 먹었고, 돈이 있을 때 혹은 그를 맞아 준 집주인에게 말을 먹일 여물이 있을 때만 말을 먹였다.

순회 예배자는 말에 대단히 의존했고 감리교의 진보는 말없이는 불가능했다. 『아메리칸 미니츠』(*American Minutes*)에서 감리교 설교자를 위한 규칙 목록 1번에 "타고 다니는 말을 자비롭게 대하라. 말을 지나치게 많이 타지 말아야 할 뿐 아니라 말을 쓰다듬어 주어야 하고 눈으로 직접 말이 굶지 않았는지 확인해야 한다."고 기록한 사실이 그 중요성을 반영한다. 프란시스는 훌륭한 마차를 타고 다닐 수 있었지만 다음과 같이 말했다. "화려한 마차는 제게 너무 큽니다. 그리고 위험합니다. 아마도 500명 중 아무도 나를 기쁘게 하기 위해 운전을 하지 않을 것입니다…게다가 저는 가난한 사람을 방문하기 위해 벗어나는 것이 나을 것입니다. 저는 더 험하고 복잡한 길을 따라 갈 수 있습니다. 저는 필요한 사람에게 줄 돈을 모아야 합니다. 그리고 마지막으로 저의 가엾고 신실한 짐승에게 더 상냥하게 대할 것입니다."[37]

프란시스는 음식, 물, 쉴 곳과 그 이외의 것들을 찾는 일에 직접 관여해야 했는데, 자신뿐 아니라 말을 위해서도 그렇게 했다. 그가 닳아진 신발을 직접 기워야 했을 때 대장장이 견습공으로서의 경험이 유용했다. 프란시스는 여행을 하는 동반자인 말에 대해 매우 신경을 썼다. 그것은 그가 일생 동안 말을 타고 40,000킬로미터를 갔기 때문이다(그는 열 마리 이상의 다른 말을 소유했었다). 단지 프란시스와 말을 위한 충분한 음식이 없었을 때도 있었지만, 둘은 함께 여행을 계속했다. 그는 말이 음식을 잘 못 먹어서 약해진데다 내리는 비에 흠뻑 젖어서, 프란시스를 등에 지고 두 번이나 넘어진 일을 말했다. 말이 고통스러워하자 프란시스는 그가 맞이한 다른 어떤 상황보다 더 괴로워했다. 스파키(Sparky)라는 이름의 말이 다리를 절었기 때문에 프란시스는 말을 남겨 두고 떠나야 했다. 프란시스가 강한 운송 수단의 역할을 했던 스파키를 두고 갔을 때, 그의 신실한 동반자인 스파키는 "우리 뒤에서 부드럽게 히잉거리면서 나지막이 울었다. 이것은 내 마음에 와 닿았다."[38]라고 기록함으로 그의 다정한 마음을 숨기지 않았다.

프란시스와 다른 순회 설교자들은 개척 변경에서 사는 낭만적인 풍경의 일부가 아니었다. 오히려 숨겨진 흔적과 막다른 길 위에서 끝나는 삶과 죽음, 고통과 슬픔이라는 실제 세계의 일부였다. 그는 집의 지붕만큼이나 가파른 길 위에서 있었던 일을 기술했다. 거의 1.6킬로미터를 말을 타고 가고 있었는데, 그 뒤에 말에서 내렸고 땀이 흐르고 몸이 떨렸으며 무릎 때문에 더 이상 걸을 수 없었다. 그러나 그와 말은 계속해서 터덜터덜 걸었다. 어떤 설명을 보면 프란시스가 아직 말을 타고 있을 때 말이 나무쪽으로 갑자기 뛰어들었다. 다른 예를 보면 말이 얼음 위에서 넘어졌고 다리를 움직이지 못해 그들 뒤에 남았다. 다른 언급에서 말이 물살이 거친 강을 수영한 사실을 언급

---

37. Salter, *America's Bishop*, 110.에 인용된 Asbury, *Journal and Letters of Francis Asbury*, vol. 2. 652.
38. Tipple, *Francis Asbury: The Prophet of the Long Road*, 186.

한다. 한 익살스러운 설명이 있는데, 프란시스가 경마에 쓰던 말을 얻게 되었다. 그가 말이 이전에 달리곤 하던 경기장에 갔을 때, 말이 갑자기 경기장 쪽으로 뛰었고 설교자는 말 위에서 달릴 수밖에 없었다.

프란시스는 사실상 모든 곳을 여행했다. 그는 실질적으로 모든 주를 방문했고 매년 6,500에서 103,000킬로미터를 여행했다. 프란시스는 일기에서 이렇게 썼다. "나는 보통의 경우 32킬로미터가 되지 않는 길을 갈 때는 말을 타지 않는다. 그리고 종종 한 구역에서 다른 구역까지 64에서 80킬로미터를 움직인다. 여행을 하는 동안 나는 배고픔과 추위로 고통을 겪었다."[39]

슬프게도, 그가 삶의 마지막에 다다랐을 때 안장 위에서 너무 많은 시간을 보냈기 때문에 그는 열 살은 더 먹은 사람들보다 몸 상태가 나빴다. 철로 만든 말 등자로 인해 발의 통증이 악화되었고, 신발을 신을 수도 없었으며, 목발을 짚고 걸었다. 한 지점에서, 그와 여행을 함께했던 이가 프란시스의 멍들고 다친 발을 보호하기 위해서 등자에 가죽과 양털을 댔다. 그러나 통증은 좀처럼 멈추지 않았고, 심지어 안장 위에 꼿꼿하게 앉기 위해 끈으로 몸을 묶어야 했다. 그는 열이 나고, 종기가 났으며, 끔찍한 두통을 겪었다. 그는 감기에 걸리고 인후염이 있어도, 치아 뿌리가 심하게 감염되었음에도 여행을 했다. 때로 사람들은 그가 거의 죽을 것이라고 확신했다. 때로 죽음은 기꺼이 받아들일 수 있는 안식인 것 같았다. 프란시스는 자기 자신의 의사가 되었고, 마찬가지로 적당한 의학적 치료를 받을 수 없을 정도로 멀리 와 있는 다른 사람들에게 의학적 조언을 했다. 형편없는 식사가 불충분한 휴식, 질병을 앓는 사람 혹은 동물과의 잦은 접촉과 합하여, 한때 강건했던 그는 조금씩 건강을 잃어갔다.

---

39. Rudolph, *Francis Asbury*, 72.에 인용된 Francis Asbury, *The Journal and Letters of Francis Asbury*, eds. Elmer T. Clark, J. Manning Potts, and Jacob S. Payton, vol. 1 (Nashville: Abingdon Press, 1958), 561.

"내 마음은 사람을 불쌍히 여긴다."

왜 누군가는 이런 삶을 견딜까? 프란시스의 마음은 그가 사역하는 사람들을 위해 뛰었다. 하나님이 그들을 측량할 수 없을 정도로 사랑하신다는 사실을 알았기 때문이다. 그가 설교하는 장소에 도착했을 때 그의 관중으로 누가 오게 될지 어떤 보장도 할 수 없었지만 이것은 그에게 거의 문제가 되지 않았다. 언젠가 프란시스는 개울을 건너기 위해서 얼음을 깨야 했다. 그가 목적지에 닿기 위해서 큰 고통 가운데 말을 탔지만 고작 아홉 사람만이 와 있었다. 또 다른 때는 한 여성에게 세례를 받으라고 설득했지만 거절당했다. 이후에, 그녀는 마음을 바꾸고 아들을 프란시스에게 보내 다시 와줄 수 있는지 물었다. 프란시스와 프란시스의 말 둘 다 지쳤지만 그는 그 시간은 '엄숙하다'고 일컬으면서 한 사람을 위해 돌아갔다.

감리교가 남부에서 퍼졌을 때, 프란시스는 처음으로 테네시로 갔다. 그는 길이 좋지 않다는 사실로 불평하려고 했지만 대신 그와 함께 여행하는 사람들에게 주의를 돌리기로 했다.

> 가장 잘 사는 사람들은 한 번에 둘 혹은 세 아이들과 한 마리의 말을 데리고 다니기는 하지만 역경을 잘 극복하는 인간은 길에 대해 불평하는 일을 경멸할 것이다. 만약 그가 남자와 여자, 아이들과 벌거벗은 사람, 맨발로 노를 젓는 사람과 맨발로 길을 걷는 사람, 바위가 많은 산을 힘써 오르는 사람을 본다면 말이다.
>
> 훌륭한 말을 탄 사람이 길에 관해 불평하는 하는 것을 조소하게 될 것이다. 그것은 그가 거의 벌거벗고 양말을 신지 않은 채 첨벙거리며 다니거나 혹은 바위 언덕을 오르는 노동을 하는 남자와 여자, 아이들을 볼 수 있기 때문이다. 그들 중 가장 형편이 좋은 사람도 두세 명의 아이들이 한꺼번에 탈 수 있는 말 한 마리밖에 없다. 만일 이 여행자들이 음식을 거의 먹지 못한 채 밤이 된 이후에 비가 오는 숲에서 야영을 해야 한다면 이것은 특별

한 상황이 아니며, 보편적인 사건이다. 산에서 비는 잘 오지 않지만 한 번 오면 억수같이 퍼붓는다.[40]

프란시스는 추운 날씨에도 설교를 듣기 위해 사람들이 왔을 때 감동했다. 그는 보통은 있어야 할 창문과 문이 없어 구멍이 뚫려 있는 볼티모어의 한 집에서 설교했을 때 당시의 일을 일기에 썼다. 그는 한 설교를 마치고 한 시간 동안 휴식했다. 사람들은 떠나지 않았고, 그가 돌아와서 다시 설교하기를 기다렸다. 그는 "그들이 내 눈 앞에 있을 때 그의 마음은 그들을 불쌍히 여겼다."[41]고 말했다.

그를 열렬히 받아들이지 않는 많은 지역이 있었다. 어느 날 밤 프란시스가 설교를 할 때, 열린 창문으로 누군가가 돌을 던졌고 프란시스는 그 돌에 맞았다. 그러나 그는 계속해서 말하였다. 다양한 형태의 연설 장소에서 다양한 반응이 있었다. 예를 들어, 프란시스가 선술집에서 사람들에게 설교했을 때, 취한 사람들이 술을 마시며 그에게 욕을 했다. 남부에서 프란시스는 길에서 만난 사람들이 주님을 믿지 않아 많은 것을 잃어버리고 있음을 보며 슬퍼했다. 그는 사람들이 너덜너덜해진 옷을 입었고 더러웠으며, 굶주렸고 서로에게 잔인하게 대한다고 썼다. 프란시스는 특히 아이들에게 마음을 썼는데, 그의 설교자들이 분명히 아이들과 이야기하는데 힘을 기울이며 아이들을 만날 때마다 기도하도록 하였다.

그는 주의 깊게 사람들을 관찰하면서 감리교의 발자취를 확장하기 위한 기회를 제공했던 자유가 증가할 때 사람들 또한 하나님께 초점을 맞추지 않고 멀어질까 두려워했다. 새 땅에서 사람들이 성공의 새로운 관점을 보았을 때 그들은 복음의 중요성에 집중하지 못하고 산만해질 위험에 처했다. 프란시스는 복음이 최우선의 자리에 놓이도록 하는 일에 기여하기로 결심했다. 개

---

40. Tipple, *Francis Asbury: The Prophet of the Long Road*, 167-168.
41. Salter, *America's Bishop*, 44.에 인용된 Asbury, *Journal and Letters of Francis Asbury*, vol. 1, 56.

척지 변경의 경계선이 확장되었을 때 프란시스는 새로운 공유지를 돌보기 위해서 그곳에 새로운 순회 설교자를 임명하였다. 1796년 미국 노스웨스트 준주(Northwest Territory)에서 농부들이 새 땅을 가질 수 있었을 때, 설교자는 먼 곳에 있지 않았다.

한 순회 설교자가 짐마차가 간 길을 따라 새로운 정착민이 사는 곳으로 갔고, 어떤 남자와 버지니아에서 온 가족이 그를 맞아 주었다. 불행히도 농부는 설교자의 성복(聖服)을 보았고, 그는 남자와 그의 가족에게 설교자를 피해서 버지니아를 떠나야 한다고 알렸다. 아니나 다를까, 가족이 짐마차에서 짐을 내리기도 전에 설교자를 다시 만났다. 지혜로운 설교자는 그를 책망하며 말했다. "친구여, 그대가 천국으로 간다면 그곳에서 감리교 설교자를 만나겠지만, 지옥으로 간다면 나는 그대가 거기에서 누구를 만날지 몰라 두렵습니다. 그대가 어떻게 일이 이렇게 되었는지 살펴보고, 우리와 타협하고 평화 가운데 있는 것이 더 나을 것입니다."[42]

설교자에게 있어 새 지역은 새로운 영토를 의미했고, 프란시스에게도 마찬가지로 여행을 할 영토였다. 새로운 서부로 가려는 사람들은 인디언의 위협으로부터 자신들을 보호하기 위해서 여행하는 일원을 더해야 했다. 그러나 프란시스가 인디언 전사에 대해 걱정한다 할지라도, 지나치게 슬을 많이 마시고 욕을 하는 사람들과 함께 말을 타고 다녀야 하는 의무만큼 그를 괴롭게 하지는 않았다.

서부 개척지에서 일어난 성령 폭발

다음 세기가 올 즈음, 새로운 현상이 일어났다. 바로 전도 집회가 그것이다. 서부에서 거주하는 인구가 충분히 커졌기 때문에 그곳에 사는 사람들은

---

42. Salter, *America's Bishop*, 161-162.에 인용된 Emory Stevens Bucke, D.D., ed., *The History of American Methodism*, vol. 1 (Nashville: Abingdon Press, 1964), 502.

지나가는 순회 설교자를 그저 기다리지 않았다. 정착민들은 최고의 설교자의 설교를 듣고, 새로운 찬송가를 부르고 임명받은 성직자에게서 성찬을 받기 위해서 중심 장소에 모였다.

1800년 6월, 세 교구인 레드 강, 게스퍼 강, 머디 강에 배정된 목사인 제임스 맥그리디는 레드 강 교회의 연례 성찬식에 지역 성직자를 초대했다. 제임스 목사는 월요일에 성찬식과 함께 주중 행사를 개최했다. 행사 첫 날 군중은 조용했지만 월요일 지역 설교자 한 사람이 말했을 때, 하나님의 성령이 여성에게 임했고 여성은 소리 지르며 노래했다. 성직자로서 성도와 함께 앉아 있던 장로교 목사인 존 맥기는 가까이 있는 사람들에게 이야기를 했고 사람들은 울었다. 곧 나머지 성도들도 마찬가지로 울었고, 구원을 부르짖었다.

그 뒤, 맥기는 설교를 했으며 "주 하나님 전능자가 [너희] 마음을 다스리게 하며, 하나님께 복종해야 한다."고 권면했다. 맥기는 이후에 이 일을 회상하였다. "나는 되돌아가 거의 엎드러지다시피 했다. 하나님의 권능이 내게 강하게 임했다. 나는 다시 뒤를 돌아보았고, 사람에 대한 두려움을 잃어버리게 되었다. 나는 집집마다 다니면서 무아지경의 상태에서 가능한 모든 힘을 다해 소리를 지르라고 권면했다. 바닥은 곧 엎어진 사람들로 덮였다."[43] 하나님의 힘이 사람들 위에 임했고 그분은 사람들을 현장으로 끌어당겼다.

이 집회의 성직자들은 다음 달 게스퍼 강 교회에서 비슷한 모임을 열기 위해 일정을 조율했다. 여러 사람들이 레드 강에서 어떤 일이 발생했는지 듣기 위해 왔다. 실제로 아주 많은 사람들이 왔지만 그들 모두를 수용할 정도로 교회가 크지 않았다. 그러므로 사람들은 실외로 옮겨가서 예배를 드렸다. 전도집회가 태어났다.

다음달, 목사들은 비슷한 집회를 조직했다. 그리고 1801년 8월 캐인 리지에서 열린 전도 집회는 정점에 다다랐다. 이 일은 문자 그대로 부흥운동의 성령강림절이었고, 영적 현상을 동반했다. 그 영적 현상으로 성령이 전도 집회

---

43. Galli, "Revival at Cane Ridge," 11.

를 휩쓸었고 그 이후 수십 년 동안 전도 집회가 유행했다. 성령의 능력으로 사람들은 분명히 무아지경 상태에서 엎드러지고, 성령의 임재로 몸을 흔들며 열정적으로 춤을 췄다. 또한 성령으로 인해 경련을 일으키며 웃고, 모임 장소의 변두리로 엘리야처럼 달리며(왕상 18:46을 보라), 영감으로 인해 노래를 부르고, 성령의 영향력으로 이해할 수 없게 소리 질렀다. "사람들은 그들이 짖는 듯한 소리를 내고, 달려들며, 이상한 소리를 만들어 냈음을 보고했다."[44]

머지않아 여러 주요 교파 성직자들은 전임자들이 대각성운동 동안에 그랬던 것과 마찬가지로 이 주정주의(主情主義, Emotionalism)를 비난했다. 그러나 프란시스는 과잉보다는 하나님을 보았고 전도 집회 운동을 포용하였다. 그는 같은 하나님의 운동이 영혼을 부흥시키기를 바라면서 감리교도가 동부에서 그들 자신과 그들이 사는 구역을 위해서 직접 전도 집회의 형식을 모방해야 한다고 촉구할 정도였다.

영국에 있는 웨슬리는 이 일에 결코 관여하지 않았는데, 그와 마찬가지로 프란시스의 일에도 관여하지 않았다. 애즈베리의 전기 작가 가운데 한 명인 L. C. 루돌프(L. C. Rudolph)는 이에 대해 썼다.

> 웨슬리는 시끄러운 신체적 증상이 발현되는 일을 원하지 않았다. 그러나 만약 소음이 있다면 이 일은 단지 악마가 저항하는 신호이며 그러므로 이 일을 받아들일 생각이 전혀 없었다. 미국 부흥운동의 풍부한 형식 때문에 애즈베리는 흥분했다. 그때부터 애즈베리는 항상 웨슬리나 쿡보다 소음을 더 많이 원했다.[45]

프란시스는 들은 내용을 이렇게 기록했다.

---

44. Rudolph, *Francis Asbury,* 118.에 인용된 Francis Asbury, "Letter to George Roberts," 18 August 1803, *Journal and Letters of Francis Asbury* 3: 269.
45. Rudolph, *Francis Asbury,* 113, 116.

하나님의 일이 켄터키에서 불처럼 번졌다. 장로교인들의 성찬 예배에 만 오천 명, 혹은 이만 명의 사람들이 참석했다고 보도했다. [이 일은 캐인 리지에서 발생했다.] 천 명 혹은 천오백 명이 엎드러졌으며 은혜의 힘을 느꼈다.[46]

집회가 장로교인들을 위한 모임이었으나, 장로교인들은 이 부흥으로 수많은 사람들이 예배에 참석하기 위해 왔음을 알고 크게 놀란 듯이 보였다. 장로교인들은 하나님이 이 사람들 가운데에서 일한다면, 이 일을 시작했을 때 돌보았던 사람들을 돌보는 일도 또한 가능하다는 태도를 취했다. 프란시스는 그렇게 생각하지 않았다. 성직자가 이 사람들을 돌보아야 할 필요가 있고, 장로교인과 침례교인이 이 일을 하지 않는다면 감리교도가 틀림없이 이 일을 할 터였다. 프란시스는 하나님의 힘을 제한하는 사람이 아니었다. "하나님은 1800년에 우리에게 수백 명의 신자를 주셨습니다. 왜 1801년에 수천 명을 우리에게 보내 주시지 않았을까요? 아니 어째서 우리에게 믿음이 있는데도 백만 명의 신자를 보내 주시지 않았을까요? '주님은 우리의 믿음을 더해 주십니다.'"[47] 그리하여 감리교는 프란시스의 남은 생애 동안 도약하였고 계속해서 성장했다.

항상 밖으로 나가 그들과 함께함

1771년 프란시스가 미국 식민지에 왔을 때, "열세 개 식민지에 약 삼백 명의 사람을 돌보는 네 명의 감리교 설교자가 있었다. 프란시스가 죽기 3년 전

---

46. Rudolph, *Francis Asbury*, 117.에 인용된 Francis Asbury, "Letter to Mrs. John Dickens," 12 September 1801, *Journal and Letters of Francis Asbury* 3: 226. 삽입이 추가됨.

47. Rudolph, *Francis Asbury*, 118.에 인용된 Francis Asbury, "Letter to Stith Mead," 20 Jenuary 1801, *Journal and Letters of Francis Asbury* 3: 196.

인 1813년, 공식 인구 조사 수치에 따르면 '전체 사회에서' 171,448명의 백인과 42,850명의 아프리카계 미국인이 감리교 신자였다.[48] 프란시스가 가진 교회 운영 사항에 대한 생각은 이렇게 거대한 조직을 운영하는 데 핵심 요소였다. 그는 하나님이 감리교를 만들고 다른 어떤 교파보다 더 위에 올려놓았다고 확신했다. 그러므로 감리교는 엄격한 통제가 없다면 번창할 수 없다.

프란시스는 다음 세대, 특히 자신이 공을 인정받아 세운 감리교 학교에서 교육받은 어린이들을 양육하기 위해서 감리교도가 이 통제권을 이행해야 한다는 사실을 사람들에게 설득시키려 했다. 예를 들어, 학생들은 "세상이 '오락'이라고 부르는 어떤 활동에도 빠져서는 안 되었다."[49] 아이들은 하나님이 정한 이 규칙을 가장 엄격하고 세심하게 지켜야 했다. 젊었을 때 오락에 빠진 사람은 늙었을 때도 오락에 전념할 것이다." 이후에 프란시스는 이 방침이 가혹하다는 사실을 깨달았다. "그 일은 더 잘 처리되었을지도 모른다. 우리는 소년들이 모두 천사가 되기를 바랐다."[50]

전기 작가인 에즈라 티플은 니콜라스 스니든(Nicholas Snethen)에 대해서 말하는데 스니든은 프란시스를 그 중에서도 특히 교파를 통제하는 인물로 분류했다. 스니든은 프란시스와 함께 여행을 했고 이렇게 썼다. "그가 공적인 계획이 실행되는 일을 반대하는 듯이 보였을 때 그의 성격과 그가 느낀 감정과 이해관계에서부터 힘과 냉정함이 기인했다고 생각한다면 이 점에서 그는 일을 집행하는 데 있어 몹시 유능했음이 분명하다." 티플은 "프란시스는 목표에 집중했고, 결단 가운데에서 단호할 수 있었다"[51]고 스니든이 언급했을 때, 이 서술이 정당한지 그렇지 않은지를 따져 물었다.

프란시스에 대해 서술하기 위해서 누가 무슨 단어를 쓰든 그와는 관계없이

---

48. Salter, *America's Bishop*, 9.
49. Rudolph, *Francis Asbury*, 126.에 인용된 Asbury, "An Address to the Annual Subscribers for the Support of Cokesbury College," *Journal and Letters of Francis Asbury* 3:58-59.
50. Rudolph, *Francis Asbury*, 126.에 인용된 Asbury, "November 1, 1804," *Journal and Letters of Francis Asbury* 2: 445.
51. Tipple, *Francis Asbury: The Prophet of the Long Road*, 324.

그는 일을 잘 해냈다. 프란시스는 순회 설교자가 다음 예배에 배정되는 장소를 감리교 연례 회의에서 매해 결정하는 사람이 자신이 되어야 한다고 주장했다. 결정은 그 자체로 작은 업무가 아니었다. 1812년 연례 회담에서 678명의 성직자를 임명했다. 결정을 내리기 위해서 프란시스는 각 사람을 알아야 했고, 혹은 최소한 각 사람을 아는 누군가에게 그 사람에 대해 질문을 하고, 각 설교 장소에 대해 특정한 사항을 잘 알고 있어야 했다. 순회 설교자에게 구역을 배정하는 일은 결코 임의로 진행되지 않았다. 초기에 프란시스는 순회 설교자와 그들의 은사를 알지 못하고 적당한 구역에 배치하는 일이 불가능하다고 웨슬리에게 썼다. 설교자와 그들의 은사를 알기 위해서 프란시스는 그가 항상 설교자들 가운데 있어야 한다고 생각했다.

말할 것도 없이, 프란시스는 항상 인기 있는 결정을 하지 않았다. 그는 한 번은 이렇게 말했다. "어떤 설교자는 다른 이가 가기를 두려워하는 장소로 가기를 원하고, 그보다 더 겁이 많은 형제가 두려워하는 일에 미소를 짓는다."[52] 설교자들의 불평을 다루기 위해서 그는 회담이 끝났을 때 사람들에게 할당한 지역을 알리고 즉시 말에 올라타서 달아나 버렸다. 그러나 그는 순회 설교자에게 결코 가고 싶지 않은 곳에 가라고 요구하지 않았고, 견딜 준비가 되어 있지 않은 어떤 일을 견디라고 강요하지 않았다. '편안함'이라는 말은 그의 사전에 없었다.

프란시스가 단지 순회 설교자들의 지역을 배정하는 일만 관할한 것은 아니다. 프란시스는 모든 문서에 서명하고 모든 재정 거래를 감독하고, 사람들이 듣고 배울 수 있는 충분한 공간을 짓는 기관을 위한 대부분의 계획을 인가했다. 40년 이상을 명령하는 직위에 있은 이후에, 프란시스는 이 일로 지친 듯 보였고, 자유와 은퇴를 원하는 것 같았다. 그는 다음과 같이 썼다. "나는 감독자의 세 가지 역할이 계속되기를 바랍니다. 그래서 40년이 지난 뒤에, 나는 주님이 부르신다면 신세계나 구세계의 어떤 영토로도 자유롭게 여행할 수 있

---

52. Salter, *America's Bishop*, 126.에 인용된 Asbury, *Journal and Letters of Francis Asbury*, vol. 2. 342.

을 것입니다."⁵³

그러나 누군가는 만약 프란시스가 가정을 몹시 원했다면 왜 천국의 다른 쪽에 있는 이 땅에서 집을 구하지 않았는지 궁금할 것이다. 오하이오에서 그를 알지 못하는 어떤 사람이 프란시스에게 어디에서 왔느냐고 물었을 때, 프란시스는 이렇게 대답했다. "보스턴, 뉴욕, 필라델피아, 볼티모어, 혹은 그대가 생각할 수 있는 거의 모든 장소입니다." 전기 작가는 애즈베리의 삶을 다음의 방식으로 요약했다. "애즈베리가 미국에 왔을 때 그는 집을 임대하지 않았고, 여관에 숙박하지 않았으며, 어떤 장소에 가기 위해서 미리 일정을 계획하지 않았고, 단지 길 위에서 긴 여행을 지속했다. 그리고 프란시스는 45년 뒤 사망할 때까지 여행을 계속했다."⁵⁴

> 프란시스는 이 땅에서 집을 갖지 않았다.

프란시스는 무엇에도 얽매이지 않았기 때문에 좁은 사고를 갖기가 쉬웠고 이 사실로 다른 이에 대한 열정과 감정을 느끼지 못해 빈축을 샀다. 그는 연합하기를 매우 바랐기 때문에 종종 권위에 대한 열망과 충돌했다. 지도자 회담에서 투표를 했을 때. 회담이 그가 원하는 대로 진행되지 않자, 프란시스는 모든 이가 연합에서 탈퇴해야 한다고 말했으며 문서를 챙겨 그 장소를 떠나 버렸다. 며칠 뒤 프란시스는 그들에게 용서를 구했다. 의심할 바 없이 그는 협상 기술을 발휘하였으며, 새로 탄생한 기관을 하나로 모으고 발전하는 데 도움을 주었다. 다리우스 솔터는 이렇게 말했다. "어느 누구도 조직을 관리하는 기술에 있어 애즈베리를 넘어설 수 없었다. 애즈베리가 깊이 참여하면서 동시에 권위에는 배타적인 태도를 취했기 때문이다."⁵⁵

프란시스는 여러 가지 문제를 다루었으며 그 가운데 다른 문제보다 더 많

---

53. Salter, *America's Bishop*, 291. 에 인용된 "Unpublished Letters of Francis Asbury," *Methodist History* 16 (April 1978).
54. Tipple, *Francis Asbury: The Prophet of the Long Road*, 158-159.
55. Salter, *America's Bishop*, 123.

은 능력을 요구하는 두 가지 문제를 다루었다. 첫째로 감리교 설교자가 성찬식에서 성례를 집행할 수 있느냐 여부를 두고 감리교도가 다투었다. (이 일은 감리교가 여전히 전도단이고, 아직 교파가 아니었을 동안에 발생했다) 두 번째는 노예 문제였다. 이 두 문제 때문에 미국 감리교는 분리될 위협을 겪었다.

웨슬리에 따르면 한동안 감리교 지도자들은 평신도 설교자에게 성직을 주지 않았다. 감리교 연합은 모임을 설립하려 했을 뿐, 교회를 인정하지는 않았다. 그래서 평신도 설교자는 성찬 예배를 드리기 위한 권위를 갖지 못했다. 사람들은 그 문제로 임명받은 성직자에게 가려고 했다. 남부에서 임명을 받은 성직자가 거의 없었기 때문에 남부에서 지도자들은 저 규칙으로 인해 예외를 인정했고, 이 일 때문에 프란시스는 성직이 주어지지 않은 감리교도가 아니라 '전향하지 않은'(unconverted) 성직자에게서 성찬을 받는 일을 허용해야 한다고 썼다. 존 웨슬리는 이 일에 동의하는 것 같았다. 남부 회담에서 분리된 진실한 감리교주의를 고수하는 북부 사회의 탄생이 임박한 듯 보였다.

남부의 지도자들은 정신적으로 교감했고 프란시스가 웨슬리의 관점을 제시했음에도, 조금도 양보하려 하지 않았다. 그들은 성찬식을 집행하기 위해 권위를 최대한 발휘하여 성직자를 계속해서 임명할 작정이었다.

거부당했다고 느낀 프란시스는 다음날 아침 떠날 계획을 세웠다. 그러나 작별인사를 하기 위해 돌아왔을 때, 프란시스는 사람들이 마음을 바꾸었다는 사실을 알았다. 사람들은 변함없이 프란시스의 권한에 찬성할 것이고, 감리교를 퍼트리기 위해 더 큰 그림에 집중하면서 계속해서 방향을 찾기를 원했다. 감리교 사회에서 이 문제에 대해 뜨겁게 논쟁한 일은 이때가 마지막이 아니었다.

워싱턴 대통령과의 만찬

노예 제도는 일반적으로 프란시스와 감리교 조직에게 골치거리인 주제였다. 프란시스는 자유를 위해 싸운 국가인 미국이 어떻게 그들과 같은 인간을 노예로 만들 수 있는지 이해하지 못했다. 그는 노예들이 모든 설교자로부터 환영을 받는다고 느꼈으며, 그들이 설교 시간에 주인과 항상 함께 왔다는 사실을 확인했다. 애즈베리는 첫 번째 흑인 감리교 복음전도사였던 해리 호시어(Harry Hosier)와 함께 버니지아 주로 향하는 여행을 하기도 했다. 여러 감리교도들은 호시어를 세계 최고의 설교자 가운데 한 명으로 여겼다.

프란시스는 사람들의 피부 색깔과 상관없이 친절함을 보여 주었고 그가 마주치는 모든 사람들에게 관심을 가졌다. 한번은, 그가 사우스캐롤라이나 주로 말을 타고 가다가 말을 타고 오는 노예와 마주쳤다. 남자에게 영혼에 대해서 말해야 한다는 성령의 강력한 지시를 느낀 프란시스는 말을 돌려서 그에게 다

> 프란시스는 사람들의 피부 색깔과 상관없이, 그가 마주치는 모든 사람들에 친절함을 보여 주었다.

가갔다. 프란시스가 그에게 이름을 물었을 때, 남자가 자신의 이름을 모른다는 사실을 알게 되었다. 그가 싸움을 아주 잘하기 때문에 사람들은 그를 펀치(Punch)라고 불렀다. 프란시스는 만난 모든 영혼에게 하듯이 펀치를 위해 기도하고, 찬송하며, 성경을 읽어 주었다. 그 뒤에 그는 떠났다. 20년 뒤, 애즈베리가 같은 지역에 돌아왔을 때, 하나님의 섭리로 펀치를 다시 만났다. 펀치는 자신의 삶에서 일어난 변화에 대해서 프란시스에게 말했고, 그가 여러 명의 노예에게 영향을 주었다고 말했다. 프란시스는 펀치의 말에 답변을 했고 이렇게 썼다. "한 명의 노예를 목격하는 일이 지구상에서 가장 높은 보좌에 앉아 세상을 지배하는 일보다 더 낫다."[56]

프란시스의 개인적인 의견이 항상 감리교도가 지켜야 할 규율이 되지는 않았지만 역사가들은 항상 그 격차를 호의적으로 생각하지만은 않았다. 다리우스 솔터는 다음의 방식으로 설명했다. "감리교는 모든 인간이 '평등하게

---

56. Salter, *America's Bishop*, 324.

창조'된 동시에 노예를 소유한다고 선언한 국가의 모순을 단순히 보여 주었다."⁵⁷ 프란시스는 노예 문제를 다룬 공식적 입법 활동에 영향력을 행사하려는 시도를 한 적이 있었다. 독립전쟁이 끝난 뒤, 프란시스와 토마스 쿡은 조지 워싱턴 대통령으로 하여금 노예의 해방을 위한 탄원서에 서명하게 하려 노력했다. 마운트 버넌(Mount Vernon)에서 조지 워싱턴 대통령을 방문했을 때, 프란시스는 저녁 식사를 할 때 흑인 하인이 그들의 시중을 든 일로 불편함을 느꼈다. 이후에 워싱턴 대통령은 그가 원칙에 동의할지도 모르지만 탄원서에 서명하지 않을 것이라고 말했다. 그는 노예들도 교육을 받을 필요가 있으며 그를 통해서 자유에 대한 의무를 이해해야 한다고 설명했다. 그렇지 않다면, 자유는 선물이 아닐 것이다. 워싱턴은 그의 농장에서 일하는 수백 명의 노예를 소유했지만, 죽기 몇 달 전에 그의 유언의 세부 사항을 바꾸었다. 그에 따라 워싱턴의 아내가 죽었을 때 모든 노예는 자유가 되었다. 프란시스가 그 결정에 얼마나 많은 영향력을 미쳤는지는 알 수 없다.

여러 감리교 총회에서 노예에 대한 견고한 법률을 세우는 일에 대해 논쟁을 하였으나 프란시스가 사는 동안 어느 법안도 통과되지 못했다. 프란시스는 틀림없이 노예 제도와 관련하여 많은 일을 했다. 영원한 목적을 위해서 복음 전도를 하는 도중에 얻은 무언가가 다른 이를 위하지 않는 경우가 있음을 그가 믿었기 때문에 그는 그들을 향한 하나님의 지시가 육신을 자유롭게 하는 일이 아니라 영혼을 구원하는 일임을 주장했다. 그는 자기가 "노예 제도가 아닌 그리스도를 위해 고난 받도록 부름받았다고 믿었다."⁵⁸

프란시스의 근시안적인 시각 때문에 누군가가 영원한 시간을 보낼 장소에 대한 생각 이상으로 복음주의를 바라보지 못했다. 프란시스가 노예 제도에 대해 입장을 취했을 때 그것이 합리적 사고에 바탕을 두었는지, 아니면 감리교의 성장에 잠재적 영향을 미치기 때문이었는지의 여부는 오직 하나님만이 아신다. 그는 노예 제도에 대해 경직된 태도를 취한다면, 흑인과 백인에게 동

---

57. Ibid., 314.
58. Ibid.

시에 설교하려고 하는 감리교의 시도가 실패로 돌아갈 것이라고 썼다.[59] 무엇이 마음의 변화를 가져왔는지 밝혀내기는 어렵지만, 1807년 2월 프란시스가 백인과 노예 상태에 있어 순종하는 흑인들에게 설교했을 때, 그는 이 사실을 분명히 보았다.

노후에는 무엇을 해야 하나?

프란시스는 한동안 가족이나 집을 갖지 않은 일이 자신에게 어떤 영향을 미쳤는지 생각하곤 하였다. 초인적인 인간처럼 보이는 그가 인간적인 면모를 보이던 순간에, 어떤 비밀도 털어놓을 수 있는 어머니에게 편지를 썼다. "저는 낯선 땅에 있습니다. 아무것도 의지하지 못하고 몇몇 친구들만이 제게 친절할 뿐입니다. 저는 삶의 전성기를 보내고 있지만 늙었을 때 무엇을 해야 할까요?"[60] 68세가 되었을 때 모든 체력이 바닥나 버렸고 그는 죽음이 임박했음을 깨달았다. 그러나 고향인 천국으로 가는 일에 대해서 걱정할 필요가 없었다. 이 땅으로 그를 부른 하나님은, 그가 죽는 날까지 그를 돌볼 것이라고 약속했다.

프란시스는 류머티스성 관절염을 앓았다. 삶의 마지막 즈음에, 증상이 너무 심각했기 때문에 사람들은 그를 수레에 실어서 옮겨야 했다. 그러나 프란시스는 죽어 가는 순간에도 복음을 전하기를 바랐고, 무엇도 그의 열망을 멈추지는 못했다. 프란시스와 여행을 하는 동료가 프레데릭스버그(Fredericksburg)로 가는 길에, 총회에 참여할 수 있다는 희망을 가지고 할 수 있는 한 마차를 세게 몰았으나, 이 일은 실현되지 않았다. 프란시스가 더 멀리 갈 수 없었을 때, 두 사람은 오랜 친구인 조지 아놀드(George Arnold)의 집에 머

---

59. Ibid., 317.
60. Salter, *America's Bishop*, 46.에 인용된 Asbury, *Journal and Letters of Francis Asbury*, vol. 3. 16.

물렀다. 프란시스는 다음날, 그 날이 안식일임을 깨달았고, 예배를 위해 자신의 주변에 가족을 모아 줄 수 있느냐고 물었다. 폐에 물이 찼기 때문에 그는 간신히 의자에 앉아 몸을 지탱할 수 있었다. 여행 동반자였던 그의 친구가 노래를 하고 설교를 마친 뒤에 프란시스는 항상 하던 일을 했다. 프란시스는 헌금 접시를 가져오게 해서 사람들에게 돌렸고 프란시스의 동료 설교자를 위해서 헌금을 모았다. 프란시스는 동료 여행자에게 오직 한 가족이 참석했다는 말을 들었다. 찬양 중 마지막 행동으로, 그는 주님인 예수님이 소중하다는 사실을 느끼는지 사람들에게 질문을 하면서 의기양양하게 손을 들었다.

프란시스 애즈베리는 1816년 3월 31일 일요일 오후 네 시에 사망했다. 아놀드가 마을에서 아주 먼 곳에 살았기 때문에 그들은 가족 소유지에 프란시스를 묻기로 결정했다. 이후에, 감리교 협회가 시체를 발굴해서 볼티모어로 옮겼고 그곳에서 적절한 장례식이 행해졌다. 사람들은 볼티모어에서 애즈베리의 시신을 워싱턴 기념비를 모방한 3미터 크기의 기념비 아래에 묻었다.

프란시스는 누구도 자신의 삶을 다룬 전기를 쓰지 않으면 좋겠다는 의지를 담은 글을 썼고, 심지어 이 일이 일어나지 않도록, 유언 집행자들이 힘을 다해 모든 일을 하기를 요구하기도 하였다. 그는 자신의 이름을 따서 이름을 지은 모든 아이들에게 성경을 전달해 달라고 요구했고, 수천 명의 아이들이 성경을 받았다고 전해진다.

많은 사람들이 불굴의 영혼을 가진 듯 보이며 항상 길 위에 있을 필요가 있었던 프란시스 애즈베리의 의무감에 대해서 썼다. 그러나 에즈라 티플은 프란시스의 마음을 가장 잘 묘사했고, 그가 자신이 걷는 길을 사랑해서가 아니라, "길 곁에서 사는 사람들을 사랑했기 때문"[61]에 계속할 수 있었다고 말한다.

사람들이 애즈베리와 그의 종교적 교리를 어떻게 보는지와는 상관없이 감리교인과 감리교 성직자들은 예수 그리스도로부터 배운 대로 미국인 가운데에서 모든 신자들이 평등하다는 사실을 지지했다. 구원을 통해서 자신의 삶

---

61. Tipple, *Francis Asbury: The Prophet of the Long Road*, 160.

을 바로 지금, 그리고 영원에 이르기까지 바꿀 수 있을 것이라는 복음을 통해서 사람들은 계층 사이의 구분을 산산조각 냈고, 오히려 자신이 속한 계층에서 신분 상승을 이루고, 그의 가족을 위한 더 나은 미래를 만들어 내는 아메리칸 드림의 현실을 공고히 하였다. 애즈베리의 삶은 어떻게 하나님이 평범한 사람을 택해서 그와 함께 위대한 여행을 하도록 이끄시는지를 보여준 증거이다. 애즈베리가 "말을 타고 40만2천 킬로미터를 달렸으며 앨러게니 산맥을 60차례나 횡단했다."는 사실을 우리는 역사적 기록을 통해서 본다. "애즈베리는 10,000 가구에 머물면서 17,000번을 설교했다."[62]

오늘날 미국의 침례교에 대략 이천칠백만 명의 인원이 속해 있고, 두 번째로 미국에 대략 천삼백만 명의 감리교도가 있다. 티플에 따르면, 감리교는 다른 교파와 다음의 요소 때문에 구분된다.

> 교회 정치 체계, 열렬하고 효율적인 복음 전도, 이성적이고 영적이며 설교에 사용될 수 있을 만한 신학, 적극적인 선교 정신, 경험에 바탕을 둔 구원과 관계된 가르침, 예배의 자유와 따뜻함, 특히 설교와 노래. 그것은 사도시대 이후로 세기의 어떤 운동보다도 초기 기독교의 부활과 더욱 가까웠다.[63]

---

62. John H. Wigger, "Holy, 'Knock-'em-down' Preachers," *Christian History* 14, no. 1 〔45호〕 (1995), 25.
63. Tipple, *Francis Asbury: The Prophet of the Long Road*, 13, 15.

제 5 장

★★★★★

첫 번째 전도 집회
The First Camp Meetings

(1799-1801)

"미국의 오순절"

제 5 장

미국의 오순절

The First Camp Meetings

> 당신도 전도 집회를 열기를 권합니다. 전도 집회는 성공하지 못한 적이 없습니다. 많은 하나님의 백성이 함께 모여 기도하고, 목회자들은 설교하며, 그들은 오래 머물게 됩니다. 일반적으로 이것은 필드 낚시보다 탁월합니다. 커다란 그물로 고기를 건지는 것과 같습니다.[1]
>
> - 프란시스 애즈베리(Francis Asbury)
> to the presiding elder of the Pittsburgh District

1700년대 중반에 이르러, 점점 인구가 많아진 식민지에서 보다 충분한 활동 공간을 원하는 사람들은 알레게니 산맥 서쪽의 첫 번째 정착지를 만들기 위해 버지니아에서 컴벌랜드 갭을 통해 밀고 들어가기 시작했다. 이 야생의 전원 지역에는 수많은 야생 칠면조가 살고 있었으며 사슴은 주로 다양한 미국 원주민 부족의 사냥터에서 소진되었다. 울창한 삼림은 다양하고 탁월한 삼림으로 가득하여 지평선에서 지평선으로 이어졌다. 삼림은 다양한 샘과

---

1. Rudolph, *Francis Asbury*, 119-120에 인용된 Francis Asbury, "Letter to Thorton Fleming," 2 December 1802, *The Journal and Letters of Francis Asbury* vol. 3, 251.

개울로부터 수분을 공급받았으며 정착민들과 사냥꾼들을 위한 무대를 제공하였다. 또한 토양은 농사짓기에 놀라운 정도로 비옥했고, 특히 그곳 주변 지역은 다양한 대나무로 풍성하였다. 따라서 대니얼 분(Daniel Boone)은 '케인 리지'(Cane Ridge)라고 별명을 붙였다.

이 지역의 대부분은 포트 스탠윅스 협정(Treaty of Fort Stanwix)(1768)으로 영국이, 그리고 시카모어 숄스 협정(Treaty of Sycamore Shoals)(1775)으로 노스캐롤라이나의 사기업이 미국 원주민으로부터 매입하였다. 하지만 이주민들의 유입은 독립전쟁에서 식민지 주민들에 대항하여 영국 편을 들 정도로 몇몇 부족을 불쾌하게 했다. 전쟁의 마지막 전투 가운데 하나였던 블루릭 전투(the Battle of Blue Licks)는 1782년 8월 19일 이 지역에서 벌어졌다. 이 지역에서 살던 사람들은 전쟁이 끝난 뒤에도 10년이 넘게 폭력에 시달렸다. 이를 무사히 견딘 예배당이 오늘날까지 여전히 서 있고, 예배당 벽에는 아메리카 인디언들의 공격에 자신들을 보호하기 위해 사용한 식민지 주민들의 총탄 자국이 여전히 남아 있다.

1792년 이 지역은 켄터키 주가 되었다. 이는 최초 열세 번째 외에 첫 번째 주, 연방(the Union)에서는 열다섯 번째 주가 된다.(버몬트 주는 뉴욕 주와 뉴햄프셔 주 사이에서 분쟁하던 지역으로 구성된 열네 번째 주였다.) 켄터키 사람들은 강하고 거친 사람들이었다. 대부분의 사람들은 범법자의 신분으로 도망을 다녔으며 도시 정주(定住) 장려책 때문에 유입된 가족이거나 탐험자였다. 이들 중 가장 유명한 인물이 대니얼 분이다. 켄터키는 겁쟁이가 살기에 적당한 땅이 아니었다. 마찬가지로 켄터키 사람들은 플리머스(Plymouth)에 거주하는 사람들과 같은 이유로 켄터키에 정착하지 않았다. 이들은 종교적 자유를 구하는 순례자가 아니었다. 켄터키 사람들은 영적 문제를 부차적이라고 치부했다. 어찌되었든 그들이 종교에 대해 생각을 했다면 말이다. 프란시스 애즈베리가 1794년 이에 대해서 언급하였다. "나는 100명 중 1명이 종교 때문이 아니라 좋은 땅을 많이 얻기 위해 이곳에 왔을 것으로 생각한다. 하지만 나는 몇몇 혹은 많은 사람들이 결국 그들의 영혼을 잃지 않았으면 좋겠다고 생각한다."[2]

그러나 사람들이 정착한 곳이라면 어디에서든 성직자를 필요로 했다. 여러 사례에서, 목사는 여러 지역 사회에 걸쳐 사역을 해야 했는데, 초기 인구의 수가 아주 적었기 때문이다. 그래서 로건 카운티 개스퍼 강(Gasper)과 레드 강(Red), 머디 강(Muddy) 집회를 맡은 사람은, 장로교 목사인 제임스 맥그리디였다. 1796년 맥그리디는 성도들과 매주 토요일 저녁에 기도할 것과, 매달 세 번째 토요일 해가 뜰 때부터 질 때까지 금식할 것을 약속했다. 이 기도 시간은 하나님께 부흥을 가져다 달라는 기도에 초점을 맞추었다.

동쪽으로부터 온 부흥사

스코틀랜드계 아일랜드인인 조상의 후손인 제임스 맥그리디는 펜실베니아에서 1763년 태어났다. 그가 어린 아이였을 때, 부모님은 노스캐롤라이나의 길포드 카운티로 이사했는데, 그는 거기에서 자랐고 데이비드 콜드웰(David Caldwell) 기독교 학교에 다녔다. 그는 제퍼슨 단과 대학교에서 성직 준비 공부를 하기 위해서 펜실베니아로 돌아왔다. 제퍼슨 단과 대학은 펜실베니아 주 워싱턴 근처(피츠버그에 인접함)에 있는 워싱턴과 제퍼슨 단과 대학교의 일부가 될 캐넌즈버그에 있는 기관이었다. 이 기관이 거기 있었기 때문에 그는 존 블레어 스미스 박사(Dr. John Blair Smith)가 버지니아주에서 경험한 강력한 부흥에 대해 자세히 설명을 들을 수 있었다. 제임스는 즉시 부흥의 주제에 매료되었다.

1788년 8월 13일 레드스톤 장로회(Presbytery of Redstone)는 제임스에게 성직 수행을 허가하고 1790년 즈음 어느 때에 결혼했다. 한동안, 제임스는 길퍼드(Guilford)에서 멀지 않은 노스캐롤라이나의 오렌지 카운티에서 성도들에게

---

2. Galli, "Revival at Cane Ridge," 10.

설교했다. 그는 지역에서 빠르게 유명세를 얻었다. "그 이유는 그의 효과적인 설교와 강렬한 도덕적 진지함 때문이었다. 그는 기도와 설교로 사람들의 마음을 울렸고, 동시에 사람들의 품행이 완벽한 신성함에 미치지 못할 때면 맹렬히 비난하여 그들을 곤란하게 하였다."[3] 이따금 그는 그가 교육받은 데이비드 콜드웰 박사(Dr. David Caldwell)의 학교에서 사역하곤 하였다. 거기에서 그는 미래 부흥운동가들의 삶에 접촉하였다. 윌리엄 하지(William Hodge)는 제임스의 제자가 될 것이며, 거기에서 열린 1801년 동안에 캐인 리지에서 목사였던 바턴 스톤(Barton Stone)은 그리스도의 교회(Churches of Christ) 교파와 마주하게 될 것이다. 스톤은 이후에 제임스에 대해서 이렇게 말했다.

> 나는 일찍이 그런 열심, 그런 열의, 그런 강력한 설득으로 천국의 기쁨과 지옥의 불행으로 주장하는 것을 본 적이 없었다. 그로 인해 내 마음은 사슬에 묶였고, 형언할 수 없는 마음으로 그가 전하는 천국과 땅과 지옥의 순환을 바싹 따라갔다. 그는 마지막으로 죄인들에게 지체하지 말고 와서 진노를 피하라고 말하였다. 나는 지금까지 다소나마 진실의 힘을 느껴본 적이 없었다. 나의 흥분이 이런 것이었다. 내가 연단에 서 있었더라면 아마 바닥에 주저앉았을 것이라고 생각한다.[4]

제임스 맥그리디는 조지 휫필드와 같은 감정적인 책임감이나, 존 웨슬리의 고요한 힘으로 말하지 못했다. 그러나 1800년과 1801년 여름에 그의 사역은 부흥 운동의 역사에 지울 수 없는 표식을 남겼다. 키가 크고 거의 볼품이 없는 외모를 가진 제임스는 마치 조나단 에드워즈가 하는 것처럼, 기록된 설교를 주의 깊게 읽었다. 그가 비록 에드워즈의 지적인 영향력을 가지지 못했

---

3. Paul K. Conklin, *Cane Ridge: America's Pentecost* (Madison: The University of Wisconsin Press, 1990), 53.
4. Voice from Cane Ridge, ed. Rhodes Thompson (St. Louis, MO: The Bethany Press, 1954), 31-134, http://www.mun.ca/rels/restmov/texts/bstone/barton.html#ch_two.에 있는 편에 기초한 Barton Stone, *A Short History of the Life of Barton W. Stone*, 1847, Chapter 2.

지만 말이다. 제임스는 천둥 같은 목소리로 구약 성경 속 선지자들의 권위로, 그리고 사도 바울처럼 주의 깊고 논리적인 주장을 하면서 권면하였다. 목사인 존 앤드류는 동료 목사들에게 다음과 같이 말했다.

> 제임스의 설교 방식은 잘 다듬어지지 않았지만 명쾌하고 날카로웠다. 그의 연설의 방식은 매우 엄숙하고 인상적이었다.
>
> 그는 설교자로서 어린 양의 겸손한 추종자들로부터 높이 평가받았는데, 그들은 그가 분명히 보여 준 귀중한 진실을 즐거워하였다. 하지만 그는 미움을 받았으며, 때때로 격렬하게 비난받고 박해받았다. 잔인하고 불경한 자들에게뿐 아니라 수많은 명목상의 기독교인들, 또는 표면적인 교수들까지 있었다. 그들은 자기 성찰적인 날카로운 설교와 하나님을 섬기지 않는 사람들에게 쏟아 붓는 하나님의 분노에 관한 말씀을 견디지 못했다. 천둥 위에 있는 아들로서 제임스는 진실한 세상에 대한 끔찍한 비난을 퍼부으며 사람들의 죄에 대한 생각의 관점을 분명하게 제시했기 때문이다.[5]

제임스의 열의는 상당한 논쟁과 반대 의견을 유발하였다. 어떤 이들은 제임스가 교구민들에게 영혼에 대한 지나친 불안을 불러일으키고 있다고 하였다. 제임스는 피로 쓴 편지를 받았는데, 그것은 카운티를 떠나지 않으면 해를 가하겠다는 것이었다. 일단의 산적 떼가 교회에 있는 의자를 부수고 강단에 불을 질렀으며, 교회는 타서 재가 되고 말았다. 다음 일요일, 제임스는 마태복음 23:37-38에 기초한 설교를 전달함으로써 그들을 견뎌냈다.

> 예루살렘아 예루살렘아 선지자들을 죽이고 네게 파송된 자들을 돌로 치

---

5. Jame Smith, *History of the Christian Church, From Its Origin to the Present Time; Compiled from Various Authors, Including a History of the Cumberland Presbyterian Churh, Drawn from Authentic Documents* (Nashville: Cumberland Prebyterian Office, 1835), 652-673, http://www.cumberland.org/hfcpc/McGready.htm.

는 자여 암탉이 그 새끼를 날개 아래에 모음 같이 내가 네 자녀를 모으려 한 일이 몇 번이더냐 그러나 너희가 원하지 아니하였도다 보라 너희 집이 황폐하여 버려진 바 되리라[6]

1796년 제임스는 노스캐롤라이나 주를 떠나 켄터키 주와 이전에 언급한 로건 카운티의 성도들에게 갔다. 켄터키 주에서 가장 험한 지역 가운데 하나였던 그곳에서 제임스는 도덕적 탁월함에 대해서 계속해서 부르짖는다. 지역은 '악당들의 은신처'(Rogue's Harbor)로 알려졌는데 법망을 피해 앨러게니스 산맥(Alleghenies) 동쪽으로 도망간 사람들 때문이었다. 이 지역에서는 부도덕과 알코올 중독, 토지 수탈이 만연하였고 그곳에서 농사를 짓는 사람들은 길들여지지 않은 땅으로 문명을 들여오려고 했다. 기독교는 보편주의와 이신론이 기승을 부리면서 궁지에 몰린 것으로 보였다.

감리교 성직자인 제임스 스미스는 1795년 이에 대해 "이신론과 연합한 보편주의는 이 부근에서 기독교에 치명적인 상해를 입혔다."[7]고 언급한다. 1790년대에 켄터키 주와 테네시 주(1796년 열여섯 번째 주가 됨)에서 교회 참석자들이 감소하는 사건이 실제로 발생했다.

1798년, 개신교 총회(Presbyterian General Assembly)는 '애굽의 암흑'[8]에서 변경의 구원을 요청하기 위한 금식과 겸비와 기도를 명하였다. 제임스는 개척 지역민들과 함께 계속 기도하였다.

1797년 5월, 제임스는 설교하는 중에 성령이 처음 찾아오심을 목격하였다. 신실한 교회 일원이었던 여성은 '깊은 확신에 끌렸고' 새로이 구원을 구하였으

---

6. Richard Beard, Brief Biographical Sketches of Some of the Early Ministers of the Cumberland Presbyterian Church (Nashville: Southern Methodist Publishing House, 1867), 7-17, http://www.cumberland.org/hfcpc/McGready.htm.
7. Galli, "Revival at Cane Ridge," 11.
8. Ibid.

며, "며칠 동안에 믿음에 따른 기쁨과 평화가 그녀를 가득 채웠다."[9] 1801년 10월 23일 친구에게 보낸 편지에서 그 뒤에 무슨 일이 있었는지 서술하였다.

> 그녀는 즉시 집집마다 다니면서 친구와 친척을 방문하여 가장 엄숙하고 신실한 방식으로 그들에게 닥칠 위험을 경고하였고, 회개하며 신앙을 추구할 것을 간청하였다. 이 일은 하나님의 축복(성령의 현현)과 함께 함으로 많은 사람을 일깨웠다. 이때 성도들의 모든 귀가 설교한 말씀을 받을 수 있도록 열려있는 것으로 보였다. 그리고 거의 모든 설교는 하나님의 권능을 동반하였고, 죄인들을 일깨웠다. 여름 집회에서 약 10명이 예수님께 나아왔다.[10]

부흥의 씨앗이 움트기 시작했다.

연례 성찬식

언제나처럼 성도들의 마음에 부흥이 움틀 기회를 구하던 제임스는, 얼스터(Ulster)(북아일랜드[Northern Ireland])와 스코틀랜드(Scotland)에서 부흥을 촉발시킨 공식을 적용하였다. 이들 가운데 가장 큰 부흥은 조지 휫필드가 다수의 다른 목사들에게 말한 지역인 캠버스랑(Cambuslang)에서 1742년에 있었다. 맥그리디 목사는 1년에 한 번씩 여러 날에 걸쳐 열리는 성찬 예배를 소집하였고, 지역에서 모든 사람들이 함께 모여서 설교한 말씀을 듣고, 마지막 날에 함께 성찬식 의례를 거행하였다. 주변 지역에서 온 가족들은 마을에서 다른 가족과

---

9. James McGready, "Narrative of the Commencement and Progress of the Revival of 1800," letter to a friend, 23 October 1801, Historical Foundation of the Cumberland Presbyterian Church and the Cumberland Presbyterian Church in America. http://www.cumberland.org/hfcpc/McGreaBK.htm#anchor222019.

10. James McGready, "Narrative of the Commencement and Progress of the Revival of 1800,"

머무르기 위해 왔고, 금요일 저녁에 집회를 시작했다. 예배는 토요일과 일요일 동안에 계속되었고 월요일 아침까지 이어졌으며 점심이 되었을 때 성찬식이 열렸다. 이 일정은 인구 밀도가 높지 않은 로건 카운티에서 효과적이라는 사실이 드러났다. 분포된 이주민들은 성찬을 받기 위해서 지역 사람들과 함께 모일 수 있었고, 주 단위로 혹은 월 단위로 모이는 일은 실용적이지 못했는데 여행에 필요한 시간 때문이었다.

비록 제임스의 교회에 연례행사가 있었지만 - 아마도 마찬가지로 노스캐롤라이나에서도 열렸을 것이다 - 그들은 1798년 7월 개스퍼 강에서 예배가 열린 이후부터 예배를 드린 이래 규칙적으로 열리지 않았다. 다시 제임스가 쓴 기록을 보자.

> 월요일에 주님은 그의 성령을 은혜롭게 부어 주셨다. 바로 깨달음이 일어났다. 아마도 신도 가운데서 어느 누구도, 아니 그 이상 그들의 잃어버린 유산에 대해 참혹한 심정을 느끼지 않은 자는 없을 것이다. 그 다음 주 동안 세속적인 일에 참여한 사람은 거의 없었다. 그들은 영적인 일에 관심을 갖게 되었다. 9월 첫 번째 안식일에 머디 강(나의 성도이 사는 지역 중 한 곳)에서 성찬 예배가 있었다. 이 전도 집회에서 주님은 수많은 무관심한 죄인들을 일깨우기 위해 성령을 부어 주셨다. 이미 언급한 이들 두 성도들과 레드 강의 나의 다른 성도들의 각성 사역은 모든 설교 아래 힘 있게 진행되었다. 사람들은 영원함에 관해 듣고 있는 것 같았다. 집집마다 그리고 거의 모든 직장에서 사람들의 모든 대화는 그들의 영혼의 상태에 관한 것이었다.[11]

맥그리디 목사의 모든 성도들은 신앙에 대한 흥분이 커져가고 있는 듯했다. 1799년 여름 첫 번째 성찬 예배가 레드 강에서 7월에 열렸다. 제임스는 횟

---

11. James McGready, "Narrative of the Commencement and Progress of the Revival of 1800,"

필드가 캠버스랑에서 사용했던 방식을 따라, 장로교 목사인 존 랜킨(John Rankin)과 윌리엄 호지, 윌리엄 맥기(William McGee), 그리고 맥기의 형제이자 감리교 목사인 존을 포함한 다른 목사들을 맞아들였다. 제임스는 친구들에게 같은 편지에서 무슨 일이 일어났는지 설명했다.

> 월요일에 하나님의 권능이 성도들에게 가득 찬 듯 보였다. 지역에서 가장 대담하고 위험한 죄인들이 얼굴을 가리고 비통해 하면서 울었다. 성도가 해산한 뒤에 많은 사람들이 집에 가기를 바라지 않고 문가에 머물렀다. 목사 중 어떤 이들은 예배당에서 다시 사람들을 소집하고 그들과 함께 기도할 것을 제안했다. 그에 따라 우리는 예배당에 들어가서 함께 기도하고 권면했다. 하나님의 강력한 힘이 영원한 언덕에서부터 소나기처럼 우리 가운데 임했다. 하나님의 백성은 믿음을 촉구하였고, 안도감을 느꼈다. 그들 가운데 어떤 이들은 이루 말할 수 없는 기쁨을 느끼고 충만한 영광으로 가득 찼다. 죄인들은 강하게 두려워하였고, 어떤 귀한 영혼들은 예수님의 용서하시는 사랑을 느낄 수 있었다.[12]

다시 개스퍼 강과 머디 강에서 부흥이 일어나고 있었다. 그러나 하나님은 끝나지 않았다.

다음 해 여름, 1800년 6월 21일 토요일 주말부터 6월 23일 월요일까지 레드 강에서 성찬식을 열었다. 대략 500여 명의 사람들이 참석했다. 그는 지난해와 마찬가지로 같은 목사들을 초대했다. 하지만 이번에 성령이 큰 힘으로 나타났다. 그의 기대는 더욱 커졌다. 제임스는 그 여름을 다음과 같이 회상한다.

> 6월 레드리버에서 성찬 예식이 있었다. 이 집회는 이전에 보았던 집회 중 가장 컸다. 월요일에 군중은 커다란 확신을 갖고 주님 앞에 엎드렸다.

12.) Ibid.

괴로워하는 사람들의 외침이 예배당에 가득하였다. 불경한 마음으로 맹세를 했던 사람들과 안식일을 지키지 않았던 사람들이 양심에 거리낌을 느끼고 부르짖었다. "구원을 받기 위해 우리가 무엇을 해야 합니까?" 그곳에서 뛰노는 자들과 춤추는 자들은 자비를 위해 부르짖었다. 나는 예수님의 피와 괴로움과 고통 가운데에서 구원을 부르짖고 기도하는 10살, 11살, 12살 작은 아이들을 보

▲ 존 맥기(John McGee) 목사
(의회도서관, 03001046)

았다. 성찬식 동안 그리고 돌아오는 화요일까지 우리가 믿기는, 10명의 사람들이 그리스도께 부름받아 구원받았다.[13]

레드 강에서의 부흥은 애초부터 예상치 못한 일이었다. 첫 삼일은 주목할 만한 일이 거의 없이 지나갔다. 예배는 경건했고 질서 정연했다.

그러나 월요일 아침 예배 동안 윌리엄 호지가 "너는 하나님과 화목하고 평안하라 그리하면 복이 네게 임하리라"는 욥기 22장 21절을 토대로 감동적인 설교를 하고 있을 때였다. 한동안 구원의 확신을 구하던 여성이 소리 지르고 노래 부르기 시작했다.

그 뒤에 짧은 중간 휴식 시간이 있은 뒤에 존 맥기(John McGee) 목사가 일어나 강단으로 왔고 찬양했다.

비둘기 같은 성령이여 오소서
소생케 하는 당신의 모든 권능과 함께

13.) Ibid.

냉랭한 우리 심령에
거룩한 사랑의 불꽃을 밝혀 주소서[14]

이 찬송가 소리를 듣고 최소한 한 명 이상의 여성이 소리를 질렀다. 아마도 구원의 은혜에 대한 갑작스러운 인식이 찾아왔기 때문일 것이다. 맥기는 이 여성들을 축하해 주기 위해서 단에서 내려왔다. 그가 그렇게 했을 때 하나님의 영광이 사람들 위에 나타났다. 어떤 이는 땅에 엎드러졌다. 다른 사람들은 은혜를 구하며 소리를 질렀다. 어떤 이는 기도했고, 다른 이들은 목청껏 소리 높여 하나님을 찬양하기 시작했다. 곁에 앉아 있던 윌리엄 맥기는 일어나서 강단으로 갔지만 분명한 성령의 힘으로 바닥에 쓰러졌다. 존 맥기가 그를 돌아봤을 때 하나님의 힘이 그에게 너무 강하게 임했기 때문에 형제 옆에서 거의 무너지고 말았다. 존은 후에 이 일을 다음과 같이 회상한다.

> 나는 돌아가기 위해서 몸을 돌렸고 거의 무너지고 있었다. 하나님의 힘이 강하게 내게 임했다. 나는 다시 돌이켰다. 그리고 다른 사람이 두려워 앞을 볼 수 없었다. 나는 가능한 모든 환희와 활기로 소리 지르고 권면하면서 예배당을 돌아다녔다. 그러자 바닥은 엎어진 사람들로 가득하였다.[15]

맥그리디와 호지, 랜킨은 자신들이 개입해야 할지를 궁금해 하였다. 이전에 한 번도 설교로 사람들이 기절하는 일이 없었고, 어떻게 해석하고 다뤄야 하는지 확신하지 못했다. 그러나 그 자신이 '소리 지르는 감리교도'였던 존

---

14. Keneth O. Brown, Holy Ground: A Study of the American Camp Meeting (New York: Garland Publishing, 1992), 18에 인용된 T. Marshall Smith, Legends of the War of Independence (Louisville: J. F. Brennan, Publisher, 1855), 372-373. "비둘기 같은 성령이여 오소서" 찬송가는 이삭 와츠가 썼고 감리교도들에 의해 널리 불렸다.

15. John B. Boles, *The Great Revival: Beginnings of the Bible Belt* (Lexington: University of Kentucky Press, 1972), 54.에 인용된 John Mcgee to the Reverend Thomas L. Douglas, 23 June 1820, in Methodist Magazine 4 (1821): 190.

맥기는 그들에게 이것이 하나님의 일이라고 확언하였다. 그래서 그들은 그 예배가 순조롭게 진행되게 하기로 결정하였다. 랜킨 목사는 이후에 이 일을 다음과 같이 기록하였다.

> 이 일이 하나님의 일이고 하나님의 성령이 강하게 분출한 것이라는 그의 확신을 보고 느꼈기 때문에, 그리고 다른 주에서도 이런 광경을 목격한 일이 있다는 사실을 들었기 때문에, 우리는 이 광경을 보고 놀라움으로 자리에 우뚝 섰으며, 하나님의 놀라운 일에 감탄했다. 눈앞에 드러난 이 놀라운 일이 잠잠해졌을 때 하나가 되었던 성도들이 각자의 집으로 돌아갔고, 그들은 가장 강권적인 이번의 사건에서 그들이 무엇을 보고 듣고 느꼈는지 곰곰이 생각해 보았다.[16]

제임스는 다음 달에 개스퍼 강 예배당에서 다른 성찬식을 열기로 결심했다. 그 여름, 맥기와 그의 형제들은 거의 매주 주일에 다양한 장소에서 이야기하였고, 이런 집회가 들불이 번지듯 유행했다. 말은 빠르게 퍼졌고, 개스퍼 강의 성찬식은 이에 힘을 입었다. 랜킨은 이에 대해서 다음과 같이 언급한다.

> 이전 집회에서 일어난 사람들의 이상한 행동에 관한 이야기가 모든 나라에 펴져나갔고 거의 모든 사람들의 마음에 큰 흥분을 가져다주었다. 궁금해 하던 사람들은 이 일을 알고자 그곳으로 왔다. 진지하게 자신의 죄를 깨달은 사람들은 영혼에 어떤 특별하고 유익한 혜택을 받았다고 인정하였고, 집 안과 밖에서 하나님의 사건을 알렸다.[17]

---

16. John Patterson MacLean, Shakers of Ohio: Fugitive Papers Concerning the Shakers of Ohio, with Unpublished Manuscripts (Columbus, OH: The F. J. Heer Printing Company, 1907), 57에 인용된 John Rankin, "Autobiographical Sketch," 1845.
17. Boles, *The Great Revival*, 55. 에 인용된 Rankin, "Autobiographical Sketch," 280-281.

『1800년 부흥의 시작과 과정에 대한 이야기』(*Narrative of the Commencement and Progress of the Revival of 1800*)"에서 제임스는 켄터키 부흥이 실지로 어떻게 일어났는지, 멀고 광활한 지역에서부터 어떻게 사람들을 끌어 당겼는지 묘사했다.

7월 성찬 예식이 개스퍼 강 성도들 가운데에서 열렸다. 여기서 색다른 일을 보기 위해 여러 지역에서 군중이 모여들었고, 65내지 80킬로미터 거리에서, 그리고 심지어 160킬로미터 밖에서 오기도 했다. 모든 가족이 짐마차를 타고 왔다. 스무 대에서 서른 대의 짐마차들이 그곳에 있었다. 사람과 식량을 실어야 했고, 집회 열리는 장소에서 야영을 해야 했기 때문이다. 토요일 낮 동안 적절한 엄숙함이 임한 일 이외에 아무 일도 더 이상 발생하지 않았다. 토요일에도 저녁까지 사건은 같은 방식으로 계속되었다. 두 명의 경건한 여성이 함께 앉아 그들의 영적 훈련에 대해 대화를 나누었다. 이 대화가 구경꾼들에게 영향을 주는 듯 보였다. 즉시 성스러운 화염이 모든 군중에 퍼졌다. 이내 예배가 열리는 장소의 모든 부분에서 죄인들이 기도하고 은혜를 부르짖으며 힘없이 엎드러졌다. 목사와 개인적인 믿음을 가지고 있던 성도들은 고난에 관한 대화를 나누며 밤 동안을 그곳에서 보냈다. 이 밤 영혼이 일깨워진 상당수의 사람들이 예수님의 영광과 깊음과 충만함이라는 아름다운 믿음의 관점을 바라보게 됨으로써 받을 수 있는 가장 큰 구원을 받았다. 이들 가운데 어린아이도 있었다. 이들은 예수님의 신앙에 분명한 증거였다. 내가 눈으로 목격한 여러 사례 가운데, 오직 하나의 사례, 즉 어린 소녀에 대한 이야기를 언급해야 할 것 같다. 나는 절망 가운데 어머니의 무릎을 베고 누운 여자 아이 옆에 섰다. 나는 첫 번째 빛이 번쩍거리며 여자 아이의 마음에 임했을 때 그 아이와 대화를 나누고 있었다. 아이가 갑자기 일어서서 황홀한 기쁨 가운데 소리쳤다. "오 그분이 하실 거예요. 그분이 하실 거예요. 그분이 오셔요. 그분이 오셔요. 아! 그리스도는 얼마나 달콤한가요. 아! 그리스도는 얼마나 귀한가요? 나는 예수님에게서 아름다움을 봐요. 내가 왜 이제껏 그분을 믿지 않았을까! 나는 이전에 결코 예수님 앞에 올 수 없었어요. 예수님은 언제 나를 즐거이 구원해 주셨을까요?" 그리고 나서 돌아보더니 죄인들에게 이르러 그리스도의 영광과 뜻과 그분의 가치를 이야기했다. 그리고 그들에게 회개하기를 간곡히 부탁하였다. 이 모든 일과 아이가 했던 말이 정말로 하늘 나라의 이야기였고, 너무나도 논리정연하였으며, 성경의 이야기에 부합했기 때문에 나는 놀랐다. 그러나 두 해 동안 내가 보고 목격한 이런 종류의 일들을 모두 쓴다면 많은 장에 걸쳐서 써야 할 것이다.[18]

개스퍼 강 예배당은 큰 인구를 수용하기에 너무 작았다. 따라서 우리는 장소를 정리하고 야외에서 예배를 드렸다. 임시로 사용하기 위해 설교단을 만들고 통나무를 교회 의자로 개조했다. 예배가 첫날 밤 계속되었고 존 맥기가 주일에 설교할 때 참회의 외침으로 그의 목소리가 묻혀 버렸다. 레드 강에서 발생한 것과 같은 성령의 움직임을 나타내는 표적이 개스퍼 강에서도 있었다. 많은 사람들이 하나님의 힘 아래 엎드렸고 성령의 확신으로 부르짖으며 기도했다. 그들은 성령받기를 소망하였고 하나님과 평화를 발견하였을 때 기쁨으로 크게 소리 지르며 찬양하였다.

대부분의 역사가는 개스퍼 강이 첫 번째 전도 집회가 열린 곳이라고 생각한다. 하지만 '전도 집회'라는 용어는 1~2년 만에 만들어진 것이 아니다. 그것은 성찬 예배가 지역 가족들이 그들의 집에 수용할 수 있는 것보다 더 많은 군중을 끌어들이기 시작하였고, 곧 군중이 예배당의 수용능력을 뛰어넘었기 때문이다.

성령의 확신이 한량없이 활동하였다. 신자들과 보편론자와 이신론자와 심지어 무신론자도 모두 엎드러졌다. 부흥의 불은 로건 카운티에서부터 켄터키와 테네시에 이르기까지 퍼졌다. 성령의 열광은 변경에까지 이어졌고, 성

---

18. James McGready, "Narrative of the Commencement and Progress of the Revival of 1800,"

▲ 이 스케치는 임시 무대를 사용한 집회를 묘사한다.
(의회도서관, 98508274)

찬 예배는 남은 여름 동안 거의 매주 열렸다.

컴벌랜드 지역, 특히 샤일로(Shiloh) 지역으로부터 매우 많은 사람들이 커다란 호기심으로 이 성찬 예배에 참여하였다. 그들은 그 역사를 보고자 했기 때문이다. 그러나 이를 반대하는 강한 편견을 갖고 있었다. 그 사람들 가운데 약 다섯 명이 떠나기 전에 구원되었고 강력하게 회심하였다는 사실을 나는 믿는다. 관찰할 만한 상황에서, 그들은 모든 성찬식에서 진지한 전문가였다. 이 때문에 그들은 무기력하게 엎드려서, 자비를 부르짖고, 다음과 같은 말로 친구와 친척들에게 이야기할 수 있었다. "오 우리는 로건에서 들은 말을 경시했어. 우리는 속고 있었어. 나에게 신앙이 없다는 말이 바로 그거야. 삼일 전 나는 내가 지금 하고 있는 이 행동을 하는 사람을 경시했어. 그렇지만 나는 영혼 가운데에서 지옥의 바로 그 고통을 알 수 있었어." 이것이 구원의 시간이 오기 바로 직전 소중한 영혼들이 하곤 하는 말이었다. 그들이 집에 갔을 때, 친구와 이웃에게 하는 대화는 컴벌랜드 정착민 사회에 널리 퍼지는 영광스러운 일을 시작하는 도구였고 이를 통해 소중한 수백만 명의 영혼이 회개했다. 성찬식에서 발생한 이 일은 밤낮으로 계속되었고, 그 와중에 매우 큰 수의 사람들이 화요일 아침까지 계속해서 집회 장소에 있었다. 가장 잘 계측된 수치에 따르면 이 사건 중에 마흔 다섯 사람이 그리스도 앞으로 왔다는 사실을 우리는 믿어야 한다.

    모든 정황 가운데에서 머디 강 성찬식은 개스퍼 강에서 열렸던 것과 같았으며, 어떤 면에서는 더 나았다. 이 성찬식은 8월에 있었다. 우리는 이때 약 오십 명의 사람이 신앙을 가지게 되었다고 믿는다.

    1880년 9월에 열린 컴벌랜드 (캐인) 리지 성찬식에서 약 마흔다섯 사람이 주님을 믿었다. 9월 셋째 주 안식일에 샤일로에서 열린 성찬식에서 약 일흔 명의 사람이 주님을 믿었다. 10월에 열린 크레이그헤드(Craighead)에서 열린 성찬식에서 약 마흔 명의 사람들이 주님을 믿었다. 10월에 열린 로건 카운티의 클레이 릭(Clay-Lick) 성찬식에서 여덟 사람이 주님을 믿었다. 9월에 열린 리틀 머디 크리크(Little Muddy Creek) 성찬식에서 약 열두 명의 사람이 주님을 믿었다. 컴벌랜드에 있는 몽고메리(Montgomery) 예배당에서 약 마흔 명이 주님을 믿었다. 11월 컴벌랜드에 있는 호프웰(Hopewell) 성찬식에서 약 스무 명이 주님을 믿었다. 더욱 개인적인 종교 개종 사례와, 여느 때와 같은 날 개심하기로 결심한 사람들과, 성도들 간 교제를 포함시킨다면 이 일에 대한 개종자의 수에 대한 기록은 책 한권 분량으로 쓸 수 있을 만큼 증가할 것이다.[19]

존 맥기는 데샤(Desha)의 강에서 있었던 일을 적었다.

    수천 명의 사람들이 참석했다. 하나님의 강한 힘과 은혜가 나타났다. 사람들은 폭풍 앞에 쓰러진 옥수수처럼 말씀 앞에 엎드렸고, 많은 사람들이

---

19. James McGready, "Narrative of the Commencement and Progress of the Revival of 1800,"

그들의 얼굴에 빛나는 하나님의 영광을 담고 먼지에서 일어났다. 그리고 완고한 죄인들의 마음이 떨리는 그와 같은 긴장 가운데 하나님께 영광을 돌렸다. 그리고 첫 번째 찬양의 돌풍 후에 그들은 권고의 자원자가 되기 시작하였다.[20]

'성찬식에서의 묵상'이라는 맥그리디 목사의 설교는 창세기 28장 17절 "이에 두려워하여 이르되 두렵도다 이 곳이여 이것은 다름 아닌 하나님의 집이요 이는 하늘의 문이로다"란 말씀을 토대로 한다. 이 설교로 이와 같은 극단적인 반응으로 이끄는 강렬함을 이해하게 한다. 이 설교의 요점은 에드워드의 '진노하시는 하나님의 손안에 있는 죄인들'(Sinners in the Hands of an Angry God)이라는 유명한 설교와 닮았다.

1) 성찬대(sacramental table)는 두려운 곳이다. 하나님이 거기 계시기 때문이다.
2) 성찬대는 두려운 곳이다. 왜냐하면 사람들 혹은 천사들이 목격한 가장 중요한 거래의 놀라운 전시이기 때문이다. 예를 들어 성육화하신 하나님의 쓰라린 고통과 피비린내 나는 고난과 죽어가는 신음소리에 의한 죄인의 구원이다.
3) 성찬대는 두려운 곳이다. 왜냐하면 이스라엘의 거룩하신 분이 여기서 사면 받은 반역자를 지원하시고 나누시기 때문이다.
4) 성찬대는 두려운 곳이다. 왜냐하면 여기에 천국이 땅으로 임하기 때문이다.[21]

---

20. Boles, *The Great Revival*, 57.에 인용된 James McGready to Douglas, Methodist Magazine 4:191.
21. Hughlan P. Richey, "Red River Church and the Revival of 1800," Adairville [KY] Enterprise, August 1, 1969, 2, Historical Foundation of the Cumberland Presbyterian Church and the Cumberland Presbyterian Church in America, http://www.cumberland.org/hfcpc/churches/RedRivKY.htm.에 인용된 James McGready, "A Sacramental Meditation."

1800년이 끝나갈 무렵, 하나님의 임재는 틀림없이 켄터키와 테네시에 내리는 듯 보였다. 그러나 이들 주들은 아직 아무것도 보지 못했다. 새로운 오순절이 바로 모퉁이에 있었다. 다음 해인 1801년, 5월에서 11월 사이에 대략 오십 군데에 이르는 지역 성도들이 켄터키에서 4일 간 열리는 성찬식을 준비하고 있었다. 이 성찬식은 캐인 리지에서 발생한 모든 성찬 예식 가운데에서 가장 크고 가장 폭발적이었다. 이 성찬식은 앨러게니 산맥 서쪽에서 벌어진 부흥의 정점일 것이다.

캐인 리지의 성령 임재

바턴 스톤은 제임스의 성찬식에서 하나님이 활동하고 계신다는 말을 듣고, 1801년 봄에 참석하기로 결정하였다. 그가 마주친 장면은 혁명적이었다. 이때까지 군중이 너무 많아져서 모든 참석자들이 함께 예배드릴 수 없었다. 그래서 다양한 지역의 목사들이 각기 다른 장소에서 동시에 예배를 드렸다. 자서전에서 스톤은 그가 경험한 것을 기술하였다.

> 켄터키의 로건 카운티에 있는 대초원의 경계에 많은 사람이 모였고, 여러 날 동안 야영하며 집회를 계속했다. 이 기간 동안 야영지의 일부에서 예배가 열렸다. 내게 보인 장면은 새롭고 낯설었다. 이 장면을 묘사하기가 당황스럽다. 많은, 아주 많은 사람들이 엎드러졌다. 마치 사람이 전투에서 엎드러진 것 같았다. 그리고 분명히 숨을 쉴 수 없고 움직일 수 없는 상태로 몇 시간 동안 계속되었다. 때때로 몇 순간 동안 활기를 되찾았고, 깊은 신음이나 귀를 찢는 듯한 비명으로 혹은 가장 강렬하게 내뱉은 은혜에 대한 간구로 생명의 징후를 나타내었다. 몇 시간 동안 엎어진 뒤에 그들은 구원을 얻었다. 얼굴을 덮은 우울한 구름은 점진적으로 그리고 분명하게 사라지는 듯 보였고, 미소를 띤 가운데 느껴지는 희망은 기쁨으로 밝

게 그들의 마음을 비추었다. 그들은 구원을 외치며 일어나, 진실로 유창하고 인상적인 언어로 둘러싼 군중에게 구원에 대해 이야기하려 했다. 나는 하나님의 놀라운 일과 복음의 영광스러운 신비에 대해 선언하는 남자들과 여자들과 아이들의 소리를 정말로 들었고 깜짝 놀랐다. 그들이 하는 호소는 엄숙했고 가슴을 찌르는 듯했고 대담하고 자유로웠다. 그런 이야기 아래 많은 다른 사람들은 방금 설교자가 전달한 것과 같은 상태로 엎어질 것이다.

멀리서 온 나의 특별한 지인 두세 명이 엎드렸다. 나는 그들 중 부주의한 죄인임을 알았던 한 사람의 곁에 참을성 있게 앉아서 시작에서부터 끝까지 모든 일을 주의하며 관찰하였다. 나는 그가 사망으로부터 순간적으로 회복했다는 사실을 알아차렸다. 그는 죄를 겸손히 고백하고, 열렬히 간구했으며, 궁극적으로 구원을 받았다. 그 후에 그는 하나님께 엄숙히 감사하며 찬양하였다. 그는 동료와 주위에 있던 사람들에게 회개하고 예수님께 오라는 애정 어린 권면을 하였다. 나는 위에 서술한 상황에서 나타난 복음의 진실을 알아차리고 놀랐다. 그 영향은 몇 명이 동일한 죽음의 모습으로 주저앉았다는 것이다. 다수의 이런 사례를 목격한 이후에, 마지막으로 나는 이것이 좋은 일이었고, 하나님의 일이었다는 확신을 내리게 되었다. 마찬가지로 나의 마음은 이 문제에 대해 관찰을 한 이후에 결코 흔들리지 않았다. 그 뒤에 나는 많은 일들을 보았고, 그 이후부터 지금까지 많은 것들을 보았으며, 이 일이 광신적 행위가 될 수 있다는 생각이 들었다. 그러나 이 사실로 하나님의 일을 비난해서는 안 된다. 악마는 항상 하나님의 일을 흉내 내고, 하나님의 일을 하는 사람들에게 오명을 씌우기 위한 시도를 한다. 그러나 사람들로 하여금 겸손히 고백하게 하고 죄를 버리게 함과 엄숙한 간구가, 열렬한 찬양과 감사가, 회개하며 구세주인 예수님께 가라는 죄인에 대한 애정 어린 권면이 사악한 일이 될 수 없다.[22]

---

22. Barton Stone, *Short History of the Life of Barton W. Stone*, 1847, Chapter 5, http://www.mun.ca/rels/restmov/texts/bstone/barton.html#ch_five.

스톤이 캐인 리지와 콩코드에 있는 성도들에게 돌아와 그가 보았던 일을 나누었을 때, 교구민들은 크게 감동했다. 캐인 리지에서 "성도들은 큰 엄숙함에 영향을 받았고 많은 수가 집으로 돌아가면서 눈물을 흘렸다."[23] 콩코드에서 "어린 두 소녀가 설교 말씀에 엎드러졌고, 이미 기술한 바와 같이 켄터키 남부 지방에 있었던 사람들에게도 이와 같은 일이 나타났다. 그들이 이것을 설명했을 때 성도들은 깊은 인상을 받았다."[24] 캐인 리지로 돌아오자마자 스톤은 새로운 활력으로 구원을 추구하는 많은 사람들을 보았다. 좋은 친구였던 나다니엘 로저스(Nathaniel Rogers)는 주님을 찬양하면서 그를 맞이했는데, 그것은 그가 이제 마음에서 구원에 대한 확신을 얻었기 때문이었다. 그 뒤에 훨씬 더 흥미로운 장면이 발생했다.

> 그는 나를 보자마자 큰 소리로 하나님을 찬양하였고, 우리는 즏히 포옹하였다. 그는 여전히 큰소리로 주님을 찬양했다. 스톤 목사의 귀환을 기다리는 동안 주님을 찾았던 군중은 집에서 나와 이 고귀한 장면을 보기 위해 서둘렀다. 20분이 채 못 되어, 수십 명의 사람들이 땅 위에 넘어졌다. 그들은 모두 창백해지고, 몸을 떨었고, 불안해했다. 어떤 사람들은 공황 상태에 빠지자 달아나려고 시도했다. 그러나 그들 역시 넘어지거나 혹은 즉시 군중에게 돌아왔다. 그들은 도망할 수 없었다. 이런 의식 중에, 이웃에 살던 지적인 이신론자가 나에게 걸어와서 말했다. "스톤 씨, 나는 당신이 항상 정직한 사람이라고 생각했습니다. 그렇지만 이제 나는 당신이 사람들을 속이고 있다는 확신이 듭니다." 나는 그를 동정심을 가지고 보았다. 그리고 부드럽게 그에게 몇 마디 말을 했다. 그는 즉시 죽은 사람처럼 엎드렸고 그가 주님을 고백할 때까지 일어나지 못했다. 야외 집회는 늦은 밤까지 계속되었고, 많은 이들이 주님 가운데에서 평화를 발견하였다

나라 전역에서 이 집회의 영향은 강력한 바람이 부는 마른 그루터기의

---

23. Ibid.
24. Ibid.

불같았다. 모두가 크든 작든 영향을 느꼈다. 잠시 뒤에 우리는 콩코드에서 열린 집회를 연장하고 계속 예배드렸다. 지역 전체가 그 장소로 움직이고 있는 것 같았고, 모든 교파가 참석했다. 모두가 열심히 그리스도인의 사랑 안에서, 그리고 사역 안에서 하나가 되는 듯 보였다. 당파심(Party spirit)은 움츠러들었으며, 부끄럽게 되었다. 이 집회에 대한 진실한 설명을 할 수 없을 것이다. 놀라움에 접해 있기 때문이다. 집회는 멈추지 않고 5일 낮, 밤으로 계속되었다. 많은, 아주 많은 사람들이 이것을 영원토록 감사와 찬양으로 기억할 것이다.[25]

이 사건 후에, 스톤은 7월 2일 결혼식을 한 후 오직 한달 후인 8월 첫 번째 주말에 캐인 리지에서 성찬식을 계획했다. 그는 수많은 군중을 기대했다. 따라서 아무 문제없이 350명(최대 500명)이 앉을 수 있는 예배당을 준비했다. 그는 그곳을 잘 정리하고 부수적인 장소를 위해 큰 텐트를 세웠다.

8월 6일 금요일에 가족들의 짐마차가 도착했다. 수백 명의 사람은 곧 수천 명의 사람이 되었다. 집회 참석자를 머물게 했던 현지 가족들의 집은 곧 사람들로 넘치게 되었다. 부유한 현지 가족들은 세 가족 혹은 네 가족에게 거처를 제공하였다. 전심으로 하나님을 찾기 위해 온 수많은 사람들은 마치 전쟁터의 피난민 수용소와 같은 완전한 혼란과 유대인의 장막 축제 같아 보이는 기독교가 혼재해 있는 것 같았다. 스톤은 자서전에서 이 장면을 묘사하려고 시도하였다.

> 빠르게 수많은 땅이 가득 채워졌다. 캠프로 움직이는 짐차와 마차, 말을 탄 사람과, 하인들이 문자 그대로 길을 가득 메웠다. 인상적인 광경이었다. 그곳에 군인들이 이만에서 삼만 정도가 모였다는 것을 가늠할 수 있었다. 넷 혹은 다섯 명의 설교자들이 혼동 없이 다른 야영지에서 동시에 빈

---

25. Ibid.

번히 설교하였다. 감리교와 침례교 설교자들이 집회에서 도왔으며, 그 안에서 한 마음과 영혼으로의 다정한 연합이 나타났다. 죄인 구원은 모두에게 큰 목적인 것 같았다. 우리는 모두 같은 찬송가를 부르며 참여하였다. 모두가 기도로 연합했고, 모두가 같은 것을 설교했으며, 믿음과 회개로써 자유와 구원이 모두에게 임했다. 이 집회에 대한 설명을 하자면 큰 책이 될 것이고 그 절반도 이야기할 수 없을 것이다. 천국만이 개종한 사람들의 수를 알 수 있을 것이리라. 기적과 매우 흡사한 많은 사건들이 생겨났으며, 그렇지 않은 경우, 불신자와 무신론자에게 임한 기적과 같은 동일한 효과를 그들이 겪었다. 많은 사람들은 예수님이 그리스도이심을 확신했고, 예수님에게 순종하여 머리를 숙였다. 이 집회는 육일 혹은 칠일 낮과 밤으로 계속되었고 더 오래 지속될 수도 있었다. 그러나 그런 수많은 군중을 위한 식량은 인근에서 구할 수 없었다.[26]

첫 번째 금요일 저녁에 비 때문에 사람이 적게 왔음에도 예배당은 여전히 빈틈없이 들어찼다. 스톤 목사의 개회 연설이 있은 뒤, 매튜 휴스턴(Matthew Houston)이 곧 신자가 될 청중에게 첫 번째 설교를 전했다. 그날 저녁 주목할 만한 일은 일어나지 않았지만 어떤 이들은 밤새 기도하였다.

▲ 캠프 집회로 가는 감리교도
(의회도서관, 3g03264)

토요일 아침 예배가 계속될 때도 여전히 조용했다. 그러나 점심이 되자 더 많은 가족이 도착했고 간헐적인 폭우에도 수천 명으로 늘어났다. 독신 남성에게 말을 타고 이동하는 것은 가장 쉬운 방법이었다. 행사 동안에, 그들은

---

26. Ibid.

여관에 머물거나, 약 40킬로미터 정도 떨어진 거리에 있는 렉싱턴과 같이 먼 곳에 있는 헛간에서 잠을 잤다. 중심권에서는 더 이상 사람을 수용하지 못했다. 수용하기에는 사람들이 너무 많았기 때문이다. 오후에 예배당과 텐트가 사람들로 넘쳐났고 설교는 중단되지 않고 계속되었다. 그러나 설교한지 오래지 않아 사람들이 모인 곳마다 강력한 역사가 시작되었다. 주말 동안 일곱 명이나 되는 설교자가 수많은 군중에게 동시에 설교하였다고 전해진다. 참석자들은 수만 명으로 늘어났다. 정점에 다다랐을 때 이 지역에 야영을 위해 세운 짐마차와 그와 유사한 운송 수단이 1,143대에 달하였다. 렉싱턴의 인구가 당시에 단지 1,795명이었고 켄터키에 많아야 250,000명의 거주자가 살았다는 점을 고려하면 놀라운 숫자가 아닐 수 없다.[27] 다른 목격자는 다음과 같이 말한다. 토요일 아침 "내가 처음 식량과 야영 장비 등을 실은 가족들 짐마차가 몇 대인지 세었을 때, 147대에 달했다. 열한 시에 말과 짐마차 등이 세워진 면적은, 필라델피아주의 마켓(Market)과 채스닛(Chesnut) 사이 2번가와 3번가(Second and Third-streets)에 있는 광장과 대략 유사하였다."[28] (약 네 도시 구역에 해당한다.)

모인 사람들 중 리처드 네이마르(Richard Nemar)라는 이름의 젊은 목사는 '참되고 새로운 복음'을 발견했다고 주장했다. 마치 전기가 군중을 통해 발사된 것 같았다. 누구도 정확히 그가 의미하는 바를 알지 못했지만, 어떤 이는 충격을 받았고 상함을 입었다.

성령의 임재가 성도들 가운데 있었고, 다양하게 나타났다. 참석한 사람들 가운데 누구도 이전에 경험해 보지 못한 것이었다.

> **성령의 임재는 다양하게 나타났다.**

스톤 목사는 주말 동안 나타난 모든 현상을

---

27. Bernar A. Weiberger, *They Gathered at the River: The Story of the Great Revivalists and Their Impact upon Religion in America* (Boston: Little, Brown, and Company, 1958), 31.에 인용된 Ray A. Billington, *Westward Expansion* (New York, 1949), 250.
28. Letter from a man to his sister, 10 August 1801, http://www.mun.ca/rels/restmov/texts/accounts/letter8.html.

주의 깊게 기록하고 보관했다. 다음 설명은 원래 자서전 한 장을 차지한다.

금세기의 신체의 동요나 활동, 소동의 동참은 다양했고 이는 여러 명칭으로 불렸다. 즉, 엎어짐(falling), 진동(jerks), 춤(dancing), 짖음(barking), 웃음과 노래(laughing and singing) 등이 그러하다. '엎어짐'은 모든 계층에 흔히 나타났는데, 철학자에서부터 광대에 이르기까지 모든 연령과 모든 기품 있는 성인과 죄인들에 이르렀다. 이들은 일반적으로 날카로운 비명과 함께 바닥과 땅과 진흙 위에 통나무처럼 쓰러져 마치 죽은 것처럼 보였다. 유사한 수천 사례에서 나는 한 가지를 언급하려 한다. 집회에서 두 명의 유쾌한 젊은 자매들이 함께 서 있었다. 당시에 목사가 설교를 하고 있었는데, 즉시 자매가 괴로움에 비명을 지르며 넘어졌다. 죽은 듯한 모습으로 분명 한 시간 이상을 누워 있었다. 신실한 침례교도였던 어머니는 큰 고통 가운데 그들이 회복하지 못할 것을 두려워했다. 한참 있다가 생명의 징후가 나타나기 시작했다. 그들은 강렬하게 자비를 부르짖었고 그 후에 그들의 얼굴에 심각한 어둠이 나타났으며 다시 죽은 것 같은 상태로 돌아갔다. 잠시 후 자매 중 한 명의 우울한 표정이 천국의 미소로 바뀌었다. 그녀는 '소중한 예수님'이라고 외쳤다. 그리고 그녀는 일어나 하나님의 사랑에 대해 이야기했다. 그녀는 예수님의 소중함과 복음의 영광을 둘러싼 군중에게 말했다. 그녀는 거의 초인적인 언어로 이야기했으며, 애절하게 모든 이에게 회개할 것을 권면했다. 그 이후 잠시 동안 다른 자매가 비슷한 행동을 했다. 그 이후로 그들은 놀랍게도 경건한 교회의 일원이 되었다.

나는 아주 많은 경건한 사람들이 같은 방식으로 엎드러지는 일을 보았다. 그들은 회개하지 않은 어린이와 형제 혹은 자매가 처할 위험을, 그리고 이웃과 죄 많은 세상의 위험을 깨달았다. 나는 눈물을 흘리며 괴로워하며, 죄인들에게 주님의 자비가 나타나게 해 달라고 강하게 부르짖고, 주위에 있는 모든 사람에게 천사처럼 이야기하는 사람들의 소리를 들었다.

'진동'은 쉽게 기술하기 어렵다. 때때로 진동은 몸의 한 부분에서 때때로 전신에서 나타났다. 머리에만 있을 때 그들은 앞뒤로, 양 옆으로 머리를 흔들었다. 그들은 너무 빨리 움직였기 때문에 얼굴에 나타난 표정을 읽을 수 없었다. 몸 전체에 진동이 나타났을 때는 한 장소에 서서 연달아 몸을 앞뒤로 흔들었고, 머리가 거의 바닥에 닿을 정도였다. 모든 계층의 사람들, 신자와 죄인들, 약한 사람뿐 아니라 강한 사람들에게도 진동이 나타났다. 나는 진동이 나타난 사람들을 유심히 살폈다. 그들은 이것을 설명하지 못했다. 그러나 어떤 이는 삶에서 가장 행복한 무렵에 있다고 내게 말했다. 나는 악한 마음을 가진 사람들이 진동이 나타나는 것을 보았고 그들은 내내 진동 가운데 저주를 퍼부었으며, 맹렬하게 바닥에 엎드러졌다. 이 일은 쳐다보고 있기에 너무 무시무시했지만, 수천 명의 사람들 가운데에서 진동이 나타나 부상을 입은 사람이 있다는 것을 나는 기억하지 못한다. 이는 진동 그 자체만큼이나 이상했다.

'춤'에 대해 말하면, 이는 일반적으로 진동과 함께 시작됐고, 신앙 고백자들에게 나타나는 특유의 현상이었다. 한동안 진동이 나타난 사람은 그 뒤에 춤을 추기 시작했고, 그러고 나서 진동이 멈췄다. 이런 춤은 목격자들에게 참으로 천국에서 내려온 듯한 인상을 주었다. 거기에 경박함 같은 것은 없었다. 지켜보는 사람들을 자극하는 경박함을 의도하지도 않았다. 진동이 나타난 사람들의 얼굴은 천국의 미소로 빛났고 모든 사람들은 천사와 같아졌다. 움직임은 때때로 빨라졌고 때때로 느려졌다. 사람들은 기진맥진한 듯 보일 때까지 길과 통로에서 앞뒤로 계속해서 움직였다. 그들은 옆에 서 있는 사람들과 부딪치지 않고 바닥이나 땅에 엎드러지곤 했다. 그동안 나는 그들의 엄숙한 찬양과 하나님에게 올리는 간구 소리를 들었다.

'짖음'은 반대론자들이 경멸적으로 부르는 말이며, 이는 단순한 진동에 지나지 않았다. 특히 머리에 진동이 나타난 사람은 종종 그르렁거리거나 짖는 소리를 냈는데, 그것은 갑작스러운 진동 때문에 나오는 소리였다. 짖는다는 이 이름은 테네시주 동부의 장로교 설교자로부터 기원한 것 같다.

그 설교자는 개인적인 헌신을 위해 숲으로 들어갔고, 진동에 사로잡혔다. 어린 나무 근처에 서서 넘어지는 일을 막기 위해 나무를 움켜잡았다. 머리를 앞뒤로 흔들 때, 짖는 소리와 비슷한 으르렁거리는 소리를 내뱉으며 얼굴을 위쪽으로 향했다. 어떤 익살스러운 사람이 이 자세를 하고 있는 설교자를 발견했고, 그가 나무 위에서 짖고 있었다고 사람들에게 알렸다.

'웃음'은 빈번했고, 오로지 신앙에만 국한되었다. 웃음은 크고 다정한 웃음이었고, 그러나 '그 자체로' 독특했다. 웃음을 촉발하는 요소는 아무것도 없었다. 진동이 나타난 자는 미친 듯 기뻐했고, 엄숙했으며, 웃음은 성도와 죄인들 가운데에서 엄숙함을 불러일으켰다. 이 일은 진실로 설명이 불가하다.

'달리기'(running)는 이런 신체적인 불안을 느끼는 사람이 두려움으로부터 달아나려고 시도하거나, 그렇게 하여 그들로부터 탈출하는 것에 지나지 않는다. 그러나 보통 그들은 멀리가지 못했고, 넘어지기 전에 너무 크게 흔들려 더 이상 나아갈 수 없었다. 나는 명망 높은 가문의 젊은 의사 한 명을 알았다. 그는 그가 들었던 이상한 일들을 보기 위해 멀리에서 큰 집회를 찾아 왔다. 그와 젊은 여성은 재미있게 이 일을 지켜볼 것을 동의하였고, 넘어지지 않도록 서로를 돌보았다. 한참 뒤에 그는 어떤 매우 희한한 어떤 것을 느꼈고, 성도들이 있던 곳에서부터 숲으로 달려갔으며, 자신이 생명으로부터 도망가고 있다는 사실을 깨달았다. 그러나 그는 멀리 가지 않아 엎드러졌고, 주님께 복종하기까지 그곳에 엎드려 있었다. 이후에 그는 교회의 열성적인 일원이 되었다. 이런 사례는 흔했다.

나는 '노래'에 대해 설명하면서 이 장을 마감하려 한다. 이는 내가 보았던 다른 어떤 것보다 더 이해할 수 없다. 노래는 마음이 매우 행복한 상태에서 가장 아름다운 곡조로 불렀다. 이는 입이나 코가 아닌 전적으로 가슴으로부터 소리가 나왔다. 그런 음악은 모든 것을 조용히 하게 만들었고, 모든 이의 주의를 끌었다. 이것은 가장 천국에서 나온 듯했다. 아무도 그것을 듣는 것에 질리지 않을 것이다. 캠벨(J. P. Campbell) 박사와 나는 집회에 함께 있었다. 우리는 경건한 여성이 이 모임에 참석하여 활동하였고, 그것은 우리가 세상에서 알고 있었던 그 어떤 것을 초월하는 것이라고 결론지었다.

나는 금세기 초의 거대한 소동에서 발생한 놀라운 사건들에 관해 간략한 설명을 제시하였다. 그것은 사람들이 여러 기이한 행동을 했고, 이 소동 가운데 많은 광신적인 요소가 존재했으며, 가장 열성적인 옹호자가 이를 인정했다는 사실이다. 이런 일이 당시의 상황에서 나타나지 않는다면 오히려 그것은 참으로 놀라운 일이 될 것이다.[29]

성령을 체험한 사람들의 추정치는 한 번에 오백 명에서 천 명에 이른다. 군중에 있던 사람들 가운데는 대적자도 있었는데, 그 중 한 명이 로버트 W. 핀리(Robert W. Finley)였다. 심지어 그는 케인 리지 전도 집회 설립자인 제임스 B. 핀리(James B. Finley)의 아들이었다. 그 또한 오하이오 주의 와이언도트 인디언(Wyandot Indians)들 사이에서 강력히 설교한 성공적인 순회 예배 설교자였다. 그는 이 사건에 대해 이렇게 말했다.

> 집회로 가는 길에 나는 동료에게 말했다. "내가 엎드러진다면, 그건 틀림없이 물리적 힘 때문이지, 찬양이나 기도 때문은 아닐 겁니다." 나는 남자다움과 용기에 자부심을 가지고 있었으며, 어떤 불안한 흥분을 극복하거나, 신앙으로 위협하는 것을 무서워하지 않는다. 우리는 그곳에 도착했다. 여기서 한 장면은 신기하고 설명할 수 없을 뿐만 아니라 형언할 수 없을 정도로 끔찍하게 나타났다. 추정컨대 이만 오천 명에 달하는 막대한 군중이 한데 모여 있었다. 소음은 나이아가라 폭포가 포효하는 듯했다.
>
> 인산인해를 이룬 사람들은 마치 폭풍을 만난 듯 괴로워하고 있는 것 같았다. 나는 한 번에 설교를 하고 있는 목사가 일곱 명이라는 사실을 알았

---

29. Barton Stone, *Short History of the Life of Barton W. Stone*, 1847, Chapter 6, http://www.mun.ca/rels/restmov/texts/bstone/barton.html#ch_six.

다. 어떤 이는 나무 그루터기 위에, 다른 이들은 짐마차 위에 있었다. 그리고 한 사람, 신시내티 출신인 윌리엄 버크(William Burke) 목사는 다른 나무에 걸쳐진 넘어진 나무 위에 올라섰다. 어떤 이는 찬양을 하고, 다른 이는 기도했고, 어떤 이는 가장 가련한 억양으로 자비를 부르짖었고, 그동안에 다른 이들은 가장 큰 소리로 외쳤다.

  이 장면을 목격하는 동안 이전에 느껴 보지 못한 기묘한 느낌이 나를 엄습하였다. 나의 심장은 쿵쾅거렸고 무릎은 흔들렸으며 입술은 떨렸다. 마치 내가 땅으로 떨어지는 것 같았다. 이상하고 초자연적인 힘이 운집한 사람들 모두의 마음에 침투한 것 같았다. 나는 너무 약해지고 힘을 잃었기 때문에 그 자리에 주저앉아야 한다는 생각이 들었다.

  그 뒤 곧, 나는 그곳을 떠나 숲으로 들어갔다. 나는 거기에서 힘을 모아 나의 용기를 북돋우려고 노력했다. 이 놀라운 표출에 철학적으로 설명하려고 시도하였다. 노래와 유창한 열변을 통해 고취된 단순한 공감적인 흥분과 신앙적 열정의 한 종류로 이해하였다. 나는 자존심에 상처를 입었다. 나의 정신과 육체적 힘과 활력이 성공적으로 이러한 영향에 저항할 수 있을 것이라고 생각했기 때문이다.

  조금 뒤에 나는 흥분했던 장소로 돌아왔다. 그 물결은 더 높이 치솟아 올랐다. 동일한 두려운 마음이 찾아왔다. 나는 통나무 위로 올라갔고 거기에서 밀려드는 인파를 더 잘 볼 수 있었다. 내 마음에 떠오른 장면을 나는 설명할 수 없다. 동시에 나는 최소한 한 순간에 오백 명의 사람이 급습하는 것을 보았고, 마치 천 개의 총이 그들을 겨누고, 그러고 나서 천국 문 바로 앞에서 즉시 비명과 외침이 이어지는 듯했다. 내 머리털이 곤두섰고, 내 모든 뼈가 떨렸다. 정맥을 흐르는 피는 차갑게 식었고, 두 번째로 숲으로 도망쳤다. 나는 집에 있었으면 하고 바랐다.

  내가 여기에 있는 동안, 내 감정은 강렬해졌고 견딜 수가 없었다. 나는 숨을 쉴 수 없고 눈이 멀었다고 느꼈으며 죽어간다고 생각했다. 약 800미터 밖에 여관이 있었기 때문에 나는 거기로 가서 브랜디를 조금 마시고 긴장이 더 심해지는지 지켜보기로 했다. 조금 뒤에 나는 술집에 이르렀고, 술 한 모금을 마시고 그 자리를 떠났다. 나는 바라던 바와 같이 지옥에 매우 가까이 와 있으며, 이 세상에 있든지 아니면 앞으로 올 세상에 있다고 생각했다. 브랜디는 내 감정을 가라앉히는데 아무 효과가 없었으며, 오히려 더 악화시켰다.

드디어 밤이 왔고 내 친구들을 볼까 두려워졌다. 나는 친구들이 내게 문제가 있다는 사실을 발견할까 두려워서 조심스럽게 그들을 피했다. 이 상태로 나는 한 장소에서 다른 장소로, 야영지 안팎으로 돌아다녔다. 끔찍한 상상 때문에 내가 사는 동안 저지른 모든 죄가 내 앞에 생생하게 다가온 듯했고 무시무시한 압박 때문에 안정을 얻지 못하면 반드시 죽을 것이라고 생각했다. 나는 마음속으로 자랑스러운 마음이 들었다. 내가 아주 강한 남자이기 때문에 모든 켄터키 주의 어떤 장소에서도 엎드러지지 않을 것이라고 생각했다. 나는 이런 사건이 영원한 수치가 될 것이고 내가 자랑스럽게 생각하는 나의 남자다움과 용기에 마지막 죽음을 부여할 것이라고 생각했다.

밤이 되자 나는 이웃에 있는 헛간에 갔고 건초를 덮고 뒹굴면서 가장 끔찍한 밤을 보냈다. 나는 아침에 집으로 가야겠다고 결심했다. 내가 형편없는 사람이라고 생각했기 때문이었다. 내 친구 하나가 내게 오는 것을 보고 말했다, "친구, 우리는 이곳을 떠나야 하네. 나는 더 이상 머물지 않을 셈이야." 그는 내 말에 찬성했고 말을 얻어서 집을 향해 출발했다.

우리는 오는 길에 많은 말을 하지 않았고, 그럼에도 깊게 내쉬는 한숨이 내 마음의 감정을 말해 주었다. 블루 릭 언덕에 도착했을 때 나는 우리 둘 사이를 지배하고 있던 침묵을 깼다. 바위 안에서 나올 길을 찾던 오래전 물처럼 내 영혼의 샘이 터져 나왔고, 나는 소리쳤다. "친구, 너와 내가 악한 소행을 그만두지 않으면 악마가 우리 두 사람을 삼킬 걸세." 그 뒤에 눈에서 비통한 눈물이 흘러내렸고 나는 시끄럽게 소리치는 것을 억제할 수 없었다. 밤이 오고, 우리는 메이스릭 근처에서 묵었다. 나는 울면서 하나님께 약속함으로 모든 시간을 사용하였다. 만약 하나님이 아침까지 나를 살려 주신다면 나는 기도하고, 내 삶을 바로잡으며, 악행을 버릴 것이라고 말이다.

가장 부패한 마음과 악한 습관을 가진 사람들은 새로운 피조물이 되었다. 그 결과 선함의 삶 전체가 회심을 확인할 수 있게 하였다.[30]

로버트 핀리는 감리교회에서 중요한 평생 목사(lifelong minister)가 되었다. 밤이 오면 매일 저녁, 밤까지 계속되는 예배를 위해 모닥불에 불을 지피고, 양초와 등, 횃불로 불을 켰다. 나무를 비추던 이 빛이 감탄스러운 분위기와 탁월하고 새로운 존경심을 만들어냈음은 분명했다. 다른 목격자들은 저녁이 어땠는지를 다음과 같이 증언한다.

밤에 나타난 광경은 가장 장엄했던 것 중 하나이다. 빽빽하게 모인 머리들 위에 떨어지는 환하게 타오르는 야영지의 불빛은 일제히 경배하였으며, 사방에 길게 늘어선 천막들을 비추었다. 수백 개의 등과 양초를 나무에 매달았고, 여러 개의 횃불이 앞뒤로 함께 번쩍였으며, 떨리는 나뭇잎에 어슴푸레한 빛을 던졌다. 숲 깊숙한 곳까지 희미하고 분명치 않은 모습이 드러나게 만들었다. 엄숙한 성가가 밤바람에 너울거리며 내렸다. 감동한 사람들은 서로를 권면했고 열렬히 기도했다. 강렬한 마음의 소요 가운데에서 흐느낌과 비명과 외침이 터져 나왔다. 갑작스러운 발작이 십여 명의 사람을 사로잡았고, 예기치 않게 그들을 땅에 엎드러지게 했다. 모든 이가 상당한 관심을 갖고 그 현장에 투자하는 것과, 흥분이 최고조에 이르는 것에 마음을 모았다.[31]

---

30. James R. Rodgers, The Cane Ridge Meeting-House (Cincinnti, OH: The Standard Publishing House, 1910), 59-62에 인용된 Robert W. Finley.

31. Robert Davidson, *History of the Presbyterian Church in the State of Kentucky: With a Preliminary Sketchy of the Churches in the Valley of Virginia* (New York: Robert Carter, 1847), 138.

▲ 서부 개척지에서의 캠프 집회 (의회도서관, 98508373)

캐인 리지에서의 성찬 예배는 월요일 대신 일요일에 진행하기로 계획되었고, 그대로 실행되었다. 성찬식을 위한 탁자는 십자가 모양으로 예배당에 세워졌고, 한 번에 백 명의 사람들이 참석할 수 있었다. 실제로 참여한 사람들을 추산해 보면 800명에서 1,100명 정도였는데 이는 알 수 있었던 회개자만을 계수한 수치로서, 주로 장로교인들과 감리교인들이었다.

이 두 그룹이 행사의 주된 조직자들이었다. 그러나 오직 장로교인만 성찬식의 사회를 보았기 때문에 감리교도는 집회장 밖에서 예배를 드렸고, 그들은 곧 큰 군중을 끌어당겼다. 또한 근처에서 아프리카계 미국인을 위한 별도의 예배가 시작되었다. 참석자들은 아마 아프리카 침례 교회(African Baptist Church)의 일원이었을 것이다.

작은 기도 모임은 집회 동안 성장하여 별도의 일정이 없음에도, 그들이 활동하는 일정을 조직할 필요를 느꼈다. 그들에게 성령이 임하자 수백 명의 사람들은 소리가 닿는 거리 내에서 사람들에게 자발적으로 권면하기 시작하였다. 이 일은 캐인 리지에 성령이 임한 중 가장 놀라운 사건이었다. 그것은 권면자가 어느 누구라도 될 수 있었기 때문이다. 남자나 여자, 글을 읽을 수 있는 사람과 글을 읽을 수 없는 사람, 백인과 흑인, 성인과 아이들, 그리고 외향적인 사람이나 내성적인 사람도 권면자가 될 수 있었다. 이런 광경 때문에 전도 집회는 곧 '설교자들의 축제'라는 명성을 얻었다. 그것은 누군가가 그들 사이로 걸어 들어갈 때 모든 쪽에서 설교자의 설교를 들을 수 있었기 때문이다.

한 사례에서, 바바라라는 이름을 가진 일곱 살짜리 여자 아이가 어른의 어깨 위에 올라타 있었는데, 그 아이는 자신의 나이를 뛰어넘는 말을 하기 시작하였다. 아이는 지쳐 어른의 머리에 편안히 기대 있었는데, 잠들었음이 분명했다. 곁에 있던 마음씨가 따뜻한 남자가 말했다. "불쌍한 것, 눕히는 게 낫겠어요." 소녀는 즉시 일어나서 주장했다, "나를 불쌍하다고 하지 마세요. 예수님은 나의 형제이고, 하나님은 나의 아빠예요. 나는 물려받을 하늘나라가 있어요. 그러니 나를 불쌍하다고 하지 마세요. 나는 어린양의 피 안에서 부유해요."[32]

점점 더 많은 사람이 권면에 감동했고, 더 많은 이들이 감동받고 죄를 확신했다. 이것은 야영장 안에서 일어나는 낮은 탄식소리의 원인이 되었다.

찬송 소리는 더욱 분명해졌고, 스톤 목사가 이전에 기록한 모든 성령의 징후가 다시 일어나기 시작했다. 모세스 호세(Moses Hoge) 목사는 친구에게 보내는 편지에서 이 장면을 묘사하였다.

> 설교 시간에 만약 주의를 기울인다면, 거의 혼란이 없다. 설교가 끝나고 노래와 기도와 권면이 시작될 때, 청중은 실제 무질서한 무엇에 던져진다. 부주의한 신자는 엎드러지고, 부르짖으며, 떨고, 자주 발작적으로 경련을 일으킨다. 이들 가운데 경건한 사람들은 정말로 바쁘다. 노래하고, 기도하고, 대화하고, 황홀감에 엎드러지고, 기쁨으로 헐떡이고 죄인을 권면하고, 교회에 반대하는 자들과 다투는 등의 일을 하기 때문이다. 엎드러지는 사람들 중 어떤 이는 더 오래, 다른 이는 더 짧은 시간 엎드린다. 처음 엎드러졌을 때 어떤 이는 안정을 얻고, 어떤 이는 그렇지 못하다. 누군

---

32. Letter from a man to his sister, 10 August 1801, http://www.mun.ca/rels/restmov/texts/accounts/letter8.html.

가가 이 일을 경험하면 (그것은 그들만의 표현이다) 안정을 얻으며, 새로 태어난 영혼은 하나님께 영광을 올리기 위해 고함친다. 성령은 따르는 자들을 끌어안는다. 밤새 이와 같은 방식으로 시간이 지나가며, 신성한 예배를 드리지 않는 낮 동안에도 마찬가지이다. 그들은 엄숙한 모든 날 동안 두 장소에 속하는 땅에서 머문다. 상상으로 그린 어떤 그림도, 이 장면들보다 더 강한 인상을 마음에 남길 수 없다. 죄인은 손을 바닥에 대고 소리를 지르고 신음하며, 은혜를 구하고 경련을 일으켰다. 성직자들도 마찬가지로 기도하고, 신음하며, 고통 가운데 엎드러졌다. 그가 죄인이기 때문에 혹은 기쁨에 황홀했기 때문이리라! 어떤 이는 노래하고, 소리를 지르고, 박수치고, 끌어안고, 심지어 키스를 하고 웃었다. 다른 이들은 고통을 말하기도, 서로 대화하기도 하였으며, 이 일의 반대자들로 인해 그리고 동시에 이 모든 것으로 고통 받는 자들과 대화하였다. 어떤 광경도 더 강한 느낌을 불러일으킬 수 없다. 행하고 있는 일, 밤의 어둠, 장소와 사건의 엄숙함, 그리고 의식적인 죄책감은 영혼의 모든 힘을 통해 두려운 공포를 일으키도록 상호작용하였으며, 매우 주의하도록 일깨웠다. 의심의 여지없이 그 일은 하나님이 하신 것이다.[33]

사람들이 월요일 집으로 향하는 여행길에 오르기에 앞서 소지품을 챙길 때, 다른 이들은 그들을 위한 성령의 부으심(outpouring)이 나타나기 시작했다. 기도, 설교, 권면, 찬양, 성령의 현현은 그 주 목요일까지 계속되었다. '성령의 활동'으로 감동을 받은 사람들을 추산해보면 천 명에서 삼천 명에 이르렀다. 회개한 사람의 수를 추산하면 같은 수치가 되었다.

> 피터 카트라이트는 1801년 여름 성찬 예배에서 회개한 사람들 가운데 있었다.

피터 카트라이트는 저 여름 성찬 예배에서 개종한 사람들 가운데 있었고

---

33. Moses Hoge to Ashbel Green, 10 September 1801, http://www.mun.ca/rels/restmov/texts/accounts/letter3.html.

그는 캐인 리지에 대해 이렇게 말했다.

> '캐인 리지'라고 부르는 기억할 만한 장소에서 장로교 목사가 성찬 집회를 열었다. 성직자나 사람들이 예측할 수 없었던 하나님의 강력한 힘은 특별한 방식으로 나타났다. 많은 사람들이 눈물을 흘렸고, 자비를 요청하며 고통스럽게 큰 소리로 울었다. 집회는 몇 주 동안 계속되었다. 멀고 가까운 곳에서 거의 모든 교파의 목사가 모여들었다. 집회는 밤과 낮으로 계속되었다. 수천 명이 강력한 역사에 대해 들었다. 그들은 걸어서, 말을 타고, 또는 마차와 짐마차를 타고 왔다. 추정하기로는 집회 동안 이만 명에서 이만 오천 명이 참석했던 것 같다. 수백 명의 사람이 마치 전쟁터에서 쓰러진 사람처럼 하나님의 강한 힘 아래 엎드렸다. 숲에 연단을 세웠고 거기에서 다른 교회의 설교자가 하나님을 향한 회개와 주 예수 그리스도 아래서 믿음을 가질 것을 주장하였다. 증인들은 천 명에서 이천 명의 영혼이 집회 동안 행복하고 강력한 회개의 역사를 눈으로 보고 귀로 들었음이 분명하다. 한 명, 두 명, 세 명, 네 명에서 일곱 명의 설교자가 하나의 목적을 가지고 세운 다른 강단에서 동시에 수천 명의 사람들에게 설교한 것은 드문 일이 아니다. 하늘로부터 온 불이 거의 모든 방향으로 퍼졌다. 진실한 증인이 한 말에 따르면 당시에 천 명도 넘는 사람들이 동시에 크게 소리 질렀으며, 고함 소리가 몇 킬로미터 밖에서도 들렸다.
>
> 다음의 이야기를 꼭 해야 할 것 같다. 이 전도 집회로부터 새 소식이 모든 교회에 퍼졌고, 모든 땅에 퍼졌으며 이 일은 큰 기이함과 놀라움을 불러일으켰다. 그러나 이 일은 켄터키와 다른 여러 주에 걸쳐 퍼지는 종교적 불길의 시작이었다.[34]

캐인 리지는 켄터키 부흥의 절정이다. 그러나 배타적이지는 않다. 1801년

---

34. Peter Cartwright, Augobiography of Peter Cartwright, The Backwoods Preacher, ed. W. P. Strickland (Cincinnati: Cranston and Curts, 1856), 30-31.

은 '종교적으로 펄펄 끓는' 시기 중 하나였다. 성령은 계속해서 1801년 성찬식이 열리는 나머지 기간에 걸쳐 계속 나타났고, 1801년 이후 알아들을 수 없는 언어가 추가되었다. 이에 대해 목격자가 다음과 같이 서술하였다.

> 그들은 기절해 나가 떨어졌고, "주님의 힘에 압도당한" 사람들이 준비한 짚 위에 몇 시간 동안 누웠다. 그들은 갑자기 도망치기 시작해 저격수가 총을 쏜 것처럼 엎드러지거나, 혹은 그들이 산산조각 나는 것으로 보일 때까지 분명히 그들의 모든 근육이 갑자기 진동하거나, 혹은 알 수 없는 언어로 소리 지르며 말하였다.[35]

켄터키와 어린 미국은 영원히 바뀔 것이다. 그 전도 집회는 미국이 '복음주의적 국가'로 간주되는 선례를 만들었다.

결과

켄터키에서의 부흥은 남부에 걸쳐, 산맥을 넘어 동쪽으로 퍼졌다. 그러나 그 부흥은 하나님의 강력한 움직임만큼 강력했지만 시작보다 더 급하게 끝이 났다. 관여한 대부분의 목사들은 문자 그대로 집회를 점령한 성령의 나타남에 어떻게 반응해야 하는지 알지 못하는 듯 보였다. 감리교의 어떤 단체는 전도 집회의 구성 방식과 성도와 죄인에게 동일하게 임하는 성령의 '혼란'을 환영했다. 다른 교파는 오직 매년 사람들을 한데 모으는 방식의 전도 집회만을 받아들였다.

---

35. Vinson Synan, The Holiness-Pentecostal Tradition: Charismatic Movements in the Twentieth Century (Grand Rapids, MI: Wm. B. Eerdmans Publishing Co., 1997), 13에 인용된 E. Merton Coulter, College Life in the Old South (New York: The Macmillan Company, 1928), 194-195.

전도 집회가 수년간에 걸쳐, 남북 전쟁이 끝날 때까지 계속되는 동안 사람들은 아주사 거리 부흥(Azusa Street Revival)의 선도자였던 성결운동에서부터, 영적인 문제보다는 지적인 문제를 더 우선시하며 빠르게 사람들의 주의를 집중시켰던 서터쿼(Chautauqua) 집회에 이르기까지, 각기 다른 관점을 가진 듯했다. 여러 전도 집회는 또한 '열 시 이후에 키득거리며 웃지 말기'와 '여섯 시 이전에 나무를 패지 않기'와 같은 엄격한 규칙과 함께 강력한 힘으로 조직되었다.[36]

비록 폐지 운동이 대부분의 전도 집회와 연관되어 있지만 - 기독교인들은 폐지와 금주와 여성의 참정권에 대해 가장 열렬한 지지자들이다. - 아프리카계와 원주민은 전도 집회에서 다른 이들과 거의 섞이지 않았다. 그들은 근처에서 무리와 떨어져서 예배드렸다. 부흥은 남북 전쟁이 일어나기 일 년 전에 다시 발생한다. 그러나 전쟁이 끝나고 여러 해 이후까지 인종 간 구분을 거의 반대하지 않았다. 이 사실에도 필라델피아 아프리카 감리고 감독 교회(African Methodist Episcopal Church)의 리처드 앨런(Richard Allen)같은 흑인 목사들은 교회가 7,500명까지 성장하는 것을 체험하였다. 켄터키에서 행사가 있기 몇 년 전에 프란시스 애즈베리는 앨런의 건물을 헌납하였다. 이후 애즈베리는 1799년에 부제(副祭, deacon)로 리처드 앨런을 임명한다.

어느 누구라도 1801년 여름 동안 목격한 하나님의 역사를 사람이 만든 교리적인 상자에 맞추려고 노력한다면 더 이상 그런 징후를 볼 수 없을 것이다. 다른 집단은 '성령의 활동'을 계속해서 추구하기 위해 새로운 교파를 만들어 떠났다. 캐인 리지에서 발생한 사건 때문에, 컴벌랜드 계곡에 사는 성도 무리는 주류 장로교를 떠나 컴벌랜드 장로교회를 세우는데 공헌하였다. 바턴 스톤은 '성서 유일'(Bible-only)의 기독교를 수용하기 위해 알렉산더 캠벨(Alexander Campbell)과 연합하고자 하였다. 그들은 '그리스도의 제자'(Disciples

---

36. Brown, *Holy Ground*, 39.에 인용된 Theodore Morrison, *Chautauqua, a Center for Education, Religion, and the Arts in America* (Chicago: The University of Chicago Press, 1974), 35.

of Christ) 혹은 '그리스도의 교회'(Churches of Christ)라고 불리는 새 모임을 만들었다. 그러나 제임스 맥그리디는 다른 장로교를 떠나는 것을 거절했던 유명한 인물이다. 그는 결코 컴벌랜드 장로교의 일원이 되려 하지 않았다. '셰이커교도'(The Shakers), 혹은 이후에 '셰이킹 퀘이커교'(Shaking Quakers)라고 불리게 된 이들은 여름 전도 집회와 비슷한 모임에서 나왔다. 그들은 급진적인 새로운 문화를 시작하려고 했는데, 그들의 목적은 그 밖의 모든 것들 위에 계신 하나님을 섬기고 찾는 일이었다. 결과적으로 남북 전쟁으로 이어지게 된 50년 동안 대략 120개의 비슷한 사회단체가 하나님의 말씀을 근거로 해서 실험적으로 운영되었다. 그러나 이들 가운데 소수만이 현재까지 계승되었다.

피터 카트라이트는 자서전에서 결과를 기술하였다.

> 장로교, 감리교, 침례교 성직자들 모두가 이 집회에서 축복받은 일에 연합했기 때문에, 그들이 집과 자기가 사는 지역에 있는 성도들에게 돌아갔을 때 그리고 이 강력한 일의 새 소식을 전했을 때, 부흥은 지역 전체로 급속히 퍼졌다. 그러나 켄터키 총회의 여러 목사들과 일원들은 이것이 모두 질서정연하지 않다고 생각했고, 이를 멈추기 위해 노력했다. 그들은 부흥 설명에 가담한 설교자를 불렀고, 견책하였으며, 침묵하게 하였다. 그러자 이들 목사들은 일어나서 단결하여 장로교 교회의 관할 구역을 포기하고 그들만의 교회를 조직하여, 그것에 기독교라는 이름을 붙였다. 사람들이 '뉴라이트'(New Lights)라고 부르는 운동의 기원이 여기에 있다. 그들은 웨스트민스터 신앙고백과 모든 교회 권징을 저버렸고, 교회 권징으로 신약을 채택해야 한다고 주장하였다. 그들은 어떤 교리의 기준도 세우지 않았다. 모든 사람이 신약을 선택하고, 읽고, 이에 대한 그 자신의 해석을 인용했다. 마셜(Marshall), 엠네마르(M'Namar), 던리비(Dunlevy), 스톤(Stone), 휴스턴(Huston), 그리고 다른 목사들은 이 쓰레기통(trash trap)의 주요 지도자였다. 곧 다양한 의견이 튀어나왔고, 그들은 바벨의 혼잡에 처하였다. 어떤 이는 아리우스파(Arian)를, 어떤 이는 소치니파(Socinian)를, 어떤 이는 보

편구원론(Universalist)을 가르쳤다. 그래서 몇 년 동안 그들이 무엇을 이야기했고, 무엇을 가르쳤는지 사람들은 잘 알지 못했다. 그들은 모든 배타적 오류자들의 물신(water-god)인 침례 형식(mode of immersion)을 채택하였다. 그리고 직접적으로 천국으로 가는 길이 물에 의한 것인지 마른 땅에 의한 것인지에 대해 큰 논란이 있었다.

이 기독교, 혹은 뉴라이트교회(New Light Church)는 그들 가운데 선한 기독교인이 있을지라도 그들은 미약하였고 사방으로 흩어졌다. 내가 생각하기로 성령 강림절 이후에 캐인 리지에서 있었던 것보다 더 큰 종교적인 부흥은 거의 없었다. 그리고 복음의 교리와 교회 권징에 뿌리를 내리는 변함없는 기독교 성직자가 있었다면, 헛된 미로와 추론적인 신성 안에서 방황하고 마침내 믿음의 파선을 일으켜 넘어지고 불신자가 되어 믿음과 영혼을 영원히 잃어버린 수천 명의 사람들이 교회에서 구원을 받았을 것이다. 그러나 분명히 하나님의 사역에 새로운 추진력이 더해졌고, 많은, 아주 많은 사람들은 시온이라고 불려도 될 이 땅에서 종횡으로 신앙의 부흥을 위해 하나님이 영원히 축복하실 원인이 될 것이다.[37]

비록 1802년의 여름이 앞선 여름과 같지는 않았지만, '전도 집회'가 일상 어휘가 된 첫 해가 될 것이다. 그 용어는 오늘에도 지속된다. 예를 들어, '케네스 하긴 미니스트리'(Kenneth Hagin Ministries)와 같은 단체들은 매년 여름 '전도 집회'를 후원한다. 1802년 이후 수십 년간 감리교 신자들은 프란시스 애즈베리가 이 부흥 형식의 강력한 지지자가 되면서 그들만의 전도 집회가 모든 주에 퍼지는 것을 보게 될 것이다. 그러나 다음 세기가 오고 오순절의 부흥 때까지, 캐인 리지에서와 같은 일은 다시 일어나지 않을 것이다.

많은 사람들은 1801년 켄터키에서 일어난 사건 뒤에 하나님의 손이 있었음을 인정하였다. 하지만 열렬한 찬사는 오직 그 때의 성찬을 경험한 사람들로

---

37. Cartwright, *Autobiography*, 31-33.

부터 나왔다. 『캐인 리지: 미국의 오순절』(Cane Ridge: America's Pentecost)의 저자인 폴 콘클린(Paul Conklin)은 이렇게 말한다.

> 1801년 가을까지 켄터키 주 중부에 위치한 자치주에 방문한 복음주의자들은 가까운 이상향에 경탄하였다. 하나님의 성령이 모든 지역을 불태우고 사람들의 죄를 씻어 주었다. 사실상 모든 사람이 부흥에 어떤 식으로든 영향을 받았다. 조지 백스터(George Baxter)는 셰넌도어 밸리(Shenandoah Valley)로부터 그곳에 도착했을 때, 켄터키에서 특별하고 깨끗한 공기를 마셨다고 생각했다. 그는 '자신이 방문한 곳 중 가장 도덕적인 장소'임을 발견했다. 그는 어떤 불경한 언사도 듣지 못했고, 모두가 다정하고 자애로웠으며, 말다툼이 없었고, 신앙의 경외심이 지역에 퍼져 있는 듯 보였기 때문이다.[38]

백스터는 다음의 말로 그가 받은 인상을 요약했다.

> 나는 켄터키에서 발생한 부흥이 그리스도의 교회에 그때까지 발생했던 가장 특별한 일이었으며, 모든 일을 고려할 때, 특히 그 지역 상황에 알맞았다고 생각한다. 불신앙이 승리했고 신앙의 불씨는 꺼져가는 시점이었다. 기독교는 꾸며낸 이야기이고, 미래도 꿈이라고 단정할 준비가 된 충동적인 사람들의 관심을 붙잡기 위해서는 뭔가 비상한 특징이 필요했다. 이 부흥은 그것을 했다. 불신앙을 물리치고, 경외감을 갖게 해 악을 잠재웠으며, 깊은 감명으로 셀 수 없는 사람들을 데려왔다.[39]

---

38. *Increase of Piety, or The Revival of Religion in the United States of America, et cetera* (Newburyport, MA: Angier March, 1802), 63-64에 인용된 Conklin, Cane Ridge: America's Pentecost, 115-116; 인용은 Baxter to Archibald Alexander, 1 January 1802로 부터이다.

39. *Increase of Piety, or The Revival of Religion in the United States of America, et cetera*, http://www.mun.ca/rels/restmov/texts/accounts/letter12.html.에 인용된 Baxter to Archibald Alexander, 1 January 1802.

켄터키 성찬 예배는 2차 대각성운동의 불꽃을 부채질하는 첫 번째 바람이 될 것이다.

캐인 리지는 19세기에 주님의 부르심에 응답했고, 아주사 거리는 20세기에 응답했다. 우리 21세기의 기독교인들은 일어서서 하나님이 세속적인 안주로부터, 그리고 1800년과 1801년 여름에 켄터키를 뒤흔든 이상으로 이 세기를 흔들어 깨울 것이라고 기도한다. 그리고 우리는 이런 부흥운동으로 믿음이 가다듬어진 그 사람들처럼 더 많은 신자를 원한다. 기독교인은 피터 카트라이트의 용기와 제임스 맥그리디와 찰스 피니의 기도의 끈기를 가져야 한다.

제 6 장
✯✯✯✯✯

피터 카트라이트
Peter Cartwright

(1785-1872)

"총을 휴대하고 다닌 복음전도자"

제 6 장

총을 휴대하고 다닌 복음전도자

Peter Cartwright

> 모든 사람을 사랑하고, 아무도 두려워하지 마라.
>
> - 피터 카트라이트의 좌우명

사람들은 때로 어려운 시기가 강한 사람을 만든다고 말하는바 이 경구는 분명히 피터 카트라이트에게도 적용된다. 그는 거의 70년을 사는 동안 미국 개척지 경계 내의 사람들을 신자로 만들고자 하였다. "선한 싸움을 싸우라"(딤전 6:12)라는 바울의 권면을 듣고, 바울처럼 "싸우기를 허공을 치는 것같이 아니하며"(고전 9:26)라는 말을 하는 자가 있다면 그 사람은 바로 카트라이트일 것이다. 카트라이트는 대적과 직면하거나, 군중을 조용하게 만들기 위해 허공에 총을 발포하는 것을 두려워하지 않았고, 필요하다면 상대에게 주먹을 날리기도 했다.

미국 개척지 경계 내에서 종교 전쟁은 땅을 차지하기 위한 다툼만큼이나 격렬했다. 이때가 "천국은 침노를 당하나니 침노하는 자는 빼앗느니라"(마 11:12)고 했던 말씀과 다르지 않아 보인다. 피터 카트라이트는 바로 용기와 지혜로 이 시대에 하나님의 나라를 만들어 가는 사람이었다. 그는 '황무지의 설교자'라는 별명을 얻었고 대니얼 분(Daniel Boone)과 데이비 크로켓(Davy Crockett)에 필적하는 미국의 영웅이었다.

개척지에서 자람

피터 카트라이트는 버지니아 주의 애머스트에서 1785년 9월 1일에 태어났다. 피터 카트라이트와 이름이 같은 그의 아버지와 크리스티아나 가빈(Christiana Garvin)은 150년 전에 결혼했다. 남북 전쟁 시기 신문에 실린 이야기에 따르면 피터는 어머니가 인디언의 습격을 피해 숨기 위해 빽빽한 등나무 숲에 몸을 숨기고 있는 동안 태어났다고 한다.[1] 피터의 아버지는 독립 전쟁에 2년 동안 참전한 경험이 있는 군인이었다. 피터가 5살이 되었을 무렵에 가족은 새로 개척된 켄터키 지역으로 이사를 갔다. 가족의 끔찍한 여행은 켄터키의 거친 과거를 증명한다.

카트라이트 가족이 1790년에서 1791년 사이에 동부로 이주했을 때, 켄터키는 여전히 사람의 손길이 닿지 않은 황량한 곳이었으며, 도로가 없고 소수의 마을만 있는 '등나무와 칠면조'의 땅이었다. 여러 가난한 동부 출신 백인에게 그곳은 약속의 땅이었다. 비록 저항하고 극복하기 위해서 전쟁 중인 인디언 부족과 경쟁해야 했지만 말이다. 미국 원주민 간의 폭력과 다툼이 만연했기 때문에 서부로 향하는 200 가구에 달하는 가족은 잘 무장된 100명의 젊은 남자의 호위를 받아야 했다. 도로가 없어서 사륜마차 대신 짐을 나르는 말

---

1. Robert Bray, *Peter Cartwright, Legendary Frontier Preacher* (Urbana: University of Illinois Press, 2005), 7.

을 타고 이주해야 했다. 그들은 이 때문에 사냥터에 침입하는 이주민들에 반감을 품고 언짢아하는 인디언 부족의 공격 대상이 됐다. 어느 날 컴벌랜드 갭(Cumberland Gap)으로 통하는 길에 이른지 하루가 채 되지 않았을 때, 여행자들은 전투를 치른 인디언 부족이 살해하고 머리 가죽을 벗긴 다른 시체들과 마주쳤다. 이런 사건은 여러 차례 발생했다. 무리는 여정 중 여러 차례 이런 광경을 목격하였고 근처 나무에 숨어 있는 소규모 인디언 집단을 정찰대가 발견하는 일이 자주 있었다.

켄터키에서 맞은 첫 일요일에 사람들은 쉬기보다는 계속 움직이는 편이 좋다는 결정을 내렸다. 안개와 비로 음산한 날이었다. 어둠과 그날 밤 임시로 지은 막사도 이주자들의 기분을 나아지게 하지 못했다. 대규모 이주민 집단이 그곳에서 대학살을 당한 뒤에 '패배한 막사'라는 별명이 붙은 장소였기 때문이다. 매복한 인디언이 곧 공격할지 모른다는 소문이 막사에 떠돌았다.

피터의 아버지는 막사를 둘러싼 숲 언저리에서 보초를 섰다. 두텁게 깔린 구름이 저녁 달과 별을 가렸고 막사는 곧 조용해졌다. 피터의 아버지는 멀지 않은 곳에서 돼지가 숲 사이를 바스락거리며 움직이고 꿀꿀거리는 소리를 들었다. 자신의 무리 가운데에서 누구도 이 이동에 돼지를 데리고 온 적이 없음을 기억하고 두려워졌다. 피터는 자신을 향해 움직이는 검은 물체를 보고 총구를 겨눈 뒤 쏘았다. 그리고 몸을 돌려 막사로 급하게 돌아왔다. 총소리에 막사의 모든 사람들이 놀랐고, 무슨 일이 벌어졌는지 알고자 했다. 피터가 사건을 설명하자 무리 중 어떤 이들은 그를 비웃으며 단지 두려웠던 것뿐이라고 말했다. 그리고 막사로 돌아가 여자와 아이들에게 사건을 설명하기를 원했다. 그러나 피터는 자신이 겁쟁이가 아니라는 사실을 증명하기 위해서 횃불을 달라고 한 뒤 여러 명의 남자와 함께 총을 쏜 지역을 둘러보기 위해 출발했다. 사람들이 장소에 다다랐을 때 한 손에 도끼를, 다른 손에 소총을 든 인디언 전사가 죽은 채 풀숲 위에 누워 있는 것을 발견했다. 카트라이트의 탄환이 인디언 전사의 이마 중앙 바로 옆에 박혀 있었다. 그날 밤 많은 사람들이 잠을 자지 못했지만 그 이후 위험한 상황은 벌어지지 않았다. 다음날 아침 사람들은 이전에 결코 본 적이 없었던 아름다운 일출을 보았다.

며칠 뒤에 사람들은 켄터키 주에 위치한, 다다르고자 하는 첫 번째 정착지이자 요새라고 할 수 있는 크랩 오처드(Crab Orchard)를 향해 행군하였다. 사람들은 마침내 안전한 곳까지 도착했다고 느끼게 되었고 밤이 되자 쉬고자 하는 무리와 다음날까지 계속해서 이동하고자 하는 무리로 나뉘었다. 이동 중이던 사람 중 일곱 가족이 뒤에 남았고, 나머지가 크랩 오처드로 가기 위해 어둠 가운데에서 서둘러 떠났다. 뒤에 남은 일곱 가족 중에서, 한 사람만이 맨발로 도망쳤고, 인디언 전사 부대가 공격한 것과 그들의 손에 다른 사람들이 죽은 사실을 이야기했다. 요새의 지휘자가 인디언 전사 부대를 찾고, 살해당한 가족이 빼앗긴 모든 물건을 되찾기 위해서 모임을 조직하였다. 학살을 일으킨 스물다섯 명의 인디언 중 오직 한 명이 살아남았다.

이 사건 이후에 피터의 아버지는 가족을 데리고 링컨 카운티(Lincoln County)에 있는 임차한 농장에서 2년 동안 살았다. 거기에서 가족은 당시 '악당들의 은신처'라는 이름으로 알려졌던 로건 카운티(Logan County)로 이주했다. 도시가 저 이름을 얻게 하는데 일조했던 다수의 살인자와 도둑은 이미 서부로 이동해 살고 있었다. 자영농이 이주했을 당시 지역 주민들은 모임을 조직하고 자신들을 감독자(Regulator)라고 불렀다. 지역 주민들은 황무지에 법 체계를 수립하고 이를 어기는 사람들을 축출하기 위해서 할 수 있는 일을 했다.

자영농이 된 카트라이트 가족이 살던 지역은 러셀빌(Russellville) 주에서 남쪽으로 9마일, 켄터키 주와 테네시 주(Tenneesse) 경계에서 북쪽으로 1마일 떨어진 곳에 위치했다. 반경 40마일 이내에 제분소가 없어서 피터 가족은 직접 곡물을 갈고 사슴 가죽을 반반하게 펼쳐서 둥근 고리에 걸고 채를 만들어 그 사이로 간 곡물이 걸러져 나오게 했다. 그들은 보통 갓 잡은 짐승의 고기를 먹고 숲에서 약초와 찻잎을 따오기도 했다. 또한 단풍나무에서 나오는 수액으로 설탕과 당밀을 만들었다.

피터의 어머니가 감리교 감독 교회(Methodist Episcopal Church)의 일원이 되었지만, 어린 피터는 기독교인이라기보다는 악당에 가까웠고, 오히려 카드

놀이와 말타기와 춤을 더 좋아했다. 아버지는 그를 어느 정도 지배했지만, 항상 아들의 회개를 위해 끊임없이 기도하고 눈물을 흘리는 사람은 그의 어머니였다. 피터는 때때로 어머니의 말씀에 감동했고, 하나님을 신실한 마음으로 좇겠다고 약속한 모임에 출석하기도 했지만, 뉘우침의 순간은 무상하리만치

> 어린 피터는 기독교인이라기보다는 악당에 가까웠고, 그의 어머니는 항상 피터의 변화를 위해 기도하였다.

빠르게 지나갔다. 피터는 결국 도박과 춤을 좋아하는 다른 젊은이 무리 가운데에 있었으며, 항상 젊은이들의 오락에 참여하였다.

아버지가 좋은 말을 사주고, 그가 강한 기수로 인정받자 상황은 더 나빠졌다. 아버지는 피터가 속임수를 쓰지 않을 때 카드 한 벌을 사주었는데, 이 때문에 그는 돈을 따기 위해 도박에 능숙해졌고 중독되고 말았다. 피터는 자신을 '선천적으로 거칠고 나쁜 아이'[2]라고 불렀다.

피터가 열네 살, 열다섯 살쯤 되었을 때 가족은 의사인 베버리 앨런(Beverly Allen)과 함께 살도록 보냈다. 그래서 그는 앨런의 집 근처에 있는 학교에 다닐 수 있었다. 앨런은 감리교 설교자였는데, 불륜을 저질러 법을 어기고 말았다. 조지아 주 지역 사회에서 내려지는 처벌을 피하기 위한 노력의 일환으로 앨런은 자신을 체포한 경찰을 쏘아 죽인다. 그 뒤에 앨런은 '악당의 은신처'로 불리는 도시로 도피한다. 앨런의 가족은 곧 그를 따라 도시로 가고 앨런은 병원을 개업한다. 피터가 다닌 학교는 형편없는 곳임이 드러났지만 피터는 그곳에서 읽기와 쓰기를 배웠다.

---

2. Cartwright, *Autobiography*, 27.

켄터키 주에 내린 성령의 임재

피터는 제임스 맥그리디와 다른 목사들이 개최한 4일 동안의 성찬식으로 켄터키 주가 부흥을 경험했을 당시 16살이었다. 피터는 성령의 깊은 물결 가운데 있음을 깨달았고 그 물결의 힘을 입어 궁극적으로 회심을 하게 되었다. 전기에서 회심에 대해 기술하고 있는데 그 내용은 다음과 같다.

1801년 내가 16살일 때 아버지와, 배가 다른 큰형과, 나는 집에서 8킬로미터쯤 떨어진 결혼식에 참석했다. 그곳에서 사람들은 술을 잔뜩 마시고 춤을 추고 있었는데, 이런 일은 당시 결혼식에서 아주 흔했다. 나는 술을 거의 마시지 않았다. 대신 춤추기를 좋아했다. 밤이 되었고 아주 늦은 시각에 우리는 말을 타고 집으로 왔다. 나는 내 경주용 말을 탔다. 몇 분 뒤에 말을 매어 두고 난롯가에 앉아서 낮과 저녁 동안 내가 한 행동에 대해서 곰곰이 생각해보기 시작했다. 나는 죄책감을 느끼며 자신을 비난하기 시작했다. 일어나서 마루를 왔다 갔다 했다. 어머니께서는 침대에 누워 계셨다. 별안간 피가 머리로 치솟고, 심장이 두근거리고 몇 분 동안 앞이 보이지 않아 장님이 되었다. 내 마음에 죽음이 다가온다는 끔찍한 인상이 떠올랐고 나는 죽을 준비가 되어 있지 않았다. 나는 무릎을 꿇고 하나님께 자비를 베풀어 달라고 요청하기 시작했다.

나의 어머니가 침대에서 일어나서 곧 내 옆에 무릎을 꿇고 나를 위해 기도하셨다. 그리고 나에게 은혜를 바라며 예수님을 바라볼 것을 권면하였다. 그리고 거기에서 나는 만약 주님이 나를 용서한다면 그분을 찾고 섬길 것이라고 약속하였다. 그리고 결코 한 번도 저 약속을 깨지 않았다. 어머니는 나를 위해 긴 시간 기도하셨다. 한참 있다가 우리는 누웠지만 잠을 이룰 수 없었다. 다음날 아침 설명할 수 없는 비참함을 느끼면서 일어났다. 나는 성경을 읽으려고 애를 썼고 온종일 여러 번 비밀스러운 기도에 몰두하려 했지만, 안심이 되지 않았다. 나는 경주마를 아버지께 드리면서 말을 팔아 달라고 요청했다. 나는 가서 카드를 가져다가 어머니께 드렸고, 어머니는 카드를 난롯불에 던졌으며, 카드는 타버렸다. 나는 금식하고, 관찰하며, 기도하고, 규칙적으로 성경을 읽는 일에 몰두하였다. 나는 정말 괴로웠고 비참했기 때문에 평소 했던 어떤 일도 할 수 없었다.

아버지는 내가 틀림없이 죽을 것이고 외아들을 잃을지도 모른다고 생각하면서 나에 대해 매우 괴로워 하셨다. 그분은 내가 관여하고 있는 일을 완전히 그만두고 자신을 잘 돌보라고 명령하셨다.

곧 밖에서 소리가 들렸고 그 때문에 내 주의가 산만해졌다. 나와 나쁜 일을 함께했던 친구들 여럿이 나를 보러 왔고, 가엾고 우울한 생각들로 내 정신을 산만하게 하려 했다. 그러나 모두 허사였다. 나는 함께 저질렀던 잘못에서 벗어나라고 그들에게 권면했다. 학급 반장과 지역의 목사가 나를 보러 왔다. 두 사람은 나에게 피를 흘린 양에 대해서 알려 주려 했고 나를 위해 전심으로 기도했다. 나는 여전히 안정을 찾지 못했다. 결코 무조건적인 선택과 유기라는 교리를 믿지 않았지만, 내가 구원의 기회를 얻지 못한 채 타락했고, 재앙을 받도록 정해졌으며, 영원히 사라진다는 사실을 몹시 믿고 싶어졌다.

그 뒤 어느 날 내가 말을 타는 곳에 잠시 방문했을 때였다. 내가 걷고 있을 때 손에 큰 고통이 느껴져서 손을 움켜잡았고, 완전히 절망한 상태에서 기도하려고 했다. 나는 천국에서 "피터, 나를 보거라"라고 말하는 목소리를 듣게 되었다. 나에게 안도의 감정이 전기 충격만큼이나 빠르게 임했다. 이 사건으로 나는 희망으로 가득 차게 되었고, 주님으로부터 은총을 기대해야 한다는 사실에 고무되었다. 그러나 내가 저지른 죄가 짐처럼 남아 있었다. 나는 집으로 가서 말 타는 곳에서 일어났던 일을 어머니께 말씀 드렸다. 어머니께서는 이를 즉시 이해하시는 것 같았고, 주님이 은총을 위해 희망을 내게 북돋아 주기 위해 이 일을 하셨다고 말씀하셨다. 그리고 힘을 내고, 주님을 찾으라고 내게 권면하셨다. 그리고 하나님께서 다른 때에 내 죄를 용서해 주시고 축복을 내릴 것이라고도 하셨다. 이 일이 있은 뒤 어느 날 나는 몰래 기도하기 위해 아버지 농장에 위치한 동굴로 갔다. 내 영혼은 괴로움 가운데 있었다. 나는 울고, 기도하며 말했다. "주님, 저를 위한 은혜가 있다면 제가 발견하게 해 주세요." 나는 주님이 계심을 느낄 수 있었고 나의 죄를 속죄한 하나님을 깨달은 일이 정말 내게 일어났다. 별안간 악마에 대한 두려움이 엄습했고 악마가 정말로 내게 나타났다. 악마는 정말로 거기에 와 있었고, 나의 영혼과 몸을 잡고 지옥으로 끌고 가려고 했다. 이런 공포가 내게 임하자 나는 벌떡 일어나서 집에 계신 어머니께 달려갔다. 어머니께서는 이 일은 내가 축복을 구하는 일을 방해하기 위해 사탄이 꾸민 계교라고 말씀하셨다. 세 달이 그럭저럭 지났고 나는 여전히 죄에 대한 용서라는 축복을 얻지 못했다.

그 해 봄, 개신교 목사로서 신도와 예배당을 가지고 있는 맥그리디는 나의 아버지의 집에서 5킬로미터 가량 북쪽으로 떨어진 곳에서 성도들과 함께 성찬 집회를 진행하고 있었다. 집회에서 참여자들과 함께하고자 감리교 설교자를 초대했으며, 특히 그 중에 존 페이지 목사가 있었다. 그분은 강력한 복음 전도사였고 개신교인들 가운데에서 아주 유명했다. 그리하여 존 페이지 목사는 큰 능력으로 성공적인 설교를 하였다.

당시에 정규 형식의 전도 집회는 존재하지 않았다. 그러나 캐인 리지(Cane Ridge)에서 발발한 부흥으로 인해 교회에 큰 각성이 있었고, (이 놀라운 성찬 예식은 실제로 같은 해 후반기에 있었으며) 많은 사람이 성찬 예배에 모여들었다. 교회는 집회 인원 가운데 십분의 일도 수용하지 못했다. 그에 따라 교회 관계자들은 인접한 곳의 그늘이 드리워진 나무 아래에 단상을 세우고 큰 집회를 할 수 있는 좌석을 준비했다. 이 예배를 위해서 먼 지역과 가까운 지역에서 사람들이 몰려들었다. 그들은 큰 마차를 타고 왔고 대부분의 사람들이 준비한 식량을 먹으며 지냈다. 여자들은 마차에서 잤고 남자들은 그 아래에서 잤다. 많은 사람들이 여러 날과 밤을 함께 보내며 밤과 낮 동안에 그곳에 머물렀다. 다른 이들은 근처에 살고 있던 이웃에게서 필요한 것을 얻었다. 하나님의 권능이 놀랍게 드러났다. 여러 죄인이 큰 전투에서 죽임을 당한 사람들처럼 설교에 엎드렸다. 기독교인들은 기쁨에 소리를 질렀다.

비참한 죄인이었던 나도 이 집회에 갔다. 나는 울고 있는 군중이 있는 그곳으로 갔고, 단상 앞에 엎드려 전심으로 은혜를 달라고 기도했다. 영혼이 엄숙한 투쟁을 하고 있던 중에 내 마음에 인상이 떠올랐고 마치 목소리가 내게 이렇게 말하는 듯했다. "네 죄 사함을 받았느니라." 신성한 빛이 내 주위를 감쌌고, 이루 말할 수 없는 기쁨이 내 영혼에 넘쳐흘렀다. 나는 일어서서 눈을 떴고, 마치 내가 정말로 천국에 있는 듯했다. 나무와 나무에 달린 잎과 모든 것들이 하나님을 찬양하고 있는 듯 보였고, 나는 정말로 그렇게 생각했다. 어머니가 소리를 높였고, 같이 집회에 참여했던 친구들이 내 주위로 몰려와서 함께 하나님을 찬양했다. 그 이후로 사는 동안 믿음을 지키지 못할 때도 여러 번 있었지만, 한 순간도 그때 거기에서 주님께서 나의 죄를 용서해 주시고 내게 신앙을 주셨다는 사실을 의심하지 않았다.[3]

언제나처럼 가장 큰 성찬식이 열리는 계절이 시작될 즈음인 6월에 레드 리버 예배당(Red River Meetinghouse)에서 집회가 있었다. 집회는 잠시도 그치거나 중단되지 않고 밤 동안 계속되었으며 80명 이상의 사람들이 주님과 함께 평화 가운데 있었다. 피터는 여름에 있었던 부흥이 어떤 결과로 이어졌는지 기술했다.

이 부흥에서부터 익히 아는 전도 집회가 유래되었다. 이 두 교파로부터 비롯된 집회를 그들은 매년 열었고, 그 이후로 비슷한 집회가 계속해서 열렸다. 사람들은 통나무와 철골로 집회 건물을 세웠고 판자와 지붕널을 그 위에 얹었다. 또한 바람과 비를 막아 주고 오천 명 가량의 사람을 수용할

---

3. Cartwright, *Autobiography*, 34-38.

수 있는 충분히 큰 건물을 지었고, 널판지와 지붕널로 건물을 덮었다. 그들은 큰 연단과 공간을 만들어 벽을 올렸다. 사람들은 64킬로미터에서 80킬로미터 떨어진 곳에서 모여들었고 때때로 그보다 더 먼 곳에서도 사람이 왔다. 교파가 다른 열 명, 스무 명, 그리고 때로 서른 명의 목사가 와서 나흘 혹은 닷새 동안 밤낮으로 설교했다. 그리고 전도 집회가 3주나 4주 동안 지속되며 크고 훌륭한 결과가 거기서 나왔다. 나는 성령이 강하게 임재한 설교 앞에서 죽은 사람처럼 엎드린 백 명도 넘는 죄인을 보았고, 500여 명의 기독교인이 한꺼번에 크게 소리를 지르고 하나님을 높이 찬양하는 모습을 보기도 하고 듣기도 하였다. 나는 전도 집회를 통해 수천 명의 행복해하는 사람들이 자각하게 되었으며, 하나님께 회개했다는 사실을 감히 말하려고 한다. 어떤 죄인은 비웃고, 감정이 메마른 노교수는 집회에 반대하며, 위엄을 부리고 싶어 하는 늙은 개신교 설교자는 이 집회에 반대하는 설교를 했다. 그러나 여전히 집회는 진행되었고 모든 국민이 하나님의 집으로 모일 때까지 집회에 참여하는 사람들의 힘을 계속해서 더하면서, 거의 모든 방향으로 퍼졌다.[4]

피터는 그 해 여름 상당한 시간을 여러 성찬 예배를 전전하면서 보냈다. 그는 계속해서 주님을 갈망하였고 믿음은 더욱 대담하게 자랐다. 피터는 여러 소규모 기도 모임에 참여했는데, 모임의 주변부에서 자신의 역할을 하기 시작하였고, 그렇게 함으로써 주님께 오는 여러 사람들을 도왔다. 이러한 모임에는 험담꾼이 있었는데 그 중 한 명은 상당히 지적인 남자로 자신을 유대인이라고 말했고, 그는 기독교인을 공격하는 일을 즐기는 듯 보였다. 모임 가운데 한 지점에서 남자는 소규모 기도 모임의 일원인 피터와 다른 젊은이를 관찰하고 사실을 알아보기 위해서 다가왔다. 피터는 이 일화를 『자서전』(*Autobiography*)에서 회고하였다

---

4. Ibid., 45-46.

소규모 모임을 진행하던 중 이 유대인이 나타나서 우리가 하려고 하는 게 뭔지 알고자 하였다. 글쎄, 나는 그에게 이야기했다. 그는 모임이 모두 잘못되었고, 예수님께 기도하는 일은 우상 숭배이며 하나님은 이런 기도자에게 응답하지 않았고, 그렇게 하지도 않을 것이라고 말했다. 나는 그가 우리를 논쟁으로 몰아넣고 기도 모임을 와해하려는 목적이 있음을 곧 알아차렸다. 나는 물었다. "정말로 하나님께서 계시다는 사실을 믿나요?"

"네. 믿습니다."

그가 말했다.

"하나님께서 기도를 들으실 것임을 믿나요?"

"네."

그가 대답했다.

"우리가 하는 이 일이 잘못되었다는 사실을 정말로 믿나요?"

그는 대답했다.

"네."

"글쎄, 그러면, 우리가 이 문제를 시험해 보겠습니다. 만약 당신이 열심히 믿는다면, 이 자리를 떠나서 하나님께 이 모임을 중단시켜 달라고 기도해 보세요. 이 모임이 잘못되었다면, 그분은 그대의 요청에 답할 것이고 이 모임을 중지시키겠지요. 만약 이 일이 잘못되지 않았다면 모든 지옥으로도 이 모임을 중단시킬 수 없을 겁니다."

모임의 일원들이 나를 아주 대담한 용기를 가진 사람으로 여기며 바라보았다. 유대인은 머뭇거렸다. 나는 말했다. "즉시 무릎을 꿇고 기도하세요. 우리가 잘못되었다면 우리가 그 사실을 알기를 원합니다." 그는 여전히 머뭇거리며 본의가 아니었다는 듯한 분명한 조짐을 보였고, 나는 다시 그를 시험하듯 말했다. 유대인은 천천히 무릎을 꿇고 목청을 가다듬고 헛기침을 했다. 나는 말했다. "자, 여러분, 모든 힘을 다해서 기도합시다. 어쩌면 하나님께서 불로 응답하실지 모르니까요."

유대인 청년은 떨리는 목소리로 말하기 시작했다. "오 주님 하나님 전능자여." 그리고 같은 말을 반복하면서 다시 기침을 하고 목청을 가다듬었다. 우리는 그가 분명히 혼란스러워 하는 모습을 보았고, 할 수 있는 한 큰 소리로 일제히 기도했다. 유대인은 펄쩍 뛰어 일어나 나갔고 우리는 소리를 지르며 영광스러운 시간을 보냈다. 모임에 온 여러 명의 회개자가 개심하였고, 우리는 자리에서 일어나 가장 빠른 속도로 집회에 뛰어 들어가서 소리치고, 우리가 굳게 믿는 대로 악마와 유대인에 대항하여 귀중한 승리를 획득했다.[5]

켄터키 소년의 여정 시작

다음 해 성찬식의 계절이 시작될 때, 피터는 감리교 신자인 자신을 '권면자'라고 인정한 편지를 목사님이 보여 주었을 때 깜짝 놀랐다.

> 피터 카트라이트는 감리교 감독 교회에서 권면자로서 성경의 복음을 따르는 한에서 은사를 사용하여 설교하는 일을 허락합니다. 에버니저에서 협회를 대표하여 서명합니다.
>
> 제시 워커 A. P.
> 1802년 5월[6]

피터는 이 기관을 좇지는 않았지만 기관에서 주는 자격을 받아야 한다는 주변 사람들의 말에 설득당했다. 이 기관에는 성령이 설교하도록 임하는 경우 그는 설교를 할 권리가 있음을 알 수 있다는 한 가지 조항이 있었다.

그 해 가을, 피터의 아버지는 가족을 데리고 컴벌랜드 강(Comberland River) 어귀 근처에 있는 루이스턴 카운티(Lewiston County)로 이사했다. 그곳은 가장

---

5. Cartwright, *Autobiography*, 56-57.
6. Ibid., 58.

가까운 감리교 순회 예배가 열리는 곳에서 128킬로미터 떨어진 곳이었다. 피터와 어머니는 회원에게 보내는 편지를 요청하였고 결과적으로 집에서 예배를 드릴 수 있었다. 그리고 편지에 대한 응답으로 피터는 지역에서 순회 예배를 조직할 수 있는 권한을 위임하는 편지를 받았다. 이 허가는 그가 소망했던 일이었음은 말할 것도 없고 기대 이상이었다. 피터는 학교에 다니려고 계획하고 있었으며, 순회 설교는 너무나 큰 책임을 요구하는 듯하였다. 피터가 회원 가입 내용이 적힌 편지를 요청했던, 교구 장로인 브라더 페이지(Brother Page)목사는 피터에게 말했다.

> 설교는 하늘과 땅 사이에서 내가 찾을 수 있는 최고의 학교, 혹은 대학이라고 말했다. 하지만 그는 내 아버지가 정착하고 거기에 좋은 선생님이 있는 도덕적으로 옳은 좋은 학교를 찾을 수 있다면 겨울 동안에 거기에 있어도 좋다고 조언했다. 그러고 나서 봄과 여름에는 내가 할 수 있는 최선으로 순회설교를 하라고 하였다.[7]

피터는 페이지의 의견에 동의했고, 전도유망한 학교를 발견했다. 하지만 잘 진행되지 않았다. 그것은 학교 선생님이 성직자였는데도 '악마를 싫어하는 것 이상으로'[8] 감리교도를 싫어했기 때문이었다. 학교에서 다른 소년들이 피터에게 '감리교 설교자'라는 별명을 붙여 주고 놀려댔으며 교사는 이 일을 말리려 하지도 않았다. 한 번은 두 소년이 2미터 높이의 제방이 있고 3미터 깊이의 물이 있는 강어귀에 피터를 던져 넣으려고 작정한 일이 있었다. 두 소년은 강둑까지 피터를 꾀어내기 위해서 죄로 인해 고통을 겪는 척하면서 자기들을 위해 기도해 달라고 피터에게 요청했다. 피터는 두 소년의 요청이 진짜인지 의심스러웠지만, 두 아이가 진심일 경우 요청을 거절하고 싶지 않아서 따라가는데 동의했다. 제방 위 공터에 다다랐을 때 두 아이가 피터를 잡으

---

7. Cartwright, *Autobiography*, 59-60.
8. Ibid., 60.

려 했고 그러나 피터는 몸을 피해버렸다. 그리고 즉시 한 명을 제방 위로 던지고 다른 한 명을 바닥에 쓰러뜨렸다. 힘이 거의 비슷했던 두 소년은 피터를 제압하려고 했지만 강으로 곤두박질치기 직전까지 계속 구르다가 곧 제방 가장자리까지 물러나게 되었다.

학급 친구의 폭력이 달갑지 않았고 이런 학문적 환경에서 배울 것이 거의 없을 것이라고 느낀 피터는 순회 예배를 하기 위해서 학교를 그만두었다. 그는 1804년 가을 제시 워커에게 요청을 받아들이겠다는 사실을 알렸다. 제시 워커는 순회 예배 설교자로 임명되었고, 다음 2년 동안 순회 설교를 다녔다. 감리교파는 서부 지역에서 급격히 성장했다.

피터가 18살일 때 사역에서 다른 순회 설교자를 도우면서 그와 함께 여행을 하는 것이 어떻겠느냐는 제안을 받는다. 아버지가 반대했지만 어머니는 제안을 수락할 것을 주장했고, 피터는 어머니의 권면을 따른다. 주님의 길을 따르면서, 피터는 저녁 예배에 설교를 해 달라는 부탁을 받는다. 피터는 설교를 하기 위해 부르심을 받았다

> 피터는 주님의 부르심이 진실이며 하나님께서 자신에게 이 일을 부여하셨다는 사실의 증거로 그날 밤에 한 명의 개종자가 있게 해 달라고 기도했다.

는 사실을 확신하지 못했고, 저녁 예배에서 설교를 한 적도 없었다. 피터는 하나님께 도움을 달라고 열렬히 기도했다. 그는 주님의 부르심이 진실이며 하나님께서 자신에게 이 일을 부여하셨다는 사실의 증거로 그날 밤에 한 명의 개종자가 있게 해 달라고 요청했다. 그날 밤 피터의 설교를 들은 사람들은 눈물을 흘리고 탄식했다. 그리고 이교도였던 젊은 남자는 주님께 마음을 드리고 교회에 입교하였다. 그 뒤에 피터는 삶에서 하나님의 분명한 부르심을 느꼈다. 피터는 석 달 동안 순회 예배를 하며 여행을 하고 25명이 더 회심하는 일을 보았고 마침내 6달러를 받는다. 피터는 '소년 설교자' 아니면 '켄터키 소년'이라는 이름으로 알려지고, 그 뒤 67년 동안 순회 설교를 다니게 된다.

부흥으로 연결된 장례식 예배

피터는 곧 오래된 침례교 예배당에서 치르는 장례식 예배에 부름을 받았다. 예배가 진행되는 동안, 전도 집회에서 임했던 것과 같은 성령이 임했다. 피터는 밤낮으로 성직을 수행하기 위해 한동안 머물렀고, 모든 집회에서 성령의 임재를 보았다. 피터는 스물세 사람이 구원받은 것을 보았고, 즉시 그들이 감리교 교회에 입교하도록 이끌고자 했으나 인원이 지역 침례교에 입교하는 데 만족할 수밖에 없었다. 침례교에 입교한 스물세 명을 감리교에 입교시키고자 하여 피터는 침례교회의 일원인 척 했다. 피터는 집회에 참여했고, 증언을 하고, 자신이 구원받은 존재임을 알렸다.

침례교인들이 다음날 근처 개울에서 세례를 베풀기 위해 그를 초대했다. 무리가 개울에 모였을 때 피터는 자신이 줄 맨 앞에 서 있다는 사실을 확인했다. 피터는 그 자리에 참여하기 위해 계략을 꾸민 일에 대해 양심의 가책이 느껴져서 물을 뿌려서 세례를 받았다고 주장했다. 그는 다시 세례를 받을 필요가 없었다. 침례교 목사가 피터를 자기 교회 일원으로 받아들이기를 거부하자, 피터는 침례교 교리가 지나치게 엄격하다는 이유로 간신히 스물세 사람의 새 회심자를 침례교 교회에서 끌어낸다. 피터는 스물세 사람을 감리교회 일원으로 등록하게 한다. 그 뒤, 피터는 침례교 신자에 대해 이런 이야기를 했다. "참으로 침례교도는 물에 들어가 세례를 받느라고 참 많은 고생을 한다. 그래서 이에 대해 잘 알지 못하는 사람들이라면 천국이 섬이고 천국까지 가기 위해서 잠수를 하거나 수영을 하는 방법 밖에는 없다고 추측하곤 한다."[9]

피터는 순회 설교를 계속했고, 1806년 서부 회담에서 프란시스 애즈베리(Francis Asbury)가 감리회 목사직에 그를 임명하였다. 당시 애즈베리 주교가 서부의 인디언이 사는 거친 나라를 무장한 군인과 함께 여행하는 일은 흔했

---

9. Ibid., 134.

지만 주교는 결코 회담을 위해 방문을 연기하거나 취소한 적이 없었다. 위험이 항상 도사렸지만 주교인 애즈베리에게 순회를 지속하는데 문제가 되지는 않았다.

임명을 받은 뒤에 북동쪽, 처음 북부 군사를 만난 곳인 오하이오 경계로 가야 했다. 처음에 피터는 이 여행에 찬성하지 않았지만 프란시스는 피터의 팔을 잡고 말했다. "내 아들아. 주님의 이름으로 가거라. 이 일이 너를 성장시킬 게다."[10] 피터는 거절할 수가 없었다. 보편주의자의 교리(Universalism)와 유니테리언파의 교리(Unitarianism), 이신론주의(deism)를 포함한 다양한 교파가 이 지역을 점령하고 있는 듯 보였고 젊은 피터는 이 지역에서 설교를 하는 일이 유익한 신학적 경험이 된다는 사실을 깨닫는다. 그는 이 지역 사람들의 가르침과 믿음에 반박하기 위해 성경책을 열심히 읽어야 했기 때문이다. 이 시기에 피터는 힘 있는 변론가가 되어 기술을 가다듬고 지혜의 날을 세웠다.

▲ 하퍼의 주간지 표지,
피터 카트라이트를 본 딴 "순회하는 설교자"를 다루었다. (의회 도서관, 98506148)

---

10. Cartwright, *Autobiography*, 98.

영적인 영역의 열림

19세기 초반 서부는 여러 면에서 종교적으로 자유로웠고 성직자와 마찬가지로 사기꾼도 복음을 가르치기 위해 그곳으로 왔다. 환상을 보고, 하나님의 말씀을 직접 귀로 들어야 한다는 주장이 서부 사람들 사이에서 만연했고, 많은 사람들이 속아 넘어갔으며, 너무나 쉽게 사기꾼의 거짓 주장을 믿었다. 한 번은 어떤 사기꾼이 마을에서 조금 떨어진 숲으로 들어가서 나무 그루터기에 화약을 뿌리고 담배로 불을 붙인 뒤에 땅에 누웠다. 마을 사람들이 폭발하는 소리를 듣고 화염을 보았을 때, 그들은 무슨 일이 있는지 보려고 뛰어왔다. 마을 사람들은 땅 위에 잠든 듯이 누워 있는 한 사람을 본다. 군중이 점점 더 해져 일단의 사람들이 모였을 때, 남자는 일어나서 하나님이 화염으로 자신을 쓰러뜨렸고 환상을 보았다는 말을 하기 시작했다. 남자가 이야기를 하고 있을 때 피터가 와서 화약에 사용되는 유황 냄새를 맡고, 남자가 사기꾼임을 폭로했다.

> 나무 그루터기에 오자마자 나는 화약의 유황 냄새를 맡았다. 나는 나무 그루터기로 가까이 갔고 화약을 피운 분명한 증거가 있었다. 그리고 화약을 태운 담배가 근처에 놓여 있었다. 사기꾼은 분주히 이야기를 사람들에게 전했다. 나는 그에게 다가가서 천사가 빛의 화염 가운데에서 그에게 나타났는지 물었다.
> 그가 말했다.
> "네."
> 나는 말했다.
> "사전트(Sargent), 천사가 유황 냄새를 맡지는 않았나요?"
> 그가 말했다.
> "왜 나에게 그런 멍청한 질문을 하는 거요?"
> 내가 말했다.

"왜냐하면 정말로 천사가 선생에게 말했다면 그는 불을 피워 유황을 태우기 위해서 호수에서 와야 하지 않겠습니까?"
    나는 목소리를 높여 말했다.
    "지금 유황 냄새가 나고 있습니다!"
    나는 나무 그루터기로 올라가서 사람들에게 와서 보라고 말했다. 사람들이 몰려와서, 곧 속임수를 보았고, 사전트를 야비한 사기꾼이라고 몰아붙였다. 그는 곧 떠났고 사람들은 더 이상 유황이나 천사 이야기를 문제 삼지 않았다.[11]

불행히도 종교와 관련하여 사기를 만들어 내는 사람들이 하는 거짓말 모두가 이 남자의 사례에서처럼 쉽게 폭로되지는 않는다.
  오하이오에서의 정해진 임무 기간이 끝날 때, 피터는 곤경에 처했다.

    나는 아버지 집에서 3년간 머물렀다. 그곳은 집에서 800킬로미터 떨어진 곳에 있었다. 내 말은 눈이 멀어버렸다. 안장은 너무 오래 써서 닳아졌다. 고삐가 끊어져서 최소한 열 번은 다시 달았다. 옷이 원래 어떤 모양이었는지 알기 어려울 때까지 기워 입었다.[12]

  그는 집으로 오기로 마음을 정했지만 여행을 위해 주머니에는 단지 75센트가 있을 뿐이었다. 다른 대안이 없었기 때문에 그는 마음을 정하고, 필요하다면 음식과 숙박을 위한 경비를 보충하기 위해서 돈을 빌리기로 한다. 그러나 여행 동안 하나님은 교통비에서부터 하룻밤 여관비까지 모든 경비를 제공해 주었다. 피터는 힘들어하는 여관 주인의 아내를 도와주고 구원으로 이끌었는데, 여관 주인은 이 때문에 요금을 받지 않았다.

---

11. Ibid., 101-102.
12. Ibid., 102.

여관 주인의 아내의 몸에 경련이 일어났다. 그런 일이 종종 그들에게 있었다. 나는 신앙에 대한 이야기를 그녀에게 하기 시작했다. 나는 여관 주인의 아내가 영혼에 대해 깊이 우려하고 있음을 알았다. 나는 여관 주인의 아내를 위해 기도를 해도 괜찮겠느냐고 물었다. 그녀는 대답했다.

"네. 이 장소에 내 영혼을 돌보는 이는 아무도 없으니까요."

나는 무릎을 꿇고 기도했고 찬양하기 시작했으며, 모든 것을 채워 주시는 구세주인 예수님께 맡겼다. 나는 다시 기도했다. 그녀가 갑자기 침대에서 일어나서 소리쳤다.

"하나님께 영광을 돌려라! 그분께서 나의 영혼을 축복하신다."

정말로 행복한 시간이었다. 노인인 여관 주인은 어린 아이처럼 울었다. 우리는 밤새도록 찬양을 부르고, 소리치며 기도하고 찬양했다. 다음날 아침 여관 주인은 여행 삯이 십일조를 대신한다고 말하였다. 그가 요구한 것은 내가 그 길을 지나갈 때마다 그곳을 방문하여 그들과 함께하는 일뿐이었다.[13]

다음날 피터가 집에 도착했을 때 그의 손에 6센트와 4분의 1센트만이 남아 있었다. 부모님은 피터를 따뜻하게 맞아 주었고 특히 어머니가 그러했다. 그리고 설교자로서의 여행 이야기를 듣고 싶어 했다. 피터가 다음 집회와 순회 예배를 위해 떠나기 전에 아버지는 피터에게 "건강한 말과 안장, 새 옷과 현금 40달러를 주셨다. 이렇게 장비를 갖추었고 다음 3년 동안의 순회 설교에 대한 준비가 되어 있었다."[14] 순회 예배 설교자에게 보수가 충분치 않았고, 적은 돈으로 그럭저럭 순회를 다니면서, 하나님의 은혜로 예배를 계속할 수 있었던 사례가 당시에 흔했다.

---

13. Cartwright, *Autobiography*, 106-107.
14. Ibid., 107.

피터와 프란시스의 결혼

다음 집회는 1807년 9월 14일 오하이오 주, 칠리코시에서 있었고 대략 피터의 스물두 번째 생일이 있은 지 2주 후였다. 피터는 구역의 교구 감독이었던 제임스 워드(James Ward)가 관할하는 컴벌랜드 지역에 위치한 집과 가까운 곳에서 순회 예배를 하기로 배정되었다. 이 지역에서 피터는 프란시스 게인즈(Frances Gaines)를 만나 구애하였다. 프란시스 애즈베리와 피터의 감독인 윌리엄 매켄드리(William McKendree)가 전통에 따라 독신 생활을 해나가고 있었지만 피터는 그 관습을 깨고 프란시스의 열아홉 번째 생일인 1808년 8월 18일에 결혼하였다. 독신과 작별을 고하면서 피터는 말했다, "생각이 깊어지고 성숙한 기도자가 된 이후 결혼이 의무라고 생각했다."[15] 그 사실은 진실로 보이는데 그가 결혼 문제에 대해 상급자에게 이 문제를 상담한 적이 없었기 때문이다. 피터와 프란시스는 같은 해 9월 피터의 스물세 번째 생일에 부모님과 함께 피로연과 집들이를 합친[16] 작은 결혼 축하 파티를 열었다.

그해 10월 1일, 서부 집회가 내슈빌의 바로 남쪽에 있는 테네시 주 리버티 힐에서 열렸다. 피터는 결혼 사실을 매켄드리 주교에게 알리지 않으면 안 된다는 생각이 마음을 무겁게 했기 때문에 아내를 가족에게 남겨 두고 테네시 주로 향했다. 매켄드리는 유감이라고 말했는데 그 이유는 피터가 결혼했기 때문이 아니라 그가 한 장소에 머물러야 함을 의미하기 때문이었다. 결혼 서약은 분명히 순회 예배를 방해할지도 모른다는 것이 맥켄드리의 의견이었다. 피터는 처음에 온화하게 이야기를 들었지만 자신의 결단력을 보여 주면서 불같이 화를 냈다. "매켄드리의 말이 나의 야망에 불을 지폈다. 나는 투지로 가득 차게 되었다고 말했다. '자, 이제 시작이다'라고 말이다. 나는 생계를 위해 일할 수 있다. 울타리를 만들고, 땅을 갈고, 곡괭이로 땅을 파고, 잡초를 뽑으며, 낫질을 하고, 곡식을 거둘 수 있다. 나는 내가 하는 일을 위해 태어났

---

15. Ibid., 111.
16. Bray, *Peter Cartwright, Legendary Frontier Preacher*, 54.

다."¹⁷ 피터는 순회 설교를 포기하려 하지 않았다. 그는 그의 직분을 수행할 것이며, 매켄드리의 의견을 따르지 않고 순회 예배를 계속하려 했다. 매켄드리는 반드시 피터의 결정을 인정했음이 분명하며 그 이유는 그가 집회가 끝나기 전에 피터를 감리교회에서 교구장으로 세워 주었기 때문이다.

피터는 항상 권총을 소지했다. 한동안 피터는 동료 성직자인 브라더 워커(Brother Walker)와 말을 타고 여행했다. 브라더는 다리를 절었는데, 목발의 역할을 하는 큰 지팡이를 사용해 앞에 놓인 길을 따라 힘차게 전진하였다. 길을 조금 걷다가 피터가 브라더에게 계속 갈 수 있겠느냐고

> 결혼 후에도,
> 피터는 순회 설교를
> 포기하려 하지 않았다.

물었는데, 밤에 여관에 다다르기 전에 힘이 다할까 걱정되었기 때문이다. 브라더 워커는 말했다. "아 그래." 그리고 말에서 내렸다. 그러나 피터는 다음과 같이 말해야 한다는 생각이 들었다. "말을 조심하게. 우리는 집을 떠나 먼 길을 와 있고 긴 여정이 우리 앞에 있네. 이런 상황에서 누구도 믿으면 안 되네."¹⁸ 두 사람은 말을 타고 달리며, 뒤에 90미터 떨어진 곳에 남자가 있을 것이라는 생각을 했다. 워커가 약간 앞서 걷고 있을 때, 피터의 말이 갑자기 깜짝 놀랐고, 그가 고개를 돌렸을 때 남자가 그들을 향해 '사슴처럼 재빨리'¹⁹ 뛰어오는 것을 보았다. 분명히 두 설교자를 습격하려는 남자에게 브라더가 발을 저는 사실은 공격의 이유가 되기에 충분했다. 피터는 말고삐를 당겨 방향을 바꾼 뒤 총을 빼서 방아쇠를 당겼다. 그리고 총구를 그에게 겨누었는데 그자는 총을 보자마자 울창한 숲 덤불로 사라졌다. 피터는 더 이상 그를 쫓지 않았다. 그는 나중에 성령이 도우시는 힘을 입어 입에서 경고의 말이 튀어나왔다고 말한다.

---

17. Bray, *Peter Cartwright, Legendary Frontier Preacher*, 54.에 인용된 Peter Cartwright, *Fifty Years as a Presiding Elder* (Cinciinnati, OH: Hitchcock and Walden, 1871), 271.
18. Cartwright, *Autobiography*, 201.
19. Ibid.

노예 문제

교구 감독이라는 신분 때문에 사람들은 피터가 교회 제반 사항을 결정하는데 가담하기를 바랐고, 그는 곧 노예 문제 논의에 휘말리게 된다. 대부분의 감리교도는 노예를 사고팔고 소유하는 일을 금지했지만, 미국 남부 감리교 신자들은 오랫동안 노예 제도 금지 조항을 경시했다. 당시 이 문제가 미국 서부에서 불거져 나왔는데, 서부는 노예 제도를 법으로 허가하고 있는 곳이긴 했지만, 교회 부흥에 대한 각성과 교회가 고취시킨 폐지론이 득세하면서 이 법을 지지하는 인구는 빠르게 줄어들었다. 노예 제도가 문제였지만 처음 이 문제를 접했을 때 피터는 여기에 대해 가르치기를 꺼려했다. 피터는 이 문제가 영적이기보다는 정치적인 일이라고 여겼기 때문이다. 그러나 그는 노예 소유가 도덕적이지 않음을 믿었고, 교구 감독으로서의 지위 때문에 문제에 대해 중립적인 입장을 오래도록 지속하지는 않았다. 감리교 집회의 일원들은 곧 노예 제도 옹호론자 대열과 폐지론자 대열로 나뉘었다. 이런 상황에서 교회가 분열되었고 노예 소유자가 성직자로 임명될 때면 언제든지 다음의 질문이 제기되었다. "노예를 소유한 사람도 감리교 감독 교회의 성직자가 될 수 있을까?" 『자서전』에서 피터는 문제에 대해서 언급한다.

> 노예 제도 문제를 감리교 감독 교회에서 오랫동안 제기하였고 정치적으로 이 문제에 관여할 의무가 없으나 설교자들은 기독교인으로서, 그리고 기독교 성직자로서 흑인이 누려야 할 영속적인 권리에 대해서 말해야 한다. 그들은 사회적 도덕적 악인 노예 제도에 반대하는 의견을 내놓을 의무가 있으며, 이것이 교회 총회가 시시 때때로 노예 제도라는 거대한 악과 관련하여 교회의 설교자와 일원을 구속할 규칙과 조례를 통과시키는 이유이다. 교회 총회의 큰 목표는 성직자가 이 문제에서 아무런 혐의가 없을 것을 요구하며 감리교 설교자들은 틀림없이 인류의 일원인 수천 명의 노예가 해방하는 과정에 도움을 줄 수 있어야 한다는 목표를 추구해야 한다.

그리고 감리회 설교자가 노예 문제에서 혐의가 없으며, 노예 제도에 대한 정직한 증언을 할 수 있다면 설교자는 견디기에 너무 혹독한 압제로 울부짖고 있는 수천수만 명의 노예를 해방해 주는데 도움을 주게 된다. 노예 제도는 분명히 지역적, 정치적, 도덕적 악이다.[20]

그러나 피터의 모든 교구 감독들이 이렇게 느낀 것은 아니다. 많은 수가 노예를 소유했기 때문이다. 그리고 한동안 피터는 강퍅한 천성 때문에 노예 제도를 끝내자는 주장을 지지하게 되었고, 그의 사역의 초점은 노예 제도 반대로 옮겨가게 되었다. 반대자들은 피터가 단순히 문제를 일으켜 교회 지도자의 자리를 차지하고 싶어한다고 주장했다. 논의는 몹시 과열된 듯했고 문제가 1808년 총회에 상정되었다. 그러나 이 논의로 다음 해에 조금 더 많은 지지를 얻었을 뿐이다.

피터와 '셰이커교도'와의 전쟁

피터는 1804년에서 1805년 사이에 처음 순회 예배를 하면서 몸담았던 지역인 솔트강(Salt River)에 배정된다. 그가 이 지역을 떠날 때 감리교가 강력한 위세를 떨치고 있었지만, 당시 셰이커교도들이 득세하였다. 셰이커교도들은 자기들을 '그리스도의 재림 신자의 합동 협회'(United Society of Believers in Christ's Second Appearing)라고 불렀다. 이 교파의 지도자는 '어머니 앤 리(Mother Ann Lee)'라는 영국 여성이며 신도들은 앤 리를 재림한 그리스도가 그녀의 몸을 입고 다시 태어났다고 여겼으며, 그녀가 세운 기관은 계시록에 예언된 이 땅에서의 예수님의 천년 왕국 통치를 준비했다. 이 종교는 권위를 주장하기는 하지만 터무니없는 이단이었고, 감리교와 이 우상은 결코 공존할 수 없었

---

20. Ibid., 128.

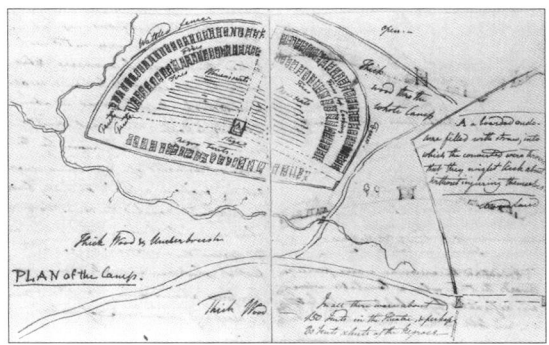
▲ 1809년으로부터의 캠프 집회 계획 (의회 도서관, 006753)

다. 그러므로 피터는 셰이커교도와의 전쟁을 위해 그곳에 갔다. 말하자면 논쟁으로 이겨야 하는 전투였다. 피터와 피터의 동역자인 '무기를 지니고 다니는' 존 데이비슨(John Davison)은 강력한 순회 예배를 열어서 지역에 감리교를 다시 한 번 강하게 설립하게 하였고 셰이커교도를 철저히 흔들면서 많은 사람들을 감리교로 돌이키게 했다.

 1808년 겨울과 1809년 봄 사이에 피터의 아버지가 사망한다. 소식을 듣자마자 피터는 집으로 돌아갔지만 장례식에 늦고 말았다. 다음 해 피터는 아버지의 농장이 있던 리빙스턴에서 순회예배를 하도록 지명 받는다. 그곳은 18살 생일에 순회 예배를 하고 싶다고 의견을 내비친, 여러 자영농이 살고 있는 땅이었다. 피터는 1813년까지 거기에서 살면서 가정을 꾸린다. 여기에서 피터와 프란시스는 처음으로 두 딸을 얻는데 1910년 5월 11일 엘리자(Eliza B.)가 태어났고, 1812년 9월 20일 마리아(Maria H.)가 태어났다. 1813년 가족은 농장을 팔고 켄터키 주 크리스티안 카운티(Christian County)의 홉킨스빌(Hopkinsville) 근처 새 주택으로 이사한다.

 여행이 예정되고 설교 약속이 있었던 1811년, "모든 감리교 설교자가 글을 읽고 쓸 줄 모르며 아무것도 알지 못하면서 지껄인다."[21]고 주장하는 동부

---

21. Cartwright, *Autobiography*, 80.

에서 살고 있는 신학자이자 설교자가 논쟁을 하자며 피터에게 도전을 해왔다. 피터는 학교 교육을 거의 받지 않았지만 결코 논쟁에서 져 본 일이 없었다. 피터는 그의 도전을 수락했다. 피터의 무지함을 사람들에게 알리고 싶었던 그는 피터가 이해하지 못하는 그리스어로 질문을 했다. 그러나 피터는 그를 만나러 가는 길에 우연히 독일어를 듣게 되어 그의 질문에 독일어로 답변을 했다. 그는 이 언어를 알지 못했다. 허를 찔린 그는 언어가 히브리어일 것으로 단정하며 항복했고, 군중에게 피터가 자기가 만난 첫 번째 교육받은 감리교 설교자라고 말했다.

앤드류 잭슨과 피터 카트라이트

카트라이트의 『자서전』에 1812년에 벌어진 전쟁에 대한 설명이 실려 있다. 전쟁은 피터가 학자와 한 유명한 논쟁이 있은 다음 해에 시작되었다. 지원병을 논외로 하면, 켄터키와 테네시 주는 전쟁의 영향을 크게 받지 않았다. 켄터키의 인구가 전쟁 출병으로 감소했기 때문에, 마찬가지로 켄터키에서 감리교도의 수도 한동안 감소했다. 그 뒤 보도된 바에 따르면 피터는 전쟁 동안 앤드류 잭슨(Andrew Jackson)이 참여하는 예배의 목사로 설교를 한다. 피터의 설교를 실은 신문 기사에 따르면 피터는 1815년 1월 8일 뉴올리언스(New Orleans)에서 발생한 전투가 있는 동안 잭슨 장군과 함께 있었다고 한다.(1829년 잭슨은 미국의 일곱 번째 대통령이 된다.) 그 기사문은 다음과 같다.

> 영국군과의 마지막 전쟁 때 잭슨 장군이 뉴올리언스 전투에서 성공적으로 싸우기 이전에 보병 부대가 켄터키 주 크리스티안 카운티에 있는 그의 [피터의] 사역지 근처에 진을 쳤다. 목사가 병에 걸렸고 장군은 직무를 맡은 곳으로 돌아갔으며 뉴올리언스까지 군인들을 데리고 전진해야 했다. 잭슨 장군은 그들이 전쟁터의 최전방으로 가야 한다고 말했다. 군인들이

한 항의 때문에 그는 마음이 누그러졌다. 그러나 장군은 피터가 군인들에게 그의 때가 올 때까지 한 명도 죽지 않을 것이고, 그 어떤 장소보다 최전방에서 목숨을 걸고 싸울 때 가장 안전할 것이라고 설교해 주기를 바랐다. 그는 그와 같은 설교를 거절했다. 그것은 거짓말이었기 때문이다. 그러나 목사는 전쟁이 정당하며, 그들이 정당한 이유로 가담하고 있다는 사실을 설교하기로 약속한다. 장군이 무엇을 해야 하는지 물을 때 목사는 이렇게 해야 한다고 말했다.[22]

이 이야기는 피터와 잭슨 장군 사이에서 있었던 유일한 대화가 아니었다. 몇 년 뒤 미래의 대통령은 피터가 설교하는 집회에 걸어 들어왔다.

> 그때 나는 내가 쓴 설교문을 읽고 있었다. "사람이 만일 온 천하를 얻고도 자기 목숨을 잃으면 무엇이 유익하리요" 설교문의 문장을 읽다가 잠시 멈추었다. 그 순간 나는 잭슨 장군이 복도를 걸어오는 모습을 보았다. 잭슨은 건물 가운데 기둥으로 가서 우아하게 기대섰다. 빈 좌석이 없었기 때문이다. 그 뒤에 누군가 강단 위에 선 내 코트를 잡아 당겼고 나는 고개를 돌렸다. 나와 친한 성격이 깐깐한 목사가 내게 와서 조금 큰 소리로 속삭였다.
> "잭슨 장군이 여기 왔어요. 잭슨 장군이 여기 왔어요."
> 나는 번쩍이는 화염이 전기 충격처럼 나에게 임하는 듯한 느낌을 받았다. 그리고 군중을 바라본 뒤에 일부러 잘 들리도록 말했다.
> "잭슨 장군이 누구입니까? 잭슨 장군의 영혼이 주님을 향하지 않는다면 하나님께서는 즉시 그에게 천벌을 내리실 것입니다!"
> 설교자가 고개를 낮게 숙이고 몸을 낮춰 쪼그려 다가와서 그가 잠시 자

---

22. Bray, *Peter Cartwright, Legendary Frontier Preacher*, 69.에 인용된 "Lecture by Rev. Peter Cartwright," Bloomington Pantagraph, June 4, 1868, 3:3; and Chicago Times, February 19, 1863, 3:1.

리를 비운 동안 설교를 해준 일에 대해 고마워했다. 성도와 잭슨 장군과 모든 사람이 설교자가 잠시 자리를 비운 일에 대해서 미소를 지었고, 아니면 소리 내어 웃음을 터뜨렸다. 집회가 끝나고 도시에 주둔한 설교자가 내게 걸어와서 아주 엄격하게 말했다.

"당신은 내가 만난 사람 중에 가장 이상한 사람이군요. 그리고 잭슨 장군은 도시를 떠나기 전에 당신이 보여준 무례함을 꾸짖을 게 분명합니다."

나는 말했다.

"아주 분명한 일이지요. 나는 잭슨 장군이 내 설교를 아주 좋아한다는 사실을 의심하지 않습니다. 그리고 그가 나를 꾸짖으려 했다면 아일랜드 사람들이 즐겨 하는 농담처럼 '게임은 혼자 하는 게 아니지요.' 받아쳐 주는 사람이 있어야 한다는 말입니다."

잭슨 장군은 내슈빌에 있는 호텔에 머물렀다. 다음날 아침 아주 이른 시간 맥이 전날 밤 강단에서 내가 했던 행동에 대해 잭슨 장군에게 사과하기 위해 호텔로 내려갔다. 그가 떠난 뒤 조금 있다가 내가 호텔에 들렀고 도로에서 장군을 만났다. 그리고 그에게 몇 걸음 다가가기 전에 그가 미소를 지으며 내 손을 잡고 말했다.

"카트라이트 씨, 당신은 내 마음을 아는 사람입니다. 내가 당신을 공격할 수 있을지 모른다는 사실을 그가 예측했다고 생각하지 않기 때문에, 맥의 행동을 보고 매우 놀랐습니다. 아니요. 선생님, 나는 맥에게 그의 독립심을 매우 높이 산다고 말했습니다. 예수 그리스도를 섬기는 모든 목사는 모든 사람을 사랑해야 하고 사망을 두려워하지 말아야 한다고도 했습니다. 나는 맥에게, 만약 나에게 그와 같이 독립적이고 두려움을 모르는 목사와 훈련이 잘 된 군대가 있다면 옛날 영국도 소유할 수 있을 것이라고 말했습니다."

잭슨 장군은 틀림없이 아주 특별한 남자였다. 분명히 그는 전성기를 보내고 있었고, 성미가 급하긴 했지만 기독교를 매우 존중했고, 신앙적인 사

람들, 특히 복음전도자들에 대해 모종의 감정을 지녔다.[23]

당시에 서부에서 순회 설교를 하는 목사는 기껏해야 1년에 40달러를 벌었고, 숙박은 거의 생각할 수도 없었다. 목사는 순회를 위해 800킬로미터 이상 떨어진 곳까지 가야 할 때가 있었고, 대부분의 시간 친구와 가족과 떨어져 보내는 일로 어려움을 겪었다. 가장 헌신적인 목사들에게도 탈선의 위협은 다가왔고, 젊은 시절에 짓는 죄가 강한 힘으로 성직자를 부를 때 많은 수가 유혹에 굴복했다. 그가 어떻게 극복했는지에 대해서 그가 한 기록과 관찰한 내용을 읽어보라.

> 토요일 밤이 되었고, 나는 미국의 이상한 지역에 있었다. 컴벌랜드 산의 언덕과 손잡이와 도로에도 내가 있었다. 나는 정말로 안식일이 다가오지 않았으면 하고 바랐고, 교인들과 시간을 보냈다. 그러나 나는 이후에 안 사실이지만 반경 몇 킬로미터 이내에 복음을 가르치는 목사가 없고, 드문드문 살고 있는 사람들은 살면서 한 번도 복음을 듣지 못했으며, 안식일에 단지 사냥을 하고 이웃집에 방문하고 술을 마시고 춤을 추는 것 외에 안식일을 알지 못하는 지역에 와 있었다. 아무런 부족한 것 없는 집에 있었지만 늦은 저녁 외로움과 슬픔은, 참을 수 없을 정도로 내게 다가왔다. 집주인은 소일거리 오락을 하며 시간을 보내고 있었다. 나는 말에 올라탔고 제발 살려달라며 애걸복걸했다. 너무 외로웠기 때문이다. 집주인은 내가 머물러도 괜찮다고 말했지만 그날 밤 연 파티에서 춤을 춘다는 사항을 고려하면, 여행자인 내가 즐길 수 없을지도 모른다는 점을 걱정했다. 나는 길 위에서 모임이 열리는 적당한 집이 여기서 얼마나 떨어져 있는지 물었다. 주인은 11킬로미터라고 답했다. 나는 집주인에게 나를 잘 대해 주고 말을 잘 먹여 주면 실례를 무릅쓰고 머물겠다고 말했다. 집주인은 나를 잘 대해

---

23. Cartwright, *Autobiography*, 192-193.

주겠다고 확언했다. 나는 말에서 내려 집으로 들어갔다. 사람들이 모여 큰 무리를 이루고 있었다. 나는 사람들이 술을 많이 마시지는 않고 있음을 보았다.

나는 조용히 집의 한 구석에 가서 앉았고 사람들이 춤을 추기 시작했다. 나는 조용히 앉아서 파티를 즐겼다. 나는 완전히 이방인이었고, 몹시도 이 사람들에게 설교를 하고 싶었다. 마침내 나는 안식일인 다음날을 거기에서 보내기로 결정하고 그들에게 설교를 해도 괜찮은지를 물었다. 아름답고 붉은 빨간 머리의 젊은 아가씨가, 아름답고 공손한 태도로, 기쁨에 가득 차서 내게 아주 우아하게 걸어왔을 바로 그 때, 나는 마음을 정할 수 없었다. 아가씨는 마음을 사로잡는 미소로 내게 춤을 추자고 권해왔다. 나는 당시 정황에서 생각이나 감정을 서술할 수가 없다. 그러나 곧 나는 절망적인 실험을 하기로 결정한다. 나는 가능한 품위 있게 일어났다. 나는 어떤 감정을 가졌다고 말하지는 않겠지만, 당시 상황에서 여러 가지 감정을 느꼈다. 젊은 여자는 내 오른쪽으로 왔다. 나는 오른손으로 여자의 오른손을 잡았고, 여자는 왼쪽 팔을 내게 기댔다. 이 자세로 우리는 무대로 걸어갔다. 낯선 사람인 나의 눈에는 참석한 모든 사람들이 젊은 여성이 한 정중한 행동에 기뻐하고 있는 듯이 보였다. 바이올린 연주자였던 흑인이 훌륭한 솜씨로 바이올린을 켜기 시작했다. 그 뒤에 나는 바이올린 연주자에게 말할 수 있는 기회를 달라고 말했다. 그리고 여러 해 동안 하나님의 축복을 먼저 구하지 않고 중요한 사항을 결정한 적이 없었다는 말을 덧붙였다. 그리고 전혀 알지 못하는 사람인 나에게 보여준 이런 정중함 때문에 아름다운 젊은 아가씨와 참석한 모든 인원들에 하나님의 축복이 임하게 해 달라고 요청하고 싶다고 말했다.

나는 젊은 아가씨의 손을 꽉 잡고 말했다. "무릎을 꿇고 기도를 해도 괜찮을까요?" 그리고 바로 무릎을 꿇고 내가 할 수 있는 한 영혼의 몸의 힘을 다해서 기도하기 시작했다. 젊은 아가씨는 내게서 벗어나려고 했지만 나는 아가씨를 세게 붙잡았다. 이내 아가씨는 무릎을 꿇었다. 참석자 중 어떤 이는 무릎을 꿇고, 어떤 이는 서 있었고, 어떤 이는 도망쳤고, 어떤 이는 잠잠히 앉았는데, 모든 사람들이 호기심을 가지고 바라보았다. 바이올린을 켰던 흑인은 부엌으로 가서 말했다.

"'주님, 자비를 베풀어 주소서'라니, 무슨 일이 있는 건가요? 무슨 뜻인가요?"

내가 기도를 하고 있는 동안 어떤 이가 울었고, 큰 소리로 울었다. 그리고 어떤 이는 자비를 부르짖었다. 나는 일어나서 찬송을 부른 뒤에 권면하기 시작했다. 내게 춤을 청했던 젊은 아가씨는 바닥에 엎드려 진심으로 자비를 간청했다. 나는 다시 권면했고 거의 밤새 내내 찬송가를 부르고 기도를 했다. 무리 중에 약 열 다섯 명이 주님을 믿는다고 고백했고, 모임은 다음날 낮과 밤까지 계속되었다. 그리고 더 많은 사람들이 회심했음에 틀림없다, 나는 모임을 조직했고, 서른두 명을 교회로 이끌었으며 설교자를 보냈다. 내가 머무는 집의 주인을 지도자로 세웠고 집주인은 여러 해 동안 직책을 맡아 수행했다. 이 일은 미국의 그 지역에서 크고 영광스러운 부흥의 시작이 되었다. 그리고 이 감리교 설교에 참여한 춤을 추던 젊은이들은 예수님의 능력을 나타내는 유용한 성직자가 되었다.[24]

피터가 개척자로서 매력적이고 중요한 인물이 되었을지도 모른다는 사실은 이해할 수 있다. 그는 키가 거의 180센티미터였고, 곧게 서곤 했으며 성품은 차분했다. 피터의 굵고 구불거리는 검은 머리카락은 정수리에서부터 크고 인상적인 머리와 짧고 굵은 목 위에까지 드리워졌다. 눈은 검고 강한 인상을 풍겼다. 로마인 같은 코를 가졌고 항상 유쾌한 미소를 지었다. 얼굴은 일부러 꾸민 듯한 표정을 지을 때가 종종 있었다. 표정이 대체로 다정했지만 어떤 경우에 강렬하고 꿰뚫는 듯한 표정으로 바뀔 수 있었는데 설교를 할 때 이 기술이 유용하게 쓰이곤 했다. 이 기술에 더하여 그는 상황을 통제하는 사람,

---

24. Cartwright, *Autobiography*, 206-209.

지배하기 위해 태어난 남자라는 분위기를 풍길 수도 있었다. 저 요소들이 피터의 강렬한 재치와 신비로운 통찰력과 결합될 때 그는 눈길을 끄는 점을 보여 주었고, 그가 가는 곳이면 어디든지 남성적인 위엄을 느끼게 하는데 부족함이 없었다.

변화를 위한 시간: 정치에 간섭

피터는 부인과 다섯 명의 자녀를 더 낳은 곳인 켄터키 주에서 1824년까지 머물렀다. 세 명의 딸(신시아, 제인, 사라)과 두 아들(매디슨, 밸런타인)이 그들이었다. 여덟 번째, 아홉 번째 자녀인 캐롤라인과 아르민다는 1826년과 1828년에 일리노이에서 태어났다. 엘리자는 미국 변경 지역에서 이제 열네 살이 되었다. 피터는 자신의 딸들이 노예를 소유한 집으로 시집을 가게 되어 반노예 입장에 서 있는 자신에게 불명예가 될지 모른다고 염려하게 되었다. 그래서 그는 땅을 팔고 1824년 10월 초 가족과 일리노이 주로 이사를 갔다.

길은 이전보다 훨씬 안전해졌다. 인디언의 공격이 덜 위협적이라고는 하지만 여행은 여전히 위험했다. 피터는 자서전에서 거센 폭풍이 딸 신시아의 죽음에 부분적으로 책임이 있다고 설명한다.

> 초원에서 마차가 바람에 부서지기 직전에 우리 가족을 실은 마차의 마부가 어떻게든 마차를 다시 세워 보려 했고, 아주 가까운 곳에서 나의 큰딸[엘리자]이 죽어 있었다. 해가 지고 있었다. 우리가 마차를 바로 세우고 다시 짐을 실을 때쯤 하늘이 어두워졌고, 내려올 수가 없을 정도로 가파른 언덕을 만나 곤란한 지경에 처하게 됐다. 그래서 밤 동안 천막을 치고 머무르기로 결정했다. 가족이 들어찬 두 집이 눈에 보일 듯했다. 나는 마차에 짐을 옮기느라 진이 빠져 버렸다. 저녁 날씨는 따뜻했고 아내가 그날 밤 텐트를 치지 말자고 나를 설득했다. 그래서 나는 불을 지피고, 내가 생

각하기에 작고, 적당한 나무뿌리에 불을 붙였다. 우리는 누웠고 깊이 잠들었다.

    동쪽에서부터 해가 뜬 바로 그 무렵, 우리가 불을 붙인 뿌리가 있는 나무가 쓰러졌다. 나무는 셋째 딸[9살이 되었을 신시아]을 덮쳤다. 머리끝부터 발끝까지 모두를 덮었다. 신시아가 숨을 쉬지 않았다. 갈라지는 소리와 함께 나무가 떨어졌다. 나무가 아이를 덮치기 전에 잡았어야 했지만 아무것도 하지 못했다. 우리 가족은 처참함을 느꼈다. 그러나 하나님은 우리에게 자비하셨다. 그날 밤 우리가 다른 방향으로 천막을 폈다면 신시아 대신 모두가 죽었을 것이다. 나무는 안쪽이 말라 비틀어져 있었는데, 큰 칼로 자르면서 이와 같은 일이 일어날 수 있다는 사실을 의심하지 않았던 것이다.[25]

  1824년 10월 23일 피터와 프란시스는 오늘날 일리노이 주의 매클레인즈버러 근처에 신시아를 묻었다. 가족은 11월 15일 일리노이 주 리칠랜드 크리크 근처의 새 농장으로 들어갔고 피터는 그 지역을 '기쁨의 평원'(Pleasant Plains)이라고 불렀다.

피터가 아브라함 링컨의 반대파에 서서 입후보함

  이제 서른아홉인 피터는 강단 뒤에서 성도들의 개인적인 고충을 듣거나, 공적인 역할을 하거나, 문제를 다루는 데 있어 뛰어난 사람이 되었다. 그가 켄터키에 노예 문제를 두고 왔다고 생각할지도 모르지만 사실 그는 더 큰 범위에서 해방 문제를 다루려 하고 있었다. 교구 감독으로서의 의무와 농장을 경영하는 농부로서의 책임감을 가지고 피터는 순회 예배를 지속했으며, 일리

---

25. Cartwright, *Autobiography*, 247-248.

노이 주 총회에서 2년 동안 의장직을 얻어 활동하게 되었다. 1826년 피터는 의회에 세 좌석이 남아있을 때 열한 명의 사람들과 경쟁하였고, 네 번째 순위에 있었다. 그는 1828년 의석을 얻고, 1830년 다시 잃었다. 1832년에 의석을 얻을 때는 아브라함 링컨이라는 엄청난 적수와 다투게 되었다. 피터는 1834년 다시 선거에서 이기는데 선거 직전에 의원으로서 사직을 했다. 그에 따라 링컨이 첫 번째 임직을 얻기도 하였다. 1835년 링컨은 상원의원으로 의석을 얻었지만 잡 플레쳐(Job Fletcher)에게 패했다. 링컨은 1836년, 1838년, 1840년에 의회에 다시 입후보하고 승리한다. 피터는 이 선거에서 링컨의 반대파는 아니었다. 피터도 링컨도 1846년 미국 상원의원에 나란히 입후보할 때까지 다시 공직에 있지 않았다. 피터는 예배에서 다른 미래 대통령을 접견하는 자신을 발견했지만 이때 링컨이 대통령이 되는 일은 요원해 보일 뿐이었다. 이에 관한 이야기는 다음과 같다.

선거 유세 기간 중 링컨은 피터가 설교하는 부흥 전도 집회에 갔다. 집회가 진행되는 와중에 피터가 참석자 전원에게 이렇게 알렸다. "새로운 삶을 꾸리고 하나님께 마음을 드리고 천국에 가고자 하는 분은 일어나 주십시오." 다수가 자리에서 일어났다. 피터가 목소리를 높여서 소리쳤다. "지옥에 가고 싶지 않은 모든 사람들은 일어나 주십시오." 링컨을 제외하고 모든 사람이 일어났다. 피터는 링컨만 일어나지 않았다는 사실을 눈치채고 엄숙한 목소리로 말했다.

"나는 청중들 가운데 다수가 하나님께 마음을 드리는 첫 번째 초대에 응해 천국에 가고 싶어 한다는 것과 여러분 모두가 지옥에 가고 싶어 하지 않는다는 것을 보았습니다. 두 초대에 응답을 하지 않은 링컨 씨만 제외한다면 말입니다. 나는 묻겠습니다. 링컨 씨, 어디로 가고 싶으십니까?"

모든 사람들이 링컨을 바라보았고, 링컨은 천천히 일어났다. 링컨은 말했다. "나는 여기에 존경심을 가지고 설교를 들으러 왔습니다. 나는 형제인 피터 씨에게 지목될 것임을 알지 못했습니다. 나는 마땅히 엄숙함을 가지고 신앙적인 문제를 다루어야 한다는 사실을 믿습니다. 나는 형제인 피터 씨가 제기한 질문이 중요하다는 사실을 인정합니다. 나는 다른 사람들과는 달리 질문에 응답하고 싶지 않았습니다. 피터 형제는 내가 가고자 하는 곳이 어딘지 직접적으로 물었습니다. 나는 그의 질문이 명쾌한 만큼 명쾌한 답을 내놓을 수 있습니다. 나는 국회로 가겠습니다!"[26]

그리고 링컨은 그렇게 했다. 링컨은 1,511표차로 피터를 이겼다.

논쟁이 진행되는 동안 피터는 링컨이 불신자이고 기껏해야 이신론자라고 몰아세웠다. 인쇄된 출판물에서 링컨은 자신이 교회 일원이 아니라고 해서 "성경의 진실을 전적으로 부정하는 것은 결코 아니다"[27]라고 응수하였다. 청중은 링컨의 말을 기뻐했고 이 일이 피터에게 좋을 리는 만무했다. 몇 년 뒤 링컨은 하원의원이었던 헨리 데밍(Henry C. Deming)에게 이렇게 고백했다.

어떤 교회가, 교회 구성원을 위한 유일한 자격으로, 제단 위에 무언가를 쓴다면 율법과 복음에서 나타나는 구세주의 경구인 "네 마음을 다하며 목숨을 다하며 힘을 다하며 뜻을 다하여 주 너의 하나님을 사랑하고 또한 네 이웃을 네 자신같이 사랑하라"는 말을 새길 것이다. 그 교회는 나의 온 마음과 온 영혼과 함께 할 것이다.[28]

그리스도에 대한 링컨의 신앙은 공적인 기록의 문제이다. 사람들이 링컨이 쓴 공적 연설 기록을 읽을 때면 성서에서 영향을 받았음을 알게 된다. 아마도 링컨은 오히려 칼뱅파였고, 영원한 구원의 문제가 집회에서 일어나 있어야

---

26. Edgar DeWitt Jones, *Lincoln and the Preachers* (Salem, NH: Ayer Publishing, 1970), 44.
27. Gordon Leidner, "Lincoln's Faith in God," *Great American History*, http://www.greatamericanhistory.net/lincolnfaith.htm.
28. John C. Boble, "Reflections on the Importance of History-Milestones, Men, and a Moral Society," *Bogle Financial Markets Research Center*, http://www.vanguard.com/bogle_site/sp20061116.htm.

하느냐 아니면 앉아 있어야 하느냐의 문제가 아니며, 이를 위해 하나님께 의존해야 한다고 생각했다. 두 '켄터키 소년'이 하나님을 향한 신앙을 공유했고 노예 문제에서 같은 편에 섰지만, 그 밖의 문제에서 공유하는 바가 거의 없는 듯 보였다. 피터는 언제나 시골뜨기였다. 그는 금욕적이고 지적이며 진보적인 지식인인 링컨에게 전도 집회에서 감정적으로 설교하는 것을 선호하였다. 그는 링컨에 대해 언급할 때면 그러했다.

피터의 설교 방식

피터의 설교 방식에는 몇 가지가 예시가 있지만 최고의 방식은 아마도 '익살스러운[29] 설교'일 것이다. 1830년대 전도 집회에서 목격자가 이따금 그를 보고 증언하며 쓴 짧은 서술에 이 사실이 드러나 있다.

이야기는 피터가 설교를 하기 위해 밤에 도착한 이야기를 기술하면서 시작한다. 피터는 아침에 오려고 했지만 말이 추락해서 부상을 입었다. 그는 말을 남겨 두고 걸어올 수 있었지만, 이야기에 따르면 기다리는 사람들에게 피터는 "말에는 구원받을 영혼이 없음으로 기독교인이 그들의 몸을 돌보는 것이 오히려 의무라고 할 수 있습니다."[30]라는 설명을 했다. 피터가 도착했을 때는 아름다운 여름 저녁 늦은 시간이었다.

> 사람들은 피터에 대해 무엇을 생각하고 무슨 판단을 내려야 하는지 알지 못했다. 그는 키가 크고, 건장하고, 육중했다. 그리고 풍성하고 칠흑 같은 머리카락이 나뭇잎처럼 머리 위에 얹어져 있고, 길고 구부러진 곱슬머

---

29. "장난기 어린 농담의 성향"을 의미한다.
30. Bray, *Peter Cartwright, Legendary Frontier Preacher*, 153.에 인용된 "Rev. Peter Cartwright, the Methodist Presiding Elder. A Genuine Portrait from 'Life in Illinois,'" *Southern and South-Western Sketch*, 6-7.

리가 머리에서부터 드리워져 있어서 실제보다 훨씬 더 커 보였다.

반 부셸(약 4갤런)은 될 만큼 커 보이는 머리와 돌출한 눈썹은 화강암 조각같이 거칠고 우락부락해서 어두운 불의 눈이 바닥에서 환하게 빛나고 있는 것 같았고, 바닷속에 있는 다이아몬드처럼 작고 반짝거렸다. 그는 측량할 수 없는 깊은 유머의 바다에서 반짝이는 영혼의 다이아몬드 같았다. 거무스름한 피부색은 마치 태양빛의 입맞춤으로 갈색으로 물든 듯했고, 입으로 나타내는 표정은 목적에 대한 확고한 성품을 드러내는 것 같았다. 풍부한 표정이 담길 수 있을 듯한 붉은 입술은 항상 약간 벌어져 있었는데 마치 영원히 즐거운 미소를 덧입은 것처럼 보였다. 그리고 널리 알려진 감리교 교구 목사인 피터 카트라이트의 삶과 유사한 그 모습을 당신은 잊지 못할 것이 분명하다.[31]

노래가 끝났을 때 군중은 침묵했다. 피터는 가장 좋아하는 마가복음 8장 36절, "사람이 만일 온 천하를 얻고도 자기 목숨을 잃으면 무엇이 유익하리요?"라는 구절을 인용하면서 설교를 시작했다. 목격자들은 피터가 '탁월한 유창함'[32]으로 설교한다고 기술하였다. 피터는 죄인의 어리석음을 풍자하는 우화를 30분 동안 말하기 위해, 일상 대화를 인용하면서 15분 동안 이야기했다. 여기에서부터, 그는 지옥의 공포에 대한 극적인 묘사를 시작한다. 그리고 마침내 주님께 돌이키는 사람들을 기다리는 천국의 기쁨에 대한 의기양양한 장면으로 옮겨갔다. 청중은 눈에 보일 듯한 설명에 감동했다. "500명의 사람들 가운데 그날 밤까지 신앙심이 없었던 많은 사람이 앞으로 나와서 무릎을 꿇고 바닥에 엎드렸다. 집회가 2주 동안 계속되었고, 1000명 이상의 사람들이 교회 명수에 더해졌다."[33] 이것이 피터 카트라이트가 한 설교의 힘이었다.

---

31. Bray, *Peter Cartwright, Legendary Frontier Preacher*, 153. 에 인용된 "Rev. Peter Cartwright, the Methodist Presiding Elder," 7-8.

32. Bray, *Peter Cartwright, Legendary Frontier Preacher*, 154. 에 인용된 "Rev. Peter Cartwright, the Methodist Presiding Elder," 11.

33. Ibid.

조셉 스미스와의 논쟁

1839년 4월 미주리주 인디펜던스에 있는 감옥에서 탈출한 조셉 스미스는 일리노이로 간다. 그리고 거기에서 유명한 접견이 이루어지는데 그는 피터 카트라이트와 우연히 마주친다. 모르몬 교회 설립자인 스미스는 카트라이트와 동료 성직자로서 친구가 되려고 했지만 피터는 이를 거부한다. 자서전에서 피터는 두 사람이 만났을 때 무슨 일이 있었는지 말한다.

> 어느 때인가 나는 조 스미스와 어울리게 되었는데, 스프링필드에 있는 우리가 사는 시골 마을에서 정식적으로 그리고 공식적으로 그를 소개받게 되었다. 우리는 곧 종교를 주제로, 특히 모르몬교에 대해 자유로운 대화를 시작했다. 나는 그가 도덕적으로 아주 무식하고 뻔뻔한 사기꾼이며 동시에, 비열한 간계로 큰돈을 번 자임을 알게 되었다.
> 맨 처음에 그는 내게 아첨을 하면서 시작했다. 그 아첨은 점점 달콤해지고 심해져만 갔다. 그는 나를 알게 된 일에 대해 귀중한 특전이라며 거의 무한한 기쁨을 표현했다. 그는 내가 위대하고 선한 일을 하는 사람이라고 들었으며, 틀림없이 내가 하나님의 가장 고귀한 창조물이며 정직한 사람이라고 말했다. 그는 세상에 있는 모든 교회 중 감리교가 주님께 가장 근접한 교단이며 감리교가 하는 일들이 옳았지만 방언과 예언과 기적의 은사를 주장하지 않았기 때문에 갑자기 멈추었다고 하였다. 그는 자신의 입장이 옳음을 입증하기 위해 일단의 성경 구절을 한데 섞어 인용하였다. 대체로 보아 그는 '어설픈 조'라는 이름으로 불려도 될 것 같았다. 나는 선원들이 으레 말하듯 그에게 밧줄을 주었다. 그의 번지르르한 아첨이 내 영혼에 기름칠을 하고 내가 그 위에 누워 있는 듯한 기분이 들었다.
> 조는 말했다. "참으로 감리교 신자들이 한두 걸음 더 나아간다면 세상을 점령할 수 있을 겁니다. 우리 후기 성도는 무엇을 하느냐를 놓고 볼 때 감리교라고 할 수 있습니다. 우리는 단지 더 많이 나아갔을 뿐입니다. 그리

고 피터 당신이 우리와 함께 한다면 우리는 감리교 교회뿐 아니라 다른 모든 종파를 이길 수 있습니다. 그리고 주님의 가장 위대한 선지자 중 한 명으로 존경받게 될 겁니다. 셀 수 없이 많은 성도가 당신을 존경하게 될 것이고, 모든 사람들이 원하는 좋은 것들을 가질 수 있게 될 겁니다."

그 뒤에 나는 후기 성도의 교리에 대해 묻기 시작했다. 그가 설명했고, 나는 그의 설명을 비판했다. 불행히도 우리는 고차원적인 논쟁에 들어가게 되었다. 그리고 그는 비열하게도 첫 번째 미끼를 내가 덥석 물지 않았다고 결론지었다. 왜냐하면 그가 보기에 나는 분명히 상식과 정직함을 벗어나서 아첨을 듣지 않았기 때문이다. 그가 나에게 한 다음 시험은 공포감을 자극하는 일이었다. 그는 모든 시대에 악마가 선하고 옳은 것들에 대해 말했으며, 따라서 하나님께 대항해 싸운다는 것은 멍청한 짓이라고 말했다.

조가 말했다, "이제 당신이 노부(Nauvoo)로 나와 간다면, 나는 맹인, 절름발이, 귀머거리, 벙어리 그리고 인간이 얻을 수 있는 모든 병에서 치료된 사람들이 존재한다는 사실을 증명할 살아 있는 여러 명의 증인을 당신께 보이겠습니다. 나는 우리가 방언의 은사를 받았고, 알지 못하는 언어로 이야기할 수 있으며, 성도가 치명적인 독약을 마시고 아무 해를 입지 않을 수 있음을 보이겠습니다." 그리고 조는 더 가까이 다가와서 이렇게 이야기했다. "우리에 대해 당신이 들은 쓸모없는 이야기들은 순전히 종교적 박해에 지나지 않습니다."

그러고 나서 나는 그에게 모건 카운티에서 내가 설교한 전도 집회에서 겪은 모든 일들을 그에게 이야기하였다. 그 이야기를 하기 전에 나는 그를 따르는 모르몬 교인들과 함께, 참석한 수천 명의 사람들을 통해서 내가 말한 일을 증명할 수 있다고 그에게 장담했다.

전도 집회에 수없이 많은 사람이 참가했고, 우리는 사람들 사이로 가서 선하고 은혜로운 종교적 일들을 보았다. 토요일 모임에 스무 명에서 서른 명 정도의 모르몬 신자가 집회에 왔다. 11시 예배 이후 휴식 시간 동안에 신자들이 캠프장 한쪽 구석에 모여서 노래를 시작했고 노래를 잘 불렀다. 사람들이 저녁 식사를 마치고 일어나자마자 노래를 듣기 위해 다가왔고, 흩어져 있던 군중은 그들을 둘러싼 큰 무리가 될 때까지 몰려왔다. 나는 집회와 관련된 제반 사항을 조정하느라 바빴다. 한참 있다가, 사전 조정된 계획에 따라 늙은 모르몬교 여성 신자가 소리를 질렀다. 그리고 한동안 기절해서 남편의 팔에 쓰러졌다. 늙은 남자는 아내가 최면 상태에 들어갔으며 다시 정신이 들 때 알지 못하는 방언으로 이야기할 것이며 그 말을 자신이 해석해야 한다고 주장했다. 이 외침으로 군중은 상당히 흥분했고 여러 사람이 근처에 빽빽이 몰려들었다. 이내 늙은 여자가 일어나서 아니나 다를까, 알지 못하는 방언으로 이야기하기 시작했다.

나는 그 뒤에 발생한 문제에 관심을 쏟았다. 잠시 동안 나는 모르몬교가 모든 책략을 의도하고 사건을 만들었음을 알게 되었다. 집회에서 벌어지는 선한 일들을 방해하고자 하였던 것이다. 나는 즉시 군중에게 나아가서 길을 비켜 달라고 사람들에게 요청했다. 그리고 남편의 팔에 안겨 있는 늙은 여자에게 갔다. 나는 그들 바로 옆으로 가서 여자의 팔을 붙잡고 단호하게 횡설수설하는 말을 멈추고 조용히 하라고 명령하듯 말했다. 나는 더 이상 용납할 수 없었다. 이 일은 주제넘고 불경스러운 허튼수작이었다. 나는 아주 갑자기 여성의 알 수 없는 방언을 멈추었다. 여성은 눈을 뜨고 내 팔을 잡고 말했다.

"내 친구여 나는 하나님으로부터 당신에게 임한 메시지를 말하고 있어요."

나는 여성을 멈추게 하고 말했다.

"나는 더 이상 당신이 말하는 이야기를 듣고 싶지 않습니다. 하나님이 늙고 위선적인 거짓말하는 당신 같은 사람을 도구로 사용해서 이야기를 해야 한다면, 난 아무것도 듣지 않겠습니다."

여성의 메시지를 해석해 주던 남편이 불같이 화를 내며 말했다.

"이봐요. 이 사람은 내 아내고 나는 내 삶의 위험에서부터 아내를 지켜

줄 거요."

나는 답했다.

"선생님, 이것은 내 전도 집회입니다. 그리고 나는 내 삶의 위험에서 이곳을 질서 정연하게 지킬 것입니다. 이 여자가 당신 아내라면, 여기에서 끌고 나가세요. 그리고 5분 이내로 이 장소를 떠나지 않는다면 사람을 부르겠습니다."

늙은 여자가 미끄러지듯이 장소를 빠져 나갔다. 늙은 남자는 잠시 동안 머무르더니 내게 길고 장황한 욕을 퍼붓기 시작했다. 나는 그를 멈추게 하고 말했다.

"나는 당신에게 어떤 욕도 하지 않겠습니다. 나는 당신이 늙은 도둑임을 확신합니다. 만일 당신의 뒤를 조사한다면, 의심 없이 당신은 당신의 악행을 위한 소가죽을 찾을 수 있을 것입니다." 확실히 내가 영감을 받아 이야기하고 있는 것처럼, 몇몇 오래된 주에서는 도둑질 한 죄로 태형 기둥에 묶였었다. 그 늙은 남자는 자기 아내 외에도 다른 사람들이 환상을 보고 있다고 생각하기 시작했지만, 그는 나의 알지 못하는 방언을 해석해 주기를 분명히 원하고 있었다. 최고조에 이르러서는 젊은 신사가 앞으로 나가 틀림없이 내가 이 늙은 남자에 대해서 한 말이 모두 진실이며, 게다가 늙은 남자가 자신의 아버지의 집에서 곡식을 훔치는 것을 잡은 적이 있다고 말했다. 이때, 늙은 남자가 흥분하여 땀이 그의 얼굴로 흘러내렸다. 그는 소리쳤다. "나를 둘러싸지 마시오. 신사 여러분, 매우 덥소."

나는 말했다. "길을 터 주세요 여러분, 그가 나갑니다." 사람들이 그가 지나가도록 비켜 주자 나는 이렇게 외쳤다. "이제 시작하십시오. 여기에 당신이나 다른 모르몬교도의 얼굴을 비추지 마시오. 그렇게 한다면 당신은 사형을 선고받을 것이요(Lynch's law)." 그들은 모두 사라졌고, 집회는 순조로이 진행되었다. 많은 수가 하나님께 돌이켰고 교회는 부흥했으며 사람들은 신령한 믿음을 굳게 세웠다. `나의 친구인 조 스미스는 내가 이야기를 끝낼 때까지 몹시 지겨워했다. 그리고 내가 이야기를 마치자 크게 분개했고 그의 하나님의 이름으로 나를 저주하며 말했다. "선생님, 나는 현재 정부를 뒤집기 위해 미국에 정부를 세울 거요. 그리고 이 나라에서 모든 다른 형태의 종교를 뒤집을 새 종교를 세울 거요!"

나는 말했다. "네, 조 스미스 씨. 그러나 내 성경은 피를 흘리게 하며 속이는 자들은 그들의 날의 반도 살지 못할 것이라고 말합니다. 그리고 나는 주님이 이날 동안 당신에게 악마를 보낼 것이라고 기대합니다. 그리고 길에서 제해 버릴 것입니다."

그가 말했다. "아니요 선생님. 나는 당신이 죄 가운데에서 죽을 동안 살고 번영할 것입니다."

나는 말했다, "글쎄요. 이 땅에서 살고 번영하기 위해서는 도둑질을 그만두고 추악한 우상숭배에서 벗어나야 합니다!"

우리는 이렇게 헤어졌고 이 땅에서 다시는 만나지 못했다. 몇 년 뒤에 화가 나고 깊이 상처받은 사람들이 직접 모르몬 교인들을 고소하고 죽이고 나라에서 축출했다."[34]

현실적인 설교자

정치에 진출하기는 했지만, 피터는 순회 설교자로 남았고, 전도 집회에 정기적으로 참여했다. 그러나 피터는 나이를 먹을수록 전도 집회에 침투하는 방해꾼과 소동을 피우는 사람들에 대한 참을성이 차츰 줄어들었다. 컴벌랜드 강의 제방에서 열린 한 전도 집회에서 피터가 설교를 하는 동안 일단의 무리가 집회에서 소란을 일으키려 했다. 설교가 진행되는 도중 가장 큰 무리 가운데 한 명이 앞으로 나와서 피터에게 "입 닥쳐!"라고 말했다. 피터는 군중에게 잠시 시간을 달라고 요구했다. 피터는 재킷을 벗고 걸어가서 악당과 얼굴

---

34. Cartwright, *Autobiography*, 342-347.

을 마주 대했다. 피터는 남자를 때려눕히고 용서를 구할 때까지 마음껏 두들겨 팼다. 남자가 용서를 구했을 때 피터는 그를 '교회 설교단 옆자리'로 보내고, 구원을 구하는 다른 이들과 함께 기도하게 했다. 그는 셔츠의 먼지를 털더니 강단으로 다시 올라가서 재킷을 입었다. 피터는 관중을 바라본 뒤에 말했다. "나는 형제들께 이렇게 말하고 있었습니다."[35] 그리고 설교를 다시 시작했다.

여러 해가 지나고, 전도 집회는 온갖 종류의 사람들을 끌어들였으며, 곧 참가자들에 대한 승리만큼이나 부도덕에 대한 평판이 사람들 입에 오르내렸다. 위스키 판매상, 도박꾼, 주정꾼이 집회에 모인 사람들에 사기를 치기 위해 교외에서 열린 집회에

> 피터는 내려가서 악당과 얼굴을 마주 대하며, 그가 용서를 구할 때까지 마음껏 두들겨 팼다.

드나들곤 했다. 어떤 이들은 집회에 구원을 받은 사람보다 사기를 치려는 마음을 먹고 온 사람이 더 많다고 말했다. 물론 피터는 이런 교묘한 속임수가 멈추기를 바랐다. 1841년 열린 전도 집회에서 피터는 실제로 지역 보안관의 지지를 받아 일단의 사기꾼을 제압하였다.

> 우리가 트럼펫 소리에 일어나야 했을 때, 나는 성도들의 주의를 질서 정연하게 하였다. 나의 아버지는 혁명군이었고 우리가 즐기는 자유를 위해 싸웠다. 인자한 그가 내게 남긴 것은 자유이다. 그것은 전도 집회를 책임지는 자로서 의무이다. 만약 질서의 친구들과 법에 맹세한 집행관들이라면 나를 지원할 것이다. 나는 나의 삶의 위험에서 질서를 유지할 것이다. 나의 설교는 질서의 친구들을 불러일으켰다. 그들은 나에게 그들의 지지와 도움을 제공하였다. 그러나 위스키 판매업자와 위스키를 마시는 사람들은 겁먹지 않고 어둠의 행위를 개시했다. 어떤 이들은 취했고, 우리의

---

35. Jones, *Lincoln and the Preachers*, 47.

헌신된 예배를 방해했다. 나는 여러 번 영장을 발부하도록 요구해야 했고, 여러 명의 위스키 제조업자와 술에 취해 난장판을 벌이는 사람들을 구금시켰다. 그러나 소란을 벌이는 이들이 군중 가운데에서 일어났고, 법을 집행하는 사람들로부터 위스키 판매상과 그의 마차와 동료를 구해냈다. 보안관이 내게 뛰어와서 악의 무리가 폭동을 일으켰으며 위스키 판매업자가 폭동을 개시하다가 포기한 뒤 도망쳤다고 내게 알렸다. 그는 매우 두려워하였다. 나는 그에게 내가 이름을 부르는 다섯 사람을 소환하라고 말했다. 나는 어떤 무리도 범죄자는 다시 잡아야 한다고 확실하게 말했다. 그는 그렇게 했다. 우리는 그들에게 달려갔다. 법을 어긴 남자가 무기를 꺼내서 우리에게 떨어지라고 말했다. 그는 그에게서 가장 가까이 있는 사람을 죽이려 했다. 그를 잡으려고 소집된 사람들과 내가 그에게 뛰어갔다. 그는 무기를 가지고 내 동료를 쏘려 했으나 불발이었다. 나는 그에게 뛰어들어 그의 멱살을 잡고 그가 서있던 화물차 침대로 밀었고 그는 술통과 함께 쓰러졌다. 나는 그에게 뛰어 올라서 내게 범죄를 저질렀기 때문에 항복을 하지 않는다면 그를 해칠 것이라고 말했다. 폭동을 일으킨 무리와 함께 있었던 지역의 보안관과 전투원이 내게 달려와서 죄인을 보내라고 명령했다. 나는 그럴 수 없다고 말했다. 그는 내가 그렇게 하지 않는다면 나를 넘어뜨릴 것이라고 말했다. 나는 그에게 만약 이 자를 재빨리 처치하지 않으면 다음 공격 상대는 나라고 말했다. 경찰관이 나에게 보안관의 말에 따르라고 명령했고 나는 그렇게 했다. 그는 처음에는 실랑이를 벌였지만 비좁은 장소에서 어쩔 수가 없자, 그는 항복했다.

우리는 열세 명의 폭동을 일으킨 무리와 위스키 판매업자와 보안관을 잡았다. 그리고 그들을 잘 판결해주기를 바라면서 지방 판사에게 넘겼다. 치안 판사는 그들에게 벌금을 물렸다. 어떤 이는 벌금을 물었고 어떤 이는 법원에 항소했다. 우리는 이 호소를 좋아했다. 그것은 그들을 보호하는 데 벌금과 비용이 포함되어 있었고, 그들은 이 돈을 낼 수가 없었기 때문이다.

이 일로 그들을 다소간 억누를 수 있었지만 그들은 다시 단합했고 우리에게 문제를 안겨 주었다. 약 400미터 떨어진 곳에 위스키를 파는 사나운 남자가 있었다. 그는 종종 전도 집회에서 위스키를 팔아서 우리를 방해하곤 했다. 그는 보안관을 피하기 위해서 위험한 무기를 소지하고 다녔다. 나는 그를 잡기 위해 보안관을 보냈지만 그는 장전된 소총을 소지하고 있어 잡을 수 없었다. 그는 근처에서 밤새 내내 술판을 벌였다. 아침이 다가오자 같이 술판을 벌였던 사람들이 즐거운 마음으로 잠을 자기 위해서 자리를 떴고, 그는 마차에서 장전된 총을 옆에 두고 잠이 들었다.

해가 뜨자 나는 살금살금 개울을 건너 그의 마차에 들어갔다. 그는 깊이 잠들었다. 나는 마차에 들어가서 총과 탄환을 챙겼다. 그 뒤에 소총으로 마차 침대를 겨누고 소리쳤다, "일어나! 일어나!" 그는 벌떡 일어나서 총을 찾았다. 나는 말했다, "너는 내 포로다. 저항하면 죽은 목숨이다!" 그는 총을 쏘지 말라고 내게 간청했으며 항복하겠다고 말했다. 나는 그에게 마차 밖으로 나가서 내 앞으로 걸어서 야영장까지 가라고 말했다. 나는 선한 질서를 어기는 혐의와 그가 사는 지역의 법을 어기는 혐의로 그를 재판에 넘기려고 했다. 그는 애처롭게 간청하기 시작했다. 내가 그를 놓아준다면, 짐을 챙겨서 가버린 뒤에 다시는 오지 않을 것이라고 말했다. 나는 그에게 짐마차에 짐을 싣고 출발하라고 말했다. 그는 그렇게 했다. 그가 갈 준비가 되었을 때 나는 화약을 땅에 쏟고, 소총의 탄환을 발사한 다음 그에게 주었다. 그는 우리를 떠났고 더 이상 문제를 일으키지 않았다.[36]

피터의 마지막 해

1856년 피터는 『피터 카트라이트의 자서전, 벽지의 설교자』(*Autobiography*

---

36. Cartwright, *Autobiography*, 377-381.

of Peter Cartrwright, The Backwoods Preacher)를 발표했다. 이 책은 미국 문학이 가장 번성했던 10년 동안 베스트셀러가 되었다. 그 10년 동안 허먼 멜빌(Herman Melville)의 『백경』(Moby Dick), 헨리 데이비드 소로(Henry David Thoreau)의 『월든』(Walden), 나다나엘 호손(Nathaniel Hawthorn)의 『주홍글씨』(The Scarlet Letter), 월트 휘트먼(Walt Whitman)의 『풀잎』(Leaves of Grass) 같은 유명한 작품이 나왔다. 피터의 책은 오늘날까지도 인기가 있다. 이 책은 개척지에서의 삶, 켄터키의 전도 집회, 1800년대 초 황량한 서부에서의 설교와 삶을 담은 피터의 유명한 경험을 묘사하였다. 그의 자서전을 읽어 갈 때면 그가 '서부'의 전설이었다는 사실을 깨닫게 된다. 그는 또한 『교구 감독으로서 보낸 50년』(Fifty Years as a Residing Elder)이라는 책도 썼다.

피터는 마침내 1869년 순회 예배에서 은퇴하였다. 증거에 따르면 삶을 마칠 때쯤 그는 노망이 들었다. 그는 이 일을 한다고 생각되는 어떤 사람에게 땅을 팔려고 하였다. 그것은 그가 제정신이 아니었기 때문이다. 하지만 피터는 유망한 구매자가 법적 조치를 취하기 전에 사망하였다. 87세 생일이 지난 지 몇 주 후인 1872년 9월 25일 오후 3시였다. 그의 정확한 사망 원인은 알려져 있지 않다.

순회 예배자로서의 오랜 사역은 그의 시대에 부흥의 방편으로 감리교를 설립하는데 도움을 주었을 뿐 아니라 대략 만 명의 사람들을 회심시키는 데 공헌하기도 하였다. 만 명이라는 수치는 시골 지역 사회와 작은 인구에 설교하는 데 대부분의 시간을 보낸 사람에게 상당한 숫자라고 말할 수 있다. 목사로서 67년 동안 그는 거의 1만5천 명에게 설교했다. 피터 카트라이트는 대니얼 분이나 데이비 크로켓의 성취와 비견될 만한 설교자였다. 하나님의 도우심으로 그는 다른 누가 할 수 없는 서부를 얻은 것이다.

제 7 장

찰스 피니
Charles Finney

(1792-1875)

"근대 부흥의 아버지"

제 7 장

근대 부흥의 아버지

Charles Finney

그리스도인들이여, 당신들은 작은 재산을 얻기 위해 이리저리 궁리하면서 영혼들은 등한시하고 있는가? 당신들은 다시 살지 못하는 영혼들이 파멸되지 않도록 조심하라! 그들의 모든 것을 안다고 생각하는가? 그들은 대답한다. "나는 당신이 당신의 말 한마디도 믿는다고 생각하지 않습니다. 당신이 그렇게 행동하지 않기 때문입니다. 당신들은 천국에 갑니까? 글쎄요, 나는 지옥으로 내려갑니다. 지금 내겐 어떤 도움도 없습니다. 영광스런 천국과 어긋나는 나의 고통의 연기가 어둡게 피어오르는 것을 보면서 당신은 나를 가끔 생각하겠죠. 내가 여기에 그렇게 오랫동안 있었지만 당신은 가끔 내가 한때 당신 옆에 있었다는 것을 생각하겠죠. 그때 당신이 나를 위해 기도하지 못했음을 기억하시오. 나에게 경고할 수도 있었고 나를 구원할 수도 있었음을 기억하시오."

- 찰스 피니

미국의 산업 혁명의 한밤에, 찰스 피니는 미국과 서부 유럽을 깨웠다. 이는 다른 어떤 그리스도인도 전에 하지 못했던 것이었다. 그의 사역은 50만 이상의 사람들을 구원으로 이끄는 것으로 정평이 나있고 그의 방법과 교리는 우리가 현재 알고 있는 부흥 예배의 기초를 놓았다. 성령의 권능은 그에게 강하게 역사하사 새롭게 부상하는 뉴잉글랜드 지역(New England, 미 북동부 지역)을 그가 가는 곳마다 무기력한 칼빈주의에서 적극적이고 효과적인 복음주의로 변화시켰다. 피니의 설교는 영미전쟁(1812 1815)과 미국 남북 전쟁(1861 1865) 사이의 역사적으로 중요한 시점인 때에 미국을 통합하는 제2의 대각성운동에 촉매 역할을 하였다. 그는 국가로서 첫 세기를 맞는 미국의 가장 중요한 인물의 한 사람일 뿐 아니라 19세기의 가장 의미심장한 미국 복음전도자일 것이다. 그는 또한 세계가 그동안 알지 못했던 가장 혁신적이고 기름부음을 받은 복음전도자이기도 하다.

세련된 젊은 이교도

찰스 그랜디슨 피니(Charles Grandison Finney)는 실베스터와 레베카 피니(Sylvester and Rebecca Finney)의 일곱째 자녀로, 존 웨슬리가 죽은 이듬해인 1792년 8월 29일 코네티컷 주의 워렌에서 태어났다. 그의 이름은 영국의 귀족 이야기인 사무엘 리차드슨의 소설 제목인 『찰스 그랜디슨 경』(*Sir Charles Grandson*)에서 유래되었다.

실베스터와 레베카 부부에게는 찰스가 태어나기 전에 네 명의 딸(사라, 도티아, 제나스, 클로에)과 두 명의 아들(실베스터 주니어와 해리)이 있었다. 찰스가 2살 무렵에 가족은 당시에는 비교적 황야였던 뉴욕주의 오네이다 카운티(Oneida County, New York)로 이사했다. 여기에서 또 다른 아들인 조지 와싱턴 피니(George Washinton Finney)가 1795년에 태어났고, 1802년에 실베스터 라이스 피니(Sylvester Rice Finney)가 태어났다. 실베스터 주니어는 실베스터 라이스가 태어날 무렵에 죽었고 안타깝게도 실베스터 라이스 역시 1808년에 죽었다.

아버지 실베스터는 미국독립전쟁 동안에 농부였지만 식민지 민병대에서 싸우기도 했다. 가족과 함께 사는 동안에 찰스는 종교적인 교육을 전혀 받지 못했다. 집에서 아버지가 기도하는 것을 전혀 듣지 못했고 성경책을 읽은 것도 그의 나이 29세 때였다. 그 지역에서 신앙서적은 드물었고 교회도 없었다. 많은 이웃사람들과 다름없이 찰스의 부모님도 신앙을 갖지 못했다. 감리교 순회전도자들이 방문하여 가끔 지역 학교의 교실 한 칸에서 말씀을 증언하기도 하였지만 사람들은 대부분 교육을 받지 못한 터라 관심을 끌지 못했다. 이 당시 서부 뉴욕은 '꺼진 불씨 지역'으로 알려져 있었다. 그래서 많은 설교자를 보았지만 그들의 설교에 점점 무디어져 가고만 있었다.

이러한 환경 가운데서 찰스는 자라고 교육을 받았다. 그가 15, 16세 때에 지역 학교의 교사가 될 정도로 배울 수 있었고 찰스 가족은 뉴욕주의 싸켓츠 하버(Sackets Harbor, New York) 근처의 온타리오 호의 헨더슨스 베이(Henderson's Bay)의 주변을 감싸는 황야 지역으로 이사를 다시 했다. 찰스 가족에게는 오네이다 카운티가 너무나 '문명화된' 지역처럼 보였기 때문이다.

여기에서 찰스 피니는 교사를 찾고 있던 한 학교를 발견하고 교사가 된다. 음악을 너무 좋아했기에 그가 그의 월급으로 산 첫 번째 물건은 첼로였다. 185센치미터나 되는 큰 키의 찰스는 또한 뛰어난 운동선수이기도 했다. 그의 손자는 나중에 이와 같이 찰스의 당시 삶을 기술했다:

> 20세에 그는 운동이든 일이든 누구보다도 뛰어났다. 누구도 그를 앞서거나 놀라게 할 수 없었다. 그는 더 빠르게 뛰고, 더 멀리 점프하며, 더 정확하게 그리고 세게 공을 던질 수 있었다.[1]

찰스가 운동경기에 참여하는 팀마다 우승을 하였기 때문에 찰스의 학생들

---

1. Basil Miller, *Charles Finney: He Prayed Down Revivals* (Grand Rapids, MI: Zondervan, 1951), 10.

은 그를 존경했다. 가족이 물가에 살고 있었기에 찰스는 조정, 수영, 요트 경기 또한 잘 하였다. 서부개척시대의 변방에 살고 있는 사람으로서 깨끗하고 규제받지 않는 삶이었으나 도덕적으로는 하나님에 대해 무지하였다.

해군에 지원하여 떠나다

갓 국가로 자라나는 미국이 1812년에 영국과 두 번째 전쟁에 접어들자, 찰스는 해군에 지원하고자 싸켓츠 하버에 갔다. 그러나 그곳에 도착했을 때, 그는 그의 인생에서 경험하지 못한 많은 비속한 말들을 듣게 되었다. 또한 예쁘고 젊은 창녀들이 다가와서 유혹하지만 오히려 역겹기만 했다. 이에 대해 당시의 이야기를 다시 찰스의 손자는 이렇게 기술했다:

> 그는 놀라면서 그녀를 쳐다보았다. 그녀의 요구가 무엇인지 알았을 때, 그는 불쌍하다는 생각에 압도되었다. 얼굴은 빨갛게 달아올랐고 주체할 수 없는 눈물이 흘렀으며… 그녀 역시 부끄러워서 울고 말았다.[2]

이 사건은 55년이 지난 후에 찰스가 기억하는 일이었다. 그 스스로도 당시에는 주님을 알지 못했기 때문에 이 젊은 여성에게 하나님의 은혜를 증거하지 못한 것이 후회로 남는다고 하였다.

이러한 환경이 찰스를 불쾌하게 했기 때문에 해군에 지원하지 않고 대신에 그가 태어났던 코네티컷으로 돌아갔다. 뉴욕시에서 멀지 않은 뉴저지의 마을로 돌아가게 되고 거기에서 학교에서 가르치는 일과 공부를 다시 하게 되었다. 그는 라틴어, 히브리어, 그리스어를 어느 정도로 습득했지만 이렇게 스스로 인정한다. "나는 내 스스로 성경의 영어 번역을 독자적으로 비평할 정도

---

2. Ibid., 13.

의 고대 언어들에 대한 지식을 소유하지 못했다."[3] 이 시기에 찰스는 뉴잉글랜드에 두 번이나 돌아갔고 고등학교도 한 때 다닐 수 있었다. 정규적인 예배가 있었던 최초의 장소였지만 찰스가 보기에 설교는 무미건조한 것이었다. 그런 것들이 "내 기억에 아무런 영향을 남기지 않았다."[4] 또한 예일대에 진학하고자 생각하기도 하였으나 선생님 한 분이 그것은 시간낭비라고 하였다. 그 선생님은 2년 동안 독학하는 것이 학비를 지출하면서 4년 동안 예일대에 다니는 것과 같은 지식을 얻을 수 있다고 했다.

변호사 찰스

1818년, 찰스의 부모는 그를 설득하여 온타리오 호수 근처의 집과 멀지 않은 뉴욕주의 아담스(Adams, New York)에 있는 벤자민 라이트(Benjamin Wright) 판사의 법무실로 들어가게 했다. 이는 예일대 진학을 반대하는 교사와 함께 학교에서 가르치기 위해 남부로 이동하는 것보다는 낫다고 부모님이 생각했기 때문이다. 비록 법학교를 다니는 않았지만 젊은 찰스의 마음은 열정적으로 법률 세계에 몰입했다. 이곳 아담스에서 찰스는 마을의 장로교의 목사인 조지 게일(George W. Gale)을 만났다. 비록 찰스는 게일 목사의 설교에 크게 감동을 받지는 않았지만 그와 토의하면서 많은 시간을 보내었다. 찰스는 그가 들은 것을 이해하려고 결심하였지만 게일과 이야기 할수록, 더 많은 질문이 생각 속에 생겼다. 게일은 찰스가 종교에 대해 잘 습득하지만 동시에 마음이 굳어져 있음을 발견했다. 교회의 일꾼들이 찰스를 회심시키는 것을 기도제목으로 삼았을 때, 게일의 생각은 그렇지 않았다. 찰스가 구원을 얻기는 쉽지 않겠다고 생각했던 것이다. 게일이 믿기에는 찰스에게 무슨 말을 해도 그는 회심하지 않을 것이고, 그는 단지 교리를 토론하기만 한다는 것이었다. 게일

---

3. Charles Finney, *Memoirs of Charles Finney* (New York: A. S. Barnes and Company, 1876), 5.
4. Ibid., 6.

의 의심에도 불구하고 찰스는 법무실 근처에서 열리는 주간 기도 모임에 신실하게 참여했다. 시간이 허락되는 대로 모인 사람들의 기도를 듣고자 기도 모임에 갔다. 게일과 대화하면서 그에게 영향을 미치는 경험처럼 기도가 그만큼 영향을 끼쳤고, 또 다시 찰스는 대답보다는 더 많은 질문을 만들었다.

찰스는 법을 공부하면서 글을 쓰는 많은 사람들이 일상적인 법률의 대부분의 원칙에 자주 성경을 인용하는 것을 발견하였다. 이는 그의 호기심을 발동하기에 충분하였다. 그는 나가서 자신의 성경을 처음으로 구매하였다. 그러고는 성경구절을 언급한 법률 문구들이 나오면 성경구절과 문맥을 점검하였다. 비록 많은 것을 이해하지 못했지만, 더욱 흥미를 가지고 성경을 스스로 읽어가기 시작했다.

말씀이 역사하기 시작하다

피니는 이러한 습관이 그의 영혼에 미치는 영향을 아래와 같이 묘사했다:

> 성경을 읽고, 기도 모임에 참석하며, 게일 목사의 설교를 듣고, 때때로 교회의 장로들과 다른 많은 사람들과 이야기를 나누었지만, 나는 안정이 되지 않았다. 깊이 생각할수록 내가 죽으면 천국에 갈 수 없다는 생각이 들었다. 무한히 중요한 어떤 것이 신앙 안에 있는 듯했다. 만약 내 영혼이 불멸한다면 천국의 행복을 준비하기 위한 내적인 변화가 필요했다. 문제는… 그 질문에 관한 불확실함 속에 나를 두게 하는 것도 큰 문제였다.[5]

큰 걸림돌이 그의 혼돈에 영향을 미쳤다. 다름 아닌 주간 기도 모임에서 올린 그의 기도가 응답을 받지 못했던 것이다. 그는 성경을 읽으면서 누가복음

---

5. Finney, *Memoirs*, 8-9.

11:9-10과 마주쳤다. "내가 또 너희에게 이르노니 구하라 그러면 너희에게 주실 것이요 찾으라 그러면 찾아낼 것이요 문을 두드리라 그러면 너희에게 열릴 것이니 구하는 이마다 받을 것이요 찾는 이는 찾아낼 것이요 두드리는 이에게는 열릴 것이니라" 부모가 자기 자녀에게 좋은 것을 주기 원하는 것보다도 더 하나님은 구하는 이들에게 성령을 주시기를 원한다는 사실을 그는 보았다. 그러나 그는 매주 기도 모임에서 기도를 하늘로 올렸지만 응답이 오지 않았다. 이 문제가 그의 영혼을 괴롭게 하여 거의 성경과 기독교로부터 자신을 몰아내게 될 정도가 되었다.

> 응답받지 못하는 기도가 찰스를 괴롭게 하여 거의 기독교로부터 자신을 몰아내게 될 정도가 되었다.

사실은 그의 이러한 좌절이 계속되고 가시화되자, 주간 기도 모임을 인도하는 사람들은 그를 위한 기도를 하게 되었다. 이러한 기도에 그는 이렇게 답했다.

> 저는 저를 위한 기도가 필요하다고 생각합니다. 왜냐하면 제가 죄인인 것을 깨달았기 때문입니다. 그러나 저를 위한 기도가 어떤 효과가 있을지 모르겠습니다. 여러분들도 계속 기도해도 응답을 얻지 못했습니다. 제가 아담스에 있는 동안 여러분들은 신앙의 부흥을 위해 기도해왔습니다. 그러나 부흥이 없었습니다. 성령이 임하도록 기도해왔지만 미진하지 않았습니까…. 제가 이 기도 모임에 참석한 이후로 아담스에서 마귀를 쫓아 달라고 여러분들은 기도해 왔으나 기도의 결과는 어떠합니까? 여러분들은 계속 기도했지만 여전히 문제는 존재합니다.[6]

그의 발언은 솔직하였지만 모욕을 의도한 것은 아니었다. 진정한 응답을 위한 진솔한 표현이었다. 그는 구세주가 필요하다는 자각에 직면하면서 더

---

6. Ibid., 10.

욱 내적인 불안감이 더해갔다. 그러나 어떻게 그분을 찾아야 하는지 알려 주는 사람을 발견할 수 없었다.

하나님께 대한 칼빈주의의 장벽

찰스가 절치부심한 문제 중 하나는 조지 휫필드와 웨슬리 형제 사이를 쐐기 박았던 바로 그 문제이다. 첫 번째 대각성운동 동안에 발생했음에도 불구하고 뉴잉글랜드의 교회들 중에서 특히 장로교회들은 여전히 칼빈주의를 고수하고 있었다. 하나님의 주권이 모든 문제의 최고 위치를 차지하였다. 특히 구원 문제의 경우는 더욱 그러하였다. 따라서 구원받은 자들은 십자가를 통한 구원을 받기에 '예정'된 자들만이 '선민'이었고 예수의 희생은 오로지 그들의 죄만을 덮는 것이었다. 예수님은 다른 사람들은 제외하고 오직 선민만을 위해 죽은 것이다. 따라서 누구든 자신이 구원받았는지를 확실히 알 수 없으며, 구원은 오직 하나님의 뜻에 달려 있었다.

모든 사람은 거룩하신 하나님 앞에 거룩한 삶을 살기로 되어 있다. 만약 그렇지 않으면 조나단 에드워즈와 그와 견해를 같이 하는 사람들이 적절하게 묘사한 바와 같이 하나님의 진노를 촉발하게 되는 것을 알았다. 하나님의 사랑과 자비에 반응하는 것은 잘 알지 못했다. 그들의 최고의 소망은 하나님 아버지 앞에서 의롭게 살고 그들에게 이미 정해진 구원을 상속받는 것이다. 그렇지 않으면 이 땅에서 최고의 삶을 살았다 해도 그들은 결국 마땅히 지옥에 직면하는 것이다. 결국 이 모든 것은 인간의 의지와는 무관하다는 사실이다.

찰스가 어느 정도의 확실성을 가지고 그의 구원의 상태를 알고자 몸부림칠 때, 그가 찾고자 했던 답에 칼빈주의자들이 준 것은 오직 교리였다. 그들은 어떻게 기도하는지를 알지만 그들의 기도가 하나님의 의지에 어떤 작용을 하는지는 생각하지 못했다. 즉, 앞으로 일어날 일은 세상이 창조되기 전에 이미 발생하기로 되어 있었다. 다른 말로 하자면, 그들이 하나님께 요청하는 일에 대해 어떤 기대나 믿음이 없었다. 그들은 하나님께 청원하는 방법은 알지만 어떻게 응답받는지는 알지 못했다.

찰스가 법률 사례를 준비하면서 사용한 똑같은 논리를 성경에 적용하자면, 칼빈주의자들의 기본적인 실패는 성경에 나와 있는 것을 믿기보다는 설교단에서 선포되는 내용을 믿는 것이었다. 만약 하나님이 선하시고 의로우신 심판자이시고 또한 성경이 그분에 의해 쓰인 말씀이라면, 성경이 거짓되거나 아니면 칼빈주의자들이 기만을 따르고 있는 것이다. 일단 이런 결론이 도출되자, 그는 둘 중 하나를 선택해야 했다. "복음서에 제시된 그리스도를 따르던지 아니면 세속적인 삶을 추구하자."[7]

하나님은 거짓?

1821년 10월 어느 토요일 저녁, 29살의 찰스는 그의 영혼의 미래에 대한 문제를 완전히 끝내기로 결심했다. 하나님과 평화를 누릴 것인지 아니면 하나님은 거짓이고 성경은 조작인지를 결정해야했다. 교회에서도 답을 얻지 못했고 교회 사람에게도 도움을 얻지 못했기에, 찰스는 그 해답은 성경을 공부하고 기도로 하나님을 구하는 것에서 얻을 수 있음을 알았다. 비록 법무실에서 많은 시간을 보내어야 해도, 이 문제가 해결되기까지는 최대한 직장 일을 접어 두기로 했다.

이러한 결심에도 불구하고 이상한 것은 사람들이 자신이 성경을 갖고 있거나 기도를 하는 것을 보고 듣는 것에 매우 부끄러움을 느낀다는 사실이다. 처음에 성경을 구매하고 직장에서 공개적으로 성경을 읽었고 다른 사람을 만나도 성경을 펼쳐 놓았는데, 이제는 다른 사람이 사무실에 들어오면 법률 서적으로 성경을 가렸다. 최대한 성경을 눈에 띄지 않게 했다. 사무실의 열쇠구

---

7. Finney, *Memoirs*, 11.

멈도 막아서 조용히 입술만 움직이며 기도했는데 자신의 영혼을 위한 기도를 누가 들을까봐 두려워했다. 월요일과 화요일은 고통 가운데 보냈다. 화요일 저녁 무렵이면 거의 사실상 하나님의 자비를 위해 부르짖는 목소리가 나오지 않아서 나는 죽어서 지옥에 갈 것이라는 공포로 마비상태가 되었다.

1821년 10월 10일 수요일 아침, 직장을 가기 위해 준비하면서도 여전히 그의 마음은 이 문제를 골똘히 생각하고 있었다. 집을 나서자, 마음속 깊은 곳으로부터 한 음성이 갑자기 들렸다. "무엇을 기다리고 있나? 너의 마음을 하나님께 드린다고 약속하지 않았는가? 무엇을 하려고 하는가? 자신의 노력으로 의로움을 이루고자 애쓰고 있는가?"[8]

이 질문에 대한 답이 갑자기 튀어 나왔다:

> 이 시점에서 복음의 구원에 대한 모든 질문은 놀라운 방법으로 내 마음에 펼쳐졌다. 내 생애에서 그동안 가지지 못했던 명확한 방법으로 그리스도의 대속의 현실성과 완전성을 보았다. 그의 사역은 완성된 사역임을 나는 보았다. 나를 하나님께 추천하는 나 자신의 의가 필요한 것이 아니라 내 자신을 그리스도를 통해 하나님의 의에 맡기는 것이었다. 복음의 구원은 이미 얻어진 것을 받아들이는 것이다. 이는 완전하고 완성된 것이다. 내가 해야 할 부분이 있다면 단지 내 죄를 포기하고 그리스도를 영접하는 것이다. 구원은 내게 내가 수고하며 이루어야 할 일이 아니라 나의 하나님과 나의 구세주로서 그분 스스로를 드린 주 예수 그리스도 안에서 발견되는 것이었다.
>
> 명확하게 이것을 알기까지 길가에 멈추었을 때, 이 내적인 음성이 나를 사로잡았다. 얼마나 이런 상태로 있었는지 잘은 모르겠다. 이 명확한 음성이 내 마음에 한동안 머물자, 질문이 마음에 주어졌다. "오늘 지금 이것을 받아들일까?" 나는 대답했다. "예, 제가 오늘 지금 이것을 받아들입니다.

---

8. Ibid., 14.

그렇지 않으면 이렇게 하려다가 죽을 것입니다."[9]

마을 북쪽에 날씨가 좋을 때면 찰스가 매일 걷는 작은 숲이 있다. 그는 직장에 바로 가지 않았다. 그는 많은 구경꾼이 있는 마을을 피해 숲으로 갔다. 거기서 그는 무릎을 꿇고 그가 원하는 만큼 크게 기도했다. 마을까지 이어진 담장을 따라서 아무도 모르게 숲으로 왔지만 누가 볼까봐 여전히 염려했다. 그는 숲속 깊이 400미터 정도를 더 들어가 작은 고개를 넘어 나무가 쓰러져 약간의 울타리가 되어 있는 곳을 발견했다. 여기에서 그는 결심했다. "내가 하나님께 나의 마음을 드립니다. 그렇지 않으면 여기서 나오지 않을 것입니다."[10] 담장을 떠나 이 숲속에 들어온 이래로 이 정확한 표현이 마음에서 계속 울렸다. 쓰러진 나무 사이의 울타리를 올라가서 무릎을 꿇고 기도하기 시작했다.

기도가 여전히 입에서 나오지 않았다. 처음에는 중얼거렸지만 여전히 마음껏 되지 않았다. 나뭇잎의 바스락 소리를 들을 때 뒤를 돌아보았다. 누가 혹시 바라보지나 않을까하는 염려가 있었기 때문이다. 하나님의 은혜를 놓치고 너무 늦지 않았을까 하는 절망감이 엄습했다. 자신이 바보 같고 너무 자신을 의식하며 체념하고 있는 것 같았으나 자신의 결심에 따르기로 결정했다. 즉, 변화되지 않고는 이 장소를 떠나지 않겠노라고 말이다.

다시, 어떤 소리에 움찔하여 누가 자신을 따라왔는지 돌아보았다. 그때 갑자기 그의 자만심을 보았다. 그는 누가 자기를 엿보고 있는가를 자신의 구원받지 못함보다 더 염려하고 있는 것이었다. 그는 자기 자신에게 말했다. "나는 타락한 죄인이구나. 무릎을 꿇고 내 죄를 위대하시고 거룩하신 하나님께 고백하면서 사람을 부끄러워하고 있구나. 나와 같은 죄인이 상한 마음을 가지신 하나님께 화평하고자 하는구나."[11] 이때 갑자기 한 성구가 떠올랐다: "너

---

9. Ibid.
10. Ibid., 15.
11. Ibid., 16.

희가 내게 부르짖으며 내게 와서 기도하면 내가 너희들의 기도를 들을 것이요 너희가 온 마음으로 나를 구하면 나를 찾을 것이요 나를 만나리라"(렘 29:12-13).

찰스는 모든 내적인 힘을 다해 이 성구의 의미를 붙들었다. 그는 울면서 외쳤다. "주님, 이 말씀대로 주님을 붙듭니다. 이제 내 온 마음을 다해 주님을 내가 찾았음을 주님이 아십니다. 이제 주님께 나와 이렇게 기도합니다. 주님은 들어 주신다고 약속하셨습니다."[12]

> 찰스가 마음문을 열게 되자, 하나님은 그분의 말씀으로 약속을 채우셨다.

찰스의 마음이 열리다

이것이 결국 찰스의 마음 문을 열게 하였다. 하나님은 더욱 달씀으로 약속을 채우셨다. 찰스는 마치 자신을 위한 말씀인 것처럼 각각의 말씀을 자신의 것으로 받아들였다. 마치 물에 빠진 사람이 자신에게 주어진 어떤 큰 나뭇가지나 작은 나뭇가지를 붙들려고 하듯 모든 말씀을 붙들었다.

곧바로 찰스는 마을로 돌아갔는데 이때는 얼마나 오래 숲속에 있었는지도, 언제 일어나서 사무실로 걸어갔는지도 모를 정도였다. 그는 생각하기를, "내가 회심했다면, 이제 복음을 전해야지." 자기 영혼에 대한 절망감은 완전히 사라지고 마음의 죄책감도 사라졌다. 그러나 여전히 그 자신이 완전히 변화되었는지를 확신하기에 주저하여 아마도 하나님의 성령이 자신을 떠났을까 하며 잠시 생각했다. 자신이 너무 경솔하게 하나님의 말씀대로 하나님을 받아들여서 성령을 근심시키지는 않았을까 의아해 했다. 그러나 동시에 그의 영혼과 마음에 깊이 임재하신 평화를 억누를 길이 없었다.

---

12. Ibid.

마을로 돌아왔을 때, 저녁 무렵이었음을 알고 깜짝 놀랐다. 먹을 것을 찾아보았으나 식욕이 없었고 다시 법무실로 돌아왔다.[13] 라이트 판사는 이미 저녁을 먹기 위해 나갔었고 찰스는 비올라를 내려놓고 연주하며 찬송가와 성가를 몇 곡을 불렀다. 점점 눈물이 흘렀다. 마치 그의 마음이 그의 속에서 녹아지는 것과 같았다. 모든 말씀이 진한 감정으로 마음을 채워서 악기연주와 찬송을 멈출 정도가 되었다.

예수를 대면하여 만나다

그날 오후 법무실 직원들은 모든 가구와 책을 한 사무실에서 다른 사무실로 옮기는 일에 몰두하고 있었다. 열심히 일하는 바람에 대화는 거의 없었다. 찰스는 자신 안에 있는 평화에 여전히 놀랐고 그동안 몇 날 몇 달을 괴롭혔던 자신의 영혼에 대한 염려와 죄책감을 찾을 수 없다는 사실에 놀랐다. 어둑해지고 사무실 이사가 정리된 후, 라이트 판사는 찰스에게 인사를 하고 퇴근했다. 찰스는 그 순간에 일어난 것을 이렇게 묘사했다.

> 문까지 배웅을 해드렸다. 문을 닫고 돌아서는 순간 나의 마음은 내 속에서 녹아내렸다. 내 모든 감정들이 일어나서 흘러나왔다. 내 마음의 고백은 "내 마음의 전부를 하나님께 붓고 싶습니다."였다. 내 영혼의 솟아오름이 너무 강렬해서 사무실 뒤의 작은 방으로 뛰어가 기도했다.
>
> 거기에는 불도 빛도 없었다. 그럼에도 불구하고 내게는 완전히 밝은 빛이었다. 내가 들어와서 문을 내 뒤로 가만히 닫을 때 나는 마치 주 예수 그리스도를 대면하여 만나는 것 같았다. 완전한 정신적인 상태에서 일어난 일이 아니었다. 그때나 그 후에라도 그와 같은 일이 일어난 적은 없다. 오

---

13. 이 무렵 뉴 글랜드에서는 이른 오후가 석식과 같이 가장 많은 음식을 먹었고 저녁시간에는 가벼운 '석식'을 하였다.

히려 내가 다른 어떤 사람을 실제로 만나는 것과 같은 것이었다. 그분은 아무 말도 하지 않고 그저 내 발까지라도 부수어 놓을 듯한 모양으로 나를 바라보셨다.... 나는 그분의 발아래 엎드렸고 내 영혼을 그분에게 쏟아 놓았다. 어린 아이처럼 목 놓아 울었고 목이 메인 상태로 고백하였다. 내게는 마치 그분의 발을 내 눈물로 씻는 것 같았다. 그러나 내가 그분을 만졌다는 분명한 인상은 없었던 것으로 기억한다.

이러한 상태가 어느 정도 계속되었는지 모르겠다. 그러나 내 마음은 내가 말한 내용을 회상하기에는 너무 많이 그 대면에 몰두하였다. 내 마음이 침착하여서 그 대면으로부터 벗어났을 때, 사무실로 돌아왔다. 내가 큰 나무로 만든 불은 이미 꺼져 가고 있었다. 그러나 돌아와서 난롯가에 앉았을 때, 나는 성령의 강한 세례를 받았다. 내가 기대하지도 않았는데, 내가 나를 위해 그러한 것이 있으리라고는 생각도 못했는데, 세상의 누구에게도 언급된 적이 없는 것을 들었다고 기억도 못했는데, 성령은 내 몸과 혼을 통과하는 방법으로 강림하신 것이다. 마치 전기의 파장이 나를 통과하는 것과 같은 인상을 느꼈다. 정말로 물과 같은 사랑이 물결치며 오는 듯했다. 다른 방법으로는 표현할 수 없는 것이었다. 마치 하나님의 숨결과도 같았다. 커다란 날개로 내게 부채질하듯 다가옴을 지금도 명확하게 기억할 수 있다.

내 마음에 널리 퍼진 그 놀라운 사랑을 말로 표현할 수 없다. 기쁨과 사랑으로 목 놓아 울었다. 적절하게 잘 표현하지 못하지만 이렇게 말하고 싶다. 그야말로 말로 할 수 없는 내 마음의 솟구침의 분출과 같은 것이었다. 이 물결이 내게 밀려오고 또 밀려왔다. 마음을 추스르고 외쳤다. '이 물결이 계속 내게 오면 전 죽을 것 같습니다." 나는 말했다. "주님, 더 이상 견딜 수 없을 것 같습니다." 그러나 죽음에 대한 공포는 더 이상 없었다.[14]

---

14. Finney, *Memoirs*, 19-21.

한동안 찰스는 이런 경험의 한가운데에 앉아 있었다. 눈물이 흘러내리면서 하나님의 사랑이 물밀 듯 연거푸 밀려왔다. 찰스의 '말로 할 수 없는 솟구침'은 기도 언어의 시작과 같았다. 로마서 8:26과 같은 방언의 말함과 같은 표현으로 밖에 달리 말할 수 없는 것이었다. 마침내 교회 성가대원이 잠시 들렀다가 (구원에 대한 그와 그의 목사의 우려에도 불구하고, 찰스는 성가대장이었다.) 혹시 잘못된 것이 있는지 물었다. 처음에는 어떻게 대답할지 몰랐다. "어디 아픈지요?"라고 계속 물었다. 찰스는 대답했다. "아니요, 너무 행복해서 살 수가 없을 것 같습니다."

커다란 임재와 거룩한 웃음

그 사람은 여전히 걱정하면서 사무실을 떠나 교회의 장로 중 한 사람에게 갔다. 그는 거리 건너편에서 가게를 운영하고 있었다. 두 사람이 돌아왔을 때 항상 진지한 모습을 가지고 있었던 장로가 찰스에게 그의 심경을 물었다. 찰스가 설명하기 시작할 때 하나님의 성령이 영혼 깊은 곳에서 흘러나오는 주체할 수 없는 웃음으로 그 장로를 압도하기 시작했다. 얼마 동안 웃음을 멈출 수 없었다. 이 방에서 체험한 하나님의 임재로부터 이 거룩한 웃음은 찰스의 간증을 확증했으며, 성령의 진정한 기쁨이 충실하고 경건한 이 사람에게 부어졌다.

그런 후 비슷하게 그의 구원의 확신으로 어려움을 겪는 또 다른 찰스의 친구가 들어왔다. 그는 방에 들어와 장로의 상황을 보고 그날 경험했던 찰스의 설명을 듣게 되었다. 그러자 그는 즉시 무릎을 꿇고 말했다. "나를 위해 기도해 주세요!"[15] 장로와 성가대원은 무릎을 꿇고 그를 위해 기도했고 기도를 마치자, 찰스가 다시 기도해 주었다. 이러한 에피소드 후에 모두들 자신의 집으

---

15. Finney, *Memoirs*, 22.

로 돌아갔다.

　찰스는 여전히 자신이 경험했던 일로 인해 당황해 한다. 왜 그 장로가 그렇게 웃었을까? 그의 이야기가 앞뒤가 맞지 않아서일까? 집에 도착한 후, 찰스는 곧 잠들었지만 마음속에 솟아나는 사랑으로 한밤을 지새울 수밖에 없었다. 의심을 하려고 해도 그 사랑은 가라앉지 않았고 다시 잠에 들었지만 그 사랑에 압도되어 다시 깨어날 수밖에 없었다.

아침빛

　그의 회고록에서 찰스는 그가 다음날 아침에 일어났을 때의 기분을 이렇게 기술했다.

> 다음날 아침에 깨어났을 때, 해가 이미 떠올랐고 나의 방안으로 깨끗한 빛이 쏟아졌다. 그 햇빛이 내게 남긴 인상을 말로 표현할 수 없었다. 즉시 전날 밤 내가 받은 세례가 똑같은 방법으로 내게 돌아왔다. 침대에서 무릎을 꿇고 기쁨으로 크게 울었다. 한동안 성령의 세례로 너무나 압도되어 있었으나 내 영혼을 하나님께 쏟아 놓기는 부족했다. 이 아침의 세례는 잔잔한 책망과 같이 오는 듯했다. 성령은 내게 말씀하시는 듯했다. "너 의심하니?" "너 의심하니?" 나는 울었다. "아니에요, 나는 의심하지 않습니다. 나는 의심할 수 없습니다." 성령께서 이 문제를 내 마음에서 분명하게 하셨기 때문에 사실상 내가 하나님의 성령이 내 영혼을 사로잡았음을 의심하기는 불가능했다.[16]

　즉시 찰스는 바울이 말한 로마서 5:1, 5의 의미를 완전히 깨닫게 되었다:

---

16. Ibid., 23.

"그러므로 우리가 믿음으로 의롭다 하심을 받았으니 우리 주 예수 그리스도로 말미암아 하나님과 화평을 누리자…우리에게 주신 성령으로 말미암아 하나님의 사랑이 우리 마음에 부은 바 됨이니" 사람들은 하나님에 의해 선택받았거나 예정되어서 천국에 가는 것이 아니라 자신의 죄에 대한 예수님의 희생을 자신의 믿음으로 받아들여서 의롭다 하심을 얻는 것이다. 이것이 그의 사역의 기본적인 교리가 되었다.

찰스 피니에게 구원은 모든 죄책감과 정죄를 씻어내는 경험이었으며 같은 경험이 그것을 구하는 다른 사람에게도 올 수 있음을 기대했다. 정죄함의 느낌은 그의 마음에 '부어진' 사랑으로 씻겨졌다. 그는 이와 같이 묘사했다. "내가 항상 죄를 짓고 있다는 느낌 대신에, 내 마음은 넘쳐나는 사랑으로 가득 찼다. 내 잔은 축복과 사랑으로 넘쳤으며, 하나님께 죄를 짓고 있다고 느낄 수 없었다. 지난 죄에 대한 죄책감도 더 이상 조금도 살아나지 않았다."[17]

찰스는 마침내 일어나서 하루를 준비했고, 법무실로 갔다. 그리고 복음전도자로서의 경력을 시작했다. 찰스는 첫 번째로 그의 고용주인 판사 라이트에게 말하였다. 그는 찰스의 말에 크게 괴로워하며 사무실을 떠났다. 비록 나중이었지만 놀랍게도 그는 이 대화를 통해서 회심하였다. 찰스는 아침 10시에 예정되었던 사건이 있었다. 교회의 집사이기도 한 고객이 공판 전의 심리를 위해 들어와 물었다. "피니 씨, 제 사건이 오늘 10시에 열리는 것을 기억하시죠? 준비가 되었을 줄 압니다." 찰스는 그에게 대답하였다. "저는 주 예수 그리스도로부터 그의 사건을 변호하도록 의뢰를 받았습니다. 그래서 당신을 변호할 수 없습니다." 집사가 놀라며 쳐다보고 물었다. "무슨 말씀이십니까?" 찰스는 자신에게 일어났던 일들과 이제 법률 사무를 하기보다 복음을 전파하려고 한다는 것을 설명하였다. 그러자 집사는 고개를 떨구며 나갔다. 그는 찰스의 말에 너무 영향을 받았다. 그는 스스로 이 사건을 해결하고자 하였다. 그 후 그는 집에 돌아가 기도하면서 자신의 삶을 다시 주님께 헌신하기

---

17. Ibid.

로 했다.[18]

찰스 피니의 회심은 그의 거듭남을 통해, 그리고 그의 삶에서 나타나는 능력의 사실로 우리에게 도전을 준다. 회심을 통해서 진정 변화된 사람이 있다면, 그 사람은 찰스 피니이다. 그의 주변 사람들은 즉시 그의 삶에서 하나님의 능력을 느꼈다. 찰스가 자신의 소명에 있어서 특별했다기보다는 하나님의 말씀에서 약속하신 것을 위해 기도함에 타협하지 않았다는 데 있다. 찰스 피니는 성경을 우주를 통치하시는 법률책으로 보았고, 일단 약속된 것에 확신이 설 때면, 하늘에서 선포되었듯이 땅에서도 이루어질 것이라는 하나님의 확신이 설 때까지 기도로써 놓지 않았다.

> 찰스는 성경을 우주를 통치하시는 법률책으로 보았다.

"나는 믿을 수 없소!"

집사가 떠난 후, 법무소는 너무 조용해졌고, 찰스는 복음을 위해 함께 이야기를 나눌 새로운 사람을 발견하기 위해 나아갔다. 하나님의 성령은 그날 그와 말하는 사람의 마음에 잊히지 않을 인상을 새겨 놓았다. 말씀은 전파되었고, 이내 마을 전체는 찰스의 회심에 관한 뉴스로 술렁였다. 게일 목사를 포함하여 많은 사람들은 그것이 장난질인 것으로 생각했다. 사람들은 교회에 모여 그것을 논의했고, 곧 찰스 자신도 거기에 있게 되었다. 장소는 혼잡했다. 자신에 관한 논의가 주요 안건이었으므로, 찰스는 강단으로 가서 어떻게 믿음이 하나님께로 왔으며 그의 경험이 그 사실을 설득시켰는지를 사람들에게 말하기 시작하였다. 대부분은 도취되어서 앉아 있었다. 찰스가 말을 마치자, 게일 목사는 일어서서 크게 감동받은 채로 회중들에게 그가 전에 믿

---

18. Ibid., 24-25.

지 못한 것을 용서해 달라고 말했다. 그는 그것으로 인해 교회의 성장을 막았었음을 고백하고 찰스가 구원받았음을 믿지 못했던 것을 용서해 달라고 했다.

게일 목사가 회개를 끝냈을 때, 그는 찰스를 불러 기도해 달라고 했다. 그가 기도하자, 더 많은 사람들이 감동을 받았다. 그 후 며칠 동안 매일 밤 모임이 있었다. 찰스가 성가대장이며 청년의 인도자였기에, 한 사람을 제외하고 모든 사람이 곧 구원을 얻었다. 찰스는 그것을 이렇게 기술했다.

"하나님의 말씀은 놀라운 능력이 있습니다. 개인에게 말해진 몇 마디의 말씀이 화살과 같이 마음을 찌르는 것을 발견하고 나는 매일 놀랐습니다."[19]

찰스의 기름 부으심이 퍼지기 시작하다

잠시의 시간이 흐른 뒤, 찰스는 온타리오 호수의 헨더슨에 있는 부모님을 방문했다. 이때까지 그의 동생인 조지만이 하나님과 어느 정도 관계가 있는 유일한 사람이었다. 이 방문으로 찰스의 삶에서 처음으로 가정에서 기도가 올려졌고, 부모님이 주님께 돌아왔다. 집에 있는 동안, 찰스는 사람들을 만나고 이야기했다. 비록 찰스가 아닌 조지가 참여했지만, 이 지역은 침례교도들과 회중교도들의 월례 기도 모임 동안에 작은 부흥을 경험했다. 다시 주님의 역사는 모든 방향으로 퍼졌다. 찰스 피니가 가는 곳마다, 성령은 놀라운 방법으로 사람들을 터치하셨는데 이는 찰스의 그리스도에 대한 순종이었기 때문이다.

다음 몇 달 동안, 찰스는 장로교 목사로서 훈련을 떠맡았다. 훈련을 위해 프린스턴에 참석하도록 제안되었지만 그곳에서 훈련받은 사람들의 사역에서 큰 열매가 없음을 본 찰스는 아담스에 머물러서 게일 목사에 의해 지도를

---

19. Ibid., 29.

받으며 그의 신앙서적들을 공부하기로 했다.

　이 훈련은 당시의 뉴잉글랜드에 퍼져 있는 종교적인 안일함과 마주치는 계기가 되었다. 만약 프린스턴에 참여했다면, 그는 아마도 칼빈주의로 회심하거나 아니면 사역을 떠났을 것이다. 그러나 게일 목사의 지도하에 그는 교리적인 오류와 정면으로 부딪혔다. 게일 목사는 자신이 마친 교육을 찰스에게 전수하기를 아끼지 않았고 때로는 찰스와 견해차가 생겼지만 게일 목사는 이러한 찰스와 그가 마을에서 했던 좋은 일에 익숙했기 때문에 찰스의 반대를 받아들이면서도 문하생이라고 얕잡아 보지 않았다. 이런 방법으로 게일 목사와 찰스는 당시에 통용되는 교리를 토론하였다. 게일 목사가 가르치는 어떤 것을 수용하기 전에, 찰스는 그의 마음에 성령의 증거와 하나님의 말씀으로부터의 증명을 확실하게 점검했다. 결과적으로 찰스는 칼빈주의와 예정론을 받아들이지 않았고 각 사람의 영원한 처소는 자신의 결정 '표'에 따라 결정된다는 관점을 갖게 되었다. 이에 따라 찰스 피니는 북미와 유럽에서 복음전파를 개혁하면서 모임에 참석하는 사람들에게 그리스도를 위한 결단을 촉구했다. 이는 엄격한 칼빈주의 사고와는 전혀 다른 개념이었던 것이다.

> 찰스는 사람들에게 그리스도를 위한 결단을 촉구하면서 복음전파를 개혁하였다.

　찰스는 칼빈주의의 교리가 잘못되었음을 발견할 뿐만 아니라 당시의 많은 관습과 가르침이 공허하다고 간주하였다. 그리고 그의 생명줄과도 같은 기도에 매진하였다. 그는 다음과 같이 기술하였다.

　　나는 기도에 많은 시간을 보내곤 했다. 어떤 때는 내가 생각하기에도 문자 그대로 '쉬지 말고' 기도한 것 같다. 또한 개인 금식의 수많은 날들을 지키며 보냈다. 그런 날이면 나는 하나님과 오로지 함께 있고자 했고 숲속이나 모임 장소에 가거나 홀로 멀리 떠나 있었다.

　　가끔은 금식에 잘못된 과정을 구하기도 하여 자기반성을 따라 내 자신을 점검하려 하였으나 이내 목사님과 교회에 의해 함께하게 되었다. 내 감정을 점검한다는 취지에서 내 마음을 들여다보려 했고, 내 관심을 특별히 나의 동기와 마음의 상태에 집중하였다. 그러나 이러한 과정을 선택했을 때는 가시적인 발전 없이 하루를 마치게 되었다. 후에 나는 왜 그런지를 분명히 알게 되었다. 내가 나의 관심을 주 예수 그리스도를 벗어나 나 자신에게 집중하여 나의 동기와 감정을 점검하고자 할 때 내 모든 감정이 가라앉았다. 그러나 금식하면서 성령께서 나와 함께하시며 내가 그분의 인도와 가르침에 순종할 때, 나는 최고조의 유용함을 발견하였다. 하나님의 임재하심의 즐거움 없이 어떻게 살 수 있을까를 발견하게 되었던 것이다. 구름이 나에게 몰려왔을 때 나의 영혼과 하나님 사이가 분명해지기 전까지는 나는 쉼도 연구도 못하고, 조금의 만족이나 유익도 얻지 못하게 될 것이다.

나의 그리스도인으로서의 초창기에, 주님은 기도의 영에 대해 많은 것을 가르쳐 주셨다.[20]

병자를 위한 기도

찰스는 이내 치유가 이런 기도의 영을 따른다는 사실을 발견했다. 그의 회심이 얼마 지나지 않아, 라이트 판사의 처제가 중병에 걸렸다. 아무도 그 밤을 넘기지 못할 것이라고 믿었다. 찰스는 말했다. "이는 마치 내 심장에 화살을 박는 것 같습니다. 나를 짓이기는 중압감으로 밀려 왔습니다. 그 본질은 잘 모르겠지만 그녀를 위해 강렬한 소망을 갖고 기도하기 시작했습니다."[21] 그는 모임 장소에 갔고 기도하기를 시작했으나 몇 마디를 하지 못했고 '단지

---

20. Finney, *Memoirs*, 35-36.
21. Ibid., 36.

깊고 큰 탄식으로 간구할 뿐이었다.[22] 이것은 로마서 8:26에 나오는 예이다. "이와 같이 성령도 우리의 연약함을 도우시나니 우리는 마땅히 기도할 바를 알지 못하나 오직 성령이 말할 수 없는 탄식으로 우리를 위하여 친히 간구하시느니라"

찰스는 그 여인이 살 수 있다는 확신이 오지 않아 마음의 평안이 없었고 그날 밤 모임 장소와 그의 사무실을 오갈 수밖에 없었다. 마침내 세 번의 왕래 후에 기도가 응답되었다는 안도감을 느꼈다. 그는 그 여인이 살게 되었으며 죄 가운데 죽지 않으리라는 확신이 들었다. 결국 그녀는 회복되었고, 회심하였으며, 그리스도 안에서 미래에 대한 소망을 찾았다.

찰스는 하나님의 진리에 관한 그의 주장이 그가 기도할수록 사람들이 저항하기가 점점 더 어렵다는 것을 알게 되었다. 칼빈주의자들이나 불신자들이나 또는 예수의 희생으로 모두가 구원받는다는 보편구원주의자들을 막론하고 그가 설교할 때 진리를 거부할 수 없었다. 이 모든 것이 오직 성령에 의한 세례를 그가 끊임없이 기도하여 받은 결과라 할 수 있었다. 사실상 그는 그가 교제하고 있는 성직자들이 이러한 '기름 부으심'이 부족함을 곧 깨닫게 되었는데, 이 부족함은 열매를 맺지 못하는 분명한 요인인 것이었다.

그리스도께서 그의 사도들에게 가서 복음을 전파하라 하실 때, 위로부터 권능이 임할 때까지 예루살렘에서 머물라 하셨다. 사람들이 아는 바와 같이 이 권능은 오순절에 임한 성신의 세례였다. 이것은 그들의 사역의 성공을 위해서 없어서는 안 될 자격 요건이었다. 이 세례는 단지 기적을 일으키는 능력이라고만 생각하지도 않았고 지금도 마찬가지이다. 기적을 일으키는 능력과 방언을 말하는 은사는 그들의 거룩한 사명의 실제를 증거하는 표적으로 주어진 것이다. 그러나 성령세례 자체는 천상의 조명이며 그들에게 믿음과 사랑과 평화와 능력을 입혀 준다. 그리하여 그 말씀은 양날을 가진 칼과 같이 하나님의 원수의 심장을 빠르고 강하게 찌른다. 이것이 죄악된 세상에 그리스

---

22. Ibid., 36.

도를 전파하는 필수적인 자격 요건이다. 성신의 직접적인 가르침이 없이는 복음을 증거하는 데 커다란 진보를 가져올 수 없다. 실제적인 경험으로써 복음을 전파하지 않는다면, 인간에게 양심이나 성찰이나 이론으로써 종교를 제시하는 것일 뿐 복음을 전파하는 것에 미치지 못하는 것이 사실이다.[23]

1824년 3월에 장로교단은 아담스에 와서 찰스의 목사 안수 심사를 진행하게 되었을 때, 그의 명성과 증거가 이미 알려진 상태였고 그들의 교리에 대한 찰스의 불인정에 대한 문제를 제기하지 않게 되었다. 결국 그들은 찰스의 목사 안수를 만장일치로 결정하였다.

찰스가 결혼하다

찰스는 기존의 교회나 정규적인 회중들에게 설교하기를 원하지 않았기 때문에 뉴욕 북부의 오네이다 카운티에 있는 여성 선교사 단체에서 6개월 위임장을 받아 에반스 밀스(Evans Mills) 마을로 가서 그의 사역을 시작하였다. 그곳과 안트워프(Antwerp)에 있는 독일인 거류지역을 왕래하며 두 곳에서 사역했다.

그때 찰스는 오네이다 카운티의 화이츠 타운에 사는 리디아 앤드류스(Lydia Andrews)와 약혼하게 된다. 그들은 1824년 10월에 결혼하고 아담스로 갔다. 결혼 이틀 후에 찰스는 에반스 밀스로 다시 돌아갔고 신혼집을 옮기기 위해서 약 1주일 후에 다시 돌아올 계획이었다. 한편 리디아는 아담스에 머물면서 이사를 위한 준비를 했다. 그러나 부흥이 너무나 빨리 일어나서 찰스는 1825년 초봄까지 돌아올 수 없었는데 이는 약 6개월 이상의 기간이었다. 이러한 지체는 아마도 달콤한 신혼기간에 방해가 되었을 것이다.

찰스의 설교 스타일은 그의 동시대 사람들과는 확연히 달랐는데, 특별히

---

23. Ibid., 55-56.

그의 법률적인 훈련에 크게 영향을 받았다. 마치 권위적인 사람이 따르라고 강요하는 듯한 형식으로 회중에게 말하지 않았다. 오히려 그에게 있어서 회중은 사건을 결정하는 배심원과 같았고 그 사건은 물론 자신의 영혼의 구원에 관한 것이었다. 다른 성직자들은 그의 속어 사용과 반복 화법과 일상의 직업이나 일을 예시하는 방법을 비난하였지만 이러한 기법들은 변호사가 자신이 원하는 판결을 도출하기 위한 방법으로 사용하는 도구였다. 찰스의 '배심원들'은 말했다. "왜 다른 사람들은 당신과 같지 않을까요? 당신은 그저 사람들에게 편하게 말합니다. 마치 응접실이나 집에 편히 있는 것처럼 말입니다." "피니 씨가 나를 따로 데리고 얼굴을 마주보며 나와 대화하는 듯 합니다."[24] 찰스는 인상을 주거나 경외감을 일으키는 데는 관심이 없었다. 그는 그리스도를 위한 결심만을 추구했고 이 목표에서 일탈하는 것을 거부했다.

영감에 의한 설교

그의 사역의 10여 년은 메모를 써서 설교하거나 설교를 따로 준비하지 않았다. 오직 하나님께서 그의 마음에 주신 원고를 항상 받았고 성령이 이끄시는 대로 순종하여 말씀을 전했다. 찰스는 자신의 설교 방법은 "우선 사람들이 원하는 것을 알고자 사람들에게 가서, 그 후 성령의 조명 가운데 그들의 필요를 충족시키는 주제를 잡았다.... 그 주제에 대해 많이 기도한 후에 그것을 쏟아 놓기 위해 사람들에게 다가갔다."고 설명했다. 찰스는 그의 마음에 말씀을 넣고 그의 기도 생활로 꽉 채운 후 강단에 서서 성령이 그에게 주시는 말씀을 전했다. 그는 말했다. "만약 내가 성령의 감화를 받지 않는다면, 나는 어떻게 설교할지를 모릅니다."[25]

그의 설교 스타일에 대해 지식이 많은 성직자들에 의해 비난받을 때, 찰스

---

24. Ibid., 92.
25. Miller, *Charles Finney: He Prayed Down Revivals*, 33-34.

는 사실상 이렇게 대답했다.

> 나에게 더 월등한 방법을 제시해 주십시오. 당신 사역의 열매들을 보여주십시오. 당신이 더 월등한 방법이 있다는 증거를 제시하여 제 방법보다 더 뛰어나다면, 저는 당신의 견해를 수용하겠습니다. 그러나 당신이 그것을 부정하지 못하면서 제 자신의 견해와 관행을 버리고 당신의 것들을 제가 채택하기를 바라지 마십시오. 설령 제가 오류에 빠지고 제 설교나 스타일이나 다른 아무것에 불완전이 있더라도 결과가 제 방법을 정당화합니다.... 제가 할 수 있는 모든 것을 향상시키고자 노력하고 있습니다. 그러나 당신이 옳고 제가 그르다는 더 높은 증거가 있기까지 저는 당신의 복음전파 방법을 채택할 수 없습니다.[26]

찰스의 설교는 많은 관심을 받았는데 그의 청중들이 하나님과의 평화와 기도에 우선을 두면서 자신의 구원에 대한 확신을 얻을 수 있음을 찰스가 전파했기 때문이다. 이는 당시의 전통적인 칼빈주의자들의 배를 뒤흔들어 버리는 것과 같았다. 그는 사람들에게 그들 자신의 구원에 대한 책임을 지게 했다. 에반스 밀스에서 회중의 반응이 별로 없을 때, 찰스는 그들에게 다음의 원론적인 질문을 제시했다.

> 당신들은 제가 설교하는 것이 복음이라는 것을 인정합니다. 당신들은 믿는다고 말을 합니다. 이제 받아들일 것입니까? 아니면 거부할 작정이십니까? 그것에 대해 생각을 하셔야 합니다. 당신들이 제가 진리를 전했다고 인정하므로 저도 당신들이 그리스도인이 되는 의무를 인정한다는 것을 당연한 것으로 받아들일 권리가 있습니다.[27]

---

26. Finney, *Memoirs*, 83.
27. Ibid., 62-63.

이러한 부르심에 반응하여 자리에서 일어나는 것을 반대하는 사람들에게 그는 말했다.

> 당신들이 결정했고, 그 입장을 고수하였습니다. 당신들은 그리스도와 복음을 거부했습니다. 당신들 서로가 증인입니다. 하나님 또한 당신들에게 증인이십니다. 이것은 분명합니다. 사는 날 동안 당신들이 공개적으로 구주에 대해서 거부하고 "우리는 예수 그리스도가 우리를 통치하길 원치 않는다."라고 한 것을 기억할 것입니다....
> 당신들에게 유감입니다만 다시 한 번 당신에게 말씀을 전하겠습니다. 주님의 뜻이라면 내일 저녁입니다.[28]

다음날 저녁에 그는 그의 설교를 다음과 같이 시작했다: "의로운 자들에게 전하기를 당신들은 잘 될 것입니다. 왜냐하면 자신의 행동에 대한 그 열매를 먹을 것이기 때문입니다. 악한 자들에게 화가 있을지로다! 그에게 악한 일이 일어날 것입니다. 그것은 그의 손의 행함에 대한 보응이 그에게 주어질 것이기 때문입니다."[29]

설교의 마지막에 뒤쪽에 있는 한 여인이 성령에 사로잡혀 쓰러졌고 친구들이 일으켜 세웠다. 기절했는가 싶어서 찰스는 점검을 하러 갔고 그녀가 말문이 오랫동안 막혀 있음을 알았다. 약 16시간 동안 말없이 누워 있었다. 마침내 말을 다시 하게 되었을 때, 그녀는 자신이 오래전에 구원을 받았다고 생각했었으나 하나님의 진정한 의로움이 자신에게 비춰질 때 자신의 구원이 온전하지 않음을 깨닫게 되었다. 이러한 깨달음은 그녀의 교회에 있는 몇 명의 사람들에게도 그리스도와의 관계를 재고하는 계기가 되었다.

어느 때는 찰스가 폐결핵[30]으로 고통 받는 여인의 침대가로 갔다. 그녀의

---

28. Ibid., 63-64.
29. Ibid., 65.
30. 내장 조직의 퇴행으로 주로 폐결핵.

남편은 보편구원론자(Universalist)였고 아내도 그렇게 되기를 바라며 사상을 주입시켰다. 그러나 찰스의 말씀과 기도를 듣게 되자 보편구원론을 거부하고 예수 그리스도를 자신의 주와 구세주로 영접했다. 그녀의 남편은 격분하여 총을 들고 찰스의 다음 집회로 가서 죽이고자 했다. 찰스의 설교 중에 그는 자리에 털썩 주저앉아 자신이 지옥으로 떨어짐을 절규하며 애통해 하였다. 집회 후에 친구들이 그를 집에 데려다 주었다. 다음날 찰스가 거리를 걷고 있을 때, 이 남성은 찰스를 만나러 갔다. 찰스에게 인사를 할 때, 찰스를 자신의 팔로 들어 올려 공중에서 빙빙 돌리는 것이었다. 복음에 대한 모든 거부감이 그에게서 사라지고 그는 하나님과의 평화를 찾기 시작한 것이다.

기도 전사를 만나다

찰스가 다시 다니엘 내쉬를 두 번째로 만난 곳은 에반스 밀스였는데 그는 찰스의 목사 안수 심사를 위해 처음 만난 적이 있는 성직자였다. 당시에 '내쉬 교부'(Father Nash)라고 알려져 있던 내쉬는 오히려 호의적인 모습을 가지고 있지 않았다. 다소 타락한 상태에 있는 것으로 느껴졌다. 그러나 찰스는 지난번 만남 이후로 내쉬가 눈병에 감염이 되었고 어두운 방에 누워서 읽지도 쓰지도 못하는 상태에 있다는 사실을 알게 되었다. 그의 질병으로 인해 내쉬는 거의 모든 시간을 기도에 헌신하게 되었으며, 결국 육체적인 질병에서 나음을 입었고, 영적으로는 중보기도자로 변신하였다. 이는 찰스가 예전에 알던 사람과는 판이한 사람이 된 것이다.

내쉬가 에반스 밀스에 도착했을 때, 그는 '기도 목록'을 가지고 있었다. 거기에는 매일 또는 하루에도 몇 번씩 기도로써 불러야 할 이름들이 있었다. 찰스와 내쉬가 모임에서 함께 기도하기를 시작하면서, 찰스는 내쉬의 기도의 힘과 강도에 감동을 깊이 받았다.

술집이 기도처로 변하다

지역 사회에서 그리스도인들에게 골칫거리가 된 술집 주인에 대해 내쉬가 들었을 때, 그는 '어려운 사례'의 목록에 그 이름을 적었다. 그는 그리스도인이라고 알고 있을 사람들에게 매우 모욕적이고 상스러운 말로 접근하기로 악명이 높았다. 그의 술집은 취태와 흥청망청으로 대단한 곳이었다. 며칠이 지난 후에, 내쉬는 계속 기도하며 다른 지역으로도 기도하기 위해 가게 되었다.

얼마가 지나지 않자, 이 '어려운 사례'는 찰스의 모임에 나타났다. 그의 등장이 상당한 동요를 불러 일으켰지만 들어왔을 때 아무런 문제를 일으키지 않아서 찰스는 가만두게 하였으나 예배 내내 주시할 수밖에 없었다. 모임이 계속 되자, 찰스는 그가 불안해하는 것을 간파했다. 그는 자리에서 안절부절 못하였다. 마침내 그는 일어서서 자신이 발언을 할 수 있는지를 물었다. 찰스가 그렇게 하도록 허락하였을 때, 모인 회중 앞에서 통회 자복하면서 자신을 내려놓았다. 모든 사람의 마음을 감동시켰다. 그동안 찰스의 설교에 마음을 닫았던 사람들마저도 하나님 앞에 부서지는 결과가 되었다. 삽시간에 그 사람은 하나님과 평화했고 그동안 방탕을 일삼았던 그의 술집을 폐업하였다. 찰스가 이 마을에서 보낸 나머지의 시간 동안 기도 모임은 이 술집에서 거의 매일 밤 이루어졌다.

내쉬의 사역은 이때까지 거의 주목할 만한 것이 없었다. 그는 1775년 11월 27일에 태어났고 40세의 생일이 며칠 안 남은 1816년 로우빌 타운쉽(Lowville Township)에서 첫 목회를 하였다. 그의 첫 해는 부흥이 일어나서 70명이 주께 돌아왔으나 복잡한 교회 치리 문제가 부흥을 막았고 결국 교회 분열을 초래했다. 1822년 9월 25일에 내쉬는 목사직에서 내몰리게 되었고 젊은 성직자가 대신하게 되었다. 그래도 가끔은 교회에서 설교하도록 요청은 받았기 때문에 그가 변화되어 다시 돌아와 설교를 하였을 때, 제2의 부흥이 일어났다. 200명의 사람들이 회심하였는데 이는 약 2000여 명의 지역 사회인 점을 고려하면 매우 많은 수였으나 내쉬는 교회의 리더로서는 부름받지 못했다. 이 거부는 내쉬에게 타격이었다. 이 잔혹한 때에 찰스는 그의 조사팀의 일원으로서 내쉬를 처음 만났다.

에반스에서 다시 만난 이후에, 찰스와 내쉬는 주님이 같은 방향으로 이끄심을 느끼고 함께 일하기로 하였다. 특히 교회에 다니지 않는 사람들을 주요 초점으로 삼았다. 내쉬는 이렇게 편지에 진술했다.

> 찰스와 내가 우리의 경주를 달릴 때, 우리는 성직자 사이로 들어갈 생각은 추호도 없었다. 우리의 최고의 야망은 성직자도 개혁도 없는 곳으로 가는 것과 아무도 돌보지 않는 잃은 양을 구하는 것이었다.... 우리는 성직자가 없는 교구를 찾아가게 되고 일하기에 충분한 공간과 사역이 있었다.[31]

기도가 길을 닦다

사역의 패턴이 만들어졌다. 내쉬는 찰스가 가기 전에 3주나 4주전에 미리 어느 지역을 가서 찰스의 도착을 위한 기초를 준비하고 때로는 설교 일정도 잡았다. 어느 때는 내쉬 혼자 가기도 했다. 또 어떤 때는 그가 잘 아는 사람과 함께 가기도 했다. 주로 아벨 클래리(Abel Clary)였다. 때때로 기도하는 몇몇의 지역 주민과 함께 가기도 했다. 이러한 사전 기도 운동은 주로 세 명 이내였다. 부흥이 일어나는 동안, 내쉬는 모임에 거의 참석하지 않았다. 대신에 근처의 집에 머물며 예배가 진행되는 동안 내내 기도하곤 했다.

에반스 밀스 집회 후에 내쉬는 뉴욕주의 고버뉴(Gouverneur, New York)의 마을로 찰스보다 앞서 갔는데 이곳은 찰스의 다음 설교 예정지였다. 모임이 무르익게 되자, 이웃 교회의 청년들이 찰스의 모임을 통한 하나님의 움직임을 반대하게 되었다. 이러한 반대를 극복하는 유일한 길은 기도임을 직감하면

---

31. Paul Reno, *Daniel Nash: Prevailing Prince of Prayer* (Asheville, NC: Revival Literature, 1989), 7.

서, 내쉬와 찰스는 과수원으로 가서 승리를 얻었다는 확신이 올 때까지 기도하였다. 그의 회고록에서 찰스는 기도의 결과로써 얻어진 것을 아래와 같이 묘사했다:

> 다음 안식일에 아침과 오후에 설교를 했다. 나는 설교를 하고 내쉬 형제는 기도에 전무하기 때문에 우리는 교회에서 기도 모임을 위해 5시에 만났다. 모임 장소는 꽉 들어찼다. 기도 모임이 끝날 무렵, 내쉬 형제가 일어섰고 부흥을 거부하기 위해 손에 손을 잡고 동참한 젊은 형제들에게 연설을 했다. 거기에 모두 와 있다는 것을 나는 알았다. 그들은 하나님의 성령에 대해 버티며 앉아 있었다. 너무나 엄숙해서 그들은 자신들이 직접 들은 것과 본 것을 조롱할 수 없었다. 그러나 뻔뻔한 얼굴과 곧은 목은 누가 봐도 역력했다.
>
> 내쉬 형제는 그들에게 진지하게 다가갔고 그들이 취하는 행동의 죄와 위험을 지적했다. 그 연설 마지막 부분에서 너무나 온화하게 그들에게 말을 했다. "자 젊은이들! 이제 내 말을 명심해서 들으십시오. 당신들 중의 몇 명을 회심시키거나 당신들 중의 몇 명을 지옥으로 보내는 것과 같은 일을 통해 하나님은 일주일 내에 당신들의 진을 깨트릴 것입니다. 나의 하나님을 분명히 믿을진대 그분은 그렇게 정확히 하실 것입니다." 굳게 서서 앞에 있는 장의자 위에 손을 내려놓으니 완전히 놀라게 된 것이다. 그런 후에 즉시 앉아서 머리를 숙이고 고통으로 신음하였다.
>
> 죽음과 같이 적막해졌고 대부분의 사람들이 머리를 조아렸다. 이 젊은이들의 마음이 흔들림을 알 수 있었다. 나로서는 내쉬 형제가 좀 심하지 않았나 생각되었다. 그는 스스로가 확신 가운데 하나님이 일주일 내에 그들 중 몇의 생명을 거두셔서 지옥에 보내거나 아니면 몇 명을 회심시킨다는 것이었다. 그러나 그 주 화요일 아침에 이 젊은 형제 중의 리더 한 명이 나를 찾아왔는데 매우 마음의 고통이 심한 것 같았다. 그는 거의 순종할 준비가 되어 있었다. 내가 그에게 손을 얹자, 그는 어린아이와 같이 무너

졌고 고백하며 자신을 그리스도께 드렸다. 그런 후 그는 말했다. "피니 목사님, 제가 무엇을 할까요?" 나는 대답했다. "즉시 당신의 젊은 친구들에게 가서 그들과 함께 기도하시고 바로 주께 돌이키라고 권면하십시오." 그는 그렇게 했다. 한 주가 끝나기도 전에 모든 젊은이가 그렇게 한 것은 아니지만 거의 대부분이 주를 소망하게 되었다.[32]

그 후 죽음을 맞기 전 7년 동안, 내쉬는 찰스 피니가 이끄는 모든 부흥회의 주요 인물이 되었다. 그들은 함께 '기도로 끌어내리는 부흥회'를 알게 되었다. 기도에 관한한 내쉬는 결코 소심하지 않

> 기도전사 내쉬는
> 찰스가 이끄는 모든 부흥회의
> 주요 인물이 되었다.

았다. 그의 기도 소리는 8백 미터까지 들렸다고 하는데 어떤 사람들은 그가 청력이 좋지 않아서 그렇다고 하기도 했다.

'꺼진 불씨 지역'에서의 부흥

1825년과 1827년 사이에 찰스는 변방 지역의 마을이든 공동회관이든 말씀을 전하면서 서부 뉴욕의 여러 지역을 순회하였다. 이 지역은 원래 '꺼진 불씨 지역'이라는 별칭이 붙은 곳으로써 많은 순회 전도자들이 방문했음에도 불구하고 신앙에 대한 관심과 흥미를 잃은 곳이었다. 그 후 1827년 12월부터 1829년 6월까지 찰스는 델라웨어와 펜실베니아에서 순회하며 사역을 하였다. 1828년 6월 8일에 찰스가 필라델피아에서 부흥회를 인도하던 중에 그의 첫 자녀인 헬렌 클래리사 피니(Helen Clarissa Finney)가 태어났다. 찰스는 아내와 딸을 서부 뉴욕의 처가로 보냈고 자신은 다시 필라델피아로 돌아와서 복

---

32. Finney, *Memoirs*, 122-123.

음을 전파했다. 다음 해 6월까지는 뉴욕으로 돌아가서 그들을 보지 못했다.

필라델피아 후에 찰스는 1829년 10월부터 다음 해 6월까지 뉴욕시에서 사역을 했다. 이 부흥회는 에반스 밀스와 근처의 안트웝과 다른 지역에서 일어났던 것과 유사했는데, 피니는 뉴잉글랜드 전 지역의 교회와 언론으로부터 점차 주의를 끌게 되었다.

찰스의 부흥회는 당시의 산업화와 도시화에 많은 도움을 받게 된 것이다. 예를 들면, 1825년에 완공된 에리 운하(Erie Canal)는 버팔로우 근처의 에리 호수와 알바니의 허드슨 강을 연결하게 되었고 결국은 대서양과 뉴욕시가 오대호에 접근하는 어떤 지역 사회와도 연결되는 것이었다. 결과적으로 운하를 따라 있는 마을들은 산업의 중심부가 되어 이곳으로 사람들이 농촌지역에서 몰려들게 되었다. 수상 운송은 마차에 의한 상품 수송보다 훨씬 저렴했고 (1829년 전까지는 뉴욕에 철로가 부설되지 않았음) 이곳의 인구는 번창했고 산업의 축이 되었다. 이와 같이 유티카, 트로이, 로체스터, 그리고 뉴욕시와 같은 곳에서 설교를 함으로써, 찰스는 더 큰 마을과 도시에 있는 직업을 찾아 자신들의 가족을 떠난 많은 군중과 젊은이들의 마음을 터치할 수 있었다. 결국 그의 부흥회는 들불처럼 퍼졌고 그의 명성은 더 빠르게 커져갔다.

그러나 또한 찰스 피니의 명성은 소수의 적도 얻게 되었다. 리만 비쳐 (Lyman Beecher, 톰 아저씨의 오두막집의 저자인 해리엇 비처의 아버지)와 아사헬 네틀턴(Asahel Nettleton)과 같은 기존의 성직자들은 그의 관행을 세련되지 못하고, 야만적이며 조작적이라고 보았다. 찰스가 사용하는 '새로운 수단들'을 거칠게 비난하기도 했다. 즉, 부흥회에서 발견되는 감리교의 '열망하는 좌석'(구원에 대해 열망하는 사람들이 나와서 기도하도록 만들어 놓은 모임 장소 앞쪽에 표시된 벤치나 구역)을 채택하는 것이나, 주간모임이 아닌 야간모임을 하는 것(연장된 모임이라 불리움)이나, 여성이 남녀가 혼합되어 있는 곳에서 기도한다거나, 그의 설교에서 속어나 은어를 사용하는 것이었다. 많은 사람들이 이러한 수단이 너무 공격적이고 찰스가 영혼을 구원하는데 관심이 있기보다 영토를 차지하는 것에 더 관심이 있다고 느꼈다.

어떤 때는 비처가 도전적인 발언을 했다. "피니, 나는 당신의 계획을 알고 있고 당신도 내 계획을 알고 있습니다. 당신은 코네티컷까지 와서 이 불길을 보스턴까지 옮기려고 하고 있습니다. 주님의 사심으로 맹세하건데, 당신이 그렇게 시도한다면, 나는 주경계선에서 당신을 만나서 포병을 부를 겁니다. 그리고 보스턴까지 한 치도 물러서지 않고 싸워가면서 당신과 거기서 대결하겠습니다."[33]

다른 사람들은 네틀턴과 비처의 명분에 동조했다. 찰스의 관행에 대한 많은 이야기가 과장되었고 잘못된 보도가 신문에 인쇄되었다. 그들은 찰스가 열정적으로 영혼들을 위해 호소하기보다는 그의 청중들을 거칠게 조사하는 사람으로 치부하였다. 많은 사람들을 조정하여 더 많은 사람들을 유인하기 위해 군중을 감정적인 광신자로 만드는 노골적인 자기-옹호자로 비난을 받기도 하였다. 찰스를 비난하는 사람들은 그의 모임이 지나치게 오래가고, 그의 기도가 부적절하며, 그의 언어가 저속하다고 주장하기도 했다. 그러나 그의 모임에 참석한 사람들은 찰스 피니가 가는 곳마다, 하나님의 성령이 놀랄 만한 일을 행하신다고 알고 있었다.

예를 들면, 1826년에 찰스는 유티카를 두르고 있는 지역인 뉴욕 밀스에 있는 학교에서 설교했다. 그의 처남이자 지역 면화공장의 감독자가 그를 그곳에 설교자로 초대했다. 그의 말씀이 젊은 사람들에게 강력한 영향을 미쳤음을 느꼈다. 다음날 아침에 찰스는 공장을 순회하면서 그의 회고록에 다음과 같이 그의 경험을 썼다.

> 한 어린 소녀가 끊어진 실을 수선하고자 했다. 나는 소녀가 손을 떨고 있어서 수선을 못하는 것을 관찰했다. 나는 천천히 기계의 양쪽을 살피면서 걸어갔다. 이 소녀가 점점 더 불안해했고 일을 더 이상 진행하지 못했다. 나는 2~3미터 가까이 가 엄숙히 소녀를 바라보았다. 이를 보자 소

---

33. Miller, *Charles Finney: He Prayed Down Revivals*, 65.

녀는 압도되었고 주저앉더니 울음을 터트렸다. 이 인상이 화약과 같이 작용하면서 순식간에 그의 모든 작업실이 울음바다가 되었다. 이와 같은 감정은 공장 전체에 퍼져 나가게 되었다.... 공장의 사장이 나와 이를 보더니 감독자에게 말했다. "가동을 중지시키고 사람들을 집회에 참석하도록 하게. 이 공장을 가동시키는 것보다 우리의 영혼들이 구원을 얻는 것이 더 중요하잖아."…. 그 부흥회는 놀라운 능력으로 공장 전체를 휘감았고 몇 날이 안 되어 공장에 근무하는 거의 모든 사람이 회심하게 되었다.[34]

▲ 찰스 피니의 인물사진

지역의 장로교 성직자인 존 프로스트 목사는 3,000명 정도의 사람들이 그 지역에서 구원을 받은 것으로 추산하였다. 8개월 뒤, 모두가 신실하고 적극적인 교회 신자가 되었다.

항상 기도의 영에 의지하여

1826년 찰스는 뉴욕주의 오번(Auburn, New York)에서 동부까지의 많은 교회로부터 그를 거부하는 많은 반대에 직면하게 되었다. 신문들은 그의 모임에서 극단의 사례를 보도했다. 이 시기에 대해서 내쉬는 이렇게 썼다.

---

34. Finney, *Memoirs*, 183-184.

하나님의 역사는 기도를 통해 어느 지역으로 전진하지만 끔찍한 반대에도 부딪힌다. 찰스 목사와 나는 모형 인형으로 만들어져 교수형이나 화형에 처해 졌다. 우리의 신앙 모임도 자주 훼방을 받았다. 반대자들은 하나님의 집 안에서 소란을 피우기도 했으며, 집 주변에 모여 돌을 던지거나 총을 발사하기도 했다. 대통령 선거 전날 밤에 일어나는 듯한 글쓰기, 음모, 속임, 거짓 보도 등이 난무했다. 오, 세상에! 진리를 얼마나 증오하는가! 구원받기를 꺼리는지! 그러나 이 역사가 계속 됨을 나는 믿네.[35]

찰스는 다시 이 문제를 기도로 아래와 같이 올렸다.

나는 개인적으로 기억하듯이, 공개적으로 이 문제에 대해 아무에게 아무 말도 하지 않았다. 날이 갈수록 더 간절하게 하나님이 인도하시기를 바랐다. 나에게 맡은 길을 보여 주시고 이 폭풍우를 넘어갈 수 있는 은혜를 구했다....

주님은 나에게 환상으로 보여 주셨다. 내가 기도에 전념할수록, 그분은 내게 점점 가까이 다가오셨고 내 살은 그야말로 뼈 속까지 떨었다. 머리부터 발끝까지 떨었고 하나님의 임재를 온몸으로 느꼈다. 처음 한동안은 그리스도의 십자가의 임재보다는 시내 산의 꼭대기에 있는 듯하였고 천둥소리 가운데 놓여 있었다.

내가 상기하건데, 내 인생에서 그렇게 그때처럼 하나님 앞에 경외함으로 겸손함으로 있었던 적은 없었다. 그럼에도 불구하고, 도망가기보다는 하나님께 더 가까이 다가서는 것 같았다. 나를 말할 수 없는 경외감과 떨림으로 채우시는 임재 앞으로 더 가까이 가는 것이었다. 그분 앞에 한동안의 굴복이 있은 후에, 큰 위로가 주어졌다. 하나님은 나에게 함께하심과 지켜 주심을 확신시켜 주셨다. 어떤 방해도 나를 이기지 못할 것이다. 이

---

35. Reno, *Daniel Nash: Prevailing Prince of Prayer*, 13.

문제에 관한 내가 해야 할 일은 없으며 오직 내 사역을 계속하며 하나님의 구원을 기다리는 것이었다.[36]

그러한 기도는 반대를 직면할 때 뿐 아니라 찰스가 마주치는 어떤 다른 문제에서도 중요한 열쇠가 되었는데 특히 '부흥을 경시하는 것'에 더욱 그러하였다. 많은 사람들은 이러한 부흥이 단지 하나님의 주권 아래 성령을 부으시는 하나님의 책략으로 보았지만 (어떤 경우에 당시의 성직자들은 하나님의 주권을 핑계로 자신들의 비효과적인 사역의 구실로 삼기도 했으나), 찰스는 인간이 기도, 금식, 그리고 성경에 약속된 말씀으로 하나님을 의지하는 것을 통해 부흥을 위한 무대를 만들 수 있음을 믿었다. 찰스는 북부 뉴욕의 디 칼브(De Kalb)에서의 부흥 동안에 그에게 영향을 미친 이 기도의 영에 대해 아래와 같이 썼다.

> 나는 나 자신이 몰두되었고 불멸의 영혼의 무게를 지고 있어 쉬지 않고 기도할 수밖에 없었다. 정말로 나의 어떤 경험들은 나를 놀라게 했다. 간청의 영이 내게 임하여서 나는 하나님께 기도를 응답해 주심을 약속하셨다고 고백하였다. 나는 결코 거부되지도, 거부할 수도 없는 존재라고 말이다. 그분이 나를 들으셨음을 확신했고 그분의 약속과 그분 자체에 대한 신실함으로 그분이 듣고 응답하지 않는 것은 불가능하다 믿었다. 그래서 자주 나는 이렇게 말씀을 드린다. "제가 거부되지 않음을 바라고 있습니다. 저는 제 손에 주님의 신실하신 약속을 가지고 옵니다. 저는 거부되지 않습니다." 나의 불신이 얼마나 한심스럽게 보이는지, 하나님이 기도에 응답하실 것을 얼마나 확신하는지 알 수 없다. 또한 날마다, 시시각각으로 내가 그토록 고뇌와 믿음 가운데 드리는 그 기도들이 어떤 형태로 응답하실지, 또 어떤 장소에서 응답하실지, 그 시간이 언제일지 전혀 모른다. 나는 응답이 문 앞까지 가까이 있고, 거룩한 삶 안에서 내가 강해지며, 어둠의 세

---

36. Finney, *Memoirs*, 193.

력과의 강한 갈등을 제어할 기구를 착용하고, 내가 수고하는 이 새로운 곳
에서 하나님의 성령의 강력한 부으심을 곧 보게 될 것이라고 확신한다.[37]

오스왈드 스미스는 왜 이러한 기도가 찰스의 사역에서 중요한지 다음과 같이 설명했다.

> 그는 성령이 급작스럽게 부어지심을 보는 기대로 항상 설교했다. 이것이 발생하기 전에는 거의 아무것도 일어나지 않았다. 성령이 사람들에게 임하는 순간, 찰스는 다른 할 것이 없고 다만 그들에게 하나님의 어린양을 가르친다. 이와 같이 그는 살아가며 수년 동안을 이러한 부흥의 분위기에서 사역한 것이다.[38]

찰스와 그의 아내는 1829년 10월부터 1830년 5월까지 여러 지역에서 사역을 계속했고 뉴욕시에서 마쳐질 무렵에는 둘째이자 첫 아들인 찰스 베만 피니(Charles Beman Finney)가 3월 28일에 태어났다.

100,000명이 구원받다

1830년 9월을 시작으로, 뉴욕주 로체스터에서 찰스가 인도한 부흥회 때 그의 삶에 있어서 큰 돌파구요 거대한 부으심이 있었다. 로체스터는 1820년대에 가장 급성장하는 미국의 도시였다. 마을은 1811년에 세워졌고 15명이 게네시 강을 따라 정착해서 폭포를 이용해 공장을 가동했다. 1823년에 도시는 2,500명의 인구로 성장했고 에리 운하와 게네시 강을 연결하는 수로가 완성됨으로써 서부 뉴욕의 농부들과 뉴욕시와 대서양이 연결되었다.

---

37. Ibid., 142-143.
38. Reno, *Daniel Nash: Prevailing Prince of Prayer*, 15.

하룻밤 사이에 마을이 번창하는 상업의 중심지가 된 것이다. 농부들은 그들의 곡식을 운반하여 공장에서 현금을 받고 집으로 돌아오기 전에 로체스터 시장에서 생필품을 쇼핑했다. 그 결과로 로체스터의 성인남자 반 이상은 숙련된 장인이었고 변호사와 의사들과 같은 많은 전문직업인들이 그곳에 정착했다.

1830년 경, 로체스터는 거의 4배가 되어서 10,000명이 거주하게 되었고 마을은 필라델피아의 10분의 1 크기가 되었다. 찰스가 복음을 증언하는 여러 달 동안에는 거의 모든 인구가 회심을 했다. 이 지역에서 대략 10만 명이 주께 돌아온 것이다.[39] 부흥은 160킬로미터 이상의 넓은 지역으로 퍼져나갔다. 찰스 사역의 초기에 강경 비판자였던 리만 비처가 결국 찰스의 로체스터 사역을 "매우 짧은 기간 동안에 일어났고, 세계에서 유래가 없는 하나님의 위대한 사역이며 기독교 신앙의 위대한 부흥이다. 10만 명이...교회와 연결되었던 것으로 보도가 되고... 이것은 교회사와 기독교 신앙의 발전에서 다른 것과 비할 바 없다"라고 말할 정도였다.[40]

찰스의 회심자의 85퍼센트가 그 후에도 그리스도인으로 남아 있다고 기록되었다. 약간 초과되었던 캐인 리지는 몇 배로 증가하여, 농부나 개척자들의 시골보다는 문화의 중심지가 되는 도시 지역이 되었다.

찰스는 제3 장로교의 설교단을 대신하기 위해 로체스터로 처음 초청받았는데 그 교회의 목사는 뉴욕시의 제1 장로교를 인도해 달라는 요청을 전에 받아서 간 것이다. 이러한 움직임을 용이하게 도왔던 사람은 교회 장로 중 한 사람인 요시아 비셀(Josiah Bissell)이었다. 비셀은 '파이어니어 스테이지 라인'이라는 마차 회사를 운영하는 부유한 사업가이며 주일에는 마차를 운영하지 않기로한 동부지역에서 유명한 사람이었다. 비셀은 로체스터의 제2와 제3 장로교 건축을 위해 재정으로 크게 도운 후한 사람이기도 하다..

그러나 찰스는 로체스터로의 부름을 수락하기 전에 부흥을 위해 무르익었

---

39. Finney, *Memoirs*, 301.
40. Ibid., 300-301.

는지를 결정하기 위해 마을의 영적 분위기를 조사했다. 마을의 그리스도인 사이의 불협화음이 있는 것도 알았다. 비셀은 제2 장로교의 목사인 윌리암 제임스가 다른 마차 라인을 주일에 타는 것을 보게 되었다. 사회적, 경제적인 위치가 모든 면에서 우월했던 비셀은 교회의 일상적인 문제까지 제임스와 갈등을 빚게 되었다. 비셀은 더 이상 참지 못하게 되었고 결국 교회의 임원들에게 제임스의 사직을 요청하기에 이르렀다. 로체스터 제1 장로교의 목사인 죠셉 페니 박사는 제임스를 변호하게 되었고 이는 다시 비셀로 하여금 페니의 간섭에 대해서도 장로회[41]에 항의하게 하였다. 이와 같이 교회내의 분열이 시작되었다.

이 문제에 대해 기도하며 주변 사람들에게 조언을 구한 후에, 찰스는 로체스터는 장래성이 없는 초대라고 결론지었다. 제의를 거부하기로 하였으나 왠지 하나님은 다른 계획이 있는 것 같았다. 찰스가 그 밤에 홀로 있으면서 잠을 청하고자 할 때, 그의 논리가 잘못되었음을 깨닫게 되었다: "분명히 이러한 어려움으로 인해 더욱 더 로체스터에서 너를 더 필요로 하는 것이다. 고쳐야 할 문제가 많고 잘못된 부분이 많다고 해서 밭을 피하는가? 만약 모든 것이 잘되어간다면 네가 필요하지 않을 것이다."[42] 즉시 그는 이 초청에 응하기로 결심했다.

▲ 1829년의 캠프 집회(의회 도서관, 96510018)

1830년 9월에서 1831년 3월 사이에, 찰스는 매주 7일 밤과 매 주일 3번씩 설교했다. 페니가 찰스의 첫 예배에 왔고 그들의 영은 성령에 의해 짜 맞추어져 갔다. 페니는 찰스에게 제1 장로교에서도 설교하도록 요청했다. 교회는

---

41. 이 장로회는 장로교에 속한 지역의 교회들을 감독하는 지역 협의회이다.
42. Finney, *Memoirs*, 142-143.

부흥하였으며, 곧바로 로체스터와 인근 지역인 오그덴, 브록포트, 펜필드, 클락슨을 강타한 크리스천 연합의 영이 비셀과 페니에게도 견해차를 줄이고 화해하는 역사가 일어나게 하였다.

모든 사회 계층을 움직이는 부흥이 일어났는데, 이는 시민과 경제인 지도자로부터 의사, 가게 주인과 농부와 이주민 노동자에 이르게 되었다. 많은 회사가 잠시 문을 닫고 고용인이 모임에 참석하게 되었고 교회의 여성들은 가가호호 방문하며 병자를 위해 기도하고 저녁예배로 인도했다. 술집은 손님이 없어서 문을 닫았다. 범죄율은 급격하게 떨어졌고 인구가 증가함에도 불구하고 몇 년 동안 하향 상태가 되었다. 어떤 때는 지역의 고등학생인 십대들이 영혼의 상태가 불안정하여 수업에 집중이 안 되자 부장교사가 찰스를 초대하여 설교하도록 요청하기도 하였다. 거의 모든 학생회가 구원을 받았고 처음에는 학생들이 학업을 회피하기 위한 술책이라고 생각했던 부장 교사도 포함된 것이다. 40명의 학생들이 그 후 성직자가 되었다. 로체스터와 그 주변의 지역 사회는 변화되어 확연하게 그리스도인이 되었다. 거리를 지나가거나 은행이나 가게를 들어갈 때 신앙에 대한 토의를 엿듣지 않고 가는 경우가 없을 정도였다. 당시의 학생이었던 찰스 부시(Charles P. Bush)는 나중에 유력한 목사가 되었는데, 이렇게 당시를 회고한다.

> 전체 지역 사회가 동요되었다. 신앙은 가정과 가게와 사무실과 거리에서 주요 대화 주제였다. 도시에서 유일한 극장은 돈을 내고 말을 맡기는 곳이 되었고, 유일한 써커스는 비누와 양초 공장이 되었다. 그로그 술집은 폐점했고, 안식일이 지켜졌으며, 교회는 행복한 경배자들로 가득 찼다. 새로운 자극이 박애주의를 가진 기업에 주어졌고, 선행의 샘들이 열려져 사람들은 선하게 살게 되었다.[43]

---

43. Hyatt, *2000 Years of Charismatic History*, 137.에 인용된 V. Raymond Edman, *Finney Lives On* (Minneapolis: Bethany House Publishers, 1971), 68.

다시 찰스는 이 부흥의 역사에 있어서 기도가 중요한 역할을 한 것을 느꼈다. "이 부흥에 있어서 하늘 문을 여는 열쇠는 (아벨)클래리, 내쉬 교부, 그리고 하나님의 보좌 앞에 자신을 엎드리고 하늘의 부으심을 그분께 간청하는 이름 없는 많은 사람들이었다." 클래리가 마을에 있다는 소식을 접한 찰스는 다음과 같이 말했다. "우리 모임에서 한 번도 그를 본 적이 없습니다."[44] 클래리를 보았다는 사람이 대답한다. "아닙니다....그는 모임에 참석할 수 없었습니다. 그는 거의 항상 밤낮으로 기도합니다. 알지 못하는 정도로 마음의 극도의 고통을 안고 기도합니다. 때로는 무릎을 꿇고 앉을 수도 없어 단지 바닥에 엎드려 놀랄 정도로 신음하며 기도합니다." 찰스는 대답하기를 "제가 이해합니다. 조용히 기다리세요. 바로 나올 것입니다. 그분이 분명 이길 것입니다."[45] 그는 이 기도의 영이 무엇을 하는지를 알았고 간섭하지 않아야 함도 무엇보다 잘 알고 있었다.

이러한 뜨거운 기도에 대해 찰스는 말했다.

> 나는 피를 땀처럼 흘리는 사람을 본 적이 없습니다만 코피가 날 정도로 기도하는 사람은 압니다. 추운 겨울에도 땀이 범벅될 정도로 기도하는 사람들도요. 어떤 사람들은 몇 시간씩 기도하여 몸의 기운이 정신적인 노동으로 인해 다 빠져나가기도 합니다. 그러한 기도는 하나님께 상달되어 그분을 붙드는 것입니다.[46]

로체스터는 오늘날 '제단으로의 부르심'(altar call)의 전조가 되는 '열망하는 벤치'(anxious bench)를 찰스가 처음 시작한 곳이다. 이전에 찰스는 '열망하는 모임'(anxious meetings)을 가졌었다. 이 모임은 저녁 예배 후인 다음날 아침에

---

44. Reno, *Daniel Nash: Prevailing Prince of Prayer*, 12.
45. Finney, *Memoirs*, 297.
46. Charles Finney, "Prevailing Prayer," *Lectures on Revival* (Minneapolis: Bethany House Publishers, 1988), 43.

가지는데 주로 자신의 영혼의 상태를 알고자 영혼의 회심에 대해 개인적으로 간절히 문의하는 사람들의 모임이다. 로체스터에서는 사람들이 구원을 이루기 위해 자신이 노력하는 것이 아니라 그들에 제시된 것을 받아들이기로 준비가 되는 것이 중요함을 알았다. 기다리기보다 모임 장소의 앞쪽을 구별하도록 하고, 그가 초대했을 때 사람들이 앞으로 나와서 자신의 구원을 위해 기도하는 것이었다. 그는 이렇게 표현한다.

> 자신의 마음을 즉시 드리고자 하는 사람들의 마음에 인상을 남기기 위해 무엇인가 필요함을 나는 발견했다; 자신이 죄를 지을 때처럼 세상 앞에 공개적으로 나와서 행동을 하는 무언가가 필요했다. 공개적으로 그리스도를 섬기도록 하는 그 무언가가 필요했다. 내가 그들에게 단순하게 회중 가운데서 일어서도록만 했을 때, 이것이 매우 효과가 있음을 발견했다. 그렇게 진행되면서 의도의 목적에 부응했다. 그러나 불경건한 사람들 중에서 그들을 이끌어내고, 자신의 죄악된 생활을 공개적으로 청산하며, 하나님을 향한 공개적인 헌신을 위해 또 다른 무언가가 필요하다는 것을 한동안 느꼈다.[47]

로체스터의 부흥은 제2의 대각성운동의 최고조임을 증명했고 1831년의 미국전역에 걸쳐 들불같이 활활 타는 전국적인 부흥의 도화선에 불을 붙였다. 비쳐 자신을 포함한 복음전도자들의 무리가 로체스터에서 횃불을 들었고 교회마다 등록인원이 넘쳤다. 장로교, 감리교, 침례교, 성공회, 회중교 그리고 다른 모든 교파는 물론이었다. 1831년 한 해 만도 뉴잉글랜드의 교회들은 3분의 1이 더 증가했다.

1831년의 전국 부흥은 미국의 더 큰 결속을 가져왔고 당시 사람들의 일상 대화는 신앙이 되었다. 일상의 일과 업무 시간은 교회의 행사와 기도 모임을

---

47. Finney, *Memoirs*, 288-289.

중심으로 돌아갔다. 개신교는 기도를 통해 미국인의 마음을 한데 묶는 접착제가 되었고 개신교 직업윤리는 번영, 발전, 그리고 양키들(Yankee; 미북부 뉴잉글랜드 사람)의 재능과 같은 의미가 되었다.

내쉬 교부는 1831년 12월 20일에 56세의 그해 끝자락에서 운명하였음을 주목해 볼 필요가 있다. 4개월이 채 안되어서 찰스는 순회 사역을 그만 두고 목사로서 자리를 잡았다.

뉴욕시에서의 목회

로체스터 부흥의 엄청난 설교 부담은 찰스에게 무리를 주었다. 폐결핵에 걸렸고 안정이 필요하다는 의사의 진단이었다. 찰스가 죽을 것이라 생각하기도 했다. 그전에도 이런 말을 듣고 찰스는 그들이 잘못 알았다고 말했다. 단순히 무리한 것이기 때문에 약간의 안정만이 필요하다고 했다.

1831년 봄 무렵에, 찰스는 로체스터에서의 자신의 사역이 마치게 됨을 느꼈다. 뉴욕의 쉐넥타디(Schenectady, New York)에 있는 유니언 대학에서 설교하도록 초청을 받았고 마차를 타고 길을 떠났다. 가는 길은 험해 3일 동안 갔음에도 겨우 96킬로미터 떨어진 오번(Auburn)까지 이동할 수 있었을 뿐이다. 갈 길을 계속 가기 전에 오번에서 머물며 설교를 해 달라는 서면 요청을 받았다. 여기에 전에 그를 반대했던 많은 마을의 지도자의 싸인들이 들어 있었다. 찰스는 6주를 머물며 사역을 했고 수년이 지난 후에 오번의 제1 장로교의 역사가는 다음과 같이 기록하였다.

> 그는 인생의 최고점과 그의 명성의 최고조에 다다랐다. 설교자로서.... 그는 라이벌이 없었다. 그의 깊고 예리한 눈과 지휘하는 목소리의 톤은 진리의 엄중한 측면과 맞아 떨어졌고 갈망하는 분별력과 강력한 효율성을 제시하는 데 결코 예외가 없었다.... 피니 목사는 이와 같이 다른 곳에서

설교한 적이 없었으나 그 결과는 단지 이 회중에게 국한되지 않았다. 이러한 방법으로 회심한 많은 사람들은 마을과 근처의 다른 교회들과 연합하였다. 한 세대가 지난 지금은 편견이 있는 시대임에도 이 모임이 활력이 넘치는 신앙생활의 근원이었음에 의심의 여지가 없다.[48]

찰스는 오번에서 뉴욕주의 버팔로로 계속 나아갔다. 다시 로드 아일랜드주의 프라비던스와 메사추세츠 주의 보스턴까지 갔다. 그에 대한 반대는 이 무렵 많이 수그러들었고 자신의 비난자였던 리만 비처와 함께 모임을 주관하기도 했다.

1832년 3월 7일 피니의 셋째 자녀인 프레드릭 노톤 피니(Frederick Norton Finney)가 태어났다. 찰스와 그의 아내는 순회하는 복음전도자의 삶이 가족을 양육하는 데에 도움이 안 되는 것을 결론 내리게 되었다. 찰스는 이렇게 말하였다. "지난날 동안 며칠이나 몇 주의 휴식도 없이 약 10여 년을 사역하면서 피로가 누적이 되었습니다."[49] 다른 무엇보다도 이러한 요인들로 뉴욕시의 카쌈 거리 교회(Chatham Street Chapel, 현재는 제2 자유 장로교회로 알려짐)의 목사직을 찰스는 수락하게 되었다. 그는 보스턴을 떠나서 1832년 4월에 뉴욕에서 목회를 시작했다.

사업가와 인종차별 폐지론자인 루이스 태펀(Lewis Tappan)을 포함한 후원자로부터 지원을 받아 카쌈 거리 극장이 교회로 탈바꿈하게 되었다. 완공이 되자마자, 찰스는 약 1500명에서 2000명의 군중에게 설교하게 되었는데 이는 뉴욕시로서도 매우 큰 규모였다. 그해 5월부터 6월까지 찰스는 70회의 연속 저녁 집회에서 설교했다. 찰스는 다른 교회에서 교인들을 데려오는 것이 아니라 불신자에게 전하는 것이 목적이었다.

---

48. Lewis Drummond, *A Fresh Look at the Life and Ministry of Charles G. Finney* (Minneapolis: Bethany House Publishers, 1985), 146-147.에 인용된 Charles Howley, *The History of the Presbyterian Church, Auburn, New York* (Auburn: Daily Advertiser and Weekly Journal Stoan Book Print, 1876), 49-51.

49. Finney, *Memoirs*, 318.

그는 자신의 교인들에게 이렇게 당부하였다. "교회 구석구석으로 퍼져서 눈을 크게 뜨고 설교에 강하게 영향을 받은 자들을 주의하여 가능하다면 대화와 기도를 위해 설교 후에도 붙잡아 주십시오." 성도들은 가르침을 따라 하나님의 말씀으로 영향을 받은 사람을 집회에서 살펴보았으며, 하나님의 말씀에 영향을 받은 자들에게 두려움을 떨쳐 버리고 믿음을 갖도록 그리고 말씀에 영향 받을 수 있도록 하였다. 이러한 방법으로 수많은 영혼들이 회심하였다. 우리는 그들을 다른 공간으로 초대하여 함께 대화하고 기도함으로써 매 설교의 결과물을 얻을 수 있었던 것이다.[50]

그와 그의 회중들은 이런 식으로 크게 성공하였다. 또 하나의 교회가 카쌈 거리에서 새로운 교인들로부터 개척되었다.

여름 중반에 콜레라가 뉴욕을 강타했다. 많은 사람들이 피난을 하였으나, 찰스는 머물면서 그의 양떼들에게 사역을 계속했다. 9월 28일 그의 취임 예배에서 그는 콜레라 열병에 걸렸다. 비록 질병에서 살아났지만 그 처방이 너무도 혹독해서 그는 1833년 봄까지도 설교를 재개할 수 없었다. 1834년 1월에 업무의 과로와 콜레라와 그 처방의 영향으로 잠시 쉼을 가지고자 약 6개월을 바다 여행을 하게 되었다. 그의 여행지는 지중해와 몰타 섬과 시실리 섬이었다. 이는 그의 회고록에 기록되었다.

> 집으로 돌아오는 길에 내 마음은 부흥의 문제로 크게 번민하였다. 나라 전체에서 성도가 감소할까 두려웠다. 사람들의 반대가 성령을 근심시키지 않을까 두려웠다. 내가 보기에도 내 자신의 건강은 꽤 많이 약해졌다. 사역을 대신할 다른 복음전도자나 부흥을 도와줄 협력 목사를 알고 있는 것도 아니었다. 이런 문제가 나를 고민하게 했고 나는 거의 쉼을 누리지 못했다. 내 영혼은 완전 고통의 상태였다. 나의 객실에서 이를 고심하며, 하

---

50. Ibid., 322.

루 종일 기도로 거의 보내거나 극심한 고통 속에서 갑판을 걸었다. 나는 이 배 위에서는 마음을 열고 말할 사람이 아무도 없었다.

그때 내게 기도의 영이 왔다. 전에도 이를 경험했었지만 그렇게 오랫동안 지속되지는 않았다. 나는 주님께 그의 일을 계속하시기를 간청하고, 필요한 기교를 자신에게 베풀어 주시기를 간청하였다. 7월 초의 긴 여름날이었다. 말할 수 없는 씨름과 내 마음의 고통으로 하루가 지난 뒤인 그 밤에 문제가 내 마음에서 정리가 되었다. 성령은 나로 하여금 모든 것이 괜찮아질 것이라고 확신을 주었으며 하나님은 아직도 내가 해야 할 일이 있음도 알려 주셨다. 주님은 쉼을 주셨다. 주님은 주님의 일을 계속 하시면서 주님이 원하는 일에 참여할 수 있는 힘을 내게 주셨다. 그러나 그분의 섭리의 단계가 어떻게 이루어질지 나는 도무지 알지 못하였다.[51]

사회정의를 위해 굳게 서다

뉴욕으로 돌아오자마자, 찰스는 노예 문제가 많은 사람의 양심을 잡고 있는 것을 발견했다. 노예 제도를 반대한 사람들은 루이스 태편과 그의 형제인 아서였는데 이들은 뉴욕 반노예 협회를 창설하였다. 후에 미국 반노예 협회가 같은 해에 창설되었다. 전에 태편 형제들이 찰스에게 아프라카계 미국인들이 카쌈 거리 교회의 예배에 참석을 허용되도록 했었다. 비록 백인과 흑인이 따로 앉았지만 찰스는 동의했었다.

찰스는 심지어 노예 소유주인 사람에게 성찬을 거부할 만큼 설교단에서 노예 제도를 정기적으로 비난했다. 태편 형제들은 찰스의 다음 교회로 거의 완공되어 가는 브로드웨이 교회(Broadway

> 찰스는 설교단에서 노예 제도를 정기적으로 비난했다.

---

51. Ibid., 328-329.

Tabernacle)의 주요 재정후원자였다. 그와 태편 형제는 강경한 입장을 취했기 때문에, 노예 제도 찬성자들은 항의의 표시로 건물에 불을 지르게 되고 결국 지붕이 전소되었다. 태편 형제들은 건축을 즉시 다시 시작하도록 지시했고 건물은 1836년에 완공이 되었다. 찰스는 건물의 디자인에 상당한 노력을 기울였다. 설교단이 중간에 있는 원형의 건물로 2400명을 수용할 수 있는 크기였다. 2층으로 되었고 두 개의 원형극장이 한 데 모여져서 음향이 놀랍게도 잘 전달되었다.

찰스의 비난자에 대한 반응을 출판할 정도로 용기 있는 단체에 의해 시작된 신문인「뉴욕 이벤젤리스츠」(New York Evangelists)는 노예 제도 폐지 명분에 찬성했고 이에 따라 독자를 잃어갔다. 이 무렵 조슈아 리빗(Joshua Leavitt) 목사가 신문사의 편집장이었다. 그는 찰스에게 도움을 청하러 갔고 찰스는 그에게 기도해 보겠노라고 말했다. 하루 이틀의 심사숙고 끝에 찰스는 부흥에 관한 강해설교를 자신이 한다면 신문사가 이를 게재하는 것을 제안했다. 리빗은 흔쾌히 수락했다. 신문 게재는 효과가 있었다. 신문이 독자를 잃었던 속도보다 더 빠르게 독자를 확보했다. 강해 시리즈를 통해 찰스는 부흥은 기적이 아니라 하나님을 부르고 성령의 인도에 순종하여 따르는 인간사의 일임을 가르쳤다. 다시 한 번 찰스는 뉴잉글랜드의 정통과 자신의 타락을 하나님의 주권이라 평계하는 칼빈주의의 근간을 흔들었다.

일단 강해가 신문에 기고가 되자,『피니의 부흥 강해』(Finney's Lectures on Revival)라는 제목으로 책이 편집되었다. 책은 인쇄가 되는대로 거의 빠른 속도로 팔려 나갔다. 미국, 캐나다, 영국, 스코틀랜드, 웨일즈, 프랑스, 독일, 그리고 기타 유럽 지역에서 출판되었고 필요하다면 번역되기도 하였다. 많은 사람들이 이 책을 읽고 결과적으로 회심하게 되었다. 뉴잉글랜드와 뉴욕의 지역 사회에 대한 찰스의 영향력이 이제 세계로 퍼져 나간 것이다. 하나님께서 전보다 더 강력하게 그를 사용하신다는 해상 여행 중에 올렸던 기도의 응답으로 이러한 성공이 이루어졌음을 찰스는 알고 있다.

찰스가 교수가 되다

1834년 말부터 1835년 겨울까지 뉴욕에서 찰스가 설교할 때마다 부흥이 몰려왔다. 결과적으로 목회자가 되기를 원하는 많은 청년들을 접하게 되었으나 찰스가 설교한 복음을 따라 교육시키고 목사 안수를 할 수 있는 적당한 장소가 없었다. 그래서 찰스가 신학을 가르쳐 달라는 요구가 점점 많아지자 그는 동의하고 강해 시리즈를 할 정도가 되었다.

이 무렵에 오하이오 주의 신시내티에 있는 래인 신학교에서 논쟁이 있었는데 결국 이 일은 신학 교수로서의 찰스의 경력을 한층 더 끌어올리는 계기가 되었다. 신학교에는 주로 노예를 소유하는 것은 죄라고 굳게 믿는 뉴욕의 '꺼진 불씨 지역' 출신의 회심한 청년들이 많았다. 다수의 래인 신학교의 이사들은 노예를 소유했으며 학생들을 침묵시키고자 했다. 이사 중 하나인 아사 마한(Asa Mahan)은 학생들의 대의명분을 지지하여 오하이오 주의 오벌린(Oberlin, Ohio)에서 새로운 대학을 시작할 때, 그들과 함께 갔다. 그는 오벌린 대학의 첫 학장이 되었고 학생들은 찰스 피니를 신학 교수로 요청했다. 태편 형제들이 찰스와 다른 일곱 명의 교수직의 재정후원을 약속할 때, 찰스는 그해 여름에 오벌린에서 가르치는 것을 동의하고 겨울에는 뉴욕시로 돌아와 목사직을 계속 하였다. 오벌린에서의 찰스의 첫 여름은 1835년이었다.

몇 가지 조건하에 찰스는 오벌린에서의 교수직을 수락했다. 아메리카계 미국인들이 백인 학생과 같은 대우를 받는 것으로써 피부색과 성별에 의한 차별과 분리를 하지 않는 것이었다. 오벌린은 노예들이 캐나다로 자유를 찾아 남부를 탈출하는 지하철역으로서 돕는 곳이기도 했다. 오벌린의 아메리카계 미국인 비율이 5퍼센트를 넘지 않았지만, 인종에 관계없이 자유의 장소가 되는 인종차별 폐지론자의 심벌이기도 하였다. 찰스는 또한 여성 교육을 강하게 주창했는데 이는 아동 교육을 주로 여성들이 담당했기 때문이다. 오벌린은 여성부를 창설하기도 했다.

오벌린 대학은 찰스가 가르치기 시작할 무렵에 100명의 학생에게 문을 열

없는데 1840년경에는 500명이 등록하였다. 1851년에 찰스가 오벌린의 총장이 되었을 무렵에는, 대학이 이미 1,000명의 학생을 갖게 되었다. 재인 패터슨은 자신의 부모가 노예였지만 첫 번째 아메리카계 미국 여성으로 (아마도 전 세계에서 처음으로) 1862년에 오벌린을 졸업하여 학사학위를 수여받았다.[52] 그녀는 워싱턴 디시에 있는 '유색 젊은이를 위한 예비 고등학교'의 교장이 되기도 했다. 찰스가 죽은 후에, 제임스 가필드 미 대통령은 오벌린 학생회에 이렇게 확언했다.

"이 땅에 어떤 대학도 찰스 피니가 많은 해 동안 기독교 교육에 헌신한 이 대학처럼 미국인의 삶과 사고의 중심축이 될 수 없었고 품격을 높일 수도 없었다."[53]

교파에서의 변화

전학하는 학생들의 징계에 관한 지방 장로회의 판결에 불일치가 발생하자, 찰스는 장로회의 선례에 대한 부족에 문제를 제기하였다. 선례가 법률만큼 중요할 때 변호사였던 그에게는 정의감에 커다란 도전이 되었다. 그는 교파로부터 독립하기로 결정했다. 이것은 그의 사역초기부터 장로교인이 된 그에게 쉽지 않은 결정이었지만 깨끗한 양심과 순수한 마음으로 하나님의 부르심에 응해야 한다는 느낌을 떨쳐 버릴 수 없었다. 따라서 카쌈 거리 교회는 회중교회가 되었고 한동안 건축이 진행 중인 브로드웨이의 새로운 교회도 그렇게 하기로 결정했다. 1836년 3월 13일에 찰스는 제2 자유장로교회의 목사직을 사직하고 그의 목사직을 회중교회로 옮겼다. 브로드웨이 교회가 완공될 때까지 찰스는 카쌈 거리 교회에서 몇 번의 모임을 가졌다; 브로드웨이 교회에서의 첫 모임이 4월 10일 주일에 열렸다. 그날 저녁에 찰스는 브로드웨

---

52. "God's College and Radical Change," *Christian History* 7, no. 4〔20호〕(1988): 27.
53. Miller, *Charles Finney: He Prayed Down Revivals*, 96-97.

이 교회의 목사로 취임하였다.[54]

오벌린으로 이주

찰스는 1835년 여름부터 1837년 4월 6일까지를 오벌린과 뉴욕시 사이에서 자신의 인생을 구분했는데, 그때 바로 브로드웨이 교회에서 목사로서 사임을 하고 영구히 오벌린으로 온 것이다. 그 해에 4번째 자녀인 줄리아 피니(Julia Finney)가 3월 16일에 태어났다. 그 전년도에는 건강상의 문제로 제임스 쉬퍼드가 오벌린교회의 목사직을 사임했고 찰스는 임시로 대신 맡아 달라는 요청을 받았다. 피니 부부가 오벌린으로 이주하여 일 년을 보냈을 때, 이 임시적인 목사직은 1837년 5월 영구직이 되었다. 찰스는 이제 주중에도 가르치고 매 주일에는 설교를 할 수 있었다. 그의 주요 사명은 복음전도자의 사명이었기 때문에 그는 이 사명에서 멀리 벗어나지 않았다. 이 교회는 그의 지도하에 번창했고 대학도 그러하였다. 오벌린의 제1 교회가 급속히 성장하였고, 1844년에 2천 명을 수용할 수 있는 또 다른 교회가 완공되었다. 이 교회가 나중에 아파라치안 산맥 서부의 최고 큰 교회가 되었다.

여전히 부흥사를 마음에 둔 찰스는 사회개혁가로서도 자신을 확고히 하게 되었다. 로체스터 이래로 복음은 영혼을 변화시킬 뿐 아니라, 기회가 주어진다면 사회를 변화시켜야 한다고 그는 배웠다. 인종차별폐지 외에도 오벌린에서 찰스의 사역은 금주운동, 안식일 지키기, 교회의 여성참여 등의 사회개혁까지 미쳤다. 찰스는 항상 영혼구원을 최우선에 두었다. 그러나 오벌린에서 모든 학생이 그의 메시지를 마음에 두는 것은 아니었다. 오벌린에 다녔던 많은 학생들은 그들의 방향을 잃고 자신이 지지하는 대의명분을 따라 갔으며 그 과정에서 자신들의 삶을 위한 하나님의 완전한 뜻을 놓치게 되었다. 이들

---

54. Keith J. Hardman, *Charles Grandison Finney: 1792-1875* (Grand Rapids, MI: Baker Book House, 1987), 311, 313.

의 반항적인 본성이 사랑과 충성을 덮어버린 것이다.

찰스는 1842년까지 주로 오벌린에 있었고 그 후 집회를 가지기 위해 보스톤, 프라비던스, 뉴욕시, 그리고 로체스터로 돌아왔다. 하나님은 그를 사용하기를 그치지 않으셨으며 그가 설교하는 곳마다 부흥이 다시 일어났다. 그는 이제 공식과도 같은 방법을 가졌다: "방법은 단순히 복음을 전하는 것이며 개인과 그룹과 공적인 기도의 풍성함과 부흥을 촉진하기 위한 핵심적인 수단으로써의 기도에 많은 강조를 두는 것이다."[55] 찰스 피니가 기도로 도와 주는 주변 사람과 함께했을 때, 하나님은 확실히 응답하셨다.

더 깊은 성령의 세례

오벌린에서의 첫해 동안에, 찰스는 부흥회 때 회심하였으나 믿음에서 타락하거나 떠나가는 사람들이 있음을 알고 근심이 되었다. 그는 그리스도인이 이 땅에서 완전히 성결된 삶을 살기를 원한다면, 더 깊은 회심이나 회심 이후의 '두 번째 축복'이 필요하다고 생각했다. 그는 "너희도 완전하라"는 마태복음 5:48의 산상수훈에서의 예수님의 권면에 따라 성령의 더 깊은 역사가 그리스도인들에게 성결된 삶으로 이끄심을 굳게 믿게 되었다. 이러한 믿음은 오버린에 대한 더한 비난을 가져왔는데 많은 사람들은 극단주의자들의 소굴로 보게 되었으며 그중에서 찰스와 마한은 우두머리였던 것이다. 제2의 축복은 결과적으로 찰스가 오벌린에서 그의 강의에서 더 발전시킨 주제인 『조직신학 강해』(Lectures on Systematic Theology)라는 두 권의 책이 만들어졌다는 것이다. 그러나 찰스는 그의 삶에서 이러한 가르침에 따른 어떤 것도 경험하지 못했다. 적어도 1843년 겨울에서 1844년까지는 말이다.

1843년 가을에, 찰스는 보스톤에 다시 초청을 받았고 그는 그 부르심에 응

---

55. Finney, *Memoirs*, 363.

답했다. 보스톤은 보편주의(Universalism)와 유니테리언(Unitarianism)에 의해 유혹을 받아 많은 사람들이 다음과 같은 영적 상태에 이르렀다. 찰스는 말한다.[56]

> 보스톤의 대중들은 내가 사역한 다른 어떤 지역보다도 신앙적인 혼·신에 있어 불안정하였다. 그들의 마음에 신앙적인 진리를 수립하기가 어려웠는데 유니테리언의 가르침에 영향을 받아서 성경의 주요한 교리에 의심을 품었기 때문이었다. 그들의 체제는 부정의 연속이었다. 그들의 신학은 부정이다. 거의 모든 것을 부정하고 거의 어떤 것도 긍정하지 않는다. 그러한 환경에서 오류가 그들의 귀에 솔깃했고 신앙적인 주제에 관한 가장 비합리적인 견해가 많은 사람들에 의해 소유되고 있었다.

찰스는 보스톤에서 이 문제들을 위해 기도하면서 그에게 일어나는 변화를 기술하고 문제를 해결하고자 했다. (이 글은 다소 길지만 여기에 있는 통찰력이 너무 깊어서 찰스 본인의 말을 그대로 사용하는 좋을 것이라고 생각한다.)

> 이 겨울 동안에, 주님은 나의 영혼을 완전히 엎으셨고 그분의 성령에 의한 신선한 세례가....내 마음은 오랫동안 기도에 잠겨 있었다. 내가 보스톤에서 사역할 때도 항상 그랬던 것처럼.... 특별히 이 겨울은 개인적인 성결에 대한 문제로 내 마음이 극도로 소진되었다. 교회의 상태와 하나님과의 능력을 원하는 것, 보스톤에서의 정통 교회의 약함과 그들의 믿음의 약함, 그리고 그러한 지역 사회에서 능력이 필요한 것이다. 이 도시에서 이러한 문제를 극복하기 위한 노력이 전혀 없었다는 사실이 마음에 크게 걸렸다.
> 나는 오랫동안 기도하였다. 저녁 예배 후에, 나는 최대한 조용히 물러났다. 새벽 4시에 일어났다. 더 이상 잠을 잘 수가 없었기 때문이다. 나는 곧

---

56. Ibid., 372.

장 서재로 가서 기도에 몰입했다... 나는 주로 새벽 4시에 일어나 아침 8시 식사 전까지 기도에 전념했으며 시간이 있는 대로 성경말씀을 찾았다. 그해 겨울은 다른 책을 읽지 않고 오직 성경을 읽었다. 많은 말씀이 새롭게 다가왔다. 주님은 전에도 그러셨던 것처럼 나를 창세기에서 요한계시록까지 데려가셨다...모든 성경 말씀이 내게는 빛으로 불타올랐다. 빛으로 뿐 아니라 하나님의 말씀이 하나님의 생명 자체로 가득 찼다.

나는 그해 겨울 주로 기존의 그리스도인들 가운데서 신앙의 부흥을 위해 애썼다. 내 영혼에 그렇게 하신 주님께서 나를 그렇게 준비시키셨다.

이곳에서는 많은 사람들이 나를 이해하고 이 진리를 탐독하였다. 그러나 심지어 이곳에서도 신학 교수의 대부분이 이 진리를 겸허하게 수용하지 않는다. 그들이 거부하거나 반대하는 것은 아니다. 이해하는 한도 내에서 그들은 확신을 갖는다. 그러나 경험적인 면에서는 그리스도 예수 안에 있는 구원의 복음에 대한 최고와 최상의 능력에 무지하다.

이러한 의미에서 이 기초가 전달되지 않는다면, 보스톤에 있는 그리스도인들이 그리스도인으로서의 보다 높은 삶의 색채를 갖지 않는다면, 그들은 결코 보편 유니테리언주의를 압도하지 못할 것이라 확신이 들었다. 수년 동안 정통 목회자들은 유니테리언주의를 반대하는 정통교리를 설교해 왔다. 토의에 의해 성취될 수 있는 모든 것이 이루어져 왔다. 그러나 유니테리언주의자가 필요로 한 것은 그리스도인들이 그리스도의 순수한 복음대로 사는 것이다. 그들은 그들이 말하는 것을 듣고 그들의 삶을 통해 예수 그리스도가 거룩한 구원자이시며 모든 죄에서 그들을 구원하실 수 있다고 증명해야 한다. 그리스도를 믿는다고 공언하는 것이 자신의 경험을 수반하지 않았다. 그들은 자신의 경험에서 그리스도를 발견하고 그분이 이렇게 하셨다고 말할 수가 없다. 하나님의 살아계시는 증거와 자신의 삶의 증거가 있어야 유니테리언주의자를 설득시킬 수 있다. 아무리 확실하게 논증과 주장을 한다 해도 그들의 오류와 편견을 극복할 수가 없을 것이다.

정통교회들은 너무 형식적이다. 그들은 어느 정도는 속박에 매여 있다. 수단을 사용하기를 두려워하고, 자유를 향하여 돌진하는 것을 두려워하며, 영혼을 구원하는 방법을 사용하는 것을 두려워한다. 그들은 항상 기도는 하지만 속박에 눌려있고 보스톤에서 내가 소위 말하는 기도의 영을 좀처럼 보기 어려웠다. 교회의 목회자와 집사들은 비록 착하지만, 그들이 신앙을 촉진하는 수단으로 사람들을 깨우기를 수행한다 해도 유니테리언주의자가 말하는 것을 두려워한다. 모든 것은 적절한 방법으로 진행되어야 한다. 그들이 그러한 속박에 굴복할 때 성령은 근심하시게 된다.

나는 보스톤에서 5번의 강력한 집회를 가졌다. 유니테리언주의와 모든 형태의 오류를 극복하는 데 가장 큰 어려움은 그리스도인과 교회의 소심함이다.[57]

찰스의 가장 도전적인 난관

오벌린에서는 리디아 피니가 점차 병약해졌는데 아마도 임신 기간 동안 조력을 받지 못하고 1841년에 다섯째인 사라 피니(Sarah Finney)가 태어났기 때문일 것이다. 사라도 1843년 초에 중병에 들었고 결국 3월 9일에 운명했다. 피니 부부의 여섯째이자 마지막 자녀인 델리아 피니(Delia Finney)가 1844년에 태어났으나 8년 만을 겨우 살고 1852년 9월 1일에 병으로 사망하였다.

리디아는 모든 생애 동안 충실하게 찰스를 도왔으며 많은 것을 헌신했다. 찰스 피니의 아내가 된다는 것은 리디아처럼 겸손하고 내성적인 사람에게는 쉽지 않았지만 남편의 여러 달의 부재 가운데서도 잘 견디었다. 그녀는 찰스가 생각하는 여성상의 모델이었는데 기도에 충실하고 어린이의 교육과 구원에 부지런하였다. 죽음을 몇 주 앞두고, 리디아는 자녀들을 자신의 옆에 불러

---

57. Ibid., 373-374, 380, 384.

서 마지막으로 각각 함께 기도하였다. 그러고 나서 그녀는 남편에게 "자녀들을 위한 그리고 함께하는 자신의 일은 끝났다고 말했다. 그녀는 자녀들과 마지막 기도회를 가졌고 해야 할 말을 모두 하였으며, 자녀들에게 마지막으로 조언하였다."[58] 리디아 피니는 1847년 12월 17일에 사망하였다. 그녀의 죽음은 찰스의 인생에서 가장 저점 중 하나였다. 보스톤에서 경험한 깊은 축복이 아니었다면, 그는 아내를 잃은 슬픔을 견뎌내지 못했을 것이다.

찰스는 다섯 명의 자녀와 함께 남겨졌다. 이들은 오벌린 교수였던 윌리암 코크런과 결혼한 19살의 헬렌, 17살의 찰스, 15살의 프레드릭, 13살의 줄리아, 당시 3살이었던 델리아였다. 부흥 사역과 바쁜 교수 일정으로 찰스는 편부로 계속 남아 있기는 어려웠다. 재혼은 어려운 결정이었지만, 1848년 11월 13일에 당시 오벌린 대학의 총장이었던 아사 마한의 집례로 로체스터의 과부였던 엘리자베스 포드 아트킨슨(Elizabeth Ford Atkinson)과 결혼하게 되었다. 그녀와 그녀의 사별한 남편인 윌리암 아트킨슨은 로체스터의 1830년 부흥 이래 열렬한 찰스의 지지자였다. 엘리자베스는 1843년 장티푸스 열병으로 남편과 두 딸을 잃었었다. 비록 찰스와 엘리자베스의 결혼은 사랑보다는 편의의 결과였지만 엘리자베스는 찰스의 자녀들에게 유능한 어머니가 되었고 여생을 함께 보내는 내내 그의 사역과 가족에 대한 긍정적인 영향을 끼치면서 찰스는 그녀를 사랑하고 존경하게 되었다.

찰스의 말년

수많은 요청에 응하여, 찰스와 아내는 1849년 가을에 사역을 위해 영국으로 떠났다. 찰스는 미국에서 의존했던 그의 방법들로 다시 성공을 하게 되고 엘리자베스는 여성을 위한 모임을 개최하여 성공하게 된다. 여성의 사역을

---

58. Charles G. Finney, "Last Sickness and Death of Mrs. Finney," Oberlin Evangelist, January 5, 1848, http://www.gospeltruth.net/1848OE/48_lets_art/480105_art_mrs_finney.htm.

위한 커다란 능력이 남편의 지도하에 시작되었다.

1851년에 찰스는 오벌린 대학의 총장이 되었으나 그의 사명이 허락하는 한 순회하며 부흥을 이끌었다. 1851년과 1857년 사이에 메사추세츠 주의 보스톤과 뉴욕시와 코네티컷주의 하트포드와 뉴욕주의 로체스터에서도 설교를 했다. 1859년에 그는 영국으로 돌아가서 북쪽으로 올라가 스크틀랜드에서 설교했다. 그의 영국의 섬들로의 마지막 순회가 건강의 한계를 가져왔다. 미국 남북 전쟁의 초반인 1860년에 미국으로 돌아온 찰스는 다시는 오벌린을 떠나지 않았다. 1863년 11월 27일 엘리자베스는 숨을 거두었다. 다음 해에 찰스는 세 번째로 결혼했다. 그의 새로운 아내인 레베카 알렌 라일(Rebecca Allen Rayl)은 오벌린 여성부의 부감이었다.

비록 찰스는 남은 생애 동안에 오벌린에서 가르치고 설교를 계속 했지만, 1866년에 대학 총장으로서의 직을 사임했다. 친구들과 동료들의 요청으로 1868년에 비록 그의 죽음 후에 1년 동안은 출판되지 않았지만 그의 회고록을 완성하였다.

그의 83번째 생일을 2주 앞두고, 찰스 피니는 1875년 8월 16일, 가을 아침 바람의 첫 향기를 맡으며 숨을 거두게 되었다.

부흥되는 나라의 유산

찰스 피니의 삶은 미국의 첫 세기의 대부분의 대통령들에게 펼쳐져 있었다. 조지 와싱턴부터 율리시스 그랜트까지 20세기의 초반에 미국이 '기독교 국가'로 간주되는 데 있어서 그의 영향력은 누구와도 견줄 수 없다. 피니의 부흥은 제2차 대각성운동을 촉발했고 성경과 기도의 힘을 기초로 해서 국가를 통합했으며 한편 사회 정의를 위한 그의 도덕적인 확고한 입장이 노예 제도폐지와 금주운동과 시민권리운동으로 이어지는 초석을 놓았다. 크리스천의 완벽함에 대한 그의 가르침은 19세기 후반의 성결운동을 불러 일으켰는데 이는 20세기의 오순절과 은사주의 운동의 기초공사를 놓은 것이었다. 피니의 복음전도 스타일과 방법론은 현재도 전 세계적으로 부흥운동에 사용되고 있다. 부흥회 전이나 기간 동안에 있는 기도 모임과, 주중의 저녁 모임과, 제단으로의 부르심과, 청중이 집회를 떠나기 전에 결단을 촉구하는 것을 포함한다. 이는 D. L. 무디로부터 빌리 그레이엄까지 모두를 망라해서 영향을 주는 측면이다. 삶의 스타일, 사역, 그리고 교리에 대한 그의 모범은 현재의 미국 기독교에 여전히 많은 결과를 가져왔다. 앞으로 하나님이 우리를 몇십 년을 부르심에 따라 교회가 21세기에도 세계에 영향을 끼친다면, 찰스 피니와 같은 많은 사람이 앞으로 더 필요할 것이다.

제 8 장

✭✭✭✭✭

드와이트 라이먼 무디
Dwight Lyman Moody

(1837-1899)

"가장 위대한 평신도"

제 8 장

가장 위대한 평신도

Dwight Lyman Moody

세상은 하나님께 온전하고 완전히 헌신된 사람에 의해서, 그 안에서, 그를 통해서, 그를 위해서, 그와 함께 하나님이 하실 일을 이제 볼 것이다.... 나는 그러한 사람이 되기 위해 최선을 다할 것이다.
당신도 당신의 삶을 그리스도께 드리지 않겠는가? 그분은 당신이 할 수 있는 것보다 더 많은 것을 할 수 있을 것이다.

- 드와이트 라이먼 무디

이 책에서 토의된 모든 부흥사 중에서, 드와이트 라이먼 무디만큼 적은 것으로 그렇게 많은 일을 한 사람은 없다. 누구도 그렇게 빨리 무명에서 국제적인 명성을 얻은 사람은 없다. 무디는 자신의 나라가 아닌 다른 나라에서 시작한 복음전도자로서 그의 성공은 독특하다. 그는 단순하고, 교육을 제대로 받지 못하여 초등학교 4학년 이상을 다니지 않았지만 무디 성경 학교와 같은 대학을 세우기도 하였다. 무디 출판사(Moody Press)와 플레밍 레벨(Fleming H. Revell)이란 두 개의 큰 출판사도 설립하고 빌리 썬데이와 빌리 그레이엄을 제외하고는 어느 누구보다도 많은 사람들에게 복음을 전파했다. 무디 자신은 말한다. "만약 하나님이 사람을 불러 일을 시키신다면, 그분은 그 일에 있어 그와 함께하시고 어떤 난관이 있더라도 성공하실 것이다." 무디는 집요한 결심, 복음 전파에 대한 하나님의 기름 부으심, 기도와 대중의 결합된 힘을 통해 부흥을 일으키는 데 있어 그 자신의 인생에서 이 진리를 증명했다.

그의 생애에 있어 부흥사로서 겪는 큰 어려움이 있었다. 나라가 두 개로 갈라진 듯한 미국의 남북 전쟁, 바다에서 거의 빠져 죽을 뻔한 것, 그의 수고의 열매가 재로 남았던 것 등이다. 그러나 이러한 역경에도 불구하고, 무디는 19세기 가장 영향력 있는 미국의 복음전도자가 되었다.

아버지 없는 여덟 명의 형제와 자매들

드와이트 무디는 에드윈과 베치 무디(Edwin and Betsy Moody)의 여섯째로 1837년 2월 7일에 메사추세츠 주의 노스필드(Northfield, Massachusetts)에서 태어났다. 그 후 4년 동안, 그의 부모님은 3명의 자녀를 더 낳았는데 그 중의 막내 둘은 쌍둥이이다. 비극적이지만 1841년 5월 28일 아침에, 에드윈 무디는 일하던 중 옆구리에서 심한 통증을 느껴 한 낮에 집으로 돌아오나 상태가 악화되어 상태의 심각성을 이해도 못한 채 결국 아내가 보는 앞에서 쓰러져서 죽게 된다. 남편이 죽은 때에 베치는 이미 쌍둥이를 8개월째 임신한 상태였다.

무디 부부는 부유한 가정이 아니었다. 에드윈은 벽돌과 석수장이였고 그가 죽을 때 그들의 재산은 저당 잡힌 상태였다. 미망인 보호법은 미망인이 된 사람의 집과 생계를 채권자로부터 보호하는 법률인데 이로 인해서 집에 대한 베치의 권리를 보호받았다. 그러나 남편이 죽자마자, 채권자가 재산을 압류하기 위하여 왔고 말, 마차, 암소, 그리고 뭐든 돈이 되는 것을 가져갔다. 채권자들이 도착 전에 베치와 큰아들 이사야가 숨긴 에드윈의 석수 공구와 송아지는 뺏기지 않았다. 채권자들은 심지어 헛간에 있는 장작더미와 불쏘시

개까지 가져갔다. 그럼에도 불구하고 베치는 이 저당을 갚아야 하는 책임이 있었는데 자식이 일곱이요, 앞으로 한 달 뒤에 태어날 쌍둥이가 있음을 고려하면 너무 힘든 시간이었다. 베치의 형제들과 이웃의 도움, 그리고 각오와 양키의 투지로써 베치는 농가와 가족을 지킬 수 있었다. 이러한 일을 겪은 드와이트는 나중에 선한 사마리아인에 대한 설교에서 이렇게 말했다.

> 항상 이때를 생각할 때마다 눈물이 났습니다. 내가 기억하기도 전에 아버지는 돌아가셨습니다. 우리는 대가족이었습니다. 아버지가 소천하신 후에 쌍둥이가 태어나 결국 우리는 아홉 명이 되었습니다. 집은 파산되어 채권자들이 들이닥쳐 법이 허용하는 한 모든 것을 가져갔습니다. 정말 어려운 시절이었습니다. 제 어머니로 인해 하나님께 감사드립니다. 어머니는 결코 희망을 잃지 않았습니다. 몇 년 후에 말씀하시기를 낮에는 밝고 환하게 생활하셨으나 밤에 남몰래 울면서 잠자리에 들으셨다고 합니다. 우리는 당시에 잘 몰랐습니다.[1]
>
> 채권자가 다녀간 뒤 추운 아침이었고 가족은 어두운 난로 옆에서 깨어났습니다. 베치의 형제들은 이를 변화시켰습니다. 당시 저는 네 살이었지만 마치 어제인 듯 생생하게 기억합니다. 나는 장작 패는 소리를 들었습니다. 우리의 장작 헛간에서 누군가 장작을 패고 있었던 것입니다. 우리는 곧 불을 피울 수 있었습니다. 나는 싸이러스 삼촌을 잊을 수 없습니다. 그는 지금까지 보지 못했던 가장 큰 장작더미를 가지고 왔던 것입니다.[2]

가족을 돕기 위해 나선 또 다른 사람은 노스필드 유니테리언 교회의 목사인 올리버 에버렛(Oliver Everett)이었다. 에버렛 목사는 전기 작가인 다니엘스

---

1. Lyle W. Dorsett, *A Passion for Souls: The Life of D. L. Moody* (Chicago: Moody Press, 1997), 34.에 인용된 Charles F. Goss, *Echoes from the Pulpit and Platform* (Hartford, CT: A. D. Worthington, 1900), 490-495.
2. William R. Moody, *The Life of Dwight L. Moody* (New York: Fleming H. Revell Company, 1900), 20.

(W. H. Daniels)에 의하면 '성경이 하나님의 감화에 의한 말씀이요, 구세주로서 예수 그리스도를 믿는'³ 특이한 유니테리언이었다. 그 후 18개월이 지난 후에, 무디 전 가족이 그 교회의 교인이 되었고 에버렛 목사는 베치의 형제나 이웃이 도울 수 없을 때는 물질로 개인적인 도움을 주었다. 다른 사람들이 무디 가족의 자녀를 여러 가정으로 나누어서 보내라고 할 때도 에버렛 목사는 베치에게 가족을 지키라고 격려하였다. 또한 에버렛 목사는 그의 양떼에게 노스필드 교외 지역을 찾아다니며 떠도는 아이들을 주일 학교로 초대하도록 했다. 후에 드와이트가 시카고에서 자신의 주일 학교를 운영할 때, 동일한 방법으로 교실을 채웠다. 불행하게도, 에버렛 목사는 이성주의적 학교의 좋지 않은 전통에서 교육을 받은 젊은 목회자에 의해서 대체가 되었고 가족은 곧 예배에 참석하는데 관심을 잃었다.

드와이트가 일곱 살 때 큰 형 이사야가 아무 말도 안하고 가출했을 때, 아버지를 잃은 드와이트의 고통은 가중되었다. 당시 이사야는 15살이었고 그 후 13년 동안 아무도 소식을 듣지도 보지도 못했다고 한다. 버림받고 무시당한다는 느낌이 강렬했다. 10살이 되자, 드와이트는 집을 떠나 겨울을 보내면서 숙식을 해결하는 대가로 다른 가정의 허드렛일을 도왔다. 첫 겨울에는 집이 너무 그리워서 집으로 돌아오고자 했다. 그러나 어느 날 그의 형 루터와 길을 걷다가 향수병을 극복한 한 노인의 이야기를 듣는 기회를 얻었다. 이는 그의 인생에 영원한 영향을 가져왔다. 드와이트는 이 사건에 대해 설명한다.

> 한 노인이 자신의 떨고 있는 손을 내 머리에 대고 나를 내려다보았다. 그는 내 마음을 사로잡았다. 그는 내 손을 잡으며 나에게 말했다. 하나님은 하늘에 유일한 아들을 가지고 계시는데, 그분은 이 세상을 너무 사랑하셔서 이를 위해 죽으셨다고 말이다. 그는 천국에 대해 계속 이야기하였다. 어떻게 아버지께서 나를 사랑하시는지, 땅에 있는 나의 아버지를 어

---

3. W. H. Daniels, *D. L. Moody and His Work* (Hartford, CT: American Publishing Company, 1875), 5.

떻게 올리셨는지, 어떻게 내가 거기서 구세주를 모실 수 있는지를 설명했다. 그리고 5분 동안 십자가 이야기를 들려주었다. 그러고 나서 그는 주머니에 손을 넣고 새롭게 나온 1센트를 꺼냈다. 나는 그렇게 밝고 아름다운 1센트를 본적이 없다. 마치 금과 같았다. 그가 내 손에 1센트를 쥐어 주었을 때 나는 이전에 겪어보지 못했던 새로운 느낌을 받았다. 그의 자비로운 행동이 나의 '향수병'을 사라지게 하였다. 그 후 나는 친구가 한 명 생겼다. 그 분은 내게는 하나님과 같았다.[4]

드와이트는 당시에 복음에 대해 확고하게 반응하지는 않았다. 그러나 그의 마음은 충분히 닿았던 것이다.

이후 7년 동안, 베치 무디와 자녀들이 가까운 거리에 있을 때면 아이들을 데리고 함께 일요일에 예배를 드리고 저녁을 함께 먹었다. 그의 어머니와 형제들과 함께 보낸 이 시간들은 드와이트에게 소중한 추억이 되었다.

드와이트의 공식적인 교육은 그가 10살일 때 모두 끝났다. 겨우 4년이 안 되는 기간이었다.

후에 그의 가족을 부양하고 가정 경제에 책임을 져야 한다고 여겨졌다. 17살에 독립해야 한다고 결정하고 1854년 4월에 자신이 할 수 있는 일을 찾아 보스톤으로 떠났다.

큰 연못 안에 작은 물고기

드와이트의 삼촌인 사무엘과 레무엘 홀튼은 몇 년 동안 무디 가족을 잘 돌보았는데 그 후 노스필드를 떠나서 보스톤으로 갔고 그곳에서 번창하는 신발과 부츠 가게 둘을 운영했다. 어린 드와이트는 그들을 따르기 위해 큰 도시로

---

4. Dorsett, *A Passion for Souls*, 35.에 인용된 Goss, *Echoes from the Pulpit and Platform*, 490-495.

가기로 결정했다. 천 명 이상의 마을을 본 적이 없는 십대의 드와이트에게는 150,000명의 인구를 가진 보스톤은 엄청난 것이었다. 미국에 있어 1850년대는 빠른 변화의 시기였다. 초기에는 단지 13,793킬로미터의 철길이 있었으나 1860년 경에는 거의 482,803킬로미터가 되었다. 1848년에 노스필드까지 철길이 닿았고 철길의 다른 끝에 놓여 있을 이야기들이 드와이트를 부르는 것 같았다. 후에 세계적으로 유명하게 될 이 청년에게는 상서로운 출발이었다.

모든 면에서 드와이트는 자기 확신이 있었으며 딱 부러지는 성격과 다른 사람과 부딪히는 고집스런 성향도 가지고 있었다. 그의 경솔하고 세련되지 않은 모습이 문제가 되겠다고 걱정한 사무엘 삼촌은 보스톤을 떠날 것을 충고하였다.

그러나 4개월이 지났음에도 드와이트는 가게 앞에 나타나 삼촌과 함께 있으면서 일할 것을 기대하였다. 삼촌의 제의가 없음을 알고 그는 스스로 직업을 구하겠다는 계획을 떳떳이 세우고 떠났다. 그러나 그것은 예상보다 더 많은 도전이 필요했다. 며칠 후에 레무엘 삼촌 집에 나타난

> 드와이트는 딱 부러지는 성격을 지녔고 다른 사람과도 부딪히는 고집스런 성향이 었었다.

그는 일을 구하기 위해 걸어서 뉴욕으로 갈 것이라고 했다. 레무엘은 사무엘이 드와이트에게 자신보다 더 좋은 직업을 줄 것을 알았기에 사무엘 삼촌에게 가서 일할 생각은 없는지 물었다. 드와이트가 그럴 생각이 없고 사무엘 삼촌이 "내가 직장을 구하는 것을 알고 있으며, 그가 원하는 대로 나에게 도움을 주어도 안주어도 상관없다"[5]고 말했다. 레무엘은 그에게 좀 더 겸손하게 윗사람의 말을 들으라고 하며, 가서 물어보라고 충고하였다. 드와이트는 공손히 사무엘 삼촌에게로 돌아왔고 사무엘 삼촌은 이렇게 말했다.

드와이트, 네가 이곳에 와서 가게를 스스로 운영하고자 하는 것이 염려

---

5. Dorsett, *A Passion for Souls*, 43.

가 되는구나. 이곳에 있는 나의 직원들도 내가 원하는 대로 자신의 일들을 잘 처리한단다. 네가 만약 이곳에 와서 네가 할 수 있는 일에 최선을 다하고, 알지 못하는 것은 묻고자 하며, 교회에 가고 주일 학교에도 가고, 네 엄마가 원하지 않는 곳에 가지 않겠다고 약속한다면 함께 이곳에서 지낼 수 있을 거야. 다음 월요일까지 시간을 두고 심사숙고 해 보거라.[6]

드와이트는 지체 없이 그 자리에서 받아들였고 바로 판매사원으로 삼촌의 가게에서 일하게 되었다. 삼촌은 그리스도인 가정에서 방을 구해 줬으며, 식사를 할 수 있는 장소도, 마운트 버논 회중 교회(Mount Vernon Congregational Church)도 소개해 주었다.

다음 몇 해 동안 드와이트는 잘 생활하였다. 수업은 물론 구기도 즐겼으며, 다양한 인종의 사람을 만났다. 또한 지역의 YMCA에서 각종 책들도 대여하였는데 나중에는 회원이 되기도 하였다. 3개월 만에 그는 삼촌 가게에서 최고의 판매원이 되었다. 그는 고향에 계신 어머니와 형제를 위해서 새 신을 살 수 있을 정도로 모든 것이 잘 되었다.

그는 가족의 부양자가 되었다. 삼촌, 숙모, 사촌들을 포함한 그의 대가족은 직계 가족처럼 드와이트를 맞이했는데 드와이트에게는 든든한 울타리와 같았다. 삼촌의 지시에 따라 마운트 버논 교회도 출석하였지만 예배는 그렇게 흥미가 있지는 않았다. 하루 종일 일하고 돌아온 그가 설교시간 내내 조는 것은 흔한 일이었다.

무디가 예수님을 만나다

드와이트의 주일 학교는 에드워드 킴볼(Edward Kimball)에 의해서 운영이 되

---

6. Moody, *Life of Dwight L. Moody*, 37.

었는데 그는 이 18살의 신발가게 사원에 관심을 가진 헌신적인 중년 남자였다. 1855년 5월 21일 토요일, 에드워드는 드와이트의 심령 상태를 점검해야겠다는 생각이 들자 결국 그를 찾아 가보기로 했다. 하지만 다른 종업원 앞에서 난처하게 하는 것은 아닐까 혹은 열심히 일하고 있는데 귀찮게 하는 것은 아닐까 염려가 되었다. 주의 깊은 에드워드는 가게를 지나쳐서 걷다가 다시 곧 가게 쪽으로 돌아 들어왔다. 가게 구석에서 신발을 싸며 선반에 정리하고 있는 드와이트를 보았다.

드와이트는 에드워드 킴볼을 매우 존경하고 있었는데, 그것은 그가 교회학교 첫날 자신을 친절하게 대해 주었기 때문이다. 첫날 킴볼은 학생들에게 요한복음을 펼쳐 보자고 했지만, 성경에 익숙하지 않았던 그는 잘 찾을 수 없었다. 에드워드가 성경 본문을 펼쳐 건네주어 그는 넘겨받은 성경을 읽어 난처한 상황을 모면하게 되었다.

드와이트는 이 신발가게를 방문한 킴볼을 다음과 같이 후에 회상했다.

> 나는 주일 교회학교에 참석하곤 했는데 어느 날 주일 학교 선생님이 내가 일하는 가게의 카운터 뒤로 오셨다. 그가 내 어깨에 손을 얹고 그리스도와 내 영혼에 대해 말씀하신 것을 회상한다. 나는 내 영혼의 상태에 대해 그전까지는 관심이 없었다. 나는 속으로 "이건 매우 이상한 일이야. 최근까지 나를 잘 알지 못했던 분이 여기에 있는데, 그는 나의 죄에 대해 슬피 울고 있지만 나는 그런 것 때문에 울지 않고 있어"라고 생각하였다. 하지만 나는 이제 알게 되었다. 다른 사람의 영혼을 열정으로써 그의 죄에 대해 울어 줄 수 있음이 무엇인지를 알게 되었다. 그분이 내게 말한 것을 잘 기억할 수는 없지만 오늘까지도 내 어깨에 손을 얹은 그 힘을 느낄 수 있다. 오래지 않아서 나는 하나님의 왕국으로 인도되었다.[7]

---

7. J. Wilbur Chapman, *The Life and Work of Dwight Lyman Moody* (Philadelphia: American Bible House, 1900), http://www.biblebelievers.com/moody/05.html.

킴볼의 방문이 40년이 지난 후에도 드와이트는 그리스도에게 돌아온 후의 그의 삶의 변화를 이렇게 회고했다.

> 나는 그리스도를 신뢰한 후 내 방을 나온 그 아침을 기억한다. 항상 보는 태양이었지만 그날의 태양은 그 어느 때보다도 밝았다. 마치 환하게 내게 웃음을 짓는 것 같았다. 보스톤 커먼 지역을 걷는데 새들이 나무에서 노래하고 있었다. 새들이 나에게 노래를 불러주는 것 같았다. 나는 새와 사랑에 빠졌다. 전에는 신경 쓰지도 않았는데 말이다. 나는 모든 피조물과 사랑에 빠진 것 같았다. 어떤 사람에 대해서도 나쁜 감정을 가지지도 않았고 모든 사람을 내 마음에 받아들일 준비가 되었다. 만약에 어떤 사람이 자신의 마음에 부어 주신 하나님의 사랑을 가지고 있지 않다면, 그는 결코 중생하지 않은 사람이다. 만약 기도 모임에서 일어나 다른 사람의 잘못을 지적하기 시작한다면, 진정 회심한 사람인지 의심해 볼 필요가 있다. 아마 가짜일 것이다. 회심한 사람은 사랑하고자 하지 결코 다른 사람을 향해 불평하고 잘못을 지적하지 않는 것이 그의 변화된 마음이다.[8]

교회 정식 교인에서 거절당하다

그 후 3주 반이 지난 1855년 5월 16일 수요일, 드와이트는 마운트 버논 회중교회의 정식 교인이 되고자 했다. 그는 구원받았음을 간증했으나 신앙의 교리를 아는 지식이 너무 없었기 때문에 그를 면접한 몇 명의 집사들에 의해 거절이 되었다. 예를 들어, "그리스도께서 당신과 우리 모두를 위해 무엇을 하셔서 그분이 우리의 사랑과 순종이 되셨는가?"라는 질문에 대해서 드와이트는 대답했다. "그분은 우리를 위해 엄청난 일을 하셨으나 특별히 어떤 일을

---

8. Moody, *Life of Dwight L. Moody*, 42.

했는지는 잘 모르겠습니다."⁹ 에드워드 킴볼이 면접관 중에 한 명이었어도 드와이트의 간증은 그의 회심에 대한 견고한 증거로 부족하였다. 정식 교인이 되기 위한 드와이트의 신청은 뒤로 미루어졌고 에드워드 킴볼과 다른 두 명의 집사가 가르침 아래 두기로 하였다.

킴볼과 두 명의 집사는 다음 해로 예정된 면접을 위해 드와이트를 격려하고 가르쳤다. 이 면접에 대해 다음과 같이 회고한다.

> 1856년 3월 12일 교인번호 1131의 무디 씨는 전보다는 일단 지식적인 면에서는 어느 정도 발전했다고 생각합니다. 기도와 성경읽기 습관을 가졌으며 하나님이 자신의 기도를 듣고 계심을 믿고 성경을 읽습니다. 그리고 항상 그리스도의 대의에 충실하기로 굳게 결심합니다. 그가 교회에 들어간 다음 돌아선다면 매우 나빠질 것입니다. 반드시 회개하고 그리스도께 죄 용서를 구해야 합니다. 그는 교인이 되든, 그렇지 않든 간에 희망을 포기하지도 그리스도를 덜 사랑하지도 않을 것입니다. 그의 최고의 의지는 이제 그의 의지를 하나님께 드리는 것입니다.¹⁰

첫 번째 면접이래로 그리 많은 변화가 있지 않았어도, 킴볼과 두 명의 집사의 가르침 아래 있고자 하는 드와이트의 의지와 회개하고자 하는 간절한 소망이 결국 면접관들의 마음을 움직여, 드디어 그는 회중교인으로 받아들여졌다. 5월 3일에 그는 정식으로 등록되었다. 드와이트는 나중에 이렇게 말하곤 하였다. "나는 1837년에 몸이 태어났으나 영은 1856년에 태어났다."¹¹ 드와이트의 손자의 책 『드와이트 엘 무디의 삶』(The Life of Dwight L. Moody)에 다음과 같이 기록되어 있다.

---

9. Ibid., 44.
10. Ibid.
11. Ibid., 555.

젊은 드와이트의 입교를 거부한 심사위원회의 결정은 다른 사람들에 의해 비난받아 왔지만 그 결정의 지혜는 무디에 의해서 소중하게 생각되었고 나중에 젊은 회심자가 언제든 그분 안에 있는 소망에 대한 이유를 설명할 수 있도록 하는데 중점을 두게 하는 데 도움이 되었다.[12]

서부로 향하다: 드와이트가 시카고로 옮기다

이 무렵에 드와이트는 그의 삼촌과 사이가 틀어지게 되었다. 가족 중 누구도 진정으로 분별할 수 없었기 때문이다. 그의 사촌인 프랭크 홀튼이 서부로 가자고 말했을 때, 드와이트는 새로 정착할 곳을 찾기까지 그와 함께 가기로 했다.

여행에서 돌아왔을 때, 그의 강하고 충동적인 성격이 다시 표면에 드러났다. 그는 교회에서의 기도 모임에서 거침이 없었다. 신앙에 경륜이 있는 다른 분들에게서 좀 더 듣고 배워야 하는 상황에서도 스스로가 모임을 이끌고 가르치기도 하였다.

▲ 젊은 디 엘 무디
로버츠 리아든 기록보관소

결국 장로와 집사들은 드와이트에게 조용히 앉아 있으라 하며, 모임에서의 발언을 제지하였다. 그러나 그의 열정을 억누를 수가 없었다. 그는 교회의

---
12. Ibid., 44.

인도자들에게 문제아라는 명성을 얻게 되었다.

사무엘 삼촌 가게의 판매사원으로서의 드와이트의 미래도 어두웠다. 그의 동료들에게도 드와이트는 골칫거리가 되었다. 비록 드와이트는 유능한 판매사원이었지만, 자기주장이 너무 성급하고 다른 사람을 대하는 기술도 부족하였다. 드와이트는 한 친구에게 "새장 속에 갇힌 새와 같다. 주변의 모든 상황이 끊임없는 제약이며, 어느 곳에도 마음 둘 곳이 없다."[13]고 털어 놓았다. 그에게 보스턴은 너무 작고 답답한 곳이 되었다. 어머니는 아들의 문제 해결은 집으로 돌아와 가정의 일을 맡아하는 것이라 믿었지만, 집은 보스턴보다 자신을 가두는 더 답답한 곳이었다. 그해 가을에 드와이트는 그의 어머니에게 아무 말도 하지 않고 충동적으로 서쪽인 시카고로 갔다.

시카고는 드와이트에게 그가 찾고 있었던 기회와 활동의 여지를 주었다. 1850년의 갓 피어나는 도시였다. 인구는 29,963명이었고 십년 후에는 거의 4배 증가하여 112,000명 이상이 되었다.

시카고는 빠르게 발전하는 서부 곡물 벨트 지역에서 수로와 철길로 인해 물류의 중심이 되었고, 노동자의 요구와 맞아 떨어지자 유럽에서 온 이민자들이 떼로 몰려왔다. 물론 가족의 도덕적인 분위기에서 멀리 떠난 젊은이들로 가득 찬 신생의 도시 시카고는 술집, 사창가, 도박장으로 무르익게 되었다. 그러나 시카고에 도착한 첫 주부터 교회와 기도 모임을 찾았던 드와이트는 이러한 사회적인 악에 물들지 않았으며, 마운트 버논 교회에서 인정했던 어떤 집사들보다도 그의 회심이 진정성이 있었다는 것을 말해 주는 증거가 되었다.

드와이트는 그의 신앙이 또한 그의 사업을 위한 축복임을 알았다. 그의 성실함과 다정함이 판매에 큰 도움이 되었다. 시카고에 도착한지 이틀 만에, 드와이트는 또 다른 삼촌인 캘빈의 신발 판매 가게에서 직장을 구했다. 젊은 드와이트는 10만 불을 저축하고자 목표를 세웠는데 이는 하루 노동으로 1달러

---

13. Daniels, *D. L. Moody and His Work*, 27.

를 버는 노동자에게는 엄청난 액수였다. 드와이트의 새로운 고용주중 한 명은 그에 대해 말했다. "그의 야망이 돈을 버는 것에 몰두되었다. 그의 개인적인 습관은 정확했고 경제적이었다. 판매원으로서 그는,....열정적이었고 지치지 않는 일꾼이었다."[14] 결국 보스톤에서 한 달 버는 것과 시카고에서 한 주 버는 것이 같다는 것을 증명하였다. 시카고는 또한 부동산으로 돈을 대출하고 이익을 내는 좋은 기회를 주었는데 드와이트는 두 곳에서 성공적으로 투자를 해서 돈을 벌었다. 1860년 경에 드와이트는 자신의 목표를 향해서 7,000불에서 12,000불 정도의 돈을 모았고 집에도 후하게 보낼 수 있었다. 그러나 돈을 버는 것보다 다른 무언가가 그의 내부에서 불타고 있었는데 그것은 영혼을 구하고자 하는 열정이었다. 드와이트는 예수님이 인간을 괴롭히는 모든 문제의 해답임을 확신했고 많은 사람이 이 해결책을 자신의 삶에 적용하기를 바랐다.

드와이트의 좌석 임대

드와이트는 교적을 마운트 버논에서 시카고 플라이머쓰 회중교회(Plymouth Congregational Church)로 옮겼는데 거기에서는 그의 커져 가는 영향력으로 인해 자신의 좌석을 빌릴 수 있었다. 당시에 많은 사람들이 교회 안에서 좌석을 빌릴 수 있었는데 다른 사람들과 같이 자신의 위신을 위한 것이 아니라 매 주일을 다른 사람들로 채우고자 하였기 때문이다.

그의 아들의 전기문에서는 이렇게 말한다.

> 그는 길거리에서 만나는 젊은이를 환영했고 기숙사를 방문하거나 심지어 술집에서 사람들을 인도하여 빌린 좌석에 앉게 했다. 참신한 초대 방법

---

14. Daniels, *D. L. Moody and His Work*, 28-29.

인지, 거부할 수 없는 열심인지, 젊은 청년의 정중함이 많은 사람을 교회에 출석하게 했는지 잘 알 수 없으나 어쨌든 이 목표는 성취되었고 오래지 않아서 그는 특이한 이런 부류의 사람들로 매 주일을 채우기 위해 4개의 장의자를 빌렸다.[15]

드와이트에게는 한 개의 교회로는 충분하지 않았다. 오래지 않아서 세 개의 교회 모임에 참석했다: 플라이머스 회중교회, 제일 감리 감독교회, 제일 침례교회. 직장일이 끝난 매일 저녁에 드와이트는 기도 모임에 참석했다. 그가 그의 '어머니'인 에이치 필립스를 만난 곳은 제일 침례교회였는데 그녀의 영적인 아들로서 드와이트를 받아들였고 후에 드와이트의 아내가 된 엠마 레벨(Emma Revell)도 여기에서 만났다. 1857년 경에 드와이트는 '어머니 필립스'의 집에서 기숙하면서 모든 모임은 기도와 믿음을 돈독하게 하는 모임이 되었다. 그녀는 또한 어린이를 위한 사역과 회심자를 제자화하는 것 뿐만 아니라 성경 공부와 성경 구절 암송의 중요성을 강조하였다. 1858년에 시카고에서 부흥이 일어났는데 그 부흥의 진원지에 '어머니 필립스'가 있었다. 도시 선교는 알코올 중독자, 아편 중독자, 매춘부가 대부분인 도시의 부랑자들에 다가가는 것이었다.

'어머니 필립스'가 드와이트의 영적 어머니인 것처럼, 스틸슨(J. B. Stillson)은 그의 영적 아버지였다. 스틸슨은 시카고 강을 따라 선원들 사이에서 사역했다. 그가 드와이트를 만났을 때 곧바로 서로는 마음이 맞아 하나가 되었다. 스틸슨은 드와이트를 여성들이 감히 접근하기 어려운 장소에서 사역을 하게 했다. 드와이트에게 몇 해 동안 엄청난 영향을 끼친 조지 뮬러의 『신뢰의 삶』(*A life of Trush*)이라는 책을 빌려준 사람도 스틸슨이었다.

그러나 이러한 영적인 가르침에도 불구하고, 드와이트의 믿음은 여전히 어렸고 다소 율법적이었다. 그에게 기독교는 해야 할 것보다는 하지 말아야

---

15. Moody, *Life of Dwight L. Moody*, 47.

할 것 이상으로서, 십계명을 강조하며 산상수훈이나 사랑의 율법을 넘어 술과 춤과 카드게임을 금기시하는 것이었다. 그의 열정은 억누를 수 없었지만 그 초점은 항상 정확하지 않았다. 기도 모임 후에 어느 날 단순하게 체커(checker)를 두고 있는 두 친구를 마주쳤을 때는 마치 돈 바꾸는 자들 앞에 있는 예수님과 같았다. 그는 체스판을 확 잡더니 던져서 산산조각을 내고 무릎을 꿇고 기도했다. 아마도 나태한 일에 빠진 그의 친구들을 대신해서 한 일일 것이다. 결코 자기 자신의 의나 절제할 수 없는 분노 때문이 아니다. 그가 사람들을 회개하게 하는 것은 하나님의 분노가 아니라 하나님의 선이라는 확신에 이르기까지는 어느 정도 시간이 걸렸다. 그의 끈기는 이후에 성령의 기름 부으심 아래 함께하였으며 사역하는 어디라도 부흥을 위해 폭발적인 조합이라는 것을 증명하였다.

드와이트의 첫 번째 회중: 작은 악동들

선교회와 주일 학교가 시카고 전역에서 떠오르자, 드와이트는 빈 공간에 주목하였다. 아무도 고아가 된 아이들과 알코올과 가난으로 부서진 가정에서 자라난 아이들에게 관심을 보이지 않았다. 이런 아이들은 다루기 어려웠고 통상적으로 앉아서 조용히 말씀을 듣는 주일 학교 환경에서는 제어하기가 어려웠다. 따라서 직접 찾아가기보다 오히려 쫓아내었다. 하지만 드와이트의 마음은 그들에게 향했고 그의 공감에 따라 행동으로 옮길 것을 결심했다.

드와이트는 '샌드' 지역에서 주일 학교를 시작하였는데 이곳은 '작은 지옥'이라 불리는 시카고의 슬럼가였다. 샌드 지역은 주로 편부모에 의해 양육되는 가정들이 많았고 이 편부모들은 알코올이나 아편 중독자가 흔하였다. 그곳의 아이들은 가족을 위해 학교에 가지 않고 일을 해야 했다. 신체적으로 성적으로 자주 학대를 받았고 영양실조가 많았으며 끊임없는 사회악, 더러움,

그리고 병에 노출되었다. 샌드 지역을 피하고자 하는 말들이 시카고에서는 있었지만, 드와이트는 그 지역의 중심부에서 빈 술집을 전세 내어 자신의 다짐을 실천했으며, 거기에서 '안식일 학교'를 설립했다. 아이들은 바닥에 앉아서 드와이트가 '설교단'에서 전하는 설교를 들었는데 그 설교단은 오래되서 버려진 나무통이었다. 초기의 방문자는 이렇게 묘사했다.

> 내가 그 작고 허름한 곳을 방문하여 문 안에 들어갔을 때, 작은 촛불에서 나오는 빛 옆으로 본 첫 번째는 다름 아닌 젊은 사람이었다. 그는 서서, 작은 흑인 아이를 품에 안고 탕자의 이야기를 읽어 주고 있었다. 이해하지 못하는 많은 낱말은 넘어갔다. 내 생각은 이러했다. "만약 주님이 존귀와 영광을 위해 그와 같은 도구를 사용할 수 있다면 그것은 나를 놀라게 할 것이다." 모임이 끝났을 때, 무디 씨는 나에게 말했다. "나는 단지 한 달란트만 있습니다. 나는 교육도 받지 못했으나 나는 주 예수 그리스도를 사랑합니다. 나는 그분을 위해 어떤 일이라도 하고 싶습니다." 그 후로 나는 그를 지켜보았고 그를 완전히 알게 되었다. 그와 같이 일관되게 사역하며 대화하는 사람은 만나보지 못했다.[16]

다정다감하게 부르지 않았던 이 '작은 부랑인들'의 삶의 관여가 드와이트의 열정이 되었다. 그는 기꺼이 이를 위해 관례를 창밖으로 내동댕이 쳤다. 드와이트는 그의 성경 학교에 오는 아이들을 위해 단풍 설탕 캔디와 동전으로 자신의 주머니를 가득 채웠다. 아마도 열 살 때 한 노인이 그에게 준 빛나는 일 페니를 기억하기 때문일 것이다. 드와이트는 그들의 게임에도 함께 참여하기도 하며 팀웍의 중요성과 규칙을 가르쳤다. 5분 동안 듣고 5분 동안 게임을 번갈아 하는 방법도 알았는데 그 게임은 잡기 놀이보다는 주점에서의 싸움과도 같았다. 드와이트는 옛 속담을 믿게 되었다. 즉 "음악은 포악한 야수도 잠

---

16. Chapman, *The Life and Work of Dwight Lyman Moody*, http://www.biblebelievers.com/moody/06.html.

잠케 한다." 5분간의 게임 후에 수업에 들어가기 전에 5분 동안의 음악 시간도 있었다. 모임이 마쳐지기 전에 이런 식으로 약 두 시간이 진행되었다.

아무도 하지 않는 이런 아이들에게 관심을 가졌지만, 성경 학교는 더 많은 학생들이 들어왔다. 부랑아들은 야단법석 중에도 가르침과 음악의 긴 시간에 점점 익숙해지게 되었다. 드와이트의 이러한 노력으로 그는 '미친 무디'라는 별명도 얻게 되었다. 제정신을 가진 어떤 사람이 이런 작은 지역에 주일 학교를 세우겠는가? 그러나 드와이트는 이런 혼란을 즐긴 것이다. 이런 지옥의 아이들이 마치 자기 친자식과 같이 사랑스러웠던 것이다.

> 드와이트는 다른 누구도 할 수 없는 고아와 불운한 아이들에 대한 관심을 가졌다.

첫 해 여름 드와이트는 영감 가운데 14명의 소년들에게 말했다. 만약에 행동을 잘 하고 모임에 정기적으로 참여한다면, 크리스마스 선물로 옷 한 벌씩을 준다고 했다. 한 명을 제외하고 모두가 제의를 따랐다. 올리버 트위스트의 저자인 찰스 디킨스는 레드 아이, 스마이크, 미친 도살자, 재키 캔들, 지버릭, 빌리 블루캐넌, 수선공 다비, 도살자 릴레이, 그린혼, 인디언, 블랙 스토브 파이프, 노인, 래그브리치츠 생도라는 이름을 가진 드와이트의 작품보다 더 훌륭한 인물 목록을 만들 수 없었을 것이다. 이 아이들은 후에 영화 시리즈로 나온 '작은 악동들'(The Little Rascals)의 모델이 되었는데 인종의 다양성으로 색달랐다. 여기에 아프리카계 미국인과 원주민 미국인도 포함되었다. 두 명의 아이들에게 새 옷을 준 후에 아이들과 두 장의 사진을 찍기 위해 드와이트는 포즈를 취했다. 앞 페이지에 있는 사진은 '갚을 수 있을까?'였고 이 아이들은 '무디의 경호원'으로 알려졌다. 사람들이 단순히 노력을 기울일 뜻을 가진다면 가난한 이웃에게 할 수 있다는 예로서 드와이트는 몇 년 동안 이것을 사용하였다.

1858년 어느 때에, 드와이트는 샌드 지역에서 그의 사역에 대해서 성인 주일 학교에서 강연하도록 초청되었다. 그의 충만한 강연은 선교회에서 새로

▲ 디 엘 무디와 존 페어웰이 그의 첫 번째 주일 학교 학생들과 포즈를 취하다.
일리노이 주, 시카고의 노쓰 마켓 홀에서 '무디의 경호원' (의회 도서관, 03372)

운 조력자를 얻었다. 그녀가 엠마 샬롯 레벨(Emma Charlotte Revell)이었다. 엠마와 드와이트는 가까워졌고 주일 학교에서의 그들의 일뿐만 아니라 엠마가 하루에 한 시간 동안 드와이트의 개인교사로 봉사했기 때문이었다. 그녀의 가르침 속에서 드와이트의 스펠링과 전반적인 처신은 더욱 세련되었고 비록 발음은 좀 더 고쳐져야 하겠지만 남에게 보일 만하였다.

드와이트는 감리교회에서 온 새로운 동료를 얻었는데 그는 앞으로 수 년 동안 신실하게 그와 함께 사역을 하게 되었다. 그는 존 파웰로 190cm의 매우 큰 키를 가지고 있어 아이들에게 강렬한 인상과 함께 압도감을 선사하였다. 북부 시장 지역에서 두 번째 주일 학교를 세운 드와이트는 이 모임에 파웰을 참석하게 했고 끝 쪽에 있는 강단에서 서게 했다. 몇 마디 말을 끝내자, "무디에 의해서 북부 시장 선교회 주일 학교의 감독자로 지명되었고 거절할 시간도 없이 학교는 큰 소리의 축하로 그를 선출했다."[17]라고 했다.

링컨 대통령이 드와이트의 사역을 보기 위해 오다

1860년 경, 안식일 학교는 드와이트의 지도 아래 한 주에 거의 1500명이 참여할 정도로 성장했다. 대통령에 당선된 아브라함 링컨은 11월 대통령 선거 후 시카고의 첫 번째 방문 장소로 학교를 방문했는데 이는 학교가 한 선한 일을 인정하려는 의도에서였다. 연설하지 않는다는 조건을 지켜준다면 방문하겠다고 했다. 파웰은 이 조건에 동의하였다. 하지만 무디는 충동을 억누를 수 없었다. 대통령 당선인이 떠날려고 할 때 무디는 말하였다. "나가시면서 대통령 당선인이 한 말씀하신다면, 모든 사람이 귀를 열 것입니다." 링컨은 당연히 그 제의를 거절할 것처럼 방의 중앙으로 걸어갔다. 그러나 "그는 갑자기 멈췄다. 그리고 가장 적절한 주일 학교 연설을 했는데 자신의 보잘 것 없는 출신에 관한 것이었다."[18]

모인 사람들을 향한 그의 마지막 말은 "선생님에게 더 집중하고 너희들이 배운 것을 실천하고자 노력한다면, 여러분들은 나보다도 더 좋은 기회가 앞으로 주어지게 되어 때가 되면 대통령도 될 것입니다."[19]였다. 몇 개월 후, 링컨 대통령이 북군을 구하기 위한 75,000명의 지원자를 불렀을 때, 그날에 이 말씀을 들었던 75명이 첫 지원자의 대열에 합류했다.

---

17. Daniels, *D. L. Moody and His Work*, 40-41.
18. Dorsett, *A Passion for Souls*, 73.에 인용된 John V. Farewell, *Early Recollections of D. L. Moody* (Chicago: Winona Publishing Company, 1907).
19. Ibid.

전업 사역으로 나오다

미국에 남북 전쟁이 발발하자, 드와이트는 고민에 빠져들었다. 이제 자신의 사업을 그만두고 전업 사역으로 부르심을 느꼈기 때문이다. 몇 년 후 하나님이 자신에게 더 많은 일을 하기를 원하신다는 것을 느꼈을 때, 그는 이때를 이렇게 말하였다.

> 하나님께서 나를 더 숭고한 일을 하라고 부르실 때마다 나에게 갈등이 있었다. 나는 하지 않으려고 했으나 하나님의 의지가 내 의지보다 강하셨다. 내가 예수 그리스도에게 왔을 때, 나의 의지를 드려서 하나님의 의지를 따라야 하는 험한 싸움이 있었다. 내 사업을 포기했을 때 3개월 동안 또 다른 싸움이 있었다. 오! 그러나 이제 내가 내 의지를 포기하고 하나님의 의지를 따른 것을 얼마나 자주 하나님께 감사하는지.[20]

싸움이 끝나고 드와이트가 전업 사역을 결정했을 때, 그는 매우 신속하고 조용하게 진행하였다. 직장에 알리고 자신의 집주인에게도 이사를 갈 것이라 통보했다. 최대한 근검절약하여 생활함으로써 돈을 아껴 어느 누구도 자신에게 동정심을 갖지 않도록 노력을 하였다. 드와이트가 YMCA에서 의자를 모아 잠을 자면서 수위 일을 하는 것을 파웰이 알았을 때, 자신이 도움을 주어서 그 때문에 다른 사람에게 도움을 받지 않도록 하겠다고 하였다. 드와이트는 자신의 극단적인 선택과 수입이 없어져 그로 인해 엠마 레벨과 멀어지는 것은 아닌지 염려했으나 오히려 반대가 되었다. 그녀는 "함께 생사고락을 하겠다."[21]고 하여 그의 마음을 안심시켰다. 이는 사랑이 더욱 깊어지는 계기가 되었으며 언젠가 그녀를 자신의 아내로 맞이하게 될 것을 소망하게 되었다.

---

20. Joseph B. Bowles, *Moody the Evangelist: A Character Sketch with Original Sayings* (Chicago: Moody Bible Institute, 1926), 17.
21. Moody, *Life of Dwight L. Moody*, 76.

전업 사역자로서 발을 내딛는 것은 24세의 드와이트에게는 매우 놀랄만한 일이었다. 그것은 그가 이미 샌드 지역에서 시작한 사역 외에 다른 교회나 위임을 구하지 않았기 때문이다. 사실상 모든 사역 기간 동안, 그는 안수를 받고 위임된 곳이 없었다. 그는 결코 급여를 지불하는 교회에서 전업 지위를 구하지 않았다. 그의 신학 훈련은 성경 가르침을 듣는 것과 다양한 목회자에게 질문을 구하는 것으로 이루어졌다. 그는 묻고 또 물었다. "이것은 무엇을 뜻합니까?", "어떻게 이 구절을 해석하지요?" 그는 자신보다 더 경험이 많은 목회자들에게 도움을 구할 정도로 진지하고 겸손했다.

그는 자신이 할 수 있는 어떤 곳에서도 섬길 것이라고 결심하였다. 그중에서도 필요성을 느낀 곳은 지역의 YMCA였다. YMCA는 즉시 그를 도시 전도자와 도서관 사서로 임명하여 비공식적인 관리인과 행정가로 역할하게 하였다. 비록 이 단체가 그의 사역에 대한 대가를 지불할 재정이 없었지만 -물론 있었어도 그는 받지 않았을 것이다.- 1861년 안식일 학교와 북부 시장 홀 선교회(North Market Hall Mission)가 지역 사회로 확장되었을 때, 드와이트는 새로운 차원의 신임을 얻는 계기가 되었다. YMCA는 또한 드와이트에게 숙소를 제공하였는데 이는 줄어드는 재정에서 너무나 귀하게 집세를 절약하게 되었다.

미국 남북 전쟁

드와이트가 전업 사역에 대해 적응해 나가는 동안, 미국도 급격한 변화를 겪는 중이었다. 아브라함 링컨은 새로운 영토가 결코 노예 제도를 허락하는 주가 되지 않게 하겠다는 기조를 강조함으로써 분명한 선을 그었다. 그가 대통령으로 취임하기도 전에, 일곱 개의 주가 북부 연합으로부터 분리 독립을 했다. 그의 취임 후에도 곧바로 네 개의 주가 분리 독립을 따랐다. 외교적인 조정이 진행되었으나 새롭게 형성된 남부 연합은 1861년 4월 12일에 포트 썸터(Fort Sumter)를 공격하였고 이에 대한 링컨 대통령의 반응은 반역을 진압하는 것이었다. 링컨은 75,000명의 3개월 지원자를 소집하였고 이를 통해서 반란을 신속히 종결하겠다는 의지를 보여 주고자 했다. 그러나 오히려 그동안 분리 독립에 주저했던 네 개의 추가적인 주가 분리되었다. 남부 연합은 '침략하는' 북부 연합에 대항해 독립을 위한 전쟁을 준비하였다. 양측은 모두 빠른 승리를 얻을 것으로 생각했고 어느 쪽도 미국이 이렇듯 끔찍하고 오랜 전쟁을 겪을 줄은 알지 못했다.

일리노이 주가 링컨 대통령의 병사 모집 제의에 신속히 반응하였다. YMCA는 동원이 원활하게 이루어지도록 도왔다. 말과 음식 그리고 장비 경비를 위한 대형 모임과 집회를 가졌다. 이를 통해 150명의 5개 중대가 조직되었다. 제72 일리노이 연대가 무역 및 상업 협회 이사회에 의해 조직된 다른 중대에 합류하여 더글라스 캠프에 주둔하게 되었다. 이 캠프는 시카고 북쪽 5킬로미터에 신속히 배치되었다. 제이콥스와 존 파웰을 따라서 드와이트는 이 병사들의 영적인 필요를 충족시키는 YMCA의 사역을 맡게 되었다. 드와이트는 3,500곡의 찬송가를 표지에 미국 국기와 함께 인쇄하여 병사들에게 배포하도록 지시하였다. 모든 연대마다 YMCA 텐트를 설치하였다. 매일 병사들을 위해 8번에서 10번 정도의 예배를 가졌고, 이 협회는 몇 천 권의 전도지와 신앙책자를 나누어 주었다. 150명을 모집하여 더글라스 캠프에 있는 병사들에게 사역하며 텐트를 운영하도록 하면서 드와이트의 최초의 조직적인 성공이 이루어졌다. 수백 명이 회심하였고 새롭게 회심한 수가 그리스도께 재 헌신한 사람의 숫자보다 몇 갑절은 되었다.

이 당시에 지원병의 가장 큰 두려움은 자신들이 싸워 보기도 전에 전쟁이 끝나게 되지 않을까라는 것이었다. 1861년 7월에 용기백배한 30,000명의 군인들이 워싱턴 디시 주위에서 버지니아주의 리치몬드로 내려왔고 많은 사람들은 이것이 남부 연합의 종말이 되리라 생각했다. 전쟁의 초기에는 북부 연합군이 돌진하여 토마스 잭슨 장군의 증원 부대와 마주쳤는데, 갑자기 북부 연합군을 차단함으로 인해 그는 '돌 성벽'이라는 별명을 얻기도 했다. 북부 연합군의 전선이 무너지고 퇴각명령이 주어졌을 때, 전투는 남부 연합군의 승리로 돌아갔다. 불 런(Bull Run)에서의 첫 전투는 전쟁의 양상을 바꿔 놓았는데 - 이는 링컨 대통령과 작전 지휘관들에게 그들의 군대가 더 나은 훈련과 지휘체계가 필요함을 보여 주었고 남부 연합군에게는 자신감을 고양시켜 북부 연합군이 더 이상 그들을 패배시킬 힘도 단호함도 없음을 느끼게 했다.

전장에서의 무디

YMCA는 북부 연합군에게 사역하는 크리스천 위원회에 대한 노력을 조정하기로 결정했다. 드와이트는 시카고 지부의 대표로 지명되었다. 그는 군인들에게 사역하기로 파견된 수천 명의 대표 중에 공식적인 첫 대표가 되었다. 그의 첫 부임지는 1861년 10월의 켄터키였는데 이곳에서 기금을 모아 나무로 예배당을 지었다. 그는 시카고에서의 자신의 사역과 더글라스 캠프에서의 사역을 병행하기도 했다. 1862년 경 율리시스 그랜트 장군은 미시시피 강과 오하이오 주가 마주하는 곳인 일리노이 주의 카이로에서 북부 연합군의 진지를 구축하고 남부 연합군의 철도로의 공격을 막고 남부 연합을 두 개로 쪼갤 수 있는 미시시피로의 공격을 단행할 계획을 세웠다. 전쟁의 초기에 위원회는 카이로를 또 다른 중요한 파견지역으로 인식하였고 드와이트는 이곳을 위원회의 지휘소로 바꾸는 역할을 맡게 되었다.

그는 대량 전도의 실천을 통해 특별 훈련을 하고 있었는데 이는 환자와 부상자와 죽어가는 자들을 지원하는 것이었다. 곧 남부 연합군의 일부가 더글라스 캠프에 수용이 되자, 드와이트는 전쟁포로에게도 사역을 하였다. 그는 그랜트 장군의 병력과 함께 아홉 번을 최전선으로 가서 야전병원에서 사역을 하였다. 몇 년이 지난 후, 드와이트는 리치몬드가 북부 연합이 되었을 때 그 지역을 들어가는 첫 번째 북부 사람이 되었다. 이러한 전쟁

> 미국 남북 전쟁은 그에게 대량 전도의 실천을 통해 특별 훈련을 제공하였다.

의 소용돌이 속에서 드와이트는 1862년 8월 28일에 엠마와 결혼하였다. 미국 남북 전쟁이 종결되기 전 드와이트와 엠마는 첫 자녀를 갖게 되는데, 엄마와 외할머니의 이름을 딴 엠마가 1864년 10월 24일에 태어났다.

전쟁은 기도의 힘을 활용하는 실전 훈련장이기도 했다. 어느 날 밤, 들판에 폭탄으로 생겨난 구멍들과 부상자들이 넘쳐났을 때, 크리스천 일꾼들이 전쟁터에 남겨진 생존자를 수색하고 있었다. 수백 명의 부상병이 굶주림과 목마름 가운데 그들의 보호 아래 있었다. 물을 길어 올 시냇물은 찾았으나 식량은 구할 수 없었다. 이 크리스천들은 무릎을 꿇고 하나님께서 양식을 공급해 주시도록 기도하였다. 그러나 후에 진술하기를 그 당시에 어떤 응답의 확신이 없이 그저 기도를 올렸다고 했다. 그런 상태에서 아침이 밝았다. 이때 한 마차가 다가오는데, 천장 가득히 빵을 싣고 오는 것이었다. 운전자는 다음과 같이 말했다.

> 지난밤에 잠이 들려고 할 때, 저는 군대가 떠난 것을 알았습니다. 저는 부상을 당해 뒤에 머물러 있을 수밖에 없는 불쌍한 병사를 생각하니 잠이 오지 않았습니다. 제 귀에 어떤 속삭임이 들리는 것 같았습니다. "이 불쌍한 사람들이 뭔가 먹을 수 있도록 하기 위해 무엇을 할 수 있을까?" 저는 이 소리를 잊을 수 없었습니다.[22]

잠을 다시 잘 수가 없었기에, 그는 아내를 깨웠고 가능한 많이 빵을 굽도록 요청했다. 그는 가서 자신의 마차를 꾸렸고, 이웃에게도 더 많은 음식을 모아 달라고 요청했다. 그는 일꾼들에게 말했다. "몇 시간 후에 내가 집에 도착하면 내 마차는 가득 찰 것이다. 내 아내는 마차 위까지 빵을 쌓을 것이고, 나는 신속히 이 빵을 저 소년들에게 나누어 줄 것이다. 이것은 마치 내가 주님에 의해 보내심을 받은 것 같다."[23]

---

22. Dorsett, *A Passion for Souls*, 95.
23. Ibid., 96.

부상당하고 죽어가는 자를 위한 사역

 죽음을 앞두고 있는 사람의 병실에서 계속해서 사역해야 하는 것은 아직 25살이 채 안 된 드와이트에게 가슴을 찢는 듯한 시간이었다. 몇 년 후의 설교에서 이것을 이렇게 말했다.

> 피츠버그 랜딩 전투 후에, 나는 머프리스보로의 병원에 있었다. 한밤중에 나는 병상의 한 사람이 나를 보고 싶어 한다는 말을 듣고 일어났다. 나는 그에게 갔고 그는 나를 '군종 목사님'이라 불렀다. 나는 사실 군종 목사가 아니었다. 그는 나에게 자신이 죽을 수 있도록 해 달라고 말했다. 나는 말했다. "내가 할 수 있다면, 당신을 품에 안고 하나님의 나라로 데려가고 싶어요. 그러나 나는 그렇게 할 수 없어요. 나는 당신이 죽도록 할 수가 없어요." 그는 말했다. "그럼 누가요?" 나는 말했다. "주 예수 그리스도께서 하실 수 있어요. 그러기 위해 그분이 오셨어요." 그는 고개를 흔들며 말했다. "그분은 나를 구원하실 수 없어요. 나는 내 인생에서 죄를 많이 지었어요." 나는 또 말했다. "그러나 그분은 죄인을 구원하러 오셨어요." 나는 북쪽에 계신 그의 어머니를 생각했다. 그가 평화롭게 죽게 되기를 갈망할 것이 분명했다. 그래서 그와 함께 있기를 결심했다. 두세 번 나는 기도했고 내가 할 수 있는 약속을 되풀이했다. 몇 시간 후에 그가 떠날 것이 분명해졌다.
> 나는 그리스도께서 그의 영혼을 염려하는 사람과의 대화를 그에게 읽어 주고 싶다고 말했다. 나는 요한복음 3장을 펼쳤다. 그의 눈은 나에게 고정되었다. 내가 14절과 15절을 읽을 때, 우리 앞에 다음의 구절이 다가왔고 그는 말씀을 듣게 되었다. "모세가 광야에서 뱀을 든 것 같이, 인자도 들려야 하리니, 누구든지 그를 믿는 자는 멸망치 않고 영생을 얻으리라." 그는 나를 멈추고 말했다. "정말 그렇습니까?" 나는 말했다. "그렇습니다." 그는 나에게 다시 한 번 읽어 달라고 요청했다. 나는 그렇게 했다. 그의 팔꿈치

를 침상에 모으고 손을 움켜쥐고 말했다. "정말 좋네요. 다시 한 번 읽어주실래요?" 나는 세 번을 읽었다. 그리고 나머지 장을 읽어 내려갔다. 내가 마쳤을 때, 그의 눈은 감겨 있었고, 그의 손은 모아져 있었으며, 얼굴에는 미소가 있었다. 오, 어떻게 빛나게 되었는가! 어떤 변화가 다가왔는가! 나는 그의 입술이 가늘게 떠는 것을 보았고 기댄 그의 몸을 통해 희미한 속삭임을 들었다. "모세가 광야에서 뱀을 든 것 같이, 인자도 들려야 하리니. 누구든지 그를 믿는 자는 멸망치 않고 영생을 얻으리라." 그는 자신의 눈을 감고 말했다. "그거면 충분해요. 더 읽지 마세요." 몇 시간을 머물다가 이 두 구절을 묵상했다. 그러고 나서 그는 하나님의 나라의 자리를 얻기 위해 그리스도의 병거를 타고 올라갔다.[24]

전쟁 중 시카고 사역은 지속적으로 번창하였다. 드와이트의 첫 번째 주일 학교 학생들은 성인으로 자랐다. 선교회가 번창하자, 다른 성인들도 참석하기 시작했다. 드와이트가 마을의 목사들과 잘 지내기 위해 노력하고 자신의 주일 학교 어린이들을 잘 키워서 교회들로 보내었지만, 이 새로운 회심자들은 기존의 전통적인 예배에 편안함을 느끼지도, 환대를 받지도 못했다. 그래서 전쟁이 종료된 1864년 12월 30일에, 일리노이 거리 선교회 주일 학교는 적극적인 노방 전도 프로그램을 가진 독립적인 전도 교회인 일리노이 거리 교회로 바뀌었다. 회중교인들은 목사 안수를 제의했지만 그는 스스로 자격이 없다며 거절했다. 편견을 갖지 않고자 하는 그의 열망에 따라 결국 모든 교파를 초월해 교류하는 교회가 되었다.

미국 남북 전쟁은 드와이트에게 강한 인상을 남겼다. 이 내전이 1865년 종결되었을 때, 영혼을 위한 어둠의 세력과의 전쟁은 끝나지 않았다. 드와이트는 전쟁 중의 긴박한 상황을 설교방법에 적용하면서 주어진 시간을 복음을 전하는 마지막으로 여겼다. 그는 힘이 닿는 한 최대한으로 사람들이 복음을

---

24. Dwight L. Moody, The Way to God and How to Find It, http://www.whatsaiththescripture.com/Voice/Moody.The.Way.to.GOD.html.

그 자리에서 받아들이도록 하였다. 그는 복음의 핵심이 되는 필수적이고 실제적인 관점을 가지게 되었는데 이는 그의 이후 사역에 계속 적용되었다. 구원은 모든 교파를 초월해 구심점이 되는 교리로서 이는 그가 가는 어떤 교회든 함께 할 수 있는 보편적인 것이 되었다. 또한 그는 효과적으로 하나님의 일을 하기 위해서는 공식적인 훈련이나 직함이 필요하지 않는다는 것도 알게 되었다. 그래서 항상 사람들에게 '무디 목사'보다는 '미스터 무디'라고 불러 달라고 했다.

미국 남북 전쟁이 끝나자 미국은 재건의 시기로 접어들었다(실재적으로는 1865년부터 1877년까지). 이는 경제적인 성장과 함께 사회적인 개혁을 이룬 시기로서 대호황시대(1865년에서 1893년)라고 불렸다. 이 경제적인 성장의 시대는 미국에게 전후의 나라를 함께 묶어 서부로 진출하는 제2의 산업 혁명의 시기이자 거대한 이주의 시기로서 도시들은 전국적으로 빠르게 성장하였다. 앤드류 카네기의 책과 똑같은 이름을 기초로 해서, 부의 복음(gospel of wealth)이 대세가 되었고, 많은 번창하는 기업가들은 지역 사회에 자선사업과 박애주의적인 기부를 하고자 하였다. 이러한 분위기 속에서 YMCA와 같은 단체들은 가난한 사람들에게 역점을 두는 성향으로 인해 더욱 혜택을 받을 수 있었다.

전쟁은 또한 YMCA가 신뢰할 수 있는 지도력을 가진 세계적인 단체임을 드러냈고, 드와이트의 노력으로 인해 YMCA 시카고 지부는 미국의 YMCA중에서 두각을 나타냈다. 곧 드와이트는 YMCA 시카고의 지부장이 되었고 1865년부터 1870년까지 역할을 감당했다. 이것은 영향력과 존경심의 기준이 되었다. 전쟁이 끝난 5년 동안 드와이트의 영향력 아래에서 신앙의 황금시대를 시카고는 열게 된 것이다.

영국으로의 첫 순회

1867년에 엠마 레벨 무디는 건강이 좋지 않았고 천식으로 고생을 하고 있어 엄청난 속도로 사역을 하고 있는 남편 무디와 보조를 맞추는데 어려움을 겪고 있었다. 부부는 영국으로 가서 엠마가 휴식과 회복을 취하도록 하며 미국으로 18년 전에 이민 온 이후로 방문하지 못했던 영국의 친지를 방문하기로 했다. 또한 드와이트는 당시 영국에 살고 있는 YMCA의 창설자인 조지 윌리암스 경을 만날 수 있기를 희망하였다. 게다가 그에게 감명을 준 조지 뮬러를 만나고 찰스 스펄전의 설교를 듣고 싶었다. 무디 부부는 또한 런던에서 열리는 국제 주일 학교 컨벤션에도 참가할 계획을 세웠다. 이 모든 계획들이 시카고에서의 그의 사역을 능력 있는 사람들의 손에 맡기고 떠날 수 있을 정도로 드와이트의 양심을 편하게 했다. 그와 그의 아내는 세 살 난 딸 엠마를 일리노이 주의 노스필드에 살고 계시는 드와이트의 어머니에게 맡겼다.

천성적으로 투박하나 솔직한 태도로써 드와이트는 첫 설교에서 영국 사람들에게 즉각적인 영향을 끼쳤다. 미국에서의 그의 사역에 대한 설교를 주일 학교 컨벤션에 와서 해 달라는 요청도 받았다. 한 증인은 다음과 같이 말하였다.

> 부의장은 그들의 "미국 사촌형제인 시카고의 무디 목사"를 환영한다고 하며, 그는 이 자리를 주관한 귀족 얼에게 감사표를 던질 사람이라고 하였다. 미스터 무디는 신선하고 솔직하며 전통을 무시하는 단순한 찬사와 대담한 발언으로, 청중들을 놀라게 하였다.
>
> "의장은 두 번의 실수를 했습니다. 먼저, 저는 무디 목사가 전혀 아닙니다. 저는 단지 드와이트 무디이고 안식일 학교 사역자입니다. 그리고 저는 당신들의 미국 사촌형제가 아닙니다. 저는 하나님의 은혜로 당신들의 형제이며 그의 자녀를 위해 당신들과 함께 우리의 아버지의 일에 관심 있는 사람입니다.
>
> 그리고 지금 이 밤에 의장이 되고자 하시는 귀족 얼에 대한 감사의 박수

결의에 관한 것입니다. 그가 우리에게 감사해야 하는 것보다 우리가 그에게 감사해야 하는 이유를 모르겠습니다. 언젠가 우리가 일리노이에서 모임을 주관하는 미스터 링컨에게 감사하다고 말했을 때, 그는 중단을 시켰습니다. 그는 그의 일을 할뿐이고 그들은 그들의 일을 했다고 말했습니다. 모두에게 공평한 일을 모두가 했다는 것입니다."

그러한 오프닝 발언은 모든 사람들의 숨을 죽이게 하는 일이었다. 이는 어떤 기준으로도 측정 불가했지만 그의 참신함이 즐거웠고, 미스터 무디는 그 시간 이후 내내 영국의 청중을 사로잡았다.[25]

무디 부부는 영국 제도(British Isles)에서 4개월 반을 보냈고 드와이트는 평상시와 같이 계획한 모두 것을 이룰 수 있었다. 여러 번 찰스 스펄전의 설교를 들을 수 있었고 그를 심지어 만나기도 하였으며 미국에 와서 설교를 할 수 있다는 희망을 가지게 되었다.

또한 무디 부부는 브리스톨에 가서 조지 뮬러를 만났는데 드와이트는 파웰에게 이렇게 편지 했다. "그의 집에 1,150명의 아이들이 있었고 그는 어느 누구에게도 자신에게 1센트의 돈도 도와달라고 하지 않았습니다. 그는 오직 하나님께 의지하고 하나님이 돈을 그에게 주시기를 바랐습니다. 기도의 사람에게 하나님이 할 수 있는 것을 보는 것은 놀라운 일입니다."[26]

드와이트는 뮬러의 교리적인 성향에 영향을 받았다. 뮬러는 플라이머스 형제 교회의 일원이었고 이곳은 성경의 진실과 영감에 대한 변함없는 믿음이 있었다. 플라이머스 형제 교회는 회심을 삶을 바꾸는 강력한 사건으

▲ 엠마 레벨 무디
로버츠 리아든 기록보관소

---

25. Moody, *Life of Dwight L. Moody*, 132.
26. Dorsett, *A Passion for Souls*, 135.

로 전하였으며, 그리스도의 전 천년 재림(the premillennial return of Christ)을 믿고 있었다. 드와이트는 이 두 개의 교리를 그의 후기 사역에서 고수했다. 마치 모라비안 교도가 존 웨슬리에게 영향을 미쳤듯이 형제 교회가 그렇게 그에게 영향을 끼쳤다. 다른 어떤 조직의 교리보다도 이 교리가 드와이트 신학의 기초석이 된 것이다.

그는 영국에 매우 의미심장한 영향을 끼쳤다. 5월 10일에 16살의 존 케네스 맥캔지(John Kenneth Mackenzie)는 드와이트가 브리스톨에서 설교하는 것을 들었다. 그는 후에 중국에 가서 유명한 의료 선교사가 되었다. 리버풀에 있는 동안, 드와이트는 찰스 가렛(Charles Garrett) 목사를 감명을 시켜서 마을의 술집과 사창가의 대안으로 비싸지 않은 음식점을 열도록 했다. 어떤 사람은 YMCA 시카고 지부를 본떠서 영국에서 정오 기도 모임을 시작하고 그 후 40년간을 모임을 이끌기도 했다.

7월 1일 고별 리셉션이 무디 부부를 위해 런던의 YMCA 알더스게이트에서 준비되었다. 이 모임에서 한 연사는 드와이트에 대해 이렇게 말했다.

> 미스터 무디와 같이 외국에 와서 그렇게 짧은 기간 동안에 수많은 사람들에게 사랑을 받거나, 무명의 이름으로 어떤 추천장도 없이 와서 수많은 크리스천 형제들의 마음을 얻은 사람은 거의 없습니다. 어느 누구도 전에는 그를 몰랐지만 그의 이야기와 그가 예수님에 대해 얘기하는 것을 듣게 되자 그에게 그들의 엄청난 사랑을 쏟게 되었습니다.[27]

드와이트는 그의 방문을 기억하도록 금시계와 넉넉한 사례금을 담은 봉투를 받았다.

곧 무디 부부는 집으로 출발했고 이러한 놀라운 방문은 다음에도 또 있을 것이라 생각하기도 어려울 만큼 기뻤다. 여행이 드와이트에게 헤아릴 수 없

---

27. Moody, *Life of Dwight L. Moody*, 136.

을 정도로 영향을 끼쳤기 때문이다. 그는 하나님에 대해 더 많이 배우고 다른 사람들에게 어떻게 보살펴야 하는지에 대해 눈을 뜨게 되었다. 그는 이 방문에서 얻은 교육이 결코 끝나지 않았고 그가 앞으로 몇 년 후에 영국으로 돌아왔을 때의 축복도 엄청날 것임을 의심하지 않았다.

무어 하우스의 요한복음 3:16 설교

시카고로 돌아온 후 몇 주 만에, 드와이트는 해리 무어하우스로부터 편지를 받았는데, 그것은 그가 미국에 왔으며 그가 설교할 수 있다는 약속이 여전히 유효한지 묻는 내용이었다. 드와이트는 아무 생각 없이 대답했다. 그로부터 다시 설교를 들을 수 있을 것이라고 생각하지 않았기 때문이다. 그러나 그는 그렇게 했다. 드와이트의 직원은 외부 사람을 못 미더워했기 때문에 매우 불편해 했다. 드와이트는 몇 주 후에 자신이 마을 외곽에 있는 동안 그가 설교하도록 허락하였다. 드와이트가 없는 동안 무어하우스는 이틀 밤을 한 구절로 설교했다. 그것은 요한복음 3:16 "하나님이 세상을 이처럼 사랑하사 독생자를 주셨으니 이는 그를 믿는 자마다 멸망하지 않고 영생을 얻게 하려 하심이라."였다. 드와이트가 돌아왔을 때, 그동안 일어났었던 일들을 들었다.

> 내가 토요일 아침에 돌아왔을 때, 그가 어떻게 하고 있는지가 궁금했다.
> 집에 도착하자마자 아내에게 말하였다.
> "그 젊은 영국 사람은 어때? 사람들이 좋아해?"
> "사람들이 너무 좋아해요."
> "당신도 그의 설교를 들었소?"
> "예."
> "그러면 당신도 좋아하오?"
> "예, 저는 그를 무척 좋아해요. 그는 요한복음의 한 절을 이용해 설교 두

편을 하였어요. '하나님이 세상을 이처럼 사랑하사 독생자를 주셨으니 이는 그를 믿는 자마다 멸망하지 않고 영생을 얻게 하려 하심이라' 제가 생각하기에도 비록 당신과 설교 스타일이 다르지만 당신도 그를 좋아하게 될 거라고 생각해요."

"어땠는데?"

"글쎄요, 그는 최고의 죄인들을 말했어요. 하나님이 그들을 사랑하신다고 하셨어요."

"그러면," 나는 말하였다. "그가 틀렸네."

"당신도 그의 설교를 들으면 그에게 동의할 거예요." 아내는 말했다. "왜냐하면 그는 자신이 말하는 것을 성경으로 뒷받침하였어요."

주일이 왔다. 나는 교회로 갔고 모든 사람들이 자신의 성경을 가져온 것을 주목했다. 아침 설교는 그리스도인들에게 전하는 말씀이었다. 나는 결코 그와 같은 설교를 들은 적이 없었다. 그는 자신의 진술을 증명할 장과 절을 제시했다. 밤이 왔을 때, 교회는 가득 찼다. "자, 사랑하는 친구여," 설교자는 말했다. "당신들이 요한복음 3장 16절을 펼치면, 저의 본문을 찾을 것입니다." 그는 그 절을 가지고 가장 특이한 설교를 했다. 그는 본문을 둘째, 셋째, 넷째로 나누지 않았다. 그는 단순히 전체 절을 가지고 창세기부터 요한계시록까지 이어가며 하나님께서 모든 세월 동안에 세상을 사랑하심을 입증하였다. 하나님은 선지자, 족장, 거룩한 사람들을 보내셔서 우리에게 경고하셨고, 그런 후에 그분의 아들을 보냈으나 세상이 그를 죽였으며, 그 후에도 성신을 보냈다고 전하였다. 나는 그때까지 하나님이 우리를 그렇게 사랑하신다는 것을 결코 알지 못했다. 이러한 무딘 마음이 녹아내리기 시작했다. 나는 눈물을 주체할 수 없었다. 먼 나라에서 들려오는 소식과 같았다. 나는 그저 들이마셨다. 빽빽이 들어선 회중도 마찬가지였다. 이 세상에서 그 무엇보다도 이끌리는 한 가지가 있는데 그것은 사랑이었다. 그를 사랑할 사랑이 없다면, 어머니나 아내나 아이들이나 형제들이나 자매들이 없다면 그는 자살을 범하는 계층에 속하는 것이다. 시카고에서 월요일 저녁에 사람을 모으는 것은 매우 어려웠지만 사람들이 몰려 왔다. 그들은 성경을 가지고 왔다. 무어하우스는 말했다. "사랑하는 친구들이여, 당신들이 요한복은 3장 16절을 펼치면, 내 본문을 발견할 것입니다." 그리고 다시 창세기부터 요한계시록까지 하나님이 우리를 사랑하신다는 것을 구절구절로 보여 주었다. 어느 성경 장절을 펼쳐도 그것을 증명하였다. 그것이 다른 어떤 것보다도 좋았다. 그는 다른 어떤 것보다도 심금을 울렸고, 내 영혼이 듣기에 너무나 감미로웠다. 그는 단순히 진리를 내 마음에 쏟아주었으며 나는 그저 그 이후로는 의심 없이 받아들였다. 하나님은 양날을 가지고 죄인들의 뒤에서 언제든 후려칠 분이라고 나는 설교하곤 했다. 그러나 그것을 이제 그만 두어야 했다. 이제 나는 하나님은 사랑으로 사람 뒤에 계시며 사람은 이 사랑의 하나님으로부터 도망치고 있음을 설교한다.[28]

결국 해리 무어하우스는 요한복음 3:16을 본문으로 하여 연속 7일 밤을 설교했다. 매 밤마다, 이 본문의 진리와 무어하우스의 메시지는 드와이트의 마음의 심금을 깊게 울렸다. 그는 그의 인생과 설교 방법에 완전한 변화를 경험했다.

드와이트와 엠마는 다가오는 해에 두 아들을 가지게 되었다. 윌리엄 레벨 무디는 시카고에서 1869년 3월 25일에 태어났고, 막내인 폴은 10년이 지난 1879년 4월 11일에 드와이트의 연장된 볼티모어 캠페인 중에 태어났다. 볼티모어 캠페인은 드와이트의 사역이 급격하게 변화되는 시기에 일어났고 그것은 하나의 더 중요한 요소를 필요로 한 시점이었다.

---

28. Ibid., 138-139.

하나님의 성령에 힘을 얻어

드와이트에게 하나님의 사랑에 의한 변화의 개념은 비록 하나님의 진리를 깨닫는 가장 중요한 계시였지만, 짧은 몇 년 동안에 복음전도자가 되는 데 필요한 전부는 아니었다. 드와이트에게는 여전히 자신의 의지의 힘, 사람들과 사귀는 기술, 그리고 손에 닿는 것이면 무엇이든 개발시키고 하는 그의 꺼지지 않는 야망이 있었다. 엠마가 보기에 남편은 자신의 부족함을 항상 느끼면서 가족을 부양하고, YMCA 시카고의 영향을 확장하며, 예수 그리스도의 복음을 듣고자 하는 사람들을 채우려는 목표를 향해 자신을 몰아가고 있었다.

그러나 내내 하나님은 드와이트에게 그의 참된 능력이 나오는 근원을 알게 하셨다. 이는 전체 성경을 통해 인류에게 전달하고자 하시는 하나님의 사랑의 메시지와 우리 안에 내주하시면서 그의 자녀들에게 권능을 주시는 하나님의 영의 중요성이다. 드와이트는 이 두 조각을 연결할 필요가 있었다.

몇 년 후에, 그는 이 퍼즐조각이 그에게 어떻게 맞춰지는지와 첫 조각이 그가 구원을 얻은 후에 나타났음도 묘사했다.

> 첫 회심 때 내가 안식일 학교에서 설교했던 것을 기억한다. 거기는 매우 흥미로웠으며 많은 사람들이 기도하기 위해 일어났다. 나는 매우 기뻐하며 나갔던 것을 기억한다. 이때 한 노인이 나를 따라 나왔다. 전에 그를 본 적이 없어 그의 이름도 몰랐다. 그는 내 손을 잡고 충고하였다. 그 당시 나는 그가 무슨 말을 하는지 잘 몰랐다. "청년이여, 당신이 다시 설교할 때는 성신을 높여 드려야 합니다." 나는 설교하기 위해 다른 교회로 가야 했기에 서둘렀다. 하지만 가는 길 내내 이 목소리가 귀에 계속 울렸다. "성신을 높여 드려라." 나는 내 속으로 말하였다. "나는 노인이 말한 의미가 무엇인

지 궁금해."[29]

몇 년 후에, 드와이트는 두 명의 여인과 비슷한 연속적인 만남을 갖게 되었는데, 동일한 당혹감을 느끼게 되었다. 그가 그들에게 설교할 때마다, 그들은 그에게 "우리는 당신을 위해 기도하고 있습니다."라고 말하였다. 어느 날 밤 그가 매우 지쳐있을 때, 그는 인내심을 잃고 따지듯이 물었다. "왜 당신은 나를 위해 기도하고 있습니까?", "왜 구원받지 못한 사람들을 위해 기도하지 않습니까?" 그들은 그에게 말했다. "우리는 당신이 능력을 갖기를 기도하고 있습니다." 드와이트가 더 이상의 질문을 하지 않았기에 그들이 더 이상 말하지 않았지만 그들의 행동은 변함이 없었다. 1871년 가을 무디는 다시 이 두 여인과 맞닥트리게 되었다. 이번에는 그들이 의미하는 것을 꼭 집어서 물었다. 무디 성경 학교의 첫 감독인 토레이(R. A. Torrey)에 따르면, 드와이트는 이 사건을 나중에 이렇게 술회했다고 한다. "그들은 성신의 분명한 세례에 대해 그에게 말했다. 그리고 그와 함께 기도하자고 했는데 이는 단순히 그를 위해 기도하는 것이 아니었다."[30] 이와 같이, 그들은 정기적으로 기도를 위해 매주 금요일 오후에 파웰 홀에서(드와이트의 친구인 존 파웰의 이름을 딴 YMCA 건물) 만나기로 동의했다.

이 두 여인 중에 지도자는 사라 쿡(Sarah Cooke)이었는데 그녀는 1868년에 시카고로 남편과 함께 이사 온 헌신적인 감리교도였다. 그녀는 드와이트가 성령과 불로 세례를 받게 되도록 주님으로부터 온 부담을 가지고 있었다. 그 다음 몇 주 후에 드와이트는 시간이 될 때마다 매주 계획대로 금요일에 모임

---

29. "Dwight Lyman Moody," Christian Biography Resources, http://www.wholesomewords.org/biography/biomoody.html.에 인용된 M. Laird Simons, Holding the Fort: comprising sermons and addresses at the Great Revival meetings conducted by Moody and Sankey...lives and labors of Dwight L. Moody, Ira D. Sankey, and P. P. Bliss (Norwich, CT: Henry Bill Publishing Co., 1877)

30. R. A. Torrey, *Why God Used D. L. Moody*, sermon delievered in 1923 (Murfreesboro, TN: Sword of the Lord Publishers), http://www.whatsaiththescripture.com/Voice/Why.God.Used.D.L.Moody.html.

을 가졌다. 1871년 10월 6일 금요일, 그들은 돌파구를 찾았다. 쿡은 나중에 이렇게 기록하였다. "매 모임마다, 우리는 돌아가며 큰 소리로 기도했고 미스터 무디의 고통은 너무 커서 바닥에 구르기도 하고 많은 눈물과 신음으로 하나님께 부르짖으며 성신과 불세례를 주시기를 구했다."[31] 드와이트는 그럼에도 불구하고, 그 모임에서 아무런 변화 없이 떠났다. 그는 자신의 한계점에 가까이 왔음을 느꼈다.

시카고 대화재

상황은 그들이 나아지기 전에 더 악화되었다. 10월 8일 일요일 저녁, 큰 불이 나서 시카고의 사방 약 6.5킬로미터를 태웠다. 여기에 무디가 기금을 모금해 최근 완공된 일리노이 거리 교회와 무디의 집도 포함되었다. 가족은 엠마의 자매의 집으로 이사했고 드와이트는 전소된 교회를 재건하고자 새로운 기금을 모금하였다.

몇 달이 지나 뉴욕의 거리를 거닐면서, 드와이트는 그와 사라 쿡이 함께 기도했던 그 돌파구를 경험하였다. 그것은 그의 두 번째이자 가장 중요한 영국 방문 바로 이전이었다. 토레이는 드와이트의 인생의 극적인 변화에 대해 이렇게 말했다.

> 오래지 않아 영국으로 가는 길에, 그는 뉴욕의 월스트리트를 걷고 있었다. (미스터 무디는 좀처럼 이에 대해 말하지 않았고 나도 거의 말하기를 주저한다.) 그리고 이 법석거리고 바쁜 도시 한중간에서 그의 기도가 응답되었다. 그는 거리를 걷고 있었는데 갑자기 하나님의 권능이 임했다. 그는 그의 친구의 집으로 급히 갔고 혼자 있을 방이 있는지 물었다. 그 방에서 홀로 몇

---

31. Sarah A. Cooke, *The Handmaiden of the Lord, or Wayside Sketches* (Chicago: T. B. Arnold, 1896), 362.

시간을 머물렀다. 성신이 그에게 임하여 하나님의 손을 이제 그만 거두셔서 기쁨으로 그 자리에서 죽지 않게 해 달라고 기도할 정도로 그의 영혼에 기쁨이 충만했다. 그에게 임한 성신의 힘을 가지고 그곳에서 나갔으며, 그가 런던에 도착했을 때(부분적이지만, 레시의 교회에서 침상에 누운 성도의 기도를 통해), 하나님의 권능이 그를 통해 북부 런던에 강하게 역사하셨고, 수백 명이 교회에 더해졌다. 몇 년 후에 따르게 되는 놀라운 운동으로 이어졌다.[32]

드와이트는 이런 식으로 그 경험을 묘사했다.

> 나는 하나님께서 나를 그분의 성령으로 채우시도록 내내 울었다. 어느 날 뉴욕시에서! 얼마나 놀라운 날인지 설명할 길이 없다. 나는 좀처럼 언급하지 않았지만 말하기에 너무 신성한 경험이었다. 바울은 14년 동안 그의 경험을 말하지 않았다. 하나님이 그분을 나에게 계시하시고 나는 그분의 손에 머물게 해 달라는 그의 사랑의 경험이라 할 수 있다. 나는 설교하기 위해 또 나섰다. 그 설교는 다른 것이 아니었다. 새로운 진리를 전파한 것은 아니었지만 수백 명이 회심했다. 누가 나에게 이 세상 전부를 준다 해도 나는 이 복된 경험 전으로 돌아가지 않을 것이다. 이 세상은 저울의 작은 티끌과 같다.[33]

이러한 경험은 하나님의 지식과 성령의 인도를 위한 드와이트의 갈망을 높여 주었다. 그래서 한동안 그와 아내는 복잡한 도시의 요구와 바쁨으로부터 떨어지기 위해 노스필드의 어머니의 집으로 다시 이사하였다. 이것만이 성령의 인도를 더 분명하게 듣게 될 것이라 믿었기 때문이다. 결과적으로 드와이트는 영국으로 돌아가고자 하는 불타는 열망을 갖게 되었다. 그는 자신이

---

32. Torrey, *Why God Used D. L. Moody*.
33. Moody, *Life of Dwight L. Moody*, 149.

거기에서 만났던 교사들의 발 앞에 다시 앉아야 할 필요성을 느꼈지만 하나님은 다른 계획이 있으셨다.

디 엘 무디의 대각성

1872년 드와이트는 출항하여 조용히 런던에 들어갔다. 그는 곧 참석할 모임 장소를 발견하였고 메모를 위해 뒷자리에 앉았다. 그의 신앙적 은거가 시작되었던 것이다. 어느 날 밤 올드 베일리-한때 런던의 중앙 형사 재판소였던 건물-의 기도 모임에서 존 레시 목사는 드와이트를 발견하였다. 그는 곧 다음 주일에 자신의 교회에서 설교하도록 간청하였다. 이에 드와이트는 마지못해 수락했다. 일요일 오전 예배는 별로 눈에 띄지 않게 지나갔다. 하지만 일요일 밤 예배는 전혀 달랐다.

> 다음 예배 시간인 저녁 6시 반에 그가 설교를 했는데 마치 하나님의 성령으로 충만한 느낌이었다. 비록 그가 그날 충분하게 기도하지 못했지만 사람들은 쥐죽은 듯 조용했으며, 그의 말씀에 빠르게 반응하였다. 그러나 이해할 수 없는 일이 일어났다.
>
> 그가 설교를 마쳤을 때, 크리스천이 되고 싶은 사람은 그들을 위해 기도할 테니 일어날 것을 요청하였다. 사람들은 모두 일어났다. 보기에 청중들 전체가 일어난 것 같았다.
>
> 미스터 무디는 혼잣말을 했다: "이 사람들이 내 말을 못 알아들었군. 내가 일어서도록 하는 이유를 모르는 것 같아." 전에 그러한 일이 없었기 때문에 어떻게 할 수 없어서 다시 시험하였다.
>
> "자" 그는 말하기를, "크리스천이 되고자 하는 사람들은 조용히 문답실로 가세요."
>
> 그들은 들어갔다. 하지만 사람이 너무 많아서 자리를 마련하기 위해 여

분의 의자를 들여놓아야 했다. 목사는 매우 놀랐고 무디도 마찬가지였다. 누구도 그러한 축복을 예상하지 못했다. 하나님은 한 명 두 명씩 구원할 뿐 아니라 수백 수천 명씩도 구원하신다는 사실을 전에는 깨닫지 못했다. 무디가 다시 한 번 진정으로 크리스천이 되고 싶은 사람은 일어나라고 했을 때, 거의 모든 사람이 일어났다. 그 역시도 어찌 할 줄 몰라서, 진정으로 원하시는 분들은 다음날 저녁에 그곳의 목사님을 만나라고 했다.

다음날 그는 더블린에 갔다. 화요일 아침에 다시 돌아와 달라는 요청을 받았는데 일요일보다 월요일에 문답자가 더 많다고 전하였다. 그래서 그는 돌아왔고, 10일간의 모임을 지속했으며, 400명의 새신자가 교회에 등록하였다.[34]

부흥의 원인

이러한 결과로 인해 놀란 것은 다른 사람이 아닌 드와이트였다. 그는 나중에 부흥을 일으키는 원인을 발견하였다. 그것은 이 교회에 속한 두 자매 때문이었다. 그중 한 명이 병상에 누워 있었는데, 어느 날 자신에 대해 연민을 느끼게 되었다. 그녀는 만약 자신이 아무것도 할 수 없다면, 적어도 기도는 할 수 있다고 생각하였다. 그래서 그녀는 밤낮으로 교회의 부흥을 위해 기도하기를 시작하였다. 어느 날 드와이트가 미국에서 조직한 모임에 대한 기사를 우연히 보게 되었다. 그녀는 자신이 읽은 신문 기사에 감화를 받아 자신의 베개 밑에 신문 기사를 넣어 두었다. 그리고 드와이트가 대양을 건너서 자신의 교회에서 설교해 주기를 하나님께 기도하였다.

그런 후 어느 일요일 아침, 건강한 자매가 집으로 와서 그녀에게 물었다.

---

34. Ibid., 152-153.

"오늘 아침에 설교한 분이 누군지 아니?"

그냥 통상적으로 아는 몇 명의 설교자의 이름을 말했다.

마침내 그 자매가 말하기를, "미국에서 오신 미스터 무디야."

"그것이 무슨 뜻인지 알아" 병상의 자매가 말했다. "하나님이 내 기도를 들으셨어."[35]

몇 년 후에 캠벨 모간(G. Campbell Morgan)은 레시의 뉴 코트 회중 교회의 목사가 되었을 때 마리안 아들라드라는 이 여인을 만났다. 모간의 책『기도의 실재』(The Practice of Prayer)에서 그는 그녀의 이야기를 이렇게 말했다.

1901년 나는 영국을 떠나 미국으로 갈 때, 그녀를 만났다. 그녀는 말하였다. "저기에 있는 제 생일책을 보세요." 나는 그것을 집어 들고 2월 5일을 펼쳐 보았다. 내가 익숙하게 아는 손글씨로 적혀 있었다. "디 엘 무디, 시편 91편" 그런 후에 마리안 아들라드는 말하였다. "1872년에 그분이 저를 보러 왔을 때 적어준 것입니다. 저는 그분이 돌아오기까지 매일 그분을 위해 기도했습니다." 이어서 계속 말하였다. "이제 당신의 생일 페이지에 당신의 이름을 적어 주시면 당신이 집으로 오기까지 당신을 위해 기도하겠습니다." 그 책에 내 이름을 쓴 것을 잊을 수 없다. 나에게 그 방은 하나님의 임재로 가득 찬 곳이었다. 나는 가끔 바쁜 일상생활 중에서, 힘들고 지친 삶 중에서 그때 그 시간을 종종 생각한다. 하나님의 은혜로 마리안 아들라드가 나를 위해 기도한다는 사실을 알고 있다. 이러한 연유로 진정한 사랑과 존경의 마음으로 이 책을 바친다. 하나님의 들판에 노동자의 수고가 있었다. 눈에 띄지는 않지만 기도로 애쓰며, 눈에 보는 수확을 가능하게 하는 것이 이들 영웅들이다. 이 사역을 실행하도록 하는 그 힘은 측

---

35. Ibid.

량할 수 없다.[36]

　드와이트는 하나님이 그로 하여금 영국에서 더 많은 일을 하시기를 원한다는 사실을 느꼈다. 성공회 주교의 요청으로 첼시아 채플 설교에서 유사한 결과를 얻게 되었을 때, 그는 하나님이 영국에서의 사역을 원하신다고 결론을 내렸다. 그러나 그는 올바로 해야 한다는 것을 느꼈다. 그래서 그는 다시 미국으로 돌아가 그와 동행할 복음가수를 찾고, 늘어난 활동의 후원자를 구하며, 그의 가족을 모아 할 수 있는 대로 빨리 영국으로 돌아오고자 결정하였다. 미국으로 돌아가는 표를 예약하기도 전에 그의 모든 경비를 지불하겠다는 후원자가 더블린에서 뿐 아니라 뉴캐슬어판타인의 한 부유한 감리교도로부터 제안을 받았다.

　그가 미국으로 돌아가기 전에 또 다른 확증이 왔다. 드와이트가 남부 런던의 마일드메이 고원에 있는 윌리암 페네파더 목사가 후원하는 컨퍼런스에 갔을 때, 그는 즉시 편안함을 느꼈으며, 개강 설교 동안 페네파더와 동질의 영을 느꼈다. 페네파더는 드와이트를 설득해 설교하게 했고 또다시 연회는 경이로웠다. 이에 응하여, 페네파더는 설교단에서 발언하기를 "미스터 무디는 하나님이 큰일을 위해 예비한 사람입니다." 이 예언적인 말씀은 몇 개월 후에 그대로 성취되었다.

　그는 미국으로 돌아가기 직전에 더블린에서 거래하였다. 그들이 인쇄하는 종이 가격으로 전도지와 책자를 구입하기로 동의를 하고 몇천 권을 주문하였다. 그들은 시카고로 무료로 배송했다. 그 후 그는 1872년 9월 미국에 도착하는 즉시 준비하기로 했다. 그는 시카고 요크펠로우스 회사에 요청해 승객 정류장과 호텔의 진열대를 꾸며 책자를 전시하게 했다. 진열대에는 이 전도책자가 무료라는 것을 표시해 두었다. 드와이트는 40여 명의 기업가에게 편지를 써서 이 프로젝트를 위해 필요한 경비를 각각 25달러씩 요청하였다. 이는

---

36. G. Campbell Morgan, *The Practice of Prayer* (London: Hodder and Stoughton, 1906), 124-127.

전체가 1,000달러가 되는 금액이었다. 요크펠로우스 회사는 일주일에 세 번씩 진열대를 점검하고 필요한 만큼을 채워 넣었다.

드와이트는 윌리암 페네파더의 훈련 프로그램에 감화를 받았는데 교회의 주관하에 지역 사회를 섬기는 영국교회 집사를 세우는 프로그램이었다. 미국에 도착하자마자 드와이트는 이와 비슷한 기관을 만들어 이를 총괄할 사람을 찾았다. 전 대학교수였던 엠마 드라이어는 장티푸스와 눈 질환에서 극적으로 치료를 받았는데, 이 사역으로 부르심을 느꼈다. 드라이어와 마찬가지로 드와이트는 결코 신유를 믿지 않았다. 그는 그녀의 전천년설의 가르침에 감동을 받았다. 이는 예수님이 이 땅을 통치하시기 위해 천년 중간이나 후가 아니라 천 년 전에 오신다는 것이었다. 시카고 여성 도움 협회의 수장과 YMCA의 여성 부설지부의 총감독자로서의 그녀의 위치를 고려하여, 드와이트는 그녀가 지도력이 있다는 것을 알고 있었다. 드와이트는 그녀를 설득하여 국내와 국외의 선교와 복음전도 사역에 여성을 훈련시키는 학교를 시작하도록 하였다. 이 학교는 결국에는 남학생도 받아들이게 되었는데 이것이 나중에 무디 성경 학교의 시초가 되었다.

드와이트, 찬송가 작가를 발견하다

드와이트는 자신과 함께 영국에 갈 수 있는 복음가수를 찾기로 했다. 필립 필립스(Philip Phillips)와 피 피 블리스(P. P. Bliss)를 찾아갔으나 둘 다 어렵다고 반응했다. 드와이트는 다시 시카고의 찬양 리더였던 이라 디 생키(Ira D. Sankey)에게 도움을 요청했다. 이라가 시카고에 있는 회중에게는 너무 중요한 존재임을 알고 있었기에 처음에는 그를 부를 생각이 없었으나 솔로와 찬양리더로서 그를 필적할 만한 사람이 없었다. 드와이트는 대영제국으로의 그의 지난 여행 전인 1871년 인디아나폴리스의 컨퍼런스에서 그를 만난 적이 있었다. 이라가 드와이트의 설교를 듣기 위해 나왔지만 오히려 드와이트를 감명시킨 사람은 이라였다. 드와이트는 좋은 복음성가 가수의 중요성을 알고 있었고 그와 같은 사람을 구하기 힘들다는 사실도 알았다. 그래서 드와이트는 그를 소개받았을 때 과거 판매사원으로서의 설득력을 발휘해 함께 일하자고 제의하였다.

> 예배 후에 미스터 생키는 그의 친구에 의해 소개되었다. 무디는 즉시 그가 바로 찬양 리더라는 사실을 깨닫게 되었다. 무디는 미스터 생키의 가족과 직업을 묻고 그 후에 그는 단호히 발표하였다. "자 당신은 포기하세요! 당신은 내가 찾고 있었던 사람입니다. 당신이 시카고에 와서 나의 사역을 돕기를 원합니다."[37]

생키의 자서전에 따르면, 그가 드와이트에게 합류할 수 없다고 하자, 드와이트는 "당신은 해야 됩니다. 지난 8년간 나는 당신을 찾고 있었습니다."라고 응수하였다.[38]

생키는 처음에는 확신이 없었다. 그가 재무부에서 전도유망한 경력을 시작했다는 사실은 별로 도움이 되지 않았다. 일단 그가 시카고의 드와이트와 엠마를 방문해 그들이 하는 사역을 알게 되자, 이것이 그의 부르심이라는 확신이 들었다. 드와이트가 함께 영국에 가서 약 8개월에서

▲ 디 엘 무디와 그의 찬송가 작가, 이라 생키
로버츠 리아든 기록보관소

---

37. Moody, *Life of Dwight L. Moody*, 125.
38. Dorsett, *A Passion for Souls*, 175.에 인용된 Ira Sankey, *My Life and the Story of Gospel Hymns* (New York: Harper, 1907), 19.

10개월 동안 사역을 하자고 요청할 때, 그는 수락했다. 무디와 생키의 가족은 1873년 6월 7일에 리버풀을 향하는 배에 승선했다.

영국 부흥

10일 후, 리버풀은 놀랄만한 뉴스로 그들을 맞이했다. 더블린에서 후원을 약속했던 페네파더와 뉴캐슬어판타인의 감리교 후원자 모두가 죽었다는 것이었다. 그가 이미 미국을 떠나기 전에 드와이트에게 약속된 수입의 전부가 증발한 것이었다. 두 가족은 기도하기로 했다. 이라와 파니 생키는 맨체스터의 해리 무어하우스의 집에서 거주하기로 했고 무디 부부와 아이들은 런던에 있는 엠마의 누이와 함께 거하기로 했다. 그들의 도착을 안 요크의 YMCA의 지부장인 조지 베넷(George Bennett)은 드와이트를 초대하여 그곳에서 설교를 요청했다. 드와이트가 이라에게 그들의 초청에 대해 언급하면서, 이렇게 말했다. "부분적으로 열린 문이 여기 있소. 우리가 거기에 가서 우리의 사역을 시작합시다."[39]

다음에 일어난 일은 놀라웠다. 드와이트와 이라는 선착장에서 만나줄 아무 사람이 없이 영국에 도착하였으나 2년 후 떠날 때는 대대적인 축하 속에 떠났다. 요크에서의 사역은 천천히 시작되었으나 -단지 50명이 첫 번째 모임에 참석했고, 6명이 한낮의 기도 모임에 왔다- 현지의 목사들은 이 36살의 복음전도자에게 지지를 던지면서 관심이 빠르게 생겼다. 드와이트의 간단명료하고 미국적인 스타일과 하나님으로부터의 기름 부으심이 그동안 역사적인 교훈과 철학적인 강의에 익숙해진 영국 대중과 맞아 떨어진 것이다. 원칙적으로 드와이트는 환영의 시간을 초과하는 것보다 아쉬울 정도가 되어 청중을 떠나는 것이 좋다고 믿었기에, 자신의 설교를 반시간 정도로 제한하였다. 한

---

39. Dorsett, *A Passion for Souls*, 177.에 인용된 Sankey, *My Life*, 38-39.

명의 청중이 이렇게 말했다.

> 그는 그의 사역에서 장인이었다. 그는 한 가지를 목표로 하였다. 사람들을 하나님 앞에서 자신들의 상태를 고려해 보도록 하고 복음에서 제시된 예수님을 영접하는 이 한 가지 주제를 마음에 품도록 하는 것이었다. 이러한 목표에서 그는 한 순간도 벗어나지 않았다. 그의 최고조의 단순한 예시, 그의 최고조의 감동적인 이야기, 그의 최고조의 애절한 호소, 그의 최고조의 온화한 설득, 그의 최고조의 열정적인 선언, 그의 최고조의 직접적인 급소 찌르기, 그의(거의 불공평한) 사람들과 장소들에 대한 언급되며, 이 모든 것이 아낌없이, 두려움 없이 마음을 터치하는 하나의 목적을 위해 사용되었는데 그것은 예수님과 하나님이 오셔서 그곳에 거하시기를 바라는 것이었다.[40]

가장 교육 받지 못한 사람들의 관심을 끌고자 시카고의 슬럼가에서 갈고 닦은 드와이트의 설교 스타일은 심지어 가장 교육을 잘 받은 사람의 마음까지도 사로잡았다. 그는 이야기하기를 좋아했고 그 이야기를 잘 전달하였다. 그의 성경 진리에 대한 예시는 항상 간결하고 명료했다. 드와이트의 설교를 여러 번 들었던 한 목회자는 이렇게 그의 호소력을 요약했다.

> 그는 단순하게 설교하는 것을 이미 배웠는데 - 다르게 표현하면 그는 다르게 설교하는 것을 배우지 않았고, 가식적이지 않은 본성의 언어와 학교의 까탈스런 문화에 의해 영향을 받지 않은 채로 사람들과 얼굴과 얼굴을 대고 말을 했다. 그리고 청중은 그의 설교를 들었다. 활기차고 명랑하게 연민을 자아내기도 하고, 유머를 사용하면서 직접적이고 명료한 그의 호소력을 사용하며, 즉각적인 결심을 촉구하면서 하나님의 성령을 의지하여

---

40. Dorsett, *A Passion for Souls*, 185.에 인용된 Jane MacKinnon, "Journal of Mrs. Jane MacKinnon," 61, 95, Yale Archives.

그는 모든 계층의 사람에게 그 자신이 권능의 사람임을 인정하도록 했다. 그러나 하나님은 그에게 겸손하도록 은혜를 주셨다. 마땅히 생각할 그 이상의 생각을 품지 않고 오직 자신은 아무것도 아니나 하나님이 모든 것 되심을 느끼도록 하셨다.[41]

요크에서 대략 200명이 드와이트와 이라의 모임의 결과로 교회에 합류했고 침례교 아서 리스(Arthur A. Rees) 목사는 그들을 썬더랜드로 초청하였다. 거기에서 교회는 사람들로 넘쳤고 한 교파가 다른 교파보다 선호를 받는다는 인상을 피하기 위해서 모임은 공공장소로 옮겨졌다. 드와이트가 더 많은 관심을 끌게 되자, 자세한 조사가 이루어졌고, 그의 동기에 대한 비판이 그를 만난 적이 없거나 그의 집회에 참석하지 않은 사람들 사이에서 일어나기 시작했다.

뉴캐슬이 밝게 불타다

드와이트와 이라가 뉴캐슬에 도착하기 전까지는 일들이 진정으로 도약한 것은 아니었다.

뉴캐슬에서 대영제국을 강하게 움직이는 불이 점화되었다. 목회자의 반대가 극복되고, 마을의 주요 5개의 채플이 예배를 위해 제공되었다. 미스터 무디가 큰 교회였던 라이 힐 침례 채플(Rye Hill Baptist Chapel)을 사용하기로 함에 따라 보름 만에 더 많은 공간이 없어서 회중이 들어오지 못할 정도가 되었다. 모든 주변 마을과 촌락은 영적인 기운을 느꼈고, 요구에 따라서 수백 번의 집회가 보조 복음전도자의 수를 증가시키면서 도시 외곽에서도 열렸다.

모임에 참석하는 크리스쳔 그룹에 의해서 불신자가 배척되지 않게 하기 위

---

41. Dorsett, *A Passion for Souls*, 185.에 인용된 Arthur T. Pierson, *Evangelistic Work in Principle and Practice* (New York: Baker and Taylor, 1887), 253.

해서, 미스터 무디는 입장권을 다양한 예배에 참석하도록 배부하여 그의 회중을 분류하기 시작하였다. 상인을 위한 집회는 어셈블리 홀에서, 기계공을 위한 집회는 타인 극장에서 열렸다. 그리고 각각의 경우마다 회중의 크기를 조절하여 세 번이나 네 번의 집회를 열도록 하였다.

질의자의 이름과 주소가 기록되었고 질의문답실의 도우미들이 목적에 부합되도록, 티켓이 성직자나 사역의 실제적인 일을 하는 일꾼들에게 배부가 되었다. 그들은 결국 영혼을 그리스도에게 이끄는 위대한 일을 도운 것이다. 처음에는 대부분의 회심자가 교육을 받은 계층이었는데 나중에는 사역들이 일반인에게도 향하였다. 정오 기도 모임은 미스터 무디가 도착하기 이전에 시작되었지만 준비를 진행하면서 놀라운 수로 증가했다. 한편 미스터 무디의 오후 성경 읽기는 바쁜 상인과 전문인들에 의해 인기를 더해 갔다. 이틀간의 모임과 컨퍼런스가 열리는데….

한 달간의 사역의 결과로써, 수백 명의 회심자가 교회로 들어왔고, 북부 영국이 전반적으로 요동을 했다. 수십 명의 크리스천 사역자들이 이 기쁜 소식을 머나먼 지역으로 옮기기 시작했고 다양한 교회들에 대한 자극은 전례 없는 것이었다.[42]

다음으로 드와이트는 에딘버러에서 사역을 했는데, 그곳에서 3,000명이 교회의 수로 더해졌고, 1854년 초에 던비로 갔고 그다음은 글래스고우였다. 보태니컬 가든에서 집회를 열 예정이었는데 그곳은 5, 6천 명을 수용할 수 있었다. 그러나 몇 밤을 '캠페인'이 -미국 남북 전쟁동안에 율리시스 그랜트가 사용한 용어를 드와이트가 빌려옴- 열리게 되자 드와이트는 회중을 통과하여 집회 장소에 들어갈 수가 없었다. 이에 굴하지 않고, 드와이트는 그의 마차 위에서 설교를 하였는데 항상 그렇듯이, 보태니컬 가든 안보다도 바깥에 더 많은 사람들이 모여들었다. 청중은 약 20,000에서 30,000명 정도로 추산했다. 한 사람이 나중에 이렇게 증언했다.

---

42. Chapman, *Life and Work of Dwight Lyman Moody*, http://www.biblebelievers.com/moody/10.html.

우리는 휫필드의 시대를 생각했고 그의 인생에서 언급된 장면을 생각했다. 그가 작별인사를 할 때 20,000명의 영혼들이 그의 입술을 주목했던 1753년에 글래스고우에서의 장면이다. 여기에는 30,000명의 사모함으로 듣는 청중이 있었는데 크리스탈 궁전안의 수천 명이 나왔지만 그 숫자는 전체 회중에 비하면 미약하게 추가되는 숫자였다. 이러한 모임에 대해 알고 있는 많은 구경꾼들은 그 숫자가 더 많다고 추산하였다.[43]

이 순회는 아일랜드로 이어졌고, 그런 후에 1874년 11월에 영국으로 돌아왔고 계속 청중은 늘어만 갔다.

역사하는 공식

캠페인이 시작된 이후, 드와이트는 곧바로 캠페인을 구성하는 이 모임에 대한 공식을 만들었다. 정오에 열리는 기도 모임에 참석하는 사람들은 저녁 집회에 참석하는 사람들과 관심사에 대해 기도한다. 부흥이 된지 얼마 안 되어서, 정오 모임의 참석자들은 수천 명으로 늘어났다. 기도 모임 후에, '질문-끌어오기' 모임이 열린다. 종이 몇 장 위에 몇 가지의 질문을 쓰도록 하고, 드와이트와 최소 두 명의 목사는 무작위로 취합하여 답변을 한다. 점심식사와 약간의 휴식 후에 성경 읽기 모임이 열렸다. 여기에서는 성경의 한 본문을 읽고 설명한다. 이것들이 오후 모임의 가장 인기 있는 것들이었다. 모임이 커지자, 몇 개의 모임이 동시에 열려서 참석자 모두에게 더 관심을 주고자 하였다. 드와이트는 이렇게 동시에 열리는 모임에 순회했고 각각의 모임에 참석하고 하였다. 모든 모임은 정확한 시간에 시작되고 끝났다. 그런 후에 저녁 예배가 예정대로 실시되었다.

드와이트는 또한 당시로써는 매우 참신한 것을 시작했다. 그것은 바로 아

---

43. Moody, *Life of Dwight L. Moody*, 199.

동 예배였다. 샌드 지역에서 젊은이들을 위한 사역을 본떠서 드와이트는 아동들을 위한 모임을 시작하였고, 특히 어린이들에게 복음을 전파하는 더 많은 기법을 개발하였다. 이 기법 중에 하나가 글자 없는 책이었다. 검은(죄), 빨간(그리스도의 피), 하얀(죄에서 씻음), 그리고 황금(천국)색의 4장의 종이로 된 큰 책을 이용하여 청중에게 구세주가 필요함을 이해시키도록 하는 몇 가지의 질문을 하는 것이다. 지역 사회의 어린이와 젊은이에게 접근하고자 하는 드와이트의 도전에 대해 지역 교회들은 반응을 하면서, 많은 이러한 모임들이 영구적인 주일 학교로 정착되는 결과로 이어졌다.

드와이트가 실행한 다른 변화는 피니의 '열망하는 좌석'을 '문답실'로 대체하는 것이었다. 그는 열망하는 좌석이 회개하는 사람들을 드러나게 하여 구원을 추구하기 보다는 구경거리가 되게 한다고 느꼈다. 대신에, 구원에 대해 '탐구하는' 사람들은 다른 방으로 가게 되고 거기에서 성경으로 질문하고 함께 기도하는 상담원을 만난다. 그러나 이것도 회심하는데 있어서 '두려움과 떨림'이 되는 것 같았다. 사람의 마음 안에 구원의 확신에 대한 갈등은 더 이상 필요치 않았다. 구원은 마음의 계시보다는 상담자의 말의 확신에 있었다. 게다가 회심에 대해 강하게 초점을 맞춤으로써 성령의 다른 역사에 대한 여지가 거의 없게 되었다. '하나님의 만지심을 위한 부르짖음'이 더 이상 없게 되고 군중으로부터 거리를 둔 조용한 기도가 있었다. 이와 같이 드와이트의 모임은 캐인 리지나, 존 웨슬리의 모임이나, 또는 런던의 다른 곳에서 거의 비슷한 시기에 있었던 윌리엄 부스(William Booth)가 사역하던 곳에서 발생했던 성령의 나타남을 볼 수 없었다.

1875년에 드와이트와 이라는 캠페인의 마지막 남은 몇 개월을 위해서 런던으로 돌아왔다. 초청을 받자, 드와이트는 말하였다. "장소와 광고 등을 위한 경비로 5,000파운드를 모금할 필요가 있습니다." 대답이 바로 이어졌다. "우리는 이미 10,000파운드가 있습니다." 도시는 네 지역으로 구분되었고 각각의 지역은 따로 접근하였다. 개조 가능한 홀이 만들어져서 5천에서 6천명을 수용할 수 있었다. 마지막 예배는 1875년 7월 12일에 드려졌다. 런던에서만

복음전도자들이 285번의 모임을 인도했고 2,500,000명에게 설교했다.[44]

> 고별 설교를 하면서, 드와이트는 이렇게 호소했다.
> 지난 2년 3주 동안 우리는 당신들 가운데서 그리스도를 위해 사역을 해 왔습니다. 이제 마칠 시간이 되었습니다. 이 시간 이 나라에서 제가 복음을 마지막으로 설교하는 영광이 주어졌습니다. 이 시간들이 저의 인생에서 최고의 시간들이었다고 말하고 싶습니다. 저는 그리스도를 당신들에게 가져오고 그분의 아름다움을 당신들에게 말하였습니다. 제가 더듬거리는 말투로 해 온 것도 사실입니다. 제가 하고 싶은 만큼 그분에 대해 설교하지 못했습니다. 그러나 제가 최선을 다했으며 그리고 이 마지막 시간에 다시 한 번 그분을 당신이 받아들이도록 촉구합니다. 당신이 피난의 방주에 들어오는 것을 보기 전에 이 모임을 끝내고 싶지 않습니다. 얼마나 많은 사람이 오늘밤 하나님 앞에 서서 하늘로의 여행에 동참하기를 원하십니까? 지금 그리스도를 맞이하기를 원하는 분은 일어서지 않겠습니까?[45]

이에 많은 사람이 일어났고, 드와이트는 25개월 간의 영국 체도에서 그의 사역의 결과로 일어났던 일을 축하하기 보다는 하나님에 대한 강조를 하면서 설교단을 빠져나올 수 있었다.

한 명의 저자는 대영제국에서의 드와이트의 수고를 이렇게 요약했다.

> 역사가인 레키는 조용하면서도 냉정하게 존 웨슬리와 그의 동료 사역자들의 복음전도의 수고가 평민들의 도덕적인 기운을 끌어올리면서 혁명으로부터 영국을 구했다고 주장했다. 미스터 무디는 그렇게 깊은 경제적인 목적을 성취하는 도구로 사역하지 않았을 수 있으나 확실한 것은 하나님

---

44. Chapman, *Life and Work of Dwight Lyman Moody*, http://www.biblebelievers.com/moody/10.html.
45. Moody, *Life of Dwight L. Moody*, 247.

이 그를 사용하여 무관심의 바위에서 끌어올린 영적인 삶을 새롭게 하는 샘물이 빠르게 무감각화 되어 가는 사람들을 새롭게 하고 다시 살렸다. 이 냉담한 무감각만큼 위험한 것이 없는데, 이것은 마귀의 모든 활동하는 세력이 모아진 것보다 더 구원의 행렬을 방해하기 때문이다.

나는 대영제국에서의 무디의 사역으로 인해 깨어나거나 회심한 많은 사람들이 즉각적인 복음전도자의 존재감이 느껴지지 않을 때 다시 예전의 삶으로 돌아갔다는 것을 부인할 수 없다. 또한 그의 수고에 의해서 감화를 받은 많은 사역이 다시 전통적이고 좁은 형태로 고착화된 것도 부인할 수 없다. 그러나 내 마음 깊은 곳에서 나는 이 운동이 백여 년간 축복을 받지 못했던 영국을 축복했음을 믿는다. 또한 미스터 무디의 말로 인해 영향을 받은 많은 수만의 사람들이 더 나은 남성과 여성으로 변화되었음을 나는 안다. 이 한 사람을 통해 하나님은 사람들이 성경을 읽고, 정직하게 살며, 자신을 끈덕진 죄에서 벗어나게 하고, 그리고 개인적인 구세주로서 그리스도를 믿게 하였다.[46]

무디와 생키 가족은 8월 4일에 뉴욕으로 향했다. 8월 14일에 도착했을 때, 변화는 뚜렷했다. 그들은 더 이상 어떤 특정한 곳에서 그들의 주를 섬기는 단순한 크리스천 선교사들이 아니었다. 오히려 그들은 국제적인 명사가 되어서 당시 보통 부유하거나 유명한 사람들에게 주어지는 축하를 받으며 미국으로 돌아왔다.

드와이트의 장점

다가오는 몇 년 동안, 드와이트는 세계사에서 유래가 없는 모임을 가졌다

---

46. Chapman, *Life and Work of Dwight Lyman Moody*, http://www.biblebelievers.com/moody/10.html.

는 사실을 증명했다. 대부분의 사람들에게는 교육의 부족이 자신이 할 수 있는 것을 한정시키지만 드와이트에게는 정반대였다. 즉, 그는 관습적인 사고에 제한되지 않았고, 그러한 사고가 다른 사람이 할 수 없었던 방법으로 사역을 하게 되었다. 할 수 없다는 말은 그에게는 해당되지 않는 낱말이었다. 그 후에 그는 그의 집회를 홍보하기 위해 노련하게 언론을 사용하였다. 그 당시의 많은 사역자들이 그의 전술을 비난했지만, 그는 다른 누가 얻지 못하는 결과를 얻어냈다. 그는 그의 초점을 희석시킨다는 우려를 하기보다 기회로 수용했고, 기관과 학교가 그의 이름을 새긴 채로 시카고부터 노스필드까지 출현하기도 하였다. 그의 학교들은 그가 목사 안수를 받지 않아서 목회자가 되지 못한 것 같은 자격 부족으로 인해 방해받지 않았다. 물론 사람들을 멀리하지도 않았다.

드와이트 무디는 다른 사람들이 소유하지 못한 추진력이 있었다. 사람들을 그리스도께로 인도하는 열정은 물어볼 필요도 없다. 그가 어디에서 설교를 하든, 그는 궁금해 하는 사람들을 이끌었고 많은 사람들이 신자로서 살아갔다. 그의 주의력에 대한 장점과 그의 캠페인의 효과를 증진시키는 것은 세세한 설명을 하기에도 부족해서 심지어는 빌리 그레이엄 복음 협회에서도 완전하게 채택하기도 했다. 기도는 물론 모든 사역의 근간이다. 정오 기도 모임은 그의 사역의 중요한 부분으로 되어 있다.

드와이트의 설교를 듣고 어떻게 사람들이 주님께로 왔는지를 말하는 경이로운 간증이 있다. 여기 두 가지의 이야기가 있다.

> 미스터 무디의 사역의 가장 큰 특징은 성가에 있는데 다음의 이야기에서 그 지혜를 엿볼 수 있다. 그가 모뉴먼트 거리 교회(Monument Street M. E. Church)에서 예배를 인도하고 있을 때, 알코올 중독에다가 하나님을 전혀 모르는 한 남성이 집회에 참석했다. 그는 성가에 매우 감명을 받았는데 특히 "오라 오 내게 오라"라는 찬송이었다. 그는 그날 집회에 대한 광고를 들었고 참석하기로 결심했다. 그가 교회에 들어오자, 미스터 블리가 위

에 언급한 찬송을 부르고 있었다. 그 남성은 그 스스로 찬송을 읽기 위해 찬송가를 구매했고 그에게는 평화가 없다고 간증했다. 그러나 결국 그는 그 찬송가를 태워 버렸다. 그러나 성령에 의해 새겨진 그 인상은 태울 수가 없었다. 그는 그런 후에 술을 더 마셨다. 그러나 그 인상은 없앨 수가 없었다. 시간이 지나서 그가 다시 "오라 오 내게 오라"라는 찬송을 들었을 때, 그 밤에 그 부르심에 순종하여 그리스도를 영접했다. 그 찬송은 복음성가 88번이었고 미스터 무디는 항상 그 남성을 말할 때 88번이라 불렀다.

브로드웨이 교회에서 집회를 하는 동안에, 소매치기가 금시계를 뺏을 목적으로 들어왔는데 시간이 오래 걸리지 않았다. 물건을 훔친 후, 교회를 나오기 시작했는데 그렇게 쉽게 나갈 수가 없었다. 왜냐하면 안에 있는 사람들은 기다려야 했고 밖에 있는 사람들은 들어올 수가 없었다. 할 수 없이 말씀을 들었고, 설교에 감명을 받았으며, 탐구 모임을 위해 머물러서 그곳에서 그리스도를 자신의 구세주로 영접했다. 다음날 교구 목사관의 벨이 울렸다. 종이 벨소리에 나가니, 아무도 발견할 수 없었으며 단지 문고리에 꾸러미가 걸려 있었다. 열어보자 금시계와 시계줄이 있었는데, 그 안에 메모가 적혀 있었다. 그것은 주인에게 되돌려 주라는 요청이었다. 이 회개한 도둑은 자신의 이름과 주소를 적고 하나님이 그를 용서한 것처럼 자신이 용서받게 해 달라고 요청하였다.[47]

아마도 드와이트의 위대한 해는 1876년일 것이다. 이는 미국의 100주년이다. 그해 1월에, 100만 이상이 참석한 210번의 집회가 필라델피아의 펜실베니아 화물 창고에서 열렸다. 뉴욕에서, 드와이트는 히포드롬을 빌렸는데 그곳은 전에 바넘 써커스가 열린 곳이었다. 14,000명의 좌석이 10주 연속으로 넘치게 채워졌다. 몇 년 후인 1883년, 바넘 써커스가 매디슨 스퀘어 가든에서 마쳤을 때, 드와이트는 일련의 집회를 위해 그 장소를 확보했다.

---

47. Chapman, *Life and Work of Dwight Lyman Moody*, http://www.biblebelievers.com/moody/11.html.

다음 몇 십 년간 드와이트의 집회는 심금을 울리기를 계속 했다. 1884년 봄 영국에서, 드와이트는 런던에서 설교를 하였고 이때 젊은 의학도인 윌프레드 토마슨 그렌펠(Wilfred Thomason Grenfell)이 그의 집회 뒤쪽에 몰래 참석하였다. 그는 옥스퍼드의 퀸스 대학의 학생이었고 부유한 가정에서 자랐다. 그는 들어오자마자 신성한 채 기도하는 남성의 기도 소리를 들었고, 별다른 것이 없어 보이는 집회라 생각하고 휙 돌아서서 나가려고 했다. 그러나 그 순간에 그렌펠에 따르면, "한 명랑한 사람이 점프하며 소리쳤다. '우리의 형제가 기도를 마치는 동안에 찬송을 부릅시다.'" '자유로움, 상식, 신앙적인 유머 등은 새로운 것이어서', 그는 적잖이 놀랐다. 그 밤에 설교를 할 사람이 그 사람인 것을 알고는, 그는 남아서 끝까지 그가 하는 말을 듣기로 결심했다. 드와이트는 그 밤에 모든 크리스천의 부르심에 대한 섬김의 삶을 설교했다. "왜 당신은 당신의 인생을 그리스도께 드리지 않습니까? 그는 당신이 할 수 있는 것보다 더 많은 것을 하실 수 있습니다." 그가 집회를 떠날 때, 그렌펠은 드와이트의 "어떻게 성경을 읽을까"라는 소책자를 들었고 나중에 공부하였다. 결국, 그는 진료소와 병원을 짓고 캐나다의 라브라도에서 아메리카 인디언, 에스키모, 그리고 백인들의 영적이고 육적인 필요를 채워 주며 40년을 보내게 되었다.[48]

▲ 드와이트가 1876년 뉴욕 히포드롬에서 설교하다.
로버츠 리아든 기록보관소

---

48. Wilfred Grenfell, *A Labrador Doctor* (Boston: Pilgrim Press, 1927); *Forty Years for Labrador* (Boston: Houghton Mifflin, 1932); *What Christ Means to Me* (London: Pilgrim Press, 1927), 21-27.

이 일이 있기 몇 년 전에, 드와이트는 캠브릿지에서 설교를 하였는데 역시 일곱 명의 운동선수가 감명을 받아 중국에서 허드슨 테일러(Hudson Taylor) 아래에서 선교사가 되었다. 그들은 '캠브릿지 7인'으로 알려졌고 스터드(C. T. Studd), 보챔프(M. Beauchamp), 스미스(S. P. Smith), 폴힐터너(A. T. Polhill-Turner), 호스트(D. E. Hoste), 폴힐터너(C. H. Polhill-Turner), 그리고 카셀(W. W. Cassels)이었다.

배가 가라앉고 있다

1892년, 대영제국에서 다시 사역을 한 후, 피로에 지친 드와이트는 결국 그의 건강을 알아보기 위해 의사를 만났다. 의사는 그에게 그의 심장이 바쁜 스케줄로 인한 스트레스로 약해졌고, 만약 더 오래 살려면, 삶의 속도를 늦추라고 말했다. 드와이트는 집으로 그를 데려다 줄 '스프리'호를 타고, 그의 사역을 많이 줄이고자 하는 계획을 이미 세웠으나 그의 집으로의 항해가 그 계획을 변경시켰다.

> 나는 증기선 스프리호에 있었다. 증기선이 가라앉고 있다는 방송을 들었을 때, 우리는 대양 가운데에서 어찌할 수 없는 상태가 되었다. 나의 사역이 이제 끝났고 나는 다시는 하나님의 아들의 복음을 증거하는 특권을 가지지 못한다고 생각한 그때 내가 무슨 일을 겪었는지 이 세상에 아는 사람은 아무도 없다. 그 어두운 밤에, 그 사고의 첫날에, 나는 만약 하나님이 나의 인생을 구해 주시고 다시 미국으로 돌아가게 하신다면 나는 시카고로 가서 세계 박람회에서 하나님이 주시는 능력을 다해 복음을 증거하겠다고 맹세했다.[49]

---

49. Moody, *Life of Dwight L. Moody*, 410, 413.

항해의 셋째 날 아침에, 스프리호의 구동축이 부서졌고 두 큰 조각이 선체에서 떨어져 나갔다. 배는 물을 급속히 빨아들였고 펌프가 충분한 속도로 물을 퍼내지 못했다. 이틀 동안, 배는 바다를 너무 거칠게 표류해서 구조 보트가 물에 던져지자마자 전복되기도 하였다. 둘째 날 저녁에, 드와이트는 기도예배를 시작했는데 시편 91편과 107편 20-31절을 읽었다. 배의 앞머리는 하늘에 떠 있었고 뒷머리는 해가 지면서 더 깊게 가라앉았다. 승객과 승무원 모두 어둠속에 앉아 있었는데 발전기도 꺼졌다. 선장은 모든 소망이 사라졌음을 발표했다. 하지만 그의 판단은 틀렸다. 그것은 구조를 위한 드와이트의 기도가 응답되었기 때문이다. 캐나다 화물선인 레이크 휴론이 우연히 그들을 발견하여 스프리호를 아일랜드로 견인했다. 승선했던 750명 모두가 구출되었던 것이다.

드와이트는 자신의 약속을 지켰다. 하나님이 주시는 모든 능력으로 세계박람회에서 설교했다. 바다에서 목숨을 거의 잃을 뻔 했으니 그의 남은 인생은 보너스였다. 그는 자신의 남은 인생을 주님께 불평 없이 드렸다. 세계 박람회가 일요일에 열기로 되어 있어서 다른 목회자들은 박람회를 거부하려고 했지만, 드와이트는 더 많은 예배를 단지 계획할 뿐이었다. 그는 말하기를, "많은 설교 장소를 열고 복음을 매력적으로 전하여 사람들이 와서 듣기를 원하도록 합시다."[50] 박람회는 복음을 전할 수 있는 또 다른 엄청난 기회를 제공했다. 그의 종결 연설에서 드와이트는 말했다.

> 우리는 오늘까지 우리를 격려할 모든 것을 가지고 있습니다. 우리를 낙담시킬 어떤 것도 없습니다. 우리가 그동안 가졌던 최고의 한 주였습니다. 이 주 동안에 복음은 이 대행사를 통해 150,000명에게 전해졌습니다. 하나님의 말씀을 듣고자 하는 더 큰 간절함을 보지 못했습니다. 가장 큰 홀도 너무 작아서 많은 사람들이 많은 예배에 참석을 다 못했습니다. 어느

---

50. Ibid., 413.

날 밤, 예를 들면, 페어 그라운드로 가는 길에 나는 이 땅에서 내가 본 가장 아름다운 광경을 보았습니다. 수만 명이 하늘을 응시하는 가운데, 불꽃놀이와 조명의 놀라운 광경이었습니다. 그 광경을 뒤로 하고 사람들이 천막에 와서 복음을 듣는다는 것을 기대하는 것은 쓸모없는 것 같았습니다. 그러나 하나님의 집은 가득 찼고 우리는 축복된 집회를 하였습니다. 그 다음날 밤에는 춥고 비가 오고, 축축하고 불편한 공간에서, 빈 공간이 없을 정도로 사람들이 몰려들었습니다. 나는 하나님께 내가 오늘까지 시카고에 살고 있음을 감사드렸습니다. 이는 내 생애의 가장 행복한 순간입니다. 그분이 우리에게 오늘날까지 주신 사역은 대단합니다. 그분이 우리에게 주신 용기도 그러합니다. 그분은 우리를 축복하셨습니다. 아마 인생에서 몇몇은 지금처럼 그리스도를 위해 많은 것을 할 기회를 갖지 못할 것입니다.[51]

드와이트의 마지막 캠페인은 1899년 11월 12일에 미주리주의 캔자스시에서 시작되었다. 그의 마지막 설교는 11월 16일이었고 설교 후에 피곤하여 쉬었고, 의사는 좀 더 쉬라고 권면했다. 그는 열차로 노스필드로 돌아갔으나 건강을 회복하지 못하였으며 20세기를 지켜보지 못했다. 마지막 날에 대한 그의 아들의 전기에 의하면 다음과 같다.

아버지는 약 6시쯤에 평정을 되찾으셨고, 곧 잠드셨다가 한 시간 후에 깨어나셨다. 아버지는 갑자기 느리고 신중하게 말씀하셨다. "땅이 물러가고, 하늘이 내 앞에 열리는구나." 내가 첫 번째로 보인 본능적인 반응은 꿈에서 아버지를 깨우려고 하는 것이었다. "아니야, 이건 꿈이 아니란다, 윌." 아버지는 대답하셨다. "아름답구나. 마치 황홀경같구나. 이것이 죽음이라면, 너무 감미롭구나. 계곡도 여기에는 없구나. 하나님이 나를 부르시

---

51. Chapman, *Life and Work of Dwight Lyman Moody*, http://www.biblebelievers.com/moody/17.html.

니 나는 가야지."⁵²

이 환상 후에, 그는 가족을 불러서 그들과 함께 잠시 얘기를 할 시간을 가졌다. 그런 후에 조용해졌고 잠이 들었다. 그리고 다시 일어나지 않았다. 그 날이 1899년 12월 22일이다. 드와이트의 나이 겨우 63세였다. 엠마는 드와이트보다 더 살았고 4년 뒤인 1903년에 소천하였다.

드와이트는 전에 자신의 죽음에 대해 이렇게 말했다.

> 언젠가 당신은 동부 노스필드에 사는 디 엘 무디가 죽었다는 것을 신문에서 읽게 될 겁니다. 절대 그 말을 믿지 마십시오! 그 순간 나는 지금보다 더 살아 있을 겁니다. 나는 더 높은 곳에 올라가서 이 오래된 흙으로 만든 주택에서 불멸의 집으로 갑니다. 죽음이 건드리지 못하고 죄가 오염시키지 않는 몸으로, 그분의 영광스런 몸과 같이 변합니다. 나는 육으로는 1837년에 태어났습니다. 나는 영으로는 1857년에 태어났습니다. 육으로 태어난 것은 죽습니다. 영으로 태어난 것은 영원히 삽니다.⁵³

그의 비난자 중의 한 명은 그의 생애를 이렇게 요약하여 인정했다.

> 영혼을 구원하기 위한 열정으로 그는 백만 마일 이상을 순회했고, 일억 이상의 사람에게 설교했으며, 750,000명의 사람들을 위해 간구하고 기도 했습니다. 모든 것을 종합해보면, 그를 존경하는 사람들이 주장하듯이 지옥 인구 100만 정도를 줄인 것으로 추정됩니다.⁵⁴

드와이트의 사역과 명성은 그가 했던 것보다도 더 멀리 퍼졌다. 『젊은 동

---

52. Moody, *Life of Dwight L. Moody*, 552.
53. Ibid., 554-555.
54. Dorsett, *Passion for Souls*, 21.에 인용된 Gamaliel Bradford, *D. L. Moody: A Worker in Souls* (Garden City, NJ: Doubleday, Doran, and Company, 1928), 16.에 인용된 Robert L. Dufus "The Hound of Heaven," American Mercury 5, April 1925, 424-425.

행』(*Youth's Companion*) 삽화에서 이 이야기는 이렇게 묘사했다.

중국 내륙 먼 곳의 젊은 선교사가 세례를 위해 한 어린아이를 받았다. 그의 이름은 무디(Moo Dee)였는데 그 이름의 조합이 너무 특이해서 목회자가 그 이름의 기원을 물었다. "나는 하나님의 사람 무디(Moo Dee)를 들었어요." 대답이었다. "우리말에 무(Moo)는 '사랑'이고 디(Dee)는 '하나님'입니다. 내 아이 역시 하나님을 사랑하기 원합니다." 미스터 무디는 중국말을 몰랐지만 그의 이름 스스로도 그 언어를 사용하여 그의 생애의 비밀을 알려주었다.[55]

▲ 드와이트와 엠마 무디가 두 손녀와 함께
로버츠 리아든 기록보관소

드와이트가 그가 살았던 시대보다 지옥에 사람이 덜 있다는 것을 알게 된다면 꽤나 기쁨을 느낄 것이다. 이것이 우리 모두의 가치 있는 목표이다.

---

55. Moody, *Life of Dwight L. Moody*, 529.

제 9 장
★★★★★

윌리엄과 캐서린 부스
William and Catherine Booth

(1829-1890) (1829-1912)

"피와 불을 통하여"

제 9 장

피와 불을 통하여

William and Catherine Booth

20세기의 가장 큰 위험은 성신 없는 신앙, 그리스도 없는 기독교, 회개 없는 용서, 중생 없는 구원, 하나님 없는 정치, 그리고 지옥 없는 천국이다.

- 윌리엄 부스

●

우리는 영혼 구원에 마음을 둔 사람을 원한다. 이것이 그의 인생의 단 하나의 목표요, 목적이며 이것 외에 다른 모든 것은 부수적이라는 것을 다른 사람에게 알리는 것을 부끄러워하지 않는 사람이다.

- 캐서린 부스

1800년대 중반 영국은 산업 혁명의 초반이었고 이 시기는 다른 누구보다도 『올리버 트위스트』나 『크리스마스 캐롤』을 쓴 찰스 디킨스와 같은 작가에 의해 생각들이 영향을 받은 때였다. 산업의 효율성은 많은 중산층의 장인들을 극빈자로서 거리에 내몰았다. 공장의 조건은 종종 박약하였으며, 어린이 노동이 만연했다. 만약 윌리엄과 캐서린 부스에 의해 시작된 부흥과 사회 개혁의 물결이 없었더라면 계층 간의 갈등으로 - 프랑스 혁명을 연상시키는 - 영국은 아마도 내전으로 내몰렸을 것이다. 수십 년 만에, 그들이 시작한 이 운동은 영국을 새로운 희망으로 변화시켜 새로운 사명으로 전 세계를 휘감게 되었다. 구세군은 각 나라의 고통받고, 빚지고, 불만으로 가득 찬 사람들을 찾아내어 예수 그리스도의 변화시키는 은혜로 인도하는 것을 떠맡았다. 이것은 한 운동이 되었는데 -구원자의 군대- 어린양의 피와 성령의 불을 통하여 사로잡힌 자들을 자유하게 하는 것이었다.

"고집 센 윌"

윌리엄 부스는 사무엘과 매리 부스의 외아들로 노팅험(중부 영국)에서 1829년 4월 10일에 태어났다. 그의 세 명의 누이들은 스네인턴(Sneinton)에 있는 붉은 벽돌 테라스 집에서 자랐는데, 이 마을은 산업 혁명dl 급성장하는 데 중심이었던 노팅험(Nottingham)에 의해 후에 병합되었다. 사무엘은 못을 만드는 일을 시작하였으나 산업 혁명이 진행되면서 이 일은 쓸모가 없게 되었다. 그래서 그는 건축가가 되었고 한동안은 도시와 마을에서 집을 건설하면서 번창하기도 하였다.

부스 가족은 성공회의 교인이었으나 윌리엄의 아버지는 채플의 문지방도 좀처럼 밟지 않았다. 이때는 교회가 좌석을 빌릴 수 없는 사람들을 교회 뒤쪽으로 밀쳐내고, 미국 남부에서 수년간을 인종을 차별한 것과 같이 빈부를 차별했던 시절이었다.

매리 부스는 사무엘의 둘째 부인이었다. 그의 첫째 부인인 사라 로킷은 53살의 나이로 1819년 1월 13일에 원인 모르게 죽었다. 사무엘과 사라는 윌리엄 애드콕(또는 해드콕)이라는 아들 하나가 있었으나 24살의 나이에 폐결핵으로 죽었다. 우리의 윌리암-나중에 구세군을 창설하는 사람-은 그가 알지 못했던 죽은 이복형제의 이름을 따서 지어졌다.

사무엘은 그의 아들이 죽은 그해 여름에 매리 모스를 만났고, 짧은 교제 끝에 1824년 11월 2일에 결혼했다. 여전히 유망한 사업가였던 사무엘은 거의 50살에 가까웠고, 매리는 33살이었다. 짧은 교제의 이유는 정략결혼과 같은 것이었다. 사무엘은 안락함을 찾았고 나이가 들어가면서 상속자를 확보하기를 소망했다. 이에 반해 매리는 노처녀로 살고 싶지 않았다. 사무엘과 매리는 함께 다섯 명의 자녀를 두었다: 1826년 1월 6일에 태어난 헨리(1828년 1월 6에 사망); 생일이 알려지지 않은 앤은 1827년 4월 1일에 세례를 받음; 윌리엄은 1829년 4월 10일에 태어남; 엠마는 1831년 1월 21일에 태어났으며 평생 동안 병약했음; 그리고 매리는 1832년 9월 16일에 태어났다.

윌리엄과 그의 자매들에게 인생은 다른 어떤 사람보다도 훨씬 더 편안했다. 많은 다른 어린이와 달리, 그들은 식탁에 빵을 놓고 난로에 석탄을 넣는 것을 돕기 위해 공장에서 하루에 12시간이나 노동을 할 필요가 없었다. 윌리엄은 6살에 노팅험 학교에 다니기 시작했는데 그의 의지력, 리더쉽, 그리고 충동적인 속임수로 인해 또래 가운데서 곧바로 두드려졌다. 이러한 자질로 인해 그는 '고집 센 윌'(willful will)과 워터루에서 나폴레옹을 패배시킨 것과 같은 군사적인 승리로 유명했던 웰링턴 공작의 이름을 따서 '웰링턴'이라고 별명을 얻었다. 윌리엄은 스포츠에 뛰어났기 때문에 후자의 별명을 더 얻었다. 만약 당신이 이기고자 한다면 젊은 찰스 피니와 함께 부스를 당신의 팀에 합류하게 해야 할 것이다 그리고 가능하다면 주장으로 세워야 할 것이다.

부유한 형편에도 불구하고, 사무엘 부스의 재력은 윌리암이 태어났을 무렵에 거의 사라져 갔다. 윌리엄의 어린 시절에는 부스 가족이 부유한 분위기를 가까스로 유지했으나, 잘못된 사업 결정으로 파산하고 말았다. 13살의 윌리엄은 학교를 다닐 수 없게 되었고 프란시스 임스라는 전당포 주인의 견습공이 되었다. 윌리엄의 아버지는 약 일 년이 지난 1843년 9월 23일에 사망했다. 임종 시 그는 하나님에 대한 자신의 믿음의 부족을 회개했다. 하나님을 직접 대면하기 전 그 순간에 그는 창조주와 평화를 이룬 것이다.

어린 윌리엄은 이해가 매우 빨라서 곧 유능한 전당업자가 되었으나 많은 가정들이 자신들의 귀중품을 팔아서 생계를 이어가는 것을 지켜보는 것을 매우 힘들어 했다. 그는 이내 전당업을 남의 불행을 이용해 먹는 독수리와 같은 직업으로 보고 혐오하기 시작했다. 어떤 사람들은 '나들이 옷'(Sunday best)을 팔고 토요일에 다시 살 정도로 버나, 다시 다음 월요일 아침에 그들의 옷을 판다. 하루를 잘 보이기 위해서 많은 경비를 지출했다. 자질구레한 장신구나 멋진 옷이 먼저 사라지고, 집안의 가보나 가구가 다음이고, 마지막으로 결혼 반지가 없어지는 것을 윌리엄은 오래지 않아 터득할 수 있었다.

영국에서의 가난은 윌리엄의 아동기와 10대 초반에 극적으로 증가했다. 실패한 농사, 오르는 세금, 부유한 농장주의 소득을 보호하기 위해 고안된 무거운 곡식 부과금이 노팅험을 농업의 중심지에서 양말짜기 공장 마을로 변신시켰다. 노동자의 폭동은 흔하게 발생했다. 생존하기 위해서 필요하다고 느끼면 사람들은 뭐든 했기 때문에, 매춘과 범죄가 만연했다. 어려운 시대였다. 기계가 서서히 쟁기를 대신하고, 공장에서 만든 상품이 점차 일반 공예가와 장인들을 내몰았다. 산업은 노동자를 보호하는 규정이 없었고 양심을 피력하지도 않았다. 중산층을 갉아먹어서, 사람을 배운 자나 못 배운 자나 할 것 없이 생산라인에서 단지 하나의 톱니와 같은 부속품으로 만들었다.

"한 영혼이 매 분마다 죽는다!"

그의 아버지가 죽고 집안의 생계를 책임을 진 15살의 윌리엄은 삶에서의 새로운 의미를 모색하기 시작했다. 이러한 모색은 그를 자주 브로드 거리 웨슬리 채플(Broad Street Wesleyan Chapel)로 가게 했고, 늦은 밤 거기서 이삭 마스덴이라는 목회자의 설교를 듣게 되었다. 목사의 경고인 "한 영혼이 매 분마다 죽는다!"라는 말씀이 한동안 윌리엄을 사로잡았다. 마스덴은 놀란 청중에게 우뢰와 같이 외쳤고 이 말씀이 윌리엄의 마음에 깊이 가라앉았다. 그날 밤에 비록 그가 그리스도에게 자신의 삶을 드리지 못했지만, 그 후에 그는 회개를 위한 필요성에 대한 확신에 처하게 되었다.

이 책의 다른 부흥의 거장들과 달리, 윌리엄 부스는 그의 회심에 대한 특정한 날짜를 기술하지 않았다. 그러나 이 사건 이후에 며칠이 지나지 않아, 그는 감리교도로 등록을 했고 그의 인생을 '매 분마다 죽어가는 영혼들'을 구원하는 삶으로 드렸다. 이는 이후 60년간의 부단한 노력으로 이어졌다. 개인적인 죄가 마음에 떠오르면, 그는 가능한 회개하고 보상했다. 속임수를 통해서 몇 명의 친구들에게 얻은 은색 필통이 있었다. 비록 그것을 털어놓기 위해서는 자존심을 억눌러야 했지만, 그는 돌려주었다. 다음 몇 해 동안에 윌리엄은 자신이 하나님께 속했다는 확신에 이르렀다. 몇 년 후에 그는 그의 확신을 이렇게 묘사했다.

> 내 형제들이여, 당신이 구원을 얻었다면, 당신은 확신해야 한다. 당신이 설교를 들어서가 아니다. 당신의 눈으로 읽거나 당신을 향한 하나님의 사랑의 놀라운 이야기를 담은 놀라운 책에 있는 어떤 것을 들어서가 아니다. 성신의 능력에 의해서 이루어진 인성의 변화를 당신의 눈으로 봄으로써가 아니다. 놀랍고, 기적적이며, 천상에서의 사도나 다른 시대에 일어났던 것과 같은 변화도 아니다. 이러한 일들은 그것에 이르게 할 수는 있다. 사실 놀랍게도 이러한 일들은 구원의 문제에 있어서 당신을 확신에 이르게 할 수 없다. 육체와 피가 이것을 당신에게 계시하지 못하지만 하나님 그분 스스로가 그분의 성령에 의해서 이것을 알려 주신다.[1]

윌리엄은 웨슬리 채플의 매 예배와 성경공부반에 참석하기 시작하면서 최대한 하나님의 말씀과 불로 자신을 채워 갔다. 다른 사람은 거리에 모여서 폭동이나 사회개혁에 가담했지만, 윌리엄은 하나님을 구하였다. 하나님이 그를 먼저 만나 주시지 않았다면, 그의 재능과 열정으로 그는 아마 성공한 정치가나 개혁가가 되었을 것이다. 그러나 하나님이 먼저 그에게 다가갔기 때문에, 19세기의 어떤 사람보다도 그의 나라의 사회병폐를 개혁하기 위해 더 많은 일을 했던 것이다.

---

1. Cyril Barnes, ed., *The Founder Speaks Again* (London: Salvationist Publishing and Supplies, 1960), 47.에 인용된 William Booth, *The Salvationist,* January 1879.

또 다른 캐서린 대제가 태어나다

윌리엄의 출생 약 세 달 전, 캐서린 멈포드(Catherine Mumford)가 존과 사라 멈포드의 외딸로 더비셔의 애쉬본(Ashbourne, Derbyshire)에서 1829년 1월 17일에 태어났다. 멈포드 부부는 네 명의 아들이 있었으나 단지 한 명만 아동기 이후까지 살았다. 캐서린의 어머니 사라는 어렸을 때부터 매우 독실한 신자였다. 그와 존은 지역의 감리교 채플에서 서로 만났다.

캐서린은 매우 병약한 아이였고 한평생 약하고 건강하지 못했다. 그러나 그러한 병약함을 오히려 중요하지 않은 것으로 만드는 무언가가 그녀 안에 타올랐다. 그녀의 미래의 남편을 제외하고는 어느 누구도 필적할 수 없는 동정심과 강렬한 감정이었다. 캐서린은 결코 불행한 아이가 아니었다. 계속되는 질병은 많은 시간을 실내에 있게 하였지만, 그러나 이것 때문에 오히려 책을 좋아했고 특히 성경을 귀하게 여겼다. 그녀의 어머니도 하나님의 진리를 너무 소중히 여겼기 때문에 집안에 소설책이나 다른 허구적인 책들을 허락하지 않았다. 어머니는 그런 책들을 어리석고 시간낭비라고 여겼다. 캐서린은 세 살 경에 글을 읽을 수 있었다. 어머니가 집안에서 일할 때, 캐서린은 종종 의자에 서서 성경을 크게 읽었다. 캐서린이 12살 무렵, 성경을 8번 통독하였다. 그것도 크게 소리를 내서 말이다.

> 캐서린의 연약함은 결코 그녀 마음안의 열정을 방해하지 못했다.

1834년에 캐서린의 아버지는 영국 링컨셔 주의 원래 고향인 보스톤으로 가족 전체를 이주하게 했다. 당시 캐서린은 5살이었고 대부분의 어린 시절을 이곳에서 보냈다. 가족은 바닷바람이 아이들의 건강에 도움이 되기를 바랐다.

캐서린은 무관심한 소녀가 아니었다. 다시금 약해진 그녀의 건강은 결코 그녀의 마음속의 열정을 방해할 수 없었으며, 더욱이 그녀는 어떤 종류의 잔인함도 참지 못했다. 그녀는 항상 불우하고 연약한 사람들을 변호했다. 어느 때인가 마차를 타는 동안에, 그녀는 한 소년이 해머로 당나귀를 치는 것을 보았다. 격분하여 마차에서 뛰어내렸고, 소년을 뒤따라가 해머를 빼앗고는 소년을 집으로 돌려보냈는데 책망으로 귀가 닳을 정도였다. 그러나 그녀는 정신이 혼미하여 바닥에 주저앉았고 집으로 옮겨졌다.

또 다른 때는 9살 난 캐서린이 밖에서 굴렁쇠를 굴리며 놀고 있었는데, 그녀를 향해 다가오는 무리를 보고 멈췄다. 순경 한 명이 취한 사람을 반쯤 걸기도, 반쯤 끌고 가기도 하였다. 무리는 계속 그를 조롱하고 야유하였다. 이러한 잔인함을 보고, 캐서린은 즉시 그에게 동정심을 느꼈다. 비록 그의 집이 금주 사회의 전초 지역과 같은 곳이었지만, 캐서린의 마음은 그를 비난할 수 없었다. 그녀는 갈피를 잡지 못하는 사람을 그렇게 대하는 것을 참을 수 없었다. 그래서 군중 가운데로 돌진하여 그 술 취한 사람의 얼굴 가까이까지 이르렀다. 사람들은 작은 아이의 예기치 못한 기습을 받은 것처럼 되었고 그 자리에서 죽은 듯 멈췄다. 캐서린은 그와 마주보면서, 그의 악취를 맡으며, 그들이 멍하니 바라보는 뒤에서 그의 눈을 애처롭게 바라보았다. 그런 후에 그녀는 그의 손을 잡고 돌아서서, 무리가 그를 데려온 같은 방향으로 그를 데려갔다. 그 남자의 발걸음은 안정적이 되었고, 그리고 경찰은 더 이상 그를 잡아당길 필요가 없어서 다만 길을 따라 걸으며 그의 팔을 잡아 주었다.

이리하여, 캐서린과 경찰은 그 남자를 유치장으로 데려갔고 군중들은 조롱하는 것에 재미를 잃게 되었다. 이 장면은 간음하다 현장에서 붙잡힌 여인을 고소하는 무리가 주님을 만났을 때 그들의 흥미를 잃게 된 성경의 이야기를 떠오르게 한다(요 8:2-11).

캐서린은 다른 지역에서 사는 가난한 사람의 곤경을 들었을 때, 설탕이나 다른 사치품을 포기했고, 절약한 그 돈을 선교 단체에 보내기도 했다.

12살의 나이에 캐서린은 학교에 출석할 만큼 건강해져 학자적인 열성으로 학교에 가게 되었다. 비록 어렸지만 진리를 향한 캐서린의 사랑은 너무 강해서 그녀의 이야기가 매우 객관적이고 사실적이라는 사실을 선생님들도 인정하게 되었다. 조직력과 리더십이 뛰어났기 때문에, 학급 회장도 되었다. 이내 역사와 지리에 흠뻑 빠져서 외국을 방문하여 새로운 문화를 경험하고자 하는 열망도 가지게 되었다. 수학을 배우는 데에는 시간이 걸렸지만 일단 이해를 하게 되자, 자신의 장점으로 추가시키기도 하였다.

불운하게도 캐서린은 14살 때 심한 척추측만증 진단을 받았고, 학교를 휴학해야 했다. 유일한 치료법은 몸이 저절로 낫는 세 달 동안 반듯하게 누워 있는 것이었다. 그 나이의 대부분의 아이들에게 이와 같은 치료법은 독방에 감금하는 것 같은 고통이었겠지만, 캐서린에게는 환영받을 일이었다. 그녀가 좋아하는 책으로 돌아올 수 있었기 때문이다. 비록 몸은 움직일 수 없었지만 마음은 반대였다. 그녀는 교회사와 신학에 몰두하면서, 존 웨슬리와 찰스 피니와 같은 부흥사들의 글을 탐독하였고 또한 '나 같은 죄인 살리신'의 찬송가를 작사한 존 뉴튼도 읽을 수 있었다. 각각의 신학자의 주장의 논리를 파악하면서, 그녀는 그들이 항상 논리가 있지 않다는 사실에 충격을 받았다. 누가 옳은지, 더 자세히 말하자면 어떻게 진리를 분별하여 그녀가 그것에 따라 살 수 있을까 하는 질문으로 혼돈스럽기까지 했다. 몇 년 후에, 그녀는 이렇게 그녀의 고뇌를 묘사했다.

> 열네 살 때 나는 옳고 그름의 선천적 사고를 부정하는 하나님과 신앙에 대한 모든 이론을 거부했다. 나는 말했다. "아냐, 과정이 하나님의 선함과 자비로움을 보여 주어도 인간적인 비열과 경멸로 나타난다면 나는 그 어떤 이론도 믿지 않을 거야. 나는 받아들일 수 없어." 나는 말로 표현할 수 없었지만 내 마음의 느낌을 분명히 기억한다. 나는 말했다. "내 안에 있는 모든 것은 하나님이 내게 넣어 주신 선과 진리와 유사해. 나는 결코 하나님이 내게 넣어 주신 것이 이 책에 넣으신 것과 모순된다는 것을 믿지 않아. 어딘가 잘못된 거야." 나는 하나님께 감사하고 내 스스로 성경을 찾았다. 나는 이것을 다른 사람들에게도 추천한다. 신학자에 의해 강요된 하나님의 성품에 관한 통렬한 관점이 마지막 심판날에 그분의 책과 그분의 신성적인 권위를 거부했다는 변명을 만들 수 없다. 하나님은 말씀하실 것이

다. "네가 스스로가 빛을 가지지 않았느냐?"[2]

다른 말로 표현하자면, 그녀는 요한1서 2장 27절의 진리에 깊이 매달렸다.

> 너희는 주께 받은 바 기름 부음이 너희 안에 거하나니 아
> 무도 너희를 가르칠 필요가 없고 오직 그의 기름 부음이
> 모든 것을 너희에게 가르치며 또 참되고 거짓이 없으니
> 너희를 가르치신 그대로 주 안에 거하라

오래지 않아서, 캐서린의 허리는 지속적인 안정으로 호전되었고 그녀의 감힘의 시간은 끝났다. 1844년에 그의 가족은 런던으로 이주했고, 캐서린은 다시 학교생활을 시작할 수 있었다. 캐서린은 여전히 지식과 학문에 대한 폭식과 같은 욕구가 있었으나 그 후 몇 년 간은 그녀의 인생의 가장 큰 질문에 직면했다: 어떻게 그녀가 구원을 받았음을 알 수 있는가?

"어떻게 내가 구원을 받았음을 알 수 있는가?"

캐서린은 그녀의 인생이 구원을 단순히 받았다는 개념을 받아들일 수가 없었고 그래서 그녀가 진실로 회심했음을 알기로 결심했다. 그녀가 학교로 다시 돌아갔을 때, 때로는 의로움에 대한 자신의 내적인 열정이 조바심과 분노로 변했다. 비록 겉으로는 어떤 경솔한 것도 하지 않았지만, 속으로는 이러한 강력한 감정들이 죄가 여전히 그녀의 마음을 조정하고 있다고 그녀를 설득했다. 그녀는 회심한 사람은 자신 안에 타락의 씨가 없을 것이며 영적으로 다시 태어났다고 알고 있었다. 비록 겉으로는 그녀가 실수하여 죄를 지어도, 그녀

---

2. W. T. Stead, *Mrs. Booth* (London: James Nisbet and Co., 1900), 27-28.

안의 죄의 뿌리는 사라질 것이다. 캐서린은 그녀의 삶에서 죄를 뽑아버리기로 결심했고 그래서 로마서 6:11에 바울의 권면을 따라서, 죄에 대해서는 죽고 하나님께는 살고 싶어졌다. "이와 같이 너희도 너희 자신을 죄에 대하여는 죽은 자요 그리스도 예수 안에서 하나님께 대하여는 살아 있는 자로 여길지어다." 그녀에게는 오직 믿음의 은사만이 그녀를 진정한 회심을 이끌게 할 수 있었다. 그녀는 나중에 이렇게 말했다.

> 이 무렵에 나는 영혼의 커다란 논쟁을 통과하고 있었다. 비록 어렸을 때부터 내 자신을 하나님께 온전히 드렸다고 생각했고, 비록 그분을 섬기는 것을 갈망해서 종종 기도의 깊은 기쁨을 체험했음에도 불구하고, 나는 내 죄가 사해졌으며 내가 그렇게 듣고 읽었던 것과 같이 진정한 변화를 체험했다는 확신이 생기지 않았다. 나는 더 이상 의심의 상태로 내버려 둘 수 없었다. 어떤 희생이 따르더라도 확실하게 해결해야만 했다. 6주 동안 나는 기도하며 고뇌했으나 어떤 만족도 얻지 못했다. 진실로 나의 과거의 삶은 겉으로 흠잡을 데가 없었다. 공적으로나 사적으로 나는 은혜로써 살았고, 내 힘의 한계까지 때로는 나의 한계를 넘어서까지 나의 열심이 나를 이끌었다. 여전히, 이것에 관해서 나는 아래의 진리를 깨닫는다.
>
> 내 열심 아무리 기울이고
> 내 눈물 영원히 흘러도
> 그것이 죄를 속할 수 없네.
> 오직 당신만이 나를 구원하네.
>
> 나는 "만물보다 거짓되고 심히 부패한 것은 마음"(렘 17:9)이라는 사실을 알고 있었다. 나는 내가 자기기만에 빠져있지나 않은지 무척 두려웠다. 나는 학교에 있을 때 심심찮게 폭발하던 분노를 또한 기억한다. 약속에 따라 내 죄가 분명히 즉시 용서함을 받고 내가 하나님의 자녀요 천국의 상속자

가 된다는 성령의 증거를 받은 특정한 장소와 시간이 떠오르지 않았다.

내가 구원을 받았지만 잘 알 수 없다고 생각하는 것은 내게는 너무나 비이성적이었다. 어쨌든, 나는 이 문제에 관해 내 자신을 의심 속에 계속 둘 수는 없었다. 만약 내가 과거에 받은 빛에 따라 행동했다면, 새로운 빛을 얻은 것이 분명했다. 내가 그것에 순종하지 않았다면 나는 내 영혼이 정죄 속에 빠질 수 있음을 깨달았다. 아, 하나님께 자신을 온전히 드린 후에도 그 약속으로 나아가 믿지 못하기 때문에 의심과 당혹감에 사는 얼마나 많은 사람들을 내가 만나는지!

나는 내가 통과한 이 고뇌를 결코 잊을 수가 없다. 내 방을 서성거리며 새벽 두 시가 지났고 완전히 지쳐 있었다. 잠을 자려고 한참 누워 있다가 성경과 찬송가를 베개 아래에 놓고, 구원의 확신 가운데 다음날 깨어나기를 기도하였다.[3]

이러한 시간들이 한동안 지속되었고 마침내 1846년 6월 14일 저녁에, 머리를 베개에 파묻고 다시 기도하였다.

"아버지, 나의 죄에 대한 아버지의 용서함의 확신 가운데 내일 일어나기를 원합니다."[4] 그리고 그 다음날, 그녀는 정말 그렇게 되었다. 그녀의 눈이 떠졌을 때, 그녀는 침대에 앉았고 베개 밑의 성경과 찬송가를 발견했다. 그렇게 되면서, 찬송가가 펼쳐지고 그녀의 눈은 찰스 웨슬리가 쓴 구절에 쏠리게 되었다.

나의 하나님 나는 당신의 것이요
하늘의 평안을 누리니,

---

3. Fredrick de Lautour Booth-Tucker, *The Life of Catherine Booth: The Mother of the Salvation Army*, vol. 1 (London: Salvationist Publishing and Supplies, Ltd., 1924) [3쇄], 36-37.

4. Trevor Yaxley, *William and Catherine: The Life and Legacy of the Booths, Founders of the Salvation Army: A New Biography* (Minneapolis: MN: Bethany House Publishers, 2003), 40.

내 예수가 나의 전부가 되심을 안다는 것이
얼마나 큰 축복인가[5]

빛이 그녀의 영혼을 통과했다. 몇 개월의 고뇌는 즉시 응답을 받았다. 그녀의 마음은 변했고 죄가 아닌 예수가 그녀의 영혼에 넘쳤다. 나중에 그녀는 이렇게 회고했다.

> 수십 번을 나는 이 말씀을 읽고 찬양하였다. 그러나 이제 이것이 전에 갖지 못했던 힘과 조명으로 내 영혼 깊숙이 들어왔다. 내가 전에는 믿음을 가지려고 해도 안 된 것처럼 이제는 의심하려고 해도 불가능해졌다. 전에는 성경의 모든 말씀이 나를 믿게 하지는 못했다. 그러나 지옥의 모든 악마가 나를 의심케 할 수는 없었다. 나는 더 이상 구원받기를 바라지 않았다. 나는 확신했다. 구원의 확신이 물밀듯 와서 내 영혼을 채웠다. 나는 뛸 듯이 침대에서 나왔고 옷을 차려 입을 겨를도 없이 바로 어머니의 방에 뛰어 들어가 무슨 일이 있었는지를 말씀드렸다.[6]

이제 하나님께 속했다는 구원의 확증이 있었으므로, 그녀는 브릭스톤 웨슬리 감리교회에 등록을 했다. 그녀는 그동안 구원의 확신이 있을 때까지 등록을 거부했었다. 몇 개월 후인 1846년 9월 캐서린은 다시 아팠다. 이번에는 폐결핵이었다. 몸이 아프고 고열로 인해 의식이 혼미하기도 하였지만, 구원에 대한 확신이 그녀에게 편안함을 주었다. 의사들은 그녀가 폐결핵에 감염될 것을 우려했다. 겨울 내내 집에 다시 갇히게 되었고 5월에 다닐 정도로 기력을 회복했을 때, 바다 근처인 브릭스톤에 사는 숙모와 함께 살기 위해 옮겨졌다. 짠 공기가 몸에 좋기를 바랐다. 다시 건강을 되찾았을 때, 그녀는 지역 웨슬리 채플의 예배에 참석하기 시작했다.

---

5. *The Methodist Hymn Book* (London: Novello and Co., 1933), Hymn 406.
6. Stead, *Mrs. Booth*, 38.

변하는 시대, 죽은 교회

피터 카트라이트와 같은 사람들의 노력으로 미국에서는 감리교가 증가 추세에 있었지만, 그 움직임은 대영제국에서는 관료주의 수렁으로 빠져 들어가고 있었다. 더 이상 감리교는 존 웨슬리나 조지 휫필드가 설교한 것처럼 하나님의 능력이 아닌 것 같았고 규제되었으며 통제되었다. 순회 전도자들은 서류적인 일에 치중되어 설교할 시간을 내기도 어려웠다. 교인들의 상태가 지역 사회와 잘 교류가 되고 있는지를 연례 보고를 할 정도가 되었다. 개혁 촉구와 설립자의 최초의 원리로 돌아가자는 외침이 1840년대에 시작되었으나 1850년의 컨퍼런스에서 개혁의 지도자들은 문제아로 낙인이 찍혀 추방되었다. 감리교는 영혼을 회심시키는 하나님의 능력을 나타내는 데에서 회원들을 관리하고 재원을 충당하는 데에만 집중하였다. 감리교가 말씀을 증거하고 하나님의 임재를 통한 삶을 변화시키는 예전의 힘을 되찾는데 실패한 것을 보면서 웨슬리 형제들은 아마 하늘에서 자신의 손을 꽉 움켜쥐었을 것이다.

아직 둘은 만나지 않았지만, 윌리엄과 캐서린 둘 다 주류 감리교인과는 어그러졌고 그들은 개혁자로 변했다. 불의에 대해 열정을 가진 캐서린은 이러한 경건한 지도자를 쫓아내는 역겨운 부당성에 조용할 수가 없었다. 그녀의 회원자격이 심사가 되었을 때, 그녀의 지도자들은 재입교를 거부하였다. 사실상 캐서린은 그녀가 태어날 때부터 영적 성소였던 교회에서 추방을 당했고 이로 인해 멘토와 가까운 친구들을 잃게 되었다.

윌리엄은 다른 방법으로 감리교도들을 화나게 했다. 그의 구원에 대한 충만함이 사그라지지 않았고, "매 분마다 한 영혼이 죽는다!"라는 글귀가 그의 두 귀에 여전히 울렸다. 그의 회심이 2년이 지난 후에, 제임스 코히가 설교하는 모임에 갔다. 이 아이리쉬-어메리칸 스타일은 모든 말씀이 그의 영혼을 정화하여 윌리엄을 사로잡았다. 그 밤에 그는 다시 그의 주와 구세주에게 자신을 드렸고, 코히와 같은 영혼 구원자가 되기로 결심했다. 윌리엄은 "하나님은 윌리엄 부스의 모든 것을 가질 것이다"라는 확신과 함께 예배를 마치고 무릎

을 펴며 일어섰다.[7]

윌리엄은 만약 가난한 사람의 영혼을 구원할 계획이 있다면, 그들이 자신에게 오는 것을 기다릴 수가 없다고 확신했다. 그는 먼저 그의 좋은 친구인 윌 쌘섬을 설득하여 거리로 함께 나가서 전도하자고 했다. 둘은 노팅험의 가장 슬럼가인 '바닥'으로 향했다. 젊은 부스는 청중에게 전도하기 위해 나무통이나 의자에 올라서서 강렬한 인상을 남겼다. 그는 키가 크고 깊은 회색 눈과 검은 머리와 높고 오똑한 코를 가졌다. 윌리엄의 호소에 그냥 지나치지는 않았지만, 그렇게 오랫동안 환대받지 못한 교회로 오도록 이웃을 인도하는 데에는 현저한 돌파구가 필요했다. 그리고 그 돌파구는 오래지 않아서 찾아왔다.

> 만약 가난한 사람의 영혼을 구원할 계획이 있다면, 윌리엄은 그들이 자신에게 오는 것을 기다릴 수가 없다고 확신했다.

그와 윌은 어린이 거리(Kid Street)로 가서 전도했고 그 장소와는 어울리지 않게 악명 높고 소란스런 술주정뱅이인 베썸 잭의 집 앞에다 막사를 세웠다. 둘은 찬송을 부르고 윌리엄은 의자에 서서 군중에게 전도를 했다. "친구여!" 그는 외쳤다.

> 저는 당신의 영혼에 몇 가지 단도직입적인 질문을 하기 원합니다... 집에 신발도 신을 수 없는 아이들이 있습니까? 당신의 아내는 어두운 방에 앉아서 당신이 돈 없이 집에 돌아오는 것을 기다립니까? 당신은 이곳을 떠나....당신의 아내가 음식을 위해 필요한 돈을 술 마시는데 쓰고 있습니까?[8]

갑자기 그들의 뒤에 있는 집의 앞문이 열렸고 베썸 잭은 곧 두 설교자를 향해 다가갔다. 그가 가까이 오자 윌리엄은 그의 눈을 곧바로 응시하며 말하였

---

7. Richard Collier, *The General Next to God* (London: Collins, 1965), 189.
8. Collier, *General Next to God*, 23-24.

다, "잭, 하나님은 당신의 아내를 사랑합니다. 당신도 한때 그러했소." 잭은 그 자리에서 죽은 듯 멈췄다. 그 말은 그의 신경을 거슬렀다. "당신이 처음 만났을 때 얼마나 그녀를 사랑했고 얼마나 소중히 여겼는지를 기억합니까?" 잭의 눈은 윌리엄의 발 앞의 땅에 고정되었다. 그는 천천히 고개를 끄덕였다. "그래요, 잭, 하나님은 그렇게 그러한 사랑으로 당신을 사랑하오, 아니 그것보다 더 깊고 큰 사랑으로 말이오."

군중은 모든 대화에 집중했다. 잭은 마침내 올려다보면서 말했다. "나를?"

"그래요, 잭, 당신을요." 윌리엄은 의자에서 내려와 잭의 팔을 잡았다. "잭, 이곳에서 무릎을 꿇고 주님께 당신도 그분을 사랑한다고 해 보세요. 그리고 당신을 용서해 달라고 빌어 보세요." 잭은 그대로 했다.[9]

윌리엄은 이 새로운 회심자들이 단지 구원을 받는 것보다는 더 많은 것이 필요함을 알았다. 그들은 가르침이 필요하며 자신의 믿음을 지킬 정도로 성장해야 함을 알았다. 그래서 다음 주일에 두 명의 윌은 '바닥'으로 다시 향했고, 군중을 모았다. 그리고 그들을 웰리스 채플로 인도했다. 예배 중간에 그들은 교회로 들이닥쳤다. 찬송 4장을 부르면서 맨 앞줄에 그들의 '회심자'를 앉혔다. 그곳은 교회에서 가장 좋은 좌석이었다. 윌리엄은 매우 흥분하며 예배를 드렸다. 예배 후에 사무엘 던 목사는 윌리엄을 축하하기 위해서가 아니라 책망하기 위해 내려왔다.

던 목사는 윌리엄의 시선을 채플 뒤쪽의 한쪽으로 옮긴 좌석으로 돌리게 했는데, 그곳은 잘 보이지도, 사실상 잘 들리지도 않았다. 그리고 그는 이러한 좌석으로 향하는 모호한 문을 가리켰다. 던 목사는 윌리엄에게 그의 '손님들'이 앉았던 앞줄 좌석은 감리교에 기여한 사람들을 위해 예약된 곳이라 말했다. 그는 말하기를, "가난한 사람들은 옆문을 통해 들어와서 뒷좌석에 앉도록 되어 있다고 했다. 그들이 예배에 참석하는 것은 환영하나 보이지 않도록 하며 다른 교구 사람들의 예배의 즐거움을 방해받지 않도록 하라는 것이었

---

9. Ibid.

다. 윌리엄은 그 책망을 겸손히 받아들였으나 이 거만함이 윌리엄와 감리교의 이별의 시작이 되었다.

젊은 감리교 설교자

비록 17살이었지만, 윌리엄은 순회 설교자 명단에 있었다. 그는 브로드 스트리트 채플뿐만 아니라 노팅험 주변의 다른 마을에서도 설교하기를 시작했다. 옥외 집회를 계속하면서, 그는 다음 몇 년에 걸쳐서 설교자로서의 자질을 키워 갔다.

그가 19살이 되었을 때, 전당포 가게에서의 숙련공 생활을 마쳤고, 주인인 임스 씨가 더 이상 그를 고용할 여유가 없어지면서 다른 곳에서 직장을 구해야 한다고 통지를 받았다. 다음 해 동안 그는 노팅험에서 직장을 찾아보았지만 구할 수 없게 되자, 런던으로 가기로 결심했다. 하지만 거기서도 어려워져 그는 결국 작은 전당포 가게에서 직장을 구했다. 돈을 적게 벌었지만 윌리엄은 전당포 가게 이상의 삶을 살게 되었다.

한가한 시간에는 월워쓰에 있는 감리교 채플에 참석하기 시작했고 곧 설교자로서 등록할 수 있었다. 순회 설교를 담당하는 장로는 그를 격려하였다. 윌리엄은 채플에서 설교하는 것보다 거리에서 전도하는 것이 더 많은 회심자를 얻을 수 있음을 알고, 자신의 설교 일정을 제외시켜 달라고 요청했다. 그것은 거리에서 설교를 더 많이 하기 위함이었다. 담당 장로는 점점 의구심이 들었다. 그는 그가 개혁파들과 공모한다고 단정 짓고 다음 갱신 때 윌리엄의 교인 회원 자격을 철회하였다. 윌리엄의 가난한 자에게 하나님의 구원을 전달하고자 하는 마음이 감리교에서의 추방을 낳았다. 이는 캐서린이 잠잠하기를 거절하여 추방을 받게 된 것과 같은 이치였다. 이는 윌리엄을 매우 상심시켰다. 그것은 그가 '하나님은 한 분이시고 존 웨슬리는 그분의 예언자'임을

항상 믿었기 때문이다.[10]

　윌리엄은 거부되었을지 모르나 그는 외롭지 않았다. 감리교도들 중에서 에드워드 래빗츠라는 부유한 신발 공장 사장이 있었는데 비록 지역의 감리교 장로는 윌리엄의 사역을 선호하지 않았지만, 에드워드는 달랐다. 감리교 주류파와 개혁파들의 논쟁 가운데서 에드워드는 개혁파를 지지했고 그의 회원 자격을 잃게 되었다. 윌리엄이 감리교에서 쫓겨났음을 안 에드워드는 그를 초대하여 개혁파에 합류하여 그들의 기치 아래 설교하도록 요청을 한다. 갈 데가 없는 그로서는 이 제안을 수락할 수밖에 없었다.

　다음 몇 달 동안, 에드워드 래빗츠는 윌리엄의 사명을 더 귀히 인정했다. 어느 날 밤, 윌리엄을 초대하여 저녁 식사를 할 때, 에드워드는 만약 그가 전업으로 설교하기 위해서 전당업을 그만둔다면 적어도 세 달 동안 그의 봉급으로 한 주에 20 실링을 주겠다고 말했다. 윌리엄은 깜짝 놀랐다. 그는 이런 일을 몇 달 동안 하기를 꿈꿔왔었기 때문이다. 그는 에드워드의 제안에 진심으로 감사했다. 윌리엄은 곧 그의 직장을 떠났고, 새로운 하숙집을 찾았다. 부흥사로서 세상을 구원하고자 나서게 되었다.

천상에서 이루어진 로맨스

　1852년 초반 경에, 윌리엄은 에드워드 래빗츠 집의 다과 파티에 초대를 받았다. 그는 비록 그러한 사교모임을 좋아하지 않았지만 참석을 거절하는 것이 태만으로 간주된다고 느꼈다. 파티에서 윌리엄은 다수의 개혁파들에게 소개되었는데 웃음을 띤 작고, 섬세하며, 검은 머리를 한 젊은 여성도 포함되었다. 그는 즉시 그녀가 클랩험에 있는 빈필드 로드 채플의 개혁파 모임에서 설교한 후 만났던 여성임을 알아보게 되었다. 그녀의 이름은 캐서린 멈포

---

10. Stead, *Mrs. Booth*, 61.

드였다. 재미삼아 윌리엄은 그로그주 판매자(grogseller)-전적으로 임기응변 주제-에 대해 인상적인 시를 발표해 달라는 요청을 받았다. 참석한 모든 사람이 이러한 입장에 동의하지는 않았지만, 그의 시가 마치게 될 무렵 윌리엄은 청중들로부터 약간의 방해를 당했다. 그가 자신을 변호하기도 전에, 젊은 여성이 앞으로 나와 그가 들었던 알코올을 금지해야 하는 타당한 논지를 제시하였다. 분명히 그가 처음에 느꼈던 그녀의 빛난 눈빛 뒤에는 더 많은 것이 있었다.

윌리엄 부스와 캐서린 멈포드는 몇 주 뒤인 1852년 4월 9일에 교회 예배에서 만나기로 했고 그날은 부활절 금요일이었다. 이 날은 또한 윌리엄의 23번째 생일을 하루 앞둔 날이었다. 예배에서 만나 그들은 짧게 이야기를 나누었고, 예배 도중에 캐서린은 몸이 불편하여 집으로 가기로 결심하였다. 윌리엄은 그녀가 가는 것에 실망했지만, 그 슬픔은 에드워드가 브링스톤 집까지 그녀를 배웅해 달라고 요청함으로써 기쁨으로 변하게 되었다. 결국 그 둘은 마차를 함께 타게 됨으로써 그들의 인생이 바뀌게 되었다.

그들의 대화는 사소한 주제에서 함께 할 소망과 꿈으로 급속하게 변했다. 캐서린은 나중에 그들의 동승에 대해 이렇게 썼다.

> 그 짧은 동행은 우리에게 결코 잊힐 수 없을 것입니다.... 우리는 우리 앞에 빠르게 진행되어 온 다양한 문제들의 관점과 목표와 느낌이 놀라울 정도로 맞았습니다. 이는 마치 우리가 처음부터 오랫동안 사귀었고 몇 년 동안 사랑하다가 갑자기 잠시 떨어져 있다가 다시 만난 것과 같았습니다. 우리가 집에 도착하기도 전에 우리 둘은.... 우리가 서로를 위해 태어났음을 느꼈습니다...
>
> 우리 둘 다 평생 동안 결연을 맺은 동반자에게 무엇을 요구해야 할지에 대한 생각을 가지고 있다는 것도 기이합니다. 그러한 결연이 이뤄진다면....여기서 우리는 예상치 못한 방법으로, 전에 만나기로 되어 있었던 것처럼, 우리는 이전에 꿈꿨던 특성들을 맞춰갔습니다. 그렇기 때문에 이후

로 우리의 삶의 흐름은 계속해서 흘러가리라 느꼈습니다.[11]

그녀의 집에 도착했을 때, 캐서린은 윌리엄을 집안으로 초대했고 계속해서 대화를 이어갈 수 있었다. 안에서, 캐서린의 어머니가 함께했고 윌리엄이 집으로 돌아가기에는 너무 늦을 정도로 모두가 대화에 푹 빠졌다. 마차를 부르기에는 너무 늦었고 걸어가기에는 너무 멀었다. 멈포드 부인은 여분의 방에 그를 재웠다. 비록 윌리엄이 다음날 아침 일찍 떠났지만, 그는 밤이 되기 전에 다시 방문하였다. 그는 몇 주 동안 거의 매일 그렇게 하였다.

어떤 면에서 윌리엄과 캐서린은 불과 얼음과 같았다. 윌리엄은 용감하고 종종 너무 열심인 복음전도자였으며, 캐서린은 이론으로 무장한 신학을 소유한 조용한 학자였다. 그러나 둘이 합쳐질 때, 그들은 하나님을 위한 강력한 힘이 되었다. 윌리엄은 영이었고, 캐서린은 말씀이었다. 윌리엄은 영혼의 해방자였다. 캐서린은 행정가로서 해방된 자들을 그 상태로 지속하며, 그들의 소명을 발견하고, 하나님과 동행하는 것을 확실하게 하였다. 윌리엄은 현란한 리더였고, 캐서린은 매일 활동을 구조화시키는 매니저였다.

윌리엄은 갑작스런 자신의 애정에 놀랐는데 이것이 영혼 구원의 사역에서 그를 멀어지게 할까 하는 두려움 때문이었다. 그는 실제로 하나님께 이러한 감정을 제거해 달라고 기도했다. 그러나 오히려 하나님은 반대로 행하셨다. 윌리엄이 기도할수록 더욱 그는 캐서린과 여생

> 하나님께 캐서린을 향한 그의 끌림을 제거해 달라고 기도할수록 윌리엄은 그녀와 여생을 보내고 싶다는 것을 더욱 느끼게 되었다.

을 보내고 싶다는 것을 느꼈다. 서두르면 일을 그르칠 수 있다는 것을 알았기에 둘은 이 문제를 깊이 상의했고, 함께 이야기했으며, 기도하기도 하였고, 떨어졌을 때는 서로를 그리워하기도 하였으니, 하나님이 서로를 위해 그들을

---

11. Catherine Bramwell-Booth, *Catherine Booth* (London: Hodder and Stoughton, 1970), 58-60.에 인용된 Catherine Booth, "Reminiscences."

창조하셨음을 확신하게 되었다. 그래서 그들의 마차 동행이 있은 한 달이 조금 지난 뒤인 1852년 5월 15일 양가의 축복을 얻은 후에, 윌리엄과 캐서린은 약혼하였다. 그 달 어느 때에, 캐서린은 편지로 윌리엄에 대한 그녀의 감정을 기록했다. "나의 사랑하는 윌리엄에게"라고 그녀는 썼다.

> 저는 그러한 최근의 방문 후에 이것을 받아들이는…. 놀라움의 표정을 상상하게 됩니다. 당신은 이것이 불필요하다고 생각하겠지만 그래요…. 저녁은 내 영혼의 느낌과 같이 달콤하며, 아름다우리만치 조용하고 적막합니다. 회오리는 지나가고…. 모든 것이 평화롭습니다. 저는 이것이 옳다고 느낍니다. 제 영혼의 만족스런 확신에 대해 하나님을 찬양합니다. 매우 기쁘게도 저의 영혼은 당신의 초청에 반응하며, 제 자신을 그분께 새롭게 드리며 내 주의 형상으로 더 높이 올라감으로써 저를 당신 가까이로 더 연결되고자 합니다. 제가 더 예수님을 가까이 닮을수록, 우리의 연합은 더 완벽하고 더 신성할 것입니다. 우리의 마음은 이제 진정 하나가 되었고 그래서 이별은 죽음보다 더 비통할 것입니다…. 함께 완벽한 연합으로 삶의 여정을 걸으며, 함께 햇빛을 즐기며 폭풍과 싸우고, 작은 공감으로도 미소와 눈물을 나누며, 완전한 일치로 우리의 이 땅의 짧은 의무를 다하는 것은 제게 절묘한 행복이며 제가 소망하는 최고의 땅의 축복입니다…. 우리는 처음부터 하나님을 인정했고, 우리는 그분의 뜻을 추구했습니다….우리가 서로 사랑하기 때문에 더욱 하나님을 사랑합니다…. 당신은 항상 제 마음에 있습니다. 사랑하는 윌리엄, 당신의 사랑하는 케이트로 저를 믿어 주세요.[12]

많은 연인들이 긴 교제와 짧은 약혼을 가지지만, 윌리엄과 캐서린은 정반대였다. 그 후 삼년 동안에, 윌리엄은 미래의 안정적인 수입을 얻고자 나서

---

12. Bramwell-Booth, *Catherine Booth*, 66-67.에 인용된 Catherine Mumford, letter to William Booth, May 1852.

게 되고 그의 사역은 그들을 부양하기에 충분할 정도로 안정되었다. 그들이 약혼할 무렵에, 윌리엄은 에드워드 래빗츠가 약속한 3개월의 지원의 반이 된 시점이었고 남은 1개월 반에 최대한 관심을 기울였다. 에드워드는 이미 윌리엄의 이름을 많은 개혁파의 설교 명단에 올렸고, 이에 따라 윌리엄은 그를 반기는 곳이면 어디든지 가서 설교했다.

윌리엄과 캐서린의 교제가 빠르고 맹렬했던 것처럼, 그들의 약혼은 그들의 사랑이 전개되고 발전되는 시간이었다. 몇 년 동안 서로에게 쓴 편지의 한 줄 한 줄에서 이를 확인할 수 있다. 이 오랜 '글로 쓴' 약혼은 그들에게 많은 문제나 의견 차이를 접하는 독특한 기회를 제공하였다. 그들이 서신을 통해 뜨거운 논쟁을 이어가기는 어려울 것처럼 보였으나 그들은 많은 연인들이 수년간의 결혼생활에서도 다룰 수 없었던 많은 문제들을 해결해 나갔다. 편지마다 그들은 신학의 어려운 관점, 자녀양육, 복음전도, 그리고 다른 문제들을 함께 접근해 가면서 그들의 함께하는 삶뿐만 아니라, 함께하는 미래의 사역의 기초를 쌓아 갔다.

아마도 이 서신에서 가장 의미심장한 의견의 차이는 양성평등의 문제였다. 캐서린은 편지에서 다음과 같이 말했다.

> 대부분의 경우 여성을 훈련시키는 것이 남성보다 열등하게 만들었음을 인정할 준비가 되어 있습니다… 그러나 신체적인 힘과 용기를 제외하고는 천성적으로 여성이 남성보다 열등하다는 것에 대한 어떠한 명분을 찾아볼 수가 없으며 저는 아무도 하나님의 말씀으로 증명할 수 없음을 확신합니다.[13]

윌리엄의 반응은 신중했으나, 이내 캐서린과 같이 여성의 사역에 대한 열렬한 지원자가 되었다.

---

13. Catherine Mumford, letter to William Booth, 9 April 1855. British Library Microfilm 64802.

저는 여성의 위치에 대한 당신의 발언을 답하기 전에 또 읽을 것입니다....저는 여성이 어떤 해석에 대해 설교하는 것을 멈추게 하지 않을 것입니다. 여성이 시작하는 것을 격려하지도 않을 것입니다. 당신이 그렇게 그곳에 가는 것을 느낀다면 설교하십시오. 그 임무에 자격이 있다고 한다면, 제가 그렇게 하는 힘이 있다면, 저는 당신을 머물게 하지 않을 것입니다. 비록 제가 그것을 원하지는 않지만 저는 세상의 구원을 찬성합니다. 약속은 도움이 되지 않습니다.[14]

교회 가운데의 윌리엄

그 다음 몇 주 동안, 윌리엄은 개혁파들이 그들의 열심에도 불구하고 조직이 갖추어지지 않고 감리교도와 마찬가지로 비슷한 많은 문제에 시달리고 있음을 발견했다. 그래서 윌리엄과 캐서린은 에드워드의 후한 지원을 연장하지 않기로 결정했다. 이것으로 윌리엄은 어떤 수입이 없었지만, 캐서린은 그들의 꿈에 관해 격려의 말만하였다. 그녀는 하나님이 공급하심을 확신했다.

그러나 다가오는 몇 달은 쉽지 않았다. 윌리엄은 회중파들과 함께 출사표를 던졌다. 그와 캐서린은 데이빗 토마스 목사 겸 박사에 의해 인도되는 스톡웰 회중 교회에 참석하기 시작했다. 그러나 윌리엄은 그의 신앙을 그들의 칼빈주의적 신앙과는 타협하지 않았고, 비록 처음에는 개방이 교리적인 명문화에 자유로운 것 같았지만, 실은 그렇지 않았다. 윌리엄은 자신이 투신할 다른 곳을 찾았다.

그는 곧 생존을 위해 대부분의 가구를 팔게 되었다. 결국, 에드워드 래빗츠가 스폴딩 지역에 있는 몇 교회의 작은 연합을 담당할 수 있도록 하면서, 개혁파들과의 합력으로 다시 돌아왔다. 이렇게 해서 윌리엄은 일 년에 80 파운

---

14. Bramwell-Booth, *Catherine Booth*, 121-122.에 인용된 William Booth, letter to Catherine Mumford, 12 April 1855.

드의 급여를 받았는데 -일주일에 10 실링- 이것은 에드워드가 처음에 제공하기로 했던 지원금보다 인상된 것이었다. 윌리엄은 1852년 11월에 이 교회들을 담당하게 되었다.

이 새로운 위치가 윌리엄과 캐서린의 장거리 관계의 첫 시작이었다. 매주 편지를 쓰는 것에 동의하였으나, 거의 매일 편지를 주고받았다. 캐서린은 아침에 편지를 쓰기 시작하여, 점심과 티타임 이후에 몇 줄을 추가하고, 그런 다음에 저녁에 우체부에게 편지를 넘겨주기 전에 좀 더 자신의 생각을 삽입했다. 그녀의 편지의 평균 길이는 약 2,000 단어였다.

6개월이 지나기 전에, 윌리엄은 캐서린을 방문하기 위해 런던으로 돌아왔다. 그의 방문기간 동안, 원 창시자의 가치와 실제로 돌아가기 위해 새롭게 조직 된 감리교 뉴 커넥션에서의 지위를 받았다. 윌리엄 쿡 목사 겸 박사는 윌리엄을 자신의 지도 아래에 두고 목회를 준비하도록 하였다. 윌리엄은 처음에는 사양했지만 스폴딩에서의 일을 마치게 될 때, 쿡 목사의 제안을 받아들였다. 다시 윌리엄은 자신이 학자가 아니었음을 증명했다. 브룬스윅 채플에서 설교하는 첫 시간에 5명이 회심했다. 윌리엄의 비정통적인 설교 기법은 그의 선생님을 당황케 했으나 결과에 대해서는 논란의 여지가 없었다.

1854년 6월, 뉴 커넥션 컨퍼런스에서, 쿡 목사는 윌리엄을 규모가 큰 런던 순회의 감독자로 지명했지만, 25살의 윌리엄은 그러한 지위를 맡기에는 자신이 너무 어리다고 느꼈다. 그래서 그들은 타협하기로 결정했다. 나이 많은 목회자의 지도 아래 런던의 다른 쪽인 이슬링턴 패킹턴 거리에 있는 새로운 채플의 상주 목사로 윌리엄은 임명되었다. 설교 요청이 증가하면서 그는 곧 패킹턴 거리에서 사역하는 만큼 부흥 캠페인을 열면서 순회하기 시작했다. 1855년 다음 컨퍼런스에서 윌리엄은 패킹턴 거리에서의 사역을 놓고 뉴 커넥션을 위한 전임 순회 사역자로 임명되었다. 마침내 적절히 지원을 받게 되었을 때 그는 캐서린과 1855년 6월 16일에 결혼을 했다.

캐서린은 신혼여행 기간에 처음으로 윌리엄과 여행을 하면서 라잇과 저시섬에 설교 일정을 잡았다. 캐서린은 윌리엄의 빠른 일정에 부담도 되고 놀라기도 하였다. 다음 일정 동안에는 몸을 회복하여 그 다음에 그와 동행하기 위해 집에 머물렀다.

다음 해에 부스 부부는 윌리엄의 설교 일정을 수용하기 위해 자주 이동해야 했다. 윌리엄은 더욱 더 효율적인 복음전도자가 되었다. 처음에는 각 집회마다 회심자가 몇 명 안 되었다. 그런 후 수십 명이 되었고 마침내는 수백 명이 되었다! 1856년 2월에 한 달 집회 동안의 회심자가 640명이 되었다. 12월에 끝난 6주간의 집회에서 윌리엄은 740명이 회심하는 것을 보았다. 다음 해 3월 8일에 부스의 첫 자녀가 태어났다. 그들은 그의 이름을 윌리엄 브람웰이라 지었다.

신앙적으로 죽은 자들과의 어려움

윌리엄은 그의 부흥 사역에 너무 몰두하다 보니 1857년 뉴 커넥션 컨퍼런스에 참여할 수 없었고, 거기에서 발생한 일을 들었을 때 놀라게 되었다. 순회 복음전도자로서의 그의 면허가 취소가 되었던 것이다. 그의 비난자들은 그의 집회는 너무 혼란스럽고, 그의 설교 매너는 너무 비정통적이며, 너무 많은 사람들을 구원하여 지역의 목사들이 새신자들의 무리를 관리할 수가 없다고 주장했다. 한 목회자는 이렇게 표현했다. "그는 크림을 가져가고 다른 사람에게는 탈지유만 남겨 놓는다."[15] 윌리엄은 4표차로 강등되었다. 그는 다음 해에 유망하지 않은 지역인 요크서에 있는 낙후된 공장 마을인 브릭하우스로 임명되었다.

그러나 브릭하우스는 부스 부부에게 상당한 장점을 주었으며, 미래 사역을 위한 좋은 훈련 장소가 되었다. 처음으로 그들은 집을 세웠고, 사람들을 구원하기 위해 데려올 뿐 아니라 새로운 믿음 안에서 이 신자들을 굳건히 세울 수

---

15. Collier, *General Next to God*, 33.

있었다. 둘째 아들 밸링턴이 1857년 7월 28일 출생한 후에, 윌리엄은 캐서린에게 교회에서 성경공부반을 인도하도록 했다. 그녀는 여성 교회 회원으로서 인도자가 되었다. 1858년 5월의 다음 컨퍼런스에서 윌리엄은 원래 사역지로 돌아가는 권리가 다시 거부되었고 순회 사역에서 1년을 연장하여 사역하도록 요청을 받았다. 그는 동의했다. 뉴 커넥션에서 4년 동안 있었기에 그는 유예기간을 마칠 수 있었고, 교파의 목회자로 안수를 받을 수 있었다. 윌리엄과 캐서린은 게이츠헤드로 이주했고 거기에서 캐서린은 구세군의 원조가 되는 많은 사역을 형성하는 흥미로운 경험을 하게 되었다.

어느 안식일에 나는 좁고 사람이 많은 거리를 지나게 되었다. 나는 저녁의 즐거움을 기대하며 왕국으로 데려온 열망자들을 보고 싶어 하였다. 우연히 내 위쪽에 있는 작은 창문들이 다닥다닥 늘어선 집들을 올려다보았을 때, 다수의 여인들이 지나가는 사람을 쳐다보며 무기력한 모습으로 수다를 떨며 앉아 있었다.

강력한 힘이 내 마음에 어떤 말을 전달하는 듯했다. "그 집에 들어가서 이 무관심한 죄인들에게 말하고 그들을 예배에 초대하는 것이, 스스로 즐기는 것보다 더 많이 봉사하고 구속주처럼 행하는 것이 아니겠는가?" 나는 깜짝 놀랐다. 이것은 새로운 생각이었다. 내가 곰곰이 생각하는 동안, 동일한 들리지 않는 심문자가 말하였다. "그리스도인들은 가서 강권하여 내 집을 채우라는 명령에 부응하는 어떤 노력을 하고 있는가?"

이것은 하나님의 것으로 알고 있는 빛과 기름 부으심으로 이어졌다. 마음이 동요되었고 죄책감을 크게 느꼈다. 나는 내가 잃어버린 죄인을 그리스도에게로 이끄는 수고를 한 적이 없음을 알았다. 완전히 무기력함으로 떨면서, 나는 잠시 멈춰 서서 하늘을 쳐다보았다. 그리고 고백하였다. "주님, 주님이 저를 도우신다면, 제가 해 보겠습니다." 더 이상 혈육과 상의를 하지 않고, 돌아서서 내 일을 시작했다.

나는 먼저 문간에 앉아 있는 몇 명의 여인들에게 말을 꺼냈다. 내 노력이 어떤 대가를 치렀는지는 말로 다 표현할 수 없다. 그러나 성령님이 나의 연약함을 도우셨다. 나는 참을성 있고 진지하게 들으면서 결국 몇 명에게 하나님의 집에 가보겠다는 약속을 얻었다. 이것이 나를 매우 고무시켰다. 나는 십자가 아래에 숨겨진 기쁨의 맛을 보기 시작했고 희미하나마 어느 정도는 받는 것보다 주는 것이 더 복됨을 깨달았다…. 나는 낮고 더러운 법원의 입구에 서 있는 다음 사람들에게 갔다. 여기에서 다시 친절하게 얘기를 듣고 약속도 들었다. 어떤 무례한 반응도 어떤 쓰디쓴 조롱도 나의 새롭게 발견한 확신을 흔들거나 나의 연약해 보이는 열심을 식히지 못했다. 나는 나의 주님의 발 뒤에 있음을 깨달았다. 아니, 내 앞에서 나의 길을 평탄케 하고 나의 길을 예비하신 것이다.

이 복된 확신은 나의 용기를 북돋우며 나의 희망에 불을 지펴서 다음 집의 문을 용감하게 두들기게 되었고, 이어 들어가도록 문이 열리면 나는 예수님의 갇히심과 죽으심과 심판, 그리고 영원에 대해 말하였다. 기계공 중 높은 계급으로 보이는 한 남자가 내 말에 더욱 관심과 영향을 받게 되었다. 그는 채플에서 열리는 부흥 집회에 아내와 함께 참석하겠다고 약속을 하였다.

진심어린 감사와 눈물과 함께 나는 다음에 어디로 갈까를 생각하던 중에, 손에 주전자를 들고 옆으로 이어진 문간 위에 서 있는 한 여인을 보았다. 나의 거룩한 교사는 말했다. "저 여인에게 말하라." 사탄은 제의하였다. "아마 저 여자는 술에 취했을 거야." 잠시의 고뇌 끝에 나는 그녀에게 나 자신을 소개하며 말했다. "이 층에 사는 사람들이 나와 있는 것인가요?" 집의 아래쪽은 닫혀 있는 것을 발견했다. "예" 그녀는 대답했다. "그들은 모두 채플에 갔어요." 나는 그녀의 목소리와 톤이 지친 슬픔을 가지고 있음을 감지했다. 나는 말하였다. "오, 그 소리를 들으니 기쁘네요. 당신은 예배 장소에 안가셨나요?" "저요." 그녀는 자신의 쓸쓸한 모습을 내려다보면서 말했다. "저는 채플에 갈 수 없어요, 저는 술에 취한 내 남편 때문에 집에 있어야 해요. 공공장소에 가지 않도록 남편을 붙들어야 하고 술도 가져와야 해요." 나는 그녀에게 유감을 표현했고 내가 들어가서 그녀의 남편을 볼 수 있는지 물었다. "안 돼요." 그녀는 대답했다. "남편은 술에 취했어요. 지금은 당신이 아무것도 할 수 없어요." 나는 대답했다. "그가 술에 취해 있어도 상관없어요. 저를 들여보내 준다면 말이죠. 저는 전혀 두렵지 않아요. 남편이 저를 해치지 않을 거예요." "글쎄요" 여자는 말하였다. "당신이 좋다면 들어오세요. 그러나 남편이 당신을 괴롭힐 거예요." 나는 말하기를 "신경 쓰지 마세요." 그리고 그녀를 따라 계단을 올랐다.

내 안의 주님과 그분의 능력이 강하심을 느끼고 엄마 품에 안긴 아기와 같이 평안했다. 내가 순종의 길에 있으니 어떤 악을 두려워 할 이유가 없었다.

그 여자가 일 층에 있는 작은 방으로 나를 인도했는데, 거기에는 약 40세의 멀쩡하고 지적인 남자가 의자에 거의 누운 채로 앉아서 옆구리에 주전자를 끼고 술을 마시고 있었다. 나는 힘과 지혜, 사랑과 능력을 위해 하늘의 안내자에게 의지했고 그분은 나에게 내가 필요한 모든 것을 주셨다. 그분은 강한 술의 귀신을 잠재우시고 내 말을 받는 그 남자의 지각을 깨우셨다. 마음에 가득 측은함을 채운 채로 그에게 말을 걸기 시작하면서, 그는 점차 의자에서 자신을 꼿꼿이 세우며 놀라고 반은 멍한 상태로 들었다. 나는 그에게 그의 현재의 통탄할 만한 상황, 그의 어리석고 악한 길, 그리고 그의 아내와 자식에 대한 관심사를 말했는데 처음에 내가 보았던 인사불성에서 완전히 깨어났다. 내가 그에게 탕자의 비유를 읽어주자 그의 얼굴에서 눈물이 비처럼 흘러내렸다. 성령이 말하게 하심을 따라 나는 곧 기도를 그와 하였고, 서약의 책을 가지고 다음날에 방문할 것을 약속하며 떠났는데 그는 서명하기로 했다.

내가 해야 할 일이 끝났음을 느꼈다. 몸은 지쳤지만 나는 행복한 마음으로 예배가 마치기 전에 딱 맞춰 성소로 걸어갔고 기도 모임을 도울 수 있었다.

다음날 나는 이 남성을 다시 방문했다. 그는 서약서에 서명했고, 내가 말하는 모든 것을 주의 깊게 들었다. 기대에 가득 차서 나는 다른 비슷하게 잃어버리고 타락한 사람을 찾기 위해 떠났다. 그 시간 이후로, 나는 체계적인 가가호호 방문을 시작했는데 매주 이틀 밤을 그와 같은 사역을 하기로 작정했다. 주님이 나의 노력을 축복하셔서 나는 몇 주 안에 10명의 술꾼들이 자신들의 영혼을 파괴하는 버릇을 고치도록 하는데 성공했고 성경읽기와 기도를 위해 한 주에 한 번 나를 만나도록 했다.[16]

1858년 9월 18일, 부스의 셋째 아이가 태어났는데 작은 캐서린이었다. 아이는 재빠르게 '케이트'라는 별명을 얻었다. 그해 게이츠헤드에서의 성도가 39명에서 300명이 되었고 영향력의 증가로 인해 마을 사람들에 의해 채플은 '회심시키는 가게'라고 불리었다. 다음 해에 재임명이 되었을 때, 부흥 사역으로 다시 돌아오겠다는 전년도의 약속은 바로 지켜졌다. 윌리엄은 지역 감독자로 그가 하는 일을 공고히 하기 위해 게이츠헤드로 재임명되었다.

윌리엄은 안주하지 않았다. 게이츠헤드에서 지도자로 있게 되었지만, 그는 그 지역에서 자신의 부흥 사역을 책임지고자 했다. 그는 일련의 부흥집회를 시작했고 기도와 금식의 날을 촉구했다. 그러고 나서 종이 위에 그 지역에서 악명 높은 죄인들의 이름을 써서 중보기도 캠페인을 10주간 주관하였는데, 캠페인 참가자에게 무작위로 명단을 나누어 주었다. 그들은 매일 부흥집회를 열고 이웃을 찾아다니면서, 가가호호 방문하여 팸플릿을 나눠주며 집회에 오도록 개인적으로 초청하였다.

십대 때 누워 있어야 했던 캐서린은 찰스 피니의 『부흥 설교』(Lectures on Revival)에 정통해 있었다. 따라서 그녀와 그녀의 남편은 그들의 캠페인에서 피니의 원칙을 사용하기 시작했다. 윌리엄은 그가 십대에 사용했던 옥외 집회를 다시 열었다. 사람들은 공공장소에서 모여서 찬송을 부르고, 그가 잠시 설교를 한 후, 행렬을 만들어서 채플까지 걸으면서 관심 있는 행인들을 따르

---

16. Stead, *Mrs. Booth*, 152-155.

도록 했다. 중보기도에 대상자가 된 모든 사람들은 적어도 집회에 한 번 이상은 참여했고 회심이 이루어졌다.

그것은 놀라운 시간이었다. 그러나 캐서린의 병약함은 다시 그녀를 아프게 했고, 그녀가 회복하는 동안 사역이 늦어졌다. 이 시간 동안, 캐서린은 설교를 하는 여성의 권리를 공격하는 아서 로스 목사의 팸플릿을 우연히 발견했다. 격분한 캐서린은 응답의 형태로 자신의 팸플릿을 쓰기로 했다. 1860년 1월 8일에 태어난 넷째 아이인 엠마 모쓰 부스의 생일을 바로 앞두고 그 팸플릿을 완성했다.

"나의 사랑하는 아내가 말씀드리기를 원합니다."

이때까지 캐서린은 비록 설교단에서의 여성에 의한 설교와 교육에 대해 확고한 옹호자였지만, 그녀 스스로가 하는 것을 거부했었다. 윌리엄이 그녀를 격려했지만 그녀는 뒤에 조용히 머무르며 부끄러움으로 눈에 띄지 않는 것에 만족했었다. 그런 뒤인 1860년 5월 27일 일요일에 대형 옥외 집회가 험악한 날씨로 인해 채플로 옮겨졌고, 대략 천여 명의 사람들이 윌리엄의 설교를 듣기 위해 채플에 모였다. 캐서린이 어린 브람웰과 함께 청중 가운데 앉아 있었는데, 성령님이 그녀의 마음에 말씀하셨다.

"지금, 네가 가서 증언한다면, 너 자신의 영혼뿐 아니라 모인 모든 사람에게도 내가 축복하리라."

"예, 주님" 그녀는 대답했다. "나는 주님이 그러실 줄 믿습니다. 그러나 저는 못 합니다."

다른 생각이 또 밀려 들어왔으나 그녀는 즉시 그 불길한 예감을 떠올렸다. "게다가, 너는 설교할 준비를 하지 않았어. 너는 바보처럼 보일 거야. 너는 말할 내용도 없어."

▲ "나의 사랑하는 아내가 말씀드리기를 원합니다" (구세군 기록보관소)

캐서린은 이러한 조롱에 분개했다. "아, 이것이 핵심이야. 나는 그리스도를 위해서 바보가 되기로 그동안 결심한 적이 없었어. 이제 나는 그렇게 되어야 해." 캐서린은 자리에서 박차고 일어나서 단상에 올랐는데 남편이 거의 메시지를 마무리할 시점이었다. 윌리엄은 그녀를 도와주기 위해 단상을 가로질러 가면서, 뭔가 문제가 있는 줄로 생각하였다. 캐서린은 단순히 그에게 말했다. "한 마디 할게요."

윌리엄은 어안이 벙벙했으나 속으로는 흐뭇했다. 청중을 향하여 그는 말했다. "나의 사랑하는 아내가 말씀드리기를 원합니다." 그는 자리에 앉았고 관심을 갖고 그녀가 말하는 것을 들었다.[17]

> 캐서린은 자신을 가다듬고 청중에게 전하기 시작했다.
> 많은 분들이 저를 매우 헌신된 여성으로 보고 있으며 하나님께 신실하게 살아온 사람이라 생각합니다. 그러나 저는 불순종으로 살아왔고 어둠과 연약함을 내 영혼에 가져왔다는 사실을 이제 깨닫게 되었습니다. 그러나 서너 달 전에 저는 주님께 약속했고 이제 더 이상 불순종하지 않기로

---

17. Ibid., 152-155.

했습니다. 저는 하늘의 비전에 순종하기로 주님께 약속하였고, 이것을 여러분께 말씀드리기 위해 섰습니다.[18]

매우 겸손하게, 그녀는 자신이 공개적으로 설교해야 한다는 주님의 음성을 거부한 죄를 고백했고, 모든 사람이 자신의 마음에 임하는 하나님의 음성에 순종해야 함을 촉구했다. 인사말을 마쳤을 때, 윌리엄은 동의하고 발표하였다. "오늘밤은 제 아내가 설교자입니다."[19]

부스 가정에서 30분이 지난 후 밸링턴과 케이트 부스는 너무 어려서 집회에는 가지 못했지만 주방 식탁 주변에서 하녀를 쫓아다니며 기뻐서 외쳤다. "여주인님이 설교하신다! 여주인님이 설교하신다!"[20] 이 획기적인 변화는 모든 가정에게 명백하게 드러났다. 그날 밤 채플은 넘치도록 가득 찼다. 캐서린은 에베소서 5장 18절의 말씀에 기초하여 설교했다. "성령의 충만을 받으라." 그녀의 명성은 빠르게 전파되었고 몇 달 안에 남편보다 더 많은 설교 요청이 있었다.

그들 자신이 독립하다

1861년 뉴 커넥션 컨퍼런스에서 윌리엄은 그의 마음에 들리는 음성을 위해 굳게 서리라 다짐했다. 전업 부흥 사역으로 돌아가자. 커넥션은 이점에 대해 그와 관점을 같이 하지 못했으나 몇 주간의 심사숙고와 기도 후에, 비록 다른 수입이 없었음에도 불구하고, 윌리엄은 뉴 커넥션에 사의를 제출했다. 이것은 네 자녀를 두고 눈에 보이는 부양수단이 없는 아버지로서는 내리기 어려운 결정이었다. 또한 부스 가족인 감리교와의 공식 연결고리를 끊는 행동일

---

18. Stead, *Mrs. Booth*, 152-155.
19. Bramwell-Booth, *Catherine Booth*, 158.
20. Ibid., 159.

수도 있었다.

이제 집이 없어진 부스 가족은 그들의 소유와 자녀를 브릭스톤이 있는 처가로 옮겼다. 윌리엄의 초기 집회에서 회심한 적이 있는 콘월의 한 목회자는 윌리엄에게 집회를 인도해 달라고 요청했고, 그와 캐서린은 비록 그들이 사례비를 줄 수 없는 정도로 열악함을 알았어도 수락을 했다. 그들은 6주간 콘월에 머무르기로 계획했다.

그러나 하나님은 다른 계획이 있으셨다. 18개월간 7천 명이 회심해서 부스 가족은 여전히 콘월에 체류했다. 어떤 어부들은 오직 집회에 참석하기 위해 폭풍우를 무릅쓰고 바다를 건너 16킬로미터를 노를 저어 온 사람도 있었다. "장사가 되지 않습니다." 지역 주민은 말했다. "상인과 고객들이 부스 집회에 모두 참가했습니다."[21] 그들의 사역이 끝이 보이지 않을 정도로 부흥을 이루자, 부스 부부는 아이들도 콘월에서 키우기로 했다. 이때 다섯째인 허버트 하워드가 1862년 8월 26일에 태어났다.

1863년 초에, 부스 부부는 웨일즈의 카디프에서 설교하도록 초청을 받았으나 많은 참가자를 수용할 만한 넓은 집회 장소를 구하는데 어려움이 있었다. 많은 교회가 그들이 마치 불법자인 듯 취급하며 문을 닫았고, 캐서린이 서커스 천막을 간신히 구하여 집회는 예정대로 이루어질 수 있었다. 이때가 처음으로 교회 시설이 아닌 일반 시설을 사용한 시기이고 그 후 계속하여 이런 식으로 이루어졌다. 다음 2년 동안, 부스 부부는 순회를 하며 전역에 걸쳐서 사역을 해 나갔다. 여섯째인 마리안이 1864년 5월 4일에 태어난 후, 캐서린은 매우 성공적인 그녀 단독 부흥성회를 시작했다. '여성 설교자'라는 신선함이 상당수를 매료시켰고 윌리엄을 배척했던 몇몇 전통 교회에서도 설교 요청을 받았다.

따로 보내야 하는 시간들이 부부에게 중압감을 주었지만 마침내 1865년 런던으로 이사해서 해머스미스에서 가정을 꾸리게 되었다. 윌리엄은 몇 개의

---

21. Collier, *General Next to God*, 36.

▲ 윌리엄 부스가 큰 천막 집회에서 설교하다. (구세군 기록보관소)

교회를 제외한 대부분의 교회에서 배척을 당했으나, 캐서린의 설교로 인해 얻은 수익으로 이 시기를 주로 살아갈 수 있었다.

그들이 돌아온 런던은 그들이 과거에 떠났던 그 런던이 아니었다. 그곳은 전보다 더 어둡고 더 암울했다. 가난한 자들을 위한 윌리엄의 연민은 그의 마음을 다시 사로잡았다. 생기 없는 얼굴을 보니 또 다른 수입이 없는 가족을 위해 몇 주간의 식량을 위해 가보를 팔아야 하는 전당포 시절이 생각났다. 어떤 작가는 동부 런던을 50만이 되고 1에이커에 290명이 사는 지저분한 미로로 묘사했다…. 다섯 집마다 술집이었고 심지어 어린아이도 카운터에 발을 디디도록 특별 디딤대를 마련할 정도였다.[22]

윌리엄이 그해 7월 밤에 일찍 모임에서 돌아오자 블라인드 베거 술집 밖의 도로에 몇 명이 모여 있었다. 한 남자가 그곳에서 설교하고 마치자, 모인 사람 중에 아무라도 간증의 말씀을 나누자고 제안했다. 윌리엄은 두 번 요청하지 않고 바로 시작했다. 몇 분 내에, 그의 설교는 거기에 모인 사람들을 사로

---

22. Norman H. Murdoch, "The General," *Christian History 9*, no. 2 〔26호〕 (1990): 6.

잡았고 윌리엄은 베섬 잭의 집 앞에서 의자에 서서 설교했던 십대 때와 같은 느낌을 가졌다. 동부 런던 특별 예배 위원회의 조직위원들은 윌리엄의 압도적인 설교에 감명을 받았고 며칠이 지나자 그들의 사역의 대표로서 임시 지위를 제안했다. 처음에는 거부했지만 윌리엄은 결국 승낙했고, 1865년 7월 2일 그는 화이트 채플 로드의 슬럼가에서 얼마 떨어지지 않은 곳에서 낡은 천막 집회를 인도하기 시작했다. 이 집회는 6주간 지속되었다.

많은 영혼을 주께로 인도하는 동안 윌리엄은 이내 동부 런던에 애착을 가지게 되었다. 안정적인 수입이 없었으나, 블라인드 베거 술집 앞으로 많은 실직자들이 몰려오는 것을 보자 마음을 돌이켜서 사역을 계속하지 않을 수 없었다. 그들은 구원이 필요했다. 영적인 타락에서 뿐 아니라 육적인 타락에서도 말이다. 그들에게 어떻게 도움을 줄지는 잘 알지 못했어도, 다음의 선교 진술서를 쓰고 재정 지원을 호소했다.

> 우리는 확실한 계획이 없습니다. 성령에 의해 인도받을 것입니다. 지금은 일 년 내내 매일 밤 동부 런던 곳곳에서 영혼을 그리스도에게로 데려오는 목적을 위해 연속 집회를 열고 싶습니다. 우리는 이러한 집회를 청사, 극장, 채플, 천막이나 기타 여러 곳에서 가시적인 목표에 부합하거나 열린 곳에서 하려 합니다. 우리는 그리스도에게로 인도된 사람들을 개인적으로 돌보고 방문하여서 이들을 이웃의 관심 있는 교회로 인도하거나 또는 이들을 잘 양육하여 적극적인 일을 하도록 하고자 합니다. 이 사역을 지속하기 위해서, 우리는 크리스천 부흥 협회를 설립하기를 제안합니다... 더 많은 개인 집회를 열 수 있는 중앙 건물이 몇 개가 필요합니다. 거기에서 특별한 사역이 없을 때는 복음을 전파할 것입니다.[23]

그 다음주, 부유한 한 제조회사 사장이 윌리엄에게 처음으로 100 파운드의

---

23. Robert Sandall, *The History of the Salvation Army, vol. 1, 1865-1878* (London: Thomas Nelson, 1947), 42.

수표를 보냈는데 이것은 이 사역을 위해 사용될 수 있는 돈이 되었으며 더 많은 돈이 들어오게 되었다. 하나님은 항상 그러하듯이 신실하셨다. 이것이 바로 초기에 동부 런던 크리스천 선교회라고 불렸던 구세군의 시초가 되었다.

동부 런던 크리스천 선교회

그 후 몇 년 동안 부스 부부의 사역은 급격하게 변했다. 첫 해 동안에는 이러 저러한 이유로 그들과 함께 시작했던 사람들 대부분이 떠났는데 보통은 윌리엄의 설교 스타일, 타협하지 않는 입장, 집회에 나타나는 혼란, 그리고 사역 환경의 참담한 형편들이 그 이유였다. 부스 부부는 영구적인 건물이 없었기 때문에, 그들의 집회를 위해서 모든 형태의 시설을 빌렸다. 댄스홀에서부터 돈을 내고 말을 맡기는 곳 등 다양했다. 한번은 비둘기 가게의 뒤쪽에서 집회를 가졌다. 그러한 장소는 종종 모인 사람들에게 불쾌감을 주었는데 계속되는 술과 담배로 인해서 어떤 사람들은 떠나기도 했다. 그러나 1866년 여름 무렵, 윌리엄은 이 선교사역을 위해 도움을 주는 60여 명의 신실한 사람들을 모으게 되었다.

그의 교리가 강경함에도 불구하고 방법에 있어서는 정반대였다. 영혼을 구원할 목표가 있는 이상 시도할 수 없는 것이 별로 없었다. 어떤 집회에서 청중이 그의 설교에 별로 관심 없어 하자, 윌리엄은 최근에 구원을 얻은 집시 행상인에게 관심을 돌렸다. 그가 간증을 하게 되자, 군중은 변화되었고 모든 말에 귀를 기울였다. 그날 이후로, 새로운 회심자의 간증이 매 집회마다 이뤄졌다. 윌리엄은 또한 매 집회마다 새로운 회심자를 책임질 대표자를 선발해 일을 맡겼다. 그들의 열정이 매우 확산적이어서 모든 집회에서 봉사를 하게 되었고 전도유망한 회심자들은 복음의 말씀에 더 수용적이 되었다. 나중에 윌리엄이 한 설교가 이들의 입술을 통해 전파되어 구세군의 유명한 말이 되었다. "그는 결코 집회를 독점하지 않았다. 그는 다른 사람들이 그를 돕게 만들었다. 그들은 윌리엄만큼 중요한 존재가 되었다. 이것이 효과적일뿐 아니라 매력적인 일들이 되게 하였다."[24]

밴드와 술집의 노래

어느 날, 한 남자와 그의 세 아들이 윌리엄의 경호원이 되겠다고 자청을 하면서 금관악기들을 가져왔다. 악기를 연주하겠다고 제안하자 윌리엄은 그렇게 하라고 했다. 윌리엄은 회중이 음악을 선호하여 받아들이는 모습을 보자,

> 윌리엄은 그의 음악가들에게 대중음악을 연주하도록 하되 하나님을 경배하는 가사로 개사를 하라고 지시했다.

이러한 '밴드'를 옥외집회의 정규적인 형식의 하나로 만들기로 결심했다. 기억하기 쉬운 술집에서 듣는 곡을 들으면서, 윌리엄은 마귀가 최고의 노래를 다 가져서는 안 된다고 생각하여, 그의 음악가들에게 대중음악을 연주하기를 배우되 하나님을 경배하는 가사로 개사를 하라고 지시했다. 이러한 곡들은 많은 술주정뱅이들을 확실히 놀라게 했다. - 저녁에 흥청대며 노는 파티에서 노래를 부르던 사람들이 다음날 하나님과 화평을 누리는 곳으로 가서 그 음악을 듣게 되고 자신을 파탄시켰던 술을 끊게 되는 것을 생각해보라.

윌리엄은 처음에는 이러한 선교가 주로 복음을 위한 것이 되기를 소망했다. 그는 사람들을 그리스도에게로 이끌어 영적인 성장과 성숙을 위해 교회로 모이게 하고자 하였다. 회심자들에게 곧바로 교회가 자신의 집과 같이 친숙해지기는 어려웠다. 구원을 받은 많은 사람들이 교회에 참석하는 것을 꺼려했다. 교회에 가더라도 반갑게 여겨지지 않았다. 윌리엄은 외부의 지원을 받지 않았기 때문에, 새신자가 또 다른 수많은 회심에 보조를 맞추어 선교에

---

24. Bramwell-Booth, *Our First Captain* (London: Salvationist Publishing, n.d.), 10.

도움이 되도록 하였다. 선교회는 성경공부반을 시작했고 또한 회심 1주일 안에 새신자를 심방하도록 하였다. 이 심방자들은 새신자를 잘 체크하고, 함께 기도해 주며, 선교사역에 동참케 하였다. 또한 그들은 새신자에게 어떻게 기도하며 불신자를 위해 중보하는지를 가르쳐 주었다. 윌리엄은 두 사람씩 짝을 맞춰 보내어 사람들을 집회에 초대하고, 다양한 행사를 선전하는 광고지를 배부하며, 도움과 구원이 필요한 사람들을 위해 기도하도록 했다. 이러한 심방은 새신자에게 목적의식과 그들이 구원받기 전에 부족했던 추진력을 불어넣어 주었다.

미국 남북 전쟁이 영국 생산품을 위한 수요를 줄이고, 실업률을 증대시켰다. 1866년에 발생했던 유행성 콜레라가 동부 런던 전역에 들불처럼 확산되어서 8천 명 이상을 희생시켰다. 선교가 두 걸음 전진하면, 세 걸음 후퇴되는 것처럼 보였다. '포기'는 부스 가문의 사전에는 없었고, 선교는 지속되었다. 이러한 시련을 통하여, 윌리엄은 사람들에게 기도하도록 권면을 했다.

> 더 큰 믿음을 당신의 기도에… 당신의 부족함을 단순히 고백하거나, 당신의 바람을 표현하거나, 당신에게 모든 것을 공급하시는 하나님의 능력과 뜻을 상기시키는 것에 안주하지 마십시오. 그분의 말씀을 붙잡고, 그분이 거기에서 그때 그분의 뜻이라면, 당신이 요구하는 모든 것을 당신에게 주신다는 사실을 믿어야 합니다.[25]

그는 또한 이렇게도 쓰기도 하였다.

> 당신은 당신의 힘을 다해 기도해야 합니다…… 다른 사람이 당신을 위해 기도할 때, 단순히 당신의 기도를 하거나 교회나 채플에서 눈을 크게 뜨고 두리번거리며 앉아 있는 것을 의미하지 않습니다. 이것은 하나님과

---

25. William Booth, *Faith-Healing* (London: Salvationist Publishing and Supplies, 1904), 7.

의 열렬하고 실제적인, 지치지 않는 씨름입니다. 이것은 전능자와의 사투요, 그분에게 매달리는 것이요, 그분을 따르는 것입니다. 마치 과부가 불의한 재판관에게 응답과 목적이 달성될 때까지 고통스러운 간구와 주장과 간청으로 밤낮 매달리는 것과 같습니다. 이러한 종류의 기도는 마귀와 세상과 당신의 나태하고 불신적인 속성에 반기를 들게 하는 것입니다. 이러한 것들은 불꽃에 물을 뿌립니다. 이러한 것들이 유혹과 어려움을 당신에게 줍니다. 그들은 어떻게 당신의 기도를 통해서 하나님의 계획과 목적과 태도를 바꾸는 것을 기대할 수 있는지 물을 것입니다. 그들은 불가능을 이야기하며 실패를 예상합니다. 그러나 진짜 성공하기를 원한다면, 하나님이 말씀하신 것 외에는 이러한 것들에 대해서 눈과 귀를 닫고 오직 그분의 말씀을 붙들어야 합니다. 잠자는 모양으로 이것을 할 수 없습니다. 축복된 약속을 얻는 것을 제외하고는 시간을 상관하지 않고, 야곱이 씨름한 것처럼 기도하지 않는다면 이기는 이스라엘이 될 수 없습니다. 그것이 힘을 다한 기도입니다.[26]

8시간의 기도 모임은 - 어떤 때는 밤새도록- 흔한 일이었다. 기도는 그들이 하는 모든 것의 초석이었다.

이러한 시간동안, 부스 부부의 일곱째와 여덟째가 태어났다. 이반젤린 코리가 1865년 크리스마스에 태어났고, 루시 밀워드가 1867년 4월 28일에 태어났다. 부스 가족은 사역을 마치기 까지 돕는 자가 결코 부족하지 않았다.

배고픈 자는 먹여야 한다

윌리엄과 캐서린이 꼬르륵 거리는 위장이 복음전파를 들리지 않게 하고,

---

26. Barnes, ed., *Founder Speaks Again*, 76.에 인용된 William Booth, *Christian Mission Magazine*, January 1870.

실업률이 높아가면서 많은 사람들이 영적인 도움과 함께 육적인 도움을 필요로 한다는 사실을 깨닫는 데에는 그리 오랜 시간이 걸리지 않았다. 그렇게 해서 구세군 수프 주방이 탄생했다.

배고픈 사람을 먹이는 것은 전보다 더 많은 재정이 지출되는 일이었다. 윌리엄은 이 선교가 지속되도록 새로운 묘법을 늘 고안해야 했다. 이 사역이 시작된 이래로, 윌리엄과 캐서린은 선교회의 재정에서 자신의 급여를 지출하지 않았다. 그들은 개별적으로 개인 후원을 얻었다. 선교회를 위해 받은 모든 돈은 한 푼이라도 선교를 위해 사용하였다.

어느 때인가, 윌리엄은 브람웰이 십대일 즈음에 '백만을 위한 음식' 가게를 이끌도록 했다. 매일 아침, 브람웰은 새벽 세 시에 성실하게 일어나서 코벤트 가든 시장으로 6.4킬로미터를 터벅터벅 내려가 거기서 버려진 야채를 얻고 수프를 위한 뼈를 구입했다. 이 프로그램은 6펜스짜리 은화의 가격에 빵과 수프를 제공하는 것이었다. 그러나 부정한 관리인들, 엄청난 수의 배고픈 사람들, 그리고 지도력에 미숙한 브람웰 등의 요인으로 이내 가게는 파산이 되었다. 가게들은 결국 문을 닫았고 수프 주방은 팔려 나갔다.

윌리엄은 이러한 사회적인 구호를 영혼을 구원시키는 것보다 결코 더 중요하다고 생각하지 않았다. 그에게 수프 주방과 다른 구호 활동은 복음을 따라 사는 삶의 일부였다. 그는 이렇게 후에 요약한다.

> 우리의 사회적인 활동은 구세군 교리의 자연스런 결과이다. 곧, 예수 그리스도의 희생과 가르침으로 시작되고, 서술되며, 선포되고 삶에서 예가 된 것이라고 말할 수 있다. 우리가 성령과 행함으로 맡아 온 사회적 활동은, 내가 하나님의 명령에 순종하겠다고 약속한 시간부터 참된 신앙에 관한 나 자신의 개인적 생각과 일치되었다.....그럼에도 불구하고 항상 나는 나쁜 결과도 없이 어떤 방법이 있을 것이라고 치열하게 생각한다. 나는 내 자신의 갈망을 합법적으로 완수할 수 있었을 뿐 아니라 주님의 명령을 따를 수 있었다. 주님은 나에게 나는 주린 자를 먹이며, 헐벗은 자를 입히고,

병든 자를 돌보며, 감옥에 있는 자를 방문하였다고 말씀하셨다. 하지만 오랫동안 나는 이 일이 어떻게 조직적이거나 광범위한 방법으로 이루어질 수 있는지 알지 못했다.

그러나 점차 하나님을 믿지 않는 군중들이 구원의 메시지를 듣게 하려는 우리의 결심의 결과로 길이 열리고 크게 열렸다. 그러므로 구세군의 초창기에는 다른 방법으로는 전도할 수 없는 사람들에게 다가가기 위해 우리는 배고픈 불쌍한 사람들에게 한 끼를 주고, 하나님과 영원을 전하였다. 그렇게 우리는 우리의 사회적인 방법을 점진적으로 전개해 왔다.[27]

윌리엄은 무료로 나눠주는 것이 쉽게 수혜자의 자긍심을 갉아 먹는다는 사실을 깨닫게 되었다. 선교회의 사회적 구호 노력이 증가하면서, 수혜자들이 숙식을 해결하기 위해 번 돈의 작은 비용을 지불하게 하거나 일을 하게 하는 것이 최선임을 알게 되었다.

1870년경 선교회의 영향력은 동부 런던의 한계를 넘었다. 다른 선교가 이미 남부 런던의 크로이던과 스코틀랜드의 에딘버러에서 시작되었다. 동부 런던 크리스천 선교회가 이제 8천 명의 회원을 갖게 되었고 화이트채플 로드의 큰 건물을 구입하였고 거기에서 수프 주방, 몇 개의 교실, 큰 만남 홀, 그리고 서점을 열었다.

윌리엄이 다음 2년 동안 심하게 아팠기 때문에 캐서린이 선교를 운영하기 위해 나서게 되었다. 어려운 시기였다. 캐서린은 가정과 선교 운영으로 수많은 일에 시달렸다. 극단적인 형편에서도 그녀는 남편의 의지나 명령에 기대지 않았다. 건강을 회복하고 1872년에 복귀했을 때, 윌리엄은 다시 지휘권을 인수받았고 조직은 탄탄하게 성장했다.

1873년, 윌리엄과 캐서린은 아홉째를 입양했는데, 그것은 죽어 가는 한 여인이 어린 브람웰에게 자신의 아이를 보살펴 달라고 요청했기 때문이다. 책

---

27. Sandall, *History of the Salvation Army, vol. 3,* 1883-1953, xiii.

임이 얼마나 막중한지를 완전히 깨닫지도 못한 채 브람웰은 동의하였다. 여인이 죽었을 때 그녀는 부모님에게 도움을 요청했다. 부부는 아이를 입양하기로 하였고 자신들의 딸 엠마가 보살피도록 하였다. 이렇게 하여 해리가 가족으로 들어왔다. 그는 나중에 자라서 인도에서 구세군의 첫 의료 사역자가 되어 30년을 섬겼다. 그는 1919년에 인도에서 사망했고 하늘나라의 왕관에 대한 봉사로 빅토리아 크로스상을 사후에 수여받았다.

선교가 군대가 되다

'크리스천 선교회'(지금 불렸던 것처럼, 경계를 넘어 이동하면서 그 사역의 이름에서 '동부 런던'이 빠지게 되었다.)는 몇 년에 걸쳐서 기하급수적으로 성장하게 되었다. 그런 후 1878년 5월 연례 보고를 위해 마지막 작업을 하는 중에 윌리엄은 무언가 잘못된 것 같았다. 그 앞면의 제목은 이러했다. "윌리엄 부스 목사의 감독 하에 있는 크리스천 선교회는 이 세상에서 하나님도 소망도 없는 군중들 중에서 모집된 자원군이다."[28]

이 문구에 고심한 채로, 윌리엄은 브람웰과 그의 부관인 조지 스콧 레일턴을 불러들여서 검토하도록 했다. 레일턴이 크게 소리 내어 읽었고, 브람웰이 '자원군'(Volunteer Army)이라는 단어를 논평할 때, 그의 아버지는 레일턴의 펜을 쥐고, '자원'(Volunteer)이라는 단어를 지우고 '구원(구세)'(Salvation)이라는 단어를 집어넣었다. 이러한 변화를 보자, 레일턴과 브람웰은 함께 외치게 된다. "하나님, 이것을 감사드립니다." 이 이름 '구세군'(Salvation Army)이 세 사람 모두에게 감명을 주었다. 그 후 몇 달에 걸쳐, '크리스천 선교회'는 이름을 바꿔서 '구세군'이라 했고, 군대 계급, 위계, 복장, 그리고 '어둠의 세력에 대항하는 전쟁'이라는 사고방식까지 채용하게 되었다. 심지어 소식지까지도 전쟁

---

28. Collier, *General Next to God*, 56.

함성으로 바뀌게 되었다.

다음 해에, 부스 '장군'은 이렇게 조직과 공격 계획을 묘사했다.

> 우리는 구원자들입니다. 이것은 우리의 전공입니다. 사람들을 구원시켜서 구원을 유지하게 하고, 그런 후에 다른 사람을 또 구원하게 합니다.... 이것을 보십시오. 당신의 비전을 명확히 하십시오. 멈추어 서서 새롭게 가다듬고 당신의 소명을 더 완전히 파악하고 이해하십시오. 당신은 당신의 친구를 위한 구원에 하나님의 동역자입니다. 당신의 삶에서 할 일은 무엇입니까? 단순히 영혼을 구원하고 낙원에서 함께 만나는 것입니까?... 아닙니다. 당신이 구원자요, 구속자요, 예수 그리스도의 분체가 되는 것입니다. 그렇다면 그들을 구원하기 위한 원대한 이상을 위해 당신의 깨어난 힘을 드리십시오.
>
> 멸망하는 사람을 구조하십시오. 그들은 당신 주위에 어디에나 있습니다. 그들은 가득 넘칩니다. 숙련되게 하십시오. 자신을 향상시키십시오. 직무를 연구하십시오.
>
> 자기희생을 하십시오. 구주를 기억하십시오. 당신이 그분을 위해, 그분이 죽으셨던 불쌍한 영혼들을 위해 무엇을 잃으셨습니까? 여러분은 다시 찾아야 합니다. 계속 매진하십시오. 구원의 쟁기를 잡고 뒤를 돌아보지 마십시오.[29]

장군의 첫 명령

'군대'를 위해 지원하는 방법은 이제 명료하다. "당신의 의지를 다지고, 박

---

29. Barnes, ed., *Founder Speaks Again*, 45, 48.에 인용된 William Booth, *The Salvationist*, January 1879.

스를 싸고, 연인에게 키스하고, 일주일 안에 준비하라."³⁰가 모든 신병에게 던지는 장군의 첫 명령이었다. 1878년의 후반 6개월 동안에, 선교회 지부의 수는 50개에서 81개가 되었고 복음전도자의 수는 88명에서 127명이 되었다. 1884년경 군은 900명이 넘었고, 대략 260명은 외국에서 이뤄졌다. 심지어 미국, 캐나다, 그리고 오스트레일리아까지 있었다. 1885년의 20주년에는 영국에서만 802명의 회원이 있었고 10개국에서 520명이 되었다.

▲ 윌리엄 부스 장군
구세군 기록보관소

군이 점점 커지고 유명해지자, 반대도 그에 상응하여 일어나기 시작했다. 술집과 매춘업 소유자들은 돈벌이가 없어졌기 때문에 깡패를 고용하여 옥외집회를 공격하고 연주자와 스피커를 몽둥이로 때렸다. 올드햄의 폭도들은 대담하여서 자신들을 '해골군'이라 조롱하는 투로 불렀다. 그들의 깃발은 해골과 십자모양의 뼈를 가졌다. 다른 그룹은 '세필드의 칼날'이라 명명하고 천 명 이상의 회원들을 공격했다.

한때는 장군이 함께하는 군대의 퍼레이드를 공격하고자 하는 사람들이 있었다. 그들은 몽둥이, 돌, 그리고 썩은 음식으로 공격했으나 구세군은 반격을 거부했다. 장군은 군대가 마차 옆에 주둔하라고 했고 그들은 잘 따랐다. 한 중위는 눈 사이와 뒷머리를 가격 당해서 집회로 오는 내내 말 위에서 붙들고 있어야만 했다. 도착하게 되자, 그는 말에서 미끄러지듯 내려서 말했다. "그들도 구원받기를 소망합니다."³¹ 이 말 후 그는 혼수상태에 빠졌다.

---

30. Collier, *General Next to God*, 47.
31. Ibid., 92.

집회에 먼저 소집되어 있었던 회원들은 신입회원의 부서진 악기, 피가 나고 두들겨 맞은 외모에 놀라지 않을 수 없었다. 부스 장군은 말하였다. "이제 사진을 찍을 시간이다."[32] 이것은 결국 전쟁이므로 구세군 회원들은 메달과 같이 자상 및 타박상을 입었다. 지역의 관리자들은 군대에 대항하여 '공공 기도'와 같은 것을 이유로 기소했고, 구세군은 부당한 벌금에 항의하였다. 그들은 지불을 거부하고, 체포되었을 때 기쁘게 감옥에 갔다. 그들은 반대를 그들이 지금 하는 일이 사도적인 사역의 표적으로 여겼고 더욱 더 핍박이 거세질수록 복음 전파하기를 굳게 결심하였다!

용감한 이야기가 풍성했는데 그중 한 가지 예를 들면 '군에서 온 아가씨'이다.

그녀는 구세군 아가씨이다. 그녀는 힘든 일을 맡고 있었다. 아침 일곱 시부터 밤 여섯 시까지 털로 직물을 짜는 일이었는데 단조롭고 급여가 적었다. 또한 계속된 동료 노동자의 무심한 조롱을 견뎌야 했다. 가을 어느 날 아침에 인근 정원에서 모닥불이 스파크를 일으키며 열려진 창문으로 들어왔고, 흐트러진 털 더미에 불이 붙었다. 순간적으로 모든 것이 불에 탔다. 소녀 노동자들은 안전한 곳으로 뛰었다.

"거기 모든 사람이 내려왔습니까?" 현장 소장이 물었다. 키를 들어 올린 한 직공이 소리치며 대답했다. "이런! 몇 분 전에 장난으로 리지 써머스를 창고에 가두었는데 어떻게 하죠!" 창고는 지금 불타는 건물을 통해서만 접근할 수 있는 방이었으므로 당장 길을 내어 가기에는 불가능했다. 공장의 직공들과 인부들은 놀라고 무기력하게 서 있을 수밖에 없었다. 이때 두 인물이 직조실에서 뿜어져 나오는 연기 사이로 비틀거리며 나왔다. 한 명은 리지 써머스였고, 다른 한 명은 분간하기 어려웠다. 그 구세군 아가씨였다. 그녀는 뒤에 남아 화상과 물집과 거의 질식 상태 속에서 동료를 구출

---

32. Ibid., 93.

하기 위해 문을 쳐서 넘어뜨렸던 것이다. 그것도 자신에게 평소에 상스런 욕을 하는 동료를 위해서 말이다.[33]

관습에 얽매이지 않는 모임

구세군의 집회는 항상 성령의 나타남이 있었고 초기 부흥사들에 의해 증언된 것과 유사하였지만 전혀 전통적인 것은 아니었다. 1879년 5월 21일 수요일에, 뉴캐슬 데일리 신문은 그러한 집회에 대해 다음과 같이 기사를 적었다.

> 모임에 참여한 사람은 대체로 내가 어느 집회에서도 보지 못한 거친 사람들이었다. 내 확신을 증언할 사람으로 경찰을 데리고 와서 이 젊은이들 중에 아는 사람이 있느냐고 물었다. "아는 사람요?" 그는 말했다. "나는 다 알아요. 이 사람은 뉴캐슬에서 왔고요. 저기에 앉아 있는 사람은 우리가 아는 가장 극악무도한 사람입니다. 이렇게 그는 계속했는데 호머의 오딧세이에 있는 배들의 명단처럼 길게 묘사가 이어졌다. 청중 중에는 드문드문 여자들도 있었다. 대부분은 젊은이들이었는데 전에는 신앙에 대해 생각해 보지도 않았을 것 같은 사람들이었다. 내가 2시경에 집회에 갔는데 약 두세 시간 계속되었다. 그러나 지금까지 모임은 매우 정돈되고 차분했다. 방의 중간에 길고 낮은 연단이 있었고 주변에는 '할렐루야 자매', '회심한 무리', '할렐루야 거인' 등과 이 운동에 관심 많은 다른 유명인들이 있었다.
>
> 노래가 끝나면 '증언'이라는 시간이 있었는데 '주님이 자신을 위해 하신 일'의 경험을 설명하는 다양한 구세군 장교들의 간증이었다. 이런 식으로 반시간이 지났다. 감탄사가 절로 나오면서 시간은 조용하게 흘렀다. 다음

---

33. William Booth, *The Seven Spirits* (London: The Salvation Army, 1985), 91-92.

에 또 어떻게 진행될지를 추측하기도 불가능했다.

장군은 '증언'이 마쳐질 때, 그의 청중에게 조용히 앉아서 찬송을 부르도록 했다. 그는 이렇게 말했다.

가장 은혜로운 주님, 저는 주님이 매순간 필요합니다!
주님과 같은 부드러운 음성이 평안을 주십니다.
저는 주님이 필요합니다. 오, 저는 주님이 필요합니다.
매순간 저는 주님이 필요합니다.
오, 저를 축복해 주십시오. 주님! 저는 주님께로 갑니다.

이 멘트는 모든 청중에 의해 반복되고 합창이 부드럽게 흘렀다. 그리고 끝나자마자 다른 활기찬 찬송이 새로 시작되었다. 이러한 합창을 열 곡 이상 불렀다. 날카로운 소리, 단상 주변에 북적임, 회중의 일제 기립이 있었다. 자리는 가득 찼다. 손이 공중에 올라가고, 찬송은 큰 할렐루야 소리로 어우러졌다. 쩌렁쩌렁한 기도소리, 외침, 발작적인 웃음도 있었다.

혼란이 더 가중되었고, 네 개의 그룹으로 나눠 참석자를 바닥 위에 앉게 했다.... 죄인들은 회개의 그룹으로 올라갔다. 구세군은 즐거워하였다. 참석자의 거의 삼분의 일은 마치 다소 제정신이 아닌 것 같았다.

몇 명은 연단 주변에 웅크리고 앉아서 신음하며 손을 움켜쥐었다. '할렐루야 자매들'(Hallelujah Lasses)이 그들을 둘러쌌다. '할렐루야 바이올린'(Hallelujah Fiddle)을 가진 사람들 중에서 키 큰 사람이 그들을 빙빙 돌았다. 무리가 춤추며 "하나님께 영광"이라고 소리쳤다. 장군은 차분하게 웃으며 엄지손가락을 돌린다....

내가 쓴 것에서 나타나듯이, 회개자들은 '예수의 발 앞에 자신을 던지며', 구세군의 집회는 인정할 수밖에 없는 온당한 모임이 된다. 6명의 아주 머리를 짧게 깍은 젊은이들이었는데 내 쪽을 향해 쩌렁쩌렁하게 기도하였다. 몸은 앞뒤로 흔들리고 손은 높이 올렸다가 다시 연단을 내려쳤다. 갑작스럽게 심한 통증이 온 듯 몸이 일그러졌다. 찬송가는 그들의 기도보다 더 높이 메아리쳤다.... 모든 사람들은 자신의 의사에 따라 별개의 예배를 드린다.

한편 '자매'들은 회심의 사역으로 바쁘다. 각각의 찬송가와 함께 단계별로 진행된다. 마지막 단계는 "나는 믿네 나는 믿네 예수님이 나를 위해 죽으심"을 부르면서 마친다. 이러한 일련의 과정을 마치면, 회심자들은 얼굴이 붉어진 상태로 자리로 돌아간다. 그중 한 사람을 따라 가보자. 그는 얼굴이 넓고, 약 스무 살의 머리가 덥수룩한 젊은이다. 몇 분이 지난 뒤, 잘 다듬어진 입에서 거품이 나온다. 이제 그는 바닥을 돌아다니며 춤을 추며 "할렐루야"를 외친다. 그에게 팔을 뻗친 사람의 손을 움켜쥔다.... 그는 사실상 회심을 하였다....

여기에 설교라고 하기에는 특이한 효과가 연출되었다. 가장 강력한 형태는 찬양이었다. 몇 곡을 찬양한 후, 회개하는 연단으로 또 다른 무리가 급히 갔고, 같은 찬송을 또다시 반복하였다. 같은 몸짓과 같은 열광적인 기도가 이어졌다. 그러나 꽤 많은 새로운 관심이 더해졌다. 나는 내가 보이는 뒤 연단 쪽에서 한동안 행렬을 지켜보았는데, 회개하는 사람들을 보려고 다시 군중 속으로 들어갔다. 그들은 의식을 잃어갔다. 완전히 황홀경에 빠진 여성이 누웠는데 주변에는 여섯 명의 '할렐루야 자매'들이 찬양을 하고 아무도 얼굴에 물을 뿌리는 것과 같이 깨우려 들지 않았다. 다른 한편의 연단에는 큰대자로 누워 있는 남성이 있었는데, 손발은 경련을 하고 있었으며 입술에는 거품이 있었다. 완전히 아무도 주목을 하지 않은 채로 말이다....

나는 '할렐루야 거인'들에게 요청을 했다. 월요일에 장군은 말하기를 그는 돌팔이 의사가 아니라 진짜 의사였다고 했다. 그런 상황 속에서 그가 앉아서 찬양만 하는 것이 이상해서 나는 말했다. "이 사람이 제정신이 되도록 어떻게 좀 해줄 수 없나요?" 그는 말했다. "여보게 자리에 좀 앉게나. 곧 정상이 될걸세." 그렇게 할 수도 있었다. - 그들의 회복과 회심이 완전히 끝날 수도 있으니까 -그러나 그렇게 머물러서 비인도적인 모습을 지켜보는 것은 힘들었다. 내가 나갔을 때, 사람들은 다시 모든 자리를 차지하였다. 문 쪽으로 나가려고 하다가 홧김에 한 사람을 밟고 말았다.

내가 거리에 도착해서 신선한 회색의 아침 공기를....."이것이 정상적인 일인가?" 내가 밖에 있는 경찰에게 물었다. "매우 그렇습니다." 그는 말했다. "이러한 일 때문에 제 사건기록부는 줄었고, 두 달 동안 사건이 없었습니다." 나는 그에게 사건기록부에 관심을 갖는 것처럼 말하며 그러한 예배에 참석하는 사람인지를 묻지는 않았다. 그도 나도 그러한 질문에 답할 수 없었다.[34]

필요가 발견되고 충족되다

구세군이 필요를 발견할 때마다, 그것에 답하는 방법을 발견했다. 매춘에서 구출된 여자들이 갈 곳이 필요하면, 그들을 위해 집이 구해졌다. 감옥에서 최근에 출감한 사람에게도 마찬가지였다. 1888년에 구세군은 '노동 사무국'을 열어서 실업자가 직업을 찾는데 도움을 주었다. -이는 영국 정부가 그러한 사회적인 서비스를 시작하기 약 23년 전이었다- 사업의 초반인 7년 동안에 무려 69,000명에게 직업을 찾아 주었다.

구세군은 잃어버린 사람들을 찾아 주는 최초의 사무국을 개설하여 사랑하는 가족을 찾아 주었다. 영국은 당시 해마다 9,000명 이상이 잃어버리는 나라였다. 윌리엄과 캐서린은 가난한 사람을 위한 법

> 구세군은 잃어버린 사람들을 찾아주는 최초의 사무국을 개설하여 사랑하는 가족을 찾아 주었다.

---

34. A Special Correspondent, "The Salvation Army *III*: An All Night Meeting," Newcastle Daily Chronicle, Wednesday, 21 May 1879, http://www.vision.pwp.blueyonder.co.uk/revival/hlndciii.html.

적인 서비스를 제공하고 실업 상태인 기업가가 사업을 시작하도록 대출을 도와주는 가난한 사람의 은행을 시작하는 방법을 모색하였다. 그들은 필요를 찾았고, 그때마다 최상의 것을 찾고자 하였다. 잘못에 직면하면, 고치는데 주저하지 않았다. 이러한 이유로 지속적으로 공격의 대상이 되기도 하였다.

암스트롱 사건: 군은 성매매와 싸우다

1885년 영국에서의 성관계 법적 동의 연령은 13살이었다. 윌리엄 윌버포스와 그 외 사람들의 노력으로 1833년 제국 전역에서 노예 제도가 폐지되었지만, 직업을 갖기를 원하는 어린 소녀들을 속여서 하녀나 공장 노동자로 런던에 오도록 하여 사창가로 들어가게 하였다. 소녀들은 영혼이 부서질 때까지 도망갈 수 없는 돌벽이 둘러싼 장소에 갇혀 결국 새로운 고용주의 요구를 들어줄 수밖에 없었다. 그들을 따르도록 강요하기 위해 반복적으로 강간하고 스스로 더럽다는 죄책감을 갖게 하여 탈출을 저지하는 데 이용하였다.

어느 날 이러한 제도의 한 희생자가 구세군 본부의 문 앞에 나타났다. 그녀는 브람웰에게 자신의 이야기를 털어놓았다. 그녀의 이야기는 너무 놀라워 믿기 어려웠다. 더 조사가 진행되면서 그녀의 이야기가 사실임을 알게 되었다. 구세군은 새로운 원수를 만나게 되었다: 런던의 백인 노예상인과 성거래 악덕업주. 모든 경우와 마찬가지로, 사창가들은 구세군보다 더 높은 선에서 많은 친구들을 가지고 있어서 지역 경찰부에서는 매춘을 폐쇄시키는 것에 그리 관심이 없었다. 어떤 사창가 업주가 몇 개의 죄목으로 기소되면, 사법 거래가 종종 이뤄졌고 업주는 약간의 벌금으로 빠져나갔다. 제도가 타락되었다. 이를 돌려놓는 방법은 젊은 여성 유괴와 학대에 대한 공공의 함성을 높이는 것이었다. 성관계 동의 연령을 올려야 어린 소녀나 특히 성거래자의 책략과 속임수로부터 순진한 소녀들을 보호할 수 있을 것이다. 브람웰은 내무장관을 찾아가서 이와 같은 문제를 꺼냈다. 그는 동의 연령을 16세로 올리는 법안을 상정하였으나 하원에서 즉시 거부되었다. 의회에서 어떤 연사는 동의 연령을 10세로 낮추자고 발언하기도 하였다.

여전한 침묵을 깨기로 결심한 브램웰은 「폴 몰 가제트」(*Pall Mall Gazette*)의 편집인인 윌리엄 스태드를 설득하여 이 사건을 조사해 진실을 공표하도록 했다. 그들이 발견한 것은 사기, 마약, 속임수를 통해 16살 이하의 소녀를 유혹하는 복잡한 조직이었다. 고객들이 원하는 소녀를 묘사하면 그들은 '신선한 소녀'(어린 처녀)들을 전달하였고, 고객들은 돈을 지불하였다. 어떤 소녀들은 관 속에서 있는 채로 -못을 박고 그곳에 숨구멍을 뚫어놓았다. - 나라를 빠져나가기도 했는데 이렇게 해서 유럽 본토의 국영 사창가로 가기도 했다. 이 송 중에 깨어난 많은 소녀들이 빠져나오려고 하다가 공포로 죽기도 했다. 유괴범들은 때로 어린 소녀들을 속이기 위해 수녀복을 입히기도 했다. 아일랜드에서 이 속임수는 매우 효과적이었다. 이 음모의 규모는 상상 이상이었다. 일 년에 800만 파운드 이상의 산업이었다. 오늘날 가치로 따지면 대략 9억2천9백만 달러가 될 것이다.

성거래를 더 알기 위해서, 스태드는 고객으로 가장했고 젊은 구세군의 자매가 잡힌 척 하여 고객과 함께 들어갔다. 스태드는 그녀를 정기적으로 방문해서 그녀에게 내부자 정보를 듣고 유괴가 이루어지는 것을 들었다. 그러나 그녀는 심각한 실수를 했는데 사창가 여성이 그녀의 구세군 배지가 옷 속에 박음질 된 것을 발견했던 것이다.

그녀를 유럽으로 보내려는 계획이 세워져 그녀는 다락방에 갇혀 추방을 기다려야 하는 처지가 되었다. 죽는 것보다도 해외로 선적되어지는 것을 두려워한 나머지, 그녀는 다락방 창문 밖으로 뛰어내려서 도망가고자 했다. 바닥에 착지했을 때 발목을 삐었고, 기절하여 바닥에 쓰러졌다. 하나님의 섭리로 그녀의 약혼자인 젊은 구세군 장교는 이러한 계략에 참을 만큼 참았다 생각하고 곧 사창가를 급습해 자신의 약혼녀를 구하려고 젊은 장교 그룹을 조직하였다. 복잡한 문을 통해 길을 찾았고, 바닥에 떨어지진 얼마 안 된 시점에 쓰러진 그녀를 발견했다. 그녀의 약혼자는 그녀를 안고 집으로 갔으며 결코 사창가 문턱을 넘을 필요가 없었다. 그녀는 급속하게 회복하였고, 시련의 해를 받지 않게 되었다.

스태드의 증거는 철저했고 설득력이 있었으나 뭔가 더 필요한 것이 있었다. 적어도 한 명의 소녀가 신문에 난 모집광고에 응답해 사창가로 향하는 과정을 추적하는 것이 필요했다. 스태드는 증거를 부인하는 여지가 없도록 모든 단계를 문서화 할 필요가 있었다. 또한 희생자의 관점에서 이야기를 쓰고 자세한 내용을 보충하는 것이 대중의 마음과 정신에 또렷하게 인식시키는 길이라고 믿었다.

이러한 폭로가 이런 추한 거래의 포장을 벗기고 법을 개정하도록 하는 공적인 외침을 촉발하도록 할 수 있기를 소망하였다. 결국 스태드는 지역 사회의 가장 존경받는 사람들도, 즉 의사, 정치가, 왕족, 그리고 심지어 성직자까지 이 사창가의 고객이었다는 사실을 발견했다. 그러한 영향력 있는 사람들이 이러한 은폐에 연루되었다면, 이것을 변화시키는 유일한 길은 거대한 공적인 반향을 일으키는 것이었다.

스태드가 윌리엄과 캐서린에게 그의 계획을 공유했을 때, 그들은 그에게 완전한 지원을 약속했다. 그들은 또한 스태드와 브람웰이 그들의 계획을 실행에 옮길 때 '순결 십자가'라는 이름으로 구세군이 이 문제를 제기하고 여론의 펌프에 마중물을 넣기로 했다. 또한 여왕과 수상에게 편지를 써서 동의 연령을 상향조정하는 법안을 제출해 달라고 요청하며 진실한 청문회도 열 것을 요청하였다. 한 모임에서 캐서린은 이 문제에 대해 말했다.

> 저는 제 얼굴보다 더 강하게 부끄러움으로 달아오른 얼굴이 있는지 의아합니다... 삼 년 전에 상원위원회가 모여서 이 일을 심의했고 어린 소녀를 보호하기 위한 개선된 법안을 추천했습니다... 그러나 아무것도 이뤄지지 않았습니다. 지난 삼 년간 수 천 명의 순진한 희생자가 희생된 것에 대해 책임을 묻고 싶습니다.... 그들은 사냥보호구역이나 소의 질병에 관한 법안을 만들 시간은 있었습니다. .. 지구 한편에 있는 영국의 이익을 위한

법안과 자신의 나라의 어린 아이들을 보호하기 위한 법안도 그렇습니다... 어린아이를 죽이는 괴물을 즐겁게 해주는 이 끔찍한 사람들은 현저의 법 상태를 너무나 잘 알고 있습니다....하루라도 빨리 열세 살이 되는 아이들 을 구하고 싶습니다.[35]

스태드는 변호사와 이야기하여 그의 계획을 추진함에 있어 어떤 위법도 하지 않을 것을 약속했고 그 변호사는 그에게 말하기를 형법적인 의도가 없이는 범죄가 없다고 했다. 그리하여 그의 의도를 약술하여 캔터베리 주교, 영국 성공회의 수장, 런던의 주교에게 -그의 진실함을 의심할 수 없는 세 명- 제시했다.

구세군의 한 장교인 레베카 자렛은 그녀가 삶을 돌이켜서 구세군에 들어오기 전에 소녀 유괴에 가담했었다. 스태드는 그녀에게 접근하여 계획 속에 그녀의 도움도 적어두었다. 처음에는 그녀가 지난 삶에 대해서 아무것도 할 것이 없다고 하였지만, 그녀를 설득하여 매춘의 삶으로 전락한 사람들을 구원하기 위한 그녀의 의무를 알게 했다. 이내 그녀의 오래전의 연락처를 찾아서 일이 진행되게 되었다.

1885년 6월 2일, 하녀를 구하는 부유한 상인의 아내로 가장하여, 레베카가 엘리자 암스트롱이라는 13살 난 소녀를 소개받았다. 레베카는 엘리자의 엄마를 경고하여 이 하녀 구하기는 계략이었고 그녀의 딸은 어떤 남자의 장난감이 될 것이라고 했다. 알코올 중독자인 그녀의 엄마는 관심도 없었고, 단지 돈을 얻어서 술을 마시고자 했다. 엘리자는 완전히 속아서 새로운 집에서 살며 자신의 돈을 버는 것에 대한 기대에 흥분했다. 그녀의 엄마는 단지 몇 파운드에 딸을 포기한 것이다.

다시 고객의 역할을 연기하며, 스태드는 매춘 장소로 빌린 방에서 대기했다. 엘리자가 들여보내졌고, 잠시 대화를 서로 나눈 후, 스태드는 그녀를 잠

---

35. Bramwell-Booth, *Catherine Booth*, 330.에 인용된 Catherine Booth, *The War Cry*, 1 August 1885.

자게 두었다. 나중에 관례처럼, 스태드는 진짜 고객처럼 들어왔다. 그녀가 여전히 잠을 잘 것으로 기대하였고 그러면 그녀를 깨우지 않고 출입을 할 수 있었다. 그러나 그가 들어왔을 때, 그녀는 깨어났고 집으로 돌아가게 해 달라고 울었다. 레베카가 돌아와서 그녀를 안심시키고 사건의 전모를 사실대로 이야기 했고 속임수를 사과했다. 24시간 안에 엘리자는 도움을 받아 인도되었고 안전을 위해서 프랑스에 있는 구세군과 머물렀으며 스태드는 기사 거리를 얻었다.

신문이 진실을 보도하다

1885년 6월 6일 월요일, 「폴 몰 가제트」(Pall Mall Gazette)는 '현대판 바빌론의 처녀 조공'이라는 제목으로 연재된 시리즈 기사의 네 개 중 첫 번째 기사를 발행하였다. 엘리자는 그녀의 보호를 위해 '릴리'라는 이름으로 게재하였다. 그녀의 이야기는 역시 설득력이 있었다. 솔직하고 사실적이었으며 추잡한 이야기의 돌들이 하나하나 뒤집혀 갔다. 신문은 거의 매진되었고 런던은 공황상태인 것처럼 보였다. 정치인들은 곧장 스태드의 상관을 불렀고, 이 기사가 포르노적이고 또한 불법적이라고 했다. 사창가 업자들은 깡패들을 고용하여 가제트 신문사를 급습하여 인쇄 기계를 망가트렸다. 스태드는 윌리엄에게 도움을 요청하였고 그는 즉시 대답했다. "우리는 그의 신문을 위해서 이 건물을 개방하겠노라고 스태드 씨에게 알려 달라. 우리는 그를 위해서라면 우리 능력껏 돕겠다."[36]

다음날 구세군 본부는 큰 신문가판대와 같았고, 구세군 생도들은 런던 거리를 돌아다니며 신문을 팔았다. 캐서린은 엑세터 홀에서 연설했고 스태드의 기사를 뒷받침하는 구세군 자체의 이야기를 통해서 간증을 출간했다. 그

---

36. Collier, *General Next to God*, 122.

중 하나는 어느 부유한 상인의 이야기다. 그는 어느 한 소녀를 만나기로 예약하였다. 그 순간 한 소녀를 주일 학교 수업으로부터 꾀어내어 사창가에서 그를 기다리게 하였다. 그가 방에 들어갔을 때 납치된 아이가 자신의 딸이라는 사실을 발견하는 최악의 상황에서 그가 받을 충격을 상상해보라.

부스 부부는 청원서를 다음과 같이 제출했다.

- 17살이 끝날 때까지 소년과 소녀를 보호하도록
- 부도덕한 목적으로 청소년을 매춘으로 알선하는 것을 형사범죄화 하도록
- 미성년자가 자신의 의사에 반하여 구금되어 있다고 믿어지는 곳에 들어갈 수 있도록 치안판사에게 권한이 주어지도록
- 법 앞에서 남녀가 평등하여 남자가 여자를 호객하는 것이 위법이 되도록[37]

다음 17일간, 부스 부부는 청원을 위하여 393,000명의 서명을 받았고, 1885년 7월 30일 목요일에 하원에 제출하였다. 서명한 두루마리는 4킬로미터보다 더 길었다. 8월 14일에 하원은 형법을 개정하여 성관계 동의 연령을 16세로 높였고 호주와 캐나다와 같은 연방에서는 물론 미국의 몇 주에서도 이 개정법을 따랐다.

이러한 승리에도 불구하고 싸움은 끝나지 않았다. 불행히도 암스트롱 부부는 '릴리'가 자신의 딸 엘리자인 것을 곧 알게 되었다. 그들은 이를 이득 얻을 기회로 삼아 스테드와 부스 부부를 유괴 혐의로 고소하였다. 엘리자의 아버지는 자신이 자녀 '판매'에 동의하지 않았기 때문에 이 모든 사건은 이 중요한 사실 위에 기반하고 있음을 주장했다. 인도 영장이 발부되었고 암스트롱 씨는 프랑스로 가서 그의 딸을 데려왔다. 비록 그녀가 구세군과 함께 있게 해

---

37. Yaxley, *William and Catherine: The Life and Legacy of the Booths*, 206.

달라고 요청했음에도 불구하고 다시 8월 24일 경에 집으로 돌아왔다. 엘리자가 엄마로부터 떨어지도록 연루된 모든 사람들이 법정에 서도록 요청되었다. 사창가 업자들과 성매매업자들은 폭도들을 동원하여 법원 밖에 서도록 했고 부스 부부에게 '정의'로써 판결을 내려달라고 외쳤다. 다음 몇 주 동안, 공판은 마치 1990년대에 오 제이 심슨이 그러했듯이 대중의 관심을 끌었다. 그들의 소원은 구세군을 완전히 파괴하는 것이었다.

판사에 의해 노골적으로 호의를 입은 검사는 부스 부부를 비난하기 위한 모든 수단을 강구했다. 결국, 부스 부부는 방면되었다. 단지 스태드와 레베카는 유죄가 되었다. 스태드와 레베카는 3년 6개월 중노동이 판결되었고 각각 구세군의 지원을 받으며 참아낼 수 있었다. 그들의 석방 후에 암스트롱 부부는 실제로 결혼하지 않았고 암스트롱 씨는 엘리자의 법적 후견인이 아니라는 것을 알게 되었다. 이와 같은 사실이 법정에서 미리 밝혀졌다면, 이 사건은 기각될 수도 있었다.

스태드가 법정에 서는 동안 죽어가는 한 소녀가 그녀의 남은 돈을 스태드의 변호를 위해 기부해 달라고 요청했다. 그 실링이 그가 감옥에서 석방되는 날 건네졌고 그는 죽는 날까지 보관했다. 그는 이렇게 썼다. "내 소유 중에서 가장 귀히 여기는 돈은 바로 그 실링입니다."[38] 스태드는 자신의 죄수복을 그의 유죄판결일과 같은 날짜에 구세군에 기증했고 남은 여생 동안 구세군의 친구로 남았다. 1912년 4월 14일에 가라앉은 타이타닉의 승객으로 죽었다.

처음에 의도한 것처럼 구세군을 파멸시키는 것이 아니라, 소송은 오히려 어떤 일이 있더라도 옳은 일을 해야 하는 기관으로서의 구세군의 이름이 알려지게 하였다. 구세군의 사역은 전에 없이 더 빠르게 성장하고 있었다.

---

38. Owen Mulpetre, "The 'Maiden Tribute of Modern Babylon': W. T. Stead and the Making of a Scandal," The W. T. Stead Resources Site, http://www.attackingthedevil.co.uk/worksabout/babylon.php. 에 인용된 Estelle W. Stead, *My Father: Personal and Spiritual Reminiscences* (London, 1913).

캐서린의 말년

1888년 2월, 캐서린은 악성종양을 진단받았음에도 그리고 가족들의 간청에도 불구하고 수술을 거부했다. 그것은 위험이 매우 큰 것도 있었고, 수술대 위에서의 긴장을 참아낼 수 없을 것 같아서였다. 그녀의 건강은 급속히 악화되었다. 그녀의 침대는 임시 사무실이 되어서 일어나서 어디를 가지 않더라도 회의에 참석할 수 있게 되었다.

캐서린이 병실에서 지내는 동안, 윌리엄은 그녀와 더 많은 시간을 보내기로 결심하고 그동안 쓰고 싶었던 책을 마침내 저술하기 시작했다. 책 제목은 『가장 암울한 영국과 그 출구』(In the Darkest England and the Way Out)가 될 것이며 영국의 가난한 자들을 돕는 조직적인 계획을 제시했다. 그는 소위 말하는 '마차 말'[39] 표준을 옹호했다: 모든 사람은 마차 말이 가진 똑같은 권리가 부여되어 있다. - 즉, 음식, 거처, 그리고 일이다. 마차 말이 길에서 비틀거린다면, 사람들은 필요한 모든 치료를 다 해서 다시 제 힘으로 서게 한다. 어려운 시기에 쓰러진 동료인 인간도 이 같은 처우가 주어져야 하지 않는가? 윌리엄의 계획은 세 부분으로 나뉘었다.

1) 도시 식민지: 넘어지는 사람을 붙잡아 다시 제 힘으로 일어서게 하는 목표로써 도움이 필요한 사람에게 단기적인 도움을 제공하는 도시 기관이다. 사회로 복귀할 수 있는 사람들, 재훈련이나 더 많은 도움이 필요한 사람은 다음의 단계로 넘어간다.
2) 농장 식민지: 도시에서 직장을 구하지 못하는 사람들은 시골에 있는 농장으로 이주하여 필요한 만큼 재교육을 받아서 새로운 직장을 얻도록 하며, 스스로 할 수 있다는 힘을 부여하는 영적인 부분도 교육시킨다. 농장은 또한 알코올이나 도박과 같은 악으로부터 떠나게 한다. 이러한 일들

---

39. 당시의 마차를 끄는 말

이 충분하지 않다면, 재교육 후에 다음 단계의 새로운 시작이 주어진다.
3) 바다 건너 식민지: 당시에는 남아프리카, 동아프리카, 호주, 캐나다에 있는 영국 식민지들이 정착을 위해 개방되어 있었다. 농장 식민지에서 재교육을 받고, 영국에서 직장을 얻을 수 없다면, 바다 건너 식민지가 새로운 나라에서의 새 출발 기회를 줄 수 있었다.

캐서린은 이 프로젝트에 대해 열광적이었고 다시 스테드의 도움으로, 둘은 한 권의 책을 엮어가기 시작했다.

캐서린의 건강 상태가 계속해서 급속도로 악화되었다. 1889년 10월에 거의 침대에서 지내야 했다. 의사들은 진정제를 투여하여 통증을 완화하고자 제의했으나 그녀는 할 수 있는 한 거절했다. 진통제의 몽롱함이 없는 삶을 경험하고자 원했기 때문이다. 새해를 볼 수 없을 것 같았으나 회복하여 1890년 1월에는 더 건강해졌다. 윌리엄과 가족은 마지막까지 그녀와의 매 순간을 소중히 간직했다. 1890년 9월, 캐서린, 윌리엄, 그리고 스테드는『암울한 영국』(the Darkest England)의 원고를 완성하게 되었다. 승리의 완성이었다. -캐서린의 삶의 결승선을 의미심장하게 해주는 결론이었다. 그녀의 힘은 10월 2일경에 거의 소진되었고 가족은 모여서 그녀의 마지막 길을 지켜보았다. 1890년 10월 4일에 캐서린은 숨을 거두었다.

캐서린의 장례는 10월 13일에 거행되었고 36,000명 이상이 오게 되었다. 다음날, 4천 명의 행렬이 그녀의 시신을 호위하여 갔고 캐서린은 아브니 공원묘지의 영원한 안식처로 갔다. 그녀를 기념하며, 윌리엄은 공동묘지에 모인 사람들에게 연설했다.

▲ 임종 시의 캐서린 부스, 남편이 그녀 옆에 있는 모습 (구세군 기록보관소)

내 사랑하는 동료와 친구들에게.

오늘 오후 제가 여러분에게 말씀드리기가 어렵다는 사실을 이미 쉽게 이해하리라 생각됩니다. 우선 저는 여러분들이 들으려고 하지 않는다면 말할 수 없습니다. 슬픔은 소리치고 싶어 하지 않기 때문입니다.

제가 이곳까지 마차를 타고 오면서, 수십만의 인파가 오늘 오후에 모자를 벗고 주님의 이름으로 저를 축복하기 위해 곳곳에 계셨습니다. 제 마음은 두 가지의 감정이 교차하고 있습니다. 그것은 한 순간은 최고점에 있고 다른 순간은 다르게 있어서 서로 혼합하여 섞입니다. 즉 슬픔의 감정과 감사의 감정입니다.

저를 아시는 분은 - 저를 이해하시기에 별로 어렵지 않겠지만 - 내 사랑하는 아내를 아시는 분은 얼마나 제 마음이 슬픔으로 찢겨져 있는지를 이해하실 것입니다.

나무가 있었습니다. 당신의 정원에서 자랐던, 당신의 창문 아래에서 타는 듯한 태양으로부터 40년간 그늘이 되어준, 그 꽃이 당신 삶의 장식과 아름다움이요, 그 열매가 당신의 존재 내내 있었던 나무였습니다. 정원사가 와서 번쩍이는 도끼를 휘둘러서 당신의 눈앞에서 찍어낸다면, 당신의 인생에서 -아마 큰 것은 아니겠지만- 작게나마 멍한 기분이 들 것입니다.

당신이 종이 있었는데, 오랫동안 수고비나 대가를 받지 않고 당신을 섬겼고, 당신의 건강과 안위를 위해 사랑으로 시중을 들었는데 갑자기 사라진다면, 당신은 그 종을 그리워할 것입니다.

당신에게 조언자가 있었는데, 시간마다 일어나는 당혹감과 놀람 속에서 당신에게 조언을 주고 결코 잘못되지 않았다면, 그 조언을 당신은 항상 따랐었고 후회할 이유가 없었다면, 당신이 여전히 복잡한 미로에 있는 동안에 이 조언자가 사라진다면, 당신은 그 조언자를 그리워할 것입니다.

당신에게 당신의 본성, 감정의 기복, 생각의 취향과 존재의 목적을 이해하고, 다른 누구보다도 항상 즐겁고 만족스러운 친구가 있는데, 만약 그가 떠나 버렸다면 당신은 이 상실의 슬픔을 이해할 것입니다.

당신의 자녀를 위한 어머니가 있었는데, 그녀가 요람을 태우고 간호하며 당신이 가장 기뻐하는 살아 계신 하나님을 섬기도록 훈련시켰다면, 그녀의 마음에 항상 자녀의 슬픔을 지기를 멈추지 않고 그들을 양육하기 위해 심장의 피를 기꺼이 내놓을 수 있다면, 그리고 그 사랑하는 어머니가 당신 곁을 떠난다면, 당신은 그 슬픔을 이해할 것입니다.

　　당신이 아내가 있었는데, 달콤한 사랑과 같았고 40년 동안 슬픔의 이유를 주지도 않았으며, 전장에서 당신 곁에 항상 서서 당신의 동지가 되어주었고 당신과 적과의 사이에 용감히 뛰어들 줄 준비가 되어 있으며, 전투가 맹렬할 때 가장 용맹하였던 그 아내가 당신의 눈앞에서 쓰러진다면, 당신은 충분히 슬퍼하게 될 것입니다.

　　자, 나의 동지여, 이 모든 자질이 한 사람에게 모일 수 있습니다. 각각에 대한 상실의 슬픔이 있다면 저는 모든 것을 잃었습니다. 눈의 즐거움과 영혼의 감동이 내게서 떠나, 우리는 이 무덤에 그녀의 남은 모든 것을 내려놓을 것입니다. 저는 여기서 그 밑바닥을 똑바로 보면서, 그들이 얼마나 빨리 나를 데리고 와서 그녀와 나란히 눕게 할 것인가를 계산해 보고 있습니다. 저의 남은 모든 시간 하나님을 향한 저의 외침은 와서 죽음으로 그녀와 함께하도록 저를 준비시키며, 그리고 영원한 도시에 가서 살며 그녀를 안는 것입니다!

　　그러나 나의 동지여, 내 가슴은 부풀어 오르는 감사로 가득 찼으며 이 감사가 나의 슬픔을 잊게 하고 사망의 음침한 골짜기에서, 어두운 터널에서 그녀는 낮의 빛으로 나왔습니다. 사망은 2년 9개월 동안 그녀의 앞에서 자신을 휘두르며 놀람으로 다가왔습니다. 다시 또다시 그녀는 마지막 습격으로 강물의 끝으로 내려갔지만 다시 삶으로 돌아올 것입니다. 감사하게도 그녀는 더 이상 죽음을 보지 않을 것입니다. 그녀는 마지막 원수를 이긴 승리자 이상입니다.

　　사망이 그녀의 사랑하는 사역을 앗아갔습니다. 그녀는 싸움을 사랑했습니다! 마지막 순간까지 그녀의 큰 슬픔은 이것이었습니다. "구름이 낮게 깔리고, 친구가 배신하여 당신을 떠나고, 슬픔이 당신을 휩쓸 때, 저는 당신과 함께 있을 수 없습니다. 저는 더 이상 제 팔로 당신을 두르거나 당신을 응원하기 위해 거기에 있을 수 없습니다!"

그러나 그녀는 우리를 돕기 위해 갔습니다. 그녀는 영원한 도시에서 우리를 위해 할 수 있는 일은 다 할 것이라고 몇 번이고 제게 약속했습니다. 그녀에게 골짜기는 그녀가 사랑하는 많은 사람에게서 그녀의 마음을 찢어내야 하는 어두운 골짜기입니다. 다시 또다시 그녀는 말했습니다. "제 애착의 뿌리는 매우 깊습니다." 그러나 그들은 뽑아내야 합니다. 그녀는 우리에게 하나하나씩 주었습니다. 이제 많은 조언의 사랑스런 말을 남기고 우리를 떠나 그녀의 주님께로 떠났습니다.

오늘 오후 나의 마음은 그녀의 영혼이 이제 예수님과 함께 있으니 감사로 가득 찼습니다. 그녀는 슬픔을 수용하는 큰 그릇이요, 당신을 위한 큰 그릇입니다. 그녀의 마음은 오늘 오후 기쁨으로 가득합니다.

제 마음은 하나님께서 저에게 이러한 보물을 그리도 오랫동안 허락하심에 대한 감사로 가득합니다. 제가 당신에게 말씀드릴 그녀의 세 가지 장점은 첫째, 그녀는 선하다는 사실입니다. 그녀는 어린양의 피로 씻겼습니다. '은혜로 구원을 받은 죄인'이 그녀의 마지막까지의 외침이었습니다. 그녀는 가식, 위선, 그리고 가장을 너무나 싫어했습니다.

둘째, 그녀는 사랑이었습니다. 그녀의 모든 영혼은 부드럽고 깊은 연민으로 가득했습니다. 저는 이 아침에 그녀가 죄를 지으며 슬픔으로 살아가는 인간이 넓고 넓은 세상에서 당하는 고통보다 불쌍하고 어리석은 짐승들을 위한 연민으로 일생 동안 더욱 고난을 당했다고 생각합니다. 오, 그녀가 어떻게 사랑하고, 동정했으며, 고통받는 가난한 자들을 얼마나 불쌍히 여겼는지! 자신의 두 팔로 슬픔에 잠긴 자를 두르며 그들을 돕기를 얼마나 바랐는지!

마지막으로 그녀는 전사였습니다. 그녀는 싸움을 좋아했습니다. 그녀는 다른 사람에게 '가라'라고 하지 않았습니다. 대신 "여기 제가 갑니다!" 그리고 필요할 때마다 그녀는 외칩니다. "제가 가겠습니다." 그녀의 연약한 몸이 여기에 누일 때까지 그녀는 뒷걸음치지 않았음을 저는 압니다.

저는 그녀를 다시 만나기로 되어 있습니다. 저는 자비 선교의 여정에서 40년 동안 그녀를 떠나지 않았습니다. 저는 돌아가기를 소원합니다. 그녀 곁으로 저를 다시 데려갈 날과 시간을 헤아려 봅니다. 그녀가 저를 떠나 있는 동안에도 같을 것입니다. 이제 그녀는 마지막으로 떠났습니다. 그러면 제가 해야 할 일은 무엇이겠습니까? 저는 저를 그녀의 곁으로 데려다 줄 날, 시간을 헤아리지 않겠습니다. 내일 무슨 일이 일어날지, 한 시간 후가 무엇을 가져올지 모릅니다. 하나님의 뜻에 따라 그리스도와 나의 세대를 섬기며, 이 오후에 저는 마지막 내 피 한 방울까지 다하기를 서원합니다. 그분이 그러하셨듯이, 그녀가 나를 하늘로 맞이할 것을 나는 믿습니다. 하나님이 여러분 모두를 축복합니다.[40]

성냥 전쟁

그의 앞에 산적한 구세군의 많은 일로 인해서, 윌리엄은 애통할 시간도 많지 않았다. 캐서린의 사망 직후에, '가장 어두운 영국'(Dakest England)(역주: 성냥의 이름)이 출시되었고 즉시 베스트셀러가 되었다. 윌리엄 부스는 영국 전역에서 가장 많은 대화의 주제가 되었다. 후원자들은 윌리엄의 계획을 돕기 위해 기부금을 보내기 시작했다. 다른 사람들은 그의 책략이 어리석고 부적절하다고 그를 다시 비난했다. 그러나 그는 결코 그의 비난자에게 주의를 기울이지 않았고 처음부터 '영혼 구원'이라는 그의 목표에 집중하기를 계속했다.

'가장 어두운 영국'(Dakest England)을 연구하는 동안에, 부스가 부딪힌 병폐 중 하나는 '아무 곳이나 치는'(strike anywhere)(역주: 성냥의 이름) 성냥 제조업자

---

40. Roger J. Green, *Catherine Booth* (Crowborough, UK: Monarch, 1997), 294-297.

를 상대하는 것이었다. 성냥 공장의 노동자는 주로 여성이나 어린이(8살 정도)였는데 식사할 겨를도 없이 16시간을 일하였다. 하루 급료는 1실링이었다. 더 심각한 문제는 이 성냥을 만드는 화학물질은 극단적인 유독성 물질이었다. 하지만 어떤 보호 조치도 없이 환기가 안 되는 공장에서 일했던 것이다. 장기간 이런 상태로 노출이 되면, 노동자는 치통을 겪게 되고 소위 말하는 '솜 같은 턱'을 얻게 된다. 황인에 노출되어서 턱뼈가 썩어갔기 때문이다. 제조업자들은 이러한 위험을 알았지만 그들은 도와주거나 보호하는 등의 조치를 취하는 것을 거부했다.

이에 반응하여, 구세군은 스스로가 이 업계에 뛰어들어 보다 안전한 근무환경에서 성냥을 만들기로 하였다. 그 공장은 매우 밝고 적절하게 환기가 되었으며, 노동자의 급료는 '아무 곳이나 치는' 성냥 공장보다 거의 두 배가 되었다. 또한 확실하게 노동자에게 매일 정규 휴식 시간을 주었다. 그리고 인체에 유해한 황인 대신에 적인을 사용했다. 그들은 '안전 끝 부분'을 가진 성냥을 생산하여 성냥갑을 한 번만 치면 불이 켜졌다. 근무 환경의 질이 향상함에 따라 일 년에 6백 만 개 정도의 성냥을 생산 가능하게 했다.

▲ 황혼의 윌리엄
구세군 기록보관소

이 성냥은 '아무 곳이나 치는' 성냥보다 거의 2배가 비쌌기에, 구세군은 경쟁사 제품의 위험을 알리는 광고 캠페인도 시작하였다. 그들은 언론을 초청하여 공장을 견학시키고 경쟁사의 공장에서 근무하는 노동자의 집에도 데리고 갔다. 이들은 황인의 효과로 인해 썩은 살 냄새가 났다. 그리고 가스 불을 끄고 보니 인의 빛을 손과 이빨에서 볼 수 있었다. 전국적으로 구세군은 지역 가게에 가서 '아무 곳이나 치는' 성냥의 위험성을 모든 사람들에게 말하고, 오직 구세군의 '가장 어두운 영국의 빛'(Lights in Darkest England)이라는 성냥만을 소지하도록 했다. 여론은 서서히 구세군으로 기울어 갔고 정부는 결국 모든 공장에서의 더 높은 근무 표준을 시행하게 되었다. 세기가 바뀜에 따라, 영국의 대형 성냥 제조업자들은 황인을 사용하는 것을 중단하였다. 구세군의 성냥 공장은 그 이후 폐쇄하였다. 그것은 더 이상 존재할 이유가 없었을 뿐 아니라 재정적인 성공도 바라지 않았기 때문이다. 구세군의 처음 설정 목표를 완수하였다.

'가장 어두운 영국'의 계획에 따라 구세군은 하들레이 근처에 8백 에이커를 구입할 수 있는 충분한 금액을 얻을 수 있었다. 그곳에서 그들은 농장 식민지를 설립하였다. 하지만 적절한 자금이 부족하였기 때문에 그 계획은 상향하게 되었다. 따라서 대부분은 다양한 다른 나라들과 정부들에 의해 시행되었다. 그것은 보다 쉽게 전략을 시행할 수 있도록 필요 자금을 쉽게(세금을 통해) 모을 수 있었기 때문이다. 윌리엄은 적어도 10년을 앞서 간 것이다.

강한 마무리

윌리엄은 캐서린을 떠나보낸 후 집에서는 안정을 취할 수 없었다. 그는 집의 사무실에서 지낼만한 시간이 없었다. 많은 책임을 브람웰과 다른 장교들에게 넘기고 순회와 설교를 다시 시작했다. 구세군은 이제 전 세계적으로 확대되었다. 그의 군대의 점검은 윌리엄을 더 널리 순회하게 만들었다. 그는 열차와 차와 배를 이용했다. 그의 인생의 마지막 25년을 길에서 보냈다. 주로 역을 방문하고, 군대의 사기를 북돋아 주며, 그가 할 수 있는 대로 복음을 전파하였다.

윌리엄은 아내와 많은 친구와, 심지어는 자녀 중 하나를 먼저 보낸 후, 1912년 8월 20일에 소천했다. 15만 명 이상이 그의 운구를 따라오며 경의를 표했다. 장례식은 8월 27일에 치렀다. 4만 명이 장례식에 참석했다. 참석자 중에 매리 여왕이 있었는데 마지막 순간에 참석을 결정했다. 여왕은 일반 백성과 함께 앉았는데 구세군이 매춘에서 구원한 여성 옆이었다. 그 여성은 여

▲ 4만 명이 윌리엄 부스의 장례식에 참여했다.
(구세군 기록보관소)

왕에게 말했다. "그는 우리와 같은 사람들을 보살폈어요."[41] 다음날, 1만의 구세군과 40개의 구세군 밴드가 아브니 공원묘지로의 행렬에 함께했으며, 거기에서 윌리엄의 시신은 캐서린 옆에 나란히 안치되었다.

윌리엄은 구세군의 장군직을 브람웰에게 넘겼는데 그의 사망 시에 58개국에 15,945명의 장교가 있는 조직이었다. 생전에 윌리엄은 8백만 킬로미터 이상을 순회했고 약 6만 번의 설교를 전했다. 찰스 스펄전은 구세군에 대해 "만약 런던에서 구세군이 사라진다면, 5천 명의 추가 경찰로도 범죄와 무질서를 진압하지 못할 것이다"[42]라고 말하였으며, 부커 와싱턴은 "나는 구세군의 사역을 매우 존경하는데 그 이유는 종교에 어떤 색채를 띠는 선을 긋지 않았기

---

41. Collier, *General Next to God*, 223.
42. Kevin A. Miller, "Fashionable or Forceful?" Christian History 9, no. 2[26호] (1990): 2.

때문이다."⁴³라고 말하였다. 미국에서 사회 복음의 창설자인 조시아 스트롱은 "인류 역사 100여 년 동안에 구세군과 같이 25년간의 영웅적인 믿음과 사역을 통해 그렇게 많은 도둑과 노름꾼과 술꾼과 매춘부를 구원한 사건은 찾아볼 수 없을 것이다."⁴⁴라고 고백하였다.

윌리엄과 캐서린의 유산인 구세군은 세계에서 가장 큰 자선 기관이고 91개국에 25,000명의 장교를 가지고 있다. 슬프게도 오늘날은 장군의 시대처럼 복음을 위한 불이 부족하다. 그러나 하나님의 사랑으로 사람을 사랑하는 부스 부부의 열정은 동부 런던 선교회의 첫 설교 이후에 거의 150여 년이 지난 지금에도 여전히 삶을 변화시키고 있다. 구세군은 전 세계적으로 1만 센터를 통해 연간 2백 5십만에게 다가가며 마태복음 25:35-40의 예수님의 권면을 수행하기를 지속하고 있다.

> 내가 주릴 때에 너희가 먹을 것을 주었고 목마를 때에 마시게 하였고 나그네 되었을 때에 영접하였고 헐벗었을 때에 옷을 입혔고 병들었을 때에 돌보았고 옥에 갇혔을 때에 와서 보았느니라 이에 의인들이 대답하여 이르되 주여 우리가 어느 때에 주께서 주리신 것을 보고 음식을 대접하였으며 목마르신 것을 보고 마시게 하였나이까 어느 때에 나그네 되신 것을 보고 영접하였으며 헐벗으신 것을 보고 옷 입혔나이까 어느 때에 병드신 것이나 옥에 갇히신 것을 보고 가서 뵈었나이까 하리니 임금이 대답하여 이르시되 내가 진실로 너희에게 이르노니 너희가 여기 내 형제 중에 지극히 작은 자 하나에게 한 것이 곧 내게 한 것이니라 하시고

---

43. Ibid.
44. Ibid.

제 10 장
★★★★★

빌리 그레이엄
Billy Graham

(1918. 11. 7-2018. 2. 21)

"세계로 향한 복음전도자"

제 10 장

세계로 향한 복음전도자

Billy Graham

> 내 삶의 한 가지 목적은 하나님과의 개인적인 관계를 발견하도록 사람들을 돕는 것인데, 내가 믿기에, 이것은 그리스도를 아는 것을 통해 온다.
>
> - 빌리 그레이엄

만약 하나님께서 기술적으로 발전한 20세기를 축복하셔서 더 많은 사람에게 복음이 전파되기를 원하신다면, 빌리 그레이엄보다 더 나은 도전자는 없을 것이다. 복음전도자로서의 빌리의 소명은 교회 안에서의 사역을 넘어서 세계의 무대로 향하는 것이다. 이는 대통령과 수상의 영향력에 필적한다. 그는 예수 그리스도의 복음을 전도하는 간단한 공식을 발견하여 한 자리에서 수천 수백만이 듣고 반응할 수 있었다. 그것은 성회이다. 사람들은 성회와 텔레비전과 라디오와 책과 영화 혹은 비디오에서 메시지를 접한다. 심지어 인터넷을 통해 웹캐스트에서 다운을 받아 예수님을 개인의 구세주로 영접한다. 아무도 역사상 그리스도의 이름을 위해 그렇게 많은 사람을 감동시킨 사람은 없다. 오늘날 기독교에 있어서 빌리 그레이엄보다 더 광범위하게 알려진 이는 없다.

인생이 더 단순할 때

윌리엄 프랭클린 그레이엄 주니어는 1918년 11월 7일 노스캐롤라이나 주의 샬럿 외곽의 낙농장에서 태어났는데 그곳은 그의 할아버지가 미국 남북전쟁 후에 처음 통나무집을 지은 곳이다. 제1차 세계대전의 휴전 4일 전이였고 러시아에서 공산주의 혁명이 일어난 지 일 년이 지났다. 이 두 가지의 사건이 궁극적으로는 냉전을 촉발했다. 빌리는 윌리엄 플랭크린 그레이엄과 모로 코피 그레이엄 사이에 태어났다. 그의 외할머니는 장로교인이어서 그녀의 자녀들을 헌신적으로 양육하였다. 그녀가 죽었을 때, '빌리 프랭크'는 - 당시 그는 이와 같은 이름으로 불렸다. - 그의 누이와 마찬가지로 초등학교를 다니고 있었다. 할머니께서 소천하신 날에 학교에서 조퇴하였는데, 할머니께서 행복하게 집으로 가셨다고 들었다. 할머니는 돌아가시기 바로 직전에 거의 웃으면서 앉아 계셨다. 그리고 말씀하시기를, "나는 예수님을 본단다. 그분의 팔이 나를 향해 펼쳐져 있네. 그리고 저기 벤(그녀의 남편)이 있어. 그는 양 눈과 양 다리를 가졌구나."[1] 벤은 미국 남북 전쟁에서 참전하여 게티스버그 전투에서 날아오는 파편으로 한 다리와 한 눈을 잃었다. 이것은 가족의 전설적인 이야기가 되었다.

빌리는 대공황 중에 청소년기로 성장하였다. 그의 아버지는 주식 시장이 붕괴되는 날에 평생 동안 모은 예금 4,000달러를 잃었다. 그러나 그레이엄 가족이 농장에 살았기에, 그럭저럭 살 수 있었다. 우유 가격이 한 쿼터에 5센

---

1. Billy Graham, *Just As I Am: The Autobiography of Billy Graham* (San Francisco: HarperSanFrancisco, 1997), 4. 삽입이 추가됨.

트로 떨어지면서 간신히 살아갈 수 있었으나, 빌리의 아버지의 천연덕스런 유머가 모든 사람을 유쾌하게 했고, 가족은 어려움을 함께 견디어 나갔다. 고난에도 불구하고 그레이엄 가족은 마을에서 최초로 차에 라디오가 있었다.

소년으로서 빌리는 비록 간신히 팀에 합류하여 벤치에 앉을 정도였지만 야구를 매우 좋아하게 되었다. 그의 수비는 건실했으나 타력이 거의 빛나지 않는 왼손 타자였다. 그의 키와 좋은 글러브로 인해 주로 1루수가 되었다. 다섯 살이 되자 그의 아버지는 프로 야구 선수에서 복음전도자로 변신한 빌리 썬데이의 설교를 듣도록 빌리를 데리고 갔다. 하지만 빌리 프랭크는 너무 어려서 그 복음전도자가 그에게 어떤 영향을 많이 끼치지는 않았다. 그의 설교에서 기억할 수 있는 것은 그의 아버지가 조용하게 앉아 있으라고 냉담하게 말했고, 만약 그렇지 않으면 그 설교자가 너의 이름을 불러서 체포할 것이라고 했다. 아버지가 농담한 것을 파악한 것도 몇 년이 지나서였다.

그의 부모님은 여러 면에서 독실했다. 그들의 결혼 첫 날, 가정예배를 드렸고 매일 성경 읽기에 헌신했다. 빌리의 아버지는 감리교도로 자랐지만 금주법 시행령의 열렬한 지지자였다. 1933년 이 운동이 폐지되던 날, 그는 맥주를 집에 가져와서 빌리와 그의 누이에게 주방으로 가져가라 했고 거기서 억지로 모두 마시게 해서 결국 토할 지경에 이르게 하였다. 아버지는 말하였다. "지금부터 네 친구가 술 마시자고 할 때마다 그들에게 이렇게 말해. 너희는 이미 맛을 보았고 그것을 좋아하지 않는다고 말이다. 그것이 내가 너희에게 술을 준 이유이다."[2] 성경에서 말하는 바는 아니었지만 확실히 효과적이었다. 빌리는 평생 동안 절대 금주가로 살았다.

이때쯤 빌리의 여동생 진이 태어났고, 아버지는 거의 죽을 뻔한 사고를 겪었다. 아버지는 테이블 톱을 들고 일하는 친구에게 다가갔다. 친구는 아버지가 말하는 것을 들으려고 살짝 몸을 돌리게 되었고, 이때 나무 한 조각이 칼날에 끼었고 빌리 아버지를 향해 칼날이 걷잡을 수 없이 날아갔다. 칼날은 그

---

2. Graham, *Just As I Am*, 17.

의 턱을 치면서 머리 옆쪽에 심한 손상을 입혔다. 친구와 가족은 기도에 들어갔다. 며칠 후 상태는 더욱 심각해졌다. 하지만 곧 다시 안정이 되었고 그의 얼굴을 복원하기 위해 성형수술을 하였다.

기도 응답에 매우 감사했기 때문에 윌리엄 그레이엄 시니어는 지역의 경제 모임이 종일 기도 모임을 위해 그의 땅을 부분적으로 쓸 것을 요청할 때 거절하지 않았다. 농장의 일꾼들이 빌리에게 이 사람들이 누구냐고 물을 때, 그는 이렇게 대답하였다. "아빠가 그 장소를 사용하도록 이야기한 광신자들일 거예요."[3] 몇 년 후에 기도 모임에서 누군가가 기도하기를 "이곳 샬럿에서 주님이 땅 끝까지 복음을 전파할 사람을 키우시게 되리라."[4]고 했다는 것을 알게 되었다.

"나는 싸움꾼을 좋아해"

빌리가 열다섯 살일 때, 모르드카이 햄 박사가 샬럿에서 부흥성회를 시작하였으나 가고 싶지 않았다. 그래서 그는 햄의 집회 한 달 동안 모든 초대를 거부했다. 햄이 샬럿의 중앙 고등학교 근처의 부도덕한 집에 대한 비난을 퍼부은 후, 그의 태도는 변했다. 그는 몇 학생들이 매일 점심시간에 그 집을 자주 찾아갔다면서 증명할 진술서도 있다고 말했다. 이 이야기가 「샬럿 뉴스」(*Charlotte News*)에 나왔다. 이러한 비난에 불쾌한 학생의 그룹은 햄의 다음 집회에 가서 강단 앞에서 항의하기로 맹세했다. 어떤 학생은 그를 강단에서 끌어내서 쓴 맛을 보게 할 것이라고 협박했다.

계획된 항의의 날에 빌리의 한 친구가 물었다. "함께 가서 으리의 싸우는 설교자 이야기를 듣지 않을래?"[5]

---

3. Ibid., 24.
4. Ibid. 삽입이 추가됨.
5. Ibid.

"그가 싸움꾼이니?" 빌리는 대답했다. "나는 싸움꾼을 좋아해." 그래서 가기로 했다. 그날 밤 빌리는 매우 감탄하였다. - 햄의 말이 아니라 그 뒤에 있는 능력 때문이었다. 그의 자서전에 이렇게 기록하였다. "디 엘 무디가 설교할 때 말하듯이 나는 다른 음성을 듣고 있었습니다. 그것은 성령의 음성이었습니다."[6]

그 밤 이후로 빌리는 햄의 집회에 모두 참석했다. 햄은 빌리가 지옥에 대해서 들었던 첫 설교도 전했고 그에게 이것은 욕이 아닌 무언가라고 간주하는 첫 시간이었다. 일련의 집회를 참석하면서 빌리는 자신이 반항적이고 죄가 많다는 사실을 깨닫게 되었다. 하지만 자신이 어떻게 반응해야 할지 혼란스러웠다. 그는 장로교에서 유아 세례를 받았고, 교리문답서를 암송했다. 그리고 장로와 목사 앞에서 통합 개혁 장로교인으로 세례교인이 되었다. 하지만 이러한 모든 것들이 더 이상 충분한 자격조건이 되지 않았다. 그는 전부터 자신은 결코 사악한 인간이 아니라고 믿었다. 그것은 자신이 도덕적으로 정직하고, 뛰어난 시민이며, 청년부에서는 부회장직을 맡고 있었기 때문이다. 그러나 햄이 그에게 눈을 고정시킬 때, 그는 마음속으로 이러한 것이 충분하지 않다는 사실을 깨닫게 되었다. 그는 점차 사람이 개인적으로 예수를 알아야 한다는 것을 이해하게 되었고, 자신이 진정 개인적으로 예수님을 알지 못한다는 사실을 발견하게 되었다.

그 후 빌리의 열여섯 번째 생일이 며칠 지난 밤에, 햄은 그의 설교 끝에 초대를 하였는데, 로마서 5장 8절을 인용했다. "우리가 아직 죄인 되었을 때에 그리스도께서 우리를 위하여 죽으심으로 하나님께서 우리에 대한 자기의 사랑을 확증하셨느니라" 사람들이 앞으로 나오는 동안 두 번째 찬송의 마지막 구절에 빌리는 초청에 응하였고 약 300여 명이 모인 곳의 무대 앞으로 걸어갔다. "내 모습 이대로"처럼, 빌리는 많은 군중 속에서 서 있는 것이 어떤 느낌인지를 묘사했다.

---

6. Ibid.

눈물이 빰을 타고 흘러내리는 여성이 내 옆에 서 있는 것을 보았을 때, 나는 마음이 메였다. 나는 울지는 않았다... 그 당시에는 어떤 특별한 감정을 느끼지 않았다. 내 생각에 왠지 내가 거기에 있어야 할 것 같지 않았다. 그리고 내가 진짜 크리스천이 되고자 하는 나의 좋은 의도는 오래 가지 않았다. 내가 내 자신을 바보로 만들지는 않았나 궁금해하면서 거의 돌아서서 내 자리로 가려고 했다.

내가 연단 앞에 서있을 때 제이 디 프레벳이라는 재단사가 있었는데, 그는 영혼을 향한 깊은 사랑을 가진 사람으로 우리 가족과도 친분이 두터웠다. 그는 내 옆으로 울면서 다가오더니... 중후한 유럽식의 억양으로 단순하게 나의 구원을 위한 하나님의 계획을 설명했다. 그 설명이 나의 마음에 들어왔다. 그 순간에 내가 가졌던 모든 질문에 대답할 필요가 없었다. 몇 달 또는 몇 년 앞으로 내게 오는 모든 질문을 기대하지도 않았다. 단지 하나님의 자녀가 되기 위해서 내가 알아야만 했던 사실을 제시했던 것이다.

... 내 자신을 그리스도께 드리는 순간이 왔다. 지적으로는 그분에 대해 알고 있었던 것이 진실이었음을 인정하는 정도까지 그리스도를 영접했다. 그것은 정신적인 동의였다. 정서적으로는 나를 향한 그분의 사랑에 대한 보답으로써 내가 그분을 사랑하기를 원한다고 느꼈다. 그러나 마지막 문제는 내가 내 인생에서 내 자신을 그분의 통치에 맡겨 드리는 것이었다.[7]

빌리는 『존경받는 선지자』(*A Prophet with Honor*)에서 전기 작가인 윌리엄 마틴에게 그날 밤을 이렇게 묘사했다.

나는 눈물을 흘리지 않았고, 어떤 감정도 없었으며, 어떤 천둥소리도 듣지 못했다. 어떤 번개도 없었다... 그러나 바로 그곳에서, 나는 그리스도를

---

7. Graham, *Just As I Am*, 29-30.

위한 결심을 했다. 그렇게 단순했고 결정적이었다.[8]

대학과 목사 안수

빌리는 등록을 해야 할 시기가 다가올 때까지 대학에 대해 거의 생각하지 않았다. 마음 한편으로 그는 항상 남가주 대학(University of South Carolina)에 다닐 것이라고 생각했다. 그러나 밥 존스 박사가 그의 고등학교에서 설교하기 위해 왔을 때, 빌리는 몇 명의 친구들이 존슨의 이름을 딴 학교에 들어가고자 하는 계획을 알게 되었고, 그 역시 밥 존스 대학(Bob Jones College)에 입학하기로 결심했다(Bob Jones University, 1947년 이래).

그가 대학을 입학하기 전인 여름에, 빌리는 친구와 함께 집집마다 방문하여 풀러 브러쉬를 판매하여 돈을 벌었다. 일이 어려웠음에도 불구하고, 빌리는 일주일에 50달러에서 75달러까지 벌 수 있었다. -1936년에 이 금액은 젊은이에게는 꽤 큰 액수였다. 그는 상품을 팔기 위해 각각의 집으로 걸어가면서 기도하는 것을 배웠다. 또한 그는 그리스도를 믿는 믿음을 나누기 위한 기회도 찾았다. 하지만 성령의 인도를 분별하는 것을 배우면서 이러한 방법이 주먹구구식이라는 것도 알게 되었다.

> 빌리에게 믿음을 나누는 것은 주먹구구식이었다. 그는 여전히 성령의 인도를 분별하는 것을 배웠다.

그해 가을에, 그는 밥 존스 대학에 등록했으나 대학은 규율이 엄격하고 수업은 어려웠다. 데이트는 엄격히 감시가 되었으며 보호자가 요구되었다. 등록된 기간 외에 남자는 여자 친구와 말할 수 없었고, 데이트 중에도 손을 잡거나 소파에 동석하는 것도 허락되지 않았다. 이성과의 '자유 시간' 대화도 15분 이내로 한정되었다. 교실도 또한 엄격한 환경이었다. 질문은 거의 용납되

---

8. William Martin, *A Prophet with Honor: The Billy Graham Story* (New York: William Morrow and Company, 1991), 64.

지 않았다. 만약 있다 해도 요점을 분명하게 하려는 목적이지, 가르침을 받는 것에 대한 다른 해석이나 의견을 토의하는 것은 아니었다. 존스의 교리와 성경해석이 토의주제를 결정했다. 그 외에 다른 것은 주제를 벗어난 것이었다.

빌리가 독감에 걸렸을 때, 그는 밥 존스 대학의 숨이 막히는 구조를 떠나서 탬파에 있는 플로리다 성경 학교에서 밝은 햇살을 받으며 덜 엄격한 훈련을 받을 것을 권유받았다. 빌리는 존스가 파멸을 초래하는 첫 걸음이 될 것이라고 경고하기 전에 전학하였다. 존스는 만약 그가 떠난다면, "기껏해야, 너는 산간벽지에서 가난한 시골 침례교인 밖에는 될 수 없다."[9]라고 했다. 빌리는 그래도 갔다. 그는 햇빛, 골프, 그리고 더 자유로운 데이트라는 장점으로 어두운 예언을 극복할 수 있었다.

플로리다에서, 빌리는 에밀리 카바노(Emily Cavanaugh)를 만났는데, 데이트를 시작한 예쁜 급우였고, 곧 결혼하기로 결심하게 되었다. 그녀가 빌리보다 더 나은 설교인인 다른 학생과 사랑하는 사이라고 털어놓자 그는 당황스러웠다. 빌리의 형제 멜빈에 따르면, "그녀는 촉망되는 어떤 남자와 결혼하기를 원했다."[10] 이것은 빌리에게 그의 인생을 위한 하나님의 뜻을 알고 어떻게 성취할 것인가를 찾는 영혼 탐색의 시간이 되었다. 그는 목사로의 부르심을 느꼈으며 자질이 부족함도 느꼈다. 밤에 캠퍼스를 몇 시간이고 걸어 다니면서, 그가 어떤 일을 하기에 충분한 자질이 있는지 하나님께 설득하는 기도를 올렸다.

자신의 마음을 탐색하면서 그의 설교는 향상되었으며, 그리스도를 영접하는 초청에 사람들의 더 많은 반응이 나타났다. 1938년 탬파의 골프장 주변을 밤에 거닐면서, 빌리는 거부할 수 없는 하나님의 소명에 굴복했다. 하나님의 복음의 사역자가 되기로 한 것이다. 그는 잔디 위에 무릎을 꿇고 얼굴을 아래로 향하게 하고 기도했다. "오 하나님," 그는 흐느끼면 기도했다. "제가 당신

---

9. Nancy Gibbs and Richard N. Ostling, "God's Billy Pulpit," *Time*, November 15, 1993, http://www.time.com/time/magazine/article/0,9171,979573,00.html.
10. Gibbs and Ostling, "God's Billy Pulpit."

을 섬기는 것이 하나님의 뜻이라면, 제가 그렇게 하겠습니다."[11]

그 후에, 빌리는 장로교인으로서 받은 유아세례가 충분하지 못함을 확신해서, 침례교 목회자가 물속에서 자신을 침례하도록 하였다. 1939년 초, 그는 남부 침례교 목사로 안수를 받았다.

목사 안수를 하는 한 목회자가 그의 신학에 대해 캐묻기를 시작하자, 그는 인내심을 잃고 질문을 곧 끝내기를 바라면서 말하였다. "형제여, 당신은 내가 이 지역에서 설교하는 것을 들었고 어떻게 주님이 축복하시는 것을 보았습니다. 저는 신학에 대해서는 전문가가 아닙니다만 제가 무엇을 믿고 어떻게 설교하는지를 당신이 압니다. 그것이면 당신을 만족시키기에 충분합니다."[12] 다른 목회자들과 같이 그 목회자는 껄껄 웃었으며, 그렇게 결정이 났다. 더 이상 빌리에게 질문은 없었다.

훈련을 받는 복음전도자

침례를 마치고, 빌리는 설교를 연습하며 자신의 목소리를 가다듬기 시작했다. 밥 존스는 말하였다. "너는 끌어당기는 목소리가 있어.... 하나님은 너의 목소리를 사용하실 거야. 그 목소리를 강력하게 말이야."[13] 그는 오래된 오두막에 서서 또는 호수 한 가운데서 마치 물고기에게 설교하듯이 카누 안에 앉아 설교를 연습했다. 그가 안수를 받은 이후 여름에, 세인트 존 리버에 있는 어촌 마을의 웰라카 침례교회에서 2주간의 복음 시리즈를 설교했다. 낮에는 마을의 거리를 걸으며, 기도하면서 보도(步道)의 갈라진 틈에서도 외쳤다. 그 후에 목사님이 자리를 비우는 동안에 탬파 복음 성막에서 6주 동안 설교해 달라는 요청도 받았다. 토요일에 성소가 비었을 때, 그는 그곳에 들어가

---

11. Graham, *Just As I Am*, 53.
12. Ibid., 57.
13. Gibbs and Ostling, "God's Billy Pulpit."

빈자리에 대고 설교를 했다. 자신만의 교회를 가진 느낌이었다.

그는 청중을 사로잡는 그만의 천재성이 있었다. 그는 단순하고, 솔직하며, 남부의 신사적인 모습으로 부자나 가난한 자 모두에게 호소력이 있었다. 많은 젊은 복음전도자처럼 때론 설교의 사실성이 부족해도 그는 마음을 당기는 진솔한 정서적인 매력으로써 그 설교를 채웠다. 빌리는 자신을 신학자로 보지 않았으며, 평생 동안 더 많이 독서와 연구하기를 바랐다. 그는 만약 그가 기본에 충실하고 진실성을 담아 설교한다면, 사람들이 주님께 자신의 마음을 드릴 것이라는 것도 발견했다.

1940년 5월, 빌리는 플로리다 성경 학교를 졸업했다. 졸업식 바로 전에, 한 급우가 와서 그가 기도하고 그 밤에 작성했던 '예언'을 읽어 달라는 요청을 받는 전통이 있었다. 그해 선택된 여성이 읽은 그 글은 실제 예언적인 일과 가까웠다.

> 하나님은 어둠에서 그의 빛을 밝히시기 위해 인간 도구를 시대마다 사용하셨다. 루터, 존과 찰스 웨슬리, 무디, 그리고 다른 여러 사람들은 모두 평범한 사람이었으나 하나님의 음성을 들었던 사람이다. 그들의 환경은 밤과 같이 어두웠으나 그들에게는 하나님이 계셨다. "만약 하나님이 우리를 위하시면, 누가 우리를 대적하리요?"(롬 8:31). 루터는 세계를 변혁시켰다고 전해진다. 하지만 그가 아니라 그를 통해 역사하시는 그리스도이시다. 이 시간은 또 다른 루터, 웨슬리, 무디, _____ 가 무르익었다. 이 목록에 또 다른 사람의 이름을 채울 빈칸이 있다. 우리를 마주하는 도전이 있다.[14]

---

14. Graham, *Just As I Am*, 59-60.

위튼과 룻

플로리다 성경 학교에서의 빌리의 마지막 해 동안에, 폴 피셔(Paul Fishcher)라는 시카고로부터 온 변호사가 빌리의 설교를 듣고, 만약 그가 시카고에 있는 위튼 대학에 와서 등록을 하면 첫 해에 필요한 경비를 지불하겠다고 제안하였다. 빌리는 위튼이 자신의 고등학교 성적을 보면 입학시키지 않을 것이라고 걱정하며 약간 망설였지만 결국 그는 신청했고 입학할 수 있게 되었다. 밥 존스 대학이나 플로리다 성경 학교는 인가를 받지 않은 곳이여서, 빌리는 인가받은 학교에서 대학 졸업장을 받는 첫 걸음을 디딘 것이다. 다행히도 그는 플로리다 성경 학교에서 받은 학점을 위튼에서 인정받을 수 있어서 2학기 신입생으로 입학할 수 있게 되었다.

1941년 12월, 일본은 진주만을 공격했고 미국은 제2차 세계대전에 합류했다. 빌리의 첫 번째 감은 군대에 지원하는 것이었다. 하지만 목회자로서 그의 다음 단계는 군종으로 서명하는 것이었다. 이 절차를 완수하기 위해, 그는 학위가 필요했고 그래서 위튼에서 계속 지낼 수 있었다.

위튼에 머무르면서, 빌리는 룻 벨(Ruth Bell)을 만났다. 그녀는 중국에서 태어났고 거기서 그녀의 부모님은 선교사였다. 그녀는 아시아에서 첫 17년을 살았다. 북한의 평양에서 고등학교를 다니기도 했다. 빌리는 즉시 그녀의 녹갈색의 눈과 매력적인 모습에 반했다. 티벳의 선교사가 되기를 원한다는 사실에도 불구하고, 빌리는 그녀와 데이트를 시작했고 몇 개월이 안 되어 청혼을 했다. 룻은 대답하기 전에 청혼을 고려할 시간이 필요했다. 하지만 그의 자매가 폐결핵에 걸리자 위튼을 잠시 휴학하고, 간병을 하기 위해 떠났다.

어느 날 밤 설교를 하는 길에, 빌리는 그와 결혼하겠다는 룻의 편지를 받았다. 다음 장에 왜 그런지를 설명하는 내용이 있었다. 빌리는 교회에 도착한 후에도 그녀의 편지를 읽고 또 읽었다. 그런 후에 설교단에 올라서 폭풍처럼 설교를 했다. 그가 마쳤을 때, 목사가 그에게 향하여 물었다. "당신이 무슨 말을 했는지 아십니까?" 난데없는 말에 빌리는 정직하게 대답했다. "아니요."

목사는 대답하기를, "나도 사람들이 어떻게 반응했는지를 모릅니다!"[15]

빌리와 룻은 졸업을 할 때까지 결혼을 기다리기로 동의하였다. 같은 해에 그들은 졸업을 하였고 그해 여름인 1943년 8월 13일에 결혼을 하게 되었다.

결혼식 직후에, 빌리는 일리노이 주의 웨스턴 스프링스(Western Springs, Illinois)에 있는 빌리지 교회에서 목사직을 받았다. 교회의 교인은 100명 미만이었고 오직 50여 명이 각 예배에 정기적으로 출석했다. 이 교회에서 제대로 갖춰진 곳은 지하실이었고 거기서 주로 사람들이 만났다. 전쟁 중이었기 때문에, 룻은 지하실을 방공 피난처로 생각했다. 1944년 해가 바뀔 때, 예배 참석자수는 배가가 되어서 매 주 100여 명이 되었다. 빌리는 군종이 되기를 여전히 희망하였으나, 전쟁이 종료되어감에 따라, 기회는 그를 다른 방향으로 이끌었다.

라디오 사역이 시작되다

어느 날 라디오에 정기적으로 출연하는 지역의 한 목회자가 빌리에게 전화를 했다. 그가 계획했으나 녹음할 시간이 없는 라디오 쇼를 제안했던 것이다. 빌리는 교인들에게 이러한 사실을 알렸으나 처음에는 비용이 많이 든다는 의견을 들었다. 하지만 돈이 충당될 수 있다는 방법을 들었을 때 교인들은 동의했다. 이것은 사역의 또 다른 전환점이 되었다. 그의 우렁찬 목소리는 라디오에서 크게 울렸다. 프로그램이 인기를 더해 가자, 빌리는 다른 지역에서도 복음 전도를 하자는 더 많은 제안을 받았다. 그러나 이내 이것이 그의 교인들에게는 중압감이 되었다. 그것은 부업 목사에게 전업 급여를 지불하는 것처럼 느꼈기 때문이다.

전쟁이 막바지에 이르자 유행성 이하선염이 군종이 되겠다던 빌리의 소망

---

15. Ibid., 75.

을 완전히 잠재웠다. 그는 막 피어나는 '세계 그리스도를 위한 청년'(Youth for Christ, International)의 첫 직원이자 조직위원으로 요청을 받았다. 많은 기도 후에 그는 그 직위를 받아들였고, 교회에서는 사임을 했다. 그리고 그는 군종병에서의 퇴임을 승인받았다. 빌리는 전업 복음전도자가 되었다. '그리스도를 위한 청년'이 장소를 확보하는 곳이면 가서 설교를 했다. 빌리는 다시 외판원처럼 느껴졌다. 그러나 이번에는 솔을 넣은 가방 대신에 성경을 가지고 다녔다. 이 기관은 미국의 전쟁 후에 급속하게 성장했고, 복음을 위한 빌리의 열정은 가는 곳마다 사람들의 마음을 사로잡았다. 그런 후인 1945년 9월 21일, 그레이엄의 첫 자녀인 버지니아 래프트윅(Virginia Leftwich)이 출생했는데 별명은 '지지'(Gigi)였다.

빌리는 '하나님의 기관총'이라는 별명을 얻었는데 이유는 그의 강단에서의 불을 토하는 듯한 빠른 설교와 한이 없는 에너지 때문이었다. 사람들은 '그리스도를 위한 청년' 집회를 '크리스천 보드빌'(Christian vaudeville)이라고 불렀는데 이는 밴드로부터 퀴즈쇼와 공연하는 동물과 밝은 색의 나비넥타이를 맨 진행자 등이 이벤트를 장식했기 때문이다. 그럼에도 불구하고 이러한 집회들은 인기를 더해 갔으며 전국적으로 백만 이상의 어린이들이 주어진 일주일간의 '그리스도를 위한 청년' 집회에 참석하였다.[16]

> 그의 빠른 설교와 한이 없는 에너지 때문에, 빌리는 '하나님의 기관총'이라고 불렸다.

"당신은 내가 듣지 못했던 어떤 것을 말씀하시네요."

1946년 봄, 빌리와 '그리스도를 위한 청년'은 유럽에 가서 사역을 시작하게

---

16. Gibbs and Ostling, "God's Billy Pulpit."

되었다. 이것은 빌리로서는 해외로의 첫 진출이었고, 부흥집회보다는 쇼걸을 원했던 군부대에서의 매끄럽지 못한 출발이었지만 상황은 점점 호전되었다. 빌리는 복음전도자로서의 삶을 즐기게 되었다. 적응하는데 어려움을 가져다주는 문화 차이에도 불구하고 그의 성실함과 에너지가 그에게 많은 도움을 주었다.

1946년 10월, 빌리는 케트에 힐덴버러 홀에서 사역을 하고 있는 스티븐 올포드(Stephen Olford)라는 사역자에 대해 들었다. 올포드의 본문은 에베소서 5장 18절이었다. "술 취하지 말라 이는 방탕한 것이니 오직 성령으로 충만함을 받으라." 이 메시지를 듣고, 빌리는 그의 사역에 성령의 충만함과 그분의 기름 부으심을 얻고자 안간힘을 쓰기 시작했다. 예배 끝에, 빌리는 올포드에게 다가가서 물었다. "올포드 목사님, 한 가지 질문을 하고 싶습니다. 왜 초대를 하지 않으십니까? 초대를 받았다면 제가 첫 번째로 앞으로 나갈 것입니다. 목사님은 제가 듣지 못했던 어떤 것을 말씀하셨습니다. 저도 성령의 충만함이 내 인생에 채워지기를 원합니다."[17]

올포드와의 만남에서, 빌리는 말하였다. "제 인생에서 더 많이 하나님을 구하였습니다. 저는 여기 이분이 저를 도울 수 있는 분이라고 느꼈습니다. 그는 제가 갖고 싶었던 역동성, 스릴, 쾌활함을 가지고 있습니다."[18]

빌리와 올포드는 빌리가 설교하기로 되어 있는 웨일즈에서 잠시 만나기로 약속했다. 그들은 하루를 보내면서 함께 성경을 연구했다. 그런 후에 빌리는 기도하기를, "주님, 주님이 주신 이 형제가 가지고 있는 이 기름 부으심을 알지 않고는 더 나아가지 않겠습니다."[19] 그러나 빌리는 이 축복을 받지 못했다. 그것은 그 밤의 그의 설교는 평범했고, 에반스 로버츠와 웨일즈의 부흥에서

---

17. Sherwood Eliot Wirt, *Billy: A Personal Look at Billy Graham, the World's Best-loved Evangelist* (Wheaton, IL: Crossway Books, 1997), 28.

18. Wirt, *Billy: A Personal Look at Billy Graham*, 28.에 인용된 John Pollack, *Billy Graham* (London: Hodder and Stoughton, 1966), 62.

19. Wirt, *Billy: A Personal Look at Billy Graham*, 29.

볼 수 있었던 '웨일즈 풍의 설교가'[20] 아니었기 때문이다.

두 사람은 다음날 다시 만나게 되었다. 올포드는 성령 충만함과, 어떻게 바울과 같이 "내가 그리스도와 함께 십자가에 못박혔다."라고 자신을 공포하면서 부서질 수 있는지에 대해 가르치기를 시작했다. 그는 곧 이 충만함을 받았다. 그는 빌리에게 "성령이 당신의 삶의 주인이 되시는 곳에, 자유와 놓임이 있습니다. 그것은 내주하시는 하나님의 성령에게 지속적인 복종 속에서 자신을 완전히 복종할 때 얻게 되는 숭고한 자유입니다." 빌리는 대답했다. "스티븐, 알겠습니다. 그것이 제가 원하는 것입니다."

오후 중반쯤일 때, 두 사람은 함께 무릎을 꿇고 기도했다. 올포드는 그날의 기도 시간에 일어난 일을 이렇게 말했다. "이 작고 음울한 방에서 하늘이 열렸습니다. 이것은 마치 하나님을 붙잡고 '나를 축복하지 않으시면 당신을 가게 할 수 없습니다.'라고 외치는 야곱과 같았다. 빌리는 기도 후에 어떻게 외쳤는지를 묘사했다. '제 마음은 성령으로 넘쳐납니다…. 저는 가졌습니다. 저는 충만합니다. 이것은 제 삶의 전환점입니다. 이것이 제 사역을 변혁시킬 것입니다.'"[21]

그 효력은 즉각적이었다. 올포드에 의하면, "빌리는 그 밤에 근처에 있는 큰 침례교회에서 설교를 하기로 되어 있었다. 그가 설교하기 위해 일어날 때, 그는 완전히 기름 부으심을 받은 사람이었다……웨일즈의 회중이 복도까지 메웠다. 혼돈의 시간이 있었다. 실제적으로 거의 모든 회중이 앞으로 뛰쳐나갔다." 올포드는 그의 부친에게 그 밤에 대해 말했다. "아버지, 빌리 그레이엄에게 뭔가 일어났어요. 세상은 이 사람에게서 들을 것입니다. 그는 역사에 한 획을 그을 것입니다."[22]

---

20. Ibid.
21. Ibid.
22. Wirt, *Billy: A Personal Look at Billy Graham*, 29-30.에 인용된 Letter from Stephen Olford, 9 May 1996.

빌리 그레이엄과 성령

이렇게 하여 빌리 그레이엄과 성령의 '충만함' 또는 '세례'로 알려진 가느다란 연결이 시작되었다. 빌리는 한 번도 방언을 말한 적이 없다고 고백했다. 비록 그 역시 방언이 놀라운 경험이라고 믿고 있음에도 말이다. 하지만 그의 60여 년 간의 복음전도자로서의 성공을 단순히 그의 '끌어당기는' 목소리와 크고 깡마른 남부사람의 매력으로만 결부시킨다는 것은 불가능한 것은 아니지만 그렇게 볼 수는 없다. 빌리 그레이엄은 은사주의적인 크리스천은 아니었다. 그래서 그의 자서전인 『내 모습 이대로』(Just As I Am)에서 스티븐 올포드와의 사건을 언급한 적이 없었다. 다만 다른 전기 작가가 그 이야기를 드러내도록 한 것이 매우 흥미롭다.

동시대에 빌리는 대체적으로 복음주의 세계에서 인기가 없었던 빌과 힐러리 클린턴 같은 정치인에게 그러했던 것처럼, 은사주의도 회피하지 않았다. 빌리는 오럴 로버츠를 그의 자서전에서 '오랜 친구'라고 불렀다.[23] 그는 1967년 오럴 로버츠 대학의 헌신예배 때 주 강사였다. 1950년에 그를 강단으로 초청하여 개회 기도를 하게 함으로써 오럴의 사역을 합법화시킨 것도 빌리였다고 사람들은 믿고 있다. 데이빗 하렐은 그의 책 『오럴 로버츠: 한 미국인의 삶』(Oral Roberts: An American Life)에서 그 사건을 묘사했다.

> 성회에 가는 택시를 잡으려고 포틀랜드 호텔을 떠날 때, 빌리도 바로 출발하려던 참이었다. 항상 은혜로웠던 그레이엄은 오럴의 손을 잡고 그와 에블린이 함께 타도되겠냐고 요청했다. 오럴은 망설였지만, 빌리는 집요했다. 택시 안에서 그는 오럴에게 강단에 앉아서 저녁 기도를 인도해 달라고 했다. 오럴은 거부하며 말했다. "빌리, 저를 대표기도 시켜서는 안 됩니다." 그들이 계속 가는 중에, 빌리는 오럴에게 그와 클리프 배로우는 몇 달

---

23. Graham, *Just As I Am*, 563.

전에 플로리다에서의 로버츠의 캠페인에 참석했었고, 남들 모르게 조용히 드나들었으며 그 집회에서 축복을 받았다고 말했다. 또한 그는 그의 아내의 한 자매가 은사 집회에서 치료를 체험했다고 밝혔다. 그는 오럴 로버츠와 함께하는 것을 부끄러워하지 않았다. 오럴은 저녁 대표기도를 하였다. 그 밤에 그와 에블린이 호텔 커피숍에 돌아왔을 때 빌리와 룻 그레이엄은 함께 간식을 먹자고 우겼다.

그 모임은 짧았고, 사전에 계획되지 않은 우연이었지만 오럴에게는 의미 있는 시간이었다. 그레이엄의 강단에 그가 나타난 것은 은사주의자가 복음주의자에게 특히나 빌리 그레이엄과 같은 사람에게서 받는 전례 없는 인정이었다. 그레이엄의 개인적인 친절, 형제 크리스천에 대한 기쁘고 온전한 수용은 잠시나마 그가 상상했던 그 이상의 큰 존경의 세계로 그를 이끌었다. 그는 그레이엄이 16년 후에 그에게 명확하게 열어 줄 비전을 엿볼 수 있었다.[24]

올포드와의 기도 체험은 은사주의자가 말하듯이 빌리가 성령의 충만함을 받는 것이었다. 만약에 빌리가 성령의 세례를 진정 추구했다면 그것은 아마도 은사로서가 아닌 성령의 열매, 즉 복음주의자들의 에베소서 5장 18절에 관한 제한적 의미일 것이다: "술 취하지 말라 이는 방탕한 것이니 오직 성령으로 충만함을 받으라." 다른 한편으로 어쩌면 그들은 성령의 은사를 실제보다 덜 중요한 것으로 정의할 수도 있을 것이다. 즉, 예수님과 사도들의 삶에서 나타났던 것 같은 하나님의 권능의 발현보다 영적인 본능과 같은 것 말이다. 빌리는 하나님의 권능을 구하여서 오직 전도하는데 사용하고자 했다. 그는 하나님께 구해 기름부음 받은 복음전도자가 되기를 원했고 하나님은 여러 징후로 그 기도에 응답하셨다. 그러나 거기에서 빌리는 선을 긋는 것 같았다. 그는 그의 소명을 완수하기 위해 하나님의 충만함을 원했지만 결코 통제

---

24. David Harrell, *Oral Roberts: An American Life* (Bloomington: Indianna University Press, 1985), 179.

되지 않는 상황으로 가는 것을 원치 않았다. 그는 사람들이 제단에서의 부르심에 응답하여 앞으로 나가기를 원했지만, 존 웨슬리와 찰스 피니와 켄터키 캠프 집회와 같은 사역에서 증언되었던 성령의 나타남을 보는 것은 20세기의 미국 크리스천에게 그렇듯이, 그에게는 과하다는 생각이 들었다.

복음주의는 칼빈주의의 결정론적인 손아귀에서의 구원을 베풀었던 존 웨슬리 지도하에 시작된 길에서 눈에 띄게 멀어져만 갔다. 비록 구원은 두렵고 떨림으로(빌 2:12) 이루어야 하며 성령의 역사 없이는 일어나지 않는다 할지라도, 복음주의를 발화시킨 것은 구원은 개인의 선택이라는 큰 계시였다. 이제 무디와 그레이엄과 같은 복음주의자 아래에서 개인의 결정은 가장 중요한 요소가 되었다.

빌리의 집회가 시작되다

다음 해인 1947년 빌리는 미국 순회로 돌아왔다. 무디의 용어를 빌린다면, 특정한 도시에서의 '집회'에 초점을 두기 시작했다. 그해, 이 집회는 미시간 주의 그랜드 래피드와 노스캐롤라이나 주의 샬럿에서 개최되었다. 1948년, 빌리의 집회는 조지아주의 어거스타와 캘리포니아 주의 모데스토에서 있었다.

1947년 어느 때, 빌리는 미네소타 주의 미네폴리스에 있는 노스웨스턴 학교에서 설교를 요청받았는데, 거기에서 총장이었던 라일리(W. B. Riley) 박사는 그를 한쪽으로 불러서 빌리가 다음 학장이 되었으면 좋겠다고 했다. 빌리는 20대 후반이었기 때문에 놀랐지만 앞으로의 먼 미래에 일어날 일이라 생각했었다. 그러나 라일리는 86세였고 건강은 좋지 못했다.

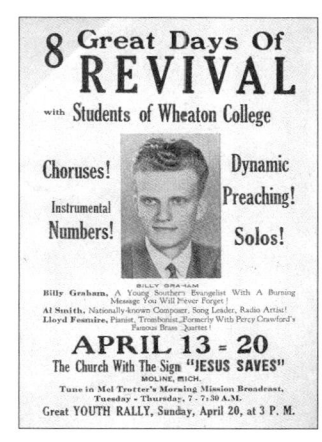
▲ 빌리 그레이엄 캠페인 프로그램

1947년 12월 5일에 숨을 거두었고 비록 빌리가 학부 학위보다 높은 학위를 갖지 못하였고 겨우 4년 전에 졸업을 하였지만, 이사회는 고인이 된 학장의 소원을 존중하여 노스웨스턴 학교의 학장직을 그에게 주었다. 불길한 예감은 있었지만 빌리는 임시 직위로 수락하였다.

빌리가 자신이 호박벌 집 안으로 발을 디디고 들어왔다는 것을 아는 데는 오래지 않았다. 학교는 새로운 행정 빌딩을 세운지 얼마 되지 않았기 때문에 재정이 부족하였다. 빌리는 어떻게 학교의 재정을 튼튼하게 하는지 알았지만 그것을 지켜봐야 하는 경험과 인내심이 부족하였다. 그는 하룻밤에 큰 변화를 주고 싶어 하였지만 많은 이사들은 불편해 하였다. 그는 또한 복음을 전파하기 위해 거의 모든 시간을 길에서 보냈다. 빌리는 분명 노스웨스턴에서 분위기를 쇄신하는데 잠재적인 리더쉽이 있었다. 하지만 그가 학교에게 필요한 주의를 기울였을까?

다음 해 빌리는 궐석 학장으로 명목상 최고위자가 되었지만, 대학은 스스로 헤쳐나가기에 안간힘을 쓰고 있었다. 빌리는 그의 복음주의 목표에 더해 대학을 위한 기금모금을 감당했고, 일은 상당히 진척이 되었다. 돈이 들어오기 시작하자 이내 재정적인 상황이 나아져, 교직원의 월급도 적당한 수준으로 상향해 줄 정도가 되었다. 거친 상황에도 불구하고 빌리가 1950년에 사임하려고 했을 때, 이사회는 그의 퇴직을 반대하였다.

한편, 그레이엄 부부는 두 명을 가족에 추가하였다. 앤 모로 그레이엄이 1948년 5월에, 그리고 '버니'라고 별명이 붙여진 룻 벨 그레이엄이 1950년 12월에 태어났다.

성경은 오류가 있는가?

이 무렵에, 빌리에게는 새로운 고충이 있었다. 그것은 그가 다가올 해에 강력하게 될 메시지를 연마하기 전에 해결해야 할 필요가 있었기 때문이다. '그리스도를 위한 청년'에서 함께 일하면서 만났던 친구 복음전도자인 찰스 템플턴이 빌리를 격려하여 공부를 계속하도록 했는데 이는 그가 설교를 더 향상시키기를 바라는 마음에서였다. 이제 성경 대학의 학장으로서 그가 친구의 조언을 따라서 박사학위를 받는 것이 적절할 것 같았다. 템플턴은 토론토에서의 목사직을 사임하고 프린스턴 신학교에 등록하였다. 그와 빌리는 매우 짧은 기간에 가까워졌다. 템플턴이 그가 배운 것에 관한 신학적인 문제, 특별히 성경의 권위와 정확성에 관해 고심하고 있을 때 빌리는 그의 마음을 분명하게 했다. 몇 년에 걸쳐서 빌리는 독서를 넓혀 갔고 신정통주의자의 개척자인 칼 바르트(Karl Barth)와 레인홀드 니버(Reinhold Niebuhr)를 그의 독서 명단에 포함시켰다. 오래지 않아서 그들의 저술이 빌리로 하여금 그가 어린 시절부터 가졌던 많은 신념에 대해 질문을 하도록 했다. 그는 결코 복음의 핵심 메시지나 그리스도의 신성을 의심하지 않았지만, 많은 다른 주요한 이슈들이 몰려 왔다. 그래서 빌리는 이러한 주제에 대해 더 많은 시간을 보내기로 결심했고, 특별히 하나님의 말씀의 영감과 무오성에 대해서였다.

양측에 대한 신학자와 학자의 저술을 읽으면서, 빌리는 더 혼란스러웠다. 그는 바울이 쓴 "모든 성경은 하나님의 감동으로 된 것으로 교훈과 책망과 바르게 함과 의로 교육하기에 유익하니"(딤후 3:16), 또한 바울이 쓴 "예언은 언제든지 사람의 뜻으로 낸 것이 아니요 오직 성령의 감동하심을 받은 사람들이 하나님께 받아 말한 것임이라"(벧후 1:21), 또한 예수님 자신이 말씀하신, "천지는 없어질지언정 내 말은 없어지지 아니하리라"(마 24:35)을 알고 있었다. 성경은 진실로 영감된 것인가? 그것은 하나님의 감동으로 쓰인 것인가?

이 주제가 찰스 템플턴과의 일련의 대화의 화두였다. 템플턴의 철학과 인류학의 연구는 그로 하여금 성경을 문자적인 진리보다는 상징적인 것으로 읽도록 했다.[25] 그레이엄은 찰스가 자신에게 제시하는 대로 모든 이슈를 이렇게 접근할 수 없음을 발견했으나, 만약 그가 하나님과 그분의 부르심에 충실

---

25. Gibbs and Ostling, "God's Billy Pulpit."

하다면, 성경의 정확성을 고수하며 문자 그대로 해석해야 함을 느꼈다. 템플턴은 그에게 그러한 입장은 50년 전의 이야기이라며 다음과 같이 주장했다. "사람들은 더 이상 성경을 당신이 하는 것처럼 감동으로 쓰인 것이라 받아들이지 않는다. 당신의 믿음은 너무 단순하다. 당신의 언어는 구식이다. 당신의 사역에서 성공하려면 새로운 용어를 배워야 한다."[26]

이 무렵 한 컨퍼런스에서, 빌리는 할리우드의 제일장로교회의 종교교육의 이사인 헨리타 미어스(Henrietta Mears)를 만났다. 비록 그녀는 찰스 템플턴과 같이 성경에 대한 현대 사상에 대해 식견이 있었지만, 예수님에 대한 열정은 매우 남달랐다. 그녀는 성경에 대한 진실성에 매우 확신이 있었고 그녀의 학생들에 대한 동정심도 빌리가 전에 경험하지 못한 수준이었다. 비교하자면 템플턴의 열정은 오직 지식주의를 위한 것이었다. 빌리는 이 두 사람에 의해서 만들어진 길을 선택해야 했다.

빌리는 될 수 있는 한 최대로 솔직하게 찰스에게 말하기를, "이보게 찰리, 나는 이 질문을 해결할 만한 충분한 생각은 없네.... 이 세상에서 가장 뛰어난 머리의 소유자가 보고 양측을 판단해야지... 나는 시간, 의향, 그것을 추구할 머리도 없네. 만약 내가 '성경이 말하면' 그리고 '하나님이 말씀하시면'이라고 말하면, 나는 결과를 바로 얻는다는 사실을 발견했네. 나는 이제 이 문제에 대해서 더 이상 고심하지 않기로 했네.[27]

템플턴은 그에게 그러한 태도는 지적인 자살행위에 맞먹는다고 했으나, 빌리는 단호했다. 그가 성경을 믿어서 지금 그 순간에 있는 곳에 계속 있게 하던지, 아니면 사역을 떠나는 것이었다. "낙농가가 되기에는 늦지 않았다."[28] 하지만 두 마음을 품을 여지가 없었다. 성경은 하나님의 말씀이거나 아니면

---

26. Nancy Gibbs and Michael Duffy, "Why Christopher Hitchen Is Wrong about Billy Graham," Time, September 18, 2007, http://www.time.com/time/nation/article/0,8599,1662757,00.html.
27. Gibbs and Ostling, "God's Billy Pulpit."
28. Gibbs and Duffy, "Why Christopher Hitchen Is Wrong about Billy Graham."

그렇지 않은 것이다.[29]

여전히 이러한 생각에 고심하면서, 빌리는 산 버나디노 마운틴에서 밤늦은 산책을 하면서 이 논쟁을 종식하기고 결심했다. 아름다운 밤이었고 달이 나왔다. 그는 무릎을 꿇고 나무의 그루터기 위에 성경을 펼친 후 기도했다.

> 오 하나님! 성경에는 제가 알지 못하는 많은 것이 있습니다. 제가 풀지 못하는 많은 문제가 있습니다. 겉으로 보기에는 많은 모순이 있습니다. 현대 과학과 맞지 않는 듯한 영역이 있습니다. 저는 찰스나 다른 사람들이 제기한 철학적이고 심리학적인 질문에 대답할 수 없습니다.
>
> 아버지, 저는 당신의 말씀을 믿음으로 받아들입니다. 저는 믿음을 내 지적인 질문과 의심을 넘어서서 나가도록 하며, 이것이 당신의 감동된 말씀임을 믿습니다.[30]

그가 무릎을 펴서 일어날 때, 그는 몇 달 만에 처음으로 하나님의 임재의 힘을 감지했다. 그의 영의 싸움이 끝났다.

다가올 몇 해 동안, 레인홀드 니버는 빌리가 너무 단순하게 설교한다고 비난했다. 그는 인간의 상태가 빌리가 말하는 것보다 훨씬 더 복잡하며 그의 답변은 범위가 너무 한정되었다고 말했다.[31] 템플턴은 자서전에 이렇게 썼다.

> **빌리는 믿음으로써 성경을 하나님의 말씀으로 받아들이기로 결심했다.**

> 나는 기독교에 대한 그의 관점에 대해서 그와(빌리) 완전히 동의하지 않습니다. 그가 강단에서 말하는 많은 부분은 유치한 넌센스입니다. 그러나 그에게는 가식이 없습니다. 그는 그가 믿는 것을 믿습니다....아무도 꺾을

---

29. Gibbs and Ostling, "God's Billy Pulpit."
30. Graham, *Just As I Am*, 139.
31. Gibbs and Duffy, "Why Christopher Hitchen Is Wrong about Billy Graham."

수 없는 순수함으로, 그는 내가 신뢰하는 유일한 대중 전도자입니다. 나는 그를 그리워합니다.[32]

성회에 착수하다

이 결정에 따라 빌리는 수십 년 동안 계속 될 사역의 발판이 될 수 있는 성회에 직면했다. 1949년 플로리다 주의 마이애미, 매릴랜 주의 볼티모어, 펜실베니아주의 알투나, 그리고 캘리포니아 주의 로스엔젤레스에서 네 개의 집회가 예정되었다. 로스엔젤레스에서의 마지막 성회에서 비록 전 세계는 아니지만 처음으로 전국의 이목을 사로잡았다.

'더 위대한 로스엔젤레스를 위한 그리스도'(Christ for Greater Los Angeles)라는 조직이 빌리를 초청하여 다음 부흥회에서 설교하도록 했는데 9월 마지막 주에 시작하고 3주 동안에 진행되었다. 빌리는 동의했지만 약간의 조건이 있었다. 첫째, 많은 교회가 참여해서 가능한 한 많은 교파가 포함되기를 원했다. 둘째, 7천에서 2만5천 달러가 모금이 되어서 행사를 광고하고 촉진하도록 요청했다. 셋째, 5천 명 이상의 좌석을 수용할 수 있는 큰 천막을 원했다. 그의 경험은 집회가 진행될수록 회중이 늘어난다는 사실을 가르쳐 주었다. 빌리는 디 엘 무디의 부흥 기술을 채택했는데, 부흥이 성공하기 위해서 그와 같은 기술이 필요했기 때문이다.

이때까지만 해도 부흥사들은 2,000명이 모이고 50명이 초대에 앞으로 나온다면 집회가 성공적이라고 간주했다.

로스엔젤레스에서의 성공은 미디어였는데 빌리는 이것이 전 세계에 충격파를 던진다는 것을 감지했다. 그는 주최 측에 기대치를 너무 낮게 잡지 말라고 했다. 그러나 많은 사람들은 빌리가 너무 자만심에 빠져 있고 그가 요구한

---

32. Charles Templeton, An Anecdotal Memoir, http://www.templetons.com/charles/memoir/evang-graham.html.

돈은 너무 많다고 생각했다. 어떤 사람들은 심지어 그가 개인적으로 돈을 착복하기 위해 그 많은 돈을 요구한다고 주장했다. 빌리의 리더쉽 능력은 결국 우세했고, 위원회의 많은 수가 그의 큰 비전을 수용해서 행사가 진행되도록 하였다.

성회의 밤에, 부흥은 마치 쉬익 소리를 내며 꺼져 버리는 것 같았다. 미디어는 행사를 취재하는 데에 무관심한듯 하였으며, 조직위는 그들이 조금이라도 취재를 하는지 의문이었다. 사전 언론 모임이 엉성하게 조직이 되었다. 지역 신문에는 기사가 한 줄도 나오지 않았다. 단지 교회 섹션에 인쇄하기 위해 조직위원회가 구매한 광고 외에는 아무 정보도 인쇄된 것이 없었다.

빌리는 그럼에도 불구하고 밀어붙였다. 그는 베버리힐스에 있는 할리우드 유명인의 그룹 초청에도 응하였다, 거기에 갔을 때 그는 스튜어트 햄린을 만났는데, 그는 담배 회사의 후원을 받는 유명 지방 라디오 프로그램을 가지고 있었다. 그는 빌리에게 그가 그의 쇼에 초대할지도 모른다고 했고, 만약 그렇게 한다면 그는 그의 천막을 채울 수 있을 것이라 했다. 빌리는 그가 농담을 한다고 생각했지만, 그의 배려에 감사를 표현하였다.

팀은 모든 행사를 기도로 감싸기로 결심했다. 모든 팀원들은 가능한 한 기도했다. 사오십 명이 함께 모여서 각 저녁 집회 전에 모여서 기도하였다. 그들은 앞자리에 앉았고 후에는 따라 앞으로 나온 사람들과 함께 기도하곤 했다.

집회는 계획대로 시작되었다. 처음에 모인 회중은 약 삼천 명이었고 (일요일 오후는 약 사 천 명), 천막은 채워지지 않았다. 또한 빌리는 기독교인이 아닌 사람보다는 이미 구원을 받은 회중에게 설교하는 것을 발견했다. 이것이 제단에서의 부름에 응답하는 수가 적었던 이유였다. 마지막 주로 다가가면서 예산이 맞아 떨어졌다. 그는 짧은 동안이지만 집회를 연장할 가치가 있다고 생각하고, 이 문제에 대해 기도하였다.

일단 집회가 시작되자, 스튜어트 햄린은 자신이 한 말이 맞다는 사실을 증명하였다. 그는 빌리를 그의 라디오 쇼에 초대했다. 빌리는 몇 명의 조직위원들이 할리우드와의 친분으로 그가 쇼에 출연하는 것에 화가 난 것을 알았지만, 만약 이를 통해 죄인들을 천막에 데리고 올 수 있다면 그들을 직접 초대할 수 있는 길을 찾아야 한다고 느꼈다. 스튜어트의 열정은 라디오를 끓어오르게 하였다. 그는 청취자에게 "빌리 그레이엄의 천막으로 가서 설교를 들으라."[33]고까지 하였다. 빌리는 스튜어트 자신이 직접 참여한다고 발표할 때 매우 놀랐다. 스튜어트가 참석했을 때, 그는 자신이 기대했던 단순한 오락과는 다르다는 사실을 깨닫게 되었다. 그는 빌리가 성회에서 말한 것을 듣고 고심했다. 그는 화를 내며 반복적으로 집회를 나갔다 다시 돌아오기를 반복했다. 결국 이 행사를 전환시킨 것은 스튜어트 자신의 회개와의 씨름이었다.

빌리와 그의 친구들은 기드온의 예를 따르기로 했다. 그들은 양털 뭉치를 내보이며, 하나님께 성회를 연장할지를 묻는 표적을 구하였다. 스튜어트는 그 표적을 제공하는 결과를 보였다. 양털 뭉치를 내놓은 다음날 아침인 새벽 4:30에 스튜어트는 빌리에게 전화를 해서 그가 로비에 있고 지금 당장 만나자고 하였다. 빌리는 룻을 깨웠고, 그래디와 윌마 윌슨과 함께 옆방에 기도하러 갔다. 빌리가 옷을 차려입었을 때, 스튜어트와 그의 아내이자 오랫동안 그를 위해 기도해왔던 수지가 그의 방으로 왔다. 스튜어트와 빌리는 잠시 대화를 나누고, 그런 후에 기도했다. 스튜어트는 자신의 마음을 주님께 드렸다. 다음 저녁의 예배에서 빌리와 조직위원은 그 성회가 아직 끝나지 않았다고 보아 연장하기로 결정하였다. 그러나 얼마나 연장할지는 아직 결정하지 않았다.

"기막힌 그레이엄"

연장된 성회의 첫 주에, 스튜어트는 라디오에서 자신의 간증을 방송했고, 관심은 더해만 갔다. 빌리와 그의 팀은 다시 성회를 연장할지를 결정하는 다

---

33. Graham, *Just As I Am*, 147.

른 양털 뭉치를 내보였고, 그 응답은 다음날 저녁 집회에서 왔다. 그들이 나타났을 때 그곳은 기자와 사진사로 들끓었다. 그들이 처음 보는 언론이었다. 빌리가 기자에게 왜 언론이 새롭게 호기심을 가졌는지를 묻자, 그들은 "당신은 윌리엄 랜돌프 허스트에게 호의를 받았어요." 왜 그런지 모르겠지만 자신의 권력을 이용해 일을 추진하는, 성미가 고약한 언론사의 거물인 허스트는 그레이엄이 영적인 부흥을 촉구하는 열렬한 애국자라고 들었다. 허스트는 그레이엄이 미국이 들어야 할 필요가 있는 메시지를 갖고 있다고 판단하여, 그의 편집장에게 단순한 두 마디의 전보를 보냈다: "기막힌 그레이엄"[34] 이것이 빌리의 전도를 영원히 바꾸었다.

전날 석간의 「로스엔젤레스 헤럴드 익스프레스」(Los Angeles Herald Express)의 헤드라인과 같이, 다음날 조간의 「로스엔젤레스 이그재미너」(Los Angeles Examiner)에서의 헤드라인도 이 성회에 대해 보도했는데, 두 신문 모두 허스트 소유의 신문사였다. 보도는 뉴욕, 시카고, 샌프란시스코, 그리고 디트로이트, 심지어는 경쟁사의 신문에까지 확산되었다. 조직위원회는 다시 캠페인이 계속 진행되어야만 하는 표적을 갖게 되었고 빌리가 전에 요청했던 더 큰 천막은 이제 넘치게 되었다.

11월 14일, 타임지는 로스엔젤레스 캠페인을 보도했다. 기사는 빌리를 미국의 위대한 차기 부흥사로 극찬했다.

> "우리는 위대한 조국의 부흥의 목전에 서있습니다," 빌리는 말했다. "구식이지만 하늘이 보낸 성신의 부흥이 전국을 휩쓸고 있습니다…. 요엘의 말씀에 따르면: '추수가 무르익었을 때 낫을 대어라.'"
>
> 이번 주에, 로스엔젤레스 도심의 큰 서커스 천막에서(역사상 가장 큰 부흥 천막) 복음전도자 그레이엄은 빌리 썬데이 이래로 아무도 할 수 없었던 부흥의 낫을 휘두른 것 같았다. 사업가, 목회자 그리고 크리스천 엔데버

---

34. Gibbs and Ostling, "God's Billy Pulpit."

(Christian Endeaver), 그리스도를 위한 젊은이(Youth for Christ), 그리고 기드온스(Gideons)와 같은 그룹들에 의해서 후원과 지원을 받으면서, 빌리는 4주간의 부흥을 인도하기 위해 9월에 도착했다. '더 위대한 로스엔젤레스를 위한 그리스도'(Christ for Greater Los Angeles)의 이름 아래에 결집된 그레이엄의 후원자들은 그가 단지 4주간만 집회를 인도하기를 기대했었다. 그러나 이번 주에 그는 원래 계획된 약속을 두 주 연장했다. 그리고 매일 밤 더 많은 청중을 모여들게 하였다. 약 250,000명이 그의 설교를 듣기 위해 몰려들었다. 천막은 6,280명을 수용할 수 있었지만 참석자들은 거리에까지 넘쳐났다. 로스엔젤스에서 유명하다는 거의 모든 목회자가 빌리 그레이엄의 붐비는 연단에 모습을 드러냈다....

금발에 트럼펫 모양의 가슴을 지닌 노스캐롤라이나인 윌리엄 프랭클린 그레이엄 주니어는 미니어폴리스에 있는 노스웨스턴 학교의 학장이기도 하며, "내 영혼에 큰 부흥을 보내소서"라는 무대에 서는 순간부터 커다란 청중을 압도한다. 깊고 깊은 그의 목소리에 힘을 주는 핀마이크는 연단 위를 걸으며 말을 하도록 하고, 발꿈치를 들어 올리며 요점을 말하며, 그의 주먹을 불끈 쥐고, 하늘을 향해 손가락을 찌르며, 그리고 그의 말을 천막의 가장 구석까지 전달하고자 한다.[35]

『내 모습 이대로』(*Just As I Am*)에서, 빌리는 더해지는 취재에도 불구하고, 다음에 무슨 일이 일어날지는 신문 헤드라인에서 설명될 수 없다고 말했다. 결국 마음을 변화시키시는 분은 하나님이시다. 간증은 스튜어트 햄린과 매우 유사하게 실렸다. 어느 날 밤, 조직폭력단을 도청하는 범죄로 재판 중이었던 기술자 한 명이 와서 구원을 받았고, 빌리에게 실제 조직폭력단의 우두머리인 미키 코헨을 만나서 그에게 복음을 전하는 보기 드문 기회가 주어졌다. 다음날 조간신문의 헤드라인은 만남을 비밀로 유지하기 위해 할 수 있는 모

---

35. "Sickle for the Harvest," Time, November 14, 1949, http://www.time.com/time/nation/article/0,9171,934304,00.html.

든 일을 했던 사람들을 놀라게 했다. 다시 빌리가 주목을 받게 했다: "복음전도자가 코헨을 구원시키도록 노력했다고 도청자가 고백했다."

천막은 청중을 수용하기 위해서 규모가 두 배로 증가되어야 했고 삼천 좌석이 추가되었다. 매일 허스트가 소유한 신문사와 관련이 없는 신문까지도 성회를 보도했다. 초기의 부흥에서 일어난 것처럼 성회는 종교적인 집회로뿐 아니라 호기심의 대상이 되었다. 사람들은 여러 가지 이유로 몰려들기 시작했다. 어느 날은 한밤중에 철문에서 나는 딸그락 거리는 소리가 경비담당자의 잠을 깨웠다. 그가 조용히 가보니 한 남자가 있었는데 예수를 만나고자 왔다고 했다. 이 경비담당자는 자신의 교회에서 휴가를 내고 성회를 돕기 위해 온 목사였기 때문에, 그 자리에서 그와 함께 구원을 위해 기도했다.

이러한 일대일 기도는 캠페인의 나머지 기간 동안 유행이 되었다. 사람들은 기도를 함께 할 사람을 찾아갔고, 집회가 끝난 몇 시간 후에도 남아 기도하였다. 그들은 홀로 또는 두 명씩 짝을 이뤘다. 설교는 마음에 역사하시는 성령에 부차적인 요소인 것처럼 보였다. 어느 날 밤에는 어떤 남자가 술집에서 바로 집회로 왔다. 설교 중간에 그는 복도를 걸어왔고, 그와 함께 기도해 줄 사람을 찾았다. 빌리가 그래디 윌슨에게 그를 데리고 부속 기도 천막으로 가달라고 요청했다. 그러자 수십 명이 따라갔는데 이는 설교가 마치기도 전이었다.

이내 부흥은 영화 상영 전에 방영하는 뉴스에서도 등장하였다. 이는 당시 커다란 관심거리였음을 의미한다. 빌리의 얼굴은 전국적인 관심을 받게 되었다.

5주가 거의 끝날 무렵, 강력한 밤 집회는 무르익어 갔다. 빌리는 또다시 설교를 준비하기 위해 하루에 여섯에서 여덟 시간을 보내야 했다. 그의 명성으로 인해 시민 모임, 교회, 학교 모임, 인터뷰, 부유하고 유명한 사람들의 집에서 이뤄지는 복음주의들과의 파티에 참석하는 등 밤 집회 천막에 오기 전에 이와 같은 일정이 매일 진행되었다. 예배 후에는 기도 일꾼이나 봉사자들이 머무르면서 앞으로 나오는 사람들과 대화하며 함께 기도하였다. 빌리는 다른 사람들이 대신 와서 설교를 하도록 하였으며 그래야 휴식도 취하고 다음 설교를 준비할 수 있었다. 그럼에도 불구하고, 조직위원회는 8주간의 집회를 끝내도록 하지 않았다.

참석자의 수가 줄어든다 해도 집회는 끝나지 않았다. 마지막 일요일 오후 예배에서 11,000명 이상이 입장하기 위해 두 시간 줄을 섰고, 천막은 다시 넘쳐나기 시작했다. 수천 명이 천막 안으로 들어올 수 없어서 밖에 서 있었는데 가능하면 빌리의 설교를 엿듣기라도 하기 위해서 가까이 몰려들었다. 8주간 동안, 수십만 명이 그에게 왔고, 수천 명이 제단으로의 부르심에 응답하였고 그중 82 퍼센트는 교회를 다니는 사람이 아니었으며, 다른 수천의 사람들은 그리스도에게 자신의 삶을 재헌신하기 위해 앞으로 나왔다.

기대하지 못했던 일들이 일어났다. 빌리 그레이엄은 이제 전국적으로 알려진 명사가 되었다.

성회가 흘러넘치다

로스엔젤레스 성회는 반짝 성공이었을까? 분명 그렇지 않다. 빌리가 보스톤으로 가자 성회는 도시의 새해 전날 밤 행사로 가장 큰 청중을 모았다. 성회는 13,000명을 수용할 수 있는 보스톤 가든으로 옮겼다. 추가 좌석이 필요했기 때문이다. 그래도 수천의 사람들은 돌아가야만 했다. 다음 행사 전의 훈련과 기도를 통해 극복해야 하는 새로운 도전과 난관을 맞이하면서, 빌리의 조직 능력은 점점 세련되어 갔다. 빌리와 그의 일원들은 큰 규모의 청중을 다루고 복음전도의 계획을 관리하는 것을 재정비하면서, 참석자와 회심자 모두를 조직적으로 인도할 수 있도록 만들어 갔다.

1950년 봄 빌리는 조지 휫필드가 했던 것을 반복하는 특별한 기회가 있었다. 그것은 보스톤 커먼 관광지에서 전도하는 것이었다. 비록 빌리의 청중이 규모면에서 휫필드의 50,000명 보다 두 배 이상이었지만, 그는 "하나님이 뉴잉글랜드를 다스리실까?"라는 동일한 설교 제목을 사용하여 그의 전임자에게 경의를 표했다.

그해 후반에 오레곤 주의 포틀랜드에서의 큰 성회는 새로운 문제를 낳았다. 행사를 위해 들어왔던 돈이 성회에 필요한 돈보다 훨씬 많았다. 빌리가 그의 청중들에게 그 돈을 라디오 방송에 쓰겠다고 말했지만 그 돈을 어디에다 보관해야 할까하는 고민이 생겼다. 그는 자신의 이름으로 된 개인 계좌에 넣어 소득세를 물게 되는 것을 원치 않았다. 해결책은 그래디 윌슨과 클리프 배로우스가 이 복음전도를 관장할 비영리 상위기관으로 빌리 그레이엄 복음협회(Billy Graham Evangelistic Association)를 창설하는 것이었다.

나이 32살에, 빌리는 미국에서 가장 유명한 크리스천이 되었다. 그는 동시에 여러 다른 프로젝트에 참여하는 기회를 가졌다. 그 후 몇 년 동안 그는 영화 산업에서도 일하기 시작했는데 젊은 사람들을 그리스도에게로 이끄는 영화를 제작하기도 하였다. 그의 라디오 쇼인 '결단의 시간'도 시작되었다. 잡지를 위한 구조의 윤곽을 보여 주었는데, 그것은 「오늘의 크리스천」(Christianity Today)이 되었다. 그는 마침내 텔레비전에도 참여하게 되었다.

> 나이 32살에, 빌리는 미국에서 가장 유명한 크리스천이 되었다.

빌리의 유명세가 증가하고 그의 반대파가 확장되면서, 언론 브도는 더욱 비평적이 되었다. 빌리와 그의 팀은 어느 누구도 자기 아내가 아닌 여자와 한 방에 홀로 있지 않도록 하는 보호 장치를 만들었고 그들의 일원들이 호텔방이나 집회장소를 청소할 때면 몰래 숨어서 낯 뜨거운 장면을 사진 찍기를 원하는 사람들이 그 안에 있는지를 확인하도록 하였다. 이러한 일들은 거의 한 번 발생했다. 한 여자와 한 명의 카메라맨이 방에 숨어 있었는데 보도된 바로는 다른 유명한 목회자였던 것으로 드러났다.

그 당시 아틀란타에서 집회 후 빌리와 클리프 배로우스의 헌금 모금은 지역 목회자의 연봉을 초과하는 금액이었다. 빌리와 룻은 삼분의 일을 나눠 주고, 빌리 스스로도 협회의 급여를 받아 비슷한 문제가 다시 발생하지 않도록 하였다. 그의 비서 팀은 그의 협회의 장부를 공개하여 그들이 성회 기간 동안에 받은 헌금을 어떻게 사용하는지를 물을 필요가 없도록 했다. 이 장부들은 또한 정기적으로 심사를 받았다. 1980년대 당시 사역의 주된 유혹 중의 -여자, 금, 영광- 하나에 굴복하여 다른 사역이 와해되고 문제를 초래할 때 빌리 그레이엄과 그의 기관은 성실과 재정 투명의 높은 기준을 따랐기 때문에 아무 탈이 없었다.

1952년, 노스웨스턴은 결국 빌리의 학장 사임을 수락했다. 학교의 수장으로서 성회를 지속한다는 것이 너무 바쁜 일임이 명백했다. 빌리의 가족도 물론 커져 갔다. 그레이엄의 두 딸에 이어 두 아들이 출생했다: 윌리엄 프랭클리 그레이엄 3세(가족에 의해 '플랭크린'이라 불렸다)는 1952년 7월 14일에 태어났고, 넬슨 에드먼(가족에 의해 '네드'라 불렸다)은 1958년 5월에 태어났다. 오늘날 두 아들은 그의 사역에 함께하고 있다. 플랭크린은 2005년 빌리의 마지막 성회 이후로 회장직을 맡았다. 그러나 빌리 그레이엄 복음 협회는 단지 생존만을 위해 일하지 않았다. 빌리는 아무도 할 수 없었던 신기원을 개척했다. 1977년 그는 철의 장막을 넘는 첫 설교를 하였고 헝가리에서 성회를 열었다. 1992년에 그는 지구상에서 가장 크리스천을 반대하는 북한의 주석 김일성에게 성경과 『하나님과의 평화』(Peace with God)라는 그의 책을 주었다. 일을 단순하게 처리하며 그가 초대받은 곳 어디나 복음을 들고 간다는 그의 천성이, 정치나 여론과 관계없이 그를 다른 사람이 가지 못한 곳으로 가게 했다.

대통령들을 위한 목사

1950년 7월 14일, 빌리는 백악관을 첫 방문했다. -이것은 그의 최고와는 거리가 멀었다. 의회에서의 후원자 영향을 통해서 빌리는 해리 트루먼 대통령을 만났는데, 그는 사실 빌리와 만나기를 꺼려했었다. 6월 25일 북한과의 전쟁이 발발하게 되었는데 이는 만남 약속 며칠 후였다.

그래디 윌슨, 클리프 배로우스, 그리고 제리 비번이 빌리와 동행했다. 트루먼은 화기애애했지만 이 사람들이 아이스크림 색깔의 양복을 입어서 목회자로 영접해야 할지 아니면 연예인으로 영접해야 할지가 애매했다. 빌리는 로스엔젤레스와 보스톤에서의 부흥의 최근 성공을 이야기했다. 그리고 4월에 평화를 위한 기도와 전국적인 회개의 날을 선포해 달라고 그가 대통령에게 요청했다는 사실을 상기시켰다. 그것은 소련이 핵무기를 적재하고 있다는 뉴스 발표에 따라 전쟁을 피하고자 소망했기 때문이다. 트루먼은 인정한다는 듯 고개를 끄덕였다. 그레이엄은 그의 신앙적인 배경을 물었다. "글쎄요, 저는 산상수훈과 황금률에 따라 살려고 합니다." 대통령은 대답했다.

"대통령 각하, 이것은 그 이상입니다. 대통령께서 필요한 것은 그리스도와 십자가에서의 그분의 죽음에 대한 믿음입니다."

트루먼이 서서 조용히 모임을 마치려고 할 때, 빌리는 떠나기 전 그와 함께 기도할 수 있는지를 물었다. "해가 될 것은 없겠지요."라고 트루먼이 대답했다. 그래서 빌리는 대통령의 어깨를 감싸고 모두 함께 기도했다.[36]

다시 밖에서는, 빌리와 그의 팀이 언론에 즉각 둘러싸이게 되었다. 이런 돌발적인 사태에 준비가 되지 않았던 빌리는 대통령 집무실에서 일어났던 모든 일을 기자들에게 말하는 실수를 저질렀다. 이 경솔함이 트루먼 임기 내내 백악관에서의 대통령 만남이 이루어지지 못하게 하기도 하였다. 후에 빌리는 트루먼이 자신을 언론에 이름을 올리고 싶어 하는 사람쯤으로 본다는 것을 알았다. 1951년 워싱턴으로 계획된 성회에 대해 트루먼은 발표했다: "키웨스트에서 대통령은 빌리 그레이엄의 워싱턴 부흥 집회를 지지하지 않을 것이며, 특히 백악관에 다시는 그를 초대하지 않을 것이라고 말씀하셨습니다. 지난번 그곳에서 빌리 그레이엄이 한 쇼를 기억합니까? 대통령께서는 그것이 되풀이 되지 않기를 바라십니다."[37]

빌리는 교훈을 삼았고 대통령의 신뢰를 다시는 남용하지 않았다. 그는 다

---

36. Graham, *Just As I Am*, xx-xxi.
37. Ibid.

음 55년간 모든 대통령의 절친한 친구가 되었다. 그는 아이젠하워부터 조지 W. 부시까지 모든 대통령을 만났고 -총 11명의 대통령- 이것으로 인해 조지 H. 부시는 그를 '미국의 목사'라고 불렀다.

1950년대 초반 빌리는 상황이 급변하였다. 트루먼에 의해 배척당한지 일년이 채 안 되어서, 그는 드와이트 아이젠하워에게 편지를 쓰고 대통령에 출마하기를 격려했다. 그것은 매우 이례적이었다. 그것은 그가 남부출신이고 침례교도로서 태어나면서부터 기본적으로 민주당이었기 때문이다. 당시에 아이젠하워는 당 합류를 선포하지 않았었다. 그가 공화당 대통령 후보로 출마했을 때, 빌리는 그에 대한 비밀의 지지가 흔들리지 않았다. 아이젠하워가 빌리에게 그를 도와서 신앙적인 관점을 자신의 연설에 부여하도록 요청했을 때, 빌리는 기꺼이 도움이 될 만한 성경 구절을 제안했다. 그러나 그는 복음을 위한 강단이 정치를 위해 잘못 사용되는 것을 원하지 않았기 때문에, 그를 지지하는 성명서를 발표하지 않도록 주의를 기울였다. 아이젠하워는 이 점에 대한 그의 진실성에 찬사를 보내기도 하였다.

빌리는 대통령 임기 내내 '아이크'와 친구가 되었다. 비록 대통령을 별명으로 부르지는 않았지만 말이다. 백악관에서는 '대통령 각하'였고 그 전에는 '장군님'이었다. 그러나 빌리는 곧 그의 친구와 동료가 원하는 자신의 가치를 알게 되었다.

1955년경에, 아이젠하워는 빌리에게 자신이 구원을 받았는지를 어떻게 알 수 있는지를 물었다. 빌리는 흥미롭게도 이렇게 말했다. "다른 사람과 마찬가지로 저는 그의 질문에 대답할 수 있다고 생각하지 않습니다."[38]

존 웨슬리, 찰스 피니, 심지어 피터 카트라이트도 그 문제에 대해 열심히 노력을 기울였다. 그들 각각의 대화의 경험은 어떻게 사람들이 구원을 얻었는지를 아는가에 대한 가르침에 영향을 미쳤다. 빌리는 존 케네디가 이 세상

---

38. Nancy Gibbs and Michael Duffy, "Billy Graham, Pastor in Chief," Time, August 9, 2007, http://www.time.com/time/magazine/article/0,9171,165125,00.html.

이 어떻게 종말을 맞이할 것인가를 물었을 때 더 철저히 대답했다.[39] 이것이 믿음의 세대에 나타난 뚜렷한 실제이다. 오늘날 계시록을 연구하며 몇 년을 보내면서도 성령의 은사 강좌는 한 번으로 마치지 않는가?

빌리는 곧 그가 다른 일반 사람들에게 사역을 하듯이 미국의 대통령에게도 그렇게 해야 할 필요성을 느끼게 되었다. 그는 그들에게 영혼의 운명을 돌보기 위한 것 외에 다른 어떤 것을 설득하기 위해, 그리고 그들이 가장 열렬한 지지자들을 사랑하는 만큼 그들을 반대하는 사람

> 빌리는 그가 다른 일반 사람들에게 사역을 하듯이 미국의 대통령에게도 사역을 해야 하는 필요성을 느끼게 되었다.

들을 사랑할 필요가 있다는 것을 증명하기 위해 그곳에 있었던 것은 아니다. 빌리는 전국적으로 복음주의자들에 의해 높이 존경받고 좋게 인정을 받는 유명한 사람이 되었기 때문에, 많은 사람들은 대통령과 친구가 되고 그들과 함께 기도하고자 하는 그를 대통령의 지지로 동일시하기도 하였다. 1981년 이러한 수년의 경험과 또 힘겨웠던 실패로 인해서, 그는 이렇게 충고를 했다. "복음주의자는 어떤 특정한 당이나 사람과 긴밀하게 동일시되어서는 안 됩니다. 우리는 중도에 서서 좌우편에 있는 모든 사람에게 복음을 전해야 합니다. 과거에는 나의 이 충고에 충실하지 못했습니다만 앞으로는 그러할 것입니다."[40]

이것은 복음주의자들이 특정 대통령을 선호하는 것에 대한 문제가 거의 아니었지만, 1992년에 빌 클린턴이 대통령에 당선되어서 빌리가 백악관에 그를 방문했을 때, 많은 사람들은 그가 그의 배반자를 그의 믿음으로 돌려놓았다고 말을 했다. 빌리는 수년간 클린턴 부부를 알고 지냈으며, 누가 무엇이라 하던지, 그들에게 그리스도로 향하도록 영향력을 행사하거나 함께 기도를 하는 것과 같은 기회를 거부하지 않았다. 1989년, 빌리가 아칸사스 주의 리틀

---

39. Gibbs and Duffy, "Billy Graham, Pastor in Chief,"
40. Ibid.

락에 있을 때, 힐러리 클린턴이 그를 오찬에 초대하였다. 그의 유일한 조건은, "'나는 아름다운 여인과 단둘이 식사하지 않습니다,'.... 그래서 그들은 호텔 음식점에서 만났고 몇 시간을 대화했다."[41]

몇 년 후, 그는 빌 클린턴에 대해 말하였다. "그가 대통령직을 떠날 때, 그는 복음주의자가 되었어야만 했다, 그는 모든 은사를 가지고 있었기 때문이다." 그리고 덧붙여 말하였다. "그는 나라를 운영하도록 그의 아내를 떠날 수 있었다."[42] 이 발언이 수많은 신앙인들을 화나게 했는데, 대통령으로서 힐러리에 관한 지지로 보았기 때문이다. 플랭클린 그레이엄은 나중에 이 발언이 농담이었다고 분명히 했으나, 비난을 잠재우기에는 역부족이었다. 빌리가 리차드 닉슨 대통령의 사임 후에도 그를 방문했을 때, 민주당원들은 좋아하지 않았다. 닉슨은 빌리를 매우 존경해서 실제적으로 "골다 마이어와의 만남에서 이스라엘의 대사 자격을 제의하기도 하였다. '제가 거기에 간다면 중동은 폭발할 것이라고 말했습니다.' '골다는 테이블 아래로 손을 내밀어 내 손을 꽉 쥐었습니다. 그녀는 크게 안도하였습니다.'"[43]

제랄드 포드 대통령은 한 때 이렇게 말했다. "빌리는 백악관에 와서 나를 안심시켰는데 이것은 국내외 사건의 결정과 변화에 중요한 것이었다.... 당신이 빌리와 함께 있게 된다면, 그가 문제에 관해 도움과 안내를 제공한다는 확실한 믿음을 갖게 될 것이다." 2007년 5월 빌리를 기념하는 행사에서, 빌 클린턴 대통령은 그에 대해 말하였다. "백악관 집무실이나 층계에서 그가 당신과 기도할 때, 당신은 그가 대통령이라는 직함을 위해서가 아닌 진정으로 당신을 위해서 기도한다는 것을 느낄 것이다."[44] 같은 행사 장소에서, 지미 카터 대통령은 말하였다. "나는 빌리 그레이엄에 의해서 영적인 삶의 형태를 갖

---

41. Gibbs and Ostling, "God's Billy Pulpit."
42. Nancy Gibbs and Michael Duffy, *The Preacher and the Presidents* (New York: Center Street, 2007), 340.
43. Gibbs and Ostling, "God's Billy Pulpit."
44. Ibid.

춘 수천 만명 중의 한 사람입니다."[45] 청년으로서 카터는 실제로 조지아에서 빌리의 성회에서 일하기도 했다.

　린던 존슨 대통령은 그가 대통령 궁에서 죽지는 않을까 하는 염려를 빌리에게 표현하기도 했다. 그는 케네기가 암살되었을 때 대통령의 죽음이 나라를 혼란으로 빠지게 하는 것을 지켜보았고, 이것은 그가 남기고 싶지 않은 유산이었다. 존슨은 누구보다 더 이 문제에 대해서 그레이엄에게 털어놓고 싶었던 것이다. "나는 이미 한 번의 심장마비가 있었어요," 그는 1967년에 빌리에게 말했다. "다시 경선에 참여한다는 것은 국민과 당에 좋지 않다고 생각합니다." 그는 심지어 빌리에게 자신의 장례식도 부탁하기도 하였다. 그리고 화려한 것은 원치 않는다고 말하였다. "그저 카메라를 보고 기독교가 무엇인지 말해 주십시오. 어떻게 그들이 천국에 갈수 있는가를 확신하는지를 말해 주십시오. 저는 당신이 복음을 전하기를 원합니다." 그런 후에 또 말하기를, "그런 중간에, 제가 제 조국을 위해서 한 일 몇 가지만 말해 주십시오."[46] 재임 중에 빌리를 가장 많이 초청한 사람은 존슨이었다. 빌리는 백악관을 무려 20회 이상을 방문하였다.

　빌리는 그들이 살아 있을 때와 마찬가지로 죽음을 맞이할 때도 대통령의 가족에게 너무나 친근하였다. 로널드 레이건이 사망했다는 사실을 낸시 레이건이 빌리에게 알려준 것도 가족을 제외하고는 첫 번째였다. 그는 많은 장례식을 집례하기도 하였는데, 그중 최근의 것은 2007년 1월의 제럴드 포드의 장례식이었다. 그 후 몇 달 후인 7월에 버드 존스 여사의 장례식도 마찬가지였다.

　빌리는 또한 11번의 대통령 취임식에 초대를 받았으며, 대부분의 행사에서 대표기도를 하기도 하였다.[47]

---

45. Nancy Gibbs and Michael Duffy, "Billy Graham: 'A Spiritual Gift to All," Time, May 31, 2007, http://www.time.com/time/nation/article/0,8599,1627139,00.html.
46. Gibbs and Duffy, "Billy Graham, Pastor in Chief."
47. "Presidential Inaugural Prayers and Sermons of Billy and Franklin Graham," Wheaton College Billy Graham Archives, http://www.wheaton.edu/bgc/archives/inaugural01.htm.

미국 대통령이 기도하기를 원할 때, 그들은 보통 빌리를 불렀다. 1991년 걸프전이 시작되기 바로 전, 빌리는 부시 대통령과 아내 바바라의 옆에서 백악관의 한밤을 보냈다. 다시 그의 존재가 전쟁을 지지한다고 비난자들은 생각했으나, 빌리는 단지 어려운 시기에 부시 부부를 응원하기 위해서 있었다고 했다. 빌리는 대통령 부부의 충실한 친구였기에 이치에 맞는 말이었다. 1985년, 대통령의 아들 조지 부시와 해변을 오랫동안 걸으면서 당시 40세의 석유 사업가를 구원에 이르도록 했다. 2007년 10월에 그의 89회 생일 전야에, 빌리는 조지 부시와의 백악관 오찬의 손님이었는데 이때가 룻 그레이엄의 사망이 조금 지난 후였다. 대통령은 무엇보다도 백악관이 자신의 교회가 될 사람인 빌리에게 기도와 격려를 받고 싶었던 것이다.

마지막 성회

빌리 그레이엄 복음 협회는 2005년 6월 24-26일, 빌리의 마지막 성회를 계획했다. 뉴욕시 퀸스의 플러싱 메도우스 코로나 공원에서 개최되었다. 이 무렵, 그들은 이 대형 부흥회를 세세하게 조직했으나 만만치 않았다. 첫 번째 단계는 뉴욕시의 반경 80킬로미터 이내의 교회의 목록을 구하는 것이었으나 그러한 목록은 없었다. 하지만 좌절하지 않고, 약 12,000 교회를 포함하는 명단을 만들었다. 모든 교회에 연락하고 교인들을 초대하였다. 이 교회들 중에서, 1,424 교회가 참여하기를 약속했고 80여 개의 교단을 대표하였다. -안식교로부터 빈야드 교회와 심지어 자신들을 히브루 오순절이라 부르는 교회까지 망라했다. 빌리 그레이엄의 성회 역사상 가장 많은 교회의 참여였다. 많은 교회에서 지도자들과 교인들이 초대 받았으며 성회기간에 개최되는 43곳의 세미나에 참여하였고, 기부금을 모금하는 것에서부터 초청장을 가지고 인근에 전도를 하는 일을 하였다. 지원자를 심사하여 성회 조직위원들은 육천 명의 자원봉사자들이 성회 기간 동안에 몰려올 사람들을 만나도록 했다. 이 자원봉사자들은 좌석 안내위원을 포함하지 않았는데 이들만도 조직위원 차트에 5단계로 조직되어 있었다. 다른 여느 빌리의 성회처럼 기도는 행사의 기초였다. 35,000명 이상이 월간 우편 목록에 포함되어서 행사의 전체적인 기도뿐만 아니라 개인 기도 요청도 통지가 되었다.

70,000개 이상의 좌석이 설치되었고, 시설이 갖추어져서 메시지가 13개의 언어로 통역되었는데 타밀어, 헝가리어, 아랍어도 동시에 통역되었다. 부흥의 비용은 자원봉사자의 역할을 제외하고라도 약 6백5십만 달러로 추산되었다.[48]

몇 년 후에 빌리에게 이 마지막 큰 성회에 대해 물었을 때, 그는 단지 이렇게 말했다. "디 엘 무디가 마친 후, 그들은 같은 말을 했다.... 빌리 썬데이가 마친 후에도 그들은 같은 말을 했다. 그리고 내가 마친 후에도 그들은 같은 말을 할 것이다. 하지만 하나님은 나보다 훨씬 나은 또 다른 사람을 세울 것이다."[49] 오, 우리 중에 그런 한 사람이 나오기를!

▲ 빌리가 마지막 성회에서 강단에 서다
(빌리 그레이엄 복음 협회)

예수님의 이름을 전파한 60년

빌리 그레이엄은 185개 이상의 나라와 영토에서 거의 2억1천5백 명에게

---

48. Andy Newman, "Mounting a Billy Graham Crusade Takes Prayers, Mailings, and Many, Many Chairs," New York Times, June 23, 2005, http://www.nytimes.com/2005/06/23/nyregion/23crusade.html.
49. Gibbs and Ostling, "God's Billy Pulpit."

개인적으로 설교했는데 이는 전례 없는 숫자였다. 수백 만 이상이 텔레비전, 비디오, 영화, 전도지, 그리고 웹캐스트를 통해 접근하였다. 417회의 성회에서 3백2십만 이상이 제단으로의 부르심에 순종하여 앞으로 나왔다. 이 숫자는 복음을 전파하기 위해 그가 사용했던 책, 텔레비전, 다른 미디어를 통해 응답한 수를 제외한 것이다. 1996년 4월 빌리 그레이엄 복음 협회는 48개 언어와 160개 나라에 있는 25억의 청중에게 빌리의 설교를 재방송하는 데 후원하였다. 그는 진정한 지구촌 동시 방송을 대표하였다.[50]

이 글을 쓰는 지금 89세의 빌리는 사역에서 은퇴했으며, 그의 '절친한 친구'인 로널드 레이건을 공식 자리에서 물러나게 한 파킨슨병과 고투하고 있다. 빌리는 2007년 8월에 발간한 『설교자와 대통령들』(*The Preacher and the Presidents*)이라는 책에서 놀랄 만큼 명쾌하게 인터뷰하였다. 비록 그의 사역의 일상적인 모든 것이 포함되지는 않았지만, 그는 때때로 빌리 그레이엄 복음 협회를 책임진 그의 아들 프랭클린과 상담한다. 67년간 함께했던 그의 아내 룻은 향년 87세를 일기로 2007년 6월 14일에 별세했다. 룻의 시신은 노스캐롤라이나 주의 샬럿에 있는 빌리 그레이엄 도서관 옆에 안치되었는데 빌리도 언젠간 그녀 옆에 평안히 누울 것이다. 현재는 노스캐롤라이나 주의 몬트릿에서 살고 있으며 그가 태어난 곳에서 멀리 떨어지지 않은 곳으로, 그의 아내가 공공의 생활에서 떨어진 조용한 곳에 만든 집이다. 빌리의 유산은 역사상 가장 위대한 부흥사로 자리매김하면서, 그의 기관과 그의 아들들과 함께 계속될 것이다.

---

50. "William (Billy) F. Graham," Billy Graham Evangelistic Association Web site, http://www.billygraham.org/MediaRelations_Bios.asp?id=0; Newman, "Mounting a Billy Graham Crusade Takes Prayers, Mailings, and Many, Many Chairs," and David Aikman, *Great Souls: Six who Changed a Century* (Lanham, MD: Lexington Books, 2003), 4.

결론

존 웨슬리로부터
빌리 그레이엄까지

●

: 복음전도의 그 시작으로부터 현재까지

존 웨슬리가 칼빈주의의 예정론의 수중으로부터 구원을 살피고, 하나님과 바른 관계에 반드시 필요했던 십자가상에서 예수님이 하신 일을 구하고 찾는 것을 개인에게 돌렸을 때, 복음주의는 사실상 태동한 것이었다. 존 웨슬리, 조지 휫필드, 찰스 피니, 윌리엄과 캐서린 부스, 또한 빌리 그레이엄과 같은 사람들이 이 메시지를 들고 하나님의 임재와 함께 연결시켰을 때, 부흥은 폭발하여 지역 사회와 나라들을 변화시켰다. 이와 같이 복음주의는 감리교, 침례교, 회중 운동 혹은 예정론 교리를 반대하는 자들의 발생지일 뿐 아니라 오순절과 은사 운동의 탄생지이기도 하였다. 이들은 하나님의 거장들의 삶에서 예시되듯이 하나님의 임재와 능력을 포괄하였다.

　마지막 분석에 따르면, 오늘날 복음주의는 영(spiritual)에서 정치적 강조로 바뀌는 듯하다. 복음주의 사역에 주로 초점을 두는 동안, 우리는 보다 쉽게 통제되는 보수적인 성향의 투표층을 위해 하나님의 능력을 제쳐 놓았다. 우리는 지난 3세기를 통해 국가를 변화시키고 사회적인 부정을 바로 잡은 것은 다름 아닌 부흥이었다는 것을 망각한 듯하다. 민주주의 힘이나 투표권만이 모든 것이 아니다. 복음주의 기독교는 마음을 바꾸는 것보다 법을 바꾸는 것에 더 많은 초점을 두는 경향 때문에 사회에 대한 많은 타당성을 잃어버린 듯하다.

　존 웨슬리, 조지 휫필드, 찰스 피니, 그리고 윌리엄과 캐서린 부스는 복음을 전파함으로써 지역 사회와 나라를 변화시켰다. 이 부흥사들은 서민과 가가호호 사역을 통해 사회의 병폐를 바로잡았다. 그들은 필요가 보이는 곳에서 이를 충족시키도록 하였고, 손을 뻗어 사람들이 자신의 힘으로 일어서도록 하였으며, 하나님의 능력으로 삶을 바꾸고 생활을 안정화시켰다. 기도로써 하나님의 능력을 구하고, 예수와 십자가에서 완성된 능력을 전함으로써 그들이 접하는 지역 사회의 영적인 기후를 변화시켰다. 예수님이 지역 사회의 대화 주제가 될 때, 그 땅의 법이 말하는 것은 중요하지 않았다. 도덕성은 입법적인 조치를 따르는 것이 아니라 하나님을 기쁘게 하려는 사람들에 의해 결정되었다.

　이와는 대조적으로, 20세기 회심은 그리스도에 의해 구원을 받았다는 확증을 가슴속에 감지할 때까지 내가 기도하는 노력보다, 제단 부름에 응답하는 것이 문제가 되었다. '앞으로 나오기'가 피니의 '열망하는 벤치'를 대신하였다. 구원의 지식은 뜨겁게 추구하는 개인적인 확신이나 계시 대신에 기도 사역자가 등을 쓰다듬는 것에서 비롯되었다. 만약 기독교가 오늘날 무기력하게 보인다면, 그것은 아마도 초기 부흥사가 알았던 것을 잃었기 때문이다. 구원은 반드시 '두렵고 떨림'으로 이뤄야 한다(빌 2:12).

　우리는 하나님의 거장들이 잘 알고 있었던 위대한 계시로 돌아갈 필요가 있다. 예수님은 사회의 악을 치료하고 영구히 사람들의 삶을 변화시키는 유일한 길이시다. 예수님의 자비와 사랑이 나타날 때 사람들이 바뀌고 삶의 양식이 변화한다. 예수님과 그의 권능이 진정으로 드러날 때, 부정한 것이 바르게 된다. 영원히 그러하다.

만약 교회가 모라비안 교도들에 의해서 나타나고 캐인 리지나 아주사 거리에서 증명된 능력을 다시 가지려 한다면, 우리는 아마도 기도의 체계와 말씀에 대한 헌신, 그리고 부흥사들이 적용하였던 주님을 구함에 관해 재교육 받을 필요가 있다. 21세기는 하나님의 아들들이 나타나는 것을 기다리고 기대하며 탄식하고 있다(롬 8:19). 다시 한 번 그리스도의 권능 안에서 사역하기를 말이다. 나는 하나님이 새로운 부흥사들을 기름 부으실 준비가 되었다고 믿는다. 하나님은 이러한 거장들의 횃불을 들고 그들이 했던 하나님의 능력에 대한 같은 값을 치룰 의지가 있는 사람들을 필요로 하신다. 그분의 길과 축복은 변하지 않았다. 예수 그리스도는 "어제나 오늘이나 영원토록 동일"하시다(히 13:8).

하나님께서 당신과 나를 사용하셔서 그들이 했던 것과 같은 방법으로 마음을 변화시켜서 예수님의 뜻, 즉 치료와 축복과 사회의 잘못을 바로 잡음과 전도가 우리의 나라들에 다시 임하기를 간절히 소원한다.

저자

로버츠 리아든 (Roberts Liardon)

로버츠 리아든의 사역은 10대 때 공식적인 설교와 그의 첫 번째 작품인『내가 본 천국』(I Saw Heaven)의 출간과 함께 시작되었다. 리아든의 책은 오늘날 50개 이상의 언어로 번역되어 전 세계에 걸쳐 600만 부 이상 판매되었다. 리아든의『하나님의 거장들』시리즈는 그가 위대한 프로테스탄트 교회 역사가의 자리에 오르는 계기가 되었다. 그는 캘리포니아 주의 오렌지 카운티에 '엠버시 크리스천 센터'(Embassy Christian Center)를 설립하여, 남캘리포니아와 전 세계의 가난하고, 궁핍한 자들을 돕는 국제적인 인도주의 사업을 수행하고 있다. 그는 또한 오렌지 카운티에 대형 교회와 바이블 칼리지를 세웠다.

역자

송호기 (David Song)
서울교대 영어교육과 석사
한양대학교 영어교육과 박사과정 이수
Let's Play English 시리즈(동양문고) 저자
Junior Time For Grammar 시리즈(YBM) 저자
교회 통번역 봉사
청운대학교 영어과 외래교수

도서 소개

치유사역의 거장들
로버츠 리아든 | 신국판 | 736면 | 값 40,000원

19-20세기의 미국과 유럽을 하나님의 성령님으로 뒤흔들어 놓았던 열두 명의 위대한 복음 치유 영성 사역자들의 삶과 사역에 나타난 수많은 기적과 이적은 오늘날 살아계신 하나님의 놀라운 역사를 소망하는 모든 성도들에게 큰 도전과 열망을 심어줄 것이다.

종교개혁의 거장들
로버츠 리아든 | 신국판 | 632면 | 값 40,000원

영적 암흑기에 죽은 종교의 틀을 뛰어넘어 예수 그리스도의 순전한 복음을 전파하기를 원했던 6명의 위대한 종교개혁자들(위클리프, 후스, 루터, 칼빈, 녹스, 폭스)의 사역과 활동은 우리에게 영혼들을 향한 불타는 열정과 그리스도의 위대한 증인으로 거듭나고자 하는 열망을 발견하게 할 것이다.

부흥운동의 거장들
God's Generals: The Revivalists

초판 발행 2020년 2월 10일

지은이 로버츠 리아든
옮긴이 송호기
편 집 박상민
펴낸이 장현덕

펴낸곳 Grace은혜출판사(Grace Publisher)
출판등록 제 1-618호
출판일자 1988년 1월 7일

주소 서울시 종로구 종로 65길 12-10
전화 02-744-4029
팩스 02-744-6578
홈페이지 www.okgp.com

ISBN 978-89-7917-054-2   03230
값 40,000원

「이 도서의 국립중앙도서관 출판예정도서목록(CIP)은 서지정보유통지원시스템 홈페이지(http://seoji.nl.go.kr)와 국가자료종합목록 구축시스템(http://kolis-net.nl.go.kr)에서 이용하실 수 있습니다. (CIP제어번호 : CIP2020002169)」